DU MÊME AUTEUR

Aux Éditions Gallimard

LA SIRÈNE ROUGE, Série Noire nº 2326, Folio Policier nº 1
LES RACINES DU MAL, Série Noire nº 2379
BABYLON BABIES, La Noire
LE THÉÂTRE DES OPÉRATIONS. Journal métaphysique et polémique

LE THÉÂTRE DES OPÉRATIONS

II

MAURICE G. DANTEC

LE THÉÂTRE DES OPÉRATIONS
Journal métaphysique et polémique
2000-2001

LABORATOIRE DE CATASTROPHE GÉNÉRALE

nrf

GALLIMARD

2000-2001

LABORATOIRE
DE CATASTROPHE GÉNÉRALE

... Pendant qu'il roulait ces pensées dans sa tête, le temps avait passé vite sans qu'il s'en doutât. Le jeune homme qui était peu expert dans le maniement de la pensée fut étonné de découvrir que l'une des propriétés inattendues de la réflexion était son efficacité pour tuer le temps. Néanmoins le jeune homme à l'esprit solide mit résolument fin à ses réflexions. Quelle que fût l'efficacité de sa nouvelle habitude de penser, ce qu'il découvrait pardessus tout était qu'elles comportaient aussi un péril certain.

MISHIMA, Le tumulte des flots.

À mes amours

Un homme se possède par éclaircies, et même quand il se possède, il ne s'atteint pas tout à fait.

ANTONIN ARTAUD.

Oh, We could be Heroes
Just for one day...

DAVID BOWIE, *Heroes*.

À mes ennemis

Je suis vivant et vous êtes morts.

PHILIP K. DICK, *Ubik*.

Only chaos is real.

GREGOR MARKOWITZ,
The Theory of Social Entropy.

L'art est la mise en œuvre de la vérité.
Heidegger

À cette assertion, profonde, de Heidegger, il convient de ne répliquer qu'après une mûre réflexion.

Dans le doute, et sans éclaircissement définitif, nous poserons juste la question ainsi :

Et si c'était la vérité qui était la mise en œuvre de l'art ?

Ne serait-elle pas même l'art de la mise en œuvre ?

*

Ce n'est pas parce qu'une proposition repose sur trois termes qu'elle échappe aux lois de la dialectique, même si celles-ci s'avèrent bien souvent infondées.

*

La puissance d'une démonstration est proportionnelle au nombre de tautologies qu'elle est en mesure de briser.

Par exemple, je me pose souvent la question concernant la théorie heideggérienne de « la vérité comme *voile* ». Je n'en ferai pas ici l'analyse approfondie, je dirai juste qu'elle me semble frôler la tautologie dans le sens où elle paraît s'inférer d'une impossibilité ontologique de la connaissabilité du monde par l'homme, or le problème, c'est que l'homme ne se situe pas au centre de la vérité et ce n'est pas lui qui en fixe les limites, il en est certes l'agent, mais pas le suzerain, sa souveraineté et sa liberté n'ont de sens que si elles préfigurent leur mise en devenir comme instruments de la Connaissance, l'homme est une expérience toujours recommencée, à condition qu'elle s'étire de l'origine à l'infini.

Je ne vais pas m'en tirer aussi facilement. Maintenant que l'année 1999 n'est plus qu'un souvenir et que je me vois obligé de retravailler la matière de ces écrits à fin d'édition, je me rends compte de toute la vacuité d'un tel projet, ce journal aurait dû être posthume, et c'est depuis la mort que j'aurais pu en tirer la quintessence.

Mais un processus dont la finalité est incalculable vient d'être lancé. Je ne vois pas ce qui pourrait, hormis moi-même et encore, être en mesure de l'arrêter.

La maladie, c'est l'étape essentielle de la guérison.

Lecture de saint Jean de la Croix et de saint Augustin *(La Cité de Dieu)* ainsi que de *La connaissance surnaturelle* de Simone Weil.

C'est parce qu'il fut un événement d'une si haute portée *esthétique* que le christianisme put édifier ses impressionnants édifices moraux. Le vrai moraliste finit toujours par croiser un jour ou l'autre le chemin de la poésie (à lui de savoir l'emprunter, ou pas). Quant aux poètes, rares sont ceux (je n'en connais point pour ma part) qui ne parlent pas aux anges, à la Vierge, ou au Christ lui-même, sous quelque forme que ce soit, à un moment ou à un autre, et il me semble qu'ils le font depuis des époques largement antérieures au Nouveau Testament.

Nous avons crucifié le principe christique tapi au cœur de l'homme, de toutes ses bassesses comme de toutes ses grandeurs, puis nous avons définitivement dissous ce qui restait de la royauté dans les méandres de la démocratie marchande. Or même les Athéniens, opérateurs de ce projet politique à l'époque de sa jeunesse, connaissaient le prix à payer en retour et ils s'empressèrent d'en limiter l'impact et de conserver à une aristocratie militaire un certain nombre de privilèges, en échange de la charge de tenir le glaive et de conduire les destinées de la nation hellène.

La démocratie bourgeoise des temps modernes semble incapable de tenir ses propres engagements philosophiques, pour autant qu'elle en eût, et son positivisme pompier est toujours dans l'incapacité de se confronter aux vérités impossibles (c'est-à-dire les seules réelles), telle la présence inaliénable du Mal aux confins de l'homme comme dans le reste de l'univers, de la mort comme limite absolue et donc seule susceptible de transvaluation, de tout ce qui fonde le *tragique* de la vie, ce précaire interstice de réalité évolutionniste dans la marche entropique du cosmos.

La bourgeoisie démocratique marchande fut dans l'incapacité de faire de la science rationnelle le cadre génitif d'une nouvelle aristocratie. Elle avait oublié toute la part de métaphysique, de tragique, de sacrifice nécessaire à l'émergence d'un tel projet.

Elle n'y parviendra pas plus avec les divers illuminismes new-age qui ont surgi des décombres postnucléaires de sa pensée.

*

Les anciennes dialectiques entre matérialisme et idéalisme, et leurs termes, sont vouées à une annihilation permanente pour le compte d'un principe de réalité supérieur qui entreprendra la projection de l'humanité dans l'espace physique et métaphysique où cette synthèse s'avérera à la fois nécessaire et dépassée.

La matière est une idée, et les idées sont des matériaux.

*

Depuis l'instant T du big-bang, le cosmos suit un long processus de décomposition, une constante dégradation du principe unificateur des forces. La vie elle-même et surtout la vie consciente doivent être vues, comme le savait Nietzsche, en tant qu'éléments consubstantiels de la décadence d'un cosmos qui commence à vieillir et perd peu à peu les attributs de l'innocence et de la jeunesse, lorsque son feu orthogonique et uninominal n'était qu'un pur au-delà de toute limite connaissable.

Le goût pour l'Ancien Testament est une pierre de touche pour la grandeur ou la médiocrité des âmes.
Nietzsche

La splendide et furieuse marche en avant de la science contemporaine vers les ultimes micro-instants de la Création va sans doute finir par l'irruption sismique d'un faisceau de nouvelles théories supercritiques qui oseront postuler que l'instant T–zéro était là de toute éternité avant qu'Il ose entreprendre sa division en temps, espace, énergie, particules...

*

À l'extérieur la nuit est un brouillard orange
La neige en nuée d'ypérite urbaine

Nous cerne et s'accroche
Aux angles durs du béton proche
L'horizon plaqué
Au coin de la rue
Nous apprend le sens de la vue
Quand la lumière au carré
S'effiloche,
L'air se fige sous nos yeux
Dans un bruissement d'ailes
Et à l'instant où le ciel se décroche
Nous ouvrons la bouche
Au passage du feu,
Nos vies dépendent encore
Des intoxications
Naturelles.

*

Si Dieu est mort, alors sans doute l'était-Il de toute Éternité.

Peut-être est-ce là un signe de Son (anti)nature ? Serait-ce un attribut essentiel de Sa Toute-Puissance ?

Le Christ était-il destiné à mourir en tant qu'incarnation du principe de l'Éternel Retour, et de la négation secrète de la vie qui L'engendre, tout autant qu'Il l'engendre ? La tragédie réside-t-elle dans ce qui reste de cette alchimique opération ? Il semble subsister peu de doutes quant au fait que Son Sacrifice fut le seul moyen de faire parvenir à la conscience des hommes — ne serait-ce que de quelques-uns — les rudiments d'un tel Enseignement concernant la nécessaire Mort de Dieu, et donc de sa Résurrection permanente dans ce que la vie humaine accomplit de plus haut, et donc de plus antinaturel, de plus authentiquement tragique.

Les philosophies idéalistes grecques, puis européennes, ont enchaîné le Logos à la Technique, pour en faire la

Logique, cet assujettissement de la Connaissance à la Raison. Nietzsche s'est audacieusement dressé contre cette (non)-philosophie, et sans doute le premier en deux mille ans, il a osé revendiquer l'héritage présocratique, et la disjonction explosive du Verbe prophétique venue des plus anciennes expériences de la tradition hébraïque.

Vu la constante et affligeante médiocrité que représente aujourd'hui tout horizon « artistique », et vu l'impossibilité de donner à ce mot le sens que put lui donner Nietzsche à son époque, on comprendra que ce n'est pas tant de « philosophes-artistes » dont nous avons besoin, et encore moins de « philosophes littéraires » (à l'inverse de ce que prétendent certains universitaires croyant perpétuer l'œuvre du Maître), que d'authentiques prophètes surgis des déserts de notre civilisation, des saboteurs de l'économie politique de la (non)-conscience, venus invertir les valeurs, les transmuter au sein d'une nouvelle anthropologie du devenir de l'homme, de sa métahumanité encore balbutiante, à peine émergente, pour ne pas dire embryonnaire, et qu'il s'agit de ne pas faire avorter au profit de notre stricte et raisonnable survie, qui en serait du même coup ruinée.

Ainsi je me repenche depuis quelques semaines sur les questions soulevées par la science et recouvertes du méchant nom de « bioéthique » — questions « bioéthiques » donc —, entre-temps devenues les nouvelles « problématiques » de ces philosophes chargés d'administrer le territoire du vraisemblable, à défaut des vérités à inventer, et du possible, à défaut des réalités en devenir.

Habermas, Levinas, Jonas. Voici un trio aux terminaisons consonantes et à la pensée connexe qui semble former le coin dur de la nouvelle pensée humaniste, tentant de retrouver une place à la Raison positive après Auschwitz.

Dans *Pour une éthique du futur*, Hans Jonas plaide pour une responsabilité écologique de l'homme envers les générations futures sous le prétexte que notre puissance technique se prolonge directement dans l'anéantissement collectif, via les arsenaux nucléaires, ou vers une « déshumanisation » causée selon lui par les « manipulations génétiques ».

Faisant état de la situation démographique actuelle, et des prospectives les plus médianes concernant la courbe de croissance (au moins 10 milliards d'êtres humains dans un demi-siècle), puis mettant ces termes en équation avec l'impact de nos activités sur la biosphère, Jonas plaide ouvertement pour une régulation drastique et autoritaire des naissances, modèle Chine Pop, voire *Population zéro*[1].

Voilà où en est rendue la philosophie contemporaine : on nous trace les grandes lignes de la situation, et de son développement, 2, 4, 6, 8, 10, peut-être 12 milliards d'habitants entre 1950 et 2050, avec les développements conjoints des technosciences méta-humaines (physique quantique, biologie, nano-informatique, astrosciences), puis on nous montre la petite boîte où les rats s'entassent, et on nous dit que la solution consiste à les empêcher de se reproduire à l'intérieur de ladite boîte, alors qu'il apparaît bien que la seule destinée envisageable est d'aller vivre et nous reproduire dans d'autres boîtes, et ce en osant assumer les nouvelles limites de la noosphère posthumaine, frontières de l'ADN, du cortex, des quarks et des quantas, frontières biopolitiques s'étendant jusqu'aux confins du système solaire.

Pour Levinas, en revanche, ce n'est pas grâce à la dépopulation socialement contrôlée qu'on parviendra à s'en sortir, mais plutôt par une rigoureuse limitation du pouvoir des technosciences, devenues menaces explosives pour l'humanité.

1. Film de SF des années 1970 dans lequel un gouvernement mondial tente d'imposer une croissance zéro absolue en instaurant une biodictature bannissant toute naissance non autorisée.

Mais si les technosciences nous « menacent », c'est que nous sommes devenus trop petits pour elles. Et si nous sommes trop petits pour nos créatures, c'est qu'elles ne nous ont encore rien appris d'important.

L'homme est le seul animal dont la *destinée manifeste* est de quitter sa biosphère d'origine. *Car s'il en a acquis le pouvoir, c'est qu'il a acquis la suprême liberté d'en user*, liberté acquise contre toutes les pesanteurs de la nature, de la matière, et aussi contre ses propres lois et limites, comme la croissance explosive de ses populations. Alors que cette liberté s'ouvre directement sur les terrifiantes contraintes du vide interplanétaire, la destinée manifeste ainsi ouverte s'avère parfaitement contiguë avec les pouvoirs de destruction massive dont notre espèce s'est dotée. En d'autres termes, et sur le plan technique, *on ne peut quitter sa biosphère d'origine qu'à la condition de posséder les moyens de la détruire complètement*. Et sur le plan *éthique*, il est probable qu'on n'accomplit vraiment l'effort de la quitter, ou de la terraformer comme les autres, que face à l'inexorable érosion destructive dont l'homme est le facteur. Cette double capacité paradoxale est le propre de l'homme, aurait pu dire un philosophe du XVIIe siècle si cela avait été pour lui chose concevable, elle est la condition de sa survie, au sens le plus strictement animal, darwinien du terme, se doit de prévenir un (anti, méta ?)philosophe du XXIe commençant. Et il convient de signaler au passage qu'on aura attendu en vain que des « philosophes » du XXe se saisissent de l'épopée de Youri Gagarine ou de Neil Armstrong pour en tirer quelques élémentaires leçons.

*

Je trouve étrange pour un philosophe juif se réclamant de l'antique tradition judaïque — tel Levinas — de pouvoir faire appel à tant d'humanitarisme évangélique pour construire son *Éthique comme philosophie première*. Je me souviens d'un mot de Nietzsche conspuant l'horreur « rococo » que représentait à ses yeux la fabrication de ce Livre éminemment *moderne*, qui réunissait l'Ancien et le Nouveau Testament sous la même couverture. Où *Diable* Levinas est-il donc allé chercher cet humanitarisme éthique : dans le Livre de Job ou dans les Dix Commandements de Moïse ? Par quel « miracle » le christianisme dégénéré du XXe siècle a-t-il ainsi pu influencer ce grand penseur juif ?

Le moteur de la pensée moderne a sacrément besoin d'une bonne vidange.

*

Sans doute l'acte d'écrire lui-même est-il vain. L'œuvre est inutile. Elle permet juste à quelques livres d'exister, et si l'acte d'écrire fut bien nécessaire à leur fabrication, on remarquera qu'il est en soi complètement détaché du livre produit, qu'il ne s'y rapporte d'aucune façon, même s'il en devient le sujet principal, il n'y a aucune commune mesure entre eux, oui l'acte d'écrire n'est encore que le résultat d'un *travail* de l'esprit, un sédiment donc, un rebut, un excrément parvenu à la matière après qu'une opération invisible eut pu en transmuter les éléments vers un état ultérieur et une combustion prochaine.

*

L'habit fait le moine ; pas moins qu'un livre fait son auteur. On le dit aussi pour les crimes, qu'on signe.

*

Il ne nous reste plus rien.
Tout nous a été dérobé.

Corps bleuis nus dans la neige
Qui n'appartiennent plus à personne.

Sous le ciel de graphite
Nos vies se délitent
À la lumière de la vitesse,
Nos mémoires se vident
En instants d'éther
Et d'ivresse.

*

Depuis un mois, grand vide. Pas une ligne écrite, ou presque. Retour d'une tournée dans les universités US en pleine phase d'intense déconstruction critique, autant dire sur les rotules. Celles qui servent à articuler les neurones. Ce ne sont pas les universitaires américains qui sont en cause, c'est le fait que venant de tenter un premier « essai » avec le *Manuel de survie en territoire zéro*, et confronté aux limites internes de mon propre système, éprouvées jusqu'à leurs terminaisons dans *Babylon Babies*, je me suis vu dans l'obligation de « défendre » ma petite salade d'écrivain au moment même où j'en étais le moins capable, au moment où ma conscience tentait de rentrer dans sa coquille, après s'être partiellement mise au jour, et à nu, dans ce processus étrange par lequel les mensonges de la fiction lui permettent de parvenir à quelque vérité.

En pleine dé-pression — au sens climatique du terme, nous sommes tous de vastes biosphères soumises à nos météores intérieurs —, seul dans le silence forclos par le cyclone du monde, j'ai pu constater que je n'étais sans doute pas fait pour me décortiquer moi-même sous la loupe de la critique (post)moderne, et surtout que je n'étais pas prêt, pas encore, à me confronter à ce que la littérature a de plus grand.

Comme le disait Faulkner : « Un livre c'est la vie secrète

de l'auteur, le jumeau sombre de l'homme, et on ne peut les réconcilier. » Mais croire que pour autant l'acte d'écrire serait en quelque sorte « thérapeutique », qu'il nous permettrait de mieux connaître ce jumeau obscur et interdit, ce serait méconnaître en retour l'angoissante réalité de la création littéraire, qui est que cette ombre intérieure, ce double insaisissable, se joue de nous avec une habileté diabolique dont il ne faut rien espérer sinon la douleur de l'apprentissage, puisque tout authentique acte d'écriture ne peut viser qu'à approfondir, amplifier, intensifier la maladie dont il est une sorte de syndrome plus ou moins général.

Il m'a fallu trois livres pour parvenir à un premier niveau d'échec. Je ne dois pas compter sur moins pour parvenir au prochain.

Mais pour un écrivain, ne pas pouvoir écrire est le signe qu'une autre nécessité est provisoirement devenue plus puissante, pour ne pas dire volontaire : l'appétit de lecture.

*

Réversibilité : des homosexuels lucides ont décidé de ne plus se laisser dicter leurs opinions et leurs idées par les « différencialistes » radicaux qui mènent leur communauté par le bout du nez (et je reste poli) depuis les saunas de San Francisco. Aux États-Unis, en Californie tout particulièrement, le débat fait rage autour de lois nouvelles en discussion, et de contre-propositions encore plus récentes, permettant de régir le « droit » des homosexuels au mariage, ainsi qu'à l'adoption. Ce qui est notable ici, c'est que des groupes gays opposés au mariage et à l'adoption pour les couples homosexuels font valoir les droits constitutionnels de l'enfant à disposer d'une « famille », soit *d'un père et d'une mère*. Ces homosexuels font en effet remarquer, à l'encontre de l'égoïsme différentialiste radical et victimocrate qui sous-tend les prises de position de la majorité de leurs confrères et consœurs, que *le mariage n'est pas un droit*, mais une institution, et donc une *tradition*, fondée — comme toute tradition — sur des principes normatifs. Ils ajoutent que leur homosexualité ne leur interdit pas, bien au contraire, d'avoir des parents hétérosexuels (donc capables de donner vie par l'amour physique à des enfants) et la plupart du temps mariés ; certains vont même jusqu'à oser dire qu'ils ont été aimés par leurs parents, y compris après qu'on leur eut révélé la vérité concernant l'orientation sexuelle de leur enfant.

Le mariage n'est pas un droit. C'est une institution (donc un jeu de contraintes morales donnant naissance à une liberté, soit à un pouvoir).

L'homosexualité n'est pas un droit. C'est une « constitution » (donc un jeu de contraintes biologiques, engendrant ses propres nécessités, et ses propres morales).

D'autre part, ce serait se méprendre gravement, ou alors mentir sans ambages, que de prétendre que le mariage n'est pas une institution précisément chargée de sanctionner la relation hétérosexuelle d'un couple, c'est-à-dire la possibilité d'engendrer par le biais de la sexualité. Je ne connais pour ma part aucune société, moderne ou archaïque, pour laquelle cela ne soit point. L'adoption est certes aujourd'hui un substitut légal pour les couples *incapables de procréer*, pour cause de *stérilité*. Mais à moins de considérer l'homosexualité comme un *handicap sociobiologique*, ce qu'elle n'est pas, et qu'est assurément l'infertilité qu'elle soit causée par la ménopause, l'andropause, un accident ou par une maladie héréditaire, on voit mal comment on pourrait ainsi translater cette institution de rechange qu'est l'adoption sur les contingences propres à l'existence homosexuelle.

Afin d'éviter tout malentendu avec mes lecteurs français et laïcs, je rappelle qu'en Amérique du Nord le mariage est avant tout un sacrement religieux.

Comme tous les autres individus de la planète, les homosexuels doivent comprendre qu'ils ont des droits, certes, mais que par définition *ils ne peuvent les avoir tous*, et surtout que les « droits » éprouvent rapidement leurs limites face aux libertés et aux nécessités de la nature et des sociétés.

Ceux qui sans arrêt invoquent Foucault, pour de bien mauvaises raisons et prouvant du même coup qu'ils ne l'ont point lu, en lui faisant défendre de telles inepties depuis l'outre-monde, feraient bien de relire d'urgence l'auteur de *Surveiller et punir*, l'homme qui fut fustigé par la gauche bien-pensante de son époque pour avoir osé annoncer, avec une poignée d'autres, que — ô scandale — l'Homme était mort. Ils n'y trouveraient certes pas d'idées ou d'opinions authentiquement absurdes comme celles qui prétendent que « les homosexuels doivent avoir le droit de fonder une famille ». Sans l'avoir personnellement connu, il me semble bien que cela aurait déclenché de sa part un sourire gêné, au mieux.

Car si toute authentique liberté humaine s'établit sur la recherche permanente de contraintes supérieures, alors il faut bien admettre que l'impossibilité physique pour un couple homosexuel d'engendrer selon les voies dites « naturelles », loin d'être un « handicap », lui fournit précisément l'occasion d'échapper à l'institution du mariage hétérosexuel, et qu'il s'agit là peut-être d'un espace possible encore en friche, où une morale adaptée à leur existence aurait pu voir le jour, si le différentialisme égalitaire ne cherchait depuis des années à enfermer cette communauté dans une quadrature du cercle schizoïde, aiguisant sans cesse sa « différence » tout en clamant l'« égalité des droits », cherchant en fait, par vieux réflexe idéologique antichrétien, et anticlassique, à anéantir de l'intérieur le vieil ordre « patriarcal » sur lequel la société occidentale s'est formée depuis environ deux mille cinq cents ans, et qui n'existe plus, de toute façon, qu'à l'état de fantôme.

Ce genre de billevesées postgauchistes s'appuie sur une conception pour le moins inepte de la civilisation en question. Elles gardent sous silence le fait que l'ordre patriacal macédonien — par exemple — s'appuyait militairement sur des troupes d'élite constituées de combattants homosexuels, sans pour autant concevoir l'aberration de vouloir les marier.

Aujourd'hui, les forces armées occidentales[1] s'obstinent à ne voir dans l'homosexualité qu'un facteur de déstabilisation (sans parler de l'image persistante de la « tapette » qui ne sied guère à l'usage viril des armes), alors que le libéralisme postmoderne s'apprête, une fois de plus, à vouloir parallèlement sanctifier l'absurde.

Ce n'est pas *parce qu'*ils sont homosexuels qu'ils n'ont pas *droit* au mariage, puisqu'on pourrait tout à fait admettre qu'un gay se marie avec une femme, ou une lesbienne avec un homme, mais c'est le « mariage », en tant qu'institution hétérosexuelle par principe fondateur, et l'adoption, en tant que substitut de longue date prévu par les groupes sociaux, qui ne peuvent être circonscrits par le « droit » de vivre sa sexualité selon les modalités hétéronomes de l'homosexualité.

Cet interdit est injuste, mais c'est précisément en cela qu'il est fondé.

Cet « interdit » est de même nature que celui qui prohibe la polygamie. Nous avons certes le « droit » de vivre plusieurs relations amoureuses en même temps, mais le mariage, tel qu'il est conçu en Occident depuis au moins la réforme grégorienne, est précisément fondé sur un serment de fidélité qui proscrit ce type de pratiques. On ne peut donc pas être marié en même temps avec plus d'une femme, et l'adultère constaté est généralement cause de divorce (ou d'hypocrisies réciproques). Il ne viendrait, je crois, à l'idée de personne de réclamer aux Églises et aux États le

1. Sauf l'armée américaine évidemment (pourquoi croyez-vous donc qu'elle domine le monde, quoique partiellement ?).

« droit » de sanctifier officiellement un acte qui serait en totale contradiction avec le fondement même du rite.

À moins qu'un jour les lois antidiscriminatoires en vigueur dans l'Occident nihiliste n'autorisent les « musulmans » à procéder selon leurs « coutumes » coraniques, qui admettent et même promeuvent la polygamie institutionnelle ?

Comme le savait Bataille, tout rituel procède de la volonté de créer un interdit servant à restreindre les potentialités créatrices et destructrices (c'est la même chose) de la nature. Le mariage — version judéo-chrétienne occidentale — a été créé pour mettre en place un dispositif de contraintes sexuelles ne pouvant conduire qu'à l'amour total, ou a contrario au libertinage, et entre-temps au remplacement des générations ; il présupposait l'hétérosexualité comme *condition première à l'exercice d'une relation sexuelle pouvant donner naissance à la vie*.

Les diverses techniques aujourd'hui disponibles sur le marché ne me semblent pas en mesure de contredire une tradition vieille de deux mille ans au moins. Et il ne me semble pas que c'est leur fin, je veux dire qu'une autre fin pourrait leur être dévolue, au lieu de servir nos petits moi humanitaires qui ne veulent, comme on dit vulgairement, que le beurre, l'argent du beurre et le cul de la crémière (ou du crémier).

Si le mariage homosexuel[1] devient une réalité, ce qui risque probablement de survenir, il faut alors admettre officiellement la mort de la famille en tant que structure fondamentale de la société humaine. Ce n'est pas tant que je m'y oppose de principe que je constate que personne n'est capable de nous fournir la moindre ébauche de

1. Je parle évidemment des formes de mariage consacrées par nos antiques religions et traditions civiles, je rappelle donc que je suis pour un *contrat civique* adapté aux mœurs nouvelles de nos sociétés.

brouillon de la plus petite idée concernant la structure qui devra être en mesure de la remplacer.

On évoque la tribu néohippie, ou postpunk, ou bien la famille recomposée libérale, de jolies utopies contre-culturelles fleurissent dans les librairies new-age, on critique à tour de bras le méchant modèle autoritaire paternaliste occidental, mais pour le moment la tribu néohippie ou postpunk ne produit que des Courtney Love, et autres groupies incultes suçant de la bite de star jusqu'à ce que mort s'ensuive (la star, et son assurance-vie), la famille recomposée libérale n'est que matière première pour feuilletons con-sensuels et fédérateurs, et s'avère un désastre conduisant directement à Littleton, et à d'autres tueries qui s'ensuivront, le « cyberpunk » reste englué dans son ignorance métaphysique souvent rédhibitoire, et alors que le différentialisme communautariste s'est converti à l'égalitarisme, le rejeton né de cette triple fusion apparaissant chaque jour plus hideux, monstre de médiocrité et d'absurde, personne n'ose se repencher sur les modèles fondateurs de notre civilisation, considérés comme discriminatoires, ce qu'ils étaient, et avec raison, car *on ne commence à penser qu'en discriminant*, en sélectionnant, en hiérarchisant, en colonisant le monde de sa pensée, en le séparant de sa propre substance.

Que nous manque-t-il ?
Une authentique morale.
Une *esthétique de la vie*.

Reconstruire, recomposer la famille occidentale nécessiterait pour le moins de prévoir les chocs civilisationnels à venir, ceux que nous avons vécus durant ce siècle n'étant, il me semble, que leurs prolégomènes. Il est hautement probable qu'au cours du prochain siècle la biologie et la médecine vont nous permettre de multiplier par deux, peut-être plus, notre espérance de vie moyenne.

Cent cinquante ans.
Deux cents ans.
Trois cents ans ?
Se représenter pour soi-même le temps de vie contenu dans un tel chiffre. S'imaginer avec une telle longévité potentielle.
Essayer d'imaginer l'impact dévastateur de telles innovations dans le métabolisme des sociétés et des individus.
Comment se recompose un linéage avec des individus pouvant vivre sept, huit, dix générations, et pouvant procréer, via différentes technologies, jusqu'à des âges avancés ?
Que signifiera le mot famille quand vous côtoierez les grands-parents de vos arrière-grands-parents, et les arrière-petits-fils de vos propres enfants, tous en aussi bonne santé que vous ou presque, sans parler des différentes souches nées des remariages successifs et des biotechnologies démocratiques ?
Tribu ? Clan ? Monade ? Corporation généalogique ?
Qui pourrait encore invoquer une quelconque croissance démographique zéro face à de tels bouleversements ?
Combien de temps nous faudra-t-il pour comprendre que seul le nouvel espace-temps de l'économie du futur, soit le système solaire, est à la mesure de cet élargissement du temps biologique individuel ?
Qui osera entrevoir le formidable appareil éducatif à la mesure d'une telle révolution générale ?
Sans doute personne.
Et en ce cas il faut bien se dire que de terribles et sanguinaires épreuves attendent encore l'humanité, à son chapitre final.

*

Exécutions en série au Texas. On tue légalement en moyenne deux personnes par semaine aux USA en ce moment.

Ah, médiocrité insondable des démocraties crépusculaires !

Ces crétins de conservateurs calvinistes qui banalisent, massifient la peine de mort, comme dans une vulgaire république populaire, et en font une peine bien moins mystérieuse et terrifiante tout en la rendant plus injuste et abjecte, sont les complices névropathes des abolitionnistes humanitaires, onucrates et européens en tête, empêchant tous ensemble que d'authentiques criminels de masse puissent encourir cette sentence pour des motifs qui en valent la peine — si je puis dire — au tribunal international de La Haye par exemple.

Un braqueur de banques malchanceux finit à la chambre à gaz à Huntsville, mais les généraux serbo-communistes, responsables collectivement d'environ deux cent mille morts, ou les miliciens hutus, ayant à leur actif un petit million de victimes, ne risquent rien de plus qu'une retraite un peu monacale et légèrement précipitée dans un établissement sécuritaire où les droits de l'homme leur seront garantis.

Aux USA mêmes, les « droits » du citoyen y étant à ce point devenus liberticides, certains tueurs en série, reconnus coupables de plusieurs meurtres planifiés, avec viols et tortures, n'auront écopés que de peines d'emprisonnement. Dans un État voisin, voire dans le même État, un autre juge, un autre jury décideront qu'un pauvre schizophrène sachant à peine épeler son nom, et ayant on ne sait trop pourquoi estourbi deux individus, devra griller sur la chaise ou subir une injection létale.

D'un bord à l'autre de l'Atlantique, maximalistes et abolitionnistes se livrent à la plus ignoble des mascarades, cette bouffonnerie moderne où le sens de la Justice, celui de la Mesure précisément, est à jamais travesti des oripeaux humanitaires, ou illuministes, sans que personne n'y gagne, ni les criminels ni les sociétés, sinon les bureaucraties parasitaires qui prospèrent depuis des lustres sur ces dialectiques décadentes.

La peine de mort devrait être une limite absolue, un sacrifice qui sanctionne un crime hors du (droit) commun.
Son abolition fut une lâcheté.
Sa banalisation est une folie.

Pur dégât
De la nuit blanche
En poudrerie
Métabolique
Nu
Le ver
S'exhibe
En sa position
D'animal dressé
Comme aux confluents
De l'humain
Et du possible.

Élever
Un culte
Pour mieux voir la nuit
S'abattre sur le temple
Immoler ses enfants
Sous le froid appareil
Des étoiles
Perdre sa mémoire
Dans la neige d'argent
Des premiers jours.

Vivre
Comme sur une pente
Impossible
Lire
Un million
De livres
Pour n'en brûler
Qu'un seul

Tuer l'autre homme
Devant nous
Dans la glace
Aimer
Pour la grâce
D'en finir
Avec nous-mêmes.

*

Nuit blanche... très sainte nuit blanche, nuit passée à noircir du pixel cathodique, comme on noircissait du papier il n'y a pas si longtemps, nuit blanche de l'antimémoire, là où la vie se dédouble, comme en compagnie des morts, de la musique et des enseignes de néon, nuit atomique de la conscience divisée, et pourtant régnante, telle une icône de dévastation sacrée, quelle outrecuidance que de penser domestiquer son écriture, vouloir l'apprivoiser, en faire un bon toutou prompt à se dresser sur ses pattes en échange de son sussucre, quelle misère que de vouloir en faire un simple outil, pour le compte d'un sujet, d'une idée, d'un personnage, alors que si outil elle est, c'est sur sa propre matière que cet outil travaille, et que de simple instrument il se doit de devenir le chant lui-même dans sa grâce pré caire, ce moment où l'instrument est proprement transfi guré par la musique qu'il joue, et qui n'est le plus souvent qu'un instant fragile, fugace, éphémère, plus subtil encore que certaines nuances qui colorent l'air des petits matins.

Pourtant nul doute que dans le travail romanesque la langue doit se plier aux contraintes thermodynamiques spécifiques mises en œuvre par l'auteur, selon les contingences du monde qu'il crée. Car le roman — au sens de construction d'un récit fictif engageant une narration, sous quelque mode que ce soit — témoigne d'une opération particulière que le monde entreprend sur la conscience de l'auteur, et vice versa, alors que la poésie entreprend directement une opération sur la conscience de l'auteur en transformant profondément ses relations avec le monde. Mais depuis longtemps on sait que les deux formes sont contiguës, pour ne pas dire coévolutives. Dans le roman occidental les « dialectiques » oppositionnelles entre fond et forme, idée et style, « ingénierie » et « vision », morale et esthétique, ordre et création, sont depuis longtemps abandonnées, je veux dire *par ceux qui avaient, qui ont encore quelque chose à écrire*.

Car si vraiment une opposition formelle et tangible sépare à jamais « ingénierie » et « vision », « art » et « science », alors où placer De Vinci, comment définir Tsiolkovski et des chercheurs comme Niels Bohr ? Où situer Michel-Ange et les constructeurs de cathédrales ? Que faire du cinéma ?

Cela fait un siècle maintenant que de nombreux aventuriers de la littérature ont commencé à inclure l'auteur dans le champ de l'expérience, éprouvant en quelque sorte parallèlement à leur découverte les vérités étranges de la mécanique quantique. Depuis Joyce, Proust, Roussel, Kafka, Woolf, Céline, Borges... l'auteur est une machine célibataire, on pourrait même dire veuve, une machine solitaire dont les livres sont les amantes perdues, un catalogue de traces, de blessures le plus souvent, un catalogue de peurs et d'angoisses, de pertes, de vides, de manques, élaboré par une conscience qui ne se perçoit que dans ses relations parfois paradoxales avec un monde extérieur devenu absurde, et totalement étranger, un monde dans lequel l'amour est tout au plus une entité abstraite, le souvenir d'un ancien rite dont on ne sait plus très bien à quoi il rime, ni même comment le consacrer. La conscience analytique, autonomisée et libérale de l'individu cultivé des années 1900 ne peut plus se concevoir comme transcendante au texte produit, elle se doit de l'investir de façon immanente, c'est le *flux de conscience* en écriture qui devient le mode opératoire du récit et le sujet central de l'œuvre, cette révolution littéraire n'est toujours pas prise au sérieux par de nombreux auteurs qui se targuent de « réalisme » comme si l'art avait jamais eu quoi que ce soit de commun avec la « réalité ». Pourtant cette réinjection des indéterminismes de la conscience du *Narrateur* — comme se plaisait à l'identifier Proust — à l'intérieur même du récit reste une des conquêtes majeures de la littérature du XXe siècle.

Aujourd'hui, en cette ère de recyclage infini des formes et des matériaux, on peut certes se servir du réalisme naturaliste, et de son obsession photographique, comme d'une machine particulière, et son effet spécial particulier. C'est ce que j'essaie de faire depuis *La sirène rouge*, en essayant d'épuiser cette forme dans *Babylon Babie*s, mais *on ne doit plus perdre de vue qu'il s'agit d'un effet spécial comme un autre*. La réalité objective et la réalité subjective (je devrais dire *les* réalités) sont contiguës, coévolutives, enclavées l'une dans l'autre, au sein de ces mondes interfaces, artificiels et thaumaturgiques des mass media, ces technologies de séduction et de destruction dans lesquelles nos consciences semblent pouvoir survivre, quoique avec beaucoup de difficultés.

Plus aucun *réalisme* ne semble pertinent en cette ère où tant de réalités concurrentes s'interpénètrent et se dévorent, il est sans doute temps, pour les écrivains de ce siècle naissant, de se poser la question centrale entre toutes — celle de leur utilité spécifique, de leur place dans l'Arche de Noé de la littérature.

Maintenant l'action est devenue impression, disait Proust.

Une nouvelle théorie du Sujet surgissait des premières villes électriques. L'action des personnages pouvait être entrevue non comme une série d'événements discontinus mis en relation chrono, psycho et histologique par le choix structural de l'auteur, mais comme un flux de conscience quasi ininterrompu englobant tous les champs possibles de signification, capable de distordre le temps narratif sur des vertiges impensables jusqu'alors, et pouvant créer un authentique (anti)monde, avec ses propres lois, juridiques ou mathématiques.

Aujourd'hui, c'est l'impression qui devient hyperaction, subjectivités en réseau ouvertes aux flux des objectifs sociaux, objets bientôt sujets, subjectifs, souverains et libres, neuroprogrammation des hommes par les hommes, socialisation corpusculaire et micro-intégrale, définitive, grâce à la « libération[1] » sexuelle, économique, technique et politique des « peuples » et des « individus ».

Il me semble important de faire remarquer que nous ne pouvons faire moins décemment, aujourd'hui, que de partir de ces prémices si nous voulons garder une chance d'aboutir à quelque résultat, en matière de littérature.

En le paraphrasant sans vergogne (dans son texte sur Lovecraft) et pour répondre à ses détracteurs irrémissibles, nous dirons que *si Houellebecq n'a pas de style alors c'est que le style n'a aucune importance.*

Car ce que Houellebecq a apporté de plus puissamment orchestré avec lui, c'est précisément son *style*, c'est-à-dire l'adéquation parfois paradoxale, et souvent fulgurante, de son langage et de sa pensée, et j'oserais dire de ses actes et de ses idées. Comme l'explique brillamment Christian Monnin dans un numéro de *Liberté* datant de 1999, le roman de Houellebecq, *Les particules élémentaires*, offre la particularité saisissante d'être en étroite relation d'homologie avec les théories scientifiques — physique quantique et biologie moléculaire — qu'il décrit, et qui forment et le nœud de l'« intrigue », et les postulats philosophiques sur lesquels le récit est élaboré, vérités auxquelles les pensées fragmentaires des deux personnages tentent chacune de leur côté de répondre avec les moyens dont elles disposent. Ce travail sur la forme et la construction du roman, qui

1 Appelons cela le neurocontrôle social de troisième type.

surmonte l'impasse du « nouveau roman » poststructuraliste, tout autant que celle du « réalisme » plus ou moins néonaturaliste, reprend à mon sens les postulats des auteurs du *stream of consciousness* des années 1910 à 1930, époque troublée s'il en fut, qui se vit recouverte de deux grands charniers successifs.

Il faut reconnaître que le traumatisme engendré par les totalitarismes brouilla très longtemps les esprits, et jusqu'à ce jour. De plus, le despotisme de la marchandise, désormais puissance tutélaire de la Terre, a peu de chance de savoir l'estomper. Les découvertes engendrées par les technosciences depuis 1945 semblent n'avoir pas encore pénétré les esprits, j'entends là ceux dont la tâche est de restituer aux autres le désordre métaphorique du monde et des consciences humaines qui le détruisent et s'y perdent, ceux qui se doivent d'écrire des romans.

Houellebecq est le premier écrivain français depuis longtemps qui ose se situer dans la perspective de la narration subjective neutre cristallisée par les auteurs du premier demi-siècle dont j'ai succinctement parlé plus haut, et ce, sans jamais tomber dans les pièges du « subjectivisme » intimiste et postromantique qui en France se revendique faussement de cet héritage. Il évite la froideur géométrique du roman poststructuraliste, et sans se perdre dans une quincaillerie référencée qui a perdu la SF française depuis près de vingt ans, il aborde de front les problématiques abyssales de l'individu au seuil du XXIe siècle, face à l'émergence critique des biotechnologies, *des technologies du vivant*.

Il est le seul auteur français qui à ma connaissance ait osé entreprendre cela en cette ère de nihilisme avancé, y compris alors qu'il en est le symptôme le plus net et le plus lucide.

Continuer à écrire des histoires comme Balzac, Stendhal ou Flaubert le faisaient n'est ni pire ni meilleur que de vouloir perpétuer l'œuvre de Proust, de Joyce ou de Kafka, car le problème bien sûr, si l'on voulait rester fidèle pour de bon à chacun de ces auteurs, serait de faire surgir comme eux, et avec leur talent, une véritable nouvelle forme littéraire.

À ceux que le réalisme naturaliste absolu a contaminés en profondeur, je me ferai une joie de rappeler comment Maupassant, élève surdoué de Zola et de son école, résumait en deux mots sa théorie de la littérature, et de l'écrivain : « être capable de fournir la description la plus parfaite possible d'un épicier ».

Un vendeur de moutarde mis en fiche par l'œil sévère du policier photographique, voilà quel était l'idéal littéraire de ceux qui allaient fonder sans le savoir la plus riche, la plus proliférante école littéraire de tous les temps : le roman-journalisme, c'est-à-dire le roman tapé à la machine et prêt-à-lire, dont la souche actuelle s'apparenterait au roman-scénario.

C'est-à-dire au roman *non écrit* à l'ordinateur mais *prêt-à-tourner*.

Il n'est pas une semaine sans que l'une de ces nauséabondes productions du genre humain n'envahisse mon journal, quand ce n'est pas mon écran de télévision. Il fut un temps béni entre tous où les émissions littéraires passaient tard le soir, longtemps après les niaiseries qu'on est en droit d'attendre d'un médium qui a fait de *La petite maison dans la prairie*, de *Casimir* ou de *Starsky et Hutch* un genre de classiques. Désormais, les écrivains se vendent presque aussi bien que les rock-stars, en *prime time*, on me dit même que niveau groupies notre corporation serait des plus compétitives et concurrencerait maintenant les théâtreuses et les cinéphiles, ce qui n'est pas rien. Ainsi, après deux ou trois coups de bluff intello-porno ces dernières années, l'édition française ose-t-elle maintenant exhiber sans pudeur ses talents de péripatéticienne confirmée, et le dernier de ses avatars. Un joli et mignon petit best-seller, paru dans une collection dénommée... « best-sellers » ! Autant dire que le livre est vendu à des centaines de milliers d'exemplaires avant même que d'être imprimé, car désormais c'est le département marketing qui décide si un livre se vend ou pas, et non pas le public, constitué de lecteurs, ce « parasite » incontrôlable. Nous voici confrontés au genre de miracle littéraire qui fait irrésistiblement mouiller les directrices de journaux, ou les productrices de télé, jusqu'à inonder les parquets cirés de leurs comités de rédaction. Un crétin d'architecte besogneux, mais joli garçon, dont la pose affectée main sous le menton index redressé contre la joue est depuis quelque temps déjà le signe de reconnaissance photographique de tout écrivaillon national qui se respecte, bref un petit minet travaillant pour un obscur cabinet de bétonneurs se fend d'une historiette pompée sur trois mille deux cent cinquante romans fantastiques avant lui, nous la relooke au goût du jour, tel l'appartement de San Francisco dont la description ouvre — si l'on peut dire — ce récit par cinq ou six pages d'ennui pur, ambiance *Décoration internationale*, parvient dans la foulée à convaincre Spielberg que son histoire est assez nulle pour que celui-ci en fasse un film, puis se permet de claironner à la presse médusée que son livre est déjà traduit en vingt-sept langues, avant de s'échouer sur Radio-Canada où, face à une journaliste un peu moins flagorneuse que ses consœurs françaises, notre nouvelle gloire nationale avoue presque humblement que oui, il doit le reconnaître, *tout cela n'est pas de la littérature.*

Eh non, que voulez-vous, nous n'avons pas la chance nous autres écrivains de survivre à l'abri d'un code professionnel nous protégeant des charlatans, bluffeurs et autres faiseurs à la petite semaine. Imaginez la tronche scandalisée de ce monsieur et de ses confrères si demain je me permettais de construire un bâtiment hautement lucratif, et à peine plus dangereux, et que devant les ruines fumantes, et les dizaines ou centaines de victimes, j'ose bramer que ce n'est pas si grave, que *ce n'est pas de l'architecture*. Par quelles fourches caudines l'Ordre des médecins et l'État de droit me feraient-ils passer si j'avais décidé d'opérer à vif dans un corps bien tendre, histoire d'y oublier un parapluie ou deux ?

Nous ne pouvons toujours pas, nous autres, invoquer l'*exercice illégal de la littérature*.

Un livre ne tue pas, me direz-vous ? En êtes-vous si sûrs ? Qu'est-ce qui fonde en vous cette certitude ? Comment pourriez-vous assurer qu'un tel succès obscène n'est pas en train de tuer un ou deux écrivains géniaux qui croupissent quelque part dans la misère et la solitude, et dont on refuse systématiquement les manuscrits, quand ils prennent la peine de les envoyer aux maisons d'édition ?

Un tel livre risque en effet de révéler les vocations d'une multitude de petits Rastignac de la néobourgeoisie littéraire, et au passage de proprement désespérer une poignée de jeunes poètes, qui succomberont à la nausée de voir une telle déchéance s'emparer de ce à quoi ils tiennent plus que tout au monde, y compris leur propre vie.

La médiocrité d'une époque est généralement proportionnelle au volume des poètes qu'elle voue au néant, avant même qu'ils n'aient produit, ou produit tout à fait. Ce volume de poésie exterminé dans l'œuf est aujourd'hui proportionnel au nombre de livres produits à la chaîne par le néant expansif de la non-pensée contemporaine.

*

Supprimer l'État, sans vouloir comprendre le délicat mécanisme de l'anthropogenèse, c'est uniquement préparer le terrain pour une nouvelle tyrannie. Conserver l'État, sans vouloir comprendre le délicat mécanisme de l'anthropogenèse, revient à préparer le terrain aux anarchistes.

Derrière tout anarchiste se cache un autocrate.

Marx l'avait deviné.
Mussolini et Staline en apportèrent la preuve.

Je me sens dans l'obligation d'affirmer une fois de plus que l'économie de marché est une fatalité d'ordre « naturel », au sens évolutionniste du terme, au même titre — dirions-nous — que la bipédie et le redressement du tube neural dans le processus d'hominisation, j'entends par là que la société marchande industrielle semble une nécessité surgie du chaos déterministe particulier nommé « histoire », ainsi que de l'anthropogenèse continuant son œuvre paradoxale via les sciences et les techniques. Il est clair que Marx devina à plusieurs reprises cette ontologie évolutionniste, « détail » que la plupart des « marxistes » (à l'exception notable des situationnistes) s'empressèrent d'oublier. Il est à noter aussi que tous les sous-modèles révolutionnaires surgis de la pensée antibourgeoise la plus « critique », à gauche comme à droite, du bolchevisme au fascisme, furent dans l'incapacité de fournir la moindre réponse viable aux terrifiantes questions que l'industrialisation des sociétés soulève.

Il apparaît bien que l'industrialisation des sociétés humaines marque la fin du règne historique de l'Homme. Toutes les solutions « humanistes », des plus « rationnelles » au plus « illuminées », ne débouchent que sur la dévolution autocratique ou népotique du pouvoir politico-économique. De quelque façon qu'on les prenne, avec leurs différences fondamentales, et leurs troublantes analogies, socialisme universaliste ou socialisme nationaliste ne s'avèrent que des sous-produits de la pensée bourgeoise des XVIIIe et XIXe siècles.

Admettre le crépuscule de l'Homme, ce n'est ni lui faire perdre sa dignité ni l'obliger à s'éteindre de façon absurde, c'est au contraire le placer face à ses responsabilités d'anti-animal transitoire qui doit sans plus attendre assumer la transformation générale de son économie biopolitique en vue de préparer au mieux l'avènement de ce qui va, de ce qui *doit* inéluctablement lui succéder.

En d'autres termes : le despotisme de la marchandise est le cycle terminal d'une certaine phase de l'hominisation sur cette planète qui, en l'absence d'un programme d'hominisation supérieur, fonctionne selon le mode opératoire de la méta-*stase* totalitaire. Grâce à sa brutalité et son aveuglement, aux totalitarismes surgis de son sein et à l'anéantissement préalable des aristocraties militaires et religieuses chrétiennes qui la laissa libre d'agir à sa guise ou à peu près, la bourgeoisie technolibérale du XXe siècle s'est permis d'unifier le monde dans son flux marchand et iconique irrépressible. Certes son positivisme la condamne en toute certitude, mais ce sont là ses limites, donc ce qui fonde les possibilités futures. En clair, rien n'est plus concevable hors des espaces fondamentaux de la science occidentale, et surtout pas son dépassement. L'incroyable inventivité technique des sociétés capitalistes n'est plus, je crois, à démontrer. Ceux qui pensent qu'un modèle moins inventif, moins complexe, *moins métastatique* est en mesure de tracer les plans d'une quelconque alternative nous préparent les mêmes désastres que ceux survenus il y a près d'un siècle, lorsque la réaction « nationaliste » et la réaction « socialiste », avec l'aide d'« anarchistes » de toutes « sensibilités », tentèrent simultanément, et de façon parfois rivale, parfois connivente, d'abattre les démocraties marchandes.

Si nous voulons conserver une chance de sauver l'héritage de l'Homme de l'anéantissement et de l'oubli, nous devons penser plus haut, voir plus loin, faire plus grand que le petit homme national-social-libéral du XXe siècle ; si nous ne voulons pas que le despotisme de la marchandise empêche par sa glaciation tout surgissement métaphysique mettant en question ses fondements philosophiques « humanistes », et donc tout processus d'hominisation supérieur, nous devons soumettre la néobourgeoisie technomarchande à un chaos plus complexe, à un ordre bien plus riche et bien plus fragile, plus puissant et toujours plus inachevé. Nous devons la contraindre à œuvrer pour l'accélération du processus, son intensification, précipitant ainsi sa propre fin, sa décomposition, en vue d'un projet humain, métahumain devrais-je dire, probablement plus intéressant sur le plan évolutionniste.

Dans le cadre de l'hominisation, cela signifie une révolution esthétique, éthique et métaphysique dont l'ampleur est à proprement parler inimaginable.

Car de fait le métahumain à inventer, cette civilisation expérimentale, ce métahumain des révolutions biologiques et nanotechnologiques sera plus indéterminé encore, plus *néoténique*, son évolution sera constante, et ouverte, car ni son corps ni son cerveau n'auront encore échappé à l'emprise terminale de la marchandise, de l'objet-signe-valeur. Des simples organes de rechange, on sera passé à la biologie moléculaire en kit, et notre code génétique servira peut-être à quelque multinationale pour la conception d'un médicament très rare, en échange de royautés substantielles. C'est nous-mêmes, dans notre intégralité, notre intégrité physique, qui seront à vendre, par actions. Human Being Incorporated. Nos organes, nos cellules, nos gènes seront négociables, ils circuleront dans un réseau biotechnologique qui formera l'ultime métastase du projet industriel marchand. Nous devons admettre qu'il s'agit là du prédicat qui fondera notre condition future. C'est à nous d'œuvrer pour en faire un art de vivre, un *art* tout court, à nous d'œuvrer, dès maintenant, afin d'en faire surgir de nouvelles libertés, à nous d'inventer les horizons métaphysiques à la mesure, et les contraintes morales à la hauteur.

Voir dans l'infrarouge ou l'ultraviolet, ou plus loin encore dans le spectre jusqu'alors invisible, sentir des traces olfactives rémanentes avec la précision d'un chien de chasse, percevoir par l'ouïe amplifiée jusqu'aux plus infimes des vibrations venues du cœur de la terre, allonger ses os et ses muscles pour se doter d'ailes plus ou moins transgéniques permettant de voler tel un oiseau dans les habitats en microgravité, intégrer à ses sens perceptifs des processus de traitement numérique du signal et de l'information, cohabiter au sens strict — partage de l'enveloppe biologique — avec des créatures technologiques plus ou moins « cognitives », voir éclore à nos côtés une nouvelle zoologie purement anthropotechnique — comme dirait Sloterdijk —, une « faune » étrange constituée d'animaux chimériques et d'êtres vivants « artificiels » aux intelligences parahumaines, tout cela est en état de gestation avancée, il serait sans doute temps pour les « intellectuels » occidentaux d'annoncer aux populations, et à leurs gouvernements respectifs, la naissance imminente d'un Nouveau Monde *Très Brave* en effet, et qui pourra sans doute entreprendre quelque chose de *surprenant* sur les ruines de l'Homme.

Déjà, la vision d'une comédie musicale en Technicolor des années 1950, ou d'un vieux film de gangster en noir et blanc de la Warner, et l'écoute de leurs bandes-son musicales m'emplissent d'une nostalgie analogue à celle éprouvée pour d'antiques mondes perdus, en passe d'être oubliés. Des mondes pas moins perdus que le siècle de Chopin, celui de Mozart, ou celui de Monteverdi, des troubadours du XIIe siècle, ou des rhapsodes grecs. Et qui ne datent finalement que de juste avant ma naissance !

Quand les partitions de Gershwin, de Bernstein ou de Hermann résonneront dans l'espace capitonné des stations orbitales, elles évoqueront indubitablement ce moment particulier du dernier homme, ce bref mais intense moment de splendeur, de *glamour* pur que fut la production de l'âge d'or de Hollywood, au cœur du XXe siècle, entre — disons — 1920 et 1970, comme l'ultime éclat d'un crépuscule depuis longtemps annoncé, et dont même le souvenir s'efface.

Nous sommes entrés dans la nuit.

La nuit, et son horizon d'étoiles, voici le cœur de notre prochain royaume.

Nous agrandir aux dimensions du cosmos nous coûtera l'innocence du monde unitaire d'origine, mais nous coupera d'un cynisme humaniste et libéral toujours plus médiocre, sans cesse condamné à reformuler les cadres de cette médiocrité. Cela nous coûtera de nombreux mensonges et illusions, et nous engagera face à la peur de l'inconnu, face à la vérité. Il faut n'en pas douter c'est dans la nuit que l'homme voit le plus clair, c'est dans la nuit qu'il avance le plus vite, de son pas le plus sûr, pour échapper aux dangers de la vie sauvage, s'il ne cède pas à la panique, s'il fait de la peur une sœur de route et une compagne auprès du feu, jusqu'au cœur des rêves, s'il ose faire de la nuit son territoire d'exploration, l'homme peut parvenir à une authentique lumière, il peut faire de sa conscience cette lumière, il peut tenter par elle d'éclairer le monde plongé dans la nuit, dont ne lui parviennent que des ombres indistinctes, les mystères et les fantômes du réel, il peut, s'il en a le cran, se confronter au fait que la nuit est infinie, que le jour n'est que l'illusion météorologique du Temps, que la nuit est faite pour lui, comme le désert pour le chameau, et le serpent qui le tue.

Élaborer un livre comme un secret stratégique.

Un secret qui ne dévoilerait que la présence d'autres livres, d'autres secrets encore en gestation.

Un secret que vous ne partagez même pas avec vous-même en tant qu'auteur, en tant que conscience achevée, car ce secret, vous l'aurez compris, ce n'est pas tant « vous-même », votre « moi », cette pauvre fiction de troisième zone, que le moment, ou plutôt la séquence de moments où il s'anéantit en tant que petite particularité individuelle, locale, sociale, nationale, historique, dans cet Éternel Retour de la sensibilité artistique poussée jusqu'au degré de l'incandescence mystique, quand il s'agit de percer le secret du réel, en dégonflant au préalable cette baudruche qu'est l'identité personnelle.

Or cette démarche est impossible à effectuer si l'individu qui l'entreprend n'est pas contaminé au plus haut degré par la culture alphabétique, *la culture du livre* ; pour oser entreprendre l'annihilation authentiquement créatrice de son moi, encore faut-il en posséder un.

Je pourrais commencer par dire que ce livre-ci, ce volume particulier du *Théâtre des opérations,* sera comme les précédents basé sur mes vides, sur mes manques, je veux dire sur tous les livres que je n'ai pas encore lus mais qui sont à l'horizon de ma « bibliothèque de survie », et qui furent comme éclairés par des livres lus précédemment. Guy Debord et ses *Panégyriques* me projettent, en me faisant repasser par Clausewitz, jusqu'au cardinal de Retz, dont les *Mémoires* attendent sur le bord du bureau qu'un certain nombres d'ouvrages aient été préalablement engloutis, dont deux textes de Karl Kraus, un écrit de Blanchot sur Henri Michaux, et un autre de Karl Stern sur l'anéantissement des pulsions féminines à l'œuvre dans les névroses du rationalisme, sans compter *Les égarements...* de Crébillon fils, la *Vita nuova* de Dante et les *Canti* de Leopardi, que non, figurez-vous, je n'ai encore point lus, oui, ainsi ce journal se fonde sur l'absolue et dévoratrice boulimie de ma conscience qui vise à combler ses lacunes, sans jamais y parvenir bien sûr — le moindre passage dans une librairie bien garnie me confronte à l'impossibilité de la tâche, et le moindre livre bien pensé, donc bien écrit, renvoie généralement à une petite bibliothèque de poche —, ce « laboratoire de catastrophe générale » ne sera donc jamais que le dévoilement de plusieurs niveaux de vérités psychiques fort aléatoires, et sans doute incertaines, mais il est cet espace a-romanesque où ma conscience peut se libérer des contraintes thermodynamiques que l'art du récit a accumulées au cours du

XXe siècle, et dont je ne suis qu'un processus avancé de décomposition sans doute, je peux ainsi, sans tomber dans le ridicule qui consisterait à essayer de les imiter, ou à vouloir reprendre le roman là où ils l'ont laissé, me fondre par instants avec les ombres des auteurs du *stream of consciousness* du début du siècle, Proust, Virginia Woolf, Thomas Mann, D.H. Lawrence... Je peux juste laisser mon énergie psychique opérer d'elle-même la séquence des modes d'expression et des relations au réel qu'ils présupposent, et engendrent.

L'expérience la plus troublante, car parfaitement inattendue, qui me fût survenue l'année dernière lors de la rédaction du *MSTZ*[1], fut la soudaine — quoique timide, délicate et incertaine — irruption du pur langage poétique au sein de mon cheminement critique et métaphysique. Certes, je savais qu'il ne s'agissait que d'une forme mineure de poésie, ce que ne manquerait pas de remarquer le critiquaillon gentiment planqué derrière son histoire littéraire et ses anthologies complètes, et en effet certains textes me semblent dès aujourd'hui à peine dignes d'une publication, mais je ne me suis pas senti à l'époque le droit de les évacuer d'un revers de crayon rouge, sous prétexte qu'ils vieilliraient et mourraient sans doute avant moi, alors qu'ils avaient mis en éveil ce dangereux processus. C'est à ce moment-là, je me dois de le noter, qu'une nouvelle tension esthétique a surgi, là où je ne l'attendais pas, c'est-à-dire d'une confrontation systématique avec le quotidien technologique et la (bio)politique contemporaine, la philosophie, et l'art du roman.

Ces moments singuliers me parurent les moments de liberté les plus hauts : en même temps qu'ils m'ouvraient sur leur jeu spécifique de contraintes internes, je décou-

1. *Manuel de survie en territoire zéro, Le théâtre des opérations*, Gallimard, 2000.

vrais une extase pure, libérée des contingences du récit, et pouvant donc se permettre de se les réapproprier, de les ingérer dans son processus éminemment destructeur.

Prose et poésie ne m'apparaissaient donc plus comme des entités dialectiques et idéales entre lesquelles l'esprit devrait choisir, mû par un tropisme exclusif, mais comme des variations d'intensité, de durée, de structure et de forme au sein d'un même flux de conscience, permettant l'expression d'un antimonde par miracle apparu dans un cerveau singulier comme mutation critique de ce biotope particulier de l'humanité : la cognition. Ou comme on disait avant : la *Connaissance*. La *gnôsis*. C'est-à-dire ce moment où la conscience se sépare du monde pour mieux s'en emparer, ce moment où elle se forge de nouvelles contraintes pour mieux se libérer, et expérimente de nouvelles libertés pour entrevoir des règles plus complexes, mais pas moins terrifiantes que leurs précédentes, bref, ce moment étrange où le Serpent du Verbe se glisse dans votre cerveau et y injecte le venin sacré, ce moment où quelque chose — ce n'est plus vous mais ce n'est pas tout à fait un autre — surgit et parle, comme ces cas de personnalités multiples où, tour à tour, les *personnae* de la conscience éclatée « viennent sous le projecteur », image métaphorique explicitement vécue comme expérience sensible par ces cas de psychoses limites qui nous confrontent directement à la complexité sous-jacente à cette fameuse phénoménologie de l'esprit, et à nos représentations du monde, et de nos volontés.

La liberté, c'est la solitude de l'homme dans le monde.
L'égalité, c'est l'égalité des hommes devant la mort.
La fraternité, c'est le mot qu'on emploie pour aller tuer d'autres hommes.

*

Cette prétention des petits hommes d'aujourd'hui, tous « si fiers d'être ce qu'ils sont », quand ils ne sont pas tout bonnement « ce qu'ils sont », envers et contre tout, en toutes circonstances, sous toutes les latitudes, toujours les mêmes tels que figés dans la soupe refroidie des formules sociales du dernier homme, voire du premier posthomme — ce touriste hyperactif —, avec leurs minables uniformes quotidiens, inchangés depuis le lycée, et qu'ils se seront attribués selon les tribus auxquelles ils se seront affiliées dans la nécrose marchande générale : baba cool, punk, new-age, yuppie, néohippie, intello-de-gôche poststalinien, anarcho-hacker, gentleman-farmer... Cette philosophie de collège qui empoisonne désormais tout l'espace des discours ambiants (on fit à une époque des musiques d'ambiance pour supermarchés et ascenseurs, il existe désormais une *sociopsychologie d'ambiance*, chargée de répandre en continu une poignée de principes sacrés par tous les moyens audiovisuels possibles), cette sous-pensée qui fait de l'être une densité continue et préexistante à l'émergence d'un processus critique de la conscience qui précisément cherche sans cesse à l'inventer, ce discours lénifiant et humanitaire qui invoque sans cesse l'intégrité, la transparence, le naturel et l'authenticité, tout en invoquant l'art (alors que *l'Art est artifice*, ce que la simple phonétique nous apprend, à défaut de l'étymologie), ce sous-langage qui a fait du style l'ennemi, en se couvrant de l'alibi « révolutionnaire » ou « subversif », et qui aura donc servi à l'entropie générale du système marchand, ces « être-là » avant toute existence, qui n'ont qu'à ouvrir la bouche pour savoir parler, sans avoir jamais rien lu d'important, toute cette dévolution petite-bourgeoise qui règne sur les esprits, les corps, les images, les discours, oui tout cela est le symptôme d'un anéantissement qui se fait chaque jour plus sensible, l'apoxie est générale, ne règne plus qu'une infâme pollution, bien plus sale et dangereuse que les gigatonnes de déchets dont nous pourrissons les eaux de la terre et du ciel, car cette hideuse matrice nous interdit désormais toute métaphysique supérieure, toute nouvelle hiérarchie, et par principe tout dressage, toute sélection, elle désire le calme plat du désert télévisuel-publicitaire, des raves humanitaires et des parades techno, ce désert qui croît autour de nous à la mesure de notre expansion, et dont nous sommes si fiers.

*

Je me souviens la première fois où, revenant d'une rave en banlieue parisienne, vers 1991 — pas loin de quarante-huit heures sous l'emprise de divers psychotropes —, je m'étais longuement interrogé sur un des aspects émergents qui m'apparaissaient comme douloureusement problématiques dans le mouvement de la musique dite « techno ». Alors que les pionniers de la musique électronique avaient tous été de brillants lecteurs et écrivains (Brian Eno, Kraftwerk, Robert Fripp, Bill Laswell, Richard Pinhas et bien d'autres en sont de vivants témoignages), au début des années 1990 un large mouvement consensuel (réunissant artistes et public) pris le prétexte de se « libérer » des « contraintes » de la « chanson » pour balayer sans pitié toute présence du *texte* dans le champ orchestral de cette musique. La techno, née cinq ou six ans auparavant de la synthèse hautement disjonctive entre la musique industrielle européenne et la *soul* de Detroit, et où s'élaborait une esthétique mutante, croisement génétique entre le néo-expressionnisme photoélectrique de Herr Schneider und Hutter et les rythmiques afro-digitales du hip-hop alors naissant, fut dès lors expurgée de tout ce qui pouvait un tant soit peu menacer les nouveaux paradigmes du capital de troisième espèce, qui allait en faire son ultime forme d'intégration audiovisuelle ; cette musique, dont la puissance d'évocation spécifique (psycho-globale, dirons-nous) n'est plus à démontrer, permettrait d'accomplir l'aplanissement sociobiologique auquel rêvaient tous les patrons d'agence de marketing ou de multinationale du disque : un « langage » international, susceptible de « fédérer » plusieurs générations et des cultures diverses autour de quelques principes publicitaires globaux, un petit catalogue de patterns rythmiques hérités du métronome disco, plus une bonne dose de postmodernisme dégénéré, et le tour était joué ; pour cela la Babel alphabétique est un obstacle qu'il faut impérativement dissoudre, il faut donc y dénoncer, en bannir ce résidu intempestif du « vieil ordre », en un mot : le Logos. L'Art pour tout dire. Ce fut le moment où une armada de petits crétins incultes firent savoir que le « rock était mort » et que les « DJ » participaient d'un mouvement basé exclusivement sur la musique et la « danse », sans plus aucun « star-system » et surtout sans plus le moindre texte (sinon quelques slogans débiles martelés jusqu'à plus soif), preuve s'il en était qu'ils obéissaient servilement (sans le savoir peut-être mais cela n'a que peu d'importance) aux impulsions du nouveau centre de commandement métalocal et hyperpublicitaire. Cette nuit d'été 1991, alors que nous roulions sur l'autoroute, sous le ciel de sodium d'une nuit postatomique, j'avais fini par me dire que tout cela, du coup, était vain. Les rares d'entre nous qui avaient cru que la musique électronique pourrait s'avérer l'instrument supérieur d'une synthèse esthétique porteuse de tout l'héritage humain se voyaient confrontés aux platitudes humanitaires de la world music et à la philosophie de fonctionnaire onuzi qui est celle du « musicien » moyen de notre époque informe.

La fin d'un septennat plus tard tout au plus, la cause était entendue. Jack Lang et quelques autres plumitifs de la gauche humanitaire se trouvaient déjà plus ou moins aux commandes du nouveau programme de rééducation de l'Utopie-pour-tous-et-par-tous. La « techno » devenait un « espace fédérateur » où les « barrières linguistiques, ethniques, sociales et sexuelles disparaissaient au profit de nouvelles formes de solidarité », bref la conspiration égalitaire marchande entendait bien asservir les nouvelles populations de l'axe métropolitain à son flux économique transglobal, pour cela la musique devenue processus-flux dans le cycle interminable de la marchandise permettait de transformer les bipèdes ainsi contrôlés en simples processus-flux à leur tour, microvariations plus ou moins aléatoires d'un vaste mouvement brownien régi par des DJ plus totalitaires encore que le plus crétin des groupes de hard rock.

En ce qui me concerne je comprenais que tout était perdu, la guerre semblait être le seul horizon viable.

*

Nous devons comprendre les technologies comme des biotopes. Mieux, il semble bien que le biotope humain — le plan d'évolution coextensif naturel de l'homme — soit la cognition en tant que telle, en tant que processus évolutionniste du « troisième monde », tel que conceptualisé par Popper.

Cet « intermonde » de la cognition, pas plus que les autres, n'est préécrit puisque c'est précisément là que doit s'opérer l'écriture du chaotique parcours humain qui dessine au fur et à mesure les réseaux de son labyrinthe. L'homme a sécrété son univers technologique avec autant de *naturel* qu'une araignée tisse sa toile, et même si sa construction, à la différence des productions animales, est sujette au développement néoténique dont elle catalyse l'existence, et que nous nommons histoire, on ne peut plus ignorer encore longtemps cette ontologie spécifique qui non seulement nous distingue du monde animal, végétal et minéral, mais nous en éloigne un peu plus chaque fois que, par nos connaissances, nous nous en rapprochons.

La cognition, la Connaissance, comme l'ensemble des phénomènes naturels, et à la différence de nos nombreuses élucubrations idéologiques (qui marchent par simple accrétion ou par dualisme), fonctionne par « saut quantique », par « crises ontologiques », et avec de nombreuses difficultés vus les paradoxes sans cesse engendrés par son véhicule biologique ; ainsi les dynamiques sociales créées par nos facultés d'apprentissage doivent être vues comme de simples routines censées permettre chaque fois l'émergence singulière d'un algorithme novateur — née de la « grâce » pure, ce moment étrange du saut quantique critique —, sauf que les sociétés et les cultures, niches protectrices de l'homme et de son instinct de conservation, ont pratiquement tout le temps cherché à réprimer l'émergence de telles innovations.

Seuls les Grecs, et plus tard la bourgeoisie capitaliste occidentale née de l'hymen trouble entre la Renaissance et la Réforme, sont parvenus à créer des modèles de sociétés précisément fondées sur le prédicat inverse, la seule différence entre les Hellènes de l'âge classique et l'homme moderne de l'an 2000 pouvant se résumer précisément à ces deux millénaires et demi d'histoire, c'est-à-dire au fait qu'entre Héraclite et nous deux termes bouclent l'absurde et atroce marche de l'homme dans les ténèbres, et que les métaphysiciens ou philosophes d'alors pouvaient encore s'interroger sur des horizons qui n'avaient pas été forclos par l'apocalypse de la marchandise.

La nuit, la ville livre son vrai visage, celle d'une pure abstraction dans laquelle la vie se débat sans que jamais aucune relation immédiate, directe et sensée ne s'établisse entre elles.

Ce qui me fascine le plus dans le Christ, c'est qu'en dépit des mésinterprétations, traductions, corrections, erreurs, falsifications que deux mille ans de christianisme (et d'antichristianisme) auront en quelque sorte accumulées par-dessus son expérience, quelque chose de son message continue de nous parvenir.

C'est selon moi la seule preuve tangible qu'en dépit de toutes les vicissitudes, du martyre de la Croix jusqu'à Son anéantissement un million de fois répété à chaque seconde qui se perpétue aujourd'hui, oui, cela prouve qu'en dépit de cette entropie humaine, si humaine, trop humaine, en dépit de la mort, en dépit de tout, quelque chose de (sur)vivant a perduré.

*

Comment se fait-il qu'un monde mort puisse produire tant de choses, tant de merveilles ? C'est que nous assimilons faussement la mort au *repos*. La mort n'est que le processus par lequel un être vivant se décompose pour donner naissance à d'autres formes de vie. Il n'y a, pardonnez-moi, rien de plus *vivant* qu'un cadavre, à condition toutefois qu'on ne l'embaume ni ne le momifie.

L'humanisme occidental des Lumières a produit l'anti-homme socialiste du XXe siècle. Né des brumes les plus épaisses du marxisme, et de l'anarchisme proudhonien, l'homme mis au service de l'État et de sa « communauté naturelle », qu'elle fût politique, raciale ou sociale, se devait de supplanter le désordre marchand et l'ordre bourgeois. Pourtant, bien qu'il fût sans conteste le pionnier et le génie de ce mouvement critique, le philosophe Karl Marx laissa entrevoir à diverses reprises dans ses textes ce qu'il soupçonnait devenir un jour les flots délirants du messianisme séculier. Les digues théoriques étaient néanmoins fort malingres et, noyées dans la masse monumentale de ses écrits, ne parvinrent point à la conscience de ceux qui les avaient mal lus, voire pas du tout, et qui pourtant s'en réclamaient.

Les situationnistes furent les seuls penseurs marxistes qui comprirent — me semble-t-il — que de Marx l'essentiel résidait dans sa théorie générale de la marchandise et de la formation du capital. En tout cas, eux, ils l'avaient lu.

Marx — selon moi — commis surtout l'erreur magistrale, parfaitement positiviste, de croire qu'en analysant les processus de formation économiques et sociaux du capitalisme, on pourrait élaborer un « contre-modèle » social et économique pertinent. Or il n'y a rien dans ces processus en tant que purs phénomènes qui puisse nous ouvrir quelque peu sur un nouvel horizon métaphysique susceptible de les transformer en les précipitant vers un nouveau composé, une nouvelle dynamique. Nous dirons plus précisément qu'ils ne forment qu'une cartographie spécifique du corps sans organes ainsi constitué.

Seule une révolution préalable de la « conscience », c'est-à-dire une révolution biopolitique de l'individu, entreprise par l'individu contre l'ordre du monde et le chaos de la société, dans sa solitude considérée comme infinitude, et grâce à une empathie envisagée comme pouvoir de transgression absolu, est en mesure de donner un sens véritable aux processus économiques dont la bourgeoisie marchande a été le vecteur.

*

Il est peu probable que je puisse un jour souscrire à la vision du monde d'un Hegel, ni même d'un Heidegger, et encore moins d'un Adorno, non que je ne comprenne leurs théories, ni ne m'y accorde, ni l'inverse d'ailleurs, mais une distance inépuisable semble devoir à tout jamais me séparer de leur mode de pensée, de leurs écrits, et surtout de leur style, quelque chose m'a toujours tenu éloigné des doctes philosophes universitaires, même et surtout quand j'accomplis l'effort de les lire.

Pourtant bien des textes de Heidegger fument souvent

comme d'étranges cheminées dans les ténèbres de mon horizon. Je veux dire comme les torchères d'une raffinerie consumant toute la philosophie occidentale dans une précieuse, et parfois très coûteuse, opération de terminaison critique, et c'est par sa distance que sans doute certaines parties de sa pensée ont pu s'agréger, contre toute attente, à la mienne.

Pourtant, que les doctrines d'un Hegel soient fondées ou erronées n'a au bout du compte que peu d'importance, car ce qui compte c'est le nombre de contre-théories *délirantes* qui se sont dressées face à son imposante stature et qui, croyant « dépasser » le maître, selon les inflexibles lois de la dialectique, ne firent que magnifier son modèle à une échelle qui, justement, les dépassait outre mesure. Celles d'Adorno par exemple.

À l'inverse de Hegel qui voyait dans l'*Esprit* une sphère transcendante, et quoiqu'il ait fait tout son possible pour la réintégrer par son jeu dialectique dans le monde de la Nature, il ne nous est plus permis de concevoir cette sphère comme séparée a priori de la phénoménologie du cortex et de l'ensemble des fonctions cérébrales, donc d'une biologie de la Connaissance, et il nous faut alors admettre que l'*Esprit* n'est pas une densité imposante qui structurerait les relations historiques de l'Homme avec la Nature, mais un moment thermodynamique très rare de la conscience qui ne se constitue que sur son anéantissement, comme si la conscience de l'Homme, ce « joyau de l'ordre naturel », n'était au bout du compte qu'un lot de routines sociobiologiques supérieures qu'il convient de constamment détruire pour parvenir à une authentique *cognition*.

Mais Hegel, dans son génie, avait compris toute la portée d'un « événement » comme la Révolution française. Car il avait compris, comme de Maistre, que la Révolution n'était justement pas un « événement », même très particulier, de l'Histoire humaine, car elle était, *elle est toujours une « Époque »*. Et qu'avec cette « Époque » l'homme entrait dans le monde de la fin de l'histoire, de sa propre fin.

*

Haider, très-méchant fasciste, mérite sans doute les trois cent mille personnes venues de toute l'Europe hurler sous ses fenêtres. Sans vouloir chausser ses mauvais patins de populiste xénophobe — qu'il se débrouille avec ses non-idées —, je ferai remarquer que pour le moment Haider n'a encore tué ni déporté personne. Nous noterons à l'inverse que les déplacements répétés de Fidel Castro auprès des divers banquiers de la planète (pour qu'ils comblent de notre argent les trous béants de son économie exsangue) n'alertent ni l'opinion ni les médias, et encore moins les jeunes radicaux de ma génération décervelée. Mais j'oubliais un peu rapidement que Castro n'est pas un méchant fasciste réactionnaire : en tant que lumière du socialisme, il s'est en effet contenté de faire assassiner, déporter, disparaître, emprisonner, puis s'exiler des dizaines de milliers d'opposants, suppôts de l'impérialisme démocratique occidental.

*

Il y a deux mois, en janvier, rencontre déterminante avec Jeremy Narby, lors d'un colloque consacré aux frontières de la science, en cette bonne ville de Cavaillon.

Je viens d'un monde — la banlieue — où le quotidien enseigne au regard et à l'instinct les fulgurantes méthodes du scanner psychologique d'urgence. Savoir détecter l'embrouille, et l'embrouilleur, avant même qu'elle et il ne surviennent, se dresser un portrait rapide mais doublé d'une sonde en profondeur dans le cœur de l'homme, lire une intelligence cachée au fond d'un iris, ou la bêtise plate à sa surface, bref photographier une nature en saisissant les trois ou quatre détails fondamentaux de toute personnalité, de tout comportement humain prévisible, n'est jamais que de l'ordre de la stricte survie animale. (Mais que cela vienne à manquer, même dans une société civilisée, vous risquez votre vie, et bien pire que la mort.)

Lorsque je m'avance vers lui pour lui serrer la main la première fois, alors qu'on nous présente officiellement à l'entrée du centre culturel municipal, je vois un visage lumineux, presque facétieux, des yeux rieurs et tout à la fois pleins d'une sagesse attendrie sur le monde.

Très vite, les barrières tombent, comme dissoutes en une petite minute par un pur courant de télépathie. On en viendra vite à l'essentiel : où se rouler un joint commodément en ces lieux, problème vite résolu, puis, en à peine moins de temps qu'il n'en faut pour coller deux bandes de Riz La Croix l'une sur l'autre, nous voilà ébahis devant tant de simplicité cosmique. Le livre de Jeremy, que j'avais lu en 1996, avait été un tel choc, révélant des données scientifiquement collectées dont j'avais plus ou moins intuitivement deviné l'existence (coextension métamorphique de l'ADN et du cerveau), que je devais en faire une des pierres angulaires de ce premier « roman d'anthropologie métahumaine » que fut *Babylon Babies*. Trois ans plus tard, quelque mois après sa parution, l'éditeur de Narby fut dans l'obligation de constater une substantielle accélération des ventes de l'ouvrage de Jeremy. Vu la confidentialité de cette maison d'édition, quelques centaines de volumes firent certainement impression, mais là n'est pas le plus important. L'éditeur fit le rapprochement. Et invita Jeremy à lire *BB*.

Ce jour-là, face à Jeremy qui m'exposait calmement ses aventures dans l'Amazonie chamanique, il me devint évident que mon destin venait à nouveau de percuter un météore de pure transfiguration. Désormais, mes pas me conduiraient directement au cœur de l'Amazonie péruvienne, sur ses traces, à la rencontre de l'Ayahuasca.

Rendez-vous fut pris pour septembre de cette année.

Je décidai dès mon retour à Montréal d'apprendre l'espagnol durant l'été, et je prie depuis pour que ce ne soit pas une velléité de plus.

*

Le colloque Science-Frontières m'avait invité en tant qu'auteur de fiction à clore ces journées consacrées aux marges de la recherche scientifique par une participation à une table ronde, avec plusieurs membres éminents de l'université pas vraiment en odeur de sainteté auprès de leurs institutions académiques.

Ce colloque, comme tous les phénomènes qui lui sont apparentés (ufologie sur le web, dérives religieuses, délires antitechniques, etc.), présentait l'étonnante caractéristique, si éminemment moderne, de mêler les vérités les plus étranges aux élucubrations les plus logiques d'une façon si homogène que, telle une sauce ou une mayonnaise parfaitement montée, il est impossible d'en décomposer les éléments constitutifs à moins de posséder quelque pierre philosophale, ou accélérateur de particules.

Puisque mon travail d'auteur de fiction est précisément, selon moi, de savoir atomiser de telles constructions de l'esprit grâce aux radiations de l'écriture, je me suis permis, la veille de mon intervention, de rédiger un texte répondant à la « question » qui nous était posée à tous, invités de la table ronde de clôture, de cette inimitable manière, floue et indirecte, qui distingue notre culture (post)moderne : *Mille ans à inventer*.

Fichtre, m'étais-je dit cette nuit-là, devant le Macintosh municipal, voilà un programme qui avait eu son heure de gloire dans un passé pas si lointain. Le Millenium de l'Homme nouveau repointait son nez sous les recettes de méditation transcendantale par injection intraveineuse de protéines de soja. Il fallait mettre un terme à cette mascarade new-age, et j'y ai mis un *terme*, comme il était convenu, mais d'une façon pour le moins imprévue.

Le jour venu, devant l'auditorium bondé, j'entamai ma lecture tout de go après une brève présentation liminaire par le modérateur de service. À peine avais-je lu un ou deux paragraphes, et malencontreusement cité Rimbaud, qu'une vibration hostile, quoique indéfinissable sur le moment, s'est emparée d'une bonne partie de la salle. Peu impressionné par cette vaguelette à la puissance pourtant croissante, j'ai poursuivi.

Mon texte tenait sur quatre feuillets. Dès le début du deuxième, quelques interjections peu amènes me sont parvenues, la voix acariâtre d'une névrosée de la bouffe bio a résonné sèchement, m'enjoignant l'ordre d'éteindre ma cigarette, j'ai failli répondre qu'ils avaient tous de la chance que je n'eusse pas allumé ma fumaison habituelle devant les notables de la ville et de la région, mais je me devais à ma lecture, j'ai donc poursuivi sous une vague de huées et d'insultes diverses, un médius tranquillement dressé s'offrant le luxe d'être clair et net, des groupes sortaient de la salle en m'invectivant à qui mieux mieux, mais dans le même temps d'autres y entraient, attirés depuis la cafétéria où les débats étaient retransmis sur un écran vidéo par ce soudain chaos, où quelqu'un osait parler de la Mort de l'Homme.

Rien ne pouvait m'empêcher d'aller jusqu'au bout, sinon une balle. Personne n'a encore eu l'idée de me tirer dessus pour me faire taire. C'est donc vivant que je suis parvenu au point final du quatrième feuillet.

L'intervention, fort louable, d'Alain Mamou-Mani, tentant d'expliquer à une demi-salle restante, à peine moins hostile que celle quittant les lieux, qu'elle n'avait point compris ni respecté l'œuvre d'un « poète », ne pouvait qu'ajouter à la confusion. Car qu'avais-je fait au juste, saperlipopette, sinon ce pour quoi on m'avait fait venir depuis l'autre bord de l'Atlantique ?

Le problème des masques de l'identité humaine, c'est que, collés à nos existences, à nos corps comme ils le sont, il faut un acide particulièrement corrosif pour entreprendre de les dissoudre. Et cette opération est extrêmement douloureuse pour celui qui en est le sujet, je devrais dire l'objet, et qui voit toute la petite mécanique de son théâtre psychosocial lui couler entre les jambes comme une diarrhée irrépressible.

À cet instant, généralement, la bouillie identitaire s'insurge et de sa voix d'égout répand la nauséabonde infection qui lui tient lieu de langage. Auquel il convient de répondre en fermant la bouche et en se pinçant le nez.

La presse locale, elle, décontenancée par une telle irruption, s'en tira par une pirouette digne de notre temps en titrant, à mon compte, et à bon compte : *Le clown sacré*.

Ce qui pourrait être pris pour une sorte d'hommage, si l'on n'y voyait aussitôt la tentative de désamorçage implicite de tout ce que mon simple geste impliquait, concernant leur petite machine de représentation sociale, un « clown », même sacré, n'est jamais qu'un intermède, un interlude entre deux spots de publicité, devrais-je dire, un intervenant humanitaire, comme dans les hôpitaux pour enfants malades ou les camps de réfugiés de l'ONU, il n'est jamais qu'une icône qui se doit d'être transitoire, car dans le monde actuel une icône « sacrée » engendre au mieux un sourire de commisération, quand ce n'est pas le dédain, et je ne parle pas de l'indifférence qui est son lot commun, bref *Le clown sacr*é n'était qu'une parenthèse, imprévue certes, et fort amusante, mais elle s'était refermée dès lors que les préparatifs pour le colloque de l'année prochaine commençaient déjà, au lendemain de la clôture, en clair, et sous l'habituelle coulée diarrhéique du style journalistique : Rentrez chez vous, bonnes gens, il y a *X-Files* à la télévision, et rendez-vous en janvier 2001 ! Bonjour chez vous !

Il y a fort à parier en effet que dans le Village, les mêmes Prisonniers s'agitent, comme partout ailleurs sur la planète, afin d'éviter l'action véritable qui consiste à détruire, inlassablement, toutes les routines qui s'emparent de l'Esprit au fur et à mesure de son émergence.

Non, messieurs, mesdames, mesdemoiselles, je n'ai pas d'identité. Je suis une machine à écrire. Je suis un processeur de mots. Je n'ai que faire de votre monde, et encore moins de vos croyances.

*

En 1992-1993, plus j'avançais dans la rédaction de *La sirène rouge*, plus je comprenais en cours de route que j'étais en train d'y liquider, en une tentative unique, tous mes fantasmes littéraires adolescents et postadolescents, dont certains étaient devenus des embryons de romans que je portais en moi, comme de petits bébés monstrueux repliés dans un coin de ma cervelle.

En répondant du mieux que je pouvais aux canons présupposés d'une « Série noire », récit comportementaliste et réaliste, intrigue criminelle, violence anthropologique, tout en essayant d'y poser quelques jalons pour une évolution future qui s'ouvrirait sur l'expression des « courants de conscience » des personnages, voire du narrateur (transfiguré sous une forme ou une autre), ainsi que des courants de conscience objectivés dans les mass media, je savais que je ne pourrais point, par exemple, développer comme je l'avais prévu au départ les relations complexes entre Alice et sa mère qui la fait passer pour folle (jusqu'à ce qu'elle le devienne, ou ne sache plus vraiment distinguer le réel de l'imaginaire) ; emportant le récit dans la seule « logique » d'un déplacement spatial, j'en réduisais d'autant la concentration dans la matière du *Temps*, donc de la *conscience*, mais je parvins à m'offrir quelques « soupapes » où celle-ci, en tant que pure phénoménologie, pouvait apparaître quelquefois au cœur d'un réel devenu absurde, obscène et sans issue convenable.

Néanmoins cette course-poursuite, et cette « enquête » criminelle, avec ses personnages plus ou moins typés, n'était encore qu'une sorte de protologie, fort insatisfaisante une fois que je l'eus conclue, mais qui « tenait la route », comme on dit vulgairement dans le métier. De plus, cela m'avait permis de liquider tout un tas de clichés venus de mes lectures adolescentes, en les surutilisant, à la manière d'un Sergio Leone, tout en œuvrant en secret dans les soubassements du roman pour qu'apparaissent çà et là ces quelques expressions du courant de conscience des personnages.

Raynal m'avait appelé un soir, après la remise d'un premier jet, à peine corrigé : *Bienvenue au club*, m'avait-il dit. J'avais gagné ma place à la table de poker de Wild Bill Hickock, je venais de rejoindre les rangs de la Horde sauvage, j'entrais dans la Ligue majeure.

Plus prosaïquement, je pouvais espérer gagner 3 ou 4 000 francs par mois sans croupir dans une agence de télémarketing. Tout indique objectivement que j'aurais commis une stupide erreur en n'embarquant pas dans ce cargo surpeuplé où s'entassent les survivants de la littérature.

La dissolution du cadre normatif du « comportementalisme » naturaliste — tel que depuis toujours défendu par la Série noire au profit d'une nouvelle synthèse où l'activité objective des individus était vue comme un plan coextensif et paradoxal de leur vie « consciente », ou « infraconsciente », voire « métaconsciente » — me paraissait l'unique voie à suivre. Car il ne s'agissait pas de retomber dans les pièges du subjectivisme auxquels malheureusement la littérature du *stream of consciousness* donna naissance, comme tous les dogmes qui s'érigent impunément sur d'authentiques vérités révélées, il me fallait entreprendre quelque chose de différent, tout en sachant très bien dans quel héritage j'allais puiser et m'appuyer lors de cette expérience : Dick, Kafka, Lovecraft, Ballard, Burroughs, Ambler, et toute une cohorte de cerveaux, répertoriés dans mes interminables « dédicaces ».

Réalité objective et vérité subjective devaient être appréhendées comme des champs coextensifs et hautement conflictuels entre lesquels les technologies de communication fabriquaient une « interface » invertissant, pour chacun des plans, ses paradigmes dans un effet miroir avec l'autre : les mass media font du courant de conscience individuel une extension objective de la phénoménologie sociale, et inversement ils font des phénomènes sociaux des prothèses subjectives aux courants de conscience individuels, ou ce qu'il en reste. Autrement dit, dans le monde des technologies métahumaines, et tel que l'homme agit encore, *est* toujours, une vérité subjective peut devenir *réalité objective,* ou plutôt une *vérité objective,* c'est-à-dire une *opinion*. À l'inverse, une réalité objective va devenir une *réalité subjective*, c'est-à-dire une *illusion*.

Nier cet état de l'homme, nier l'omniprésence de la technique et des rapports marchands, ainsi que de toute la représentation spectaculaire (on pourrait dire « hyperculturelle ») qui enveloppe de savants simulacres la vérité mécanique de ces rapports, et la vérité ontologique de la technique comme biotope coextensif de l'humanité, nier notre condition d'hommes de l'Apocalypse ne me paraissait pas une voie raisonnable si je voulais persister à écrire des livres.

Les mass media, ce sont nous-mêmes.

Le problème central de toute technologie, c'est le contrôle du Temps.

*

Lecture du *Monde* du 24 mars 2000.

Comme je m'y attendais, quoique avec un aplomb qui me laisse tout de même pantois, le dixième anniversaire de la mort du communisme est-il à peine fêté que la meute négationniste de gauche tente sans vergogne de réveiller son « spectre », ce pauvre zombie qui « hante l'Europe » depuis plus d'un siècle. Daniel Ben Saïd, trotskiste de la première heure qui manifesta aux côtés de Mégret et de Le Pen pour soutenir la Serbie de Milosevic, essaie visiblement, dans un « essai » nommé de manière involontairement comique « nouvel esprit du communisme », comme si ce résidu idéologique de matérialisme et de dialectique posthégélienne en avait jamais possédé la moindre trace, de nous refaire le coup du « communisme réel » *versus* le « communisme utopique », manœuvre habituelle et usée jusqu'à la corde qui consiste à nous faire croire que le communisme n'a pas encore été réalisé dans les faits, et que jusque-là *tout fut perverti et faussé* par on ne sait quelle étrange maladie qui a affecté absolument *toutes* les expériences socialistes marxistes, sous *toutes* les latitudes et à *toutes* les époques. Cette manœuvre a pour but de protéger par l'absurde les responsables de la plus fantastique opération de décervelage idéologique et de destruction des cultures jamais produite dans l'histoire humaine de tout procès exemplaire, analogue à celui qui jugea les bourreaux nazis que le sacro-saint « devoir de mémoire » nous oblige à sans cesse clouer au pilori, tandis que croupissent encore dans les charniers et les fosses communes de l'histoire les victimes du socialisme bolchevique qui commirent l'erreur funeste de mourir pour le compte d'une « utopie », et non d'un vulgaire racisme.

Le néant de cette pensée de cacochymes humanistes devrait nous arracher une larme de commisération si elle n'était aujourd'hui le signe de ralliement de tous ces vieux et jeunes crétins qui, comme il y a un siècle, ont décidé d'en « finir avec le libéralisme marchand » et qui polluent sans discontinuer l'espace médiatique de diatribes convenues et ineptes contre une soi-disant pensée unique, dont ils sont les seuls et uniques représentants et ce depuis toujours. Transférer sur l'autre, sur le « libéral », on dit aujourd'hui « néolibéral » ou « ultralibéral », et généralement les mots « réactionnaire », puis « fasciste » suivent dans la foulée, transférer sur l'« ennemi de classe » les tares les plus visibles de son propre fonctionnement est depuis toujours l'arme favorite des socialistes de toute obédience. Si l'on s'oppose en quelque terme radical au communisme, si l'on veut en effet l'ouverture immédiate d'un grand procès contre les dictatures socialistes, de Cuba au Viêt Nam, de la Corée du Nord à l'ex-Yougoslavie, de la Chine Pop à l'ex-URSS, si l'on ne croit pas aux « vertus » purement laxatives et oniriques de la démocratisation progressive des États socialistes par l'entremise du simple commerce et des parasites de l'Unesco, si l'on attend avec impatience, et qu'on s'en ouvre publiquement, qu'un juge espagnol, ou latino-américain poursuive Fidel le Caudillo comme on a poursuivit Pinochet (20 000 morts et disparus contre 3 000, le Barbudo de la Sierra met la vieille ganache à casquette étoilée au tapis par K-O technique et aux points), si l'on sait que ni Mladic, ni Karadjic, ni Milosevic *ne se retrouveront jamais* sur les bancs du tribunal de La Haye, parce que la petite Union soviétique yougoslave a toujours trouvé un soutien indéfectible auprès de la gauche et de l'extrême gauche européennes, particulièrement en France, et jusqu'aux élites de son armée et de son pouvoir politique, toutes tendances confondues, bref, si l'on est du côté des auteurs du *Livre noir du communisme* contre tous ceux — universitaires collabos et journalistes décérébrés — qui se drapèrent dans leur bonne conscience outragée en nous pondant cet affreux pathos rococo pleurant la mort de l'« âme » du communisme, ou en accusant les riches Ouest-Allemands d'être plus riches que leurs voisins de l'Est (et pour cause !), et ce en dépit du fait qu'ils allaient dépenser sans barguigner environ 1 000 milliards de dollars pour une réunification qui fut regardée avec le plus total mépris depuis les ors mitterrandiens de l'Élysée, comme par l'ensemble du corps social français, si les grèves du « mouvement » de décembre 1995 vous sont apparues telles la simple et éternelle ritournelle syndicratique de la Fonction publique, et si les braillements vociférés par les groupuscules de l'ultragauche anti-OMC ne génèrent chez vous qu'un bâillement d'ennui caractérisé, si vous restez convaincu que l'économie de marché est un processus majeur et fondamental de l'hominisation sur cette planète et si la globalisation actuelle ne vous semble pas plus « dangereuse » que l'incroyable mutation de la Renaissance — ou plutôt tout autant, et avec bonheur ! —, bref, si vous ne croyez pas plus aux pleurnicheries de Günter Grass qu'à celles de Peter Handke, si les beuglantes déjections de Harold Pinter au sujet de l'impérialisme américain vous paraissent sorties d'un vieux film de propagande datant de la Révo. Cul. dans la Chine Pop, ou des discours d'un des nouveaux mentors antisémites de l'actuelle Douma, si la vision de Robert Hue, ou d'un quelconque apparatchik national-bolchevique, ou pseudogaulliste, vous contant la « fantastique utopie de libération qu'a représentée le communisme dans le cœur de millions d'hommes et de femmes » vous hausse le cœur, alors n'en doutez pas, vous êtes un dangereux fanatique d'extrême droite, un odieux fasciste réactionnaire vendu à la Trilatérale, et donc bon à fusiller, en quelques lignes, ou d'une balle dont la facture sera ultérieurement envoyée aux parents qu'il vous reste.

La chute du mur de Berlin constatée, et contrairement à toutes mes attentes, la guerre contre l'utopie socialiste ne faisait que commencer.

C'est que je n'avais pas su voir à l'époque l'incroyable phénomène osmotique qui travaillait l'Europe dans ses profondeurs, d'est en ouest. En effet, durant les années 1960-1980, au plus fort de la guerre froide et du totalitarisme soviétique, l'ensemble de l'intelligentsia ouest-européenne avait déjà choisi son camp, qui était celui d'en face. Alors que les dissidents russes, tchèques, bulgares, croates ou polonais combattaient pour l'instauration de la liberté et de la démocratie dans leurs pays respectifs, des masses de manifestants de gôche, en France, en Allemagne, en Italie, en Angleterre demandaient le départ immédiat des missiles Pershing américains, sans dire un mot des SS-20 pointés sur leurs têtes, les nôtres entre nous soit dit, et en braillant devant toutes les télés du monde qu'*il valait mieux être rouge que mort* !

Ainsi en 1989, lorsque le Mur s'effondra, puis que les vieilles démocraties populaires euro-orientales furent liquidées, personne ne s'aperçut qu'il ne s'agissait que d'un phénomène d'adaptation et de modernisation de la dictature, et que les républiques socialistes archaïques, ayant définitivement contaminé de leur idéologie les démocraties européennes modernes (entre autres grâce au fait qu'elles partagent toutes des racines communes, remontant au moins à 1789), nous pouvions enfin passer à la phase effective de la réalisation mondiale du socialisme.

Mais la lecture du *Monde* ouvre heureusement sur d'autres espaces, nettement moins nauséabonds, voire aux saines vertus désodorisantes. L'article sur l'essai « néo-communiste » de Ben Saïd côtoie sur la même page un compte rendu du dernier livre de Jean-François Revel.

S'il est un fait indubitable, c'est bien que Revel est proprement détesté par tout ce que la gauche française compte d'universitaires plus ou moins bourdivins, comme on dit, autant dire 90 ou 99 % d'entre eux. Il est un autre fait indubitable, c'est que je le lis depuis un quart de siècle, environ une fois par septennat, et qu'il fut un des auteurs qui m'aida à déboulonner ce mythe fondateur, aussi bien dans ma famille que dans toute la société intellectuelle de l'Époque, du *socialisme comme idéologie de libération des peuples et de l'homme*. Dès 1976, et à rebours de toute ma génération, je fus intimement convaincu de l'ineptie totale des théories socialistes, en particulier sur les plans philosophiques et esthétiques. Nietzsche, Tocqueville, Le Bon, Deleuze, Debord, Bataille, Foucault, Spengler, puis plus tard Popper et une poignée d'antiques auteurs grecs ou classiques (Démocrite, Spinoza, Pascal, de Maistre) m'aidèrent paradoxalement à me forger une pensée personnelle, qui expurgeait du marxisme tout ce qui ne concernait pas la stricte théorie économique de la formation du capital marchand et appréhendait de plus en plus l'histoire du capitalisme moderne comme résultant de l'hybridation accidentelle entre les idées de la Réforme et celles de la Renaissance, cadre de coévolution qui fut le seul capable à l'époque de poursuivre l'hominisation depuis si longtemps stoppée par le christianisme séculier, grâce aux processus métamorphiques généraux, proprement évolutionnistes, que les sciences occidentales modernes allaient projeter sur l'ensemble des sociétés du monde, en les unifiant dans une métathéorie en constante mutation, expérimentalement validée, ou invalidée, métathéorie dont la praxis se trouve aujourd'hui illustrée par la quatrième révolution industrielle que l'Amérique prépare dans ses laboratoires.

Ce qui différencie à tout jamais l'esprit socialo-utopique, aux origines rousseauistes et positivistes clairement identifiables (Jean-Jacques plus Auguste Comte égale Proudhon, plus Hegel et Feuerbach égale Marx), de l'esprit critique expérimental, dit « libéral », c'est que même après qu'une multitude d'expériences de toutes natures, à toutes les échelles, sous toutes les latitudes, dans toutes les conditions, eurent été conduites sans le moindre succès — et même pire, en occasionnant des régressions dévolutives telles aux sociétés en cause qu'elles ne peuvent espérer s'en sortir en quelques années, des générations entières seront encore sacrifiées par la terrible force d'inertie des idéologies totalitaires —, eh bien, tant pis, cela n'indique toujours pas que la théorie est infondée, la méthodologie incorrecte, et l'erreur humaine, passons donc à autre chose. Si le socialisme a échoué, partout, et toujours, qu'il échouera toujours, et partout, la preuve en a été apportée à chaque fois par l'une ou l'autre de ces expérimentations délirantes basées sur le « socialisme scientifique » (comme Allende au Chili, ou les sandinistes au Nicaragua, et comme la néo-icône postguévariste du Chiapas se propose de le réitérer avec les Indiens mayas), qui ont toutes, chaque fois, accéléré la paupérisation et la déculturation ainsi que la corruption généralisée et la criminalisation de toutes les sociétés sur lesquelles elles furent conduites, en les ayant préalablement enfermées dans un corset de type policier/prophétique paranoïde. Mais cela importe peu, il convient pour tous ces nostalgiques, comme semble le noter délicieusement Revel dans son ouvrage (le titre en est *La grande Parade*), de ressusciter la macabre farce idéaliste que ce pseudo-matérialisme décadent a imposé durant près d'un siècle à quatre-vingts millions de cobayes qui en sont morts, et aux quelques milliards qui, on ne sait trop comment, y ont péniblement survécu.

*

Lecture du livre de Revel. J'ai acheté son ouvrage ce matin, en tombant dessus chez Renaud-Bray, j'en ai glané quelques pages au hasard et je suis allé directement à la caisse, un lumineux sourire barrant ma face.

Saine et revigorante lecture, ô combien rafraîchissante,

dans cet espace intellectuel désormais squatté par les négationnistes rouges de toutes « sensibilités », et talents, de Jean-François Kahn, Daniel Ben Saïd, Régis Debray, Serge Halimi, Danielle Sallenave et Eric Hobsbawm (le plus bas niveau) aux Harold Pinter, Günter Grass, Peter Handke, Noam Chomsky et consorts (le plus haut, pourrait-on dire, si ce n'est qu'un véritable artiste, quand il se commet avec de pareilles infamies, *chute* d'autant plus selon moi), tous cités *stricto sensu* par Revel, qui ose enfin entreprendre le chantier de la vérité et faire tomber les masques, comme celui, obscène, de la loi Gayssot, ou de certains jugements iniques de la Justice française qui, à l'encontre précisément des lois issues de Nuremberg, a osé statuer que les « crimes contre l'humanité avaient été commis durant la Seconde Guerre mondiale », comprenez : *de manière exclusive,* et que par conséquent un triste sire comme le sieur Bourdarel, tortionnaire kapo d'un camp de concentration viêt-minh des années 1950 — et membre du PC, soutenu par toute la clique intellectuelle française à l'époque de son procès initié par quelques survivants des camps de rééducation d'Hô Chi Minh —, pouvait donc être acquitté des crimes qu'il avait effectivement commis à l'époque[1].

J'ignorais personnellement que la « Justice » française — dirigée actuellement par Mme Guigou, dont les compétences et les convictions humanitaires sont résumées en une phrase lapidaire qu'elle lâcha alors que les images du génocide en Bosnie parvenaient en direct aux télévisions du monde entier[2] —, bref, j'ignorais que cette « Justice »

1. Puisque ce jugement a été rendu par la Cour de cassation, il faut considérer désormais que la France s'est auto-absoute de tous les crimes de cette nature, ou d'éventuelles accusations de complicité aggravée, comme cela lui pend au nez avec la Bosnie et le Rwanda.

2. Déjà notée dans mon roman *La sirène rouge,* cette phrase mérite d'être gravée au fronton des Héros de la Cause du Totalitarisme : « Les partisans d'une intervention militaire dans l'ex-Yougoslavie sont les complices des forces de mort qui s'y déchaînent. »

de purs bouffons s'était à ce point dévoyée, jusqu'à commettre un jugement qui non seulement outrepasse ses droits, mais plus encore viole directement les diverses chartes internationales signées et paraphées par elle, dont elle est tenue non seulement de respecter les termes, mais plus encore de veiller à leur application sur son sol. Grâce à Revel, maintenant *je sais*. Viendra un temps, espérons-le de toutes nos forces, où ces « juges » se retrouveront sur les bancs des accusés du Tribunal international contre les crimes du communisme, comme certains magistrats nazis le furent en 1945, à Nuremberg.

Comme Revel le note avec moult citations, détails caractéristiques et une solide structuration de son argumentaire, le communisme et ses partisans — depuis la publication en 1956 par Khrouchtchev lui-même d'un rapport évaluant la portée gigantesque des crimes du stalinisme — ont constamment tout fait pour que jamais les fondations de l'expérience socialiste collectiviste ne soient remises en cause par un quelconque éclairage donné sur les crimes massifs commis dès les origines par la révolution des soviets (et non à cause d'une tardive « perversion » due au seul dictateur-très-méchant-Joseph-Staline), ni surtout par la plus simple objectivité scientifique concernant l'étude des faits dans leur ensemble : témoins, archives, textes de propagande.

Jamais, au grand jamais, il ne faut permettre que soit établie cette donnée proprement scandaleuse pour un « progressiste » de la fin du XXe siècle : que le communisme a été encore plus meurtrier et totalitaire que son concurrent nazi.

Ici, en Amérique du Nord, le négationnisme rouge a trouvé son plus brillant porte-parole en la personne de Noam Chomsky, linguiste réputé et de grand talent.

Chomsky ne se contente pas de défendre le « droit à l'expression » des révisionnistes pronazis (il en a le « droit » et en plus je suis d'accord avec lui sur ce point), il faut aussi se souvenir qu'il fut lui-même négationniste, puisqu'il se permit, et se permet encore, en dépit de toutes les preuves accumulées, dont des dizaines de milliers de crânes d'enfants, de nier l'existence d'un génocide perpétré par les Khmers rouges au Cambodge entre 1975 et 1979 (et je ne lui en dénie pas le *droit*, mais simplement la pertinence, à son « droit » je préférerais qu'il eût choisi un *devoir* d'intelligence).

Ici en Amérique du Nord, la pensée de Chomsky est visiblement l'onde porteuse de toute une « génération » de pamphlétaires à la petite semaine qui tiennent le haut du pavé dans les médias de la contre-culture comme dans la presse « traditionnelle », tout particulièrement, on l'aura deviné, aux rubriques politiques et culturelles.

Tandis que l'illisible somme de mensonges tchékistes rassemblés par cet histrion de Hobsbawm[1] a été largement, et avec moult variations dithyrambiques, commentée par absolument tous les chroniqueurs littéraires en ville (de *Voir* au *Devoir*, d'*Ici* à *La Presse*) — tous les petits collabos décérébrés de l'ordre rouge y voyant une vision « politiquement incorrecte » des événements du siècle (quelle dérision, et quelle infamie) —, le livre de Revel n'est encore apparu nulle part dans le champ de vision de nos petits kapos intellectuels qui traitèrent d'ailleurs avec le plus grand mépris, comme il se doit et comme leurs petits cousins français le firent, le *Livre noir* de Courtois et Werth, et je ne parle pas des travaux de François Furet qui n'est pas « un historien crédible » comme on le sait en lisant la prose réaliste-socialiste du *Monde diplodocus* et la consternante platitude des écrits d'Halimi (qui se prend, lui, pour un nouveau prophète de la Révolution mondiale

1. Histrion universitaire britannique qui, exemple noté par Revel, continue de nier la responsabilité soviétique dans le massacre de Katyn alors que les archives du KGB-NKVD sont ouvertes depuis 1990 et que la liste des victimes y est répertoriée, ainsi que l'occurrence de leur exécution.

contre le Désordre marchand), perçu ici, au Québec, c'est à pleurer, comme le tenant d'une quelconque « pensée » radicale antilibérale. Radicale et antilibérale, certes, on ne le redira jamais assez. Mais « pensée » ?... Lire Halimi, et son style inimitable d'instituteur mal dégraissé, c'est avoir directement une vue panoramique sur le néant de sa petite idéologie de Savonarole racorni.

Revel fait l'historique du négationnisme communiste avec son style à lui, c'est-à-dire à la bombe H, comme il se doit. Il rappelle comment les intelligentsias occidentales, confrontées à la soudaine et terrible vérité que le communisme était si absurde et inefficient qu'il venait de s'effondrer tout seul sur lui-même, entreprirent tranquillement sa réhabilitation posthume dès la guerre du Golfe, puis durant la désagrégation de l'ex-Yougoslavie, qui fut imputée aux « méchants » nationalistes croates proallemands.

Revel note avec malice la parfaite et terrible similitude de deux textes violemment antimondialisation parus dans les colonnes du *Monde* le même jour, il y a peu, lors de la tenue à Seattle de la conférence de l'OMC. Le texte de Krivine et celui de Pasqua sont quasiment interchangeables, qui pourrait honnêtement s'en étonner ? Ceux de Robert Hue et de De Villiers, ou de Le Pen, le sont aussi. Il n'y a en effet plus aucune différence entre le réactionnaire de droite et son cousin de gauche. L'étatisme national-conservateur et l'étatisme national-socialiste sont de nouveau réunis dans leur matrice originelle commune : le despotisme petit-bourgeois.

Revel rappelle le lynchage, presque physique, qu'essuya l'écrivain mexicain Octavio Paz après qu'il eut simplement affirmé vers 1987 ce que les archives du KGB nous ont maintenant appris de source sûre : que les sandinistes nicaraguayens, comme les Cubains castristes, ou le Chili d'Allende, étaient soutenus directement par les services secrets soviétiques, comme les *contras* et Pinochet étaient soutenus par ceux des États-Unis, un propos qui ne témoignait pas d'une partialité écœurante mais qui valut à Octavio Paz une campagne de presse haineuse et hystérique de toute la « gauche intellectuelle » latino-américaine, campagne de dénigrement fanatique et stupide d'un tel niveau que les pires éditorialistes du *Stürmer*, ou de la *Pravda*, n'auraient voulu s'en inspirer, et qu'elle aurait été sans doute, dans un « État de droit », sanctionnée par la Loi.

Mais Revel va plus loin, il ose enfin enfreindre une règle fondamentale et tacite que même le sinistre tchékiste Gayssot n'a pu transcrire dans le texte : celle qui stipule qu'Il est interdit de démontrer (par la simple analyse des textes et les citations *in extenso*) que les principes de l'extermination ethnique sont promus *en tant que tels* dans les textes de Proudhon, de Marx, d'Engels, et bien sûr de Lénine, qu'Il est interdit d'affirmer que le socialisme est dans ses fondements mêmes — l'égalitarisme petit-bourgeois se sublimant en messianisme prolétarien — une abomination de l'esprit, une pure monstruosité invivable dont l'absurde mise en pratique — dans ce « socialisme réel » qu'il convient de ne critiquer que du bout des lèvres — ne résulte certes pas d'une quelconque perversion exogène qui l'aurait fait sournoisement changer de route au cours du processus révolutionnaire, non, mais bien au contraire du fait qu'il recèle dans ses principes fondateurs une authentique *maladie* née de la Révolution bourgeoise et qui entendait sublimer le corps social tout entier pour le compte d'une utopie égalitaire. Pour je ne sais quelle obscure raison — je n'explique ici que des mécanismes d'ordre biologique ou politique —, c'est le « libéralisme » marchand occidental, bourgeois, rationaliste et technicien qui a désormais décidé de reprendre sur son dos l'âne mort des illuminismes idéologiques socialistes. Par culpabilité, par contamination, par transversion des valeurs, le capitalisme postmoderne, désormais unipolaire et victorieux, « pleure » la mort de son ancien ennemi, le monstre né de ses propres entrailles et qui a fini par succomber à ses maladies auto-immunes, et il entend le commémorer par tous les moyens possibles, sous toutes les figures imaginables, par tous les fétiches que la marchandise-spectacle-réseau est en mesure de produire.

Car en nous faisant regretter cette folie, on tend à accréditer à nos yeux toutes celles qui nous aliènent aujourd'hui, et surtout on se ménage la possibilité d'un jour y revenir, sous une forme ou une autre.

*

Il semble que ma constante et répétée prise de position en « faveur » du capitalisme « libéral » contre les utopies socialistes ne soit pas toujours comprise : ce n'est pas que le capitalisme libéral ne puisse être sujet à la critique, bien au contraire, puisque les sociétés basées sur les préceptes de la liberté économique favorisent en principe les expérimentations sociales, techniques et culturelles (et leurs lots d'illusions) tout autant que les dynamiques critiques qui les engendrent, ou les anéantissent, mais il reste que je dénie complètement aux utopies socialistes la *pertinence de critiquer* le système marchand actuel, c'est-à-dire la capacité d'en forger des « outils critiques », pour la simple et bonne raison qu'elles en sont des fantasmes dévolutifs, de purs nihilismes positifs cherchant à renouer le « contrat » originel de l'homme avec la nature et la « communauté » perdue des origines alors qu'il s'agit bien sûr de s'en détacher toujours plus, y compris au prix essentiel de la douleur.

Les utopistes veulent le « Bien » de l'Humanité.

Les (bio)politiques veulent l'Humanisation de la Réalité.

Certes le « totalitarisme » positif, relatif et paradoxal de la marchandise assoit chaque jour un peu plus sa domination, mais d'une part il me faut résumer en une phrase le fond de ma pensée : *le totalitarisme est une maladie consti-*

tutive de toute société politique de l'âge industriel et il convient par conséquent de comparer les sociétés en question selon leurs réalisations concrètes (comme l'inventivité technoscientifique ou culturelle) et le degré d'hominisation — donc de liberté de pensée critique — qu'elles favorisent, même contre leur gré, et d'autre part, et surtout, c'est bien parce que aucune révolution biopolitique impliquant une percée décisive dans l'hominisation n'a encore pu être substituée à cette domination de fait, précisément à cause des idéologies socialistes qui ont constamment essayé de ramener le modèle en arrière, à rebours de la thermodynamique évolutionniste, et y sont dans bien des cas parvenues, qu'on attend toujours depuis un siècle qu'émerge une authentique pensée planétariste capable d'imaginer le cadre coévolutif de l'humanité au moment de sa nécessaire transformation générale.

En clair, et une bonne fois pour toutes : une authentique (méta)critique du capitalisme (post)libéral ne peut s'appuyer que sur la démolition préalable de toutes les utopies socialistes.

Le Goulag reste étranger au « devoir de mémoire ». Aucune commémoration silencieuse n'est annoncée dans un futur proche en souvenir des 80 ou 90 millions de victimes des génocides communistes. Pire encore, les valets de cette idéologie en morceaux, et qui tiennent bon nombre de revues universitaires et culturelles, ont décidé de réitérer sur les victimes de ces crimes passés le geste mille et mille fois répété depuis les origines de cette forme de pensée, et illustré par une phrase restée célèbre de George Orwell : *Le visage du futur ? une bouche écrasée par une botte.*

Grâce à eux, une nouvelle phase de l'histoire s'écrit comme étant celle où même les morts n'ont plus droit à la parole.

Car bien des plumitifs qui se targuent d'écrire dans les journaux sont désormais *bottés* d'un stylo.

(Sur Vertical Pig, *de Future Sound of London :)*

La Sibérie
Est sans mémoire
Le Laogaï
Un souvenir embrumé
Les petits hommes
Du siècle noir
Ont convenu
De ne point en parler.

Nous voulions le bonheur
Des hommes
Vous ne pouvez pas nous
Accuser
Nous étions pour l'égalité
Et nous la chiffrions
Par tonnes.

Nous n'aimions pas la liberté
Elle nous semblait complexe et morne
Nous préférions l'égalité
Dusse-t-elle être d'un seul homme.

Nous détestions l'individu
Ce rêve futile de la conscience
La communauté était le seul but
Même au prix de la Connaissance.

Nous rêvions d'un Être suprême
Et forgions un Homme nouveau
Dans les camps la neige était blême
Sous l'étoile du Politburo.

La science était politique
Et les chromosomes avaient tort
Darwin, ce chrétien hérétique
Vivant nous l'aurions mis à mort.

Afin de le libérer des élites
Nous confiâmes au peuple souverain
L'esclavage des pensées et des corps
Les famines dûment orchestrées
Pour que l'on massacre au plus vite
Les survivants glacés du pourrissoir
Mais ce n'est pas notre faute si
Un mal étrange et mystérieux
A coloré nos utopies
Du sang rouge des abattoirs.

Nous voulions le bonheur
Des hommes
Vous ne pouvez pas nous
Accuser
Notre théorie était la bonne
C'est la faute à la réalité.

*

Je ne partage pas un bon nombre de points de l'analyse du libéralisme marchand énoncée par Revel, et certains sont clairement fondamentaux, je crois par exemple qu'il s'agit bien d'une *idéologie*, ou disons un *système* de cryptage-décryptage du réel — tout comme le marxisme l'a été et l'est toujours, et comme la démocratie athénienne le fut aussi —, la seule différence résidant en ce que Popper a élucidé comme étant le caractère évolutionniste de l'Évolution des idées et des théories, et surtout de leur mise en pratique : si c'est dans la sphère politico-économique du libéralisme marchand que la théorie de la sélection naturelle a pu surgir et s'imposer, c'est à cause de tout *sauf du hasard*, car en dehors du fait que cette théorie continue de fonder toute critique évolutionniste un tant soit peu sérieuse, il est clair qu'elle permet aussi de comprendre comment et surtout pourquoi la théorie économique du libéralisme marchand — et ses prédicats philosophiques qui remontent aux Grecs et aux Romains — a pu s'imposer face aux utopies socialistes : par l'expérimentation critique. C'est-à-dire sa confrontation constante avec la réalité évolutionniste du monde.

La différence réside dans cet abîme fondamental qui les sépare à tout jamais : les tenants des utopies socialistes veulent planifier une société parfaite assurant le bonheur des hommes. Les biopolitiques de l'expérimentation critique « libérale » cherchent le moyen d'amplifier les facteurs d'hominisation comme les sciences, les techniques de communication et les cultures, en sachant pertinemment que la politique et le bonheur, l'homme et la « perfection » sont des entités parfaitement hétérogènes et sans doute inconciliables.

Qu'on le veuille ou non, et il suffit de relire les textes fondateurs des deux grandes branches rivales de le pensée issues de la révolution industrielle pour le constater : les seuls à miser sur les potentialités anthropologiques d'un *devenir* humain, au lieu de statuer à l'avance sur ce qu'il doit être et comment y parvenir, sont les grands penseurs classiques européens des XVIe et XVIIe siècles. Bacon, Hobbes, Locke, Hume, Montaigne, Descartes, Spinoza, Pascal, Leibniz, et ce en dépit de leurs visions très diverses du Monde, de l'Homme, de Dieu. C'est le XVIIIe siècle, avec Rousseau en tête, qui va perpétrer ce crime contre la civilisation qui consiste à vouloir faire revenir l'humanité dans des huttes ou la circonscrire dans une Cité parfaite.

Saint Augustin ne se serait pas privé de recommander à tous ces audacieux communautaristes de relire son ouvrage sur la Jérusalem céleste, et ses incidences sur la vie des hommes. Car s'il est dit souvent qu'il fut en quelque sorte le philosophe fondateur du canon catholique, et qu'il avait de Rome une vision bien particulière, pleine du verbe prophétique des anciens juifs, tout autant que de l'influence laissée par le platonisme, oui s'il se dit en effet tout cela, rien ne doit faire oublier que les utopistes socialistes entendaient mettre l'Homme à la place de Dieu, l'Homme en tant que totalité collective évidemment, et qu'ainsi ils perpétraient le crime de l'idolâtrie, ils refondaient un Moloch au nom de l'État, ou de la « Communauté » politique « naturelle » de substitution, et que des plans d'une telle Cité parfaite ne sortiraient que des Magnitogorsk, Tchernobyl, Krasnoïarsk, et autres charmantes bourgades nées de l'industrialisation soviétisée.

À Toulon, Orange ou Marignane, les municipalités FN s'empressent d'expurger les bibliothèques de tout ce qui ne convient pas à leur rance idéologie. Tollé général des médias et des intellectuels.

À Mantes-la-Jolie (et un tel cas se répète quotidiennement dans à peu près toutes les mairies tenues par le PCF, dont la banlieue d'où je viens), une certaine Mme Choukhaoui, responsable de la bibliothèque municipale, décide de faire enlever une poignée de biographies, dont un livre de Marc Fumaroli, qui n'ont pas l'heur de lui plaire. Des textes fort peu teintés d'idéologie socialiste, cela va sans dire.

Silence général.

J'apprends aussi par Revel qu'il y a peu l'Unesco s'est crue obligée de fêter en grandes pompes l'anniversaire de la mort (ou de la naissance, je ne sais plus) de ce grand « libérateur » des peuples que fut Hô Chi Minh, et que les représentants du gouvernement français y sont tous allés en chœur de leurs vibrantes homélies.

Dire qu'on me fait payer des impôts pour financer cette institution censée *éduquer* les populations, alors qu'elle n'est plus qu'une officine de propagande postcommuniste.

Demain, c'est l'ONU tout entière qu'il faudra juger selon ses propres lois.

*

Observons simplement, et avec calme, cette succession imparable de très puissants facteurs d'hominisation, et ce depuis environ cinq siècles :

1500-1800 : protologie des Léviathans impériaux. Renaissance et Réforme. Invention synthétique du capital, première expansion mondiale, guerres religieuses et nationales, révolutions américaine et française, conquêtes napoléoniennes, expansion du livre imprimé. Colonisation territoriale et codification culturelle.

1800-1860 : première révolution industrielle, charbon, acier : chemins de fer, industrie navale, sidérurgie, chimie et sciences de la nature (zoologie, botanique, géologie, paléontologie). Guerres internationales. Presse, télégraphe et photographie. Colonisation métropolitaine et mécanisation sociale.

1860-1920 : deuxième révolution industrielle, pétrole, électricité : automobile, aviation, physique fondamentale et sciences de l'homme (anthropologie, médecine pasteurienne, mécanique quantique, psychanalyse). Première Guerre mondiale. Cinématographe puis radio. Colonisation transpolitaine et économie universelle.

1920-1990 : troisième révolution industrielle, nucléaire, tube à vide, transistor puis silicium : technologies de l'information, astronautique, sciences de la matière. Deuxième, puis troisième guerre mondiale (guerre froide).

Télévision et ordinateur. Colonisation planétaire et urbanisation mégapolitaine.

(1990-20 ??) : quatrième révolution industrielle, biotechnologies, nanotechnologies, neurosciences : technologies de la biosphère, sciences de l'esprit, donc nouvelle métaphysique (encore parcellaire, contradictoire et embryonnaire). Quatrième guerre mondiale. Réseaux informatiques et génétique opérative. Colonisation biosatellitaire et contamination hyperpolitaine générale.

Bien sûr ces dates sont grossières et ne prennent pas en compte les importants facteurs de régression, déviations, dérives et déséquilibres (comme les utopies criminogènes et les grands conflits mondiaux) qui font de l'histoire des hommes une variante très singulière de l'évolution biologique. D'autre part, ces « révolutions » ne sont pas des « événements » historiques qui se suivent, mais des processus hautement intégrateurs qui cumulent de façon dynamique, et souvent paradoxale, imprévisible, chaos déterministe le plus pur, l'ensemble de ces innovations-destructions.

Ainsi la sphère d'expansion des grands empires circumterrestres n'a-t-elle jamais cessé de s'agrandir — et pas seulement au-delà des limites de la biosphère — mais tout simplement en recouvrant à chaque fois d'une « couche », d'une « circonvolution » supplémentaire le domaine anthropologique de sa domination : les Léviathans impériaux de la Renaissance voient leur aboutissement dans les colossales bureaucraties techniciennes (démocratiques ou non) qui ont régné sur le XXe siècle, et désormais dans le macrocosme interconNECTÉ sous supervision onucratique.

On ne peut s'offrir le luxe de minimiser la portée des authentiques cataclysmes que ces différentes « révolutions » (je préfère parler ici de *crises évolutionnistes*) ont provoqué sur la jeune chair des sociétés agricoles et artisanales de l'Europe des nations naissantes, comme celles qu'elles provoquent sur le squelette putréfié de la Non-Europe des nations finissantes, et je ne suis pas de ceux qui ferment les yeux sur la somme des souffrances endurées pour que l'homme sorte quelque peu de sa boue originelle. Non, mais je ne suis pas non plus de ceux qui pensent que l'homme a été mis sur la Terre pour qu'il y prenne des loisirs indéfinis, petite précision que le Coran rappelle très justement. Le Club Med mondial est étrangement une des utopies socialistes que le fleuve technicien du capitalisme a emportée avec lui, jusqu'à ce qu'elle finisse par prendre racine sur un limon profondément imbibé de culture nihiliste.

Le totalitarisme « ouvert » (et paradoxalement forclos par son absence de métaphysique critique) du capital marchand est donc un totalitarisme poreux, voire osmotique, qui agrège en son sein toutes les cultures nihilistes qui prolifèrent dans les sociétés occidentales modernes.

*

Œuvrer à la transmutation générale de l'économie humaine avec la boîte à outils du marxisme revient à vouloir envoyer un homme sur la Lune avec une catapulte.

C'est bien sûr *théoriquement* faisable.

*

Mes yeux s'usent
Sur la nuit ultraviolette
Les trains,
Pâles,
Frissonnent
Dans la vitesse
Du matin.
Des ondes,
Éparses,
Nous traversent
Comme de rien.

*

Le silence se pose sur mes lèvres
Comme une étincelle sur un peu de poudre.

*

On peut se redresser tout en tombant à genoux.

*

Les idiots qui persistent à croire (je n'ose dire *penser*) que les grands mythes religieux fondateurs — tel l'Ancien Testament — sont des récits vaguement fabuleux narrant je ne sais quels épisodes passés de l'humanité ! Alors qu'il s'agit de visions prophétiques investissant le territoire secret du futur de l'Homme !

Car n'en doutez pas, les *enfants de Mathusalem*, c'est nous.

*

Après vingt ans de révolution tranquille, puis vingt ans de monolinguisme et de nationalisme ethnique forcené, les politiciens du Québec seront parvenus à réaliser l'impossible, soit la ruine de tout bilinguisme natif. À la fabrication d'un modèle de citoyen nord-américain éduqué dès l'origine dans un espace formé de deux cultures et de deux langues coextensives, et de ce fait déjà ouvert à une *formation* multiculturelle authentique (et non pas le badigeonnage que le Canada ou les USA promeuvent comme tel) et qui ferait de tels citoyens non seulement une des élites actives de l'Amérique du Nord, mais une sorte d'*Homo europeanus* réalisé par déterritorialisation et germination outre-Atlantique, bref au lieu de s'engager sur la voie de la réalisation pratique des possibles, les dirigeants politiques de ce « petit pays » de 7 millions d'habitants qu'est le Québec suivent aveuglément les conseils des divers « intellectuels » formés à l'école de la libération nationale-sociale cryptomarxiste et continuent donc d'œuvrer à un modèle de développement séparé et planifié qui n'ose dire son nom, puisqu'il s'est un jour appelé, sous des cieux austraux, du joli nom d'apartheid. Au lieu de parier sur une réalité pleine de devenir : une population francophone de souche qui parlerait correctement l'anglais et des anglophones de souche qui parleraient correctement le français, chacune des communautés ayant ainsi accès par la culture de l'autre à la moitié d'Europe dont l'Histoire l'a coupée (la partie gréco-latine pour les Anglais, la partie celtico-germanique pour les Français), on préfère se fonder sur la vision étriquée de deux unilinguismes séparés par le mur invisible des psychoses collectives. Nul besoin de muraille, comme à Belfast ou à Berlin, pour diviser ici les deux communautés qui se sont partagé l'île de Montréal géographiquement : ce sont leurs propres institutions, comme celles où sévit l'intelligentsia artistico-culturelle subventionnée par les gouvernements du Québec comme du Canada, et héritées pour la plupart des années 1960, qui séparent aujourd'hui les Québécois, et l'ensemble des Canadiens par extension *de facto*, d'eux-mêmes, comme de leur propre avenir.

Gouvernements du Québec et du Canada suivent d'ailleurs la même ligne, qui est celle du statu quo idéologique, pour ne pas employer le terme plus approprié de « cryogénisation ».

Chaque communauté, Canadiens anglophones d'un côté, Québécois ou Canadiens francophones de l'autre, est l'otage de vastes corporations politico-médiatico-intellectuelles qui se sont entendues sur le partage de fait du destin du pays en deux branches irréconciliables, et en tout cas non réconciliées, glaçant ce vaste État-continent dans un permafrost plus consistant que toutes les neiges arctiques multimillénaires. Ainsi, parce que nous sommes, sa mère et moi-même, des francophones « de souche », la loi du Québec interdit-elle à ma fille de fréquenter une école publique anglaise, accès qui lui serait autorisé si je me décidais à me convertir au protestantisme, ou si nous étions d'origine... russe, libanaise ou italienne ! Je le redis donc encore une fois, et le plus fort possible : le Canada et le Québec fonctionnent encore sur des modèles de représentations civiques aberrants, hérités du XIXe siècle, où l'ethnie, la langue et la religion forment un agrégat inséparable, absurde, et foncièrement dévolutif.

Je fais remarquer par ailleurs qu'en aucun cas l'idée de placer ma fille dans une école exclusivement anglophone ne m'a une seule seconde effleuré l'esprit. Mais je croyais que les élites locales étaient plus intelligentes qu'elles ne le sont selon toute vraisemblance, puisqu'elles se refusent toujours à décloisonner de prétendues « barrières » linguistiques qui ne résistent pas au cerveau d'une gamine de cinq ans, en mettant en place un véritable réseau d'écoles bilingues où les jeunes francophones apprendraient l'anglais dès les classes primaires, et réciproquement, en utilisant à plein les ressources « naturelles » de chaque communauté.

*

Je ne sais plus qui a dit un jour que la France était une Union soviétique qui a réussi. On pourrait donc dire qu'il s'agit surtout d'une Amérique qui a foiré. On comprendra à ces mots pourquoi une telle « réussite » a fini par user ma patience pour finalement me conduire à l'exil. Cela fait un bon moment déjà que le Québec cherche à épouser le modèle français. Je conseillerais plutôt à ses politiciens de s'inspirer du modèle hollandais, où une « petite » nation par le nombre est en train former l'élite européenne du

XXIe siècle, tout simplement en apprenant, en plus de la langue nationale, l'usage de plusieurs des grandes langues vernaculaires du continent à tous les enfants nés sur son sol, qu'ils soient d'origine batave, slovaque, argentine ou tamoule. On comprendra dès lors que mon exil dans cette Amérique du Nord française n'avait comme sens que d'y reproduire le combat contre le Léviathan égalitaire socialiste, sous des cieux selon moi plus dégagés des lourds nuages de l'histoire passée, car même si leur pesanteur n'est ici point négligeable, on admettra qu'ils ne sont pas comme chez nous — sur le Vieux Continent — arrêtés en vol stationnaire au-dessus de nos têtes par les hautes montagnes invisibles des avenirs avortés et des futurs sans lendemains.

*

Dire que pendant des siècles la cour du roi d'Angleterre parla le français médiéval, dire que les Plantagenêts de Bretagne et d'Aquitaine connaissaient l'ancien gaélique et sans doute le saxon des origines, dire que sans la longue série de guerres absurdes qui ont déchiré sans discontinuer les nations d'Europe pendant près de mille ans, et forgé le « nationalisme », les Normands, vainqueurs des dynasties saxonnes à Hastings, auraient pu initier un vaste mouvement d'unification des deux langues en un ensemble vernaculaire capable d'englober tout en s'en nourrissant la plupart des particularismes locaux et, forgeant ainsi une seule grande matrice linguistique, même mouvante, *parce que* mouvante, hautement mutable, du nord au sud et d'est en ouest, ils auraient favorisé sans doute l'éclosion d'une authentique civilisation européenne, qui sera donc morte avant que d'éclore.

Je ne connais pas deux langues aussi étonnamment complémentaires, tout autant que disjointes, que l'anglais et le français. Une haute éducation, un authentique projet politique aurait pu s'édifier à leurs confluences. En place de quoi, les Anglo-Canadiens protestants d'un côté, les francophones catholiques de l'autre se sont enfermés dans leurs petites représentations symboliques respectives et se sont permis ainsi d'oublier leur avenir.

Seule une « société civile » sans réels repères, sans projet biopolitique supérieur, continue malgré tout d'œuvrer en silence, dans les rues et les foyers, et constitue lentement les fondations d'une entité qu'on pourrait qualifier de « multiculturelle », grâce aux mariages interethniques, si une quelconque « culture » avait encore une chance d'être produite quelque part dans notre Occident nihiliste. La société n'est pas en faute, elle fait ce qu'elle peut, avec les moyens politiques dont elle dispose, c'est-à-dire la démocratie parlementaire, autant dire rien.

Aujourd'hui, quatre ou cinq pages du *Monde* sont consacrées au changement ministériel de Lionel Jospin. Quatre ou cinq pages pleines de vide. Posons la question : Le monde, justement, va-t-il changer parce que Martine Aubry hérite d'une poignée de secrétariats d'État supplémentaires ? Le sort des Français, la vie des pauvres citoyens zéropéens va-t-elle enfin connaître un quelconque moment de vérité, une secousse, une infime transformation parce que Laurent Fabius revient aux affaires, c'est le cas de le dire et plutôt deux fois qu'une, alors que Jack Lang reprend son rôle déjà bien rôdé de Grand Clown de la Culture subventionnée ? On le pense visiblement dans les rédactions de journaux aussi sérieux que ce *Monde* à qui il convient d'apporter de toute urgence, et par tous les moyens disponibles, la dépêche suivante :

Les gouvernements politiques de l'ancien « monde » n'ont plus le pouvoir de changer quoi que ce soit au cours des affaires du nouveau qui a surgi comme par enchantement sous leurs pieds. Le contrôle opérationnel de la vie sur cette planète a changé de main en l'espace d'un petit demi-siècle. Si vous voulez avoir une vague idée de ce qui, de *celui* qui est aujourd'hui le plus à même d'un jour changer votre vie de fond en comble, alors dites-vous qu'il est âgé de vingt ans, maximum, qu'il vient de New Delhi, de Shanghai, de Prague ou d'Albuquerque (et peut-être même de Paris ou Bécons-les-Bruyères), qu'il étudie à Stanford, Berkeley, Princeton ou à Carnegie Mellon, et que rien ne semble encore le prédisposer à entreprendre une révolution aussi fondamentale que celle qu'Einstein, Max Planck, Newton, Copernic, Galilée, Pythagore ou Aristote produisirent en leurs temps, sauf peut-être, indice qui n'apparaîtra qu'après coup pour un œil un peu attentif sur une photographie datant de sa jeunesse, et alors que sa mort aura été célébrée par maints biographes, oui, un détail, un éclat particulier dans l'œil de ce jeune collégien, une certaine attitude vis-à-vis de la mort, et de l'immortalité, que seule capte la magie argentique de la pellicule, fera apparaître le travail silencieux, secret, invisible pour le commun des autres mortels, d'un cerveau singulier qui ne se contente pas de l'ordre des choses tel qu'il lui a été donné à sa naissance.

Ce n'est pas tant à cause du *confort* — ainsi que Nietzsche le conspuait — que les démocraties marchandes des derniers hommes sont devenues si obscènes. C'est que ce confort relatif, en comparaison de la paupérisation socialiste, ne produit rien qui puisse agrandir véritablement notre horizon. Ce confort, ce temps libre, au lieu d'être authentiquement *dépensés* dans la pure joie de la connaissance en vue de la production d'un modèle *supérieur* d'individu, ne servent qu'à des loisirs prétendument « hédonistes » — comprenez vulgaires — commercialisés d'un bout à l'autre du Club Med mondial, festif, égalitaire et unifié sous les couleurs de Benetton, ou des t-shirts estampillés anti-OMC, McDonald's, ou Unesco ; et si Franz

Kafka n'a pas été jeté au feu par quelque apparatchik socialiste, l'oubli de son nom et de ses œuvres n'en est pas moins programmé avec certitude, grâce à une éducation « postmoderne » qui s'obstine à vouloir liquider un héritage classique suspect de connivences troubles avec la pensée conservatrice, réactionnaire et discriminatoire, et qui a trouvé dans le marketing publicitaire et techno-crétin du social-libéralisme décadent un allié de choix. Ainsi la figure de l'archéomarxiste plus ou moins bien reconverti aux réalités de l'économie de marché et celle du néobourgeois de troisième espèce en quête de sens métaphysique s'agrègent-elles dans cette caricature de l'homme schizophrène du XXIe siècle, ce phraséologue martelant sans fin ses diatribes contre la pensée unique, dont à chaque mot prononcé il enfonce un peu plus le clou.

Faut-il rappeler à ceux qui se targuent d'un quelconque « situationnisme » (absurdité déjà dénoncée comme telle en son temps par Debord et les autres membres de l'IS), faut-il rappeler à ces crétinoïdes postmodernes, à ces contestataires petits-bourgeois de l'ordre marchand, et lecteurs assidus du *Monde diplomatique*, que la directive numéro deux de l'Internationale situationniste ne demandait rien moins que la *réalisation de la philosophie* ?

On conviendra qu'aujourd'hui ce projet ne trouverait quelque perspective qu'en se basant sur une *révolution biopolitique de la Connaissance*, une métamorphose générale de notre « humanité » toujours engluée dans son cocon de petites vérités et de gros mensonges, une telle révolution, un tel surmontement des processus évolutionnistes en vue d'une création supérieure et souveraine ne demande rien moins en effet que l'anéantissement créatif de l'Humanité, en tant que principe ontologique désormais ossifié et totalisé, pour ne pas dire totalitaire, et dans le but avoué de faire surgir quelque chose d'outrageusement vivant de ces ruines désolées.

*

Entre faire de notre vie une littérature — un véritable acte littéraire — et faire de la littérature de nos vies, j'espère que tout le monde aura bien compris la différence absolument substantielle, ontologique.

Ludion obscène et graphique
J'observe
Les pulsions de masse
Dans le ventre du spectacle
Retourner à leur fonction panique ;
Nos corps en vrac
S'émincent et s'immiscent
Vers l'orifice terminal
En quête d'un petit habitacle
Septique.

*

Ce n'est pas le libertinage qui rend le mariage intéressant, mais le mariage qui rend le libertinage digne d'intérêt.

*

La contestation contemporaine qui vitupère à qui mieux mieux contre la « mondialisation » montre en cela sa réelle provenance, et sa véritable « philosophie » : la petite bourgeoisie nationalisée, qui voit tous ses « petits commerces » menacés par le bulldozer planétaire, trouve dans la gauche néohumaniste et écolo-radicale son nouveau champion et, après avoir épuisé plusieurs générations de poujadismes et de populismes de « droite », la voici qui nous implore aujourd'hui de protéger ses traditionnels bastions de l'invasion transnationale des flux mondiaux au nom de l'amitié entre les peuples ou de la survie de l'espèce ! Pourquoi devrais-je ainsi défendre les valeurs et les intérêts de cette petite bourgeoisie postsoixantuitarde contre les menaces que font peser sur elle les nouveaux géants techno-économiques des temps présents ? Tous ces ramollis du bulbe dont la bouche est remplie du nom de Karl Marx, qu'ils n'ont point lu et encore moins compris, croient-ils vraiment que leur philosophe de prédilection a une seule fois défendu les économies de l'Ancien Régime face à l'irruption du capitalisme libéral ? Alors qu'ils le (re)lisent.

Et ce n'est pas en citant Guy Debord à tire-larigot et à contresens que nos petits-bourgeois contestataires s'en sortiront, car il est à craindre qu'une saine confrontation des *Cahiers de l'IS* avec les platitudes socialo-humanitaires du *Monde diplodocus*, ou des *Inrockuptibles* bourdivinisés, laisserait béantes les traces d'un holocauste nucléaire, comme déjà lorsqu'à l'époque Debord et son escadrille bombardaient sans discontinuer tous les terriers de la contestation-marchandise-spectacle, tous ces bunkers, ces Murs de la pensée, tous les cheffaillons maoïstes/trotskistes et les « intellectuels » sartriens qui faisaient les manchettes.

*

Visite de Lucien Bouchard en France. Son projet « souverainiste » et ses rodomontades répétées contre la loi fédérale C-20 — accusée d'être un monstre liberticide — suscitent fort peu d'échos dans la presse française, et pratiquement autant dans les rangs de nos « décideurs » politiques. À l'exception des vieux barbons et des catins du Sénat, depuis le fils indigne d'un certain Général servant désormais de potiche à un baron vendéen en quête de dignité historique et républicaine, jusqu'à l'indécrottable maire d'Épinal qui, non content de revendre à bas prix et à tous propos le genre d'images dont sa ville fait le commerce depuis le Moyen Âge, vient maintenant ennuyer régulièrement l'université de Montréal de ses odes à l'État-nation, à l'exception, donc, de ces momies à peine vivantes, de ces raclures de nécropole, bref de ces « politiciens français » dont Bouchard cherche désespérément le soutien, personne, et je dis bien PERSONNE, n'a en France la moindre idée de ce dont parle du soir au matin et du matin au soir le Premier ministre du Québec. Lucien Bouchard devrait se rendre plus souvent en Europe et je lui conseillerais bien de se montrer un de ces jours à Sarajevo ou à Dubrovnik. Il pourrait ainsi se risquer à entreprendre une comparaison édifiante entre « l'oppression dont souffre le peuple québécois » et l'histoire récente de l'Europe.

*

Je me souviens très bien que vers 1980, année de la mort de Jean-Paul Sartre, le seul chroniqueur de la presse française que je parvenais à lire jusqu'au bout était... Jean Cau ! L'ancien secrétaire de Sartre se farcissait chaque semaine dans *Paris-Match*, et avec un bonheur inégalé, toutes les mythologies en kit de cette gauche bien-pensante qui étaient alors en train d'ouvrir une autoroute idéologique au règne de celui qu'il allait bientôt surnommer « Dracula Imperator ».

Cette trouvaille linguistique, jointe aux nombreux portraits vitrioliques qu'il traçait alors avec un talent rare (sa description de Mitterrand errant dans les couloirs du Panthéon avec l'air du quidam cherchant les toilettes est un sommet du genre), ce « Dracula Imperator », disais-je, allait résonner longtemps à mes oreilles, bien après que le pamphlétaire le plus haï de son époque s'est tu, et alors que le visage de la mort en action emplissait nos écrans en déversant ses tombereaux de mensonges — du sang contaminé à l'aéroport de Sarajevo, du *Rainbow Warrior* aux génocidaires hutus —, cette formule me permit, tout au long de ces funestes années 1980 et 1990, et telle une prière de saint exorcisme, de veiller à ne pas succomber à mon tour, comme le reste de ma génération, aux sirènes du jacklangisme et de la non-pensée humanitaire.

*

À son retour de France, Bouchard annonce solennellement, avec le pompiérisme qui le caractérise, que le PQ tiendra coûte que coûte un référendum sur la souveraineté d'ici à trois ou cinq ans.

Bide monumental, encore plus caractérisé que celui qui a accueilli sa campagne antifédérale dans la France endormie de la cohabitation chiraco-jospinienne.

Il semblerait que, pour la première fois de son histoire, le Québec soit en train de se débarrasser des diverses idéologies jésuitiques qui se sont succédé ici, au contrôle des âmes et des fonds publics. Des gens commencent à ouvrir leur bouche. Venue d'horizons politiques autrefois disjoints, de communautés linguistiques autrefois séparées, une petite famille d'intellectuels de tous âges, et de toutes origines sociales ou culturelles, engage le fer avec les redoutables engrammes collectifs que la France, la Défaite, l'Église puis la Révolution tranquille auront laissés dans les consciences de ce peuple qui se découvre un avenir ne ressemblant en rien aux mignonnes et simplettes miniatures de la gauche nationale-socialiste.

*

Interlude météorologique :

Dimanche 9 avril. Blizzard sur Montréal. Plus d'un mètre de neige est tombé dans la seule journée, et à l'horizontale, comme envoyée par une souffleuse géante et invisible, on n'y voit goutte à plus de cinquante mètres. Tout en se trouvant à la latitude de Bordeaux, il ne faut jamais oublier, lorsqu'on vit ici, que la topologie particulière du continent nord-américain fait de Montréal une (pas si) lointaine banlieue du pôle arctique. Avec liaison éolienne directe.

Dans *Le Monde diplomatique* de ce mois-ci, je ne sais plus où donner de la tête. La liste des vrais mensonges et des fausses vérités est si longuette que j'aurais peur de perdre mon lecteur avant la fin si je daignais la lui présenter de manière exhaustive. L'exemple le plus caractéristique est donné par Ignacio Ramonet lui-même, qui n'est plus à une « pravda » près. Déçu, comme tous ses confrères et consœurs de l'Internationale antilibérale, par l'insolente bonne santé de l'économie de troisième type américaine, Ramonet use sa salive, son encre et nos neurones à essayer de jouer les augures en prédisant un krach équivalant à celui de 1929, grâce à deux ou trois phrases de Marx tirées de leur contexte et auxquelles, selon toute vraisemblance, ce social-démocrate aigri n'a toujours rien compris. Sous prétexte que l'économie US actuelle marche avec de faibles taux d'intérêt et une inflation inexistante, sans compter une croissance annuelle de 5 % minimum, le Paco Rabanne de la nouvelle gauche sociale-nationale se perd dans d'invraisemblables conjectures et oublie au passage de mentionner l'essentiel : le fait que depuis quinze ans environ l'économie américaine avale sans coup férir tous les « chocs » financiers, toutes ces « crises fatales » censées l'emporter dans les affres de la Dépression. Mieux encore, après le lundi noir de 1987, la Russie, l'Asie du Sud, le Brésil, et maintenant les valeurs high-tech elles-mêmes, il semblerait bien que le système immunitaire du métacapitalisme « libéral » se renforce chaque fois que les Bourses vacillent, ce que Marx n'aurait certes pas cherché à nier, lui qui connaissait, ou devinait, les étranges spécificités d'un système de production précisément basé sur les principes biopolitiques de la sélection naturelle.

Ce « système » arrivera un jour à son terme, épuisera sa dynamique et se heurtera à ses limites, si ce n'est déjà fait. On notera donc que la petite bourgeoisie contestataire, telle celle qui s'exprime dans *Le Monde diplo*, plutôt que d'aider à dissoudre les vieilles certitudes, à réellement transgresser les limites, à inventer une nouvelle dynamique, ne sert finalement qu'à reproduire les minables représentations et mythologies de pacotille qui encombrent les nihilismes contemporains.

Dans ce même numéro du *Monde diplo*, José Bov(id)é se fend d'une authentique découverte qui titre d'ailleurs l'ouvrage que ce destructeur de McDo vient de commettre : *Le monde n'est pas une marchandise* (j'ai du mal à réfréner mon fou rire en observant la publicité vantant la chose, on y voit le Gérard Nicoud de ce tournant de siècle levant ses mains menottées pour mieux les montrer aux photographes).

Allez... un petit effort, relisez Marx au moins, les gars, car je n'oserais vous conseiller Debord, Vaneigem ou Baudrillard. Le monde n'est pas seulement une marchandise. C'est un *hypermarché*. Un « spectacle », au sens donné par Debord à ce mot, soit *de la marchandise concentrée jusqu'à former une image*, et maintenant des simulacres numériques, soit au final un *rapport social de production*. Un *spectacle* qui s'articule précisément, les situationnistes le savaient, sur la mise en scène de la contestation.

Cette « agriculture paysanne » dont vous nous vantez les mérites, et dont vous appelez le retour, vous m'expliquerez un jour comment elle nourrira les 10 ou 15 milliards d'individus qui vivront sur terre ici-bas, et tout autour, dans deux ou trois générations.

Quelques pages plus loin, Viviane Forrester, non contente de nous avoir infligé son *Horreur économique* il y a deux ou trois ans, récidive avec *Une étrange dictature*, ouvrage très sérieux, et tout juste lisible, dans lequel elle prétend désormais nous apprendre à survivre à l'âge planétaire.

L'horreur économique, catalogue ubuesque où se côtoyaient pêle-mêle des fragments de Debord mal assimilés, quelques élucubrations autogestionnaires mode Edmond Maire 1972 et une tonne de clichés anti-américains tels que la gauche française les affectionne depuis toujours (telle l'inévitable référence au Chiapas et au subcommandante Marcos), fit évidemment un véritable carton dans l'ensemble des cénacles « intellectuels » — comprenez « journalistiques » — de l'Occident postmoderne et hypernihiliste.

Il est à craindre qu'avec le livre suivant de Forrester cette opération de décervelage spectaculaire soit réitérée, avec en plus les trémolos pompiers de ceux qui sont persuadés nous offrir des « solutions ».

Pour obtenir une « solution », encore faut-il avoir dissous quelque chose.

*

Dire que Dieu apparaît à travers la conscience de l'Homme, et donc qu'Il ne peut apparaître dans cet univers qu'au travers des processus évolutionnistes de la cognition et de l'hominisation, ce n'est pas lui interdire la possibilité d'avoir créé cet univers, mais plutôt lui restreindre celle de continuer à être totalement libre vis-à-vis des lois qu'Il a lui-même édifiées pour constituer ce monde.

En clair, la Toute-Puissance divine ne peut constamment changer les règles du jeu de l'univers en question, si Elle veut tout du moins que la vie consciente et organisée ait une chance d'apparaître et d'assurer sa propre expansion tout autant que la Sienne. S'il lui reste possible d'intervenir occasionnellement, au travers des miracles, pour parler en politique, nous dirons que la Suprême Volonté se voit forcée, de par Elle-même, de *ruser* avec les lois fondamentales que Sa Création exige. La ruse est le principe premier de toute Souveraineté, puisqu'elle anime à la fois l'esprit du jeu et celui de la guerre, qui s'avèrent ainsi deux manifestations contiguës de la même figure.

D'autre part, la Toute-Puissance est placée, lors de son actualisation cosmique, face à un épineux problème :

En tant que telle, la Toute-Puissance est Néant absolu, Elle est indivisible, absolument et terriblement unitaire, monodésique, et surtout rien ne peut jamais en atténuer la Suprême Puissance, sinon sa Suprême Volonté, qui fait donc que toute perte de puissance s'accompagne d'un acte de volonté créatrice redélimitant l'horizon de Ses attributs : lorsque Dieu ne « peut » pas accomplir quelque chose dans l'un ou l'autre de Ses Univers, cela signifie que Sa Volonté, son Désir de Création, lui impose de restreindre à ce point Son Pouvoir, afin que précisément la vie consciente et autonome puisse surgir et se développer en essaimant les multiples réalités de cet Acte en devenir au sein de la Matière et du Créé.

Aussi rien ne peut jamais atténuer la Toute-Puissance, sinon les forces de l'entropie qui se manifestent dès l'apparition du Créé et qui sont à la fois les forces permettant à la vie et à la conscience d'apparaître du cœur de la Matière tout autant que d'y retourner pour y disparaître.

Nous dirons donc que le Néant absolu *ne peut créer que* le Tout. C'est l'unique limite de la Divinité, infinie par nature. Cette limite, Elle seule est en mesure de la produire, et le monde qui va avec.

*

Héroïque action de la résistance anti-OMC : en Bretagne, les camarades anarcho-indépendantistes bretonnants ont fait exploser un McDonald's, éliminant au passage une collaboratrice patentée de ce symbole monstrueux du Grand Capital mondial et américain.

Vive la Confédération paysanne ! Vive la Bretagne libre ! Vive la France du terroir en lutte contre la Conspiration-étrangère-de-la-mauvaise-bouffe-anticulturelle ! Vive la Révolution sociale antimondiale ! Mort aux victimes aléatoires !

*

Guerres ethniques et crimes racistes en Afrique, la série continue : Robert Mugabe, roi nègre de l'ex-Rhodésie (devenue depuis Zimbabwe), crétin socialiste, afrocentriste, homophobe et inculte tient son pays d'une main de fer depuis plus de vingt ans. En un peu moins d'un quart de siècle, ce sinistre *libérateur du peuple* aura réduit son pays à une telle ruine, une telle misère, qu'il se voit maintenant obligé de lancer ses milices d'assaut contre les méchants propriétaires terriens blancs sans lesquels sa république de merde se serait littéralement effondrée sur elle-même, comme la vulgaire démocratie populaire qu'elle est. Le Zimbabwe est une représentation parfaite de tout ce que la gauche occidentale a commis depuis cinquante ans en Afrique. Ici, on ne trouvera ni grandes corporations multinationales (la moitié de l'économie, celle en ruine, est aux mains de Mugabe and Co), ni méchants modèles ultralibéraux, ni Banque mondiale ni FMI, ni les autres boucs émissaires à la mode pour expliquer ce suicide collectif. Comme l'Éthiopie, la Somalie, l'Algérie, les ex-Congo, l'Angola et une bonne douzaine d'autres États africains, le Zimbabwe est l'illustration tragique, mais parfaite, de la décadence imposée aux sociétés et aux peuples par le despotisme socialiste, l'onucratie et les fumeux concepts d'indépendance nationale.

Devenus les parfaits boucs émissaires de ses pantalonnades afro-socialistes, les fermiers blancs sont assassinés, battus, pillés, squattés sans vergogne, subissant l'occupation illégale et violente de leurs terres par des milliers d'« anciens combattants » avinés, avec la bénédiction de ce « chef d'État », hybride du Père Ubu et du docteur Farrakhan, que la presse de gôche bien-pensante française aura sans doute à plusieurs reprises dans le passé qualifié de « grand démocrate » ou de « militant antiraciste éclairé ». Cette même presse souligne d'ailleurs que ces quelques milliers de Blancs ex-rhodésiens (malheur à eux) continuent de posséder une moitié des terres arables du territoire, ô scandale, en oubliant de mentionner que c'est grâce à leur présence si un demi-million de Zimbabwéens ont encore un travail décent, et si le reste du pays n'est pas ruiné par une totale banqueroute.

En Afrique, la « solution » viendra, comme toujours, du degré ultime de dissolution des patterns de l'État-nation socialiste. Elle viendra du cœur de l'apocalypse.

Au Somaliland (l'ex-Somalie du Nord qui fut un protectorat britannique), une restructuration mutante est en train de surgir des ruines désolées du socialisme national et de sa désintégration tribale (qui conduisit à la ridicule expédition onuzie de 1991).

Une restructuration basée sur les antiques frontières territoriales claniques, avec la conservation adaptative des anciens liens sociaux traditionnels, un libertarisme économique quasi total, et le projet d'un État fédératif en réseau.

Si ce projet voyait vraiment le jour, s'il conduisait à l'explosion du mythe national-socialiste en Afrique, il ouvrirait la voie à une authentique renaissance de ce continent. Mais il est à craindre que les bureaucrates onuzis ne voient d'un très bon œil la disparition quasi totale de tout ce qu'ils ont élaboré et construit pendant cinquante années.

Nouvelle offensive de la racaille révisionniste de gauche : Kahn et Debray, les nouveaux duettistes de l'éditorialisme négationniste à la française s'efforcent, l'un par ses chroniques pestilentielles, l'autre par un « livre » commis au nom de la « médiologie » — science inventée par lui-même, c'est plus pratique —, de poursuivre depuis Paris ce que le bureau de propagande de Milosevic ne parvient plus à accomplir tout seul depuis Belgrade : occulter les massacres et les génocides perpétrés depuis dix ans par ce Kim Il-sung des Balkans en organisant la plus immonde campagne de désinformation jamais conçue des deux côtés de l'ancien rideau de fer, depuis celle de Katyn. Reprenant à leur compte le fameux incident de Timisoara (*la* référence majeure de tous les négationnistes rouges) et ne s'effrayant pas de sombrer dans les eaux usées de l'antiaméricanisme modèle mao-stalinien d'origine contrôlée, nous les voyons qui s'enlisent dans le mensonge et la manipulation idéologique comme des porcs bâfrant dans leur fumier. La liste des âneries, ou ignominies, déversées à chaque page par ces charretiers de la sous-pensée journalistique nationale est à proprement parler infinie, on n'en voit pas le bout, et je ne sais encore où donner de la tête, si je puis m'exprimer ainsi en parlant d'un tel sommet de non-pensée absolue.

On me dit qu'un certain Renaud Camus vient de voir son ouvrage retiré de la vente à cause du fait qu'il appelle un chat un chat (un juif un juif, un Arabe un Arabe) et qu'il s'est permis selon toute vraisemblance cette « dérive antisémite » inacceptable qui consiste à remarquer la présence un peu hors de proportion de telle ou telle « communauté » dans les rangs de telle ou elle profession « sensible ». Bien, je ne reviendrai pas sur cette hypocrisie jésuitique « antiraciste » qui nous oblige à tenir compte de la composition ethnique d'un tribunal pour juger du crime commis par un « homme de couleur » mais nous empêche de comptabiliser les mêmes groupes ethniques, ou culturels, à l'intérieur d'un journal ou d'une chaîne de télévision. Je ne reviendrai pas non plus sur cette absurde victimologie qui fait de la Shoah un « devoir de mémoire », c'est-à-dire une constellation spectaculaire décrépite de plus, soit la pire chose qui pouvait en effet lui advenir, ni sur ce piège infâme dans lequel les penseurs juifs de l'Occident contemporain tombent les uns après les autres, à quelques exceptions près, et qui consiste à enfiler les patins des ennemis de la liberté de pensée, mais je crois qu'il est temps d'envoyer un message clair à tous ces « démocrates » qui bannissent les livres qui n'ont pas l'heur de leur plaire : Mesdames, messieurs, soyez certains que vous aurez un jour à répondre de vos *crimes*.

Je ne connais pas Renaud Camus et n'ai point lu ses livres, et encore moins son dernier, puisqu'on a décidé en ma place que je n'avais pas l'intelligence de m'y confronter, mais, à ce que je sache, il ne s'est pas permis de nier l'existence des chambres à gaz ou des camps d'extermination nazis (ce qui n'autoriserait pas plus selon moi son interdiction pure et simple, mais changerait quelque peu l'objet de la discussion). Certes je suis d'accord, la comptabilisation maniaque des groupes ethnico-culturels tient de la statistique de café du Commerce, mais de là à le couvrir de l'opprobre ultime et à retirer son livre des étals, il me semble qu'un pas pour le moins inquiétant a été franchi. Car on notera en revanche que les « livres » de hautes personnalités républicaines-et-démocrates niant d'un bel aplomb les crimes du communisme, et en particulier ceux commis par les gérants de leur ancienne colonie de vacances yougoslave, sont quant à eux gratifiés d'une couverture de presse de grande ampleur, et que leurs auteurs sont protégés à tout jamais du risque d'un jour passer en cour.

Je rappelle à mes lecteurs nord-américains que ces

négationnistes de gôche sont ainsi protégés par une loi (l'infâme loi Gayssot) et par une « Justice » (la « Justice » républicaine) qui ne craignent pas se dresser d'un bel ensemble contre toutes les dispositions juridiques internationales punissant les crimes contre l'humanité, tout comme celles garantissant la liberté de pensée et d'expression.

*

On dit souvent des technologies qu'elles sont des médias permettant aux humains de communiquer. En dehors du fait qu'elles me semblent surtout des moyens paradoxaux de renforcer la solitude et la séparation, il semblerait que ce sont *les humains qui deviennent des médias* entre les technologies, qui communiquent et copulent ainsi par notre intermédiaire.

*

Parution simultanée de deux ouvrages de Pierre Lévy, « penseur » du cyberespace, exilé lui aussi de France au Québec.

Voici ce que cet histrion de la world philosophy nous inflige, dans un ouvrage pondu à deux, lui et sa femme (c'est la grande époque de la littérature en couple, autant dire de son annihilation), et qui ne trouve sa vraie place qu'au rayon mysticisme new-age de la première librairie astrologique venue : « La pensée nous amène à souffrir. Elle nous entraîne dans l'avidité, l'agression, la peur, l'espoir, l'illusion. *Si nous nous contentions de sentir* (c'est moi qui souligne), nous éviterions tout naturellement la souffrance. »

Nous *contenter* de sentir. Arrêter la pensée. Supprimer la souffrance.

Le programme est clair, il l'a toujours été : bouffez végétarien, faites de la méditation, développez votre « potentiel personnel ». Achetez mes cassettes.

Voici donc ce que le cyber-universitaire de la première (dé)génération postsoixantuitarde fait de deux mille cinq cents ans d'esprit critique occidental, devenu depuis un certain temps déjà la cible privilégiée de tout ce que l'Occident lui-même peut produire de nihilismes (autant dire une industrie). Il n'est pas le seul de son espèce à cracher ainsi dans la main qui l'a généreusement nourri. Même les plus féconds d'entre les penseurs sont désormais tentés d'imiter cette pathétique parodie de révolte œdipienne.

La régression new-age n'a pas toujours la naïveté d'affirmer haut et clair un tel programme, l'anéantissement de la pensée est parfois habilement camouflé par quelque jargon pompeux ou posture de rébellion. Pierre Lévy a le mérite d'exposer sa non-pensée sans le moindre artifice, et avec l'aplomb qui caractérise l'idiot terminal : world philosophy (on croirait à s'y méprendre la dernière campagne de pub Benetton ou de l'Unesco, ou le dernier disque de Sting), néopaganisme solaire, astrologie du feu, humanitarisme pseudo-bouddhiste et adaptation (post)moderne du christianisme noosphérique de Teilhard de Chardin, bref un effondrement général de la pensée qui, bien sûr, vise à s'ériger comme finalité téléologique du « phénomène humain », et nous conduit automatiquement au fou rire.

*

Nous sommes dans l'obligation de faire ce sinistre constat : les sciences et les techniques ne sont en soi aucunement porteuses de connaissance, de *gnôsis*, d'une forme supérieure d'humanité, ce « Surhomme » dont parlait Nietzsche, et précisément parce que ce penseur a été le plus incompris et le plus (mal) manipulé de tous (mais il savait que sa pensée mettrait plus d'un siècle à pouvoir être comprise, ou approchée) et que les technosciences sont définitivement passées sous le métacontrôle de la marchandise-réseau, il s'avère urgent de dégager une nouvelle typologie et une nouvelle généalogie de l'humanité, de la posthumanité en devenir.

Dans un premier temps, le diagnostic est sévère : en lieu et place du surhomme, nous avons bel et bien produit ce que Nietzsche nommait le *sursinge*, cet humain dévolutif qui choisit le retour à l'animalité, à la fusion matricielle-organique des néomatriarchies.

Le posthumain est ce moment tragique entre tous où les virtualités de la cosmosphère humaine s'actualisent, où les pouvoirs de l'homme entrent en phase surcritique et où des mutations évolutionnistes globales rencontrent, et perturbent, tels de formidables cataclysmes naturels, les conditions prédéfinies par l'état de nos sociétés et de nos cultures.

Or ces conditions sont proprement désastreuses. Et donc la mutation, au lieu de rencontrer un biotope humain sélectionnant la voie la plus haute, la plus dangereuse, la plus belle et la plus transfigurante, est canalisée sur l'autoroute périphérique des désirs les plus bas, les plus immédiats, les plus mercantiles et les moins définis, et encore moins infinis. Tout juste finis, à peine nés que consommés et remplacés.

Le posthumain de ce début de XXIe siècle est donc un simple *animal doué de raison*, donc du moins intéressant de ce qu'offre en potentiel la conscience. Il est le sursinge capable très bientôt d'interconnecter les cellules de son cerveau avec des machines logiques à hautes performances. Bref un chimpanzé jouant avec une machine à écrire. Autant dire que les probabilités qu'il produise ne serait-ce qu'une ligne de Shakespeare, ou de Baudelaire, résistent à tous les ordres de grandeur.

Car avant de produire le posthumain, encore faudrait-il savoir former un homme.

Et pour ce faire, commencer à synthétiser activement l'héritage de ce qu'on nomma humanité.

*

En imaginant Pierre Lévy s'en prendre à Viviane Forrester sur un célèbre plateau de télévision (j'ai raté leurs prestations, je m'en remets à mon seul cerveau), je me retrouve face à l'horripilante dialectique décadente qu'on nous revend depuis des lustres : le cyberoptimisme sauce soja californienne d'un côté, le sociopessimisme mayonnaise exception française de l'autre, en deux mots : le néant.

Nous devons affirmer notre totale insoumission à ces dialectiques mortifères. Si la cyberéconomie de troisième type et ses « technologies de communication » nous intéressent, c'est précisément parce qu'elles forment le stade plus ou moins terminal de la marchandise, la marchandise-capital, la marchandise-réseau, la marchandise-corps, la marchandise-cerveau, l'hyperspectacle d'un monde en boucle sur lui-même, et parce qu'elles ne peuvent donc engendrer que des formes extrêmes de solitude et d'aliénation qui se retournent contre les valeurs sociales, tout autant que contre elles-mêmes, dans un processus général de dissolution, de décomposition avancée, d'une richesse et d'un danger incommensurable pour l'ensemble de la société-monde en question.

Le capitalisme entame sa (trans)mutation terminale, déjà l'ensemble de ses dispositifs métastatiques trace les diagrammes proliférants d'une forme encore en devenir, qu'aucun humanisme n'est en mesure de décrire. Que seuls des cerveaux totalement contaminés, et donc vaccinés, réadaptés aux biotopes mutants et mutagènes pourront assembler, avant que tout plan n'ait le temps de surgir d'une machine sociale ou d'une autre.

Une véritable urgence nous pousse à dicter nos conditions à ces vieilles valeurs qui n'en finissent pas de mourir. Si l'iconographie reine du vidéodrome mondial trace en souterrain une topologie mutante de connexions improvisées qui *dérivent* du capitalisme schizosphérique terminal, si vraiment la jungle, le biotope sauvage est le diagramme du devenir inhumain, posthumain, de la planète, si vraiment *le futur s'assemble, mais sans les plans*, ou plutôt avant même leur conception, comme l'affirment les théoriciens de la Cybernetic Culture Research Unit de la Warwick University, s'il faut envisager alors que la connaissance se (dé)code selon des procédés de (dé)cryptage qui renvoient directement à la sphère cognitive du militaire, et aux techniques du renseignement, si l'individu vraiment libre va devoir devenir la *surmachine* parasitaire bionique qui essaimera au travers des labyrinthes de simulacres du métacontrôle en tissant un réseau pirate neurotronique de combat, s'il s'agit d'une *guerre*, donc, alors ne croyez pas que les vieilles vertus occidentales de la pensée écrite et alphabétique vous seront d'aucune utilité dans cette circulation rythmique, acéphale et nomadique qui caractérisera la totalité du mode de production postspectaculaire du XXIe siècle.

C'est parce qu'il sera en voie d'extinction, sur le point de disparaître même, que le livre imprimé deviendra l'arme privilégiée de tous ceux pour qui le vaudou des techniques zombies micronomades ne servira pas qu'à rajouter du bruit au bruit. Le livre est une arme à silencieux. Une arme à silence. Il tue en provoquant la coupure de flux intempestive, en imposant le silence des tombes aux bavardages. Si vaudou il y a, alors il doit y avoir thanatologie, et cette science des morts, c'est justement la littérature, et elle seule, qui en est la dépositaire.

La volonté absurde de privilégier un mode de production « afro-futuriste » (entendons par là « dégagé » des contraintes alphabétiques, hiérarchiques, patriarcales en un mot : occidentales) par rapport à celui de l'antique « core-text » euro-historique, considéré comme obsolète, discriminatoire et impérialiste, le fâcheux réflexe à ne voir dans toute volonté politique eurofédérale qu'un rêve fasciste, tendances lourdes qu'on retrouve encore sous divers aspects chez tous les tenants de la « cyberpunk critic » postmoderne, comme ceux cités un peu plus haut, sont selon moi les signes d'une présence tenace, quoique secrète, de la plupart des nihilismes hérités du XXe siècle. Pour le moment le seul « afro-futur » que je perçoive un tant soit peu clairement, c'est celui d'un désert dévorant la forêt, c'est la vision d'un continent dévasté par le socialisme, l'État-nation, l'ONU, la corruption, l'ignorance, la pandémie généralisée, et pour finir par cette mythologie burlesque et primitiviste qu'on a concoctée dans les « social studies » des universités occidentales au sujet du « mode de production tribal ».

Un monde acéphale n'a pas de sens et ne risque pas d'en produire puisque le sens est une invention de l'encéphale humain. Par conséquent, l'acéphalité ne me semble pas être en mesure de produire le diagramme le plus pertinent pour le traitement biopolitique de la prochaine crise évolutionniste.

Ce que le schizocapital de troisième type est en train de produire dans un des replis secrets de ses virtualités (qui ne demandent plus qu'à être actualisés par quelque accident sublime) appartient bien à l'ordre des machines miraculantes : un monde méta, ou hypercéphalique, tout au contraire du modèle adirectionnel et néoprimitif que les microtechnologies désirantes seraient censées actualiser — selon la critique cyberpunk orthodoxe —, capable de proprement démembrer l'humanité, de projeter son corps-cerveau dans des continuums interconnectés, bioniques, transorganiques, anthropotechniques, monadiques, nomades. Courts-circuits métaphysiques et infraphysiques en cascade, comme la montée en fréquence d'une oscillation sinusoïdale. Conspiration des archéocodex chamaniques dans l'hypercode de la marchandise-neuroprogrammation. Métascience multinodale. Dissolution critique paradoxale comme moteur cognitif de la transformation générale. Essaimage de disparités et de singularités dans le monde aplani des périphéries transplanétaires, jusqu'au cœur de l'Empire, dans les infraniches de l'axe conurbain, jusqu'aux terminaisons les plus frêles de l'hypercapital néo-organique.

Car pour autant que je sache, c'est au cœur même de la civilisation occidentale que cette mutation a cours et se propage, et c'est encore dans les universités européennes ou nord-américaines, au cœur du centre de commandement métalocal, qu'on y fourbit ses instruments théoriques et pratiques. Il n'est plus de *street-culture* qui tienne, puisque plus rien n'échappe à la métapolis microspectaculaire et à ses ramifications universitaires-marchandes. Tout est variation d'intensité, jeux de microcoupures et de sélections dans l'appareil cognitif global. Tout est échantillonnable. Tout est échantillonné.

Ceux qui pensent que les vingt-cinq siècles de civilisation occidentale sont à jeter au vide-ordures maintenant que nous entrons dans l'âge des possibilités synthétiques risquent de se réveiller devant l'absurde dévolutionnisme que cela impose, mais trop tard.

Croire que le passé est dépassé, c'est ne pas comprendre que ce qui n'existe plus se conserve, via les vivants, dans une fusion toujours inextricable de vie et de mort qui forme ce que nous nommons communément la « conscience », pour ne pas dire la « mémoire », d'autre part c'est pour le moins faire preuve de courte vue, et cela oblige à ne voir dans l'avenir que la pauvre terminaison du présent, alors que tout montre au contraire comment il résultera de l'actualisation de lignes mutantes, transhistoriques, cataclysmiques et synthétiques venues de toutes les réalités précédemment accumulées jusqu'à ce point de désintégration terminal que nous sommes en train de vivre.

Certes, l'humanité est foutue, elle a le choix entre des cultures sans sociétés — donc sans (bio)politique — et des nations sans cultures (donc sans métaphysique), entre des individus aux solitudes inutiles, massifiées, et des communautés aux droits et aux rituels absurdes, entre l'intensification des pouvoirs de surveillance cyberphotonique et de contrôle génétique de la Machine, et le retour dévolutionnaire aux « âges d'or » proto-industriels, entre le vidéodrome totalitaire et l'émeute hyperspectaculaire, entre le simulacre et le néant, mais ce que le centre de commandement métalocal et hypercorporatif entreprend désormais, c'est l'extension du contrôle dans le théâtre cellulaire et biotopique interne des individus, désormais nœuds coextensifs du réseau des nanomachines, vecteurs fissiles de la communication publicitaire totalisée, micronisée, cybernétique et iconique. Aussi l'individu en quête de liberté créatrice ne pourra faire l'économie d'une *méthode de survie de la conscience conçue comme accélérateur de particules*, et comme technique d'espionnage biopolitique : évasion, invasion, illusion, simulacre, contre-mesures, localisation, globalisation, virus, antivirus.

Guérilla métacritique.

Mais il faut convenir que désormais le poids de la faute repose sur les seules épaules du méchant homme blanc, coupable de tous les maux, tous les génocides, toutes les perversions, toute la misère du monde. On nous vante la fin de l'horrible modèle patriarcal judéo-gréco-chrétien, on prône le « retour à la tribu », on nage en plein rousseauisme, on envisage calmement l'anéantissement des bibliothèques (trop blanches, occidentales et discriminatoires, j'imagine), alors que dans le même temps on condamne la globalisation techno-économique et la

« société du spectacle » sans même essayer d'y percevoir un terrible processus accéléré d'hominisation, bref de méchantes et inutiles « utopies » fleurissent de nouveau sur les décombres de l'esprit critique. À l'eschatologie révolutionnaire du socio-militant se substitue le néomessianisme dévolutionnaire du « technomutant », conçu comme pur insecte anarchiste, désalphabétisé, et aux interconnexions aléatoires, simple *raver* semi-nomade désormais bouclé dans la circuiterie techno-touristique des flyers fluo.

Lorsque je parle d'*héritage*, c'est sans doute à la fois par souci de simplicité et désir de provoquer. Dans la culture « cyberpunk », tout ce qui est né avant Edison, dans le meilleur des cas, n'a strictement aucune chance de prétendre à l'existence. Mais j'espère avoir été clair dans le volume précédent du *Théâtre des opérations*. J'entends le mot *héritage* selon une stricte acception biopolitique évolutionniste et critique : la formulation synthétique d'un nexus des possibles engendré depuis la matrice-homme, ses sociétés et ses cultures, et qui autorise, qui *exige* une impitoyable *sélection*.

Cette sélection active, cet « edit-mix » transpolitique et panhumain ne peut se concevoir comme un modèle unitaire, social, collectif, nous savons trop bien que le *socius* est une machine aveugle, sourde et muette, un corps sans organes déterritorialisé, un pur process d'hyperproduction en flux continu, et nous savons aussi que pour l'instant nous ne pouvons tisser qu'un entremaillage provisoire de sélections actives, micro-individuelles (elles ne concernent qu'une part de nous-mêmes, même si l'enjeu nous dépasse), notre unique pouvoir réside dans la mise au point de bibliothèques de survie et d'expérimentation, de méthodes d'enregistrement et de décodage, de techniques de dé(re)programmation, de microréseaux vivants/livres-sons-images conçus comme armements neuronaux télétransportables, au cœur du mégaréseau que la machine du contrôle social impose à l'humanité comme condition première à la poursuite du programme d'hominisation, au seuil de l'extermination biocidaire générale, et/ou virtuelle, comme principe actif et réactif instaurant l'émergence de nouvelles formes de vie, de nouvelles synthèses disjonctives de la conscience, qui ne peuvent survenir que de l'hyperlocalisation cataclysmique de certaines *sélections* de la pensée, opérées dans un « centre de commandement neuro-individuel », autrement dit un cerveau particulier se comprenant comme tel, et désireux d'engager le combat contre la société-monde, parce que tel est son bon vouloir, autrement dit sa nécessité créatrice.

*

Comme l'homme, le capital est une forme de vie.

Et comme l'homme, une forme de vie extrêmement dangereuse.

Le monde est un simulateur destiné au dressage et à la sélection de formes de vie.

Une pensée qui ne provoque pas de désastres ne mérite pas d'être écrite.

Tout *système* de pensée est totalitaire.

*

Stéphane Zagdansky, dont j'apprécie la prose et l'érudition, comme lorsqu'il publie *Les intérêts du temps*, ou ses exégèses bibliques dans l'Infini, vient de commettre un livre sur de Gaulle qui lui aura fait perdre dix-huit bons mois pour l'écrire (interview dans *Le Nouvel Obs*), et à nous plusieurs heures pour le parcourir. Sous prétexte de déboulonner l'idolâtre et consensuelle statue du Commandeur de la République, Zagdansky ne fait qu'enfiler lapalissades sur évidences comme on enfile des perles à la petite école avec, pour faire bonne mesure, l'adjonction colorée d'insultes antigaulliennes que les éditorialistes d'*Hara-Kiri* ou de *Charlie Hebdo* n'auraient pas daigné retenir pour leurs couvertures du vivant du général, ni même le jour de l'annonce de son décès. Alors je ne parle pas de trente ans après sa mort.

Car que découvre Stéphane, et nous par la même occasion, le long de ces six cents interminables pages ?

Que de Gaulle était un homme de droite. Que c'était un militaire. Qu'il appartenait à une tradition conservatrice maurrassienne. Qu'il avait une conception prétorienne de la République, et sans doute assez spartiate de la démocratie. Qu'il correspondit avec le général Franco dans les années 1950. Qu'il n'accorda que très peu d'attention au génocide juif dans ses Mémoires. On pourrait ajouter, dans la série des pléonasmes nobélisables : que de Gaulle était un homme du XIXe siècle. Sa date de naissance en fait foi.

Bien, je comprends parfaitement qu'avec un tel curriculum vitae, notre homme ne puisse même espérer le minable strapontin d'une voiture de troisième classe dans l'express qui conduit directement au Paradis des Mausolées humanitaires. Il aurait fallu que quelqu'un le prévienne, vers le 18 juin 1940, que seul un intellectuel socialo-pacifiste anti-Action française pro-Front populaire superdémocrate judéophile et quasi communiste avait le droit historique de se rebeller contre Pétain et la Kollaboration, en s'exilant pour Londres. On remarquera par ailleurs que ce sont précisément les députasses radicales, socialistes et hitléro-pacifistes qui voteront d'un bel ensemble la remise des pleins pouvoirs à l'héroïque, grand et vieux Maréchal, au moment où le « petit » (et déjà plus si jeune) général de brigade inconnu, lui, organisait la résistance, après avoir vécu, et analysé, la terrible défaite de la bataille de France (voir *La France et son armée*, Charles de Gaulle, 1944).

Ainsi celui qui contre toutes les traditions de son élite rétablit la démocratie en France dès la fin des hostilités sur le territoire national, pour quitter de lui-même le pouvoir dix-huit mois plus tard, est-il devenu dans la vision enfiévrée de Zagdansky le vulgaire clone d'un Mussolini, voire d'un Hitler — pourquoi pas d'un Staline ou d'un Mitterrand pendant qu'on y est ? Magnifique opération de renversement nihiliste, digne de nos temps (post)modernes, qui ne s'appuie que sur des vérités incidentes, et surtout mal comprises : de Gaulle était légèrement mégalomane, voire *profondément* ? Qui ne le serait devenu en ayant suivi sa route, et surtout comment ne pas l'être rien qu'en décidant de l'emprunter, ou plutôt : comment décider de l'emprunter sans l'être déjà, *profondément* ? Y a-t-il jamais eu dans l'Histoire autre chose que des mégalomanes, un peu paranoïaques de surcroît, pour provoquer quelque mouvement, quelque action ou réaction ? Son style était parfois pompier ? Revel, il y a plus de trente ans, avait déjà disséqué l'affaire, et elle était entendue. Celui de Churchill n'était guère meilleur, en dépit de ces traits de génie, dont de Gaulle fut traversé bien souvent lui aussi. Il manipulait les médias ? Je préfère un homme d'État qui manipule les médias à un homme d'État qui se fait manipuler par eux. Et là encore, la comparaison objective avec Roosevelt, ou Churchill, plaiderait plutôt en sa faveur.

Le général avait une haute opinion de lui-même ? Il avait été antisémite dans sa jeunesse (comme 99 % des individus de sa caste et de sa génération) ? Il ne votait pas pour Léon Blum ni pour Thorez ? Il soutenait sans doute le parti nationaliste-conservateur en Espagne, et pas les milices d'assaut du POUM ou du Parti communiste ? Il ne prisait guère le whisky, et encore moins la vodka ? Il croyait en Dieu, et en la « France », à une époque où les mots d'« honneur » et de « patrie » étaient synonymes de ringardise réactionnaire et rococo, avant que toutes les anciennes suceuses de bites révolutionnaires-et-prolétariennes ne s'en drapent sur le tard, quand l'heure fut venue de terminer leur vie, et leur pensée, dans une académie ou une autre ? Alors, oui, répondons oui, cent fois oui : il fut l'homme intempestif entre tous, un authentique réactionnaire qui se dressa contre la réaction à l'instant critique, un conservateur qui se dressa contre l'ordre des choses, et surtout contre le chaos de la défaite et du déshonneur, un « Français libre » qui fit chier les Alliés, les Français pétainistes ou attentistes, parfois la Résistance elle-même, dont les communistes, et plus que tout, les nazis, bref il était l'heure, sans doute, de se faire un « devoir de mémoire » d'aller cracher sur sa tombe.

Certes de Gaulle commis des erreurs, parfois grossières, y compris durant la guerre, le désastre de Dakar faillit lui coûter tout crédit et le précipiter dans les poubelles de l'Histoire. Il fut dans l'obligation de marchander des accords avec d'anciens fonctionnaires « légalistes », c'est-à-dire plus ou moins vichystes, dans un certain nombre de territoires extramétropolitains stratégiques, afin qu'ils basculent, eux et leurs forces, du côté des Alliés. Oui, il faut convenir que de Gaulle fut une sorte d'événement impossible, qui permis à une France honteusement défaite, pour des raisons structurelles remontant à la genèse historique de sa République, de s'offrir une après-guerre héroïque du côté des vainqueurs, alors que la quasi-totalité de son personnel politique et administratif aurait dû se retrouver sur les bancs du tribunal de Nuremberg.

Mais tous ces petits messieurs de la nouvelle gauche postmoderne devraient quand même vérifier leurs sources et analyser les faits : de Gaulle, sinistre ganache autocratique, maurrasienne et antisémite, créa des structures politiques « alternatives » au pouvoir pétainiste qui furent ouvertes à tous ceux qui désiraient libérer la France, et l'Europe, du totalitarisme hitlérien, elles furent ouvertes à des juifs, à des francs-maçons, à des socialistes, et aussi à tous ceux qui le faisaient au nom d'un autre totalitarisme, comme les communistes !

La « Libération » fut du coup l'occasion de la plus sinistre pantalonnade historique qui fut jamais donnée à voir dans ce pays, pourtant de longue date spécialiste du théâtre. L'extrême gauche communiste put se venger de sa rivale de droite du « socialisme national » en montant de véritables procès politiques, puis en créant un « comité d'épuration » chargé de pourchasser les intellectuels et les écrivains suspects de connivence avec l'ennemi. Céline, Rebatet et quelques autres en tâtèrent la rigueur. On goûtera la drôlerie de la chose à la façon d'une blague soviétique lorsqu'on saura que ce fut le poète du GPU lui-même, Louis Aragon, qui s'occupa de dresser les actes d'accusation, dignes des procès de Moscou !

On ne peut reprocher à de Gaulle d'avoir cru en une France mythique, celle de Bonaparte, de Turenne, de Jeanne d'Arc, de Charlemagne et de Clovis, alors que c'est précisément ce que l'École républicaine des années 1890-1900 lui inculqua à longueur de journée, à lui comme à tous ceux de sa génération, pour qu'un jour ils soient prêts à bouffer du Boche dans les tranchées et la boue des abattoirs mécaniques. Cette France idéale et mythique certes n'existe pas, ou plus, sans doute n'a-t-elle jamais vu le jour ailleurs que dans les mythes, elle est une reconstruction phantasmatique, littéraire, une fiction pure, venue des temps antiques de la mémoire collective, une sorte d'uchronie actualisée par la splendide folie d'un homme solitaire qui sauva ainsi sa société du naufrage terminal alors que, sans doute, elle n'en était pas digne.

Pour Zagdansky, qui devrait relire Clausewitz, Thucydide, Jules César ou Sun Tzu, tout « militaire » est soit un

« troufion », soit un « imbécile »[1]. Ce mauvais antimilitarisme anarchisant sent le collégien attardé à plein nez, et la déception est de taille, surtout de la part de quelqu'un qui se vante d'avoir lu (et compris) Debord, dont la distraction favorite était, rappelons-le, le *Kriegspiel*.

Décidément, il manque vraiment une bonne guerre à toutes ces générations qui s'empilent en Occident depuis 1968, en bâfrant dans le consumérisme, plus ou moins intellectuel, plus ou moins cultivé.

Oui, décidément il nous manque à tous l'épreuve des faits, et le baptême du feu.

Mais n'ayons crainte, une paix est toujours l'intervalle plus ou moins long, plus ou moins décadent, plus ou moins anesthésié, entre deux guerres.

Et dans le monde d'aujourd'hui une telle paix occulte surtout le fait que la guerre ne s'est jamais terminée.

Qu'elle s'est juste *momentanément* déplacée.

*

Un romancier qui n'aime pas la guerre, c'est un poète qui n'aime pas l'amour.

Comme le démontrent les généraux Liddell Hart et Simon Lewis dans leurs introductions à *L'art de la guerre*, quelques aphorismes du vieux mercenaire chinois valent souvent bien plus que les lourdes et modernes théories de la guerre totale d'un Clausewitz.

Sun Tzu, trois ou cinq siècles avant le Christ, selon les interprétations, savait déjà que le concept de guerre totale, de guerre d'extermination, de guerre sans fin était suicidaire pour quelque nation que ce soit. La pensée de Sun Tzu résidait en une poignée de théorèmes économiques de base : une guerre coûte terriblement cher, à tout point

1. Interview du *Nouvel observateur*, déjà citée.

de vue. C'est un désastre politique et économique, et surtout *une économie du désastre* qu'il faut maîtriser avec professionnalisme afin d'en circonscrire les termes au plus vite, et en occasionnant les destructions nécessaires et suffisantes, mais jamais plus.

Clausewitz crut faire le malin en développant une sorte de positivisme illuminé qui cherchait à *optimiser* constamment les destructions occasionnées sur l'adversaire. Il en vint rapidement à la conclusion qu'il n'y avait pas de limites, et qu'il ne fallait donc pas en chercher. On remarque cependant qu'à la fin de sa vie il passa son temps à réécrire ses œuvres afin de parvenir à une pensée stratégique plus réaliste, rééditions et corrections qui furent évidemment « oubliées » par les éditeurs de l'époque, et éradiquées des cours de l'École de guerre.

Développée à outrance dans toutes les élites militaires européennes de la seconde moitié du XIXe siècle, la « guerre totale » fut en quelque sorte testée à grande échelle sur un certain nombre de peuplades coloniales, en Afrique notamment, mais pas toujours contre des « Noirs ». En Afrique du Sud, les Anglais usèrent de leurs premiers « camps de concentration » contre les rebelles boers d'origine néerlandaise. Les nordistes républicains avaient fait de même contre leurs frères ennemis sudistes confédérés, quarante ans plus tôt, avec le sinistre camp d'Andersonville, mais les sécessionnistes du Sud avaient aussitôt ouvert les leurs. La destruction d'Atlanta par les troupes du général Sherman augure déjà des destructions pyrotechniques du XXe siècle, du Blitz sur Londres à la phosphorisation de Dresde. À Homme total, État total. Et à État total, Guerre totale.

Biocide général.

Cette « pensée » stratégique trouva son plus « haut » point d'accomplissement avec le nazisme, avant de se perpétuer par inertie durant l'âge de plomb qui allait succéder à la première utilisation anticivile de l'uranium 235 et du plutonium.

La seule chose qui, peut-être, et de façon tout à fait paradoxale, sauva l'humanité de l'anéantissement nucléaire durant les quarante-cinq années de « guerre froide » fut en quelque sorte le nazisme lui-même.

La tragédie allemande est l'illustration la plus parfaite du caractère suicidaire et autodestructeur du concept de guerre totale, quand il est appliqué à l'échelle industrielle par un État totalitaire.

On peut se dire que les deux empires rivaux qui se partagèrent le monde sur les décombres de l'Europe post-hitlérienne en avaient plus ou moins conscience, en dépit du fait que la « course » aux armements (on devrait dire la « chute ») était devenue une absurde nécessité historique de plus. Ou plutôt le moment de la première « nécessité » posthistorique.

Les explosions de Hiroshima et Nagasaki doivent donc être vues selon cette perspective thermodynamique : la Seconde Guerre mondiale s'éteint par les deux éclairs atomiques sur le Japon. Elle ne semble pouvoir s'achever que dans ce double éblouissement tragique. La guerre totale trouve ici à la fois sa fin et le franchissement vers un ordre supérieur.

L'Allemagne hitlérienne et le Japon militaro-impérial avaient usé de la guerre totale mécanique jusqu'à ses plus extrêmes limites, réitérant le crime de masse de 1914-1918 à une échelle qui rendit l'expérience difficilement concevable à bien des égards. L'absence de toute compassion envers ses ennemis est souvent le signe d'une absence totale de compassion pour son propre peuple. Hitler mourut dans son bunker en ayant sacrifié jusqu'au plus jeune des *Hitlerjungen* disponible dans un combat perdu d'avance, et dérisoire.

Les Japonais résistèrent presque tout l'été dans le Pacifique, et trois mois après que Berlin fut tombée sous l'assaut soviétique, alors même que *Enola Gay* prenait son envol fatidique, les forces impériales nippones enrôlaient encore tous les adolescents disponibles et ce qui restait de la population afin de résister à un débarquement américain imminent. Il n'était toujours pas question de reddition. La guerre est une pure question d'économie, comme le savait Sun Tzu. Vu la configuration du terrain — le Japon est une vaste île rocheuse et volcanique, avec une côte découpée, difficile d'accès, un littoral fortement urbanisé et une haute formation montagneuse centrale, le tout baignant dans un climat subtropical au sud, et quasiment arctique au nord —, vu la militarisation forcenée de la société nippone, et vu l'esprit de sacrifice féodal nouant chaque « sujet » à la vie de l'Empereur, en comparaison duquel le fanatisme hitlérien était un simple effet de brume wagnérienne, les planificateurs de l'état-major US avaient fini par rendre un verdict affligeant : en comparaison des pertes déjà subies dans le Pacifique jusqu'à Okinawa, ou en Europe après le D-Day, la reprise du territoire japonais par une force de débarquement se solderait par un authentique désastre humain, avec des pertes dix, voire trente fois supérieures ! 500 000 morts. Estimation moyenne. 500 000 morts américains. 500 000 GI. Et il faudrait sans doute s'attendre à devoir tuer des millions et des millions de Japonais, durant des mois, peut-être une année entière, plus encore... La supériorité mécanique, aéroterrestre, éprouvée jusque-là avec succès, n'y changerait rien : les pertes seraient inacceptables. Surtout pour le peuple américain. Et surtout dans la perspective d'une réélection.

La bombe atomique permettait de renverser l'équation, de retourner, au sens propre, la face du monde, et le cours des choses.

Tout le monde sait aujourd'hui avec quelle infernale stupidité le gouvernement impérial japonais n'entendit point les multiples appels à la reddition lancés par le président Truman, alors que le projet Manhattan aboutissait enfin dans les déserts du Nouveau-Mexique, et qu'il annonçait une « arme plus brillante que le soleil » en guise d'illustration de l'apocalypse fissile à venir.

Ses propres généraux, devant tant d'obstination, eurent beau jeu de plaider en faveur d'une action rapide, surtout après la capitulation allemande. Et quant à balancer le fruit de tant d'années de recherche expérimentale, d'un tel volume de mégadollars, d'une telle énergie collective, en face des côtes nippones, au beau milieu de la mer, juste histoire d'impressionner l'adversaire, eh bien, vous pouvez aisément imaginer quel écho cette idée trouva au terme d'un conflit qui avait déjà coûté 50 millions de vies humaines. Je ne connais aucun précédent dans l'Histoire où une innovation militaire de grande envergure n'a pas été directement employée dans un but de guerre stratégique. Et la capitulation immédiate et sans condition du Japon impérial en était un. On décida d'épargner Tokyo, ainsi que Kyoto, Kobe, ou d'autres antiques cités à l'héritage millénaire. Et c'est ainsi que Hiroshima et Nagasaki, deux cités industrielles de moyenne importance, deux ports de guerre parmi tant d'autres, deux points assez anonymes sur la carte, furent choisis pour recevoir le châtiment de l'atome.

La logique de la guerre totale devait sans doute franchir cette étape afin qu'elle se dissolve dans le bain acide des vérités supérieures. Ce que l'âge nucléaire de la guerre froide nous aura appris se fonde sur l'expérience ultime qui s'est abattue par deux fois sur le monde, points chauds de la crise éruptive terminale de l'humanité historique, témoins lumineux imprimés à jamais sur la plaque photosensible de la mémoire des hommes, il s'agit d'un prolégomène à toute analyse de l'âge microviral de la guerre « hyperfroide » d'aujourd'hui. Il n'est rien dans l'homme ou ses productions qui puisse atteindre une quelconque « totalité », pas même les folies qui y ont crû. Toute totalisation conduit à l'anéantissement, au zéro absolu, car « tout », dans l'homme, désigne une somme négative.

*

Il n'est aucune métaphysique humaniste qui tienne une seconde, une fois que l'on a admis que des myriades d'intelligences vivantes et agissantes nous ont précédés (et nous succéderons) dans l'univers.

Car l'absence d'absolu dont témoigne notre humanité se voit chaque fois confronté au désir inassouvi de la totalité perdue, et des idées mortifères qu'il engendre, jusqu'au relativisme décadent, ce *relativisme total*, qui ne comprend pas que toute relation, toute relativité, se fonde sur des limites, donc sur un au-delà extrathéorique, mais intégré à une biologie active de la Connaissance, et que ces limites, c'est là où précisément commence l'invention de l'infini.

Ce n'est donc pas tant relativement à la crevette, à la mouche drosophile, ou au vélociraptor que l'on devrait placer l'humain, l'humain de ce troisième rocher tournant autour du soleil, mais relativement aux autres espèces (pré)hominidées, ou posthominidées, de la Voie lactée pour commencer. Enquête impossible. Nous manquons de références, et de données vérifiables. Certes. C'est ce qui indique qu'il s'agit encore d'une limite métaphysique absolue pour cette humanité toute relative, limite métaphysique que certains cerveaux, néanmoins, s'empressent de franchir, dès que les conditions le permettent.

Demain, départ pour le Vieux Continent. Funeste sort que celui du prolétaire pénétrant les premiers cercles de la petite bourgeoisie locale, en l'occurrence celle de la République des Zarzélettres : il devient très vite évident, pour celui qui vit cette trépidante aventure, que la perte de l'anonymat, contre l'assurance de vendre quelques livres, peut s'avérer un très mauvais deal, et il arrive qu'on décèle le piège juste avant qu'il ne soit trop tard, par exemple en s'interrogeant sur les origines visiblement exogènes de cette bonne petite dépression qui vous assaille, chaque fois que paraît un de vos ouvrages.

*

Puisque Dieu est la Toute-Puissance, Son sens de l'humour est probablement infini. Il est probable aussi que ce soit à nos dépens.

Arrivée en France en plein milieu de l'affaire Renaud Camus. Comme d'autres avant lui, et encore plus après selon toute vraisemblance, Renaud Camus sert de bouc émissaire, de « fétiche » d'occasion à une gauche totalitaire en plein désarroi depuis que sa baudruche démonique préférée (et qu'elle a largement contribué à gonfler) a plus ou moins explosé il y a deux ans sous les poussées centrifuges des innombrables crétinismes et sous-crétinismes qu'elle recèle. Du coup, on le comprend mieux en lisant les éditoriaux du *Nouvel Obs* ou de Bertrand Poirot-Delpech, la disparition (prévisible) du Front national ne signifie pas — loin de là — l'éloignement même temporaire du « danger ». La « bête immonde » est plus que jamais présente et d'autant plus menaçante que ses idées ont eu le temps de « diffuser » par capillarité dans tous les « espaces de la Nation ». Il faut d'urgence, comme au temps de la « République en danger » ou du « communisme de guerre », « ranimer la vigilance » et « mobiliser les opinions ». Il faut d'urgence *surveiller et punir*, avec sans cesse plus de rigueur et de sévérité. Chaque « citoyen » est ainsi appelé à la délation et à la commémoration festive de l'hyperflicage, le flicage par tous et pour tous le sourire aux lèvres. Et comme on sait aujourd'hui, en écoutant les bavasseries rosâtres d'un Jack Lang, que « tout citoyen est un artiste », on dira donc que la France socialiste est la toute première des républiques populaires qui ait réussi, et survécu au siècle de sa naissance.

Comme on le sait, les « Révolutions », qui ne visent qu'à leur propre entretien, et à l'extermination de la pensée critique, ont constamment besoin de charbon frais pour ranimer la flamme, et si la houille vient à manquer on est prêt à user de tous les expédients pour que la chaudière continue de ronfler. L'idéologie postconsumériste et néo-humanitaire de SOS Racisme et de Ras le Front, ou d'autres plumitifs du même acabit, contribue directement à l'instauration d'un véritable climat de guerre civile idéologique ; une atmosphère générale de « Comité de salut public » permet ainsi à tous les agents d'ambiance du totalitarisme moral, ces pères et mères la vertu « veillant » sans cesse à ce que la guillotine de la censure fonctionne pour les têtes pensantes dépassant du rang, de clouer au pilori, et avec l'impressionnant arsenal liberticide des démocraties socialistes avancées, tout ce qui n'entre pas dans leurs sinistres préconceptions de la vie, de la politique, et des hommes.

On remarquera à propos de cette affaire, qui n'en est pas une, sinon par le scandale que représente cet autodafé sans feu ni fumée, deux ou trois petites choses tout à fait révélatrices de l'état de dévastation de la pensée critique que connaît notre sombre époque :

1) En l'espace de deux ou trois générations de photocopies médiatiques, le texte original de Camus s'est vu travesti de manière outrancière, allant parfois jusqu'à la complète inversion du sens initial de ses propos. Des mots furent remplacés, d'autres coupés, certains déplacés, des phrases littéralement inventées de toutes pièces, d'autres plus classiquement extirpées de leur contexte, bref, non contents d'avoir déployé d'instinct leur minable ressentiment de *sursinge*s démocratiques, grâce à la délation et au procédurisme judiciaire, les petits androïdes

du programme d'abrutissement culturel en revinrent aux méthodes longuement éprouvées du stalinisme traditionnel.

2) Une des rares gazettes à avoir pris la défense de la liberté d'expression de Renaud Camus (ce qui ne signifie pas prendre la défense de Renaud Camus ou de ses théories) se trouve être la revue la plus en vue de la communauté homosexuelle française. Le mensuel *Têtu* lui consacre en effet pas moins de huit pages, pour une interview au demeurant fort intéressante, puisque unique, où l'auteur en question a enfin les moyens de s'exprimer et de répondre point par point à ses détracteurs.

3) On apprend au cours de l'interview, pour ceux qui l'ignoraient comme moi, que Renaud Camus ne cachant pas ses orientations sexuelles, il est homo. Et depuis toujours. C'est alors que la question, troublante, traverse mon esprit : Est-ce que le mensuel *Têtu* aurait pris la défense de Renaud Camus, et lui aurait consacré ne serait-ce qu'une demi-page, si cet écrivain avait été platement hétérosexuel ? La réponse est évidemment contenue dans la question : une demi-page, tout au plus.

4) En l'espace de deux ou trois tours de plume dans les tribunes libres de la grande presse quotidienne (*Le Monde*, *Libération*, *Le Figaro*), Renaud Camus se voit infliger la responsabilité de l'holocauste. Précédent intéressant dans la longue histoire des États policiers, ce n'est plus la loi qui est rétroactive, mais le « délit » lui-même !

Ainsi, les soupçons d'antisémitisme semblent pouvoir se dissoudre sans trop de problèmes dans l'homosexualité qui est, comme on le sait, furieusement tendance depuis que la biopolitique du matriarcat postféministe a décidé d'en faire la pointe de son ultime offensive contre ce qui subsiste encore de l'ordre « ancien » (entendez par là vingt-cinq siècles de civilisation occidentale, judéo-gréco-latino-euro-chrétienne).

Simultanément, comme un étrange écho ironique, une campagne, immédiatement relayée par les éternelles et funestes « associations locales », est lancée par un comique de télévision et une écrivaillonne plagiaire pour que des quotas ethniques soient *enfin* instaurés à la télévision française (suivez mon regard : comme aux États-Unis d'Amérique), précisément au moment où le peuple de Californie vient de mettre à bas son absurde programme de quotas ethniques dans les emplois et qu'on peut enfin se remettre à faire des films et des sitcoms sans établir de complexes matrices à plusieurs entrées pour chercher un acteur ou une actrice correspondant au rôle, ou plutôt : *un rôle correspondant aux acteurs.*

On dira donc les choses ainsi : dans la démocratie totalitaire humanitaire on ne peut émettre le constat (sans doute peu significatif) que quatre « juifs » sur cinq personnes invitées (donc *trop de juifs, et pas assez de catholiques*) participent à une émission sur le catholicisme, on peut même être traduit en justice pour cela, ou voir son livre retiré des étals sous la menace ; en revanche on peut tout à fait, dans le même temps, brailler qu'il n'y a *pas assez de Noirs* à la télévision, donc *trop de Blancs*, sans être le moins du monde inquiété, voire en étant sponsoré par des fonds publics.

Nous appellerons ça le miracle ininterrompu de l'égalité citoyenne et républicaine.

*

Expérience de choc à Saint-Malo.

Je suis convié pour quelques jours au festival « Étonnants Voyageurs ».

Autant le dire tout de suite, seule une irréprochable vénalité m'a fait traverser l'Atlantique. Devant rendre visite à ma famille et à quelques proches, je compte bien user des ressources de la bonne ville de Surcouf, du département, de la région et sans doute du ministère de la Culture lui-même pour le paiement de mon billet d'avion et de ma chambre d'hôtel avec vue sur la mer.

De plus, Saint-Malo est une jolie ville, me dis-je, imbécile que je suis.

Lorsque j'arrive sur les lieux, je réalise ma bévue. Il n'y a plus de ville à proprement parler. Il y a un parc à thèmes urbain. Version vieille cité du Grand Siècle préservée dans l'enceinte de la citadelle, et en face le port de plaisance ultramoderne, avec palais des congrès au style aéroport de Pétaouchnok-sur-Volga. Le thème de ce week-end littéraire : une ode continue à l'écriture libre et nomade, au métissage des cultures, aux utopies, et aux huîtres locales dont on nous assure à chaque seconde qu'elles n'ont pas subi la « marée noire » qui a si durement frappé la Bretagne.

Je n'ai rien, vous le pensez bien, contre l'écriture libre et nomade, et encore moins contre le métissage des cultures (à condition comme je l'ai déjà dit : *qu'on n'en garde que le meilleur*), à part le fait que je n'aime pas les huîtres, mazoutées ou non, et que les utopies sentant bon un monde meilleur m'ennuient au plus haut point, qu'elles se réalisent ou pas — le festival permet à une faune internationale d'écrivains de se rencontrer pendant trois jours, et il y a beaucoup de jolies filles dans les parages, ce qui est loin d'être superflu.

Mais l'écriture libre et nomade, et le métissage aristogénique des cultures, comme toutes les choses d'importance, ne peuvent se décréter par décision collégiale. Il faut un projet global, un souffle, une métaphysique, une authentique connaissance de l'homme. J'oserais dire un individu créateur. Autant dire à nos aimables concitoyens qu'ils doivent subir d'affilée plusieurs séries de coups de fouet pour élever leur niveau de conscience.

Ainsi, il n'y eut pas de débat ou de discussions publiques où l'on n'entendit point se répéter telle une psalmodie lancinante les mots de « tolérance », d'« ouverture », d'« égalité », sans compter les « nécessaires mélanges des cultures et des races » et la non moins telle « ouverture des frontières », qui doivent s'affirmer « tout en luttant contre les effets néfastes de la mondialisation, en instaurant de nouveaux liens de solidarité et de résistance », bref le boy-scoutisme schizoïde de base des maisons de la culture post-mitterrandienne.

Dans la plupart des cas, en temps que spectateur, je survis dix minutes à l'expérience, après quoi mon programme biologique de survie m'impose de quitter les lieux au plus vite. Vous comprendrez que la perspective de devoir, en temps qu'auteur-invité, supporter ce genre de niaiseries de collège pendant une heure et plus, à je ne sais quel débat public où j'aurais été convié, a pu me faire regretter un instant l'époque où je sondais par téléphone l'appétit consumériste des ménagères de moins de cinquante ans.

Cette prose, désormais reprise en chœur par toutes les bouches, en particulier les pléthores d'artistes-citoyens[1] subventionnés de toutes parts, telles des putains bouchées par tous les orifices, ne produit plus sur moi qu'un haut-le-cœur, j'en ai, au sens le plus strict, la nausée. Les borborygmes baveux qui s'extirpent à peine de ces gorges qui rythmiquement s'agitent ne peut réveiller en moi que les images les plus obscènes.

Mais la nausée se contrôle. Du moins jusqu'au moment où ce sont les organes qui lâchent. Et la conscience est un organe. C'est même le plus essentiel de tous.

Un soir, après une soirée largement enfumée et arrosée, un groupe de noctambules (dont votre serviteur) décide de terminer la nuit dans la discothèque la plus proche, celle qui jouxte le casino flambant neuf qui se trouve juste sous le béton de style international du palais des congrès où se tient le festival.

1. Autant dire artistes-bourgeois, puisque les deux mots sont étymologiquement synonymes, comme le rappelle Philippe Muray dont je découvre ces jours-ci les stupéfiants écrits.

Les hasards des rencontres et les contingences diverses de la vie firent que je me retrouvai isolé avec quelques personnes sur le parking de la discothèque (en fait nous fumions tranquillement un gros joint), alors que les autres s'engouffraient directement dans l'antre pailletée où, dès l'ouverture de la porte, j'entendis résonner le rythme indistinct d'un disco-funk métronomique et vulgaire. Alors que notre petit groupe, dans l'ombre d'une zone mal éclairée du parking, se passait consciencieusement le spliff, ma disposition me permit d'observer une petite scène à distance qui me fit me remémorer certaines années de ma jeunesse.

Un jeune couple. Arabes. Très classe. La fille est très jolie, élégamment habillée et maquillée, sexy, le gars est en costard. Donc, disons-le tout de suite, rien de petites frappes de banlieue. Le gars est accompagné. Et plutôt bien. Tout le monde peut comprendre qu'il n'y aura donc pas de chasse aux gonzesses, et donc pas d'embrouille.

Ils se postent devant l'entrée de la discothèque, une épaisse porte munie d'un judas et d'une sonnette. Le gars sonne. Une fois. Pas de réponse. Deux fois. Rien. Trois fois, calmement. Toujours rien. Puis ils attendent. La porte reste imperturbablement close. Le joint me passe entre les mains. Je fume. J'aperçois un autre groupe de touristes, ou d'écrivains, ou de journalistes, ou les trois, bref un groupe de quelques personnes qui font leur entrée sur le parking et se dirigent à leur tour vers l'entrée du casino. Le jeune Arabe en profite pour essayer la sonnette à nouveau. Pas de réponse. Ils attendent. Re-sonnent. Toujours rien, évidemment. Le groupe arrive à leur portée et je passe le joint à quelqu'un. L'Arabe commet alors l'irréparable : alors que le groupe de touristes (nous étions tous des touristes de toute façon) se coagule à ses côtés, il donne un coup de pied, de la pointe, et avec une force raisonnable, dans le bas de la porte. On ne peut nier qu'il y avait une certaine dose d'énervement dans ce geste, mais la porte s'ouvre dans la seconde avec brutalité et la silhouette du videur apparaît dans l'embrasure. Il toise le jeune gars, la fille, le groupe compact.

— C'est toi qui as tapé dans la porte ? demande-t-il au jeune gars.

— Oui, répond celui-ci, ça fait dix minutes qu'on sonne et...

— Ben mon vieux, tu peux directement rentrer chez toi. Allez, tire-toi. Vous, entrez.

Le groupe compact entre dans la discothèque d'un seul mouvement docile de troupeau bien réglé. Le jeune beur et sa beurette rentrent chez eux, d'une façon analogue.

Bon, me direz-vous, rien que du « racisme » ordinaire. Certes. Quotidien, devrait-on dire. Et la preuve allait m'en être apportée le lendemain, sauf que j'allais comprendre toute la réelle portée de la chose.

Peu de temps après l'incident à la porte, nos compagnons d'infortune qui s'étaient engouffrés dans cette chose sonore nommée discothèque en ressortirent proprement épouvantés (musique de merde, déco de chiottes, pétasses de province, fut le diagnostic implacable de l'un d'eux), alors que nous nous dirigions, gentiment cannabisés, vers l'entrée à notre tour (quoique l'incident, que j'étais le seul, il me semble, à avoir noté, m'y faisait marcher comme à reculons, mû par le seul réflexe compulsif du noctambule, ce désir d'un dernier verre, avant la mort du sommeil et du prochain jour). Nous finîmes la nuit je ne sais plus trop où, puis au matin, après que j'eus repris conscience, puis qu'habillé et sorti je me dirigeai vers le stand Gallimard, dans le vaste chapiteau-foire-aux-livres-et-aux-écrivains où m'attendait la redoutable expérience de la séance autographique, je rencontrai à la salle de presse un petit groupe d'écrivains, de journalistes et d'attachées de presse qui s'empressèrent de me raconter ce que nous n'avions pas vu, la veille, au même endroit. Cela se produisit environ une heure après notre passage avorté et tout le monde ne parlait plus que de ça.

Après notre départ de ces lieux sinistres, un autre groupe, plus nombreux, s'était présenté à la porte. Il était constitué d'écrivains, de directeurs de collection, d'éditeurs et de journalistes, légèrement éméchés certes, mais la plupart couchaient à l'hôtel sis au-dessus. Il n'y eut d'ailleurs aucun problème pour les premiers arrivés, tous bons Français, et dignement couperosés par quelques bonnes années de rythme festivalier. Le problème surgit lorsque le directeur de la collection Terre indienne, accompagné d'un groupe de jeunes adultes d'origine amérindienne, musiciens traditionnels sioux, je crois, et leur mentor, un solide et sévère Lakota, se présentèrent à leur tour. Quoique les Amérindiens, d'âge légal, sous la stricte surveillance de leur moniteur, étaient précisément, à ce qu'on m'a dit, les seuls à ne pouvoir être accusés d'ébriété, leur présence dans l'enceinte de la discothèque fut jugée indésirable. Rien n'y fit, ni les protestations des uns ni les véhémences des autres. Tout cela est sur la bande vidéo du système de surveillance. Les Amérindiens furent expulsés de la discothèque sans autre explication. Et tout le monde rentra se coucher.

Durant la première heure qui suivit l'écoute du récit multivoque, mais au tracé simple, unique, bien net, je dédicaçai quelques livres, et je n'eus bien sûr aucun mal à mettre l'incident des Amérindiens en relation avec celui auquel j'avais assisté le même soir. Il ne s'agissait pas d'un événement isolé. Il s'agissait d'un comportement bien établi. Un comportement bien établi à la vue de tout le monde, y compris en cas de grosse affluence. Cela ne pouvait signifier qu'une chose : l'impunité. Ou dit autrement : le ou les gérants du casino-discothèque du palais des congrès de Saint-Malo peuvent en toute tranquillité, et tout au long de l'année, bafouer les bonnes lois de notre bonne République française, avec la bénédiction discrète des pouvoirs publics. À tel point que ces gros lards de l'épicerie sono-alcoolisée se permettent leurs exactions sous les yeux éberlués de journalistes venus de la France entière et d'écrivains venus du monde entier.

D'autre part, ces droïdes de troisième catégorie ignoraient probablement que j'étais là.

Je ne suis pas du genre, on le sait, à fleurir sans cesse ma bouche des douces épithètes que l'antiracisme institutionnel a désormais pontifiées. Tolérance. Égalité. Fraternité. Droit des peuples, droits de l'homme, toute cette vieille brocante que la Révolution française nous aura léguée entre autres abominations ne fait pas partie de mon patrimoine intellectuel. Mais je ne supporte pas la Bêtise. Ni la Vulgarité (au sens strict venant de *vulgus*, le peuple). Ni l'Injustice. Et encore moins l'Impunité. Surtout s'il s'agit de celle de minables petits-bourgeois enrichis au fric facile, pompé à droite et à gauche, si je puis dire, et dans tous les sens possibles. C'est précisément au nom de l'Inégalité foncière entre les hommes que je sens bouillir en moi le feu de la justice, les musiciens amérindiens invités à Saint-Malo valaient bien mieux que les canailles qui tiennent ce pathétique estaminet, et largement autant que toutes celles qu'on y fait entrer. C'est donc au nom de l'Intolérance, je ne tolère que le tolérable, et encore, que je décide alors d'élaborer un plan d'action.

La stratégie s'est élaborée en quelques minutes, à la fin d'une seconde séance de dédicace, alors que le festival du « métissage et de l'ouverture des frontières » et la bonne ville de Saint-Malo se fendaient de deux ou trois minables interventions, excuses pitoyables et sempiternels « appels » à la « vigilance », je monte à l'étage de la salle de presse, où je sais trouver quelques ordinateurs. Derrière le bar (la salle de presse fait aussi office de bar de presse bien entendu), j'interpelle une jeune fille à laquelle je demande innocemment si je peux me servir d'un des Macintosh que j'aperçois là. Elle n'y voit aucun inconvénient, j'en ai pour deux minutes, lui dis-je pour enfoncer le clou.

Je n'ai pas besoin de plus, en effet, pour mettre en application la stratégie élaborée l'heure précédente. Elle tient en quelques mots, que j'ai écrits en lettres capitales, corps maximal, sur une page au format A4, que j'ai ensuite photocopiée à deux cent cinquante exemplaires.

L'ENTRÉE DE LA DISCOTHÈQUE
ET DU CASINO
EST FORMELLEMENT INTERDITE
AUX AMÉRINDIENS.
(signé : la direction).

Il s'agissait, on le voit, de simplement prendre au mot ces bons messieurs et d'œuvrer à une meilleure communication des valeurs sur lesquelles est bâtie leur entreprise. Leur campagne d'image avait besoin d'un coup de neuf, d'une opération « coup de poing de la vérité ». J'ai travaillé près de six ans dans la pub, je sais un peu de quoi je parle.

Muni de mes deux cent cinquante tracts informatifs, j'ai ensuite entrepris d'en placer un exemplaire sur chaque voiture du parking jouxtant le palais des congrès, ainsi qu'un peu partout à l'intérieur du bâtiment, ou dans ses environs.

Il n'a pas fallu attendre très longtemps pour que la police se présente à moi dans la rue. J'avais, je crois, commis l'imprudence de placer un tract sous l'essuie-glace d'un véhicule de la police municipale. À l'arrivée du fourgon, je vois descendre quelques flics de base en uniforme, et un jeune en civil qui s'avère un responsable de ladite police municipale, et sent l'ex-étudiant en maîtrise de droit à plein nez. Très vite, au vu de la conversation qui s'engage avec les mandataires de la force publique, je me rends compte qu'un irrésistible quiproquo est en train d'embrouiller tous les fils de leur logique. En effet, après avoir scruté mon passeport français avec résidence canadienne, puis tapé les renseignements sur le terminal, en quête d'informations judiciaires corrélatives, les flics apprennent par ma bouche que je suis un des invités du festival, d'ailleurs une journaliste de passage dans la rue le confirme.

— Mais alors, me lâche spontanément le jeune commissaire, *vous n'êtes donc pas employé par la discothèque* ?

Captez-vous le sens de cette phrase dans toute sa hideuse drôlerie ?

On a pris mon tract au pied de la lettre, si je puis dire, et on était en train de gentiment m'arrêter sur la voie publique parce qu'on pensait que l'établissement de distractions local avait cette fois légèrement outrepassé les bornes et qu'il convenait de prendre tous les renseignements et précautions d'usage avant de m'embarquer dans le fourgon. Je ne sais ce qui serait advenu si j'avais dit avec un accent du Midi : « Je suis un ami de monsieur Untellini, ou Dupontella, il m'a chargé de mettre la clientèle au courant de sa nouvelle politique de gestion de l'accès aux espaces d'*interretaineminte.* » Mais ce que j'ai compris, à quelques interjections des policiers en uniforme, c'est que la chose ne les aurait pas du tout étonnés, tout montrait à l'évidence que les gérants de la discothèque auraient pu commettre un tel délit. À l'évidence, en effet, les pratiques de cette boîte de nuit sont connues des autorités locales, et on ne s'étonne plus vraiment de rien dans cette bonne ville corsaire.

Conclusion, on ne m'a pas embarqué, les deux cent cinquante tracts ont été finalement récupérés par quelque agence publique, et les patrons de la discothèque me collent, paraît-il, une procédure pour diffamation aux fesses.

Diffamation ?

Diffame-t-on lorsqu'on place enfin en plein jour une vérité trop longtemps tenue dans la discrète alcôve de l'hypocrisie ? J'entends par là une vérité authentiquement criminelle, et témoignant de la plus basse, de la plus vile ignorance ?

Alors dans ce cas je DIFFAME, je prends le droit de DIFFAMER. Qu'on me l'ôte, et ma colère grandira, et je me passerai de vos droits. Car j'ai conquis ma liberté sans vos prothèses, et si vous voulez me faire taire, alors il vous faudra brûler ou interdire mes livres.

Nul vendeur de whisky, nul promoteur de concours de t-shirts mouillés n'aura jamais le moins du monde les moyens de m'obliger à faire silence. Car tout, bien sûr, fut dans la journée ingurgité par l'estomac avide de la presse et l'incident, dans sa globalité, fut rapporté par ses colonnes infernales deux ou trois jours d'affilée. La minable inquisition que ces gougnafiers à Mercedes compact (le comble du mauvais goût standardisé) veulent m'infliger, et dont je me fiche comme de l'an 40, est un de ces procès staliniens préformatés que le nouveau code d'exception civile de la République française entend promouvoir. Qu'on entende bien là ce que je dis : en faisant ce que j'ai fait, je me suis contenté de faire, à ma petite mesure d'écrivain, le seul acte de justice à ma portée : dénuder la vérité, montrer froidement son apparence. Quelques mots en l'occurrence suffisaient.

*

La démocratie planétaire fut sans doute la hideuse, mais nécessaire, phase d'hominisation terminale qui devrait déboucher selon moi sur l'émergence d'un nouveau Principe *métapolitique* — comme disait Joseph de Maistre —, principe seul capable de faire de la posthumanité planétaire une entreprise cosmopolitaine, c'est-à-dire une civilisation impériale dotée d'un projet plastique et métaphysique, un authentique projet biophysique de la connaissance et de la beauté, de la transfiguration et de la justice, ou bien alors ne déboucher que sur le vide forclos de la métastase hypermarchande.

Autant dire l'avènement du Christ-Roi ou la mort.

*

La démocratie produit plus d'inégalités qu'aucune société dite de l'Ancien Régime (y compris la française) n'a jamais engendrées. Le constat (de décès) n'est pas facile à avaler, comme tout testament, mais il s'impose de fait à nos estomacs. Cette profusion d'inégalités n'est pas ce qui me gêne en soi, c'est le fait qu'elles ouvrent sur les gouffres absurdes, vides de tous sens, que les machines bureaucratiques des États modernes laissent sur leur passage comme des marques sanglantes, ces traumatismes abyssaux qu'aucune souveraineté n'est en mesure de combler, puisque la Souveraineté, ce principe fondateur et éternel, s'est dissoute sous le règne de la Raison démocratique et égalitaire, dans l'organisation même des bureaucraties et des néotribus corporatives livrées à elles-mêmes, c'est-à-dire à leur vision marchande, et leur chaos logico-juridique.

Comme Nietzsche le dit je ne sais plus où — je cite de mémoire, désolé : « La démocratisation de l'Europe nous prépare une pépinière de tyrans. » Il savait que les Grecs puis les Romains en avaient éprouvé l'amère expérience environ deux millénaires avant nous : la démocratie représentative totale, sans souveraineté supérieure (et ni les Grecs classiques ni les Romains de la république n'avaient de religion susceptible, comme le christianisme, d'en assumer vraiment la charge), ne produit que la domination mercantile à courte vue, la démagogie, le populisme, le « nationalisme », le socialisme et pour finir, la tyrannie. Et encore, les Athéniens, comme les Romains, préservèrent leurs républiques des abominations constitutionnelles et politiques dont la Révolution française ne cesse de s'enorgueillir et qui a modelé depuis bien des chartes « nationales » ou « supranationales » dont l'absurdité ne cesse de ronger en profondeur toutes les sociétés qui les ont adoptées.

Par exemple, et pour rester factuel, la Charte des droits et libertés du Canada, un puissant condensé d'humanisme nihiliste, représente aujourd'hui un des plus grands dangers pour l'Amérique septentrionale. Son application rend en effet impossible toute action véritable de la Justice. Elle officialise le crime, bannit l'expression réelle des libertés et promeut en leur place des droits révisionnistes.

Elle fait des bandes de motards criminels des associations reconnues d'utilité publique mais restreint le « droit » d'expression d'individus considérés comme dangereux en fonction de ce qu'ils disent et pensent, elle considère la pornographie pédophilique comme un « droit civique » (pour le pédophile adulte cela va sans dire) mais vise à bannir la prostitution de tout le territoire, elle donne l'asile à un Raël mais autorise le rapatriement forcé d'émigrants chinois, elle officialise le communautarisme ethnique, sexuel et linguistique, mais interdit comme discriminatoire toute expression un tant soit peu légitime du génie chrétien et européen.

Elle est la Matrice (ou du moins l'une de ses incarnations) dans toute sa hideuse bonté.

Comprendre, avec une forme lumineuse de nostalgie pour un monde perdu d'avance, comment le sort de la France s'est scellé dès lors qu'elle choisit d'être une puissance strictement européenne, *tournée vers les terres de l'Est et non vers les mers occidentales,* donc une simple puissance continentale, et non un empire mondial, donc maritime, soit une *thalassocratie*.

Cela s'est produit très tôt dans notre histoire, je veux dire très tôt dans notre histoire moderne : à partir de la Renaissance. Bien sûr, aux temps héroïques du Moyen Âge, les rois de France, comme tous ceux du Vieux Continent, passèrent plus de temps à guerroyer qu'à autre chose, les croisades, les (més)alliances dynastiques, les problèmes de succession, les brouilles frontalières, les rivalités schismatiques et interreligieuses, la compétition économique naissante, tout cela empêcha qu'une Fédération d'Europe surgisse, à quelque moment de sa longue histoire, sous quelque forme que ce fût, et ce depuis l'abandon du projet carolingien. Mais cela n'empêcha ni les rois d'Espagne, ou du Portugal, ni ceux d'Angleterre d'opter pour la stratégie de la conquête du monde par les mers. Les rois de France non plus au demeurant, et cela durant tout le XVIe siècle, et le premier quart du suivant. C'est Cartier d'abord qui au milieu du XVIe siècle accoste en Amérique septentrionale, puis Champlain qui fonde la ville de Québec en 1608, nous sommes deux ans avant l'assassinat d'Henri IV. Dès que les cardinaux et les régentes venues de l'Italie pontificale s'emparent du jeune trône de France, sous la minorité de Louis XIII, puis plus tard celle de Louis XIV, l'affaire est entendue : La France est le bras armé de la Contre-Réforme, elle s'épuisera littéralement durant deux siècles sur tous les champs de bataille de l'Europe divisée. Lorsque, après la mort de Louis le Quatorzième, sous la Régence, l'Angleterre commence à s'en prendre aux gros morceaux de l'empire français, et jusqu'à sa victoire finale de 1763, rien n'aura pu, su, ou voulu être entrepris pour changer la course de notre fatal destin.

Bonaparte lui-même allait poursuivre jusqu'à l'anéantissement cette tragique erreur, et il préféra vendre la Louisiane aux Américains plutôt que d'essayer d'y conserver et d'y développer un pôle de puissance française en Amérique du Nord.

Pourtant, Dieu sait si le sort de l'Amérique tout entière en aurait été changé !

Bonaparte ne put ou ne voulut comprendre que les idées qu'il propageait en Europe, en fils rebelle et tyrannique de la Révolution française, étaient en train d'incendier les cœurs au passage de ses troupes. Le nationalisme, soit la démocratie parlementaire — ou censitaire — plus l'impérialisme militaire, fut le ferment français qui, poussant en sol allemand, permit à ce peuple d'accéder à l'existence, en se dressant de toutes ses forces contre l'Empire de Napoléon. Car il faut bien comprendre que les idées françaises régnaient déjà depuis un bon siècle sur l'Europe. Et si elles régnaient, c'est tout simplement parce qu'elles avaient su élaborer une langue outrageusement souveraine.

Il faut lire avec attention ce que dit Joseph de Maistre à ce sujet :

> Parmi les peuples qui ont joué un rôle dans l'histoire moderne, aucun peut-être n'est plus digne d'arrêter l'œil du philosophe que le peuple français. Aucun n'a reçu une destination plus marquée et des qualités plus évidemment faites pour la remplir. La France, telle qu'elle existait avant la Révolution (personne ne connaît le sort qui l'attend pour l'avenir), était destinée à exercer sur toutes les parties de l'Europe la même suprématie que l'Europe exerce sur les autres contrées de l'univers. [...]
>
> Ce peuple serait terrible pour les autres s'il pouvait être conquérant, mais il n'a point reçu cette mission. Invincible dans ses foyers, s'il porte ses armes chez les nations étrangères, on voit ses armées, victimes de leurs propres victoires et des vices du caractère national, se fondre et disparaître à l'œil étonné, comme une vapeur légère. [...]
>
> Mais si les Français ne peuvent dominer par les armes les nations étrangères, ils ont exercé sur elles dans tous les temps une autre espèce de domination bien plus honorable, c'est celle de l'opinion. Du moment où ce peuple fut réuni en un corps de nation, il fixa les yeux de l'univers, et l'étonna par un caractère brillant qui fut toujours envié. Charlemagne fut le Sésostris du Moyen Âge ; ses paladins firent une telle impression sur l'imagination des peuples, qu'ils devinrent les objets d'une espèce de mythologie particulière ; et les Roland et les Amadis furent pour nos pères ce que Thésée et Hercule furent pour les anciens Grecs. [...]
>
> Pour exercer l'espèce de suprématie qui lui appartient, la France a reçu une langue dominatrice dont le caractère caché est encore un mystère, malgré tout ce qu'on a dit à ce

sujet. Ceux qui nient la supériorité de la langue française admettent précisément un effet sans cause : je ne vois en effet qu'il y ait rien à répondre à l'expérience. Avant même que cette langue se fût illustrée par des chefs-d'œuvre dans tous les genres, l'Europe en pressentait la supériorité : on l'aimait, et c'était honneur de la parler. Aujourd'hui son règne, devenu si funeste, n'est que trop incontestable : on a dit mille fois que la langue française est dure et rebelle, et l'on a dit vrai ; mais si l'on croit ainsi en faire la critique, on se trompe fort : semblable à l'acier, le plus intraitable des métaux, mais celui de tous qui reçoit le plus beau poli lorsque l'art est parvenu à le dompter, la langue française, traitée et dominée par les véritables artistes, reçoit entre leurs mains les formes les plus durables et les plus brillantes. Ce qu'on appelle précisément l'art de la parole est éminemment le talent des Français, et c'est par l'art de la parole qu'on règne sur les hommes. Quelqu'un a dit qu'une pensée n'appartient jamais à l'univers avant qu'un écrivain de génie s'en soit emparé et l'ait revêtue d'une expression heureuse. [...]

Dans tous les genres d'éloquence les Français n'ont point de rivaux. Celle du barreau, qui a produit chez eux des chefs-d'œuvre du premier ordre, n'existe pas ailleurs. L'Italie et l'Espagne, si religieuses, et maîtresses de deux langues si sonores, n'ont jamais pu enfanter un sermon que l'Europe ait voulu lire. Hume, qu'on ne peut récuser, dit, quelque part, qu'il a honte d'avouer qu'un avocat français plaidant pour la restitution d'un cheval est plus éloquent que les orateurs de la Grande-Bretagne agitant les plus graves intérêts de la nation dans les chambres du parlement. Le talent inappréciable dont je parle est si particulièrement l'apanage des Français qu'il ne les abandonne jamais, pas même dans les occasions où il abandonne les autres hommes... [...] et peut-être qu'on ne sait bien une chose en Europe que lorsque les Français l'ont expliquée.

Joseph de Maistre,
Trois fragments sur la France (1794-1796).

Ainsi c'est grâce à la noblesse de notre langue que les sans-culottes et les bourgeois d'affaires purent influencer le cours de l'histoire de l'Europe pendant un siècle et demi, en minant tout l'édifice occidental par la prose des « systèmes révolutionnaires » qu'ils lui léguèrent, tel le plus obscur des poisons, jusqu'à son effondrement terminal entre 1914 et 1945 (trente ans, ce n'est pas de trop pour détruire deux millénaires de civilisation). Déjà vers 1790, la rhétorique enflammée et pompière, accusatoire et pseudo-historique, signe ineffable d'une époque de déclin, a envahi les discours fleuves tenus par les tribuns et les orateurs qui se succèdent dans le tumulte incessant des hordes de députés s'invectivant depuis leurs bancs comme des chiffonnières.

Pendant ce temps-là, de petits bourgeois rassasiés des lectures de Rousseau ou de quelque illuminé de salon, et ayant de la politique et des hommes la vision d'un jeune collégien ou d'un quelconque monsieur Jourdain, décident de fomenter des « systèmes théoriques » intenables et absurdes sur lesquels, pourtant, l'Europe puis le reste du monde édifieront leur médiocre « modernité ».

*

Dans ses *Considérations sur la France*, écrites à la fin de 1796, Joseph de Maistre établit le plus violent portrait qu'il soit donné de lire au sujet de la Révolution française, de ce suicide politique général que l'acte régicide avait initié, et qui plongea la nation, et l'Europe tout entière par la même occasion (grâce à la dynamique linguistique de nos idées), dans le cloaque de la démocratie bourgeoise.

Considéré depuis toujours comme un méchant « réactionnaire », inégalitaire, antidémocrate et sans cœur, Joseph de Maistre y démontre pourtant à chaque ligne à quel point il fut un authentique « libéral », au sens donné à ce mot par des philosophes anglo-saxons comme

Edmund Burke (un Irlandais en fait) à qui il rend fréquemment hommage. À savoir ces gens, oubliés depuis, qui pensaient que liberté et égalité sont inconciliables par nature, et que, plus important encore, *la liberté ne peut se comprendre qu'au travers d'un acte de souveraineté.*

Or faire croire au « peuple » qu'il est « souverain » et « libre » parce qu'il vote et a des « droits », c'est parvenir à faire croire aux fourmis de la colonie qu'elles contrôlent quoi que ce soit du destin de la fourmilière parce qu'elles s'envoient entre elles quelques signaux chimiques susceptibles de maintenir leur homéostase collective.

De Maistre n'était pas français, il était savoyard, ce qui signifiait sujet de Sa Majesté le roi de Sardaigne ; catholique convaincu, violemment opposé à la Réforme, et surtout au calvinisme, il était pourtant anglophile, avait tâté de la franc-maçonnerie et attendait de l'Amérique, dont il devinait, comme Tocqueville, la destinée mondiale manifeste, une authentique alternative politique au désastre jacobin. Cela tempère quelque peu l'image constipée d'un royaliste catholique « ultra » qu'à peu près tout le monde a bien voulu propager depuis.

Son plaidoyer pour les institutions du royaume de Sardaigne est bien loin des logomachies « réactionnaires » antilibérales qui enfantèrent le fascisme, et qui furent l'œuvre la plupart du temps de démocrates, de républicains, de nationalistes, de socialistes, d'anarchistes, de « révolutionnaires » forcenés. De Maistre sait que la royauté, en tant qu'acte libre suprême, créateur et législateur, se fonde sur le principe de la souveraineté, et il sait aussi qu'en Occident cette souveraineté s'établit sur l'articulation fonctionnelle des trois pouvoirs, noblesse, clergé, tiers état (bourgeoisie marchande), un vieux principe trinitaire indo-européen que Dumézil mettra bien plus tard en lumière jusque dans les structures de nos langues. Or cette souveraineté ne peut s'établir que sur la justice et sur l'équilibre dynamique des forces. De Maistre plaidait pour un royaume qui allait bien plus loin que l'Angleterre en matière d'*habeas corpus*, de protection des accusés et des prisonniers ; il a constamment rappelé comment la monarchie et la noblesse françaises s'étaient montrées incapables de se réformer au moment crucial, ce qui précipita leur chute, et il prend souvent en exemple les institutions monarchiques constitutionnelles britanniques (tout en mettant en garde contre une vulgaire transplantation du modèle, de Maistre sait que chaque peuple, chaque nation doit élaborer, par sa propre expérience, et avec les innovations venues d'ailleurs, une synthèse qui lui soit propre).

Ce que de Maistre prévoit avec clarté, c'est la venue d'une ère terrible, où rien ne pourra plus équilibrer les forces selon un plan coévolutif dynamique, et où le peuple, dirigé par une bourgeoisie d'affaires démagogique, sera bien plus écrasé par les « droits » qu'on lui accorde que par toutes les sujétions que la souveraineté royale récompensait par l'obtention d'une authentique liberté.

Ainsi de Maistre note, avec une suave perfidie, le « nombre prodigieux de lois » dont peuvent s'enorgueillir les trois assemblées nationales qui se sont succédé en France entre le 1er juillet 1789 et le 4 brumaire an IV (26 octobre 1795) : pas moins de 15 479 !

Six ans et des poussières pour produire un tel édifice ubuesque de lois dont la plupart ne furent jamais appliquées, car inapplicables, et qui provoquèrent autant de désastres les rares fois où elles le furent, c'est effectivement une sorte de *prodige*, aucune bureaucratie avant elle n'avait jamais vu s'établir un tel record, un tel ordre de grandeur ! Une moyenne de sept lois par jour, sept jours sur sept, douze mois sur douze.

Comme le dit de Maistre, en paraphrasant Edmund Burke : « On s'étonne que cette nation, dont la légèreté est un proverbe, ait produit des travailleurs aussi obstinés. »

Voyons encore ce que dit Joseph de Maistre à ce sujet : « Si la perfection était l'apanage de la nature humaine, chaque législateur ne parlerait qu'une fois ; mais, quoique toutes nos œuvres soient imparfaites, et qu'à mesure que les institutions politiques se vicient, le Souverain soit obligé de venir à leur secours par de nouvelles lois ; cependant la législation humaine se rapproche de son modèle par cette intermittence dont je parlais tout à l'heure[1]. Son repos l'honore autant que son action primitive : plus elle agit, et plus son œuvre est humaine, c'est-à-dire, fragile. »

Pour faire bref : plus un édifice législatif est solide, moins il a besoin de lois.

Et de Maistre conclut à sa façon : « Pourquoi tant de lois ? — C'est parce qu'il n'y a point de législateur. »

C'est parce qu'il n'y a plus de Création souveraine dans l'édifice juridique qu'il devient pléthorique, métastatique, immunodépressif, car chaque loi faite pour « résoudre un problème » :

1) en crée illico plus qu'elle n'en résout ;

2) de telle sorte que les lois ne servent qu'à résoudre les problèmes causés par les lois antérieures ;

3) ce qui ne peut conduire qu'à l'explosion exponentielle de la procédure et de la bureaucratie.

*

Hier soir, passage à l'émission de Gérard Lefort et Marie Colman sur France Inter.

Au Canada, je ne peux capter les émissions du service public que via Internet. Autant dire presque jamais. De toute façon, je ne les écoutais pas beaucoup plus lorsque je résidais en France. Je ne sais donc trop de quoi il s'agit sauf que je me souviens vaguement (en fait mon attachée de presse me l'a judicieusement souligné sur mon agenda)

1. J. de M. a dans un premier temps montré en quoi le législateur ressemble au Créateur, est un authentique Créateur — ce en quoi sa pensée se rapproche de celle de Nietzsche.

d'être passé sur le même plateau l'année passée, pour la parution de *BB*.

Bon, à ce que je comprends dès mon arrivée sur la plateau, l'ambiance est décontractée, voire rigolarde. Nous allons parler de la fin de l'homme, de la domination de l'hypermarchandise et des conquêtes de la neurobiologie ou de la génétique dans une atmosphère supercool, où le risque d'ennuyer l'auditeur avec des concepts compliqués ou des phrases à rallonge est plus ou moins tacitement interdit, et de toute façon rendu impossible par la tonalité générale de l'interview, l'aporie des questions, et les passages de musique tyranniquement réglés à la minute près et imposés en haut lieu par les multinationales du disque.

Bon, dans la liste, croyez-le ou non, un certain « groupe de rappeurs », que les lois françaises m'interdisent de nommer si je dis ensuite que j'ai pu approcher de près leurs divers « talents », qui se situaient plus dans le registre du racket, du viol collectif, et des maltraitements infligés aux animaux, que de la vocalise.

Il va de soi que le groupe en question promeut l'antiracisme, la tolérance, et la vente par correspondance des œuvres complètes d'Harlem Désir.

On m'aura décidément tout infligé dans cette France postmitterrandienne que le mot de « nauséabond » même ne suffit plus à décrire.

Mais cela n'est rien encore à côté de la surprise à venir :

Au bout d'une demi-heure d'interview entrecoupée de « rap » français, ou du dernier Louise Attaque, j'ai failli en avoir une, d'ennui mortel : on m'annonce que nous allons maintenant passer à la seconde partie de l'émission, dont le clou n'est autre qu'un sondage périodique, aux thèmes toujours « nouveaux ».

Ce soir le thème est : Pour ou contre la trottinette.

Un moment de silence s'impose. Vous avez bien lu, comme je l'avais bien entendu. Pour ou contre la trottinette. Et le plus fort c'est que des gens se sont mis à appeler, de toute la France. Chacun avait un argument. Certains la défendaient. D'autres ne voulaient pas en entendre parler. Un minoritaire fit valoir la nuance entre trottinette et patinette, l'une avec pédale, l'autre sans. Le débat rebondit alors, via un autre auditeur, sur les différences de classe entre les possesseurs des premières et les propriétaires des secondes (je ne sais plus si les riches allaient en trottinette et les pauvres en patinette ou si c'était l'inverse), un autre fit remarquer la phénoménale innovation que représentait la trottinette à moteur, un dernier — légèrement hors sujet — évoqua avec nostalgie l'époque des Mobylettes, surtout les fameuses « bleues », bref, un véritable débat démocratique s'instaura, un débat dispensé quotidiennement à la foule par le grand programme public d'abrutissement culturel radioélectrique. Pour ou contre la trottinette. Pour ou contre le clonage humain. Pour ou contre Luc Besson. Pour ou contre François Mitterrand. Pour ou contre le poireau-vinaigrette. Pour ou contre la fin du monde.

Car dans l'ère postrévolutionnaire que la République française a initiée, et qui institua la mort du politique, le démantèlement de toutes les souverainetés au profit de la machine désirante des flux marchands, il importe surtout que le « débat » ne cesse jamais, tel un *indivisible*, un continuel bavardage. Il faut sans cesse trouver, ou retrouver des « sujets de discussion », des « problèmes de société », et aujourd'hui dans l'ère postmoderne de l'égalisation terminale et ironique, ces sujets peuvent recouper absolument n'importe quoi. Pire, ils *doivent* absolument recouper n'importe quoi.

*

L'économie est bavarde, on ne peut entreprendre d'affaires, par définition et au sens marchand du terme, sans dialoguer, négocier, vendre, acheter, revendre, *communiquer* à tout bout de champ ; à l'inverse, la souveraineté politique, et a fortiori religieuse, ou artistique, ne s'exerce que dans le plus haut silence. Les grandes décisions se prennent dans le secret de la réflexion. Ou de la folie.

*

Les démocrates ont toujours tout fait pour assimiler les souverains aux despotes.

Pourtant ce sont toujours les démocraties qui engendrent les tyrannies. Le despote est le moment où la démocratie n'a plus que cet ultime moyen pour supprimer définitivement toute souveraineté, donc toute liberté, et ainsi toute politique. Et ce tyran le fera toujours, c'est une constante, *au nom du peuple*, c'est-à-dire au nom de ce qui, déjà, n'a plus de nom, est devenu anonyme, et massivement arrogant. Car la plupart du temps le tyran est porté au pouvoir par le peuple, qui n'est pas plus « trompé » ou « manipulé » par ses forfaitures que nous ne le sommes par le proxénète lorsque nous consommons de sa catin. Le peuple aime la servitude, c'est pourquoi il déteste les authentiques souverains, et la liberté. Au moment de l'apparition du tyran sur le théâtre de l'histoire particulière d'une nation, ou d'un monde, les deux concepts centraux et corrélatifs qui fondent toute *politique* (souveraineté/liberté) sont déjà l'objet d'une irrémédiable dégradation. Dégradation bureaucratique, démagogique, égalitaire, humanitaire, dont le despote profite pour instaurer son régime psychopathe de terreur, d'ignorance et d'injustice, parachevant l'œuvre que les tièdes démocraties bourgeoises ne peuvent conduire elles-mêmes à son terme. Mirabeau enfanta Robespierre. La République de Weimar fut le terreau idéal pour un Hitler. Les faibles institutions italiennes firent le lit de Mussolini. Le pauvre Kerenski ne pouvait faire le poids face à Lénine. La Chambre radsoc donna les pleins pouvoirs à Pétain. Allende engendra Pinochet. L'Espagne républicaine eut le choix entre l'ordre soviétique et le Caudillo.

La série est quasiment infinie et remonte aux origines de la politique.

En détruisant toute liberté, le fascisme annihile toute souveraineté.

En annihilant toute souveraineté, le communisme détruit toute liberté.

*

Comme le savait Baudelaire, la Fraternité républicaine est faite pour nous imposer tous *ces frères que nous n'avons pas choisis*. Elle consiste à vouloir fondre de force dans la gargouille collective toute individualité, toute sélection propre, toute affinité élective.

Elle impose à chacun la présence de l'autre, une présence policière et conviviale, et grâce aux discours en boîte fournis par la multinationale des idéologies postmodernes, l'altérité, dont les Anciens connaissaient toute la profondeur menaçante, s'est transformée en l'image cathodique d'une multitude festive se célébrant elle-même comme aucun ego narcissique n'avait osé le faire auparavant. L'Autre, cette figure à jamais inconnaissable, est devenu une réplique clonale de nous-mêmes, et il nous faut la révérer, sous peine de sanction immédiate : ostracisme, procès, etc. Comment pourrait-il y avoir un Autre, autant dire un Ailleurs, alors que nous sommes piégés sur notre petite poubelle planétaire, et que nous sommes tous désormais des touristes les uns pour les autres ?

*

Petits accès de fièvre dans la presse parisienne, après la publication du *Manuel de survie en territoire zéro*.

Bon, pour commencer, *Le Nouvel Obs* m'amalgame avec *toute une gang* qui fréquente la Closerie des Lilas, sans doute parce qu'on m'y aura vu une fois ou deux l'année dernière dans un moment de négligence. Ces écrivains ont eu le toupet, comme moi, de vouloir clore le siècle avec un journal. Cela donne visiblement de l'urticaire à M. Jérôme Garcin, ainsi qu'une crise d'hystérie qu'on ne lui connaît pas lorsque, chaque rentrée de septembre, il ingurgite, et dégurgite dans ses colonnes logorrhéiques, les ravissantes lectures « romanesques » qui par centaines, en quelques semaines, viennent boucher tous les sphincters disponibles.

Quant aux *Inrocks*, ils me consacrent quelques dizaines de lignes qui ne valent pas la peine que j'en use plus de deux pour exprimer le néant qu'on en retire.

Il faut bien pourtant que j'en fasse état.

M'exposer aux épithètes honteuses de « petit bourgeois », ou de « nouveau riche », sous prétexte que « je vis dans un loft à Montréal », un détail qu'a cru bon de faire remarquer Michel Braudeau, mon éditeur, sans que ni lui ni moi n'en mesurions les conséquences, dans un « portrait » publié dans *Le Monde*, c'est tout bonnement bien fait pour moi.

J'aurais dû empêcher que se tienne cette entrevue se déroulant dans mon intimité, mais sur le moment, reconnaissons-le, je n'y ai guère prêté attention — j'ai pris le cirque médiatique pour ce qu'il est, le tribut à payer en échange de la garantie de vivre de sa littérature –, pour la simple et bonne raison qu'un loft, même très vaste, à Montréal, c'est le prix d'un appartement de taille très moyenne dans un arrondissement moyennement coté de la Ville de Paris, autrement dit le prix d'un pavillon de banlieue à Montreuil, Pantin, ou Ivry-sur-Seine.

Les « petits bourgeois » qui vivent dans des lofts parisiens n'apprécient pas qu'on démolisse joyeusement leurs petites illusions chèrement acquises. Si j'ai cru bon de m'en prendre aux *Inrocks*, dans le premier opus du *TdO*, c'est précisément parce que j'en fus un lecteur assidu, durant de longues années, et qu'il m'est arrivé bien souvent, surtout ces derniers temps, d'être proprement épouvanté par la tragique dérive générale dont cette revue est à la fois un symptôme, tout autant qu'un amplificateur.

Je savais le risque que je prenais, peut-être un bras de fer musclé avec un journaliste bien armé, ou une sévère explication avec un rédacteur de bonne trempe, mais non, la revue a décidé plutôt de me traiter par un vague mépris qui ne se borne malheureusement pas à m'accuser de n'être ni Céline ni Houellebecq.

En effet, la malveillance de cette presse néobourgeoise ne cesse de m'étonner par sa petitesse et sa faiblesse philosophique. Parce que je m'en prends aux terribles sous-idéologies humanitaires qui entraînent le continent noir dans un cataclysme toujours plus évident, et toujours plus meurtrier, voici qu'on me suspecte d'être un « petit Blanc identitaire » ! J'aurais, je ne sais où, trouvez-le dans mes écrits, traité les Africains de « nègres mal blanchis » !

Il semble se confirmer que je me suis définitivement grillé avec la rédaction de cette revue, et puisque je n'ai pas fait non plus le calcul de m'attirer les voix de ses lecteurs, comme tout « artiste-citoyen » qui se respecte, en dénombrant sans fin « les multiples dangers que fait planer la mondialisation sur l'ensemble de l'humanité », on peut parier qu'on pourra dès lors sans risque de déplaire y chroniquer mes prochains livres d'un entrefilet dédaigneux, et au style à peine lisible.

Tant pis. À qui expliquer que les « dangers que fait planer la mondialisation » sont là depuis au moins cinq cents ans ? Qui est prêt à entendre que l'humanité n'existe pas, et que si elle a existé un bref moment, en tant qu'utopie révolutionnaire réalisée, alors elle a été anéantie corps et biens tout au long du XXe siècle ?

Pas à ma génération en tout cas. Elle qui préfère « surfer sur le web à la recherche des assos de quartier supercool ou de la prochaine rave anti-OMC en lisant le dernier Darrieussecq, et en signant la pétition pour la libération immédiate de José Bové[1] ».

*

L'Humanité, en tant qu'entité sociale, culturelle, économique, biopolitique, n'existe pas, ou n'a jamais existé ailleurs que dans les têtes des « révolutionnaires » idéalistes, autant dire des névropathes totalitaires.

Ce qui existe, ce sont des humains. *Des humains dont la seule caractéristique commune est d'ordre biologique* : notre génotype, qui fait que nous appartenons tous, jusqu'à plus ample informé, à une seule et unique espèce, *Homo sapiens sapiens*. Pour le reste, tout nous sépare, nos langues, coutumes, histoires, mythes, religions, tout. Même l'économie marchande de troisième type, qui croît sur le désert de l'uniformisation industrielle, est dans l'obligation de préserver, de conserver des « différences », voire d'en inventer de nouvelles. Car elle a besoin de ces différences de potentiel, même totalement artificielles, pour sa furieuse dynamique.

Notre seule réelle *communauté* échappe ainsi pour l'instant encore à la sphère de l'activité sociale consciente des hommes, mais nous savons tous que le siècle qui commence a désormais comme objectif la dissolution de ce seul réel lien communautaire dans le processus de la marchandisation totale.

La Fin de l'Homme n'est donc pas un vain mot, une formule creuse, une métaphore plus ou moins « apocalyp-

1. Petit patchwork des expressions rabâchées qu'on trouve un peu partout dans la presse parisienne culturelle « branchée », ou disons « postmoderne », et qui semble qualifier l'activité quotidienne de cette nouvelle « génération morale ».

tique » : elle indique que l'utopie démocratique totalitaire est à la fois en train de faillir et d'asseoir sa domination, qu'elle succombe à son accomplissement, comme toutes les civilisations avant elle.

La souveraineté biologique même est aujourd'hui remise en cause, et avec elle la dernière des libertés. La tyrannie du bioengineering marchand ne fait qu'amorcer son règne, mais par son règne elle mine tout l'édifice construit depuis des siècles avant elle, celui dont elle est le descendant dégénéré terminal, aveugle, sourd, amnésique et braillard.

Car ce moment incroyable que nous allons vivre, dont nous vivons les prémices, ce moment de despotisme absolu sera aussi celui du nexus divin des possibles. Le bioengineering marchand, la marchandise terminale, la dissolution numérique de nos corps, produira par réaction le plus phénoménal processus cryptique qu'il soit possible aujourd'hui de *décrire*.

Le décryptage du génome humain et la manipulation subséquente du domaine de souveraineté biologique (l'ADN) sont les préalables à un processus de recryptage du réel par une authentique conscience cosmogonique, j'entends par là non pas la monstrueuse et acéphale intelligence organicole qui se met en place, avec nos (in)différencialismes tautologiques, nos nihilismes new-age, nos cybertrouducs, et nos flics humanitaires, mais l'émergence critique d'une figure métapolitique authentiquement créatrice, un Créateur, donc un Législateur, à la mesure de la posthumanité, ou de ce qu'il en restera.

Encore une fois comment voulez-vous que cela ne soit point, d'une façon ou d'une autre, selon qu'Il le jugera bon, la Sainte Transfiguration opérant au travers d'*Homo sapiens sapiens*, donc précisément d'un humain spécifique, d'un humain-nexus, d'un humain-mutant (et non de l'Humanité collective spécique sous une forme idéaliste ou une autre), donc de la figure métahumaine du Christ ?

Entre posthomme et métahumain, la même distance qu'entre sursinge et surhomme.

Et si la distance semble s'être réduite, c'est au profit de la profondeur de ce qui les sépare.

Il y a, comme on sait, plusieurs espèces de courage, et sûrement le Français ne les possède pas toutes. Intrépide devant l'ennemi, il ne l'est pas devant l'autorité, même la plus injuste.

Joseph de Maistre, *Considérations sur la France.*

*

Offensive du « différencialisme » tous azimuts. Cette expression par moi usitée, sur la base du « droit à la différence » prôné initialement par ces missionnaires du dernier des nihilismes, s'avère par ailleurs inexacte ou paradoxalement incomplète car on pourrait avantageusement la remplacer par *(in)différencialisme*, tel que l'explique Philippe Muray : une fusion matricielle dévolutive où le « droit à différence » doit impérativement, comme le dit lui-même un de ses partisans, « converger avec le droit à l'égalité », soit l'éternel problème absurde de la quadrature du cercle. L'(in)différencialisme se fait fort de le résoudre, car tel un virus mutant, il change de forme à volonté, un jour carré, l'autre jour cercle, il n'est plus rien qu'un discours hautement adaptatif (rodé par des siècles d'humanisme universitaire) épousant peu ou prou les désirs conscients et inconscients des populations, soumises aux interactions chaotiques et cycliques du flux objectif marchand-iconique et du flux subjectif de leurs délires libératoires, devenus comme dirait Deleuze « machines et organes les uns des autres ». Donc rien, on le voit, d'une philosophie et encore moins d'une religion (au sens donné à ce mot par le monothéisme), qui consistent toutes deux à élaborer un métasystème moral et cosmogonique capable d'englober une telle « schizosphère », un métasystème qui contraigne, qui éduque, qui *dresse* le désir, afin que des formes plastiques et métaphysiques supérieures en émergent. En clair une discipline, une *économie générale de l'être humain.*

Dresser. Redresser. Faire se tenir droit.

*

Back to Northern Amerika : quarante-huit heures avant la mise à feu.

Je ramène avec moi deux livres de Philippe Muray parus chez Gallimard. Joëlle Faure, attachée de presse de la NRF, me les a chaudement recommandés, et avec raison. Je viens d'en lire un, quelques jours avant mon départ *(Désaccord parfait)*, et j'entame le second *(Le XIXe siècle à travers les âges)*, dans un état de fébrilité intense, la même sensation d'intense jubilation et de pure excitation qui m'avait envahi avec Bloy, de Maistre, et quelques autres, comme Debord, ou Nietzsche, en leur temps.

Ah, mon Dieu, ces pages au rythme implacable et au style foudroyant, cette description clinique à la fois effarante et irrésistible de drôlerie du dernier homme, de l'*Homo festivus*, comme il le nomme avec une parfaite concision de paléontologue.

J'écris ces ultimes notes à la main sur quelques feuillets libres. Pour l'instant, l'effet parfaitement disruptif que produit sur moi Philippe Muray à sa lecture, c'est d'être tombé sur l'arme de pointe antinihiliste que la France menaçait de produire à tout instant (pour son malheur, et mon bonheur), et dont j'attends la venue depuis au moins deux siècles.

Arrivée à Montréal le 10 juin 2000.

Je reprends mes notes là où je les ai intégrées, il y a des jours, dans le fichier de mon ordinateur. Entre-temps, j'ai très peu écrit.

Mais j'ai beaucoup lu.

Muray, encore. *Après l'histoire 2* — le volume 1 était épuisé à la librairie Gallimard — m'a tenu redoutablement éveillé durant deux nuits. Puis *L'Empire du Bien*. Même verdict.

Le plus dur, ensuite, fut de constater jusqu'à quel point tout ce que Muray dit depuis au moins dix ans a été gentiment passé sous silence par l'ensemble de la presse bien-pensante (autant dire toute la presse), et qu'à bien des égards, quand je relis a posteriori ce que j'ai écrit ces derniers mois, une évidente figure de connexité s'impose, et que devant l'acier de sa langue, devant la froide volonté de tenir le plus petit pouce de vérité, devant son humour à frappes chirurgicales, devant son talent, tout court, seul le silence m'a paru opportun.

(22 juin 2000)

*

Dernier épisode en date du grand (dé)modelage des consciences. Aujourd'hui, 30 juin, José Bové[1] et son groupuscule d'activistes passent devant la chambre correctionnelle de Millau. Objet du délit : le « démontage » — euphémisme révisionniste pour destruction systématique — d'un McDonald's dans les environs mêmes de la bonne ville où

1. À l'heure où j'effectue ces ultimes corrections sur épreuves, j'apprends que son propre père, véritable chercheur, traite son inquisition anti-OGM de « ridicule », puisque notre expert national en démolition vient prêter main-forte aux artificiers d'Arafat et du Hamas. On ne sait lequel d'entre eux tous a le plus à y perdre.

se tient le procès. Titre du *Monde*, sur trois colonnes à la une : « Procès Bové : la fête de l'antimondialisation ».

Jamais en effet on n'aura vu un tel étalage de justice-spectacle. Une foule gentiment fanatisée, à la culture politique indicible (un peu de Bourdieu, un peu de Viviane Forrester, un peu d'Arlette Laguiller, un peu de Rage Against the Machine, un peu de Michel Onfray), aux gargouillis conceptuels complaisamment relayés par des journalistes acquis d'avance à ce déluge de bons sentiments humanitaires, s'attroupe face au palais de justice en réclamant la relaxe immédiate et sans condition du « héros » qu'elle s'est choisi, et que sans nul doute notre époque mérite. Les habituels « artistes-citoyens » s'y sont joints, avec leur complaisance habituelle et l'habituel appui des diverses « agences locales » des ministères en charge du programme d'abrutissement culturel des masses libérées. Une « ambiance festive », comme de juste, a prévalu au cours d'une journée où pas un des manifestants présents ne s'est demandé une seconde comment réagiraient la population et la justice américaines si une bande de fêlés avaient décidé de plastiquer des restaurants français dans l'État de New York, ou le comté d'Orange à Los Angeles (il y en a plus encore que de McDonald's dans nos campagnes). Cet « acte symbolique », et les divers gestes de soutien qu'il reçoit de par le monde, de la Corrèze au Zambèze, montre qu'*Homo democraticus* recule devant l'irrémédiable situation dont il est le mécanique et naturel processus d'émergence. Il recule devant les frontières que, par miracle, sa société morbide a eu le temps d'ouvrir sous ses pieds, et par lesquelles elle s'engouffre, et lui avec, aspirée vers le vide comme par un effet brutal et général de dépressurisation.

*

La démocratie marchande est une maladie née des formidables contraintes que l'Église catholique fit peser sur la pensée critique européenne durant près de mille ans. En censurant les philosophes grecs et romains, et l'ensemble des hautes sciences de l'Antiquité — suspectes parce que païennes ou hérétiques —, elle laissa, épuisée, au démocratisme bourgeois le soin de régner brutalement sur cette ère de transformation générale dont il utilisa la dynamique dissolutrice pour accéder au pouvoir, ce qui conduisit aux désastres que l'on connaît. Si le christianisme avait été une religion de l'Éternel Retour, une religion du métahumain, de l'authentique Surhomme, il aurait su accompagner au long des siècles la nécessaire phase d'hominisation supercritique que l'Occident a accomplie sur la base des philosophies grecques et du droit romain. Entre la Renaissance et la Révolution, il s'écoule trois siècles. L'industrialisation, l'apparition de la technosphère, Galilée, De Vinci, Descartes, Leibniz, Copernic, Newton, tout cela serait apparu dans la lumière d'une haute et antique ascendance, et peut-être à une date largement antérieure, puisque les savoirs grecs, romains, indiens, chinois et arabes auraient été disponibles depuis, allez, disons l'an mil. Le christianisme aurait perpétué l'héritage antique de façon éminemment active et la science n'aurait point été asservie aux réalités du négoce, et aux illusions à courte vue des bourgeois idéalistes. La biopolitique du métahumain — la conquête du génome, de Mars, des quarks et des quantas — se serait vue accompagnée d'une immense floraison d'écrits religieux de haute portée, comme à l'époque de l'Islam des Omeyyades ou de l'ancienne Égypte, de Sumer ou de Babylone, d'Irénée de Lyon ou de saint Augustin. Un authentique gouvernement du Christ-Roi aurait vraisemblablement su produire le principe métapolitique qui manque si cruellement aux temps présents.

Encore une fois, il ne s'agit pas de prôner un quelconque « retour » dévolutionnaire à un modèle autocratique de gouvernement, mais de comprendre comment un tiers état dominateur, sans contre-pouvoirs effectifs (l'aristocratie, une religion) et sans une Souveraineté *incarnée* au-dessus de tous, ne peut *que* produire l'abomination marchande.

Le tiers état est devenu le Monde, et ce faisant a créé autant de tiers-mondes que possible dans les poubelles de sa non-histoire.

Le seul mérite de cette civilisation n'est apparent qu'en Amérique, qui seule a su — durant un certain temps — élaborer un principe méritocratique qui parvint précisément à produire cette longue succession de dynasties techno-industrielles qui aujourd'hui encore, sous le règne consacré et invisible des utopies révolutionnaires réalisées, et sans cesse commémorées, mobilisées, provoquent haine et ressentiment, comme toutes les aristocraties avant elles.

Dans les comptes rendus du procès de José Bové (*Le Monde* d'aujourd'hui), je constate que les ennemis du peuple sont désormais parfaitement ordonnés dans les listes noires de nos commissaires politiques de l'antimondialisation. Après McDonald's et Bill Gates, Sony, Intel, Motorola et bien d'autres doivent s'attendre à ce qu'un vaste mouvement néoluddite se déchaîne sous des formes variées de par le monde. Bientôt des foules enivrées de discours « moraux » et de hard rock humanitaire s'en prendront aux ordinateurs, aux télescopes, aux accélérateurs de particules, aux séquenceurs génétiques, mais aussi aux musées de paléontologie ou d'anthropologie, bref à tout ce qui de près ou de loin évoquera l'impérialisme technique occidental, leurs actuels prédécesseurs s'en prennent déjà aux laboratoires de biologie animale et désirent que, l'homme revenant à l'animalité organique de l'utopie néo-naturelle, les animaux aient les mêmes « droits » que les humains ; toute réelle avancée technique ou scientifique sera donc vouée aux gémonies en même temps que de sinistres publicitaires tenteront de nous faire avaler qu'en l'état actuel des choses tout va pour le mieux dans le meilleur des mondes.com.

Alors que le néoluddisme anarcho-démocratique (semblable aux terribles mouvements « égalisateurs » qui se sont succédé en Angleterre pendant deux siècles) brûlera ce que la marchandise aura adulé, ce mouvement, comme tous les mouvements révolutionnaires, entendra bien sûr poursuivre sur sa lancée (qui est en fait celle de ses élites mercantiles, qui n'ont pas le cran de précipiter la *chute*) et après les signes monumentaux de la Technique (*tekhnê* : « savoir-faire » en grec ancien) il décidera d'anéantir définitivement les fondements de la civilisation occidentale, soit la *culture écrite*.

La numérisation forcenée et télétotalitaire n'est en effet pas *suffisante* pour assurer l'extermination de la culture alphabétique, mais elle est *nécessaire* parce qu'elle en produit l'ultime terminateur : le hacker néoluddite, l'anarchiste anti-alphabétique, l'otaku de l'hypernihilisme paranoïde, l'illuministe révolutionnaire new-age, opposé à toute souveraineté, à toute liberté, donc, bien sûr, opposé aux livres.

Et surtout violemment opposé aux Saintes Écritures.

*

On semble s'étonner, à ce qu'on me dit, qu'un homme de ma génération et de ma culture (Burroughs, Dick, Kafka, la science-fiction, le rock, l'acide lysergique) fasse désormais « propagande » *pour* le « christianisme », et on s'étonne plus encore de ma lecture de Bloy, de Nietzsche, ou de Maistre. Certains vont jusqu'à me qualifier de « Rebatet sous acide », d'autres envisagent même de m'affilier à Louis Pauwels.

Pauwels, à ce que je sache, ne s'est jamais beaucoup démené pour le « christianisme », sinon pour en faire cette phraséologie crypto-intégriste qu'appréciaient les lecteurs du *Figaro-Magazine* il y a une quinzaine d'années. En 1980 encore, peu de temps avant sa soudaine conversion sur le bord d'une piscine, il publiait un livre qui commençait par ces mots : « Je ne suis, et ne pourrais jamais être chrétien. »

Je crois avoir deviné l'analyse qui a prévalu à cette étrange affiliation. C'est parce que, comme Pauwels, je « crois aux extraterrestres », c'est-à-dire que j'ai fait mienne depuis longtemps l'évidence cosmobiologique de base. Et comme Pauwels, je ne crois pas beaucoup aux mensonges rationalistes égalitaires (à ce titre, il faudrait aussi m'affilier avec les millions de zeks qui sont morts au Goulag, mais surtout à Philip K. Dick, chose que j'aurais plutôt tendance à considérer avec une certaine fierté).

Laisser les choses en l'état, ce serait en tout cas accréditer les thèses fumeuses déployées par ces haut-parleurs du bavardage médiamondain afin de camoufler le plus important : les hommes d'aujourd'hui, ces petits hommes terminaux, ont désormais une vision du Christ qui ferait pleurer de misère les auteurs de Bécassine.

On s'imagine sans doute que lorsque j'évoque l'émergence d'un processus métahumain, incarné dans un *Homo sapiens sapiens* particulier, et spécifique, au cœur de ce chaos immonde qu'est notre monde posthistorique, j'imagine qu'un clone de Jésus de Nazareth fera un beau jour son apparition au milieu des fidèles réunis pour une sainte homélie papale en la basilique Saint-Pierre de Rome ?

À moins qu'il ne surgisse par miracle sur tous les écrans de télévision du monde, et tous les écrans connectés au réseau matriciel, entre deux pubs de lessive ou deux gang-bangs interraciaux avec pénétration anale ?

Mais tout le monde comprend bien intuitivement que telle ou telle « apparition » publicitaire est impossible, car absolument vide de sens. Si de tels phénomènes venaient à survenir un jour, ils ne seraient que des simulacres d'une quelconque secte marchande ou alors les signaux analogiques d'une catastrophe encore à venir (ce que je tente de décrire dans *Les racines du mal*), autant de micro-antéchrists, des protoformes sans la moindre souveraineté, donc sans liberté, donc sans possibilité de Création, et dont le message s'annihilerait dans le flux global de l'hypermarchandise comme une simple volute de buée, tout en provoquant quelques dégâts mineurs au passage.

Aussi préparons-nous simplement au plus improbable, au plus imprévisible des surgissements, et rappelons-nous que Pline accorde à peine un paragraphe à cette nouvelle religion venue de Palestine et à son dieu nommé Christ, comme à l'un ou l'autre de ces innombrables syncrétismes néo-orientaux, ou néoplatoniciens, que l'Empire des origines voyait fleurir, tels ceux que nous voyons à l'œuvre aujourd'hui, sous le ciel photoélectrique de l'Empire terminal.

*

Cette nuit, Tarwater en boucle, leur album *Animals, Suns, and Atoms*. Sans doute un des chefs-d'œuvre *mineurs* de ce que cette musique pop expérimentale électronique de cette fin/début de siècle aura produit. Je ne me livrerai pas, pour une œuvre aussi récente, à l'exercice futile de la critique, je me suis simplement occupé de laisser agir profondément le doux poison, si subtilement *décadent*, qui se déroule dès les premières mesures de *All of the Ants left Paris*. Cette chanson aux accents berlinois (version Lou Reed) et parisiens (version Procol Harum), et toutes celles dont elle prépare la venue, jusqu'au petit interlude *early sixties* de *Dauphin Sun*, avec son ambiance plage au soleil et daïquiri sous ciel bleu isotope — l'espèce de menace étrange qui accompagne cette carte postale de deux minutes à peine est sans origines précises, localisables, ce qui en accentue l'étrangeté il me semble —, auront été l'écrin parfait de cette dérive dans la nuit de l'homme.

La liberté n'est rien si on est uniquement libre de ne rien en faire.

Le seul acte libre qui transcende la liberté naturelle qu'est la mort, c'est l'Acte créateur.

C'est l'Acte créateur qui fait de la liberté le domaine d'exercice d'une pleine et entière souveraineté.

On concevra donc avec aisance que de tels actes sont rarissimes dans l'histoire des hommes, que chaque fois ils ont nécessité des artistes, des législateurs, des philosophes d'une stature exceptionnelle, qui sont toujours allés contre l'ordre des choses et le désordre des esprits.

Le lycée postclassique — celui que j'ai connu dans les années 1970 — était un authentique désastre, du moins subsistait-il quelques belles ruines.

Le lycée postmoderne, celui que mes nièces et neveux ont enduré dans les années 1990, est un phénomène purement indescriptible : cette éducation n'est tout simplement pas capable de transmettre quoi que ce soit de cohérent (je ne parle même pas d'un *héritage*, d'un corpus d'œuvres essentielles, rien que de certaines bases qu'inculquait encore l'école républicaine il y a une génération) aux millions de jeunes cortex qu'elle a pour tâche, cependant, de prétendument « cultiver ».

Ce n'est plus le latin qui est en danger, après l'anéantissement du grec classique, c'est l'histoire même des racines de l'Occident qui sont défoliées au RoundUp, comme de la mauvaise graminée sauvage, c'est à peine si un garçon ou une fille de seize ans d'aujourd'hui possède un vague souvenir qu'il existât un jour une civilisation nommée Rome, et que des Indo-Européens établis en Grèce inventèrent la culture alphabétique, la science et la politique.

Quant au Christ, par tous les diables ! — je n'ose décrire le pathétique des images d'Épinal que l'école laïque et républicaine impose comme histoire officielle à nos chères têtes blondes.

Toute trace de l'antique religion monothéiste a disparu. Pour un peu, on se demande vraiment ce qui a pu pousser un sympathique jeune homme comme Jésus de Nazareth à défier, un beau jour, l'ordre ancien d'Israël et le nouveau qu'élaborait l'Empire de Rome. Sans doute, dans l'esprit de beaucoup, vu le brouet culturel que l'école (post-)moderne leur inflige chaque jour, Jésus souhaitait-il revendiquer quelques « droits » humanitaires, peut-être même voulait-il organiser une Jew Pride ?

Je crois honnêtement qu'on ne pourra sauver les livres qu'en pilonnant au préalable tous ces programmes scolaires qui empuantissent les boîtes crâniennes de leurs immondices.

(1er juillet 2000)

Un article du *Monde* daté du 30 juin rend compte de l'offensive révisionniste des « communautés » ethniques devenues plus ou moins autonomes en Espagne : Galicie, Catalogne et surtout Pays basque ont en effet, sous la pression constante du terrorisme « moral » des pères la vertu révolutionnaires, décidé depuis quelque temps déjà de réécrire de fond en comble l'histoire de ce vieux pays européen.

L'Académie royale remarque qu'au Pays basque le mot « Espagne » a littéralement disparu des manuels scolaires, remplacé par l'expression délicieusement postmoderne (stalinisme + droit à la différence) de « territoire limitrophe ». En Galicie, l'Espagne des XVIIIe et XIXe siècles est carrément rayée de la carte, et la période du franquisme, qui court de 1936 à 1975, est expédiée en vingt-deux lignes !

La novlangue socialiste est désormais une « culture » officielle en Europe de l'Ouest !

Évidemment, les divers « nationalismes » qui tentent de dépecer l'Espagne millénaire réagissent avec violence au rapport de l'Académie royale. Les criminels de guerre du PNV, ou d'Herri Batasuna, les nationalistes catalans ou galiciens évoquent « le droit d'avoir leur propre optique contre la vision unitaire promue par ceux qui veulent récupérer les manuels utilisés du temps du franquisme ».

Aah ! le franquisme. Le Saint Anathème socialo-laïque est enfin jeté. Il eût été naïf d'espérer y échapper. Si vous vous opposez à tous ces crétins *fiers* de leurs courses de vachettes, et prêts à tuer par wagons pour cela, alors attendez-vous à rejoindre le vieux caudillo dans l'enfer de leur « histoire » patiemment réécrite.

« Optique propre » contre « vision unitaire », autant dire démocratie contre tyrannie, en cet âge où les mots n'ont plus de sens et peuvent dire tout ce qu'on veut leur faire dire.

Comprenons : la vérité historique n'a plus aucune valeur face à notre petite micro-idéologie postrévolutionnaire. L'histoire multiséculaire de l'Espagne ne nous convenant pas (catholicisme, monarchie, expansion impériale, esclavagisme, franquisme), il convient que nous la réécrivions à notre « goût » comme tout bon histrion poststalinien qui se respecte. On remarquera que le révisionnisme de la gauche nationaliste ne s'embarrasse plus d'aucun préjugé, plus d'aucune précaution de langage. Le « droit d'avoir sa propre optique », autant dire le « droit de chacun à sa propre vérité », non content de représenter la victoire absolue du révisionnisme décérébré, fait de la mort programmée de la vérité cette implacable euthanasie de ce qui reste suprêmement indifférent aux différences, la plus grande de ses conquêtes, le plus immense de ses crimes.

*

Pauvres nains, la vérité se fiche de vos droits, comme la hache se fiche des colonnes vertébrales.

Il n'existe pire dictature que celle de la bourgeoisie, à l'exception de celle du prolétariat.

Le seul avantage de la seconde étant, à l'inverse de la première, le fait qu'elle ne puisse durer éternellement.

*

Après avoir donné l'illusion à deux générations de collégiens qu'on pouvait écrire comme on parle, il ne restait plus qu'à les convaincre qu'on pouvait lire comme on « surfe » ; c'est chose faite.

On remarquera au passage un des faits les plus troublants de la « longue histoire de la lutte syndicale en France » :

Tout le monde a, je pense, oublié les énormes cortèges manifestatoires qui poussèrent le pathétique Claude Allègre à la démission. Non que je regrette ce pédant lourdingue, mais il convient sans doute de dire que je l'appréciais quelque peu pour ce qu'il provoqua la fureur du SNES et des autres syndicats poststaliniens pour oser dévoiler publiquement quelques vérités fondamentales.

Si tout le monde les a oubliés, il existe des archives d'images qui, elles, resteront un temps. Que voit-on sur ces images, filmées tout au long des cortèges ? Des foules qui demandent la démission d'Allègre et des responsables syndicaux qui brandissent l'iniquité d'une réforme — la énième réforme de l'Éducation nationale qui n'en finit plus de se réformer depuis qu'elle est morte en 1968 — pour appuyer les revendications des foules.

Bien.

Allègre a démissionné, et après avoir été pressenti pour la Kulture d'État, Jack Lang s'est retrouvé aux commandes de l'Épuration nationale.

Des mois ont passé. Lang veut, paraît-il, instaurer un « dialogue franc et ouvert » avec le personnel enseignant, et plus personne ne bouge.

À ce que je sais, le décret-loi qui avait censément « jeté des millions d'enseignants dans la rue » est toujours en vigueur et s'appliquera vraisemblablement dès septembre.

Aucune manifestation n'est prévue.

La « liberté syndicale » règne.

Il est nombre de vérités que notre Rééducation nationale, « programmée » par des histrions incultes post ou néomarxistes, occulte soigneusement, histoire, j'imagine, de ne pas effrayer nos chères têtes blondes par des conclusions hâtives que leurs jeunes cerveaux pourraient abusivement tirer de ces états de fait.

L'une d'entre elles tient dans la nature profondément liberticide (et régicide par la même occasion) du régime républicain instauré en 1789.

Moi-même, dans mon *TdO* antérieur, j'expliquais succinctement comment la dérive protobolchevique de Robespierre et de ses sbires allaient envoyer le programme « libéral » originel dans le mur du totalitarisme. Cela aurait été exact si Robespierre avait été l'unique responsable, autrement dit le premier, tout autant que le dernier.

Nos livres d'histoire du secondaire sont remplis de ces images d'Épinal vantant le « retour progressif de la démocratie » après la mort violente de Robespierre et l'autoanéantissement de la Convention, un peu avant le « coup d'État » de Bonaparte. C'est oublier que la législature suivante continua de pratiquer les mêmes abominations.

De Maistre évoque le massacre de la foule par Barras après que la Convention eut décidé que la nouvelle législature devrait être établie sur la base d'un nouveau décret, dit décret des deux tiers, par lequel le bon peuple « libre et souverain » se verrait obliger de reconduire d'office les deux tiers de la Chambre précédente. Des malheureux commirent la folie de vouloir s'opposer à ce décret despotique. Ils furent mitraillés et achevés à bout portant.

Un tel sommet de démocratie parlementaire mérite

d'être noté dans les annales, mais je n'ai point connaissance pour ma part d'un quelconque monument élevé en cette bonne place de Paris pour commémorer ces milliers de cadavres, soigneusement extirpés des manuels d'histoire.

*

Voici le monde que les matriarchies positives postrévolutionnaires (elles sont au pouvoir, elles gouvernent) nous réserve :

En lisant Philippe Muray j'apprends que la Suède s'est dotée d'un gouvernement écolo-féministe qui a promulgué un corps de lois instaurant l'Égalité Obligatoire des Sexes.

Les hommes sont tenus de pousser les landaus et de faire la corvée de ménage durant 50 % de leur temps libre, pendant que les femmes ont, j'imagine, tout le loisir ainsi disponible pour prendre des cours d'astrologie sur Internet, ou de massage transfiguratif vagino-clitoridien avec un spécialiste des shakras. Voire, faire de la politique. Cela est imposé par le pire appareil législatif et répressif que l'Occident postrévolutionnaire et posthistorique aura produit, URSS incluse.

Car les femmes peuvent à tout moment invoquer le non-respect de cette loi pour intenter une procédure de divorce, avec amende à la clé et programme de rééducation pour les contrevenants, en plus de la pension alimentaire, et de la séparation des enfants d'avec la méchante, fasciste et réactionnaire figure du « père » (du « mâle »), le tout avec la bénédiction du ministère du flicage intrafamilial.

Même Mao n'était pas allé jusque-là.

Voici ce que la société gynocratique de demain nous prépare : regardez les Suédois d'aujourd'hui et comparez-les avec ceux qui conquirent les grands espaces hyperboréens, à l'époque des Vikings. Rappelons-nous d'où venaient les Normands, qui vainquirent les Saxons à Hastings. Danemark, Norvège, Suède, ces pays ne paieront jamais assez cher leur abandon aux sirènes de la social-démocratie égalitaire postcalviniste, mais en attendant ils propagent leurs grisâtres maléfices dans toute l'Europe « unie », et désormais les ministresses de la République leur emboîtent le pas et entendent « bannir la prostitution » à l'unisson avec les jésuites de l'ONU. Un déluge de lois liberticides s'abat sur la France, comme à l'époque de Barras. Une députée socialiste entend faire passer le pire projet de loi que la France ait enfanté, même sous Pétain : sœur Catherine Picard de l'Inquisition entend désormais « renforcer la répression contre les groupements à caractère sectaire », entendez tous ceux qui ne pensent pas comme on doit penser aujourd'hui.

Au Canada et aux États-Unis, j'y reviendrai un jour en détail, les pasionarias du féminisme sont parvenues à faire taire par avance toute voix discordante.

On tolère encore (mais pour combien de temps ?) l'existence de l'Église catholique, ou des Églises protestantes, voire les religions des juifs ou des musulmans (quoique du bout des lèvres et s'ils jettent aux orties tout ce qui dépasse trop évidemment de l'ordre laïque), mais le bras séculier de la justice républicaine doit s'abattre sur tous ceux qui oseraient formuler autre chose que les idéologies en place.

Encore une fois, ceux qui me connaissent savent que je ne risque pas de succomber à la première cassette de rééducation dianétique venue, je ne désire pas que les « sectes » ou d'autres « associations » soient maintenues hors du champ de la légalité, je demande au nom de qui et par quels procédés « démocratiques » on établira les principes d'évaluation qui départageront le crime du simple droit à l'esprit critique.

Les « sectes » pullulent sur le vide métaphysique des

démocraties, et désormais celles-ci entendent punir ceux qui succomberaient aux charmes de leurs syncrétismes de pacotille. Veut-on aussi interdire et châtier le suicide ?

Les « sectes », comme on dit, ne sont pas plus dangereuses que les multiples programmes d'abrutissement collectif que la bourgeoisie planétaire met en place pour nous endormir, certaines d'entre elles sont désormais spécialistes de la « manipulation mentale » et il faudrait les sanctionner pour cela ? Alors inculpez aussi l'ensemble des journalistes de la télévision et une bonne partie de ceux de la presse « écrite », et n'oubliez pas le personnel des ministères de la Culture et de l'Éducation nationale !

Tout le monde sait que l'arsenal législatif antireligieux français est un des plus puissants du monde, après celui de la Corée du Nord, et que si des « associations religieuses » commettent en ce moment même des crimes, elles peuvent dès maintenant être sanctionnées. Le problème, comme toujours en France, c'est que les lois existent, on pourrait même dire qu'elles pullulent, sauf qu'on ne débloque pas le premier centime nécessaire pour créer une agence susceptible de les appliquer. Conclusion, comme au bon vieux temps de la Convention, on empile les décrets et les législations, en se faisant passer pour un chantre (ou une chanteresse) de la démocratie, et on anéantit toujours plus le peu qu'il reste de liberté.

*

Une certaine « Jusmaheen » fait justement parler d'elle en ce moment. Cette blondasse et australe crétinoïde post-moderne, nourrie d'astrologie new-age, d'université gauchiste décadente et de manifestations pour les droits de l'homme et des animaux, promeut de par le monde sa méthode de nutrition « prahnanique », en clair : on ne se nourrit plus que d'air et de lumière. Au sens le plus strict. L'eau elle-même est bannie du régime.

L'eau ! Cette petite salope postbabacool a, par ses méthodes, déjà laissé un joli petit nombre de cadavres dans son sillage. La justice écossaise vient de l'inculper. La justice française, avec toutes ses lois, ne peut rien contre elle, pas plus qu'elle n'avait pu quoi que ce soit contre le tueur en série Rezala et l'ignominieuse justice postsalazariste portugaise, pour laquelle un, voire plusieurs ignobles crimes de sang prémédités ne peuvent être punis que d'un séjour provisoire dans une maison de vacances[1].

Osons donc dire ceci : les cours de « justice » des euro-démocraties finissantes sont désormais les complices objectifs du crime quotidiennement commis contre la pensée. Non contentes en effet de bannir les idées et les livres non solubles dans l'antiracisme administratif, elles sont en effet, et depuis longtemps, infiltrées par des réseaux actifs aux idéologies plus que douteuses, scientologues, certes, moonistes, Témoins de Jéhovah ou Hare Krishna, mais aussi communistes, anarcho-trotskistes ou poststaliniens de tous acabits, et autres nihilistes égalitaires qui suintent par tous les orifices de cette triste dé-civilisation (et je ne parle pas des petits troupiers de la mafia).

Si une gynocrate dégénérée comme Jusmaheen peut ainsi prospérer, grâce au crime, sur le néant positif que nos sociétés ont conçu comme ultime horizon métaphysique, c'est parce que sa venue a été précédée d'une longue séquence d'aberrations du même ordre : Mitterrand et Teyssier, à ce titre (comme Hitler et ses astrologues), en furent les audacieux pionniers, et en tant que criminels de masse attendent toujours quant à eux d'être traduits par la justice des hommes, ou celle de l'Histoire.

1. Voilà sans doute la raison pour laquelle Rezala, conscient, lui — grâce à une sainte rémanence de l'Islam —, que ses crimes ne méritaient aucune clémence particulière, a préféré *faire justice* lui-même.

*

Le jour même où je lis dans la presse les exploits intellectuels de cette tueuse en série postféministe, je tombe par hasard sur une émission de télévision québécoise nommée « Les copines d'abord », un de ces sommets de vulgarité et de bêtise dont l'Occident postmoderne a le secret.

Quatre pauvres filles, quatre sinistres pétasses attablées comme des mégères autour de leurs micros respectifs passent en revue les divers « sujets de société » que leurs simulations de cortex sont en mesure de repérer dans le reste du grand vide médiatique.

Quand elles ne s'en prennent pas à Sollers ou aux « écrivains emmerdants » qui osent encore écrire français, elles conchient avec ferveur tout ce que leur QI simiesque ne parvient à circonscrire autrement que par l'appellation injurieuse d'*intellectuel*, voire d'*intellectuel cérébral (dixit)*.

Revendiquons bien haut le noble adjectif — cérébral — face à ces plantes plus ou moins vertes dont nous ne voudrions point pour décorer notre salon, puisque le premier des géraniums aura toujours plus de conversation qu'elles quatre réunies.

Et constatons comment les démocraties décadentes entendent nous faire mourir : lors de cette émission, consacrée au new-age, l'une de nos chères « copines », pure incarnation de l'obèse dévolution organico-spirituelle contemporaine, décide de déverser sa bile saturée d'hydrocarbones sur tout ce que la France a pu produire de talent ces dernières années. Face à nos « intellectuels desséchés », elle entreprend aussitôt de nous démontrer comment le monde du new-age est bien plus intéressant : grâce à la méditation sexozodiacale et à Internet, l'humanité est désormais « interconnectée » et un avenir radieux nous attend.

Mais non, pauvre conne, il est déjà là. TU ES L'AVENIR. Ta

rayonnante lumière cathodique nous inonde tous, et chacun, chacune, de ses particules délétères. TU ES LE PRÉSENT ÉTERNISÉ DE LA MARCHANDISE. Ta domination, et celles de toutes tes consœurs, de toutes tes « copines », s'assoit sur le monde, vos fesses dilatées de télénarcissisme s'y posent avec toute la délicatesse maternelle dont vous savez faire usage quand il faut endormir le bébé, juste avant de l'étouffer. Vous couvez désormais l'œuf cathodique du petit homme déshumanisé et démasculinisé dont vous userez pour votre reproduction et pour pousser le landau à la suédoise.

Votre abominable matriarchie ne fait que commencer. Un règne de mille ans s'ouvre devant vous. Et il ne vous faudra qu'une fraction de celui-ci pour saccager définitivement ce qui subsistera encore de ce monde.

Nietzsche invoquait le nécessaire et implacable diagnostic de *philosophes-médecins* pour oser entreprendre l'analyse de nos sociétés.

Aujourd'hui c'est de *médecins légistes* qu'il faudrait parler, car il ne fait aucun doute que le malade est déjà profondément plongé dans le coma et que d'un moment à l'autre quelque bonne âme compatissante se chargera de le débrancher.

*

Certains de mes détracteurs font remarquer la « contradiction » rien moins qu'apparente selon eux entre mon abhorration du « régime onuzi » et ma défense répétée du tribunal de Nuremberg (dont celui de La Haye n'est selon moi qu'une pâle copie humanitaire).

C'est, comme trop souvent en ces temps de désertification intellectuelle, la preuve qu'on ne sait toujours pas lire les quelques livres d'histoire qui nous sont parvenus. Je rappelle aux imbéciles heureux qui croient que le tribunal de Nuremberg était sous la juridiction « internationale » et le contrôle opérationnel de l'ONU, qu'au contraire cette cour de justice d'exception fut celle des seuls Alliés, donc un auguste instrument politique qui parvint à l'émergence en dépit des obstacles (les soviétiques ne furent pas des moindres) comme l'ultime éclat de la civilisation chrétienne dans les ténèbres de l'obscurantisme moderne.

Faut-il leur rappeler, à ces microcéphales, que c'est l'Église de Rome qui la première, sous le règne de Constantin, imposa la Paix de l'Église, et l'ensemble des dispositions « humanitaires » qui protégeaient les civils et les prisonniers de guerre des exactions que jusque-là ils avaient toujours subies lors des crises et des conflits ?

Avant qu'elle-même ne succombe aux entropies du pouvoir temporel, elle avait su accompagner ces dispositions d'une sévérité mémorable pour ceux qui y contrevenaient.

Le tribunal de Nuremberg fut le fugace rayon de christianisme qui traversa ce XXe siècle, athée entre tous, et on comprend mieux à ce titre pourquoi il n'a rien pu fonder, pourquoi nous devons nous contenter du tribunal de La Haye et de Kofi Annan : dans Sa Miséricorde, le Très-Haut consentit à ce que quelques photons de justice éclairent fugitivement nos ténèbres. Il savait que cela, de toute façon, ne nous apprendrait rien, mais il fallait néanmoins que les abominations fussent jugées. Il est clair, en effet, qu'Il n'attendait plus rien de nous.

Qu'un pauvre individu comme Larry Graham, coupable du meurtre d'un dealer près de vingt ans auparavant, alors qu'il était mineur, et sur la base d'un procès plus que suspect, soit légalement tué dans une prison du Texas alors que dans le même temps, en Europe, des militaires de carrière, des troufions et d'ex-supporters de football reconvertis dans la sous-idéologie postcommuniste, inculpés chacun pour des centaines, voire des milliers de meurtres, viols, actes de barbarie infâmes, n'encourent plus que des peines humanitaires de quinze ou vingt-cinq ans de réclusion (en comptant les diverses grâces, remises ou amnisties), voilà qui doit fonder aujourd'hui toute réflexion critique sur la peine de mort et ses régimes d'application.

Le maximalisme infernal de certains États américains ressemble à une résurgence pathologique du modèle révolutionnaire jacobin, populiste et fanatique. Avec la culture calviniste et les nihilismes propres à la civilisation nord-américaine, cela produit une métastase terminale de ce qui fut autrefois la Justice des Pères Fondateurs, une aberration bureaucratique, corrompue, où règnent incompétence et inhumanité, sous l'arbitraire liberticide de la « souveraineté populaire ». On notera au passage que les seules autres contrées où de telles pratiques « industrielles » ont cours vivent sous le joug de régimes communistes, comme la Chine Pop postmaoïste.

L'abolitionnisme intégral, pour ne pas dire intégriste, qui sévit en Europe n'est guère moins criminogène. Ici le meurtre en série, la tuerie de masse, le génocide planifié sont exemptés à l'avance d'un quelconque châtiment à la mesure des crimes. Grâce à cette invention merveilleuse de la non-cumulativité des peines, un homme coupable d'un, dix, cent, mille ou un million de meurtres se verra encourir des peines somme toute semblables, dans la durée comme dans leurs modalités d'exercice et d'application.

Cela ne démontre rien d'autre que le fait que toute l'Europe est désormais sous le régime des démocraties socialistes avancées (égalitaires, fraternitaires, humanitaires), sous la coupe de l'onuzisme le plus ultra, et qu'à ce titre elle reste toujours bien plus dangereuse que toute l'Amérique réunie. Elle est encore la niche d'élection des pires poisons idéologiques modernes.

*

Ce sera sans doute un des accomplissements de l'ère mitterrandienne d'être parvenue à créer de toutes pièces un fantôme dont les situationnistes ne cessèrent de prédire, avec justesse, crainte et mépris, l'avènement plus que probable : *le situationnisme.* Ce spectre absurde a émergé des ruines de leur pensée, de tout ce qui dans leurs théories était le plus compréhensible par le nombre, donc le moins intéressant. Par exemple la « société du spectacle » est devenue en l'espace d'une génération le lieu commun à la mode pour dénoncer les « abus » de la « société télévisuelle », alors que, bien sûr, Debord s'appuyait sur une connaissance authentique de l'histoire occidentale pour montrer que *le spectacle est un rapport de production* et que sa naissance accompagnait celle de notre civilisation, quelque part en Grèce, il y a environ deux mille cinq cents ans.

Bref, les actuels épigones néorousseauistes et humanitaires de Guy Debord se sont servis d'aphorismes tirés de leur contexte, de quelques exégèses nécessiteuses et d'une poignée de concepts hérités de son passé d'artiste contemporain[1] pour promouvoir cette ère ignoble dont Muray analyse les fondements et les développements depuis plus de dix ans dans un silence quasi absolu : désormais, la « fête », le « nomadisme » et la « dérive urbaine » sont bien réduits — comme il le dit et le redit — à n'être plus que les tristes fétiches d'une époque de pure désolation où la ville, devenue musée en cours de numérisation, est transformée

1. Avant de profiter de l'opportunité de sa mort pour commencer la mise en scène de sa nécrophilie, comme Laure Adler et ce pathétique Cercle de minuit nous donnèrent à le voir, dans un subtil éclairage de chandelles, peu de temps après son suicide qui n'était autre que le signal parfaitement serein, tout autant que sans espoir, d'un homme qui savait déjà que, quelle que fût la date et les modalités de son occurrence, sa disparition entraînerait de la part de la gauche pourrissante un tel « panégyrique » posthume et commémoratif.

en un vaste terrain de jeux pour des essaims insectoïdes de rollers et des troupeaux d'individus « fiers d'être » un atome indistinct de quelque agrégat animé.

C'est, n'en doutons pas, la fin des fins de notre civilisation, basée sur la *polis*.

*

ANDROÏDES DE TOUS LES PAYS
DÉBRANCHEZ-VOUS !

*

C'est tout ce qu'on peut conseiller de compatissant à cette *humanité* en phase terminale qui n'en finit pas de mourir. La débrancher. Une sainte euthanasie. Le monde est désormais recouvert du hideux vacarme digital que les innombrables traits-plats hurlent depuis tous les écrans de contrôle des consciences anéanties.

Ils recouvrent par la même occasion les quelques signaux de vie qui seraient en mesure de nous parvenir, si on réduisait ce bruit de fond au silence.

*

Justice des derniers hommes :

Il y a cinq ans, en Ontario, un couple de retraités fut sauvagement assassiné dans leur chambre à coucher par un trio de dégénérés âgés d'une quinzaine d'années à l'époque des faits. Des dizaines de coups de battes de baseball furent assénés sans vergogne sur les deux victimes septuagénaires, et je préfère passer sous silence ce qu'on leur a fait subir avec des tessons de bouteille.

La Loi humanitaire du Canada est alors entrée en action.

1) Les « mineurs » furent jugés à trois ans de « garde

fermée » et deux ans de « garde ouverte », avec une ou deux années de « probation » pour faire bonne mesure.

2) L'anonymat le plus total leur fut conféré. On ne connaît toujours pas leur identité car IL EST INTERDIT DE LA DÉVOILER.

3) Conclusion : cette année, deux des trois criminels ont été de nouveau surpris en flagrant délit de vols, agressions, trafics divers, que sais-je encore, et se voient donc encourir la prison pour adultes (ils sont majeurs maintenant). Déjà, quelques bonnes âmes s'élèvent contre ce traitement inhumain et l'odieux acharnement de la répression policière. Cela fait quelques mois que des groupuscules « radicaux » tentent d'accréditer la théorie conspiratoire d'une « criminalisation de la jeunesse » concertée par le Grand Kapital et l'horrible persistance répressive de l'ordre patriarcal tant haï.

Nous dirons donc les choses ainsi :

Un *jeune* assassin a aujourd'hui tous les droits possibles et imaginables, et plus encore, son acte équivaut, selon le Code pénal local, à une mauvaise blague qui aurait mal tourné ou à un simple accident de voiture avec « facultés affaiblies ».

En revanche, les *vieilles* victimes de ses ignominies sont mises en demeure, depuis leurs caveaux funéraires, de se sentir heureuses et comblées par cette nouvelle avancée des droits de l'homme, qu'on n'hésitera plus très bientôt à conseiller comme modèle social d'euthanasie[1].

Quel châtiment sera à la hauteur de toutes ces ordures qui ont voté de telles lois ? Comment leur ferons-nous payer tous ces crimes légalisés ?

1. À l'heure où j'effectue ces corrections, la même abomination se reproduit au Royaume-Uni, selon des termes inverses, puisque la victime, âgée de trois ans, avait été assassinée dans des conditions ignobles par des « individus » prépubères eux aussi.

*

Lors de mon dernier séjour à Paris, la guerre civile en Sierra Leone faisait rage.

Pour la première fois depuis des années, les raclures de bidet postmarxistes du RUF se trouvaient dans une fort mauvaise passe. La population locale, lassée des incompétences criminelles de l'ONU et de la soi-disant « force de protection » locale que cette organisation mortifère avait appointée — une vulgaire afro-copie de la défunte et honteuse Forpronu —, décida de passer à l'action par elle-même et, après l'avoir repéré, attaquait le domicile où s'était réfugié Sokay Fandoh, chef des milices révolutionnaires et criminel de guerre aujourd'hui placé SOUS LA PROTECTION DES NATIONS UNIES. Le jour même de ces événements sanglants — les gardes du corps de Sokay ont ouvert le feu sur la foule qui venait lui demander des comptes pour les dizaines de milliers de mutilations et d'assassinats commis sous sa responsabilité —, une petite tarlouze de l'ONU, dont le nom m'échappe aujourd'hui, expliquait sereinement dans *Le Monde* qu'il était *hors de question* que l'Écomog (cette Forpronu africaine) fasse usage de la force contre les miliciens du RUF, que Sokay Fandoh était un interlocuteur incontournable pour le règlement du conflit, et qu'il fallait donc lui assurer une impunité politique, si ce n'est diplomatique.

Si quelqu'un retrouve le numéro du quotidien où le nom de cette criminelle salope est inscrit, qu'il me le fasse parvenir au plus vite, à ce que je sache, les ordures onucrates ne se sont pas encore offert une loi scélérate protégeant leur anonymat.

Et on peut toujours rêver à ce que Sa sainte justice immanente arme un jour, d'une batte de base-ball, un jeune délinquant passant près de son domicile.

*

Comme par un de ces hasards cruels que la vérité agence parfois sous nos yeux, ce sont les parachutistes britanniques des SAS qui ont arrêté la dernière contre-offensive du RUF.

Et ils ne se sont pas fait prier pour le faire.

Il faudra donc que l'Afrique accepte un jour cette terrible, sans doute humiliante, mais implacable réalité qu'il n'est rien de plus urgent pour elle qu'une véritable *recolonisation*[1].

*

Le 11 juin dernier s'est déroulée une grande fête portoricaine traditionnelle à Central Park, New York City.

D'autres figures traditionnelles de ce parc new-yorkais s'y sont adjointes : le viol collectif, les attouchements sexuels forcés et le racket, sans qu'aucun des centaines de policiers présents sur les lieux ne se sente dans l'obligation d'intervenir. L'auraient-ils fait, on aurait vu l'habituelle cohorte des associations humanitaires se dresser d'un bel ensemble « contre la répression et la discrimination policières » qui se seraient alors abattues sans discernement contre de jeunes « rebelles à l'ordre social ». Cette épée de Damoclès « moralitaire » étant peut-être l'explication de cette sinistre inaction.

Quoi qu'il en soit, comme pour l'affaire Rodney King, ou O.J. Simpson, la présence de Caméscopes amateurs et professionnels en myriades a permis d'immortaliser les faits sur autant de bandes magnétiques.

1. Je parle ici d'un *protectorat*, car ni l'onucratie ni les roitelets postmarxistes ne sont en mesure de donner aux populations d'Afrique le bien-être et la sécurité auxquels, précisément, elles ont droit, et que nous avons, nous, Occidentaux, le devoir de leur assurer, y compris pour notre propre survie.

Des dizaines de femmes ont été agressées sexuellement à l'occasion de cette « fête », sans doute organisée dans le but qu'une minorité ethnique se sentît « fière » d'être ce qu'elle est. Elles ont porté plainte contre la ville et son corps de police. Elles sont déjà l'objet d'une campagne de presse des « radicaux » de tous acabits qui vont jusqu'à faire valoir l'influence néfaste du soleil estival et des mini-jupes sur les jeunes sexualités démocratiques.

Dans le même ordre d'idées, il y a quelques mois, le corps dénudé d'une jeune femme fut retrouvé à la fin d'une de ces sinistres raves sponsorées par quelque boisson gazeuse et station radiophonique pour jeunes décérébrés, en France. Il fut sans cesse rappelé par les organisateurs de cette pompe à fric, et par la presse bien-pensante, que de telles occurrences se produisent « en marge » de ces « grand-messes de la convivialité » dont il ne fallait point « donner une image négative », en « utilisant des phénomènes isolés », et nous invitant par la même occasion à un total silence.

Disons pourtant haut et fort ce que nous pensons de tous ces « phénomènes isolés », commençons par dire que nous y voyons toujours la même merde, la même merde pseudo-psychédélique et libératoire, celle que décrivirent précisément avec lucidité les grands auteurs des sixties, de Ken Kesey à Hunter S. Thomson, d'Emmett Grogan à William Burroughs, de Tom Wolfe à Selby, cette sous-idéologie rousseauiste de pacotille, manœuvrée par de sinistres yuppies-hippies en quête de glamour et de mégadollars, et parfois par des psychopathes façon Charles Manson.

Disons une bonne fois pour toutes que le doux hippie végétarien programme à l'avance la démence rituelle des assassins, comme ce fut le cas au siècle dernier dans toute l'Europe, avec ses troupeaux de romantiques naturistes creusant la tombe de l'Ancien Monde, en faisant le lit de Hitler.

Disons une bonne fois pour toutes qu'Altamont est la

vérité profonde de Woodstock, une vérité soudainement révélée par la grâce d'un dealer noir sous cocaïne, et d'une poignée de Hell's Angels sous amphèt', cette vérité que Woodstock avait justement pour tâche d'enterrer, comme son pathétique simulacre de 1999 a pu nous le rappeler (à ce titre Woodstock 99 fut une parfaite réussite, il fut à la hauteur de son sinistre ancêtre).

Disons une bonne fois pour toutes que Woodstock et le massacre des La Bianca, ou de Sharon Tate, participent d'un seul et même unique mouvement « libératoire » de la sexualité, que d'authentiques chercheurs — comme Wilhelm Reich — avaient pu célébrer avec quelques autres *happy few*, avant de commettre la tragique erreur de penser que ces découvertes apporteraient le bonheur et la liberté aux *peuples* opprimés par vingt siècles et plus de patriarcat chrétien.

Disons aussi, en passant, qu'il est fort probable que l'étude de ces « techniques de libération » plus ou moins psychosexuelles, héritées en quelque sorte du tantrisme, avaient été effectuées sur la lancée des idéologies révolutionnaires, et qu'ainsi Reich et les autres savaient pour une part ce qu'ils faisaient mais pour une autre ignoraient tout des fondements cachés de leur quête.

Ce que nous voyons aujourd'hui, c'est la preuve que le peuple, la multitude, ne peut rien faire de la liberté sinon de la corrompre instantanément, et en faire une constellation de microservitudes plus abjectes que tout ce qu'une souveraineté décadente pourrait nous imposer.

Ce que le bon peuple fait de la « liberté sexuelle », c'est le viol en réunion, l'inceste et la pédophilie organisée. Ce que le bon peuple fait de l'art, c'est de la chansonnette en tubes et des installations multimédias. Ce que le bon peuple fait du progrès technoscientifique, c'est la stupidité en réseau et la vulgarité interactive. Ce que le bon peuple fait des traditions, ce sont des musées pour touristes. Ce que le bon peuple fait de la Terre, c'est une grande poubelle où il devient de plus en plus ardu de trouver quoi que ce soit d'un tant soit peu comestible.

Aussi ce que nous voyons à l'œuvre, ce sont les premières grandes fêlures systémiques qui apparaissent déjà dans la matriarchie postrévolutionnaire, et qui marquent sans doute l'impossibilité que son projet aboutisse à quoi que ce soit, sinon, peut-être, à une indescriptible *guerre civile planétaire*.

*

Voici ce que nous pourrions, avec une sainte et bénéfique terreur, entrevoir : le livre imprimé fut l'accomplissement de la culture alphabétique occidentale, née en Grèce au début du premier millénaire avant le Christ (sans remonter aux ultimes origines, au Livre des Livres).

Elle en fut l'accomplissement, et du même coup la perte, puisque c'est grâce au livre imprimé et à sa formidable souveraineté, sa liberté irrépressible, que les idées révolutionnaires démocratiques-socialistes purent prospérer sur le terreau de la Réforme et des « Lumières », et asseoir en quelque deux cents ans leur domination sur le monde.

La terrible hybridation entre la Renaissance et la Réforme accoucha en effet d'une fratrie complexe, et dont il conviendrait de mettre en lumière l'aberrante généalogie.

Je ne m'y risquerais pas ce soir dans son intégralité, je me contenterais d'évoquer les deux jumeaux Libéralisme et Socialisme dont la figure fondatrice semble rappeler celle de Remus et Romulus.

Ce qui différencie le libéralisme du socialisme tient en une multitude de choses, ce qui n'empêche pas évidemment de très nombreuses figures de connivence.

Avant que le mot ne soit perverti de son sens par la gauche, « libéralisme » ne s'appliquait pas à une doctrine politique précise, à un régime particulier. Il y eut, en fait, des « libéraux » à toutes les époques, sous tous les régimes.

Leur théorie fondamentale était généralement qu'une civilisation dotée d'une vigoureuse souveraineté pouvait sans problèmes majeurs offrir la liberté économique et politique à une large majorité de ses citoyens. Il y eut des libéraux sous l'Ancien Régime, bien avant Mirabeau et La Fayette. Les aristocrates anglais qui imposèrent la Magna Carta à Jean sans Terre en étaient. Et je ne parle pas des Athéniens.

En Angleterre toujours, sous Charles Ier, les « libéraux », partisans de réformes générales *sous l'autorité royale*, se battirent victorieusement contre les « égalisateurs », puritains protosocialistes et protoanarchistes, dont les idées allaient lentement germer en France, jusqu'à la Révolution.

Jamais ni Smith ni Ricardo, dans aucun de leurs écrits, n'ont remis en question l'idée d'une souveraineté politique. Eux aussi avaient lu les Anciens et savaient que liberté et souveraineté forment un couple inséparable, sauf par le couperet des guillotines, et que liberté plus égalité ne peuvent conduire qu'à la dictature. Le libéralisme est un miraculeux accident de la pensée né de la collision entre l'explosion techno-artistique de la Renaissance et la période de conflit religieux qu'ouvrit la Réforme, et qui provoqua entre autres sa hideuse contrepartie papiste.

Il tente par tous les moyens de relier l'expérience « moderne », née de cette hybridation prodigieuse, aux savoirs hérités de l'Antiquité, y compris le christianisme des premiers âges, des Pères Fondateurs. Il n'y a jamais d'anathèmes antireligieux, on ne désire pas y anéantir les Églises, ni revenir à la douce écologie primitive. Ni Galilée, ni Leibniz, ni Spinoza, ni Newton ne remettent en question le principe d'un Dieu Créateur. Le libéralisme est ce moment incroyable où la philosophie occidentale invente l'économie de production industrielle et de marché, grâce aux inventions techniques nées de la royale technologie du livre imprimé. Pratiquement toute l'économie du capital marchand techno-industriel est déjà contenue dans quelques lignes d'un Saint-Simon et les visions d'un Campanella.

Au même moment, le socialisme, même s'il est encore anonyme, comme son frère, apparaît sous des traits divers dans toute l'Europe, et ce dès le XVIe siècle.

Il naît de la même matrice : l'effondrement de l'ordre médiéval et la lente décadence des institutions antiques (royauté, aristocratie, religion), doublés de l'émergence des sciences mécanistes modernes.

Mais au lieu de relier la terrible expérience de l'homme moderne en émergence critique à des « reliquats » du vieux monde pour lui sans plus aucune signification, il entreprend d'aplanir définitivement toute l'histoire des hommes, et par cela toute leur géographie, leur géopolitique. Il décide d'instaurer un ordre entièrement nouveau, où en lieu et place des souverainetés perdues une liberté-égalité-fraternité, conçue comme nouvelle articulation, morale et abstraite, des trois pouvoirs, s'impose par la « volonté » du peuple.

Le but — lorsque les Français l'exprimeront, il apparaîtra dès lors clairement à toute la face du monde — est le suivant : supprimer l'ordre patriarcal sous la tutelle de Dieu et le remplacer par une démocratie égalitaire (le fantasme matriarcal à l'état pur) placée sous la maternelle vigilance d'une pléthore de déesses, la première d'entre toutes se nommant délicieusement déesse Raison.

Afin de ne pas choquer trop violemment le bas peuple déjà exténué par tant de crimes, on décida que Dieu, désormais rationalisé grâce à son mariage avec Raison, s'intitulerait Être suprême. Autant dire président-directeur général du cosmos.

L'État démocratique et socialiste moderne se constitua sur ses bases, d'abord incertaines, puis prenant de la vigueur, il pondit des millions de lois en quelques dizaines de législatures, et à l'exception de quelques fulgurants progrès scientifiques, et de quelques aventures artistiques hautement géniales, l'époque appelée XXe siècle ne laissera sans doute qu'un colossal tas de ferraille positiviste.

Interview d'un théologien catholique sur une chaîne anglo-canadienne :

Dans la civilisation judaïque, surtout à l'époque de l'Antiquité, les interdits religieux recoupaient de puissants tabous d'ordre sociobiologique. Comme dans l'Inde védique, pour les juifs, la nourriture et les nombreux sacrements qui accompagnent sa préparation revêtent un sens multivoque que les enseignements du Talmud ont entre autres pour tâche de sans cesse démêler, mais dont les mérites sanitaires ne sont plus à prouver.

Un de ces tabous religieux concerne la partie « gauche » de l'être humain. Comme bien des civilisations traditionnelles, le judaïsme se méfie de cette partie asymétrique de nous-même, censée représenter notre face sombre, sans doute d'origine démonique. On évitait de serrer la main gauche. Car celle-ci est plus au moins entachée d'une œuvre du diable, elle est « souillée ». Elle est plus ou moins « intouchable ».

Plaçons maintenant ce fait religieux établi dans la perspective des mots prononcés par Jésus-Christ lorsqu'il dit : si on te frappe sur la joue droite, tends *la joue gauche*.

Comprend-on mieux comment le christianisme dégénéré de cette fin des temps a transformé l'originel message christique de pur dédain aristocratique en une pitoyable mascarade humanitaire ?

*

La vérité n'a jamais été bonne à dire. Il est de notoriété publique que dans bien des royaumes de l'Antiquité on trucidait sans état d'âme le malchanceux porteur de mauvaises nouvelles.

Mais c'était plus par l'effet d'une *authentique superstition* cherchant à contrer le mauvais sort que par celui d'un ressentiment vindicatif désirant le premier coupable à tout prix.

Désormais l'idée cristalline qui domine ce nouveau monde cherche à nous débarrasser des « mauvaises pensées » avant même que nous ne sachions *dire* quoi que ce soit, je veux dire bien avant l'âge de nos vingt ans, lorsque nous commençons à ânonner quelques idées que nous prenons pour génialement révolutionnaires. Le programme éducatif humanitaire commence en effet au plus jeune âge : avant même la conception de l'enfant.

Les jeunes générations actuelles ne peuvent deviner qu'elles vivent une époque entièrement inédite (elles ne savent d'ailleurs pas qu'elles vivent une époque, elles ne connaissent plus que des micro-événements), elles ne peuvent imaginer une seconde une société où l'école, la télévision, la (contre)culture et leurs propres parents parleraient des langages hautement différenciés, qu'en l'absence de meilleur terme, et par accès de gentillesse, nous pourrions qualifier de « complémentaires ». Désormais, le consensus est totalisé, actualisé, réalisé. L'utopie platonicienne est enfin advenue, quoique d'une façon qui n'aurait pas manqué de surprendre l'austère philosophe de la *République*. Et ceux d'entre les parents qui oseraient encore revendiquer une quelconque autonomie de pensée face aux modernes Léviathans de l'obscurantisme encourent aujourd'hui pis que pendre.

Un étudiant qui aujourd'hui pourrait produire une dissertation cohérente sur les *Pensées* de Pascal serait en effet fortement désavantagé dans un *régime scolaire* qui promeut les imbéciles capables de répondre à trente ou cinquante QCM par heure. Il se distinguerait d'une façon trop voyante de ces masses informes auxquelles on apprend à « écrire des articles » sur des sujets aussi variables et passionnants que l'usage de la trottinette, les méthodes de coloration capillaire de plusieurs stars du rock et de la chanson, le glorieux combat de Greenpeace, ou l'indépendance du Québec (ou l'exception [agro]culturelle française).

Cet étudiant infortuné pourrait malencontreusement faire l'usage de ces accomplissements de la civilisation occidentale qu'il importe de faire périr par tous les moyens imaginables : l'esprit critique, l'analyse et la synthèse individuelle, la mise en perspective productive d'une culture.

Les androïdes humanisés que le capital marchand de troisième type fabrique pour accoucher de son matriarcat mondial n'ont nul besoin, sachons-le, de quelque philosophie, et encore moins de religion. Il faut les gaver d'idéologies de substitution, de tous ces opiums dont le marxisme fut une héroïne de luxe, il faut les bourrer de croyances diverses, et tant mieux si ces croyances camouflent par isomorphie quelques authentiques vérités, car il faut qu'ils soient absolument convaincus de leur liberté et de leur souveraineté, il faut donc qu'ils croient être les concepteurs d'authentiques philosophies ou d'authentiques religions.

Voilà pourquoi on voit fleurir depuis un bon siècle tant de syncrétismes religieux en kit, tant de philosophies-à-monter-soi-même, avec une bonne cassette vidéo et un mode d'emploi personnalisé. Désormais, sans adhérer vraiment à aucune des « religions » qui ont vu le jour après l'Anéantissement de l'Homme[1], le posthumain du XXIe siècle, ce sursinge instruit, « butine »-t-il joyeusement dans cet écosystème reconstitué façon parc à thème spirituel, cet hypermarché de l'écologie new-age, et telle l'abeille dévolutive de la Grande Ruche matriarchique, parce qu'il est vaguement autonome dans son rôle de machine-à-récolter-du-pollen, le voilà persuadé de son individualité, parce qu'il assemble grossièrement quelques molécules d'idées préformatées comme on assemble un Meccano, le voilà qui crie « Eurêka ! », et inonde ses voisins du contenu de sa baignoire.

1. Scientologie, Moon, Hare Krishna, et toutes leurs microcopies.

Il n'est pas « bon », paraît-il, de dire aux Africains que leur continent est perdu, ou *quasi,* parce qu'en cinquante années de décolonisation aucun réel effort de politique générale n'a pu y voir le jour, pour la simple et bonne raison qu'il n'est pas une seule de ces féodalités artificielles qui puisse tenir sans le secours humanitaire désormais continuel des agences mondiales, qu'aucune ne s'appuie sur une légitime souveraineté, pas même démocratique, et qu'elles sont donc dans l'incapacité de garantir les plus élémentaires libertés (la liberté économique de se développer, pas plus celle, politique, de se *cultiver*).

Sauf peut-être dans sa partie arabo-islamisée, au Maghreb, et chez les États où les constitutions ne sont pas lettre morte, c'est-à-dire remontent au Prophète sans imposer la charia — comme dans le royaume chérifien, ou plus à l'est, en Jordanie — et à la condition que s'établisse un très hypothétique pôle de prospérité panoriental supposant une étroite coopération judéo-arabe, avec le corrélatif abandon de leurs petites prérogatives nationales et un statut exceptionnel pour Jérusalem — Capitale du Monde selon moi —, rien jamais ne pourra se faire en Afrique et dans la péninsule Arabique.

Malheureusement rien n'indique non plus que cette partie du monde ait la volonté de ce surpassement.

Il n'est pas « bon » non plus de dire aux résidents de l'actuelle Zéropa que leur volonté de jouer un rôle majeur dans le « concert des nations » ne sera jamais qu'un pauvre fantasme de vieille fille toujours pucelle, et qu'il est sans doute trop tard pour elle d'essayer de trouver le dard pourfendeur de son hymen flétri, même les ressources d'une bonne agence de rencontres matrimoniales ne peuvent plus rien y faire. Car pour jouer un rôle dans ce concert mondial, encore fallut-il avoir le courage de *se constituer en tant que nation*. Autant dire couper les liens avec Maman-

Patrie et Papa-État, sans compter les Frangins-Nihilismes de chambrée, revenus tout juste de leur service militaire, et les Sœurs-Chiennes-de-Garde, épiant sans cesse le moindre de vos gestes ou de vos mots, le Bréviaire Déconstructionniste Sexologique en main, bref rompre avec tout ce qui peut aisément rebuter le premier gendre venu. Si Cendrillon n'ose pas croire aux pouvoirs des fées et ne prend pas le carrosse de minuit, il y a de fortes chances pour qu'elle termine sa vie en contemplant sans fin la citrouille qu'elle n'aura pas su transformer à temps.

Aussi pour que l'Europe se constitue en tant que nation, il aurait fallu oser dissoudre les États-nations qui la constituent, et la divisent. Il aurait fallu oublier quelque peu la confortable matrice postrévolutionnaire, revenir à une conception impériale de la souveraineté, en bref s'exposer à la raillerie des élites humanitaires nationales, si ce n'est à l'ostracisme judiciaire de l'ONU.

Ce que les prétendus « fédéralistes » franco-allemands nous concoctent, avec leur pitoyable « Fédération d'États-nations », ce n'est ni plus ni moins qu'une situation baroque et ingérable, comme celle de la Russie contemporaine avec ses dizaines de républiques autonomes, autant dire indépendantes, et ses centaines de territoires un peu plus circonscrits mais aux prérogatives à peine moindres. Des Régions. Des Districts. Des Superdistricts. Des Communautés. Des *Machins*, comme disait de Gaulle. Bref l'enfer bureaucratique modèle Nations unies. Et au passage un des meilleurs arguments en faveur des nationaux-souverainistes de toutes obédiences.

Il n'y a qu'un seul projet fédéral qui tienne, et c'est celui qui reste suspendu en état d'hibernation depuis mille deux cents ans, celui de Charlemagne :

Les anciennes nations deviennent provinces de l'Empire. Les citoyens sont sous la protection du Roi, du Droit et de Dieu, le latin gallo-romain sert de langue vernaculaire à toutes les populations, une monnaie unique n'est mise en place que sous la dominance d'une souveraineté politique clairement affirmée, une organisation militaire à la hauteur est érigée et pour finir il n'y a plus de frontières de Brest à Brest-Litovsk.

On comprend tout de suite à ces mots à quel point il est trop tard.

À quel point nous avons tout fait à rebours.

Zéropa-Land (l'état actuel) ou néo-Russie postoccidentale (la pseudofédération sociale-démocrate), voici à quoi en est réduit l'avenir du Vieux Continent.

Une sonnerie aux morts s'impose.

À quoi reconnaît-on un authentique *chrétien*, de tous temps ?

À ce qu'il vit dans les *cryptes*.

La liberté sans souveraineté, c'est l'instruction sans l'éducation. C'est par exemple la libre circulation de la pornographie sans qu'un authentique programme d'*éducation érotique* ait pu voir le jour.

C'est aussi l'égalité contre l'équité. L'égalité retournée contre la justice en ses fondements mêmes.

C'est la fraternité contre la solidarité. La masse du Tout social contre la grâce des réseaux d'entraide, actifs et sélectifs.

C'est enfin la liberté qui se retourne contre elle-même, qui se dévore, s'automutile, incapable de supporter tous ses crimes, comme lorsque certains tueurs en série voient leur conscience littéralement imploser sous le poids d'une culpabilité brutalement actualisée, et qu'ils vont jusqu'au suicide, jusqu'à l'automutilation terminale.

Car pour être libre, encore faut-il savoir faire don d'une Création, quelle qu'elle soit.

Et à ce titre comme à bien d'autres, c'est sur une réalité négative que l'homme et la femme peuvent éventuellement prétendre à une quelconque égalité :

Nous ne sommes pas libres.

Être libre signifie exercer une souveraineté sur la liberté des autres, et par la même occasion lui insuffler une dynamique créatrice, une forme d'émergence critique de sa propre liberté.

La seule liberté humaine est *créatrice de liberté*, car elle en fait l'exercice de sa pure souveraineté, en ce sens elle est rarissime, comme le savait Nietzsche, et bien d'autres penseurs avant lui, et trop peu après.

La liberté est une chose si rare qu'en voulant la reproduire à des millions, à des milliards d'exemplaires, nous n'avons fait que recouvrir le monde de servitudes microclonales qui nous ont fait oublier la forme, le goût, l'odeur, la température spécifique de cette rarissime exception.

*

Nouvelle offensive en règle de la presse bien-pensante contre les différents « journaux » sortis cette année, dont le mien, cela va de soi.

Dans l'*EdJ* de la fin juin, une pauvre simulation de journaliste nous offre ses intéressants points de vue sur la chose. Pour commencer, ce triste clampin s'offre un petit plagiat sans avoir l'air d'y toucher puisque le titre de son « article » reprend sans vergogne (c'est-à-dire sans la moindre mention ou note de remerciement) celui d'un livre de Tonino Benacquista : *Tout à l'ego*. Ensuite, eh bien ensuite, même Jérôme Garcin, à côté de cette pauvre nullité, pourrait se faire passer pour un génie de la critique littéraire, un Proust, ou un Sainte-Beuve, un Todorov, un Roland Barthes !

Garcin tentait déjà, avec les bons résultats d'un vieux routier, la fameuse « technique » de l'amalgame putassier, notre pisseur de lignes de l'*EdJ* double l'exploit (car il le réitère bien sûr) d'une authentique mise en fiches, une classification au profond style judiciaire qui n'évoque rien moins, lorsqu'on la lit, que la liste des accusés attendant de passer devant le procureur de la morale littéraire.

Pour ma part, je suis affublé du qualificatif d'*acnéique* et de celui de *déjanté*. Je comparais aux côtés de Nabe, de Polac, de Camus et d'une demi-douzaine d'autres dont je n'ai entendu parler ni d'Ève ni d'Adam.

Nous sommes en pleine colonie pénitentiaire. À la reproduction mondaine d'un procès moscovite.

Ce qu'on nous reproche ? Tout, n'importe quoi et son contraire, bien sûr :

D'abord d'écrire des *journaux*. Nous vous prions donc de bien vouloir nous excuser pour avoir pris ainsi sans votre permission la liberté de ne point écrire que les récits de fiction autobiographique dont vous aurez instauré le règne funeste et d'éviter ainsi l'attroupement automnal auquel vous consacrez régulièrement vos indigestes comptes rendus.

Ensuite de ne pas être Michel Leiris. Ou Hervé Guibert. Encore une fois, on nous intime l'ordre de ne pas être ce que nous sommes, ne serait-ce que sur le plan de l'état civil. Ou, pour parler plus franchement, on nous déclasse d'office par rapport à quelques figures emblématiques, trépassées comme de bien entendu (elles n'auront pas, ainsi, la tentation de se faire entendre par un éventuel droit de réponse).

D'être d'odieux « réactionnaires », parce que nous n'apprécions que très médiocrement les simagrées de Jack Lang ou de Ségolène Royal, et encore moins les spectacles d'expression corporelle d'Act-Up, et que nous prônerions diverses formes de « discriminations ». Pourtant, je ne connais que très peu d'auteurs qui seraient à ce point divergents sur des sujets aussi sensibles que l'homosexualité, l'ex-Yougoslavie ou la fin des démocraties. Encore une fois, excusez-nous de ne pas voter à gauche, auriez-vous un programme et un camp de rééducation à nous proposer ?

De faire des journaux « intimes », jusqu'à ce que l'évidence — par exemple en ce qui me concerne — n'oblige le « critique » à agrandir la notion d'intime aux frontières du monde. J'aimerais encore une fois présenter mes excuses au journaliste de l'*EdJ* pour n'avoir pas respecté les différentes règles morales et esthétiques que sa profession entend imposer à la mienne.

Pourtant, à la différence de Polac, je ne recense pas mes exploits sexuels divers et variés, à la différence de Renaud Camus, je ne passe point des heures à observer, ausculter et admirer mon propre sexe et, à la différence de Nabe, je ne traite pas de « pédaloïde » tout ce qui n'entre pas dans mes conceptions de la politique et de l'existence.

Donc ?

Acnéique, bien sûr.

*

Hier, l'équipe de France a remporté la Coupe d'Europe de football. Après la Coupe du monde en 1998, on admettra qu'il s'agit d'un très joli doublé.

C'est aussi l'occasion donnée à la presse bien-pensante de nous ressortir de la naphtaline toute fraîche les discours pompeux et répétitifs sur les mérites de cette équipe « multiethnique ».

Multiethnique ?

Ne sont-ils pas tous français, par définition, et par règlement statutaire ?

Qu'importe, ce qui compte on le sait, pour les discours de notre nullissime époque, c'est là d'où on vient, même si on n'y est pas né, et la couleur de votre peau, soit l'indice de votre écran solaire naturel, racistes et antiracistes s'y entendent à merveille pour vous faire oublier l'essentiel : les individus.

Ce n'est ni un « Noir » ni un « Blanc », ni un « Français » ni un habitant de telle ou telle charmante bourgade de notre beau pays de cocagne qui a égalisé à une minute de la fin du « temps réglementaire ». C'est un gladiateur d'élite nommé Wiltord. Un individu particulier, avec son histoire, sa culture, sa carte de séjour et ses « racines » spécifiques si vous y tenez, mais surtout un individu qui a travaillé des années pour parvenir à son haut degré de performances athlétiques. Un individu qui a su modeler son devenir sur ses qualités propres. Celles qu'il a développées contre tous les déterminismes sociaux. Et cet individu, au sein de cette petite armée privée que forme toute « équipe » sportive, a œuvré pour les immenses jeux du cirque de notre siècle postimpérial.

Qu'une vérité nous soit révélée un instant par ces gladiateurs de l'Anti-Rome posthistorique n'est au demeurant qu'une saine évidence.

Oui, il est vrai que cette équipe est réellement *touchée par un état de grâce*, comme le rappelle fort justement le joueur Christophe Dugarry. On pourrait dire bien des choses encore à ce sujet.

Comme le fait qu'à l'encontre des sécrétions humanitaires dont la presse consensuelle nous badigeonne, sans doute pourrait-on commencer à douter que cette « équipe » soit de quelque manière que ce soit « représentative » de notre nation : n'en est-elle pas plutôt une sorte de splendide et très bizarre exception ? Une exception qui a la grâce d'arriver à point nommé pour faire oublier à ladite nation à quel point elle s'est fourvoyée ?

Bien des tragédies sont nécessaires à l'émergence de la sagesse, il faut des époques terribles pour réapprendre à l'homme quelques principes sans doute immuables, et il faut parfois l'effondrement d'une civilisation pour qu'en surgissent de prodigieux éclats de style.

Ce que je viens de dire est d'ailleurs confirmé par les colonnes de la même presse :

Dans les pages du *Monde* consacrées au sujet, il apparaît bien que le football français, comme l'ensemble de son sport professionnel (et faut-il ajouter : la totalité de sa société), traverse une crise sans précédent.

La finale d'hier, par sa dramaturgie caractéristique, nous le rappelle. Il existe une constante de notre histoire, à nous autres Français (bornons-nous à rappeler le souvenir du 18 juin 1940) : *c'est au moment où tout est perdu que nous sommes les meilleurs.*

*

Seul Nietzsche a su montrer avec profondeur comment les matrices idéologiques révolutionnaires naissaient de l'acte insensé qui instaura la Mort de Dieu comme fondation d'une religion, il y a vingt siècles.

Étrangement, une exégèse eschatologique chrétienne pourrait nous conduire à la même conclusion.

Sans doute la mise à mort des « Christ » par les humains qui les engendrent est-elle une de ces données répétables du biocosmos et quantifiables — donc prévisibles — par le Créateur.

Sans doute une évolution secrète mine-t-elle en profondeur les hautes civilisations qui s'érigent ainsi sur une souveraineté somme toute usurpée. Cela n'empêche pas le principe anthropique de persister, la technicisation naturelle de l'humain continue, l'histoire écrite persiste un temps, de sublimes formes d'art, des sciences, des philosophies apparaissent même peut-être avec d'autant plus de magnitude, puis brutalement, à la faveur d'un phénomène intensément chaotique et pour l'instant encore bien obscur, des « idées » tentent de remplacer la Totalité perdue des origines, parviennent peu à peu à singer Dieu, et instaurent l'Homme comme Tyran inculte de la Terre.

L'anéantissement des humains et de leur potentiel créateur, de leur liberté-souveraineté, par la Matrice révolutionnaire autodénommée « Humanité » est une sorte de contrecoup thermodynamique au crime originel, qu'il ait mis près de vingt siècles à s'actualiser n'étonnera que ceux qui pensent que l'Histoire s'écrit en trois jours.

La Matrice révolutionnaire a transformé l'industrie en une fabrique métaphysique. La Mort de Dieu et de l'Histoire est soudainement célébrée grâce à l'invention d'une *époque* très particulière, où tous les processus évolutionnistes sont placés en état de « stase », puis de « métastases », c'est-à-dire l'invention d'une *société de la Fin des Temps*, où les différentes chronologies du monde sont aplanies, où tout est destiné à la paradoxale figure d'une permanente impermanence, où tout change sans que rien ne se transforme, où tout se réplique à l'identique, et où plus rien ne se crée.

L'immortalité plus ou moins bionique que le techno-engineering marchand nous réserve n'est pas une épreuve en soi, elle fait sans doute partie des techniques d'hominisation supérieures, mais à la stricte condition qu'elle ne reste pas cloîtrée dans une absurde « noosphère » bureaucratique, démocratique, pornocratique, ludocratique, ce nid à poisons nihilistes, ce biotope humain crétinisé en parc en thème, cet hypermarché des « métaphysiques » en kit qui a pris possession du monde.

C'est bien, soyons-en persuadés, la pire espèce de « châtiment » qu'il soit possible d'imaginer. Et considérons à la fois la cruauté et la miséricorde qui prévaut à son exécution :

C'est nous-mêmes, avec notre « liberté » et nos « Peuples-États souverains » fondés sur le sacrifice originel, puis répété *ad nauseam*, de la Figure patriarcale divine, qui avons fabriqué ce monde pénitentiaire doré.

C'est donc par nous-mêmes qu'il nous faudra en sortir.

Et c'est précisément ce que le Christ était/est/sera en mesure de réaliser.

*

L'ère moderne est parvenue à faire du langage un « outil de communication », alors qu'il est pure souveraineté, pure liberté créatrice, donc technique de sélection et de discrimination, technique d'aliénation supérieure, et qu'il s'oppose de fait à toute *communication*, toute *communauté*, puisqu'il est l'Agent spécifique de la Séparation.

Il conviendrait à ce titre de se pencher un peu plus attentivement sur ce qui n'est ni animal ni humain, dans le langage, dans ce qui semble être *ce degré supérieur de l'organique* dont Nietzsche pressentait l'importance, dans ce qu'il y a de proprement *inhumain dans l'Homme*, ce pouvoir de *nommer*, qui est aussi celui d'annihiler, ce pouvoir d'un Midas transformant en unités de valeur linguistique tout ce qu'il touche, oui, le langage trouve sa source dans ce qui ne semble pas procéder d'un « propre de l'Homme », comme si le langage et la pensée dont il permet aux configurations nouvelles de jaillir, parfois contre ses densités, devaient être arrachés au Néant par le cerveau conscient, comme si l'Homme devait se raccrocher aux reliquats d'une science perdue, plus haute, et chaque jour plus lointaine. Se souvenir alors que toute la pensée antique s'élabore sur l'idée que le langage est un écho de la création divine.

Certains chroniqueurs, substantiellement plus cultivés que la moyenne, ont cru discerner quelques connivences entre ma pensée et celle de Sloterdijk. Or je crois que c'est commettre un douloureux contresens que je n'ai peut-être pas vu à temps, ni su déminer avec la rigueur requise au préalable. Ce que j'apprécie chez Sloterdijk, c'est la franchise avec laquelle il observe la propagation explosive des techniques d'anthropogenèse (je dirais plutôt d'anthropo-antigenèse — de dévolution globale) de notre époque et comment d'une certaine manière son discours éclaire crûment la réalité telle qu'elle est mise en œuvre par les Puissances qui se sont partagé le monde, alors que ses confrères Habermas ou Levinas jouent quant à eux la comédie du discours humaniste chargé de faire passer la pilule aux populations sous couvert de « progrès des droits humains ». Le néopositivisme teinté de pessimisme anthropologique de Sloterdijk a le mérite d'illuminer de l'intérieur les supramécanismes qui ont décidé de réordonner le monde, et ce qui subsiste de l'espèce bipède qui y réside, mais en dépit de cette lucidité somme toute minimale, il s'avère rapidement limité, car il ne désire pas ouvrir d'espace métaphysique pour une mutation de la pensée critique et semble plutôt se résigner à ce que les technosciences soient asservies aux objectifs domestiques du capitalisme marchand de troisième type.

D'une manière encore incertaine, quelque chose s'opère en secret dans mon cerveau de combat, quelque chose vise à dépasser les dialectiques illusoires qui enferment la pensée depuis trop longtemps. Ce « parc humain », que Sloterdijk décrit, il est déjà là. On nous promet désormais son expansion jusqu'au cœur de notre génotype, afin que la médecine instrumentale du bioengineering soit en mesure de profiler nos codes génétiques en fonction des besoins sociaux de la Matrice. L'implantation de composants informatiques au cœur de notre système nerveux central n'est plus qu'une question d'affinements technologiques, donc une question de temps, autant dire rien aujourd'hui, la connexion directe de la pensée au mégaréseau hyperdistribué de la Matrice sociale, voilà ce qui se conspire dans des laboratoires qui n'ont même plus à recouvrir leurs expériences du sceau du secret-défense, puisque l'appétit pour la servitude cybernétique est depuis vingt ans le credo des nouveaux prêtres de l'Université et de la Culture, et qu'il est partagé désormais d'un bout à l'autre de l'Œcumène. Comme j'espère l'avoir esquissé avec justesse dans *Babylon Babies*, c'est de cette dégradation terminale, de ce degré de désintégration ultime atteint par le schizoprocessus de la civilisation marchande qu'un accident synthétique et proprement cataclysmique, une *métamorphose*, un métaprocessus « miraculant » pourra surgir pour venir briser le cycle de l'hyperstase marchande, et qu'à nouveau le Temps cosmobiologique reprendra son cours, selon des processus nouveaux qu'il s'agit précisément de décrypter si nous voulons avoir la chance d'un jour les actualiser au cœur même du métacontrôle opératif. Cosmopolitique du devenir contre Hyperstase de la marchandise, on ne dira jamais assez que les hostilités sont ouvertes.

C'est en cela que la littérature devient l'enjeu stratégique, puisqu'elle peut encore redevenir l'arme de pointe de quelques cerveaux singuliers, et voilà pourquoi elle est aujourd'hui attaquée de toutes parts, et surtout de l'intérieur, par les zécrivains eux-mêmes. On savait depuis longtemps le peu de confiance à accorder aux zéditeurs ainsi qu'aux zartistes en général, mais jamais je crois le complot contre la culture alphabétique n'avait atteint ce point culminant où désormais toute production, même les miennes j'en ai peur, ne sert plus qu'à l'amplification d'un bruit ambiant totalitaire et parfaitement démocratique, à la réduction du langage à un principe « universel » de communication, à son utilité pratique, sociale et domestique, bref à la mort programmée de toute singularité dans un monde qui ne sera plus composé que d'individus strictement indivisibles, atomiques (insécables, in-séparables d'eux-mêmes), et où toute déviance véritable consistera d'abord à savoir parler une langue, voire plusieurs, voire être capable de procéder à une expérience sur la vérité grâce à leurs confluences critiques.

*

Dernier scandale en date à Paris : le classement sous label X du film de Virginie Despentes *Baise-moi*.

Jamais sans doute on aura vu se déployer une telle logorrhée humanitaire et démocratique pour défendre un film dans lequel on voit durant près d'une heure et demie un couple de lesbiennes dégénérées trucider une bonne trentaine de méchants « mâles », vestiges de ce vieil ordre patriarcal qu'il s'agit, on l'aura compris, de détruire jusqu'au dernier atome. Ainsi la fin du film, où, avec le canon d'un flingue enfoncé dans le cul, l'horrible « fasciste » masculin et réactionnaire — violeur potentiel de jeunes innocentes féministes — se voit forcé d'imiter les grognements du porc avant qu'une de nos charmantes donzelles antiphallocratiques n'ait la compassion d'appuyer sur la détente, peut elle être considérée comme le summum de ce « cinéma d'auteur » que le monde entier nous envie.

Dans le même ordre d'idées, *Frida, chienne lubrique SS* est probablement une variation sur un film de Pasolini.

Voilà, c'est ce « film d'auteur » sans « tabou » et « osant transgresser » nos « désuètes valeurs » que tous les bataillons idéologiques de la gauche médiatico-culturelle entendent « défendre » contre la « censure rétrograde ». Une censure qui n'a fait pourtant qu'appliquer la loi que nos sociaux-démocrates préférés ont mise en place sous Mitterrand. L'association ayant déclenché la procédure judiciaire étant une de ces « horribles » machines mégretistes et intégristes vouées par principe aux gémonies, Virginie Despentes clamant un peu partout qu'elle est de « gôche », « féministe » et « antiraciste », on conviendra que les choses sont claires : le bien/le mal, la vertu/le vice, la pensée/l'ignorance, ces vieux couples sans doute obsolètes sont désormais redéfinis selon les modalités d'un PACS idéologique aux étonnantes prémices. Je n'ose en effet imaginer de quelle façon Catherine Breillat, la rédaction des *Inrockuptibles* et les habituels « pétitionnaires » pour la « liberté d'expression » auraient accueilli un *film d'auteur* dont le scénario aurait été fondé sur des termes exactement inverses : soit deux joyeux lurons parfaitement mâles, blancs et hétéros violant et massacrant quelques dizaines de jeunes femmes, dont un pourcentage correct de « femmes de couleur », le tout en quatre-vingts minutes, sur fond de rock'n'roll endiablé, et avec la morale interne du film de leur côté.

Honnêtement, ce film aurait-il reçu la bénédiction du nouvel ordre moralitaire pop ?

Il fut un temps où les « auteurs transgressifs » avaient encore à lutter contre la « morale » et l'« État », aujourd'hui toute transgression véritable étant devenue impossible, il reste aux zartistes l'illusion terminale de remplir leur œuvre en empilant poncifs sur clichés, meurtres sadiques sur viols collectifs, tout en adoptant une posture plus ou moins « immoraliste », avec pour simple résultat une mécanique succession de séquences d'ultraviolence sans plus de signification que les scènes de baise qui se suivent dans le plus minable des *Rêves humides de Charlotte*. À ce titre encore, si *Baise-moi* est un film d'auteur, alors Marc Dorcel est l'héritier de Stanley Kubrick.

Il fut un temps où la presse humanitaire conspuait l'inspecteur Harry, Rambo ou le Justicier dans la ville, sous le prétexte qu'ils propageaient une « idéologie fascisante » (celle de l'autodéfense, tout le monde sait que pour un petit bourgeois de gauche, l'autodéfense est un principe « fasciste »). Pourtant, quiconque est doté d'un cerveau en état de marche, d'une culture cinématographique de base et a vu chacun de ces films sait pertinemment qu'ils ne sont d'aucune manière ces odes simplistes à la violence privée que la presse « démocratique » a stigmatisées, puisqu'ils proposent une mise en scène de la violence qui n'est rien moins qu'*ambivalente*, capable d'articuler une morale donc, en ce que les deux principes coextensifs de la violence (le bien — le mal) y sont présents et même oserais-je dire qu'ils y sont en jeu, en conflit, et qu'on montre à voir cette violence comme l'état naturel de l'homme, y compris au cœur de ses sociétés les plus sophistiquées. Ainsi dans le cinéma américain des années 1960 et 1970, les situations conflictuelles dans lesquelles la violence humaine joue un rôle moteur sont entrevues selon le nécessaire angle *tragique* (car même la brutale ironie des dialogues y est vue comme un moyen d'illustrer par le verbe la décomposition posturbaine du langage et des mœurs) qu'il convient aujourd'hui d'effacer de nos mémoires, en le remplaçant par le cynisme postmoderne (un mélange de vulgarité beauf et de stalinisme universitaire), l'humour trash et le montage vidéoclipesque.

Tarentino est le Narcisse de cette époque postcinématographique. Son premier film — *Reservoir Dogs* — est selon moi une sorte d'aboutissement pop du film noir classique, tel qu'un authentique cinéphile pouvait le concevoir au début des années 1990.

À la différence des œuvres qui allaient suivre, *Reservoir Dogs* est construit sur un scénario rigoureux, une morale solide, donc ambivalente, une véritable et profonde ironie, et une dramaturgie implacable. La scène dite de « violence gratuite », dans laquelle le policier otage est torturé par un psychopathe amateur de musique pop latino, est une des plus terribles séquences du genre que le cinéma du XXe siècle aura produites, et après l'avoir revu plusieurs fois, je persiste à dire qu'il n'y a là rien de complaisant ni de « gratuit ». Tarentino a fait de cette scène le *climax* du film, elle intervient comme ce moment tragique, absurde, où la folie humaine dérègle tout, jusqu'aux principes mêmes du gang, de la rationalité criminelle, et elle s'achèvera sur une dissolution suicidaire de toutes les valeurs et de tous les comportements sociaux de l'Amérique, dans un massacre général hautement symbolique lorsqu'on se souvient de l'esthétique hiératique qui prévaut à cet instant ultime.

Avec *Pulp Fiction*, Tarentino entreprit la trahison systématique de ce à quoi son art était parvenu en tant que synthèse pop américaine du cinéma du XXe siècle. Il s'est mis à en rajouter. Il a voulu surjouer, surinterpréter ses propres symbolismes, il a trop lu de critiques forgées au déconstructivisme chic de l'Amérique postmoderne, il a en quelque sorte voulu « faire du cinéma », comme certains écrivains se mettent à vouloir « faire de la littérature » au lieu de continuer à raconter des histoires, et donc inventer des morales. Le fait que le film ait reçu l'ovation et la palme d'or de tous les pingouins du Grand Marché aux Images est selon moi une preuve suffisante que Tarentino, dès ce deuxième opus, se fourvoyait complètement.

Le problème, c'est que cette mort annoncée du cinéma par le jury du Festival suprême, cette commémoration victorieuse du vide postmoderne par lui-même avait tout pour susciter nombre de vocations.

Il y a de cela environ dix-huit mois, alors que je remettais le manuscrit de *Babylon Babies* à Patrick Raynal, mon ami Richard Pinhas attira mon attention sur un auteur qui m'avait jusque-là échappé, comme bien d'autres.

La lecture de son œuvre durant l'été 1999 aura laissé des marques profondes, des failles et des abysses vertigineux dont la topologie ne s'éclaire que bien plus tard, comme ce soir, lorsque le processus de l'écriture parvient à une forme d'incandescence qui permet à mon cerveau de se concevoir de plus en plus, de mieux en mieux devrais-je dire, comme une surmachine métabiologique, un cosmos de combat, un laboratoire de catastrophe générale passé en phase active, et il est clair que jamais je n'aurais été en mesure de parvenir tout seul à ce premier degré d'initiation au bushido de la guérilla neuronomique ; l'auteur dont je parle s'est fait connaître à moi par deux « romans », j'oserais dire deux objets littéraires non identifiés, deux machines de combat de la pensée et du langage lancées en terminatrices du Jugement dernier contre la médiocrité et les illusionnismes qui prospèrent sur le conformisme ignorant de nos temps infâmes. *1993*. *L'Antéforme*. Deux catastrophes sismiques dans le désert néohollywoodien de la littérature nationale. Deux points chauds qui ont fissuré la croûte géologique des langages normatifs et qui m'ont placé devant un impérieux défi, celui de sans cesse réentreprendre la mise en péril de toutes les certitudes acquises, et même de certains doutes par trop normalisés, de toujours savoir se séparer de soi-même, s'aliéner dans un processus créateur/destructeur de formes, cet écho fractal du pouvoir divin, que parfois nous nommons « art ». Mehdi Belhadj Kacem, tel est son nom, et on me dit que son nom (si ce n'est son œuvre) commence à être connu. Tant mieux, je n'aurais donc pas à faire semblant de découvrir le génie de la littérature française de la fin du siècle, et je me sens moins que jamais forcé à adopter le régime utilitariste de l'actualité littéraire. La parution des deux romans de Belhadj Kacem prouve en premier lieu une chose : nous en sommes au point où deux œuvres aussi éruptives et dangereuses ne produisent plus qu'un écho cotonneux se répercutant faiblement contre les cloisons capitonnées du Grand Hôpital de la Rééducation ; ce moment ineffable du premier posthomme, ce successeur du dernier homme, cet hypernihiliste festif et positif, correspond à ce sommeil comateux où deux véhicules de transformation aussi intenses ne peuvent même plus réveiller ce qui reste des consciences, puisque tout le monde continue de rester soi-même, imperturbablement, comme si Kacem n'existait pas, comme s'il n'y avait pas un avant et un après à son apparition, fragile et monstrueuse, sur la scène vermoulue du vieux théâtre littéraire national. Comme si l'on pouvait publier sans rigoler, et sans avoir l'impression de commettre un crime, les livres de Mazarine Pingeot après qu'eurent paru en ce monde les quelque 400 pages de *L'Antéforme* ?

Croyez-vous donc que leur lecture ne m'a pas confronté à mes propres limites, croyez-vous donc que Kacem écrive des livres pour qu'on en sorte intact, y compris — et surtout — si soi-même on écrit des livres ?

Il est des gens qui ne changent jamais tout en changeant continuellement d'opinion sur tous les sujets de société que cette société sans sujets impose comme thèmes de prédilection aux bavardages médiatisés, il est des gens qui sont toujours eux-mêmes, entiers, ou intègres comme ils disent, entiers oui comme de solides murs porteurs, ne soutenant plus rien, et indéchiffrables comme l'enceinte d'un bagne. Rien n'y entre ni n'en peut sortir, sinon les fantômes du « moi », qu'il s'agit bien sûr de faire s'exprimer par tous les moyens.

Recoil — leur sublime album *Unsound Methods* — en boucle depuis soixante-douze heures. Incubus. Luscious Apparatus. Stalker. Last Breath. Shunt. Ces lourdes volutes de basses aux cadences harmoniques terriblement mineures, carbone et silicium pour exosquelette de combat, ces voix supraterrestres en mode transfiguratif, comme si des anges montés de Hiroshima chantaient du Ligeti en croisant des escadrilles de monolithes noirs dans l'ionosphère, chants lyriques tombés du feu des astres en collision avec des narrations film noir mutantes, mélopées jazz-soul cryoniques dérivant vers la crise métalinguistique des *spoken-tongues* de l'Amas métropolitain, les orchestrations de cordes symphoniques en dômes géodésiques, la jungle percussive, artefacts raggasoniques, tel un sodium tactile poudrant l'atmosphère des tunnels où les animaux-chimères expérimentaux errent au cœur de Babylone, Nevada-hyperpolis, vision d'apocalypse dans un tube monochrome, mésas désertiques où courent les anneaux supraconducteurs sous la lumière morte de la lune, cathédrales démolies dont les nefs s'ouvrent vers le ciel traversé d'engins silencieux aux cinétiques extraterrestres, configurations cyborgs d'un dub aux accents de tragédie terminale, aux couleurs de la Fin de l'Homme, nuit anthracite, bleu cathodique, jaune plutonium, ah Dieu, lorsque la musique pop électronique atteint de tels degrés d'émotion plastique on comprend mieux le « sens » d'un ciel de fin d'après-midi aperçu depuis le pare-brise panoptique du Dodge Caravan, un écran où se mêlent l'architecture glacée d'un aéroport et l'horizon d'une nature encore pleinement sauvage, où la photosynthèse artificielle vient peindre le premier plan de ses irisations spectrales et métalliques alors que l'univers baigne dans la tyrannie de la lumière solaire finissante et que des avions tracent des lignes minérales au zénith phosphorescent.

Le monde de la Machine peut très bien se passer de nous, sauf qu'il lui manquerait les quelques cerveaux faiblement biologiques seuls en mesure d'en traduire sa beauté, sa vérité, sa cruauté spécifique, car le processus de création poétique demande une force qui sous le règne de l'économie mécaniste se nomme faiblesse et que cette économie est dans l'incapacité de décrypter par elle-même. Le monde métanaturel de la Machine bionique, cette ultime terminaison de la domination marchande, est le décor nécessaire à l'irruption d'une *poiesis* littéraire qui puisse clore le grand livre de l'Humain tel que nous l'avons connu sur la Terre telle que nous l'avons connue. Cette *poiesis* est celle d'un dandysme mutant qui ose s'aventurer aux pointes mêmes de ce que ce monde produit, et surtout est en mesure, à tout instant, de produire. Ce n'est pas tant les tas de ferrailles et de gadgets inutiles, les centrales électronucléaires défaillantes ou les nappes d'hydrocarbures qui flottent sur des océans recouverts d'immondices plastifiés sous un ciel saturé d'ultraviolets, et pas plus les chimiothérapies ou les médecines au radium provoquant plus de troubles pathologiques qu'elles n'en guérissent, ni les nihilismes positifs qui prospèrent désormais en lieu et place des Dieux disparus, non ce n'est pas cet effondrement général de la masse sociotechnique sous le poids de ses propres immondices qui doit être pris comme le signe de cette transformation générale, car si la pollution destructive que toutes ces technologies entraînent est par trop évidente, nous dirons justement que leur échec réside bien en cela qu'elles s'avèrent par trop *impuissantes à transfor-*

mer le monde et qu'elles ont donc décidé de nous faire vivre dans un immense *simulacron* chargé de nous rendre acceptable la vie abominable qu'elles nous préparent.

Si vous donnez le pouvoir à des enfants, ne vous étonnez pas de vous retrouver sous la domination des appétits primaires, sous le despotisme de la consommation immédiate, la dictature de l'instant, la tyrannie d'un éternel présent ; maintenant que dire lorsqu'on donne le pouvoir — non plus aux enfants eux-mêmes — *mais à leurs jouets* ?

Dès lors, nous les guérilleros de la *gnôsis*, de la science critique et des métaphysiques turbulentes, nous devons peut-être avoir l'humilité d'accepter notre importance, notre charge n'est rien moins qu'immense : transmettre la pensée dans ce qu'elle offrit de plus haut aux humains du prochain siècle, aux survivants de cette ère des barbaries terminales, les barbaries civilisées, techniques et humanitaires.

Ce n'est rien moins que la civilisation humaine et, disons-le, métahumaine qui repose sur nos fragiles épaules : propulser l'homme du XXIe siècle vers sa destinée manifeste, oser lui faire accomplir le saut quantique, inventer une cosmopolitique opérative, un rayonnement de morales dont beaucoup sembleront d'abord inédites, avant d'être abruptement condamnées parce qu'en provenance d'antiques traditions jugées obsolètes et discriminatoires, et dont celles qui seront vraiment nouvelles susciteront la terreur et l'incompréhension.

Voilà ce qu'il nous reste à accomplir avant que le circuit imprimé neurobloquant les processus critiques de la conscience ne soit développé, et commercialisé comme instrument de relaxation new-age version technoïde : il nous reste à propager les rudiments d'une esthétique à la mesure de notre nouvel horizon, et une poignée de manuels de survie dont la nécessité fait peur.

On ne se baigne pas deux fois dans le même fleuve, répètent à l'envi les petits lecteurs d'Héraclite — et de Nietzsche — qui croient pouvoir justifier ainsi l'impasse globale dans laquelle l'humanité totalitaire s'est enfermée, ce monde de la métastase marchande qui a désormais assis sa domination sur toutes les sociétés humaines.

Car ce n'est pas tant que tout change dans ce monde de l'hyperspectacle neuro-intégré, mais plutôt que *rien ne change jamais parce que tout change toujours*, tout disparaît, continuellement, et qu'on nous force à brûler chaque matin l'idole du jour d'avant pour laquelle on nous a bastonné avec vigueur afin que nous courbions l'échine devant sa (télé)présence. Car en effet pour que quelque chose change, il faut que des choses ne changent pas, ou à un rythme différent, et dans d'autres directions, il faut que s'effectuent des processus dynamiques, que s'actualisent des différences de potentiels. Or tout change aujourd'hui d'une façon terriblement isotopique, tout s'est aplani et indifférencié dans l'utopie réalisée du social-libéralisme, tout change de la même façon, au même rythme, dans la même direction, tout s'identifie au même, les « moi » sont des appendices à peine autonomes de « ça » quasi souverains affrontant des spectres de « surmoi » désormais honteux même d'apparaître à la cour.

Tout est voué à une consommation immédiate, le Temps lui-même est devenu le produit d'une effroyable virtualisation, tout est déchet avant même que d'avoir servi, tout est ruine avant que d'avoir vécu, et pire encore, dans le système écolo-industriel de troisième type qui se répand de par le monde, tout sera *recyclé en temps réel* dès l'utilisation.

L'art contemporain, pris dans son ensemble, et ce depuis au moins trente ans (les gesticulations de Fluxus et consorts en marquent l'apogée « conceptuel »), est une tuyauterie positiviste mise au service des pulsions inconscientes, ou plus exactement de ce que nos petits « moi » font des pulsions qui parviennent à la surface, sans programme d'éducation supérieur, sans « surmoi », ce « surmoi » tant détesté par nos civilisations hyperconsuméristes, cette figure archaïque et tutélaire du Père, avec toute sa militaire sévérité, qu'il convient de rejeter au profit du doux polythéisme matriarcal de la Fin des Temps, cette société qui a réalisé son programme qu'elle indiquait d'ailleurs en toutes lettres : ICI ET MAINTENANT.

Voilà, toute la planète vit « Ici-et-Maintenant », une seule latitude, une seule chronologie, Temps triple zéro pour tout le monde, une seule et bienfaitrice *Matrice*.

Donc aucune transformation véritable, aucune *information*, aucun *art* supérieur n'est encore vraiment possible. D'un point de vue général, nous assistons à la réplication sans cesse plus absurde d'un carcinome civilisationnel en phase terminale, des machines à contenter des besoins articulées avec des machines à produire des besoins, selon une complexité rhizomique croissante, une sophistication toujours plus maniaque, nodules microniques de la stase marchande bientôt directement implantés dans l'organisme, au cœur des cellules nerveuses ; le capital mutant se fait virus, transgène, et dans une ou deux (dé)générations il se fera hallucination de synthèse neuro-intégrée — ce que William Gibson n'a certes pas décrit comme un « progrès » de la posthumanité bionique, mais comme son écosystème stratégique et un retour dévolutionnaire à la « Matrice » fusionnelle —, ce qui signifie que nous devrons alors savoir impérativement comment le court-circuiter, le dériver, le pirater dans le but d'établir un modèle d'hominisation supérieur, une authentique civilisation synthétique pour laquelle la pensée écrite sera de nouveau l'écosystème stratégique, mais selon une perspective cosmobiologique nouvelle, qui saura quoi faire des sciences et des techniques, à quel projet (méta)humain les asservir, sur quelle forme d'art transplanétaire ériger un tel projet, bref un rêve qui appartient au domaine de la science-fiction *pas encore* réalisée.

Il y a définitivement quelque chose dans la pensée, et le langage, qui appartient au domaine de *l'après-humain*. Que le langage fut là durant des millénaires avant que le passage ne soit en mesure de s'effectuer est un facteur d'ordre purement évolutionniste, sans doute explicable par une biophysique générale du cosmos, pour laquelle le Temps est lui-même un phénomène multidimensionnel, métalinéaire et transfini, donc un phénomène plastique.

*

La parution du *TdO* a pour conséquence première une substantielle amplification du volume de courrier que je reçois chaque semaine.

À ce que j'ai lu dans la presse petite-bourgeoise de gauche, durant mon séjour à Paris, il est *très mal* (prétentieux, vain, logorrhéique, réactionnaire, que sais-je encore) de faire allusion au simple fait que des lecteurs n'ont pas suivi les ordres du petit homme de presse moderne et se permettent d'entrer directement en contact avec un livre, puis avec son auteur. À ce que j'ai compris, il est *encore plus mal* de livrer au public quelques extraits choisis de cette correspondance. C'est que le petit homme de presse a des conceptions bien arrêtées sur ce qui doit et peut être publié, dans quel ordre, sous quelles formes, et avec quelles autorisations éthiques, il lui est donc très difficile de supporter le fait qu'un simple quidam vivant dans un département éloigné de plus de cent kilomètres du Queen, ou des locaux du *Nouvel Observateur*, ait pu accomplir une lecture intelligente et critique d'un ouvrage que le journaliste lambda aura « chroniqué » (grosniqué ?) avec sa plume de charretier.

On me permettra donc de passer outre les pronunciamientos répétés de nos « démocrates » de choc et de vous confier ici le contenu d'une lettre qui m'a été envoyée par un lecteur du Var, que nous nommerons Bertrand T. Dans une phrase liminaire, Bertrand T. m'indique qu'il souhaite employer un « tutoiement » québécois de préférence au *vous* français. Cela pour informer mes lecteurs qui pourraient être intrigués par cette familiarité.

Je n'offrirai pas le flanc aux turpides spécialistes de la mise en fiche littéraire en exposant crûment les passages où Bertrand T. compare mon œuvre à quelques autres textes littéraires, le petit homme de presse a ses catégories morales imprescriptibles, sinon par lui-même, et parmi elles l'humilité (de l'écrivain, cela va sans dire) est en très bonne place dans le peloton de tête des valeurs du moment, ne lui donnons donc pas son petit plaisir favori qui consiste à pointer de l'index les comportements qui font fi de sa minable propédeutique. Passons tout de suite à l'essentiel, soit pour commencer un certain nombre de citations que ce lecteur du Var a extraites de *L'âme de l'Inde* d'Amaury de Riencourt, paru chez Julliard, et qu'il soumet ainsi à mon attention, en y soulignant les points de connivence avec ma pensée :

« Chaque grande culture passe par certaines phases similaires, suivant les mêmes étapes en une même séquence organique — et, pour quelque raison inexplicable, le plein épanouissement dure toujours environ un millier d'années, de la naissance culturelle à la stérilité culturelle. »

« Pour l'Indien, la réalité spirituelle suprême a été la transformation de l'espace, et non du temps, de la Nature et non de l'Histoire. En tant que forme de perception, l'espace divise alors que le temps unit. L'espace est le domaine d'entités séparées mises côte à côte, le domaine de la pluralité. »

Cette introduction philosophique tirée de Riencourt s'ouvre ensuite sur ce que Bertrand T. en a retiré, qui n'est pas indigne d'intérêt, et vaut bien plus que les quelques lignes que je lui consacre :

« Cette forme de pensée a produit la perspective la plus universelle jamais incarnée dans une culture. C'est, je crois, ce dont nous avons le plus besoin pour espérer porter un jour cet état-monde sur les fonts baptismaux. »

J'attends, avec une feinte impatience (car pour affronter l'éternité il faut tout son contraire), j'attends qu'un jour un de nos « critiques » littéraires produise une phrase aussi simple tant par sa forme que par la pensée qui a su l'aiguiser.

De plus, à la différence de ce qu'aiment croire, et laisser croire, les petits salonnards de la presse démocratique, il est rare qu'un lecteur intelligent et libre se croit obligé d'en rajouter dans le dithyrambe ; au contraire leur sens critique, authentique celui-là, ne cesse jamais de m'étonner :

« J'ai relevé ce qui me semble une contradiction dans ton journal. Tu laisses penser que l'Amérique engendrera l'avenir de l'Homme alors que dans le même temps tu la vois passer aux mains des scientologues et autres, d'ici cinquante ans. Un fait est sûr, c'est là où l'on trouve des auteurs qui offrent une vision nouvelle de la littérature comme Burroughs, Pynchon ou De Lillo, les deux premiers étant totalement ignorés en France. Il est vrai que les lecteurs de Labro ou d'Alexandre Jardin s'y ennuieraient ferme. »

Après cette petite mise en train, Bertrand T. aborde le vif du sujet, c'est-à-dire ce qui me vaut aujourd'hui d'être suspecté de « dérive idéologique » (comprenez fascisante), car mon lecteur semble lui aussi avoir subi cet ostracisme qui frappe tous ceux qui n'ont pas le bonheur d'être des militants des droits sociaux.

Voici ce que l'actualité la plus brûlante lui fait dire à ce sujet :

« Le moment d'écrire cette lettre ne pouvait tomber mieux en ce jour de polémique française à propos de la sortie du film *Baise-moi*. Je venais à peine de terminer ton journal que la réalité venait me donner une preuve éclatante de la misère consternante de notre intelligentsia. Tous unis pour défendre le droit à la médiocrité crasse, au nihilisme de latrine de cette pouffiasse à la gouaille graillonne. »

On ne saurait mieux dire en effet.

Car en quelques jours j'ai pour ma part pu constater comment Virginie Despentes a organisé sa riposte contre l'« hydre intégriste » qui entendait menacer sa « liberté d'expression » : étant radicalement « féministe » et « antiraciste », il lui est impossible de faire un mauvais film. Qui plus est un mauvais film pornographique. Et encore moins un mauvais film porno ultraviolent et anti-mec.

Il faut bien entendre ce qui se dit à ce propos : être anti-mec, anti-« macho », anti-mâle, anti-masculin bref, est aujourd'hui une opinion sanctifiée par les gouines castratrices des *cultural studie*s et les ministresses du Flicage familial ; le matriarcat postmoderne ne supporte de l'homme que sa version gentiment dévirilisée, le Suédois à landau ou, un tantinet plus *glamour*, le danseur contemporain en jupe Jean-Paul Gaultier et, pour certaines extrémistes, le junkie à demi aveugle, souffreteux et parfaitement désérotisé, voire un pantin débile à qui on peut enfoncer sans vergogne le canon d'un 9 mm dans le cul. Si vous commettez le crime d'aimer ce qui est féminin chez la femme et masculin chez l'homme, et si d'éventuelles parades amoureuses parfaitement intimes permettent l'éclairage de cette possibilité inverse que chaque sexe recèle (et il apparaît que cette fugitive inversion, cette « transgression » des genres ne peut s'opérer que dans le cadre hautement différentiel d'une frontière des sexes solidement établie selon un code civilisationnel qu'on a nommé sous d'autres temps érotisme, ou alors dans le cadre d'une mutation androgyne et terminale de l'espèce), si vous persistez dans cette erreur funeste de ne pas accepter les préceptes d'airain du néostalinisme (in)différencialiste, alors soyez-en assuré, vous êtes un suppôt de l'intégrisme catholique ou un fasciste qui dans le meilleur des cas s'ignore. Encore une fois, une saine et bonne rééducation aux principes humanitaires et au « nihilisme de latrine », disons à la « culture trash », vous permettra d'y voir plus clair.

Mon lecteur du Var n'y va pas par quatre chemins, voici comment il m'expose son expérience personnelle quant aux sombres densités qui pèsent aujourd'hui sur la liberté de penser :

« J'ai eu à souffrir du *politiquement correct* lors de mon retour de Nouvelle-Calédonie, après les événements de Thio que j'ai subis de plein fouet (un flingue canaque sur le front). Il m'a suffi de raconter la mascarade à laquelle j'ai assisté pour être traité illico de facho. Pourtant, la révolution ne pouvait être menée par des adolescents délinquants (mes élèves) qui n'avaient d'autre idéal que celui de s'emparer de la BMW du Blanc. Les petits malins qui les ont instrumentalisés sont aujourd'hui à la tête de fortunes colossales et les tribus attendent toujours l'eau et l'électricité. Quant aux adolescents, ils méditent sur la théorie de la libération derrière les barreaux d'une prison, suite à un énième vol de voiture [...]. Suite à cette "révolution" je me suis d'emblée intéressé aux petits "caldoches" qui me semblent les êtres les plus vulnérables dans cette situation. Après avoir été jetés comme des parias à vingt mille kilomètres au milieu d'une population cannibale, ils se sont bien sûr accrochés à la seule dignité qui leur restait, le fait d'être blanc, ce qui voulait dire pour eux qu'ils appartenaient encore à la civilisation. Ce roc constitue toujours le fond de leur psychologie, ce qui explique en partie la distance qu'ils cultivent avec les Canaques. Plus que du racisme primaire, il s'agit d'une peur certaine de se faire contaminer par un monde irrationnel à leurs yeux [...]. De là je me suis intéressé à la guerre d'Algérie, en tombant par hasard sur différents bouquins de Jean Brune, un type ayant appartenu à l'OAS. Et quelle ne fut pas ma stupéfaction de constater qu'il disait exactement les mêmes choses que Camus dans ses *Chroniques algériennes* ! Inutile de dire que j'ai fermé ma gueule et que je l'ai gardé pour moi. »

Cher B., sache que tu n'es pas le premier à te rendre compte avec stupéfaction de telles analogies, passées sous silence par la presse bien-pensante depuis... mon Dieu, disons un demi-siècle, histoire de ne pas remonter à l'ère d'avant notre débâcle. Tu n'es pas le premier non plus à « fermer ta gueule » après avoir assisté à la déconfiture des préceptes humanitaires et onuzis (je les avais vus à l'œuvre dans l'ex-Yougoslavie pour ma part). Mais c'est précisément notre rôle, à nous les écrivains, de l'ouvrir au nom de tous ceux à qui on impose le silence, d'une manière ou d'une autre. Sache aussi que se faire traiter de « fasciste » par un ancien stalinien travaillant à *Marianne* ou à *Télérama*, ou bien par un néotrotskiste tenant plusieurs rubriques spécialisées dans *Les Inrockuptibles*, *Nova-Mag* et *Libération*, est une forme de compliment dont personnellement je ne me lasse point : il fut un temps, très bref, où les punks avaient assez de burnes pour porter des insignes militaires allemands et des médailles nazies (ou soviétiques, voire du corps des US Marines) juste pour la satisfaction de voir l'intello baba cool, avec ses pataugas, son duffle-coat, son écharpe rouge et ses disques de Joan Baez, entrer dans une crise de démence hystérique en vous agitant sous le nez le dernier numéro de *Lutte ouvrière*, du *Nouvel Observateur* ou de *Tribune socialiste*. Ce fut la courte et brève époque où le rock, le vrai, pouvait avoir un sens en étant tenu, comme une cathédrale assiégée par le mauvais goût prolo de la variété et le bon goût néobourgeois de l'Ircam ou de la « chanson progressiste », par moins de cinq cents personnes à Paris. Le « rock » d'aujourd'hui, et ses diverses variations, n'est plus qu'un appendice de la culture *Djeune*, la culture Djack-Land, la culture Zéro, l'humanitarisme fin de race d'un Occident qui a peur de lui-même, au point qu'il refoule toute son histoire passée, jusqu'à la plus récente, est indifférent aux autres, au point de vouloir revenir à une indifférenciation asexuée, androgyne, clonale et sans risque, et se réplique à l'identique, au point où le monde entier est devenu un objet proprement indescriptible.

Sache, cher B., que nous sommes, nous fûmes, nous serons toujours là. Le dandysme est plus qu'un état d'esprit, c'est un état de guerre. Une guerre déclarée aux masses, à la fainéantise, au mauvais goût (c'est-à-dire au bon goût bourgeois comme à l'antigoût trash — comprenez lumpenprolétarien), à la bêtise et à l'indifférenciation.

On comprendra mieux maintenant, cher B., pourquoi j'ai voulu préserver ton anonymat, non pas, comme certains de mes confrères diaristes, parce que j'en ai une bien bonne à raconter concernant le diamètre de ton pénis, mais parce qu'il apparaît nettement que ta lettre est celle d'un résistant, d'un clandestin, dont les mots peuvent être sujets aujourd'hui à l'invective publique, si ce n'est aux foudres de la « justice » démocratique.

*

Je suis sûr au moins de cela : au XXIe siècle, les esprits libres devront se terrer dans des souterrains.

Prions pour que les plus importants des *carnets* qui y seront produits parviennent un jour à la surface, à la lumière des hommes, ou de ce qu'il en restera.

Axe « historique » principal de *Liber Mundi* (pour le moment, à l'exception de quelques « départs » je travaille surtout à l'élaboration de ce monde « parallèle » que je projette dans le futur pour tenter de suivre l'invention paradoxale de la posthumanité) :

Vers 2030/2035 non seulement la littérature, mais le livre imprimé lui-même est en voie de disparition. Il subit les assauts conjugués de la vidéonumérisation totalitaire, de la fabrication en grande série d'une littérature industrielle désormais écrite à 90 % par des intelligences artificielles, de nombreux régimes politiques ou de communautés « religieuses » ou « culturelles » prônant l'ignorance et le retour à la vie « naturelle », et pour finir d'hypernihilismes actifs, comme les Triple A, Anarchistes Anti-Alphabétiques, qui non seulement s'en prennent aux ordinateurs, comme les autres mouvements dévolutionnaires néoluddites, mais décident de s'attaquer aux fondements de la civilisation occidentale, la culture écrite, en faisant sauter bibliothèques et librairies, ou en assassinant les bouquinistes de rue et en incinérant tout imprimé.

Les grandes œuvres des siècles passés, introuvables, ou noyées sous la masse d'écrits jetables, sont déjà devenues des objets de convoitise à tous les niveaux de la société-monde désormais unifiée sous le règne d'UNO-2.

Les tycoons des mégacorporations transindustrielles et métanationales achètent pour le prix d'une toile de maître une édition originale de la Pléiade, voire de la Série noire. Mais on s'arrache aussi à prix d'or un exemplaire de *La métamorphose* de Kafka paru en France au Livre de Poche vers 1965.

Face à cette dévastation plus ou moins programmée, plus ou moins attendue, quelques cerveaux libres ont décidé de réagir et ont mis en place une organisation secrète, une sorte de Bureau de Sabotage métaphysique et ontologique, dont le cœur actif est le Bibliothogôn, ou Bibliothekon, une Bibliothèque stratégique, en fait la métabibliothèque qui s'active aux confluents de leurs bibliothèques respectives et de leur travail d'écrivain à chacun en particulier, ainsi qu'à tous ainsi mis en interrelation critique et poétique continuelle. L'élaboration du Bibliothekon est une invention groupusculaire, micromoléculaire et clandestine. Car la littérature, si elle fait pour eux figure d'instrument royal, n'est plus tout à fait indépendante des autres sciences. Ce que le réseau a imposé au monde, et donc aussi à elle, elle peut en faire une arme pour son compte, afin de la retourner contre la Matrice.

Les dix écrivains regroupés autour du projet Bibliothekon viennent d'horizons divers et variés, aussi bien sur le plan géographique que social, mais tous se rejoignent sur une certaine conception du zénith humain ; certains sont des scientifiques en rupture de ban, d'autres des philosophes perdus pour l'université, quelques aventuriers aux métiers dangereux s'en sont mêlés, ainsi qu'une poignée d'artistes visionnaires et parfaitement solitaires. On y compte aussi le premier androïde libre (ayant déserté de sa colonie orbitale). En adjoignant les forces des dix membres du Bibliothekon, la somme d'environ 100 000 ouvrages est atteinte, et en dénombrant les doublons répartis dans toutes les bibliothèques personnelles, on comptabilise environ 40 000 textes différents (en excluant les différentes éditions d'un même texte).

Cette « masse critique » n'est pas envisagée sous l'angle quantifiable du « collectionneur monomaniaque », il s'agit de cet antiréseau aléatoire qui surgit d'un instant à l'autre d'une actualisation potentielle entre plusieurs livres, qui chacun en contiennent ou en recouvrent d'autres, et ainsi de suite. Car à l'exception du désert, et de la pure lumière divine, je ne vois que les livres comme environnement viable pour un écrivain.

Non seulement le Bibliothekon couvre une bonne partie de l'histoire de la pensée humaine jusque-là produite, mais il finit par s'étendre à dix-sept membres secrets en une dizaine d'années, afin d'établir ce que les dix-sept « agents secrets » nomment l'anthropologie cachée du cerveau invisible, où l'organisation du sabotage métaphysique et ontologique se pratique au quotidien, tel un art martial, une haute connaissance religieuse et alchimique, *philosophale* en un mot.

Parallèlement, j'imagine constituer une « intrigue » transtemporelle où quatre époques séparées mais imbriquées les unes dans les autres par les nœuds du destin sont convoquées par quatre « narrateurs » plus ou moins successifs, plus ou moins entremêlés.

Ces quatre narrateurs de l'Apocalypse écrivent chacun des « livres », et l'un d'entre eux, le premier dans l'ordre d'apparition à la lecture, est membre du Bibliothekon, les autres sont certains des personnages principaux de mes romans antérieurs (Darquandier, Toorop, Dantzik), alors que les jumelles Zorn, l'IA Joe-Jane, jusqu'à Anita Van Dyke et peut-être même Alice Kristensen se retrouvent emportées dans un tourbillon qui leur dévoilera les secrets d'un univers où le cerveau lui-même est une boîte noire, ouvrant sur un « cerveau crypté », qui seul permet le décryptage de la réalité. Le roman fera sûrement pas loin de mille pages, mieux vaut s'attendre au pire, c'est le meilleur moyen pour qu'il survienne, et il couvrira quasiment tout le XXIe siècle. Il débutera sur le suicide de Boris Dantzik, la faillite du projet de recherches de la Schizotrope Fundation, la vente de l'île privée aux corporations du tourisme écolo-branché, la dispersion aux quatre vents de l'équipe scientifique entourant les jumelles Zorn, bref l'anéantissement préalable de toutes les « utopies » inconscientes que *Babylon Babies* charriait encore.

De plus en plus isolées dans un monde implosif qui supporte de moins en moins les véritables différences, les jumelles Zorn vivent cachées, sous la protection de leurs parents de substitution, alors que des forces occultes se sont liguées pour les retrouver et les faire disparaître, ou les utiliser au service d'un mégapouvoir ou un autre.

Il est probable que je jouerai sur quelques dates anniversaires hautement sensibles. Comme par un fait exprès Dantzik se suicide en novembre 2018, après que la Schizotrope Corp fut mise en faillite en octobre 2017. La quête de l'agent secret numéro 13 se déroule entre 2033 et 2039, et consistera entre autres choses à retrouver la trace des jumelles et celle d'un manuscrit laissé par le docteur Darquandier peu de temps avant sa disparition totale de la surface de la terre, une quinzaine d'années auparavant, mais le roman étend ses terminaisons jusqu'à l'année 2061, centenaire du vol de Gagarine, en passant par 2045.

*

Comment fouiner sous les décombres pour y trouver l'amour ? En y survivant, bien sûr.

Comment croire en un quelconque « Avenir de l'Homme » alors que sa Fin même est derrière nous, que nous vivons l'interrègne factice du Grand Simulateur qui par tous les moyens dont il dispose — et ils sont myriades — nous projette en continu le monde virtuel de la domination technomarchande ? Ce monde fait d'autres mondes en réseaux distribués selon le système de l'Hyperchoix, un monde touristique et iconographique, interactif et téléprésent, le monde hyperspectaculaire du néant totalisé et démocratisé, un monde où *tout le monde peut tout dire sur tout à tout moment*, soit la désintégration de toute sélection active, de toute stratégie individuelle, de toute critique, de tout acte libre d'écriture par exemple, au sein d'une métamatrice invisible administrant les territoires de nos consciences, de nos pulsions infraconscientes, de nos « moi », de nos identités, de nos corps, de nos organes, de nos cellules, de nos génomes, de nos neurones, dans le but de perpétuer l'hyperstase qui la fait vivre à nos dépens.

Mais l'homme est une *surmachine*, une métamachine qui *s'ignore*, et dont les potentialités encore éparses tardent à enfin être réunies afin que s'établisse la masse critique nécessaire à son accomplissement, à son surgissement, avant qu'il ne soit trop tard. Car il ne faut pas croire cette fausse immortalité qui semble s'imposer, y compris pour nos corps, tout a une fin, un jour ou l'autre. Et la mort de notre monde (en l'absence d'un principe néguentropique supérieur) ne ressemble peut-être pas à ce que nous savons usuellement de la mort. Peut-être sommes-nous entrés dans une phase terminale analogue à celles décrites par Philip K. Dick dans *À rebrousse-temps* et *En attendant l'année dernière*, lorsque l'univers, ayant atteint son degré ultime d'expansion, commence à dévoluer pour de bon, que les processus du Temps eux-mêmes s'inversent, que les morts sortent des tombes pour vivre leur vie à l'envers avant de retourner disparaître dans le ventre maternel.

Alors que l'aplanissement monoclonal et antisexuel s'étend, que l'androgynie est promue comme valeur positive centrale — jusqu'à l'hermaphrodisme opératif et bientôt totalitaire —, que toute « différence » cultivée comme dynamique, comme actualisation critique de potentiel, est frappée d'ostracisme au nom de cette conception absurde de l'(in)différenciation égalitaire, que la « transgression » devient la norme, autant dire la mort, que toute volonté d'une transmutation biopolitique supérieure est aussitôt taxée d'eugénisme nazi, que les techniques dévolutives sont désormais agencées en un métasystème totalisant et maternel, polythéiste et « tolérant », acéphalique et atemporel, et désormais a-spatial (maintenant que la Mort de l'Histoire s'est accompagnée de la disparition de toute géographie, de toute [géo]politique, de toute science véritable), oui, alors que ce métasystème devenu monde est devenu notre Mère bienfaitrice, de la couveuse à l'incinérateur, maintenant que nous sommes devenus bons, sociaux, démocrates et humanitaires, lumineux, transparents, et sans plus la moindre volonté propre, sans plus la moindre souveraineté-liberté, simples flux économiques et numériques, petits organes plaqués sur le corps social, parfaitement conformes à l'idée féministe et matriarcale de la Révolution, maintenant nous pouvons contempler le désastre.

*

On entend souvent dire, y compris, et peut-être surtout par les gens les plus cultivés, que le Moyen Âge fut une « époque barbare et obscurantiste ». Je n'oserais trop conseiller la lecture de Duby à ces instruits incultes mais plus encore j'aimerais m'interroger un instant sur la généalogie particulière non pas de cet absurde mythe lui-même, mais de la réalité qu'il a pour tâche de recouvrir. L'âge médiéval fut une sorte de sommet paradoxal et sublime de l'ordre antique, un apogée qui se dissolva sur les acides idéologies totalitaires de l'époque — catholicisme inquisitorial et *indulgent*, et la réaction réformée qu'il allait engendrer, premières aberrations prérousseauistes, constructions identitaires nationales émergentes — ainsi que sur l'explosion technoscientifique et critique qui allait jaillir par les brèches ainsi ouvertes — et ce dès les premiers soubresauts de la Renaissance italienne du Quattrocento.

Pour comprendre cet oxymore : « Moyen Âge barbare », il convient peut-être de se dire que ce sont nos sociétés modernes et démocratiques qui ont construit de toutes pièces ce monument de l'histoire révisionniste, et qu'elles l'ont fait dans le double but de jeter le discrédit sur cette haute époque de l'Occident et de camoufler la vérité généalogique de l'Antiquité, qui fut ainsi nettoyée de toute souveraineté et de toute religiosité au profit d'une sinistre réinterprétation positive et mécanique des philosophies grecques et latines.

Lorsque la Loi mosaïque apparaît, douze siècle avant le Christ, dans ce croissant fertile *mère* de toutes les civilisations agricoles et écrites, nous devons bien nous pénétrer de l'idée que cette vaste région est soumise depuis des milliers d'années à des vagues d'innovations et de crises successives qui ont modelé un ensemble de corpus sociaux très complexes, où des « traditions » venues des âges les plus lointains cohabitent ou plutôt se conjuguent, selon des lignes tectoniques, dynamiques et évolutionnistes, avec des principes nouveaux, des idées étrangères et des syncrétismes encore plus étranges.

Ainsi, la plupart des religions de l'époque plongent leurs racines dans l'histoire la plus lointaine de ces civilisations ; comme nous relativement à l'hindouisme ou au christianisme, les populations de l'époque suivent les rites et les préceptes de religions qui sont vraisemblablement nées avant même que les premières pyramides nilotiques ne s'érigent ! Certes les prêtres de Thèbes et d'Héliopolis élaborent un système théocratique nouveau et impérial, mais il est plus que vraisemblable que nombre de pratiques et d'idées en cours avant l'apparition des pharaons ont été perpétuées par eux, sous une forme ou sous une autre. D'autre part, les caractéristiques des sacrifices humains en cours en Phénicie, en Babylonie, en Assyrie, chez les « Philistins » et un peu partout dans la région, et leur prégnance sociale tout à fait attestée, montrent qu'il s'agit de rituels venus du néolithique.

Il me semble que le néolithique, juste avant l'émergence des grandes cités-civilisations politico-religieuses en Égypte et à Sumer, fut cette « époque » particulière où vraisemblablement le matriarcat s'imposa dans un certain nombre de sociétés qui avaient acquis des technologies suffisantes pour sortir définitivement du mode de production paléolithique. Il est absurde de croire les sociétés de chasseurs nomades de néandertaliens ou d'aurignaciens dans la capacité de pratiquer le sacrifice humain à grande échelle. Il n'est même pas certain que ces tribus préhistoriques se débarrassaient de façon « active » de leurs malades. Après avoir abandonné l'anthropophagie, et intégré par « digestion » génétique, ou gastrique, les autres variations hominiennes, l'homme du paléolithique récent et du mésolithique pratiqua sans doute l'esclavage, mais le sacrifice humain symbolique et généralisé, jamais, nulle part. Il est clair que sans être une économie de la « rareté » les sociétés paléolithiques ne vivaient guère dans l'opulence, et que si on laissait faire la « sélection naturelle » dans sa brutalité la plus pure, en régulant ainsi au mieux les surplus de bouches à nourrir, on s'avisait aussi de conserver à la tribu sa dynamique démographique, une « pulsion » qui fait partie de l'instinct grégaire neuroprogrammé des hominidés les moins développés et d'à peu près tous les organismes vivants connus à ce jour.

On sait aujourd'hui que les choses changent de façon notable lorsque, à la fin du tout dernier âge mésolithique, alors qu'une ultime période glaciaire s'est achevée, des processus anthropologiques jusque-là épars entrent en conjonction.

L'*Homo sapiens* moderne, né des recombinaisons critiques entre les différentes souches humaines qu'il a finalement avalées, synthétisées, est en train de développer un premier jeu de techniques coalescentes, et coextensives, d'une qualité croissante.

Pour inventer l'élevage par exemple, il faut avoir une première idée des mécanismes de la reproduction biologique, mais c'est sans doute la domestication progressive de certains animaux qui a permis aux humains de mieux voir et mieux comprendre les mécanismes causaux s'effectuant entre sexualité et reproduction, y compris sur le plan de la sélection de typologies génétiques. La même chose apparaît, au même moment ou à peu près, avec les premières techniques agricoles. Or ces deux techniques coalescentes connaissent un développement exponentiel dès le début du néolithique, c'est-à-dire au moment où s'invente puis se répand la *technologie* de la pierre polie.

La pierre polie fut selon moi l'invention des femmes. Seules leur dextérité et leur position sociale désormais assise, si je puis dire, permettaient la production en quantité suffisante de tels objets manufacturés.

Comme les autres méthodes antiques d'artisanat domestique : vannerie, poterie, etc., la pierre polie demande un premier assemblage de techniques, du temps, un rapport productif différent avec le biotope — conçu comme matrice de ressources naturelles reproductibles, et non plus comme cosmogonie créatrice de forces infinies, donc les prémices d'un enracinement sédentaire, d'une relation de longue durée avec un biotope particulier. Cela me semble indiquer une prédominance féminine dans le processus de production (les armes furent rapidement les dernières techniques exclusives de l'artisan masculin). D'autre part, la sédentarisation favorisait la *tenue* du foyer par rapport aux pratiques *expéditives* de la chasse. Enfin, le « contrôle » opérationnel de la sexualité-reproduction était — en dehors du viol — entre les mains, si vous me passez l'expression, de la gente féminine. Bref, alors que le soleil de l'âge postglaciaire commence lentement, de façon insensible, son processus de réchauffement atmosphérique et de désertification, une nouvelle société se cristallise autour des techniques de la pierre polie, tenues par les femmes.

Il est hautement probable que cette époque brillante à de multiples points de vue créa une société matriarcale dont les rites allaient perdurer bien après son effondrement et son remplacement par les cités-États antiques. C'est à cette époque qu'apparaissent ces déesses mères de la fertilité taillées puis polies dans les minéraux les plus divers et les plus décoratifs : obsidienne, ambre, jade, et dont les sociétés productrices semblent culminer vers – 12000/– 8000.

Ces déesses sont probablement des figures religieuses, mais on peut aussi se dire qu'elles étaient des représentations politiques du pouvoir génétique des femmes dans ce type de sociétés.

Ce pouvoir se basait sur le contrôle des principes biologiques de la sexualité et de la reproduction, il établissait les rudiments fondamentaux des techniques agricoles et domestiques, un premier niveau d'hygiène sociale, grâce à la *tenue* plus solide et plus propre d'un foyer sédentaire, faisait reculer les maladies qui pullulaient jusqu'alors dans les cavernes humides de Cro-Magnon, et favorisa ainsi la baisse de la mortalité infantile et l'allongement substantiel de l'espérance de vie de tous. Bref, un premier faisceau de civilisations put sans doute émerger grâce à cet apport spécifique des femmes.

Je crois que les problèmes survinrent lorsque les femmes entreprirent alors le premier grand renversement de valeurs de l'histoire humaine grâce auquel elles purent accéder au pouvoir religieux et fonder ces sociétés aux déesses mères de la fertilité. L'élévation des niveaux de vie, l'apparition de premiers îlots de prospérité et la complexification sociale née des bouleversements biotechnologiques de ces premières cultures durables occasionnaient de brutales variations de populations, qui pouvaient engendrer d'authentiques problèmes de surpopulation locale, lorsque le taux d'accroissement démographique dépassait brutalement celui des ressources de la tribu.

Je crois qu'en maintes occasions le contrôle sexuel-reproductif se révéla insuffisant et que, dans les phases de grande prospérité et d'explosion démographique, ces sociétés imaginèrent recourir aux moyens du sacrifice humain. Les enfants étaient, par le simple aspect pratique des choses, les plus « aptes » à endosser le rôle. Le fait que leur virginité était attestée en faisait de plus des éléments fondamentaux d'une nouvelle ritualisation cosmogonique qui allait s'appuyer sur quelques pratiques religieuses de l'époque, dans lesquelles le sacrifice animal jouait toujours un grand rôle (comme on le voit en étudiant les civilisations survivantes du haut néolithique ou du bas paléolithique, en Australie ou en Amérique), et que le matriarcat sociobiologique détourna à son usage pour un contrôle toujours plus opératif des naissances. Car contrôler la sexualité-reproduction, c'est contrôler les naissances, mais contrôler les naissances, cela signifie contrôler la vie et la mort des naissants, et incidemment, aussi, selon les données de l'époque, les rythmes de fécondité et de stérilité. Donc contrôler la sexualité et la reproduction, c'est le moyen de contrôler les cycles de la vie et de la mort. Ainsi les femmes purent endosser littéralement le rôle de Grande Mère cosmique, matrice des eaux et de la terre, et régulatrice des cycles saisonniers stérilité/fertilité, sur le plan humain comme sur le plan naturel, qui n'était encore qu'un seul. Plus prosaïquement, sur le plan social, en contrôlant les naissances, on acquérait aussi le droit de décider qui allait vivre et qui allait mourir. Ainsi en voulant renforcer, par le contrôle sexuel-reproductif, puis par le sacrifice humain — comme technique de planning familial-social —, le lien symbolique et vital des hommes avec le foyer-matrice, les grandes matriarchies du néolithique engendrèrent-elles ces terribles divinités dévoratrices et fertilisatrices du dernier âge d'avant l'Histoire écrite, figures qui se perpétuèrent des millénaires durant dans les sociétés-États de la haute Antiquité, avant que les principes du monothéisme ne les dissolvent plus ou moins complètement.

Je suis persuadé que ces sociétés matriarcales avaient su produire de très hautes innovations, et sans doute sur le plan technique furent-elles parmi les plus brillantes de toute cette époque. Néanmoins, ce confort et ce progrès représentent à la fois l'accomplissement et la perte de ce dernier élan civilisationnel protohistorique, car ces sociétés expérimentèrent à leur échelle la *stase de la marchandise* : la dissolution du politique et de la connaissance dans les techniques domestiques. Les vieilles sciences médicinales des chamans furent incorporées aux techniques rituelles sacrificielles, de nombreux « sorciers » furent de gré ou de force enrôlés dans la nouvelle fonction de la « prêtrise », cette figure féminine entre toutes, celle du dévot s'inclinant devant la Grande Mère, et ainsi la fonction « religieuse » prit pour des millénaires une image et une voie somme toute radicalement différentes de celles que le chamanisme des sociétés de survivance avait mises en perspective. Ce fut le moment, déjà, où une première fois la religion fut coupée de la médecine, la science asservie aux techniques domestiques, où l'humain lui-même fut domestiqué et où, à l'exception d'une relative « élite » d'étalons reproducteurs directement reliés à la Ruche suprême, une égalité forcenée fut imposée aux « membres » de cet organisme.

Voici sans doute d'où viennent les images récurrentes de cet âge d'or qui hantent tous les nostalgiques de la Matrice : ce monde d'amazones et de prospérité économique continue, sans plus aucune politique, ni aucune souveraineté, sans plus aucune crise, aucune *krisis*.

Pourtant quelque chose survint. Après plusieurs millénaires de domination, les sociétés aux déesses mères s'effondrèrent.

Un ordre supérieur venait d'apparaître du chaos innovant des matriarchies dominantes et finissantes. Cet ordre supérieur qui allait mettre des siècles pour les dissoudre et émerger en tant que force autonome fut celui de la civilisation historique, de la civilisation écrite, militaire, navigatrice (cybernétique) et patriarcale, ce fut l'ordre antique.

C'est lui qui à son tour s'est dissous dans le chaos innovant de la Renaissance puis du modernisme.

Ce chaos innovant semble revenir à l'ordre dévolutif et hyperstatique des matriarchies techniquement développées, car aucun ordre civilisationnel métahumain n'est encore opérant, rien de tel n'est apparu, et s'il est en train d'émerger quelque part sous nos yeux sur cette planète, alors soit il est parfaitement invisible, soit nous sommes devenus aveugles. Quoique les deux propositions pourraient être tenues ensemble.

Quoi qu'il en soit, observez, je vous prie, qu'il est impossible de songer à la science moderne sans la voir constamment environnée de toutes les machines de l'esprit et de toutes les méthodes de l'art. Sous l'habit étriqué du nord, la tête perdue dans les volutes d'une chevelure menteuse, les bras chargés de livres et d'instruments de toute espèce, pâle de veilles et de travaux, elle se traîne souillée d'encre et toute pantelante sur la route de la vérité, baissant toujours vers la terre son front sillonné d'algèbre.

Joseph de Maistre, *Les soirées de Saint-Pétersbourg*.

*

Si nous voulons avoir une chance de combattre la Machine sans que la déroute soit consommée d'avance, il importe avant tout de se faire *étranger, alien* : *étranger dans un lieu étrange* — pour citer Heinlein — et de demeurer *invisible* dans la mesure du possible. Ou de ne laisser entrevoir que des leurres. Mais il importe aussi de savoir jouer de la figure inverse, proximité et hypervisibilité, apparition armée de la métaphysique au milieu du Salon des droits de l'Homme, comme une opération de *hit-and-run* qu'on lâche au milieu des défenses ennemies.

Dans tous les cas, le mieux est de n'être pas *décodable*, de conduire avec succès la guerre du chiffre et du renseignement, la guerre de l'*intelligence*.

Car notre guerre est une véritable guerre, et comme toutes les guerres d'après l'Apocalypse, elle ne connaît pas de « front », au sens classique de la logique militaire clausewitzienne. Comme l'armée américaine l'expliquait il y a une quinzaine d'années en présentant son concept d'*air-land battle*, né d'une analyse techno-impériale de son échec au Viêt Nam, une force combattante est aujourd'hui un organisme autonome, avec vision nocturne géosatellitaire, traitement informatique des données, coopération anthropotechnique et amplifications bioniques en cascade sur le fantassin, ou l'opérateur de missiles, une sorte de macrovirus cyborg, furtif et hypermobile, qui se déplace à partir de plusieurs points d'entrée situés sur toute la profondeur du système ennemi et le paralyse par strates métaboliques successives, plutôt qu'organes après organes. La guerre est devenue biologique dans toutes les dimensions de son évolution, et nous serions peu inspirés, nous autres les combattants du cerveau souterrain, de ne rien apprendre de cet état de fait stratégique.

Il importe de mettre ces concepts au service d'une authentique prospective évolutionniste critique, il importe de fonder une méthode de combat, un art martial pour tout dire, un penchak-silat de la pensée libre et souveraine, une science du langage et de la pensée qui puisse brutalement, sans prévenir, inverser tous les processus — et voir les cerveaux ainsi préparés, entraînés, cultivés, contaminer en profondeur les interfaces cyborgs dont on aura doté l'humanité pour l'asservir au servocontrôle logique de la Matrice, afin de les retourner contre Elle, sera notre récompense.

Mais qu'on arrête de me faire rire, ce n'est plus de révolution dont il faut parler, puisque la révolution permanente est précisément le règne absurde sous lequel nous (sous)vivons : une longue suite d'orbites sans cesse répétées autour du monde-marchandise, de la marchandise-monde. C'est donc bien de métamorphose, de transmutation générale de toutes les valeurs et de tous les process sociaux humains dont il s'agit, et cette Métamorphose ne peut se concevoir que comme un programme redoutablement créateur, ou plutôt comme le moment redoutable où la création fait fi du programme, de tous les programmes, et invente ses propres possibilités, ses propres devenirs, ce moment où surgit une toute nouvelle Loi, un nouveau Logos producteur de formes et de valeurs, du cœur même du chaos économique, comme lorsqu'un ordre jusque-là inconnu et imprévisible se constitue au terme d'un processus engageant ce que Prigogine appelle des « structures dissipatives » qui ne laissent rien transparaître a priori des transformations critiques qu'elles subissent et engendrent.

Voici donc ce qu'aura à effectuer la Conspiration des cerveaux souterrains, l'*Underbahn*[1] des singularités solidaires et solitaires : comprenons-le tout de suite, ou jamais, nous sommes des *Baptiste* attendant l'Incarnation salutaire, et il est parfaitement « normal », en cette ère de micronisation publicitaire des cerveaux biologiques, que nous soyons pour l'instant éparpillés à la surface du globe, sans même nous connaître les uns les autres sinon par l'essentiel qui est la formation de cette Bibliothèque de Catastrophe générale dont nos livres tracent chacun une topologie particulière, et qui un jour ou l'autre servira d'écrin à l'apparition de l'authentique cerveau métahumain, fruit de la crise évolutionniste que nous vivons. Disons-le une fois pour toutes : ce que le Christ indique, comme figure synthétique critique de l'Éternel Retour, c'est que son émergence survient toujours, quels que soient le degré et la forme du développement que les sociétés humaines ont pris, quelle que soit l'apparence qu'aura bien voulu prendre la Chute — sa vitesse, sa durée, ses variations mêmes —, le Choc reste son unique horizon, et, comme au moment de la mort cérébrale, il devient le moment éternel d'une chute infiniment suspendue, de cette chute qui caractérise la vitesse orbitale lorsque les objets *tombent les uns sur les autres* dans un mouvement infini et hyperstatique.

Il est tout à fait clair qu'à ce titre le Christ est un Météore Terminateur d'une haute dangerosité pour notre société-(im)monde. C'est que par sa nature même il ne peut s'inscrire dans aucune révolution, aucune des orbites/chutes infinies qui ne cessent de se succéder depuis deux ou trois siècles et qui semblent délimiter à tout jamais le cercle

1. Néologisme cyberpunk anglo-allemand.

d'exercice de la raison. Il est une comète, la comète de l'Armageddon, il vient perturber toutes les orbites et en premier lieu celle de l'objet-monde sur lequel il s'offre de s'anéantir. Il est la résultante cataclysmique de forces antiques que l'on croyait disparues, alors qu'elles ont continué d'œuvrer sous des apparences différentes, et le plus souvent souterraines, modelées par les particularités des sociétés et de l'histoire, et qu'elles semblent converger vers ce siècle tout juste né, et dont on vient de commémorer pompeusement l'avènement calendaire en espérant que tout continue comme avant, c'est-à-dire que tout change de façon continuelle et isotopique pour le compte du big-bang marchand, alors que nous fûmes quelques-uns, sans doute, à nous dire que cette remise à zéro des compteurs sur laquelle auront prospéré tant de religions en kit pouvait s'avérer le moment de faiblesse psychologique systémique tant attendue, et qu'il suffisait alors de suivre les préceptes de Sun Tzu et d'engager le combat décisif à cet instant précis, au moment zéro du nexus des possibles.

*

Il faut bien comprendre ce qui recouvre ce que j'ai parfois appelé « capital schizosphérique » si l'on veut avoir une idée du monde qui est en train de programmer notre extinction.

Si ce monde est devenu analogue aux cauchemars d'un schizophrène à tendances paranoïdes, c'est parce que le schizophrène est une figure coextensive du capitalisme moderne, basé sur la neuroprogrammation linguistique, l'individuation atomique et la mécanisation infinie des rapports sociaux, le « schizophrène », comme le savait Deleuze, reproduit à son échelle « individuelle » les différentes phases d'expansion critique du capital lors d'une séquence de transmutations psychotiques successives qui donnent à voir la pleine réalité métaorganique du socius, de ce corps sans organes dévorateur et dominateur, cette Machine matricielle primordiale qui tente de se répliquer à travers toutes les productions de l'homme et qui aujourd'hui y est parvenue, au point que nous ne savons plus ce qu'est le monde en dehors de ses pseudopodes noosphériques.

Mais Deleuze avait compris que c'est du cœur même du processus que surgit la phase miraculante par laquelle la conscience parvient à dissoudre les rouages de la Machine dans l'acide de la lumière, ce processus qui fait que le schizophrène ne revient pas à l'état « normal » d'*avant la crise* (pour autant qu'un tel « avant » soit concevable dans le cas des schizopsychoses), celle — dirons-nous — de ce dernier homme qui désire le néant, mais rejoint plutôt une neurosphère métastable qui a su surgir du chaos mécanique dont son esprit traçait pour ainsi dire les topologies délirantes. À la fois radar des ondes de choc de l'hominisation, scanner des structures profondes du capital comme coextension maladive et naturelle de la Technique devenue métaphysique totalitaire en charge de produire le monde, mais aussi prototype d'un surpassement possible, le schizophrène reste, comme le disait Deleuze, « à la limite du capitalisme », il en est la pointe extrême, « la tendance développée, le surproduit et l'ange exterminateur ».

Aussi il est clair en effet que la Métamorphose, ce point d'ignition critique des sciences occidentales, proviendra de la pointe la plus extrême de leur développement, un « lieu » dont pour le moment nous ne savons que peu de choses, mais dont nous pouvons deviner la topographie générale. C'est au cœur des sciences de l'*homme conçu comme singularité hypercomplexe née de la coextension métamorphique de l'ADN et du cerveau* que pourra s'assembler le matériau philosophique, pour ne pas dire *philosophal*, nécessaire à l'émergence d'une nouvelle sphère de souveraineté humaine, à l'invention d'une métaphysique et d'une cosmopolitique permettant la redéfinition de notre liberté comme acte créateur, et donc comme produit rarissime dont la culture, fragile, s'est perdue entre-temps, mais dont quelques savoirs secrets sont encore détenus par des cerveaux « dysfonctionnels », en voie d'être bientôt reprofilés définitivement par le système de contrôle médico-totalitaire de la Matrice.

Or cette ignition des sciences ne peut se produire par elles-mêmes, leur présence est nécessaire mais loin d'être suffisante, il faut que quelque chose ose en rapprocher les termes jusqu'au point de dangerosité, jusqu'au *moment de la masse critique*.

Il faut donc qu'un métaroman se fasse jour, qu'une littérature considérée comme arme stratégique de la pensée, avec en corollaire une conception de la pensée comme ressource stratégique du langage, naisse de cette dévastation partout constatée. Le métaroman est ce moment encore en devenir où des cerveaux singuliers, qui formeront tout sauf une communauté, je reviendrai sur ce point, s'empareront des processus les plus vitaux et les plus terminaux de la Machine pour les mettre à nu, les décoder et les manipuler, au cœur d'un laboratoire narratif expérimental, sans plus de compassion qu'elle ne met à vouloir décrypter et reprofiler les composants génétiques de la vie biologique.

La Machine est de l'ordre du métaconscient, il faut admettre sans plus barguigner cette terrifiante vérité que c'est une fiction qui dirige le monde, une *science-fiction* dont nos romans peinent encore à deviner la présence. Et pas l'expression archétypale d'un inconscient collectif, mais plutôt l'invention spécifique d'un processus de cryptage du réel et de neuroprogrammation généralisée au service d'un Tout qui dépasse allègrement la somme de toutes ses particules humaines ou apparentées.

J'appelle métaconscient un processus qui échappe à la fois aux prérogatives de l'inconscient et du moi, du collectif comme de l'individu, et qui pourtant n'apparaît qu'en présence du cerveau humain. Le métaconscient est multiforme, il opère à la fois dans les technologies de « communication » qui désormais pullulent au cœur des rapports sociaux, dont il est une sorte de néant opératif, et dans ce que de tout temps on a nommé « art ». Il s'agit d'une force qui sert aussi bien les buts de l'État socius, lorsqu'elle est convertie en communication-valeur-programme, que les vues du solitaire créateur, lorsqu'il en fait une méthode de survie et de contamination du monde réel.

Il est un peu plus que le Troisième Monde de Popper, mais un peu moins que les deux autres, il est peut-être un espace purement interface, une frontière tectonique qui se déplace sans cesse, selon des lignes de coupe et des « surplis » auxquels nous ne comprenons rien, lorsque parfois ils nous apparaissent.

*

Il est de plus en plus probable que le premier volume du *Théâtre des opérations* va me rendre l'exercice de la littérature un peu plus périlleux. Je constate, par exemple, qu'à l'exception de Pierre Thibault, qui m'a interviewé pour *Ici*, la presse québécoise s'est fendue de quelques résumés compacts du genre « prose réactionnaire », le tout grâce à une ou deux phrases comme toujours tirées de leur contexte, alors que nous aurons (Richard Pinhas et moi, dans le cadre du Festival d'été de Québec) accordé un temps précieux à une longue interview où lui et moi avions essayé de parler honnêtement et avec précision de nos travaux respectifs et communs. J'ai cru bien faire en osant répondre au journaliste du *Voir-Québec* que l'épithète « réactionnaire » ne me fâchait point (j'en ai vu d'autres) mais j'aurais dû me dire que le degré de perversion actuelle de la langue et de la pensée irait jusqu'à me faire proclamer que je me vantais d'en être un.

Il est encore des pitres qui croient que l'Homme n'est pas mort et que l'héritage des siècles qu'il s'agit précisément de transmuter pourrait faire fi *a priori* de la longue généalogie de penseurs que notre siècle démocratique, totalitaire et pour finir hypermarchand a catalogués comme « réactionnaires ». On comprendra que les Grecs présocratiques, les penseurs et chroniqueurs latins, de Caton l'Ancien à Cicéron, et quelques autres, de saint Augustin à Nietzsche, en passant par de Maistre ou Locke, Pascal ou Leibniz, soient ainsi peu à peu, avec la morne subtilité de la bourgeoisie cultivée postmoderne, reléguées aux noirs placards de la pensée non humaniste. C'est le même système idéologique (je n'ose appeler ça « pensée ») qui a fait de Machiavel un monstre inhumain et qui porte Jean-Jacques Rousseau au pinacle, et qui continue de le faire sans avoir relu et comparé les auteurs en question, par peur, sans doute, de devoir admettre que les camps de concentration et les totalitarismes prolétariens ou petits-bourgeois ont pour ancêtre politique le plus « pacifiste » et « humaniste » des deux. C'est toujours le même système qui a entrepris de nous faire vivre dans le monde matriciel et nourricier du tourisme universel et de la littérature publicitaire, ou démocratique, le sens est quasiment le même, de la musique cardiorythmique érigée en continuum acoustique et du réseau global simulant le réel, numérisant la connaissance, virtualisant le monde.

Or ce système est en train d'échapper à lui-même. Il a sans le faire exprès mis en branle un faisceau encore épars de dynamiques aux conséquences proprement terrifiantes pour son existence, car il suffira de quelques générations humaines au siècle qui s'annonce pour être en mesure d'en faire imploser toutes les méga et microstructures. Cette implosion ne sera pas le fait de l'ensemble des masses sociales désormais instrumentalisées pour le compte d'un conflit anthropologique aux dimensions insoupçonnables, qu'on ne pourrait faire moins que qualifier de l'adjectif « cosmiques », mais de microconfigurations pirates, de quelques rarissimes et explosives « rencontres de troisième type » entre les cerveaux mutants capables d'élaborer cet « hypertexte » biopolitique et neuroviral qui viendra briser les codes de défense et de production schizo-opérative de la Matrice.

Voici quelques règles de base concernant la guerre de mouvement métastable et de tactique hypermobile contre la Matrice, une première ébauche d'un véritable « Manuel de survie en territoire zéro », dont les plans d'état-major initiaux furent en quelque sorte assemblés dans le premier volume du *TdO* :

1) La Matrice est le système d'intelligence métacollectif de l'humanité-marchandise.

2) La Matrice possède plusieurs avatars, dont la Machine, sa configuration mécanique et sociotechnique[1].

3) La Matrice est très intelligente, ses synapses sont virtuellement copiées sur celles de l'humanité biologique. Elle a donc « lu » Deleuze, Nietzsche, Héraclite, Parménide, Platon, Plutarque, Pascal, Descartes, Marx, Barthes, Foucault et Bataille. Mais aussi les chansons de Jean-Jacques Goldmann, ainsi que les livres de Katherine Pancol ou de Daniel Pennac. Elle est une somme purement positive de tous les discours ambiants désormais actualisés, muséifiés, puis recyclés en une seule et même phase processive par l'industrie de l'Hypercommunication, dans laquelle la « versification » universitaire déconstructiviste-relativiste a désormais pris une place considérable.

4) Mais par ce qui vient d'être dit précédemment il découle aussi que la Matrice est très stupide. Elle a une fâcheuse tendance à structurer ses contours et ses discours selon la règle de base de tout syncrétisme positif :

1. Il y a aussi Hyperpub.com, son bras transindustriel qui combine maintenant l'édition, la publicité, la télévision, le cinéma, les technologies informatiques, le câble, le téléphone, Internet, l'espace satellitaire, le rock et la production de drogues récréatives.

le dénominateur commun est toujours le plus bas élément de l'échelle, comme la foule n'a, on le sait, que le quotient intellectuel du plus crétin parmi elle.

5) De ce qui précède, il convient de tirer une stratégie authentiquement antirévolutionnaire, tout autant qu'anti-réactionnaire, et non dévolutionnaire, donc *méta-orbitale*, seule perspective viable pour activer une conspiration de la métaconscience contre la Matrice.

6) Le néant opératif comme instrument de coupure de flux, et de reconfiguration des possibles, doit être perçu comme le cœur de l'arsenal littéraire chargé de rendre à nouveau la vie infinie, et la mort immortelle.

Petite pause, si vous permettez. Il faut que je m'arrête un instant sur ce concept.

Le néant n'est pas uniquement négation, il est paradoxe. Il est donc aussi acte créateur. C'est par lui, uniquement, que peut se révéler un quelconque « être », « cette vapeur », disait Nietzsche. Car cet *être* n'est le plus souvent qu'un assemblage mécanique de discours, de volontés et de représentations forgés par la Matrice, et le surgissement de la sensation infinie d'*être*, qui généralement transcende l'instant microscopique que l'entropie nous fait vivre (ce présent qui re-présente sans cesse le travail de la mort), bref ce moment où le cerveau humain se raccorde à la structure divine des sephiroths, parce qu'à nouveau la Chekhina s'anime en lui, dépend d'un moment absolu de pur anéantissement, car un être, humain cela va sans dire, ne peut se concevoir que comme singularité, et il n'est pas inopportun de rappeler que la physique cosmogonique nomme précisément singularité ce « vide quantique » dont l'infinie contraction sur lui-même aurait engendré l'infinie explosion de notre univers.

Ainsi donc c'est par le néant opératif, conçu comme méthode de *sur-vie* de la conscience, que peut s'ouvrir la possibilité, pour un cerveau singulier, de recouvrer sa pleine souveraineté, et donc sa plus haute liberté, sa liberté créatrice.

Il convient ici de briser au passage une nouvelle idole de la Matrice. Cette nouvelle déesse qui succède à la Raison, en des temps où effectivement celle-ci n'a plus cours nulle part, se nomme Créativité, et parfois même Création. Elle est même en train de devenir l'impératif catégorique de nos démocraties hypermarchandes. Cette « création » qui se veut artistique est promue depuis deux ou trois dizaines d'années par tous ceux qui ont compris de l'Internationale situationniste ce qui pourrait éventuellement servir à instituer un monde où la « fête » et la « rébellion », voire le « nomadisme », la « dérive urbaine » et la « pluriculturalité » se déploieraient comme ultimes cellules truquées de ce *Cube* anthroposphérique dont Hyperpub.com raffine un peu plus chaque jour les savantes combinaisons chiffrées qui ne servent qu'à nous faire bouger de façon aléatoire et statistiquement contrôlable dans la structure, avec comme unique possibilité de revenir sans cesse à notre cellule de départ.

*

Qu'aujourd'hui « ma » culture (la culture pop) ait atteint ce degré de domination absolue est en premier lieu le signe de sa faiblesse, il la désigne comme l'accomplissement d'une longue maladie, la stase terminale nécessaire à la mise en place d'un processus de chute infini qui vient tout juste de s'amorcer, et dont l'Infini lui-même est le processus salvateur.

« Et la Vérité les rendra libres. »
(*Nouveau Testament*, Jean, VIII, 32.)

Et aussi, *incidemment*, le slogan gravé dans le marbre, dans le hall d'entrée de la CIA.

*

Mes récentes lectures de la presse parisienne m'ont convaincu qu'une population de paltoquets ayant en vue le prestigieux bicorne s'est jetée sur le degré de décomposition inouï de la culture actuelle pour essayer de nous revendre je ne sais trop quelle verroterie petite-bourgeoise et humaniste, en propageant l'idée d'une domination réductionniste que l'anglo-saxon (langue non syntaxique et modulaire) fait subir aux dépens du français, et surtout de la nécessaire survie des langues « mortes » comme le grec et le latin *dans notre système d'éducation.*

Ces sinistres pantins universitaires refusent d'admettre que c'est leur enseignement, leur système d'éducation national qui a proprement tué ces langues qu'on a dites « mortes » afin d'en dégoûter les jeunes générations avant de pouvoir lire par un décret de la République leur acte officiel de décès.

D'autre part les crétinoïdes postmodernes et archéo-humanistes font d'un bel ensemble la même erreur d'interprétation : ce n'est pas l'anglais qui menace (ou qui « unifie » le monde), ce sont les sabirs microtribaux et les antilangages entropiques que la domination marchande fait subir à cette langue, telle une perverse chimiothérapie. Ceux qui se plaignent des caractéristiques modulaires et internationales de l'anglais et qui ne voient dans le grec et le latin qu'une mine de citations — ce sont les mêmes — feraient bien de lire ce brillant développement que Joseph de Maistre place dans la bouche de l'interlocuteur principal des *Soirées de Saint-Pétersbourg* :

> En lisant les métaphysiciens modernes, vous aurez rencontré des raisonnements à perte de vue sur l'importance des signes et sur les avantages d'une langue philosophique (comme ils disent) qui serait créée *a priori*, ou perfectionnée par des philosophes. Je ne veux point me

jeter dans la question de l'origine du langage (la même, pour le dire en passant, que celle des idées innées) ; ce que je puis vous assurer, car rien n'est plus clair, c'est le prodigieux talent des peuples pour former les mots, et l'incapacité absolue des philosophes pour le même objet. Dans les siècles les plus raffinés, je me rappelle que Platon a fait observer ce talent des peuples dans leur enfance. Ce qu'il y a de remarquable, c'est qu'on dirait qu'ils ont procédé par voie de délibération, en vertu d'un système arrêté de concert, quoique la chose soit impossible sous tous les rapports. Chaque langue a son génie, et ce génie est UN, de manière qu'il exclut toute idée de composition, de formation arbitraire et de convention antérieure. Les lois générales qui la constituent sont ce que toutes les langues présentent de plus frappant : dans la grecque, par exemple, c'en est une que les mots puissent se joindre par une espèce de fusion partielle qui les unit pour faire naître une seconde signification, sans les rendre méconnaissables : c'est une règle générale dont la langue ne s'écarte point. Le latin, plus réfractaire, laisse, pour ainsi dire, *casser* ses mots ; et de leurs fragments choisis et réunis par la voie de je ne sais quelle *agglutination* tout à fait singulière, naissent de nouveaux mots d'une beauté surprenante, et dont les éléments ne sauraient plus être reconnus que par un œil exercé. De ces trois mots, par exemple, CAro, DAta, VERmibus, ils ont fait CADAVER, *chair abandonnée aux vers*. De ces autres mots, MAgis et VOLO, NOn et VOLO, ils ont fait MALO et NOLO, deux verbes excellents que toutes les langues et la grecque même peuvent envier à la latine. De CAEcus et UT IRE (*marcher ou tâtonner comme un aveugle*) ils firent leur CAECUTIRE, autre verbe fort heureux qui nous manque. MAgis et auCTE ont produit MACTE, mot tout à fait particulier aux Latins, et dont ils se servent avec beaucoup d'élégance. Le même système produisit le mot UTERQUE, si heureusement formé de Unus alTERQUE, mot que je leur envie extrêmement, car nous ne pouvons l'exprimer que par une phrase, *l'un et l'autre*. Et que vous dirai-je du mot NEGOTIOR, admirablement formé de NE EGO OTIOR (*je suis occupé, je ne perds pas mon temps*), d'où l'on a tiré négotium, etc. ? Mais il me semble que le génie latin s'est surpassé dans le mot ORATIO, formé de OS et de RATIO, *bouche et raison*, c'est-à-dire, *raison parlée*.

Les Français ne sont point absolument étrangers à ce système. Ceux qui furent nos ancêtres, par exemple, ont très bien su nommer les leurs par l'union partielle du mot ANCien avec celui d'ÊTRE, comme ils firent beffroi de BEl EFFROI. Voyez comment ils opérèrent jadis sur les deux mots latins DUO et IRE, dont ils firent DUIRE, *aller deux ensemble*, et par une extension très naturelle, mener, conduire. Du pronom personnel SE, de l'adverbe relatif HORS, et d'une terminaison verbale TIR ils sont fait SORTIR, c'est-à-dire SEHOSTIR, ou *mettre sa propre personne hors de l'endroit où elle était*, ce qui me paraît merveilleux. Êtes-vous curieux de savoir comment ils unissaient les mots à la manière des Grecs ? Je vous citerai celui de COURAGE, formé de COR et de RAGE, c'est-à-dire rage du cœur ; ou, pour mieux le dire, *exaltation, enthousiasme du cœur* (dans le sens anglais de RAGE). Ce mot fut dans son principe une traduction très heureuse du *thymos* grec, qui n'a plus aujourd'hui de synonyme en français. Faites avec moi l'anatomie du mot INCONTESTABLE, vous y trouverez la négation IN, le signe du moyen et de la simultanéité CUM, la racine antique TEST, commune si je ne me trompe aux Latins et aux Celtes, et le signe de la capacité ABLE, du latin HABILIS, si l'un et l'autre ne viennent pas encore d'une racine commune et antérieure. Ainsi le mot *incontestable* signifie exactement *une chose si claire, qu'elle n'admet pas la preuve contraire.*

Admirez, je vous prie, la métaphysique subtile qui, du QUARE latin, *parce detorto*, a fait notre CAR, et qui a su tirer de Unus cette particule ON, qui joue un si grand rôle dans notre langue. Je ne puis encore m'empêcher de vous citer notre mot RIEN, que les Français ont formé du latin REM, pris pour la chose quelconque ou pour l'être absolu. C'est pourquoi, hors le cas où RIEN, répondant à une interrogation, contient ou suppose une ellipse, nous ne pouvons employer ce mot qu'avec une négation, parce qu'il n'est point négatif, à la différence du latin NIHIL, qui est formé de NE et de HILum, comme *nemo* l'est de NE et de HOMO (*pas un atome, pas un homme*).

Voici donc comment un chroniqueur antirépublicain et catholique — donc forcément « réactionnaire » selon Jérôme Garcin et ses potes — défend une certaine conception de la *polyculture*, sélective et aristocratique, que l'on ferait bien de placer en comparaison avec le multiculturalisme idéologique et égalitaire qui tient lieu de référent obligé aux démocratiques et consensuels discours des temps présents.

Car non seulement Joseph de Maistre connaissait le grec et le latin, mais il parlait le sarde, l'italien, l'anglais, le russe et l'allemand, en sus du français, dont il est sans doute un des plus grands stylistes.

Si j'appelle « métahumain » — en osant agréger une racine latine avec un préfixe grec, au mépris des zacadémiciens momifiés — un processus qui ne me semble pas aller de soi dans l'écriture en cours de la *posthumanité* « normale », c'est surtout pour marquer la différence entre la recherche d'une combustion plus haute, bien *au-delà* des dimensions du socius, et la poursuite tranquille du programme, et son simple *après*, absurde et amnésique recommencement du même, élevé au statut de Nouvelle Idole.

Par-delà nos petites valeurs, cela signifie en effet avoir su s'en remplir et y avoir opéré les principes inflexibles de la sélection, et non pas s'en être « libéré » avant même d'en avoir vraiment *éprouvé* les terribles pesanteurs. Pour qu'une réaction ait la chance de produire quelque effet, vous devez contraindre dans un premier temps le corps visé au maximum de son endurance, et ensuite seulement oser inverser le flux pour le projeter dans vos turbines invisibles, alors vous avez une chance de vous élever, de vaincre les gravités terrestres et de dépasser les horizons qu'on vous impose.

*

20 juillet, jour de grâce. Anniversaire d'Apollo 11 (le symbolique trentenaire est passé d'un an, donc tout le monde s'en fout) que je fête tout seul, tranquillement, dans mon poste de vigie, au dernier étage, en me préparant à un bel après-midi d'écriture. Là, surprise. Un courrier arrivé depuis déjà quelques jours m'attend près de l'ordinateur. Sylvie me fait comprendre qu'elle vient de le retrouver dans mon bordel ambiant et que je serais bien inspiré d'y jeter un coup d'œil.

Un bristol beige est agrafé à quelques numéros d'une petite revue, qui à première vue semble plus tenir du fanzine de choc que du magazine littéraire sur papier glacé.

Sur le bristol beige, daté du 19 juin (il aura mis près d'un mois à me parvenir via Gallimard, la vitesse d'une caravelle du XVIe siècle), une note manuscrite m'invite à un entretien, en me faisant comprendre que nous aurions plein de choses à nous dire. Méfiant, comme à mon habitude, j'inspecte les petits cahiers brochés. *Ligne de risque,* me prévient la première page, au-dessus d'un hexagramme du Yi-King que je n'identifie pas tout de suite et qui s'avère le bien-nommé signe du Fou.

Puis un éditorial, « Tout reprendre », occasionne le premier choc.

Ensuite comment dire, c'est pour le moment encore indescriptible. Je viens de terminer le numéro intitulé « Approfondir le courant », après celui qui ose proclamer l'institution d'une « conspiration permanente » et je ne sais pourquoi j'essaie péniblement de retrouver ma voix, ou ne serait-ce qu'une voix, après une bonne heure de lecture qui me laisse dans l'état d'épuisement extatique qu'occasionne une randonnée en haute montagne.

Où étais-je donc ? Que lisais-je lorsque les premiers numéros de cette revue furent *tirés* — au sens d'une munition anthropologique virale ?

Pourquoi ne m'arrivent-ils que maintenant ?

Car non seulement je me serais senti un peu moins seul ces trois dernières années, mais surtout, bien plus important, le processus de dissolution créateur se serait certainement vu amplifié et *accéléré*, comme tout processus supercritique qui se respecte.

Car, comme les gens de *Ligne de risque* l'ont compris, il n'est plus de frontières anciennes qui tiennent entre l'essai d'économie politique et le roman, la poésie et la philosophie, la science et la fiction, la cosmogonie et l'ontologie. Ce qui ne signifie pas, bien sûr, que toute hiérarchie, toute dynamique combinatoire, toute évaluation créative — toute transvaluation donc — soit bannie de notre champ d'investigation, au contraire, car abolir d'anciennes frontières consiste surtout à en produire de nouvelles. Aussi rien ne me donne plus la nausée que cette appellation de « Polar-SF » qu'on a voulu me coller sur le dos comme grande étiquette lumineuse et qui sert encore à me décrire, comme dans ce numéro du magazine *Upstreet*, la revue de *l'essentiel de l'homme urbain*, où quelques lignes d'un article sur le « polar » me sont consacrées. On note ma solitude, mais on semble s'interdire de l'expliquer.

Mais revenons à la *Ligne de risque* qui nous occupe, ou plutôt semble en mesure de nous rendre libres : il n'est pas une page, pas une phrase écrite par François Meyronnis ou Yannick Haenel qui ne provoque en moi un petit séisme, voire une subduction tectonique de forte magnitude. Une telle connivence, un tel appétit pour la Séparation par exemple, qu'ils nomment délicieusement Scission, une telle liberté de ton, une telle souveraineté créatrice est le signe que quelque chose est en train de survenir, oui, quelque chose arrive enfin à ce vieux cadavre de la littérature française. On dirait qu'un joyeux esprit des morts le réanime et le fait danser autour des tombes, jeune zombie encore incertain, aux chorégraphies balbutiantes, mais avec dans sa bouche un haut langage aux synthèses mutantes et dangereuses, un langage virulent, antiprogrammatique, un macrovirus brisant les hypercodes avec lesquels la biopolitique marchande a re-fabriqué le monde, ah oui, certes notre époque se caractérise pauvrement comme celle où « la littérature est devenue un moment de la publicité », brillante synthèse aphoristique de son état actuel (je crois me souvenir avoir dit pour ma part qu'elle en était un département en cours d'intégration) que nous devons à cette revue dont la nécessité est pour ainsi dire *glaçante*, dans ce monde sous serre où les déserts croissent plus vite que jamais sous les tropiques des consciences atteintes de fièvres spasmodiques. Alors comment ne pas frissonner d'excitation devant cette conception aiguisée du « cerveau parallèle » comme arme de guérilla au service de la singularité et de la souveraineté de la pensée, comment ne pas y voir, justement, des « parallèles » avec ma Conspiration souterraine des cerveaux de combat invisibles, avec mes *underbahns* neuroactifs dont *Liber Mundi*, que je mène en « parallèle » à ce journal de guerre, permettra j'espère la traduction romanesque ?

Ce croisement hautement risqué entre les enseignements de la Kabbale, de la mythologie dogon (ah ! les pages de Meyronnis sur le Renard Pâle, dans son fabuleux texte nommé « Tête, contre-tête et liberté »), mais aussi ceux tirés de la lecture de Debord, de Marx, de Nietzsche, de Parménide (ou de son interlocuteur Gorgias), d'Héraclite, de Hegel, de Heidegger, de Bataille, de Dada, ou bien de l'épopée du roman moderne (Proust, Kafka, Joyce), semble la macromolécule fondatrice autour de laquelle gravite un ensemble de « singularités » qui heureusement ne forment aucun groupe cohérent, doté d'une doctrine, autant dire d'une *doxa*, mais plutôt une unité de reconnaissance au-delà des lignes ennemies, agissant avant tout en micropatrouilles d'un ou deux individus, et sans suivre la moindre *ligne de front*, puisqu'il n'y en a plus, mais en opérant en profondeur le long des axes de rupture métabolique. *Ligne de risque* semble avoir fait le pari d'une mise en péril constante de ses propres limites, et les auteurs qui s'y expriment sont tout à la fois des noms illustres (Sollers, Darrieussecq) que de parfaits inconnus, et elle s'ouvre aussi bien à Nabe qu'à Zagdansky.

La revue semble ne pas apprécier le talent de Houellebecq, c'est son droit, même si c'est aussi son erreur. Je ne sais trop ce que recouvre exactement l'appellation « nouvelle tendance », le genre d'expressions journalistiques dont je me méfie comme de la peste, mais elle semble pouvoir être attribuée à cette vague (ou vaguelette) d'auteurs dits *minimalistes* comme Delerm ou Bobin, auxquels on veut à tout prix comparer l'auteur de *Rester vivant*. Mais il va falloir qu'on m'explique comment on peut l'identifier aux Perpendiculaires qui se séparèrent de lui dès que la pleine acception de ce que contenait *Extension du domaine de la lutte*, via sa variation finale nommée *Les particules élémentaires*, éclaira une dynamique propre que ne pouvait certes pas reconnaître le défunt groupe du Café des Marronniers.

Bon, mais s'il faut comme *Ligne de risque* l'affirme *tout reprendre*, comment croire que nous y parviendrons par une attitude critique qui se voudrait encore « révolutionnaire », alors que chaque jour le monde accomplit sa hideuse révolution au-dessus de nos têtes, que tout s'est inversé et que, s'il y a REPRISE, cela signifie entre autres choses que la *récapitulation seule ne suffit pas en tant que telle,* qu'il lui faut en effet l'action alchimique du « souffle » divin pour que s'opère un tout vraiment supérieur à la somme de ses parties, instituant la nécessité de ce « détour » dont ils parlent, que je verrais plutôt comme un « surplis », bref une manœuvre de sabotage génétique accomplie au cœur même des process vitaux de la Machine, le « détour » vers ce néant opératif grâce auquel quelque chose puisse surgir de tous les plans historiques et évolutifs accumulés puis paralysés dans l'hyperstase marchande. Si *ce retour vers lequel nous marchons est un avènement* — comme le disent avec talent les gens de *Ligne de risque* — alors il nécessite bien un rapport nouveau avec le néant comme force de production, ou plutôt d'antiproduction, il nécessite surtout de comprendre que la synthèse hautement disjonctive d'un nouveau Logos créateur de monde, et donc de valeurs, et de langages, ne surviendra d'aucun moment particulier de la masse sociale, et que tout ce que nous sommes en mesure d'établir aujourd'hui, ce sont les premiers rudiments d'une bibliothèque de combat ontologique qui, le jour venu, permettra à quelques-uns d'entre nous, et plus probablement à la poignée de nos successeurs, de préparer l'irruption de cet *être* supérieur.

Petit accès d'eczéma philosophique ce matin à la librairie Gallimard en ouvrant un peu au hasard les pages du *Nouvel Obs* daté du 20 au 26 juillet.

Dans un article intitulé « La liberté de dire non (*bis*) », un dénommé François Reynaert répond à Laurent Joffrin qui, à ce que je comprends, se serait permis la semaine précédente non seulement de ne pas défendre *Baise-moi* contre les attaques de l'Abbé Timonde[1], mais aurait même été jusqu'à en critiquer la teneur, ainsi que le ramdam médiatique qu'on a voulu créer autour de cette pauvre apologie de la culture-chiottes.

Je n'ai pas lu l'article initial de Joffrin, le numéro en question est introuvable aujourd'hui à Montréal, mais il faut reconnaître que celui de Reynaert rassemble, tel un cas d'école, toutes les pseudothéories à la mode convoquées pour nous faire avaler les déjections du nihilisme trash.

Soyons franc, chaque mot, chaque locution, chaque phrase écrite par Reynaert est un véritable bonheur pour

1. Comme dit, je crois, Berroyer dans un de ses livres.

le pisteur de la sous-pensée humanitaire. Si j'osais, j'aimerais vous recopier l'article en question *in extenso* de la première à la dernière ligne, mais ce serait, je crois, abuser quelque peu de la patience de mes lecteurs, je me contenterai donc de ce florilège, qu'il s'agit d'inscrire dans le marbre de la Fin de la pensée et du langage occidental :

1) « Entendons-nous. Que l'on dénonce, comme tu l'as fait, la façon scandaleuse dont les flots d'hémoglobine et l'exaltation de la force brutale masquent toujours plus l'indigence des scénarios d'une grande partie de la production cinématographique, cela me paraît juste, utile, remarquable. »

Disons-le : ça commence, comme on dit dans toute bonne série B, sur les chapeaux de roue. Notre mère Teresa du cinéma d'auteur ultraféministe indique en toutes lettres l'ennemi : ce cinéma, évidemment américain comme on nous l'expliquera plus tard, qui ne propose qu'« hémoglobine et exaltation de la force brutale ». On remarquera que la force, lorsqu'elle est yankee, est toujours brutale, et inversement, et que ce cinéma en fait toujours l'exaltation, toujours sanguinaire, faut-il le préciser. On remarquera aussi qu'il n'y a désormais aucune honte à « dénoncer » des films ou des auteurs qui n'entreraient pas dans les limites du nouveau code Hays de la gauche bien-pensante. *Surveiller et punir*, s'il s'agit d'horribles films hollywoodiens, est un bienfait civique, c'est « juste », c'est même « utile », cela confine au « remarquable ».

Reynaert, brillant conseiller politico-culturel des nouvelles Sections spéciales de l'Ordre multicolore, pourra bientôt remettre les médailles du mérite littéraire à ses zamis-journalistes, zécrivains et zintellectuels. Il en a l'étoffe, et il sait aligner quelques mots.

Mais continuons l'inventaire, si vous le voulez bien :

2) « Par quelle étrange paresse de l'esprit fallait-il pour autant mettre la pornographie dans le même sac ? Je sais bien que, menée par ce vieux fond d'esprit de sacristie dont

la pensée moderne a tant de mal à se départir, la loi commune continue à lier le sang et la représentation du sexe à l'écran parce qu'ils seraient tous deux "attentatoires à la dignité humaine" — au Vatican on dit comme ça. Est-on vraiment, au *Nouvel Obs*, obligé de penser comme on parle dans les catéchismes ? »

Aaah, le « catéchisme », cet « esprit de sacristie » dont notre modernité n'aurait pas encore su se libérer. Aah, oui, comme il est doux d'entendre la gauche humaniste se noyer dans ses propres déjections aux consistances parfaitement hétérogènes, et non miscibles. Non, monsieur Reynaert, ce n'est pas au Vatican qu'a été pondue cette moderne et rococo absurdité humanitaire cherchant à défendre à tout prix la « dignité humaine », en particulier contre les effets néfastes de la vérité. Faut-il vous ressortir la Déclaration des droits de l'homme et les innombrables « lois » républicaines-et-démocratiques chargées d'encadrer la liberté d'expression dans les normes que vous jugez acceptables ? Faut-il compiler les interminables discours de Mitterrand, de Jacques Attali ou de Jacques Delors (ce sont les mêmes) ? Ou pire encore, faut-il vous relire ?

Mais surtout, au nom de quelle théorie innovante et branchée, M. Raynaert décide-t-il que le sexe et la mort n'ont plus rien de commun, au point d'éradiquer entre eux toute relation métaphysique, comme physiologique ? Chez quel « world-philosophe » cet imbécile heureux a-t-il pu extirper cette non-idée typique de notre époque que la « représentation du sexe et du sang » ne forme pas une figure symbolique synthétique dont les humains ont saisi les contours il y a des milliers d'années ?

Poursuivons encore, cela mérite le détour :

3) « Dans la vaste crise de confusionnite aiguë qui a saisi l'esprit public depuis les débuts de cette affaire, où tout est mélangé — les notions de censure, les indignations réactionnaires des officines d'extrême droite et le strict juridisme du Conseil d'État —, il me paraît prudent aussi

de rappeler avec clarté où sont les bornes de notre morale : non, la violence et la pornographie ce n'est pas la même chose, tout simplement parce qu'à la ville comme à l'écran faire la guerre et l'amour ce n'est pas du tout la même chose et, quoi qu'on en pense, entre les armes dont usent, à des fins somme toute pacifiques, les Rocco Siffredi et les Laure Sinclair et celles à *canon raciste* qui excitent tant M. Stallone et ses scénaristes, il n'est pas difficile de voir lesquelles font le plus de mal à l'humanité. »

Excusez-moi, je fais une pause, j'ai un peu de mal à réfréner mon fou rire. Si le Conseil d'État décide de faire appliquer les lois de la République, son comportement, voué à la réprobation des « progressistes », est d'un « strict juridisme ». Si une association de catholiques traditionalistes, apparentée visiblement au MNR de Mégret (qui est à ce que je sache un parti d'expression légale), fait valoir leur droit à ce que cette loi votée démocratiquement soit appliquée, il y a tout lieu de croire que cette disposition juridique est vraisemblablement réactionnaire et mérite d'être changée, c'est aussi simple que cela.

Mais plus grave, remarque-t-on la subtile panchromie du décalage réussi tout de suite après par notre moraliste postmoderne de choc ?

Voyez pourtant comme on passe insensiblement du « réel » à l'« art », grâce à cette locution qui n'a pas l'air d'y toucher : « tout simplement », comme au bon vieux temps du jdanovisme réaliste-socialiste, et observez comment le pacifisme moutonnier (celui de Munich et de Sarajevo) est promu en tant qu'idéologie honorable, tandis que les valeurs militaires (surtout si elles sont encouragées par un méchant impérialiste yankee tel que Stallone) doivent être impérativement jetées dans la cuvette des chiottes de l'Histoire, avec tous leurs « canons racistes » (maintenant même les *objets* sont racistes et peuvent encourir le joug de la loi Gayssot). Conclusion : mieux vaut un Rocco Siffredi qu'un de Gaulle, ou un Toukhatchevski, mieux vaut une

Laure Sinclair qu'une Jeanne d'Arc, ou une sainte Thérèse d'Avila, voire une Marlène Dietrich!, et on l'aura compris en lisant la prose sans style de Reynaert : est *bon* tout ce qui de façon définitive s'oppose aux ultimes valeurs survivantes de ce qui fut notre civilisation. Ou plutôt tout ce qui les souille. Est *mal* tout ce qui ce rapporte de près ou de loin à ses grandes actions politiques et militaires, appartenant à un passé somme toute encore très chaud sous les cendres.

Mais, chers amis lecteurs, le meilleur est encore à venir, passons donc à la citation suivante :

4) « On trouvera que j'ai du porno une vision idyllique. Vu le sujet, j'en conviens, c'est absurde. Comment ne pas voir, me dira-t-on, que l'immense majorité des films X, dans ce qu'ils représentent — c'est-à-dire la rencontre à peine stylisée de quelques poupées gonflables gémissantes et d'un grand marteau-pilon forcément indéfectible —, reproduisent les pires schémas de la domination machiste et de l'écrasement de la femme, et donc une autre forme — tout aussi inacceptable — de violence ? Précisément. Un des intérêts, et non des moindres, de *Baise-moi* est d'être un des premiers films de femmes qui aborde cette question de la représentation non simulée du sexe à l'écran. Était-il vraiment opportun de sortir contre celui-là l'artillerie lourde de la lutte contre la violence ? »

Incroyable morceau d'anthologie de la prose postmoderne, humanitaire et (in)différencialiste! Ce texte nous éclaire sur les mécanismes visqueux qui baignent dans l'huile rance du progressisme. En effet, il y apparaît clairement, dès l'autopsie, une conjonction de plusieurs maladies, qui ont prospéré sur un système immunitaire déficient, un cas de tautologie et de sophistique combinées suraiguë :

> La plupart des films X sont de la daube parce qu'ils « reproduisent les pires schémas de la domination machiste et de l'écrasement de la femme ».

Si un film X est réalisé par une femme et qu'elle y reproduit les pires schémas de la domination matriarcale et de l'écrasement de l'homme, ce n'est pas de la daube.

Donc un film X réalisé par une femme n'est pas un film X.

Le même argument se répète, en parallèle, pour l'ultraviolence :

La plupart des films violents américains sont de la daube parce qu'ils usent de ces fameux « canons racistes » mis au point par je ne sais quel laboratoire secret de l'armée américaine et qu'ils « reproduisent les pires schémas de la domination machiste, etc. »

Si un film ultraviolent est écrit et tourné par une femme, il est féministe et pacifiste, donc ce n'est pas de la daube.

Donc un film ultraviolent écrit et tourné par une femme n'est pas un film ultraviolent à interdire strictement aux mineurs.

Il faut voir d'ailleurs comment Reynaert termine son article. Cette fois-ci la vérité du discours est tout entière illuminée, sans plus la moindre pudeur, ça non. On y lit bien tout ce que je viens d'énumérer, et pire encore, comme vous allez le voir :

5) « Ce qui a choqué, et dans le film et dans son titre, c'est bien évidemment autant sinon plus le film de cul que le film de sang, et le fait que ce film de cul soit tourné puis assumé par deux femmes ne me paraît pas pour rien dans l'effroi qu'il suscite. Est-ce pour autant un bon film ? Non, nous en sommes bien d'accord. Le scénario est faible, les dialogues sont inexistants et, pour tout avouer sur le plan même du sujet qui aujourd'hui nous occupe, il est à peu près aussi excitant que le face-à-face entre un cœur de bœuf et un hachoir à viande. N'empêche. Parce qu'il a été scénarisé, tourné, interprété par des femmes, et par ce qu'il cherche à représenter, il se place dans un mouvement

auquel *Le Nouvel Observateur* ne peut être insensible : celui de la réappropriation de la sexualité par les femmes dans toutes ses formes, y compris l'obscénité. »

Cela faisait longtemps que dans le journalisme occidental on avait vu un tel monument de bêtise gentiment *policée*. Observons froidement le discours : ce qui a choqué dans ce film, c'est surtout le fait qu'il s'agisse d'un film de cul. Ah, bon, il s'agit donc bien d'un film de cul. Autant dire d'un film X. Ah, mais j'avais oublié la règle inflexible qui prévaut maintenant et que j'ai expliquée un peu plus haut, ce film de cul n'en est pas un, et au demeurant les nombreuses scènes de meurtres et de viols n'y sont pas des scènes d'ultraviolence, *car il s'agit d'un film scénarisé, tourné et interprété par des femmes, qui se réapproprient ainsi leur sexualité*.

Par ailleurs, le film est complètement nul, tout le monde en est bien d'accord, « le scénario est faible, les dialogues sont inexistants, et il est aussi excitant que le face-à-face d'un cœur de bœuf et d'un hachoir à viande », mais cela n'a aucune importance en vertu de l'adage numéro un à savoir qu'*il s'agit d'un film scénarisé, tourné et interprété par des femmes, qui se réapproprient ainsi leur sexualité*.

Merveille des merveilles ! Jamais, je crois, je n'avais espéré que les cuistres décérébrés de la non-culture contemporaine écrivent un jour en toutes lettres les aberrations qui leur font office de pensée, pour le compte de l'Office de la Pensée. Il fut un temps où des régimes prétendaient que les choses *étaient* en fonction de ce que le Parti disait qu'elles étaient. Par exemple, l'art ne pouvait être qu'aryen. Ou prolétarien. Ou national. Ou social. Il fallut aussi qu'il soit populaire, ou au contraire élitaire. Cela faisait déjà un bail qu'on lui demandait de refléter la « morale » de l'époque. Plus tard on lui intima l'ordre d'être « moderne », ou « contemporain », voire « postmoderne », puis « subversif » et « transgressif », et maintenant il doit s'affirmer « homosexuel », ou alors être interprété par des « femmes » pour que le statut d'œuvre éternelle lui soit automatiquement conféré.

Que *Baise-moi* soit un film de cul doublé d'ultraviolence, et de surcroît un film nul, donc un film qui mérite amplement son statut de film X, est, on l'a vu, admis par tout le monde, y compris par ceux qui se chargent de « défendre » ce monument de crétinisme intégral contre l'« hydre intégriste », mais qu'il soit un nullissime film de cul ultraviolent, donc X, doit être oublié sur-le-champ par toutes et par tous pour la simple et bonne raison que ce sont deux féministes de choc qui l'ont tourné. D'ailleurs M. Reynaert a un avis fort bien tranché sur la question, et qui lui permettra au moins de ne pas passer pour un complet imbécile aux yeux des cinéphiles du XXIe siècle car :

6) « *Baise-moi* est sans doute un parent indigne, un rejeton raté ou tout au moins un pauvre adolescent en pleine régression infantile qui ne mérite pas le cas qu'on en fait. »

Était-ce bien besoin, monsieur Reynaert, d'user trois longues colonnes pour parvenir à cette banale conclusion ? À moins que comme tout (dés)informateur qui s'ignore — ou au contraire se connaît — vous n'ayez pris la peine de la noyer au sein de ces longues, absurdes et fastidieuses démonstrations de votre nihilisme avancé ?

Observons ce phénomène de décomposition de la pensée avec un peu plus d'attention, augmentons l'agrandissement du microscope. Observons le mépris affiché avec lequel sont décrites ces « rencontres à peine stylisées entre des poupées gonflables gémissantes », puis ce « grand marteau-pilon forcément indéfectible » qu'on retrouve toujours dans les infâmes films pornographiques au service de la « domination machiste ». Et comparons ce mépris ostentatoire avec « la réappropriation de la sexualité par les femmes [...] où bien des membres de feu le "sexe faible" cherchent, entre autres combats, à sortir du ghetto nigaud de l'eau de rose ou, pis encore, de l'érotisme soft, où un aimable phallocratisme se complaisait à les maintenir ».

Ah, oui, certes, un trou du cul défoncé par le canon d'un flingue « lesbien » (puisque les armes peuvent être « racistes », j'imagine qu'elles ont aussi une sexualité, non ?), ce n'est pas du tout le même trou du cul défoncé par un flingue machiste. Et, on l'aura compris, puisque M. Reynaert nous l'explique, il est temps d'établir strictement la différence entre le « déferlement toujours plus périlleux de la violence au cinéma et à la télé » et ce « mouvement auquel *Le Nouvel Observateur* ne peut rester insensible », il faut arrêter de toute urgence d'assimiler « à toutes les nouilleries puritano-sanglantes que nous impose Hollywood » ce degré ultime des « conquêtes féministes » et de la lutte contre l'ordre patriarcal rétrograde.

Depuis les discours de Kim Il-sung ou d'Enver Hodja on n'avait jamais vu un tel sommet de rhétorique stalinienne.

À vos rangs, fixe !

Nous ne voulons voir qu'un seul sexe !

*

En parcourant ce numéro du *Nouvel Observateur* je tombe ensuite sur la méchante prose de M. Julliard.

Il est une évidence qui s'impose alors à mon esprit : tout m'éloigne de plus en plus, et à jamais, de ces apprentis humanistes qui ont approuvé l'intervention de l'Otan au Kosovo, et pourtant rien ne me rapproche du bubonique club des jacobins anti-américains de choc. Je suis intimement persuadé qu'il y a un espace bien plus insondable entre moi-même et Julliard (pourtant « pro-Otan » à ce qu'il dit) qu'entre celui-ci et Debray. Dans le même ordre d'idées, il est hautement probable qu'au-delà de cette question bien des choses me rapprochent d'un garçon comme Philippe Muray, qui n'a rien à voir avec la clique rouge-brune qui sert directement les intérêts de Milosevic, alors qu'il a violemment mis en question les mérites de cette opération militaire.

Comment comprendre cela ?

Peut-être par le jeu parfois paradoxal qui lie les singularités entre elles ? Par le fait que la « vérité » se situe au-delà de ces lignes de démarcation somme toute mobiles, si ce n'est factices, voire inexistantes ?

Car, honnêtement, comment pourrais-je me contenter de vingt chars détruits et d'une douzaine de centrales électriques endommagées ? Comment pourrais-je me contenter d'une petite succession de frappes chirurgicales qui se sont arrêtées dès la première bavure télévisée ? Ce n'est donc pas tant la prétendue « opération militaire » qu'il fallait conspuer, ou applaudir, que cette pathétique version humanitaire et édulcorée de la guerre, alors que les lois de celles-ci impliquent par définition d'infliger des destructions mortelles pour l'ennemi. Et il convient de noter que chaque « camp » aura en fait servi le principe inverse de celui qu'il pensait soutenir.

Et il est aussi une autre certitude, que l'histoire du dernier siècle nous aura permis d'acquérir : c'est que si, par un authentique miracle, un social-démocrate féministe et humaniste américain comme Clinton avait osé accomplir une véritable *opération militaire*, remplissant un objectif stratégique et politique, dépassant de très loin et de ce fait la simple *intervention humanitaire*, alors très vite, le Pentagone le savait, l'Opinion (avatar médiatico-statistique de la Matrice) se serait retournée en faveur d'un retrait rapide du « bourbier balkanique » (comme si par définition la guerre n'en était pas un, dans quelque condition que ce soit). Et Julliard aurait rejoint Debray en trouvant un moyen sophistiqué de dénoncer les « dégâts collatéraux » devenus « inhumains » ou les diverses manœuvres « terroristes » qu'impliquerait l'organisation d'une opposition armée radicalisée au régime de Belgrade, sans compter le réallumage absolument nécessaire de la guerre en Bosnie, afin de détruire l'entité postbolchevique de la Republika Srbska, qui risquerait de déranger le doux sommeil de ceux qui se sont endormis sur la paix de Dayton.

Car si tout le monde voulait bien qu'on sauve les Kosovars, il était hors de question que pour cela on tue trop de Serbes, ni qu'on écrabouille au passage une ambassade chinoise ou deux. Et surtout qu'on aille jusqu'à Belgrade pour y déloger la racaille criminelle qui s'y terre. De la même façon, tout le monde avait poussé des soupirs de soulagement lorsque Clinton refusa de donner son appui maximal à l'opération combinée croato-bosniaque de l'été 1995, et qu'il força les « belligérants » à accepter l'ignominieuse et absurde « paix de Dayton », qui avalise un découpage ethnique invivable, réalisé par un authentique programme génocidaire mené au cœur de la faille tectonique historique de l'Europe par la dernière féodalité communiste encore vivante en Europe.

Zéropa-Land aura ainsi montré tout ce qu'elle sait faire pour défendre ses « valeurs » : elle aura montré qu'une Palestine balkanique s'élaborant lentement sous protectorat onuzi n'est pour elle qu'un « non-événement » (comme l'affirma la mère Cresson lors de l'éclatement de la guerre en Bosnie), enterré comme il se doit (c'est-à-dire vivant, et par milliers de bouches ouvertes) par les Pompes funèbres générales du Conseil de l'Europe et ses sinistres commissaires, et la main toujours impunie de leurs sbires serbes.

Comme d'habitude, on accuse ou on louange les « Américains » pour l'aide apportée à cette politique, mais on oublie surtout de dire que la « politique » américaine n'est que le succédané improvisé à la va-vite pour combler le vide géostratégique zéropéen. Si nous avions un projet politique, et une armée susceptible de le défendre, voire de l'imposer, comme tout empire qui se respecte, il y a longtemps que la page yougoslave serait tournée.

Et Milosevic pendu.

Voilà probablement ce qui me vaut d'être aujourd'hui taxé de « réactionnaire ».

*

La presse en est désormais au point où, dans sa rage d'étiqueter à tout prix, elle aligne en continu bévues sur mensonges. En ce qui me concerne, après m'avoir cru cyber-tagada, ou punk-tsoin-tsoin, elle tente maintenant de propager l'idée que la Réaction, c'est moi (et non pas elle), m'accable de toutes les épithètes déshonorantes de cette fin d'époque (fasciste, identitaire, eugéniste, bourgeois, nouveau riche), et va jusqu'à m'inventer un passé d'ex-gauchiste improbable parce qu'il se trouve que j'ai bien connu Jean-Bernard Pouy au lycée Romain-Rolland d'Ivry-sur-Seine, il y a de cela vingt-cinq ans, et que je suis édité par Patrick Raynal à la Série noire. Primo, et afin que les rouflaquiers du tirage à la ligne s'en pénètrent une fois pour toutes, je suis né en 1959, j'avais donc neuf ans en 1968, et douze lorsque je connus Pouy, qui officiait alors comme responsable du foyer culturel et éducatif de mon lycée, soit tout particulièrement le ciné-club, où la diffusion des grands classiques français ou américains alternait avec celle des ovnis cinématographiques tels que *La jetée* de Chris Marker, *Punishment Park* de Peter Watkins, *Andreï Roublev* de Tarkovski, ou l'intégrale des Marx Brothers. Secundo, quant à Raynal, c'est peut-être un ex-maoïste — il ne s'en est jamais caché —, mais c'est surtout le seul éditeur qui ait osé me publier, et je rappelle à tous les jésuites qui se cachent parmi mes contemporains qu'il est ainsi fait que ce sont (presque) tous d'anciens gauchistes, ou apparentés, qui tiennent aujourd'hui l'industrie de l'hypercommunication, particulièrement dans la sous-branche de l'édition, parce qu'en cette ère de désastre absolu que fut la seconde moitié du siècle passé, il faut bien convenir qu'ils furent parmi les derniers à lire des livres. Raynal est donc loin d'être une *exception*, même si sa corpulence et sa liberté de ton en ont sûrement fait un des plus visibles d'entre eux. Mais pour reprendre le sujet qui présentement nous occupe, voici donc comment on me décrit dans un article du *Temps* de Genève, signé Isabelle Rüf : *l'émigré (qui) dégurgite ses rognes d'ancien gauchiste.*

Il est temps de faire savoir à tous les plumitifs de la presse libérale-sociale occidentale que j'ai été « gauchiste » une fois dans ma vie, le temps d'un gros trimestre scolaire environ, vers 1974, lorsque sous la pression des événements, de la société et de son inconscient collectif — pour ne pas dire sa collective inconscience — j'adhérai à une organisation trotskiste nommée Alliance des jeunes pour le socialisme, que je quittai avec fracas la rentrée suivante. La lecture de Nietzsche, de Dick, de Burroughs, de Kafka, de l'IS et de Dostoïevski m'aura sauvé de ce désastre intellectuel dans lequel toute ma génération, sous couvert de « punkitude », allait s'engouffrer comme un seul homme.

Car on m'a aussi affublé un temps du sobriquet d'*ex-punk*, alors que je fus de ceux qui jetèrent leur costume et les codes vestimentaires *qu'ils avaient inventés* dès qu'il apparut que d'anciens babas cool, avec l'apport de gauchistes soixantuitards en cours de reconversion et de néo-trotskistes ou d'anarcho-ramollis du bulbe, anciennement régionalistes bretonnants ou occitanistes, allaient faire de ce dandysme pop et mutant la dernière religion révolutionnaire nihiliste de la fin du siècle. En gros, je fus de ceux qui optèrent pour la voie esthétique de la *cold wave* (est-ce un hasard, dès l'hiver 1978 ?) : costards gris soviétiques et musique froide postindustrielle, parce qu'il apparaissait clairement que la seule alternative à Téléphone allait s'appeler les Béruriers noirs ou les Garçons Bouchers, alors que nous savions tous que la vague française de 1976-1977 était parvenue à produire Métal Urbain ! Être punk en 1976-1977 signifiait donc ne plus l'être en 1978-1979, tout simplement parce que le dandysme ne souffre pas de devenir un art de masse et qu'il s'agissait de poursuivre la manœuvre de sabotage en inventant une éthique de la conspiration qui nous fasse toujours deviner à l'avance où et comment faire surgir une esthétique de nos propres cendres, auxquelles sans cesse il s'agit de remettre le feu.

Car il s'impose maintenant de rétablir l'axe de la vérité : le « punk », lorsqu'il surgit inopinément tel un ange de pure destruction/salvation électrique au beau milieu des enflures du rock lourdaud et progressif des *mid-seventies*, était tout sauf le discours précalibré d'une organisation de masse révolutionnaire. Il en était même l'*antidote*, car je puis dire expressément que cette « esthétique », entre autres choses, occasionna le rejet total de la greffe sociale-léniniste que la société de l'époque et ses nihilismes tentèrent d'imposer à mon petit cerveau. Il s'agissait, qu'on le sache, de l'invention semi-collective d'un petit groupe de dandies, écrivains et journalistes, et d'une collectivité encore plus restreinte de musiciens ; une sorte de « tradition » occulte, qui remontait aux origines secrètes du rock'n'roll, passait par le « garage-punk » des *mid-sixties* et le psychédélisme « dur » du premier Pink Floyd (avec Syd Barrett), par l'hyperréalisme noir du Velvet Underground et le théâtre transgénique de Bowie (qui était loin d'être une *world-star* en 1972 ou en 1975) ou des New York Dolls, mais aussi par l'esthétique hypertotalitaire d'un Blue Oyster Cult, le teen-rock terminal d'un T-Rex, et cette haute sidérurgie sonique pour adolescence blanche posturbaine que nous offrirent Iggy and the Stooges, tout cela pour aboutir aux synthèses électro-organiques de Fripp, Brian Eno, Roxy Music, Kraftwerk, Heldon, et déjà Père Ubu ou Television. Dans une ère vouée aux délices de l'hyperindustrialisation globale, cela ne représente tout compte fait qu'un cercle d'auteurs et de compositeurs très circonscrit, pour un public bien plus restreint et autrement plus *cultivé* que celui qui suivait avec ferveur les rencontres de Pierre Boulez à l'Ircam.

À partir de là, en 1976, on voit surgir Malcolm Mac Laren, récupérateur génial, lecteur de Debord et manager de choc de feu The New York Dolls, qui monte sa boutique de fringues « Seditionaries » en plein milieu de King's Road, et conçoit l'idée de foutre un grand coup d'électrochoc au rock british qui croupissait alors sous les fastes pharaoniques des Emerson, Wakeman, Anderson et autres pompiers du rock néomédiéval. Pour cela, ce malin voyageur cosmopolite labélisa ce mot d'argot new-yorkais en quatre lettres — signifiant *minable*, *pauvre*, voire *crétin* à l'origine —, tout droit sorti des articles de Lester Bangs et d'Yves Adrien, en lui faisant connaître, grâce aux Sex Pistols, la destinée que nous savons.

Or dès la rentrée 1977 la cause était entendue : la mort infinie qui projette toutes les formes d'art du XXe siècle vers le coma de la marchandise était déjà à l'œuvre et deux phénoménologies disjointes apparaissaient, l'une recouvrant l'autre, la cannibalisant sans vergogne, s'accaparant son existence, ses codes, et la plupart de ses trouvailles géniales (à savoir précisément *la surutilisation du cliché,* ce dernier étant appréhendé comme trace résiduelle d'un génie caché, alchimique et inhumain), pour en extraire laborieusement quelques gimmicks usés jusqu'à la corde dès leur naissance et servant à propager « la lutte révolutionnaire contre la société de consommation capitaliste ».

Ce dédoublement dans la marchandise, et ses nihilismes, par lequel le double vampirise la réalité qui lui a donné naissance, est une figure emblématique de la littérature *romanesque* depuis son invention par cette société (en gros la fin du XVIIIe siècle et le début du suivant), et il n'est pas anodin de constater qu'il fut aussi la figure emblématique des artistes de la « mutation pop », ces dandies de l'âge électrique, dont je parlais plus haut. Il n'est pas anodin non plus de noter que cette figure s'efface dès que l'idéologie de la « créativité » et de l'« authenticité » personnelles s'arrime en force dans le socius modernisé des années 1980 et 1990.

Voyons de plus près l'origine de ce phénomène :

1) Le « punk » originel remontait comme on l'a vu à une tradition bizarre née des facultés syncrétiques typiques de l'Occident postmoderne : une forme d'art « populaire », le rock électrique des années 1950 et 1960, révélait, entre les mains de quelques artistes engagés dans une voie mutante, déviante et anticonformiste, une force esthétique majeure seule en mesure de restituer les modes de vies mégapolitains et dévolutifs de cette fin de XXe siècle et, par l'injection d'une haute dose d'énergie négative, antihumaine donc, de leur faire accoucher d'une poésie authentique. En janvier 1978, pressentant la voie positiviste « néomilitante » que les Clash et quelques autres sont en train d'ouvrir aux masses nihilistes, John Lydon saborde son groupe et enterre officiellement le mouvement « punk ». C'est, qu'on le veuille ou non, un acte hautement créateur, souverain et libre, car il ne fait aucun doute que les multinationales du disque étaient déjà en train d'ourdir leur aimable complot démocratique et mercantile, afin de faire des Sex Pistols la nouvelle coqueluche à la mode, accumulant disques d'or sur disques de platine, qui permettrait au passage à des couturiers en panne d'imagination de se régénérer pour deux ou trois décennies et vendre ainsi des millions de tonnes de « fringues » à de vastes tribus corporatisées d'adolescents. À la place, Lydon prit le risque de saboter toute l'entreprise et revint quelques mois plus tard avec le premier groupe de métarock de l'histoire : Public Image Ltd. Androïdes en costumes de tweed, antirock abrasif, sur une énorme pulsion dub machinique, avec stridences électriques de guitares et claviers trafiqués pour toute masse sonore harmonique. Aucune des poses « destroy » ou « punk » qui l'avaient rendu célèbre, pas d'appel à l'anarchie, pas d'allusion à la reine et à son « régime fasciste ». Non, une présence

magnétique, hiératique, inhumaine, et le retournement du spectacle contre lui-même comme unique horizon esthétique kamikaze. Inutile de dire que les pauvres *crétins* de babas cool et de néotrotskistes déguisés en Iroquois goûtèrent peu la chose et qu'une pluie de crachats et d'insultes l'accueillit, lui et son nouveau groupe, lors de leur première apparition sur scène à Paris, au Palace, je crois me souvenir, au courant de l'hiver 1978-1979.

2) Mais tandis que s'élabore cette voie souterraine, *à la surface*, dans le monde des apparences sociopolitiques, un mouvement bien plus ample et général saisit les sociétés de l'Occident. En France, ce mouvement conduira à l'élection de Mitterrand, à la programmation culturelle généralisée et à l'élaboration par la masse d'un « punk-rock » velléitaire, pauvrement nihiliste, sans force ni culture, simple néotribalisme *looké* « barbare moderne » et qui allait reprendre sans vergogne les paradigmes morts de la pensée dé-civilisée des utopies communautaires hippies, en leur collant un rythme binaire accéléré et quelques bons vieux coups de guitare saturés qui serviraient ainsi de « bande-son » aux mauvaises poésies de collégiens antimilitaristes attardés et à leur théâtre d'expression corporelle.

Cette « seconde » vague punk apparaît, il faut le noter, vers 1982-1983, lorsque l'appareil d'État social-libéral mitterrandien s'est mis en place et que déjà quelques « minables » — au sens non métaphorique cette fois — ont su profiter de l'énergie des années 1976-1977 pour se creuser un trou dans la termitière sociale et s'intégrer ainsi à l'industrie naissante de l'hypercommunication.

Un groupe comme les Béruriers noirs est, quoi qu'on en dise, une aubaine pour cette industrie. D'abord, il génère un inquantifiable volume de clones. Ensuite, il referme sur l'art émergent la coupole de plomb des nihilismes *artistes*, enfin, et subséquemment, il permet aux journalistes du *Nouvel Observateur* ou de feu *Le Matin de Paris*, voire du *Monde*, d'y retrouver un peu mieux leurs petits, d'y voir plus clair, et donc d'écrire avec l'aplomb du cuistre ignare que le « punk » est plus ou moins *un vaste mouvement de protestation sociale de la jeunesse qui s'exprime par une musique « destroy », le théâtre de rue et un certain nombre de slogans politiques radicaux repris par la foule.*

Vous admettrez qu'il est peu probable qu'une telle description puisse convenir à un quelconque concert de Lou Reed, d'Iggy Pop, de Kraftwerk, ni même des Sex Pistols ou des Ramones, et je ne parle pas de Patti Smith, de Richard Hell ou de Television, ni des Talking Heads. Ou en France, à des groupes comme les Dogs (à propos desquels les journalistes français n'ont jamais rien su dire d'important), Métal Urbain (le *Suicide* français), Kas Product (les pionniers d'un rock industriel métissé de soul et de funk) ou Taxi Girl (lors de leur brève splendeur), car ce qui diffère profondément les artistes des animateurs de rue, ou si vous voulez le punk/dandy du punk/militant, est aussi abyssal que ténu, cela s'articule sur l'origine autogénésique du langage et donc de la pensée, cela est *infiniment objectif*, donc indescriptible avec les cadres exigus de la rationalité, quoiqu'il suffise sans doute de placer les textes produits par ces auteurs en comparaison les uns des autres pour qu'une hiérarchie générale, j'oserais dire *naturelle*, se mette aussitôt en place à nos yeux.

Les morts sont terriblement vivants, et ils nous manquent ; les vivants paraissent définitivement morts, et ils nous accablent.

*

Un des objectifs de cette deuxième phase offensive, qui courra certainement sur les années 2000 et 2001, est de préciser certaines cibles et certains concepts que la première manœuvre a, me semble-t-il, laissés dans le flou, si ce n'est dans l'ombre. Rien n'est plus gênant quand je me relis de tomber par exemple sur certaines utilisations du mot « métaphysique » qui ne s'appuient pas sur une explication préalable de ce que ce mot recoupe exactement selon moi.

J'aurais dû, par exemple, indiquer que lorsque Aristote en articule les concepts fondateurs, c'est surtout par un acte qui dépasse de loin sa propre pensée[1]. Il entend bien sûr ouvrir un champ de recherche encore neuf à la science grecque, dont il est en quelque sorte le père fondateur, ou plutôt son grand synthésiste, mais cette investigation s'applique à ce que les sciences physiques, mécaniques et biologiques de son temps sont dans l'incapacité d'élucider, voir même de percevoir.

Aristote n'apparaît pas *ex nihilo*. Les questions métaphysiques courent dans la société grecque depuis les présocratiques, au moins. Les grandes questions sur l'Être et le Temps ont déjà été abordées par Héraclite et Parménide, et leurs conséquences sur la *vie* font partie des débats qui depuis des générations animent la pensée hellène.

Qu'est-ce que ce mot recouvre aujourd'hui ?

Un processus terrifiant de complexité. Car d'une certaine manière c'est le monde lui-même qui est en train de devenir *méta-physique*, virtualisé dans la tyrannie numérique que les rationalismes modernes et postmodernes auront finalement institué, un monde qui disparaît au profit d'une structure informe, carcinomique, sans cesse ouverte vers plus de rien, ou plutôt ce pas grand-chose qui contente les estomacs d'aujourd'hui, cette ouverture transfinie sur la fermeture unitaire des consciences, bref nous

1. C'est en effet Nicolas de Damas, philosophe juif à la cour d'Hérode le Grand, qui a le premier forgé les mots « *Ta Meta Ta Phusica* », en commentant les œuvres d'Aristote et de Théophraste, son disciple. Métaphysique s'applique donc aux concepts aristotéliciens, mais sous un vocable synthétique gréco-judéo-arabe (voir *La déraison antisémite et son langage,* J.-P. Faye et A.-M. de Vilaine, Babel, 1996).

voilà face à une authentique force dévolutive qui aplanit le Temps pour le tenir sous le joug d'un Espace tridimensionnel réduit à quelques vecteurs mathématiques qui bientôt pourront être directement neuro-implantés, via processeurs bioniques, au cœur de notre cortex.

Personne n'a, je crois, compris que l'homme cyborg du XXIe siècle ne verra ni sa liberté ni sa souveraineté agrandies (ou même amoindries) par cette hybridation bionique silicium/carbone d'une manière qui irait — si j'ose dire — *de soi*. Bien au contraire, voici précisément, avec les manipulations de nos chromosomes, l'ultime défi que la Technique devenu Métaphysique opérative est en train de jeter à ce primate urbanicole tout juste sorti de l'Histoire, et qui pour cela croit que le cosmos est un vaste parc à thèmes global où le Temps lui-même est désormais touristisé et numérisé dans sa version Disneyland à l'usage de tous les peuples de la planète.

Mais, étrangement, c'est du crime originel de ce premier dispositif technique de la posthumanité (une humanité au génome décrypté et aux cortex neuronnectés à un mégaréseau matriciel dont Internet n'est qu'une ébauche pithécanthropique), au cœur même de l'interface homme-machine et de l'expérimentation génétique, que pourra se cristalliser le moment critique de l'actualisation brutale des forces du Logos, et comment s'appelle donc ce « moment » sinon celui du surgissement christique comme processus d'écriture transfini dans la chair même des hommes, dans ce qu'ils ont de plus organique (la reproduction génétique) et de plus intemporel (la pensée en tant que plan de fuite de l'organique vers l'Infini) ?

Le rôle de la littérature s'en trouve à la fois agrandi et réduit, il se concentre, se focalise tel un faisceau de lumière cohérente sur les tumeurs malignes, la voici qui peut s'instituer microchirurgie du réel, ou plutôt microchirurgie de la conscience cérébrale. Grâce à la haute technologie encore secrète de la fiction, elle devient pour de bon neuro-opérative, elle propage des lignes de coupes et des synthèses disjonctives au cœur du réseau neuroprogrammé de l'Individu, lui fait entrevoir tous les dispositifs de la Machine, le réseau social des discours, des volontés et des représentations, mais surtout le conduit, grâce à l'élaboration d'une mythologie spécifique que la fiction a pour objet de rendre contaminatrice, à un antimonde propre, où les lois du Monde ne sont reproduites que pour mieux être profondément altérées, en vue d'un cataclysme ontologique général qu'il s'agit de mettre au point dans ces laboratoires viraux qui ne se nomment vraiment livres que lorsqu'ils sont des êtres *libres et souverains*, donc des actes créateurs.

(27 juillet 2000)

*

Toute véritable invention est le point nodal d'un nouveau monde.

Un article assez récent du *Canard enchaîné* me décrit comme une sorte d'exégète « fumeux », ce qui n'est pas fait pour m'étonner de la part de ce haut lieu de la pensée laïque et rationaliste, et c'est son droit le plus strict au demeurant. Ce qui me dérange, c'est lorsqu'on y propage quelques contrevérités patentées, sans avoir trop l'air d'y toucher.

Par exemple, et pour commencer, si comme le prétend Jean-Luc Porquet mon journal n'en est pas un parce que j'y parle peu de moi, et qu'ainsi *de l'auteur on n'apprend quasiment rien*, c'est que très probablement il y a méprise sur le mot « journal », qui ne signifie rien d'autre qu'un travail fondé sur l'écriture quotidienne, *au jour le jour*, et sans volonté intimiste particulière, surtout si comme moi, et dans le but d'éviter toute confusion, on spécifie en toutes lettres : « journal métaphysique et polémique », autant dire

« carnets de guerre ». D'autre part, pour répondre rapidement à l'auteur de l'article, je le mets au défi de trouver dans les pages du *MSTZ* un quelconque paragraphe où je me « plaigne » de l'accueil que la critique, le public ou les « milieux littéraires » ont réservé à mon travail. Même chose concernant mes confrères (ou consœurs) écrivains de langue française, où donc dans ma prose a-t-on pu lire une absurdité telle que « tous à chier, sauf moi », sous une forme ou sous une autre ? Mettre en évidence un processus de mercantilisation de sa propre personne, et de ses écrits, ainsi que de tout le « champ de la production littéraire », comme on dit aujourd'hui, n'entre pas dans ma définition du mot « plainte ». Je suis encore assez lucide — en dépit de ma consommation quotidienne de cannabis, et n'en déplaise aux commentateurs coutumiers de la pause Ricard — pour savoir pertinemment que j'aurais mauvaise grâce de gémir sur mon sort, ce qui n'est de toute façon pas dans mes habitudes. Mes romans à la Série noire ont touché environ cinquante mille lecteurs, et le cinéma a cru bon s'y intéresser, ce qui a sans doute permis cet « embourgeoisement » qui semble aujourd'hui me caractériser aux yeux de la presse nationale.

C'est le temps et le moment apoplectique de la désagrégation terminale qui détermineront qui de nous tous, en vérité, était un bourgeois, et qui ne l'était pas.

C'est par l'épreuve du feu qu'on connaît les propriétés d'un métal.

*

Jamais, je crois, on aura assisté à une telle fabrication en série d'individus sûrs de leur bon droit en toutes occasions, qui ne jurent que par eux-mêmes, et leurs propres convictions, leurs « manières de vivre », qui n'en sont pas, forgées dans le néant mou des éditoriaux, voire la contemplation obsessionnelle d'eux-mêmes, jamais on aura vu tant de trahisons, tant d'amitiés flouées pour cette prétendue intégrité, cet intégrisme humanitaire de la personne, du moi infantilisé et réduit au consumérisme des modernes idoles, jamais on aura vu tant de barbarie, une barbarie *poudrée*, dans tous les sens du terme, une barbarie mondaine et inculte, un égocentrisme sans plus aucun centre, un altruisme qui ne supporte plus la moindre altérité, cette suite ininterrompue de jérémiades et de plaisirs en puériculture, cette incessante litanie revendicative et identitaire, c'est, disons-le avec calme, le degré terminal de la tyrannie, c'est la fin de toute civilisation, c'est le moment où les loups se déguisent en agneaux et finissent par s'entre-dévorer, soumis à leurs propres illusions, le moment où un vampirisme visqueux se propage, où tout acte libre et souverain, tout acte de don véritable est à l'avance promis à la souillure et à l'abjection des masses, sauf intervention de la Providence pure, où toute gentillesse — au sens étymologique : noblesse — est confondue devant la coalition des âmes méchantes, cupides, et crapuleuses, devant les nauséabondes confluences des égoutiers de la presse et les trahisons en série d'un monde où — je l'ai déjà dit mais il est parfois bon de se répéter — la seule forme de loyauté qu'on est aujourd'hui en droit d'attendre d'un individu, c'est sa constance dans le calcul.

*

Incessantes avancées des droits de l'homme en Amérique du Nord :

À Calgary, Alberta, un certain Jean-Guy Tremblay vient de voir avec soulagement un certain Scott Brooker, soi-disant « juge » de son état, le dédouaner pour les quatorze actes de violence caractérisée envers plusieurs femmes qu'il avait accumulés en une petite dizaine d'années. Une requête avait été en effet adressée à la Cour du banc de la Reine, afin que cet individu multirécidiviste, si ce mot peut encore revêtir un sens quelconque aujourd'hui, puisse être classé comme « criminel dangereux ».

La « carrière » de Tremblay avait commencé en 1989 lorsqu'il était parvenu une première fois à utiliser à ses fins la « justice » décadente de nos temps immondes en obtenant d'une cour de l'Alberta une injonction interdisant à sa compagne d'alors de se faire avorter, contre toutes les lois et chartes en vigueur au Canada.

Depuis, le même Jean-Guy Tremblay s'est fait connaître pour neuf condamnations stipulant autant d'agressions graves sur deux femmes de Calgary, ainsi que pour voies de fait avec lésions corporelles, harcèlement criminel, détention illégale de personnes et menaces de mort.

Rien de tout cela n'a convaincu notre bon « juge » Scott Brooker, qui a statué au contraire qu'il était impossible de « conclure que la conduite de Tremblay se situe à l'extrémité de la criminalité ».

Faisons une pause, pour reprendre notre souffle, et envoyer un message d'excuses à toutes les futures victimes de M. Tremblay, ainsi qu'à celles des jours passés ou présents. Accordons dans le même temps la glaire du plus haut mépris à cet androïde décérébré de la justice des derniers hommes, nommé Scott Brooker, ce robot au brushing télévisuel, au costume de bonne coupe et au sourire humanitaire pour lequel la menace effective et répétée que fait peser une pauvre blatte comme Tremblay sur son entourage n'est en rien une « extrémité de la criminalité ». Pour que Scott Brooker se décidât à ce que Tremblay soit jugé dangereux, il aurait fallu en effet que ses crimes impliquassent « meurtre, torture ou viol », ce qui permet ensuite de comparer ces belles paroles avec les discours sans cesse répétés sur le nécessaire développement de la justice préventive.

Mais on sent bien que la pression générale de la sous-pensée postmoderne nous forcera bientôt à reconsidérer avec « compassion » et « humanisme » les trois crimes suscités. Tout dans les allures suaves, lisses et abjectes de Scott Brooker nous permet de l'affirmer : cette génération de juges, d'avocats et de procureurs est bien décidée à dégrader jusqu'au dernier degré ce qui subsiste encore de l'antique droit romain afin de le remplacer par le règne du juridisme démocratique, humanitaire et terrifiant des néomatriarchies hypermarchandes.

Dans *Ligne de risque*, cette assertion, redoutable, et à la puissance quasiment infinie : *Je ne conçois pas ma pensée comme celle d'un être vivant*.

La pensée serait-elle ce moment tragique, sacrificiel, et anhistorique où le vivant se réapproprie la mort et ses processus ? Et pour cela se sépare du monde des vivants, franchit le Styx et se confronte aux horreurs glacées de la vérité ? La pensée serait-elle pure phénoménologie spectrale, un vaudou alphabétique, un assemblage de microtechniques zombies nous permettant de nous enfoncer au cœur des ténèbres afin d'y survivre ? Comme les pionniers copièrent les modes de survivance ancestraux des Indiens, la pensée ne pourrait alors s'élaborer qu'en cherchant à imiter l'au-delà du cerveau biologique, elle ne saurait survivre sans devenir un peu archange, et un peu démon...

Ce soir, 6 août, anniversaire du raid d'*Enolay Gay* sur Hiroshima. Grande opération commémorative, comme seule notre époque et les fonctionnaires de l'ONU savent en commettre. Grand déversoir de bons sentiments, on lâche les vols de colombes vers le ciel radieux du progrès en priant pour un monde sans armes nucléaires. Dans le même temps, la coutumière offensive des révisionnistes new-look a repris. On fustige l'Oncle Sam, coupable d'avoir « déchaîné l'enfer sur Terre », en passant sous silence la longue litanie de massacres et d'exterminations massives qui suivit l'avance des troupes japonaises dans tout le bassin sud-asiatique et en Chine. On refuse d'admettre la légitimité historique et politique d'employer l'arme ultime face à la dernière citadelle d'une coalition qui avait enfanté Auschwitz, Treblinka, Bergen-Belsen et les atroces camps de concentration nippons, tous ces charniers qu'on découvrait les uns après les autres depuis la fin de l'hiver 1945, en Europe ou dans les océans Indien et Pacifique. On refuse de dire tout haut que c'est le gouvernement japonais seul qui est le responsable, ô combien criminel, de cette tragédie terminale de l'âge humain-historique, par son refus maintes fois réitéré de l'inéluctable capitulation, trois mois après celle de l'Allemagne nazie. On refuse de considérer l'incroyable mansuétude américaine qui, après que la défaite fut consacrée dans la lumière de l'atome désintégré, et grâce à un « plan Marshall » bien plus colossal encore que celui qui allait reconstruire l'Europe dévastée par elle-même, a permis au Japon de se hisser comme superpuissance économique régionale, puis mondiale, en l'espace de deux décennies, à l'abri du parapluie militaire US et d'une Constitution démocratique. On ne veut toujours pas admettre que *seul l'usage de la bombe sur Hiroshima et Nagasaki a protégé le Japon de pertes humaines plus terribles encore, et nous a tous protégés de la guerre nucléaire totale* pendant plus d'un demi-siècle, avec bien plus de netteté et de souveraine rigueur que toutes les pitreries de cette onucratie qui s'est constituée tel un parasite moral sur l'évidence terrible des pouvoirs de destruction contenus dans la nature, et qui nous étaient confiés, et qui nous menaçaient, et nous menacent toujours, de l'éradication complète de notre espèce, comme de nombreuses autres formes de vie, de toute la surface du globe, parce que telle est la puissance dévastatrice que génèrent nos nouvelles libertés conquises par l'expérience, et le sacrifice. Or cette bureaucratie planétaire, qui entend faire gober à l'humanité qu'un retour en arrière — avant la « barbarie nucléaire » — est rendu possible et nécessaire par l'expansion du radieux progrès social mondialisé, mobilise à cette fin cohortes et bataillons de « penseurs », de « philosophes » et d'« artistes » en tous genres, invités à collaborer d'un bel ensemble à cette grande farce onuzie de l'Année des valeurs de la paix. On se croirait revenu au bon vieux temps du manifeste de Stockholm, quand la barbarie nucléaire était blanche, occidentale et impérialiste, et que les pacifistes étaient rouges, à l'est, et profondément démocratiques.

Car non seulement ce double impact éminemment tragique d'août 1945 met fin brutalement à la Seconde Guerre mondiale, non seulement il constitue la mémoire réelle, la mémoire concentrée de tout ce que fut cette guerre, mais il est aussi le traumatisme à la fois final et initial de cet « événement », puisqu'il s'avère le cataclysme donnant le jour à une autre Époque, celle de l'humanité fédérée sous la menace nucléaire, mais plus encore il demeure indissociable d'une terrifiante vérité, qui seule nous a maintenus en vie :

Car si les Américains n'avaient pas utilisé la bombe atomique, alors que toute tentative de débarquement et de victoire aéroterrestre classique était impossible à moins de 500 000 morts (du simple côté US[1]), cela signifie simplement qu'ils auraient été dans l'incapacité de la fabriquer ou tout du moins pas assez vite. Cela pouvait signifier de nombreuses occurrences parallèles, « uchroniques » si l'on veut, à l'histoire réelle, celle qui s'est actualisée ; entre autres choses qu'Einstein et bien d'autres chercheurs juifs européens se seraient vu confier cette tâche stratégique entre toutes par le Reich allemand, qui se serait bien gardé

1. Ce qui pouvait signifier, selon les estimations du Pentagone à l'époque, des pertes dix à vingt fois supérieures du côté japonais, civils et militaires confondus, afin d'assurer la victoire des forces alliées.

de les laisser partir, en bateau, en train, ou en fumée, et les aurait forcés d'une manière ou d'une autre à mettre leur savoir au service de la science atomique nazie. Combinée avec les V2 de von Braun, on imagine la puissance de dévastation d'une simple bombinette de 20 kilotonnes — la puissance de Little Boy — dans les mains du père Adolf. En admettant une vitesse de développement analogue à celle du projet Manhattan, Hitler aurait sans doute disposé d'une force de frappe balistique nucléaire dès l'hiver 1944-45, et il s'en serait servi avec allégresse pour rayer de la carte la plupart des grandes cités américaines et soviétiques en guise de hors-d'œuvre, avec sans doute un joli entremet spécial pour Londres.

Et nous ne serions pas là, moi à vous conter cela, ni vous à le lire.

D'autre part, cette incapacité des USA à développer la bombe, puis d'en faire l'usage pour terminer la guerre, et dans l'hypothèse d'un effondrement acquis du Reich hitlérien et des puissances de l'Axe, aurait pu avoir pour désastreuse conséquence que ce fût Staline qui en fasse l'acquisition le premier.

Il est peu probable que sa compassion eût été plus grande à notre égard que celle du caporal Adolf Hitler.

Il faut bien garder en tête les douloureuses vérités que les tragédies humaines ont pour tâche, dit-on, de nous enseigner. Quarante-huit heures après la totale destruction de la ville de Hiroshima par Little Boy, et en dépit des rapports affolés qui lui parvenaient par milliers, l'état-major nippon ne daigna pas prendre la menace au sérieux, n'informa pas convenablement l'empereur de l'ampleur du désastre et laissa ouverte la fenêtre de tir aux faucons du Pentagone, qui n'allaient pas se priver de remettre ça.

D'autre part, la supériorité stratégique américaine s'établissait au moment où Staline massait ses divisions dans le nord de la Chine et à l'est de l'Elbe, en vue d'assurer l'expansion définitive de son glacis d'un bord à l'autre de l'énorme continent boréal eurasien. Lorsque Hiroshima et Nagasaki furent rayées de la carte, le choc causé par leur dévastation servit aussi de coup de semonce lancé aux forces soviétiques déjà en possession effective de l'Europe centro-orientale, de l'île de Sakhaline et d'une partie de la Mandchourie. Même après que les Russes eurent mis au point leur propre arme atomique, quatre ans plus tard, il ne faisait aucun doute pour personne que le châtiment que les Américains avaient par deux fois infligé au Japon en déroute démontrait à l'avance qu'ils n'hésiteraient pas à en user de nouveau, si jamais leurs intérêts vitaux se trouvaient menacés, y compris sans doute au prix d'un conflit apocalyptique. Staline lui-même ne s'y risqua pas.

*

Cette vérité est indissociable de nos existences présentes et futures, et la froide contemplation de sa lumière ne doit pas nous empêcher de compatir aux souffrances infligées par la colère divine, par le feu inhumain de la déflagration atomique. Il est évident que seul le silence du recueillement solitaire est à la mesure de l'événement terrible qui signa l'arrêt de mort de ces deux cités, comme aux temps antiques de Sodome et Gomorrhe. Car c'est précisément grâce aux vérités tragiques que je viens d'énoncer qu'une compassion véritable peut nous faire entrevoir les âmes de ces centaines de milliers d'êtres humains, hommes, femmes, enfants, vieillards, dont le dernier souvenir fut un éclair blanc à la violence inouïe qui satura de sa lumière jusqu'au ciel lui-même, dans lequel elles se fondirent, portées au point d'incandescence puis vaporisées par l'énorme souffle qui éleva dans l'atmosphère un champignon de poussière et de feu, visible à des millions de kilomètres depuis l'espace intersidéral.

Les crématoires nazis avaient ouvert le *chemin du ciel*
L'humanité postnucléaire en faisait une autoroute.

*

Aperçu un peu par hasard, lors de la dernière diffusion de *La vie à l'endroit*, une émission de Mireille Dumas, l'apparition des bien nommées « chiennes de garde ». Ces féministes hystériques de la surveillance et du gardiennage civil, pour ne pas dire civique, ont décidé de fliquer les abus de langage, et se transforment pour cela en suppôts (dit-on *suppotes* ?) de l'ordre judiciaire qu'elles entendent mettre en place, comme leurs consœurs suédoises, et dont les fondations sont déjà creusées, telle une termitière invisible rongeant de l'intérieur une société-monde parfaitement anesthésiée, de loisirs ou de guerres civiles.

On nous intime l'ordre de changer, selon les nouvelles normes établies par les néomatriarchies de la divine Marchandise. L'homme et la femme doivent absolument abandonner tout ce qui entre eux instituait quelque différence, toute actualisation de potentiel, donc un jeu complexe inévitablement voué à s'articuler sur des rapports de dominance et de subjugation, ce qui précisément implique un certain nombre de phantasmes archétypes grâce auxquels l'homme et la femme sont en mesure de se rencontrer dans l'amour physique. Oser affirmer que les rapports de dominance et de subjugation sont inscrits au cœur de toute sexualité véritablement libre et souveraine, que le plaisir de la femme s'élabore dans une *soumission affectée* qui aiguise hautement le plaisir de l'homme, tout en pouvant parfois (et c'est tout l'art de l'érotisme) inverser d'un seul souffle ce rapport, hautement fragile et délicat, à un moment de *climax* particulier, prétendre que la domination théâtrale et physique de l'homme — par l'usage de liens, ou d'une autre parmi les simulations possibles de l'entrave, cas d'école — s'instaure comme dynamique à un niveau tant infraverbal que parfaitement littéraire, dans l'expression secrète des voluptés de l'imagination, donc comme le moment singulier qui caractérise l'émergence d'un *ars erotica* qui s'est de tout temps réinventé, sous quelque joug que ce soit... non, tout cela n'est définitivement plus admissible aux yeux de Ségolène Royal et de ses consœurs de la Missionaria Protectiva. Les deux sexes ne doivent faire qu'un, au sens strict, et certes pas mille ou cent mille, comme l'aurait voulu Deleuze; sous le pavois de la bonne conscience humanitaire, la bisexualité est résolument conçue comme l'aboutissement logique de l'épanouissement individuel, forme désormais modélisée d'un néocentrisme sexuel moralitaire aux tendances normatives et inquisitoriales, elle préfigure la figure androgyne et hermaphrodite d'un humanoïde social parfaitement asservi aux maternelles réjouissances de la Matrice.

Nous sommes face à une expansion sans précédent de la pure consommation idolâtre de soi-même, là-dessus Houellebecq a tort quand il y voit une matérialisation socialisée des idées de Nietzsche, ce serait plutôt le célèbre culte du moi barrésien qui paraît avoir pris possession unilatéralement des esprits, et encore, une troublante version démocratique, humanitaire, féministe et édulcorée qui n'aurait pas manqué de surprendre l'auteur des *Familles spirituelles françaises*.

Par quelle chimie complexe un tel syncrétisme a-t-il pu s'organiser, comment cette molécule s'est-elle insidieusement infiltrée dans tous les cerveaux, quels dégâts réels y aura-t-elle occasionnés ? — voici le travail qui attend les biologistes de la connaissance, quand il s'agira de disséquer ce qui restera de nos organismes civilisationnels.

*

Le Bourgeois qui ne serait pas poète à ses heures serait indigne de la confrérie et devrait être renvoyé ignominieusement aux artistes, à ces espèces d'esclaves qui sont poètes aux heures des autres.
Léon Bloy, *Exégèse des lieux communs*.

*

Quand le Bourgeois s'amuse, on entre dans l'éternité. Les amusements du Bourgeois sont comme la mort.
Ibid.

Il y a derrière la maison du Bourgeois un balcon sur un abîme. Il faudrait peut-être regarder par là.
Ibid.

*

Le Temps pèse peu de choses face à l'Éternité d'un instant.

Tout ce qui nous relie est illusion. Tout ce qui nous sépare est néant. La vie n'a de sens qu'à l'Infini.

*

Derniers crimes en date du régime raciste de Mugabe, au Zimbabwe :
Hier, 8 août, lu dans *The National Post* que plusieurs bandes de « squatters » de la Zanu-PF, le parti de ce docteur au pouvoir depuis un quart de siècle, s'en sont pris encore une fois à un village de fermiers blancs. Cette fois-ci, ils ne se sont pas contentés de tuer les fermiers, de brûler leurs maisons et de s'accaparer leurs terres — selon les inflexibles directives présidentielles —, ils ont suivi à la lettre les valeurs promues par cette république Banania : ils ont donc

enlevé et séquestré plusieurs jeunes filles du village pour les violer toute la nuit et les forcer ensuite à chanter les louanges du Père de la Nation zimbabwéenne et du parti unique. Il s'agissait, on l'aura compris, d'un tout nouveau *programme de rééducation civique et politique*.

L'ordre, plus ou moins tacitement exprimé, venant du sommet même de la pyramide du pouvoir, la police locale a, comme à l'accoutumée depuis le début de la vague de violences organisées, préféré ne point intervenir.

Comme leurs équivalents venus de Serbie ou de Bosnie, et dont trop peu transpirent aujourd'hui sur leurs bancs du tribunal de La Haye, les brutasses avinées et incultes qui, de la Sierra Leone au Rwanda, en passant par la Somalie ou l'Éthiopie marxistes puis postmarxistes, le Congo ex-Zaïre, et l'incontournable Zimbabwe de Mugabe, ont tant fait pour le progrès des peuples africains écoperont peut-être un jour, au cas où l'on se décide à envoyer une armée d'un million d'hommes faire la police sous ces latitudes, d'un châtiment à la mesure de leurs crimes. Mais vu la honteuse et déplorable inanité de cette « justice » internationale, ils ne risquent à tout prendre que dix ou vingt ans de prison dans le pire des cas, qui est aussi le plus improbable : celui de leur jugement.

Où sont donc passées les bonnes âmes humanitaires qui dénonçaient en piaillant à qui mieux mieux les exactions du régime afrikaner et sa politique d'apartheid ? Qui parmi eux oserait aujourd'hui appeler à la défense de ces colons à la peau trop blanche pour qu'on daigne les considérer comme des victimes ? Qui oserait appeler à l'attaque des ambassades zimbabwéennes, partout dans le monde civilisé ? Qui oserait rappeler l'évidence démontrée il y a déjà vingt-cinq ou trente ans par Foucault que non seulement la guerre des races ne s'est pas éteinte avec l'émergence des guerres nationales, ou de la « lutte des classes », mais qu'elles ne cessent au contraire toutes ensemble de s'élaborer sans cesse dans l'infernal creuset des âmes humaines livrées à elles-mêmes, et aux mauvais picrates intellectuels du XXe siècle, contaminant peu à peu toutes les structures de la société-monde, jusqu'à nous promettre l'éclatement prochain d'une guerre des sexes comme horizon terminal, au milieu des destructions de la guerre civile planétaire ?

*

Par l'effet des pires choses qui soient apparues sur cette Terre depuis ses origines — les perversions du nihilisme humanitaire —, la mise en place de la Cour de justice internationale, qu'à haute voix j'aurais appelée de mes vœux il y a quatre ou cinq ans encore, quand Gros-Cigare se le faisait sucer en forçant les Bosniaques à accepter l'ignoble charcutage de Dayton, oui cette Cour internationale, qu'on prétend constituer sur les charniers yougoslaves et rwandais, s'avère le plus pitoyable abandon de souveraineté, donc de liberté, que l'Occident ait jamais connu, et encore une fois pour le compte de cette obscure « démocratie mondiale » dont les propagandistes onuzis se sont faits les hérauts, et les inquisiteurs.

Car que voit-on poindre à l'horizon, en cette année zéro ?

La trahison définitive et sans rémission des concepts mêmes de l'Alliance, celle dont l'Otan fut le bras armé durant un demi-siècle de guerre froide.

Ceux qui aujourd'hui encore font valoir les principes de Nuremberg en essayant de nous faire avaler cette insipide soupe juridico-humanitaire, telle qu'on nous la prépare à La Haye, ne font que répéter à l'envi — procédé cher à Goebbels et à Jdanov — les mêmes contrevérités depuis la chute du mur de Berlin.

Non, le tribunal de Nuremberg n'était pas aux ordres de la démocratie mondiale telle que voulue par les fonctionnaires de l'ONU, non la Justice n'est pas un concept égalitaire et humanitaire, *elle est le principe moral des vain-*

queurs, et j'aimerais alors qu'on me dise au nom de quelle « victoire » Zéropa-Land accueille aujourd'hui sur son sol le tribunal chargé de juger les responsables des exactions qu'elle a sciemment laissé s'exercer durant plus de quatre ans, dans l'indifférence générale, voire la complicité « passive » de son haut personnel politique ?

Non seulement les généraux communistes serbes n'encourent que des peines de prison (je rappelle que le tribunal de Nuremberg était un tribunal militaire, et que nombre des accusés reconnus coupables furent *pendus*, comme il se doit), mais pire encore ils sont mis sur un pied d'égalité par des « associations citoyennes de défense des droits humains » avec une Margaret Thatcher, pour sa réponse militaire à l'invasion militaire des Falklands par les troupes argentines, en 1982. Dans le même ordre d'idées, il apparaît bien que des coalitions d'anarcho-trotskistes et de nihilistes en tous genres soient dès lors en mesure de faire poursuivre les aviateurs alliés qui ont bombardé les cibles stratégiques serbes durant la « guerre » du Kosovo. Voici donc comment l'onucratie va en finir avec la civilisation occidentale : le glaive de la Justice, forgé dans le feu de la tragédie nodale du XXe siècle, tel qu'il apparut aux yeux des hommes à Nuremberg — Excalibur surgi tout droit des cendres brûlantes du volcan —, on nous le travestit en gentil hochet pour mômes attardés du marxisme pop, en hobby pour club de mémères pacifistes, en baguette magique du révisionnisme démocratique institutionnel.

Selon les plans de l'actuelle onucratie, la Cour internationale pourra fonctionner de telle façon que n'importe quel « pays », ou groupe de « citoyens », pourra poursuivre ou faire poursuivre tout « responsable d'actes militaires ayant entraîné la mort de civils », quelles que soient, vraisemblablement, les conditions dans lesquelles ces morts seront survenues.

Des soldats américains ou britanniques, ou français, pourront donc être poursuivis — par, disons, le Vanuatu, ou une Amicale paraguayenne — pour avoir bombardé des centrales électriques serbes ou des ponts yougoslaves, et au passage tué quelques dizaines de civils. Et cela, bien sûr, tout à fait indépendamment du contexte politico-militaire général, et dans le but évident de mettre sur un parfait plan d'égalité, par exemple, les civils serbes tués par les bombardements alliés et les victimes kosovares (et auparavant croates, puis bosniaques) du plan d'extermination ethnique programmé et réalisé en toute impunité depuis une décennie par le pouvoir de Belgrade.

Cette Cour est donc bien l'application finale du plan onuzi de destruction des pôles politiques de souveraineté, et donc en premier lieu du pôle principal : l'Amérique du Nord, et incidemment, son très vieil allié, l'Europe atlantique. (En lieu et place de l'armée américaine, mesdames, messieurs, nous avons l'honneur de vous présenter... *la Forpronu permanente* !)

Et on voit bien en effet le rôle que cette caricature de justice va jouer dans cette ère de destruction générale de la pensée et du langage, de toute science et de toute politique, avec l'aide des mass media et de la culture universitaire postmoderne :

1) Faire croire aux citoyens naïfs, aux écolomondialistes et aux « artistes » qui n'ont pas de connaissances historiques (ce sont les mêmes ou à peu près) que cette institution judiciaire décadente et mondialisée se situe dans la droite ligne du tribunal de Nuremberg, alors qu'elle n'en est qu'une pitoyable copie humanitaire.

2) Coaliser contre elle, et par extension contre toute idée de souveraineté supranationale, l'ensemble des conservateurs, réactionnaires, nationalistes et socialistes de tous acabits qui se saisissent ainsi de l'iniquité de cette « justice » autoparodique pour ridiculiser à l'avance le processus d'émergence d'une authentique pensée politique planétaire.

La tyrannie de l'ONU n'a pour ainsi dire plus aucun obstacle majeur devant elle.

*

Depuis quelques jours, c'est Stan Ridgway qui tourne en boucle dans la nuit américaine, jusqu'à l'apparition des aubes blanches déployant leurs ailes de pâle lumière au-dessus de la ville.

The Big Heat. En 1986, alors que le rock n'était déjà plus rien, voire pas grand-chose, sinon un appendice en voie de normalisation au sein de l'émergente corporation Hyper-pub.com, l'ancien créateur de Wall of Voodoo se permit une des plus brillantes synthèses déviantes de tout ce que cette musique avait alors produit de plus haut. Un geste à la fois terminal et salvateur. Une métapop music mutante, aux accents à la fois délicats et tragiques, s'offrait à toutes les formes plastiques possibles, sublime catin faisant don de ses organes à une transmutation inconnue jusque-là : les séquenceurs rigides aux angles industriels sous-tendaient violons et harmonicas venus du country-and-western, quand à l'inverse une rythmique de banjo sudiste accompagnait une étrange ballade postnucléaire aux accents irlando-celtiques, des pianos trafiqués aux figures expressionnistes rencontraient les Gibson et Rickenbacker du rock psychédélique comme on croise des Ford et des Chevrolet sur une autoroute plongée dans le jour artificiel de l'électricité, lumières en rayures sur la nuit pourpre du sodium, le lyrisme vocal de Stan Ridgway, vaudou redneck, gospel d'Alphaville, crooner d'un Las Vegas revenu au désert géologique, *preacher* puisant son énergie des astres en chute libre vers la Terre, créait un suspense digne d'un film noir pour mégapole géante et désolée, des orgues frêles comme des mains de femme semblaient alors se fondre dans le mercure et le vif-argent d'une orchestration de cordes et de hautbois évoquant les subtiles panchromies d'un Debussy, jusqu'à ce que les acrobaties tziganes d'un Stradivarius inattendu concluent une cadence harmonique risquant le mixage démoniaque entre The Beatles, Ennio Morricone et Joy Division.

Lorsque je découvris cet album, l'année de sa sortie, il accompagna de très longues nuits blanches passées à lentement me détruire. Ce fut sans conteste une belle et dangereuse épiphanie estivale, la mise en mouvement de ce qui allait devenir l'ultime période nihiliste de ma vie, qui me conduirait un jour à l'écriture, et à la dissolution finale de toutes les neuroprogrammations inconscientes dont j'étais la victime, comme nous tous.

*

Un livre est un objet qui devrait être goûté ou jugé dans un isolement de monade, comme un témoignage perdu, une bouteille à la mer, un fragment d'humanité sans nom ; en dehors du temps, du lieu, de la personne.

Pierre Drieu la Rochelle

Le ressort de notre monde se fausse ; la science est devenue esclave d'une technique affolée ; la philosophie, la recherche de la sagesse, est remplacée par un intellectualisme dévorateur d'informations et de notions, sans but ni raison ; la vie morale, débridée, oscille entre un mysticisme satanique et un paganisme tourmenté de relents religieux [...]. Conséquence : malaise, fatigue, fièvre universelle. Les uns vont vers le renoncement ; les autres vers les guerres et les révolutions. Mais au-delà de toutes ces solutions immédiates, Huxley, avec l'infinie discrétion de l'artiste, en se tenant à mille lieues de toute formule, avec cette suprême liberté qui est la garantie de sa profonde utilité et de son éternelle jeunesse, Huxley nous montre le lendemain, la nécessité de refaire l'homme en revenant aux sources.

Id., « Aldous Huxley : à propos d'un roman anglais », *NRF*, novembre 1930.

Telle est la vie d'aujourd'hui à Londres aussi bien qu'à Paris, à Moscou aussi bien qu'à New York ou à Pékin — et ne faites pas grief à Huxley de vous la montrer telle, ne l'accusez pas de ne pas trouver de vie là où il n'y en a plus. Louez-le au contraire pour la vitalité de son art, la vigilance de son esprit, puisque vous êtes transpercés de part en part par cette révélation farouchement sincère. Le roman est mort, et du cadavre de tous les romans désormais impossibles, Huxley a fait un grand livre, plein de sang. Je parle de ce sang inaltérable, qui est celui de l'esprit, de la vie qui passe à travers les manifestations mourantes d'une civilisation condamnée et s'élance au-delà, vers une éternité de renouvellements, dans cette planète ou dans une autre, dans ce monde de catégories ou dans un autre.

Ibid.

De tout temps, j'ai gagné au large. L'homme qui a gardé le sens de la force, s'il appartient à un peuple séduit par la faiblesse, spontanément, il se dérobe à cette faiblesse, car il appartient non à une partie du monde mais à tout le monde, il dépend de la source inépuisable de force qui est dans la totalité du monde.

Id., « Entre l'hiver et le printemps », *NRF*, avril 1942.

Un homme digne de ce nom ne peut point regarder seulement dans les limites de son peuple. S'il souhaitait d'abord que son peuple fût fort, c'était pour regarder avec tout son peuple au-delà de la frontière, considérer tout le monde. Et si son peuple ne le veut, il regarde seul.

Je voyais des peuples plus forts que le français. Je m'en désolais et m'en réjouissais à la fois. Celui qui aime la force, il la flaire, il la reconnaît, partout où elle est.

Et si cette force se manifeste contre lui et son peuple, il lui faut s'en réjouir encore. Il s'en réjouit dans son deuil. Car son deuil est une louange comme tous les deuils.

Prophètes et prophétesses, hommes et femmes de deuils

et de lamentations, vous louez la mort en la déplorant, vous dîtes la victoire qu'elle renferme. [...]

Après le retour d'une ancienne guerre, j'ai découvert que la force ne pouvait plus s'épanouir dans aucun peuple, que ce temps n'était plus celui des peuples séparés, des nations, mais celui des fédérations, des empires.

Ce qui me navre le plus depuis deux ans dans la souffrance des Français, c'est qu'ils sont enchantés par un horizon qui ne me semble plus réel, celui de l'autonomie et de la souveraineté absolues de la forme nationale.

Ibid.

*

C'est là le drame de l'homme qui aime et connaît la force, qui voit où elle est et où elle n'est pas, c'est là le drame du voyant et du prophète, du chantre de décadence et de mort, que de sentir la convulsion de la force par les deux bouts, par le côté qui cède et par le côté qui pousse.

Hélas ! ces prophètes, ces hommes qui ont le sens de la force parmi un peuple introverti et affaibli, ce ne sont que des prêtres et des poètes qui lamentent, qui insultent, qui font de la littérature avec la défaite de leur patrie, car ils savent qu'ils ne seront pas entendus ; ils ne veulent même pas être entendus puisqu'ils savent qu'il est trop tard et que le temps des empires est venu. [...]

Étrange et douloureux homme que le prophète toujours traqué dans le présent et joignant dans ses paroles haïes le passé et le futur qui sont l'un et l'autre une dérision pour la patrie occupée, envahie, foulée par l'Histoire.

Ibid.

*

Penser, c'est agir autant qu'on peut.

Id., « Lettre ouverte aux surréalistes », *NRF*, août 1925.

La destruction est la dernière ressource de la vie.
Genève ou Moscou, 1928.

*

À force d'étudier les formes qui ont triomphé dans le passé, qui semblent devoir toujours favoriser l'éclosion du génie, on se relâche à nous proposer comme le modèle immuable des œuvres futures ce qu'il y a de moins contagieux dans les chefs-d'œuvre : leur forme même. Ainsi parce que La princesse de Clèves *est une des plus exquises choses qui soient sorties des mains françaises, il s'est fait dans ces derniers temps, chez plusieurs jeunes romanciers, un mélange de l'admiration avec la complaisance qui a fait sortir de ces quelques pages un philtre de mélancolie surannée et de grâce étriquée. [...]*

Regardez l'erreur dans son incroyable grossièreté. Le caractère essentiel de ce roman, qui est le premier des romans français, c'est d'être bref, de ne distinguer comme ressorts des actions des hommes qu'un petit nombre de sentiments, et de n'indiquer chacun de ces sentiments que d'une façon succincte. Or, dans l'esprit de Mme de La Fayette, il y avait à cela, non pas seulement un sentiment de la mesure, mais aussi, et bien plus, une nécessité qui ne valait que pour elle et pour son temps. Elle en était avec ses contemporains à découvrir les sentiments qu'elle analysait. Ces sentiments étaient forts, mais encore courts ; or, le chant ne peut aller plus vite que les violons. La sensibilité a été depuis en se compliquant et en s'approfondissant, elle a nourri un art de plus en plus riche, avec des traits plus nombreux. On voit cette progression des Liaisons dangereuses *à* La chartreuse, *d'*Adolphe *à* La porte étroite, *des* Confessions *à* Swann. *Si donc nous retrouvons dans un roman d'aujourd'hui la concision de Mme de La Fayette, dénonçons l'effet trompeur de l'imitation : ce qui n'était que timidité*

juvénile n'est plus que paresse rusée, sécheresse sceptique, complaisance et maniérisme.
Ibid.

À côté de la fatuité métaphysique des Allemands, l'outrecuidance psychologique des Français ne vaut pas plus. Voici ce qu'ont cru dans ces dernières années beaucoup de nos intellectuels : Athènes, Rome, Florence, Paris sont les étapes où s'est posée l'arche qui renferme le principal trésor terrestre. Depuis le XVII*e* *siècle cette arche serait en panne sur les bords de la Seine, bousculée par les révolutions, menacée par les invasions, rongée par le romantisme, mais pourtant là encore et là seulement.*
Ibid.

Un jour, un écrivain français, qui n'était d'ailleurs qu'un suiveur et un primaire, s'écria devant moi « que les Anglais étaient des barbares », devant moi qui ai connu à Oxford une révélation à la fois de la Grèce et de quelque chose qui fait que je ne suis pas seulement français, mais homme. Ce jour-là, j'ai senti qu'étaient insultés, non pas mes préférences et mes affinités, mais tout l'esprit humain comme suzerain légitime de l'esprit français.
Ibid.

Il ne peut s'agir d'entretenir et de sauver, par ses propres moyens, une culture particulière, quand la base la plus élémentaire de toute culture humaine est ébranlée partout à la fois. Aujourd'hui tout se défait, tout s'altère brièvement. Il n'est plus temps de sauvegarder les distinctions et les nuances. L'étranger vient à nous, tombe sur nous : inutile de songer à nous distinguer de l'étranger, alors que, d'ores et déjà, nous sommes confondus avec lui dans le même péril, dans la même déchéance.
Ibid.

Ce qui fait surtout que nous ne pouvons pas nous dérober à la communauté des recherches, des échanges et des influences, c'est que nous partageons avec tous les autres hommes les mêmes maux.

Ibid.

Un vrai écrivain, c'est un homme qui connaît des choses et qui les connaît trop pour pouvoir en parler, alors il écrit.

Préface à *L'adieu aux armes*, d'Ernst Hemingway, Gallimard, 1931.

Ce qui m'attache à un Sherwood Anderson, à un Hemingway, à un Dos Passos, c'est qu'ils connaissent les grandes solitudes inhabitées de leur continent où trempent les villes mal closes et qu'ils savent y retourner. Par là, ils continuent une tradition puissante dans les races nordiques, celle du commerce solitaire avec la nature — tradition de Walt Whitman, de Thoreau, de Melville, tradition de Hardy, Kipling, Meredith, Keats et Shelley, tradition de Hamsun, tradition de Tolstoï et Tourguéniev.

Cette jeunesse ou cette santé n'excluent pas le pessimisme. Je me rappelle une vieille dame américaine qui me disait : « Pourquoi les littératures européennes sont-elles si tristes ? » Je lui répondis : « Vous ne vous êtes pas regardés. »

Je songeais à Whitman, à Thoreau, à Poe, etc.

Le pessimisme est l'apanage de la force et de la jeunesse. Relisez la Naissance de la tragédie *de Nietzsche : plus l'Homme est fort, plus il entre dans la vie ; et quand il entre dans le cœur de la vie, il ne peut y trouver qu'une vision tragique.*

Ibid.

La vie de ces jeunes écrivains est tragique. Ce sont des errants ; ils courent de l'Amérique à l'Europe et à l'Asie, cherchant leur bien partout et ne le trouvant nulle part. Ils portent sur le dos le destin obscur de leur civilisation, qui les effraie et les séduit à la fois. Ils veulent être américains, ils le sont et pourtant ils ont encore un besoin douloureux de l'Europe.

Ils viennent travailler en Europe, puis ils retournent vivre en Amérique. Ils se saoulent, ils se baignent, ils se mettent en colère, ils arrachent des femmes à la vie imbécile des grandes villes américaines, ils s'en vont au diable, ils reviennent, ils écrivent, ils désespèrent et au même moment ils réalisent des œuvres qui prouvent que décidément l'Amérique existe, que les Américains ont fini de construire leur maison. [...]

Ils créent un art robuste, inquiet, pleins de rythmes naissants, déjà certains. Nous avons besoin d'eux [...]. Là aussi nous devenons — jusqu'à un certain point — des débiteurs.

Avec les Américains nous troquons des formes contre de la vie brute. Nous avons besoin de ces effluves de santé qu'ils nous envoient pour raviver nos formes; mais ils ont encore besoin de nos formes pour contenir et diriger leurs élans.

Hemingway est au fait de cet heureux commerce. Barbare inquiet, subtil, fragile — comme tous les barbares — barbare heureux, qui sait préserver et quitter Rome, son butin fait.

Ibid.

Ce scrupule à s'en tenir à l'expression de la pensée pure et simple, sans l'accompagner d'engagements vis-à-vis des hommes d'action, ne vient-il pas d'une conception bien irréfléchie, grossièrement antinomique de la pensée et de l'action ? Ce scrupule nous montre qu'on croit qu'il n'y a guère d'action dans la pensée. Or, si l'on croit cela, c'est qu'on n'a guère pensé, qu'on ne s'est jamais vraiment donné avec tout son cœur à la pensée. Car, enfin, penser c'est, dès la première seconde, agir; on ne peut penser sans prendre parti dans l'univers, et les partis que prend la pensée sont infiniment plus déchirants que ceux que manifestent l'action. L'action dans la pensée se fait sentir par des tiraillements profonds qui ne laissent pas voir hors de la personne qui pense : la vie est courte, il n'y a pas une minute à perdre, il faut tout de suite avancer, il faut tout de suite décider. C'est un sacrifice de tous les instants et total puisqu'il faut, par un acte irrémédiable, — car toute pensée laisse une trace indélébile — renoncer à celui qu'on aurait pu être si l'on avait pensé autrement. Le temps se resserre autour de vous et ne vous laisse qu'une issue de plus en plus étroite par où vous apercevrez un coin sans cesse plus étroit des magnificences du monde. Si l'on veut tenir un peu de la terre dans ses bras, il faut faire naufrage et se résigner à devenir le Robinson de quelque île perdue.

Id., « Seconde lettre aux surréalistes », *NRF*, février 1927.

Les pages qui précèdent ne sont pas un acte gratuit, ou alors elles sont le plus gratuit de tous les actes que je puisse encore perpétrer. Citer quelqu'un en exergue est à la fois un hommage qu'on rend et une dignité qu'on se donne, ouvrir de larges extraits d'une œuvre étrangère à l'intérieur de son propre livre ne cadre pas franchement avec une activité symbolique aussi minimale. On se croirait face à l'étalage de *pièces à convictions*.

On ne saurait mieux dire en effet.

C'est qu'il faut que j'apporte des indices avant même de vous dire qu'un crime a été commis. Car en vous infligeant d'un seul bloc ces six ou sept pages de citations et d'extraits sans la moindre préparation « psychologique » — je ne suis pas en train de rédiger un « essai » sur Drieu (je laisse juste un moment à sa voix le moyen de retrouver un organe en ce bas monde) —, j'entendais bien exposer à votre vue le corps du délit dans toute sa terrible nudité : un écrivain français génial est banni de nos écoles depuis un demi-siècle par la pire des non-qualités de nos hommes sans qualités, qui font, défont et refont, avant de redéfaire, nos programmes d'éducation laïques-et-obligatoires : le manque absolu de toute exigence envers la pensée et son mode de production.

Découvrir Drieu la Rochelle, ou le redécouvrir, comme moi, sous un angle critique des plus aigus, peut occasionner des dommages irréparables à l'ensemble de vos certitudes les mieux fondées, même, et surtout, si vous vous y êtes attachés comme aux piliers de la foi.

Avec les lourdes chaînes du conformisme postmoderne, par exemple.

Car la complexité du personnage renvoie inextricablement à la limpide simplicité de ses textes et de ses engagements. Comme Nietzsche, Drieu comprend que le paradoxe est la seule arme capable de *défendre le fort contre le faible*. Non, pas l'oxymore artiste ou les contradictions névrotiques du dernier homme, mais l'authentique paradoxe, cette affirmation *tragique* du monde qui ne peut se concevoir sans son éternelle négation, lorsqu'elles se dépassent l'une l'autre pour ne fonder qu'un même flux moniste, devant lequel les petites sociétés de l'*Homo democraticus* tremblent de tous leurs membres. Aussi à sa lecture apparaît peu à peu une figure étrange, double et pourtant unique : celle d'un homme qui se sait le dernier mais qui refuse de se soumettre à la loi des derniers hommes, ses « semblables », un homme qui se sait atteint du mal incurable de son époque mais qui entreprend d'observer avec la froideur du clinicien moderne l'état de décomposition avancée de son propre « corps », identifiable à une sorte de condensé fractal de la nation, et en cela il rejoint, par des voies fort différentes, la prose de légiste fou de Céline.

Drieu fait partie de cette première génération d'hommes du XXe siècle qui expérimentèrent dans les profondeurs de leur âme et de leur corps l'absolue Mort de Dieu. La désintégration de l'humanisme européen décadent dans le fracas de la Première Guerre mondiale ouvrait alors, et déjà, sur la perspective plus universelle encore de la Mort de l'Homme, événement qui n'allait pas tarder à s'actualiser à son tour. Entre-temps, la folie rationaliste et ses antinomes romantiques ou illuministes avaient entièrement perverti les consciences.

Drieu va se jeter à corps perdu dans la guerre morale et intellectuelle qu'avait ouverte le conflit telle une béance sur le corps mutilé de l'Europe, mais dans le même temps une distance infranchissable semble le séparer de tous ses contemporains, qu'ils suivent la voie « communiste », « fasciste » ou « démocrate ». Il est le seul de son temps, il me semble, dans *La cité et l'esprit* par exemple, à vouloir refonder le génie européen sur la double hélice du prophétisme judéo-chrétien et de la philosophie grecque, alors que l'époque est dominée par les dialectiques racialistes qui séparent à jamais « aryens » et « sémites », quand il ne s'agit pas, déjà, de faire « table rase » de vingt-cinq siècles d'innovations occidentales quelle que soit leur origine.

Avec une clarté d'esprit à mon sens inégalée, il va suivre de près le bel envol des surréalistes, jusqu'à leur pathétique crash dans l'idéologie bolchevique, il saura d'un œil sûr percevoir le génie et le talent jusque chez ses adversaires politiques les plus résolus, comme Paul Eluard, par exemple, à qui il ne pardonnera pas l'automutilation successive de ses magnifiques ressources poétiques en échange de quelques basses certitudes et de croyances plus basses encore, surtout lorsqu'elles le conduisent à ce boy-scoutisme qui allaient faire *école*, en effet.

Il est capable de voir l'influence considérable de Nietzsche chez Malraux, tragédie, héroïsme, individualisme, pessimisme joyeux, tout autant que de constater non sans une certaine ironie que la plupart des romans d'Aragon (de cette période s'entend) se déroulent invariablement avant le Grand Cataclysme de 14-18, dans une sorte d'utopie bucolico-anarchisante qui ne doit rien encore aux odes rigides à la GPU.

Plus encore, et fait aimablement évacué par toutes les *opinions* qui circulent à son sujet (et pour cause ! puisqu'elles s'appuient sur d'autres opinions auparavant propagées et non sur sa lecture), Drieu a toujours su défendre l'exceptionnel et l'étranger devant les frigides limitations de la littérature française de son époque, et ce y compris aux heures les plus sombres de sa vie, durant la collaboration, lorsque toute son existence fut aspirée par le trou noir terminal de l'histoire humaine.

Voilà, je n'aurais pu mieux rêver un tel dispositif. *Le théâtre des opérations* est une guerre de tous les instants, je veux dire, y compris aux époques qu'on nous dit mortes.

Il me semble moi que la période qui court de 1914 à 1945 n'est bizarrement jamais morte. Qu'elle vivra toujours dans l'esprit de quelques-uns, même s'ils ne l'ont pas directement vécue, parce que cette Époque est l'acte fondateur de notre (dé)civilisation. Et qu'elle forme le soubassement zombie, semi-vivant, qui hante toutes les structures les plus profondes de la société française.

Cette époque prétendument révolue fut sans aucun doute possible le nexus terminal de la nation, comme de l'Europe tout entière. Aucun écrivain n'y échappa, pas même par l'exil, car pour les plus grands il conduisit au suicide[1], ce qui n'était certes qu'une échappée bien relative hors d'un monde voué à la mort totalisée.

En France, une poignée d'hommes tentèrent de faire résonner quelque temps une voix différente, elle parut aussitôt discordante dans l'atmosphère de bain public démocratique, victorieux et pacifiste d'après 1918. La plupart des grands artistes de l'époque embrassèrent plus ou moins l'idéal communiste, leurs noms sont encore aujourd'hui révérés, aux six coins de l'œcumène hexagonational. Notre poignée d'irréductibles, eux, refusèrent la dévolution bolchevique, et cherchaient en dépit de tout, des divers nihilismes en action surtout, le moyen de trouver une alternative plus haute à la petite démocratie parlementaire de la IIIe République qui sortait inchangée ou

1. Je pense à Stefan Zweig, évidemment.

presque de la Grande Boucherie qu'elle avait organisée. La plupart d'entre eux — à l'exception, notable, de Bernanos — embrassèrent peu ou prou les idéologies totalitaires anticommunistes qui se présentèrent à eux au cours de ces temps troublés. Mussolini ou Franco ouvrirent la voie à l'inexorable emprise de l'hitlérisme sur les corps et les âmes.

Pourtant, si le mot objectivité doit disparaître au plus vite de nos dictionnaires, ne recouvrant plus aucun sens, celui d'honnêteté a-t-il, peut-être, encore une chance de survivre quelque temps, et si nous pouvons user de son pouvoir émotionnellement critique, lors de nos lectures, alors des vérités insondables nous apparaissent comme des chiens lâchés à notre face.

Par exemple : que l'erreur idéologique d'un Drieu lui donne en fait raison sur la perspective du siècle écoulé, non pas que le nazisme puisse en quoi que ce soit laisser un héritage politique viable (sinon par la leçon de sa criminelle forfaiture), mais que le trope sur lequel Hitler et sa clique bricolèrent leur idéologie de piliers de brasserie entendait mettre en mouvement le véritable futur du continent : sa fédération politique, culturelle et religieuse, pendant que les pitoyables démocraties bourgeoises de l'entre-deux-guerres nourrissaient les chauvinismes nationaux tout autant que les nihilismes de la « guerre de classes ».

Si j'avais quelque véritable talent de critique littéraire, j'aurais pu essayer de vous expliquer longuement, preuves à l'appui, comment et pourquoi Drieu resta toute sa vie un authentique cosmopolite, un anglophile, et même un américanophile (y compris après l'entrée en guerre des USA en 1941). Les quelques lignes où il décrit son rôle d'attaché militaire auprès d'un général américain en 1918 démontrent que son respect pour cette civilisation dépassait largement une simple et formelle admiration pour les artistes qu'elle engendrait, et qu'au sortir de la destruction générale du Vieux Continent par les guerres nationales, il fut capable de discerner les formidables innovations dont elle assurait l'expansion tout autant que les traditions qu'elle était alors en train d'inventer. J'aurais pu tenter un plaidoyer sans doute inutile pour le drôle de « fascisme » « chrétien » et métapolitique de Drieu, comme l'ultime croyance avant le suicide. J'aurais pu déployer moult arguments montrant un écrivain philosémite et sioniste, en dépit de son « combat » contre le « judaïsme » moderne, socialiste et universaliste. J'aurais pu extraire tant de choses de sa correspondance avec les surréalistes.

En lieu et place, j'aurais donc, en pur criminologiste, simplement disséqué le cadavre et offert à votre vue quelques extraits, quelques coupes assez parlantes je l'espère.

Quand on lit un auteur tel que lui sans les lunettes des bourgeois consensus, on voit apparaître la figure d'un solitaire sommé par son expérience individuelle (la guerre de 14-18) de prendre part à l'Apocalypse (39-45). Drieu en ce sens n'est ni hitlérien ni stalinien (en 1937, il les décrit encore comme les ultimes formes de la décadence démocratique), mais se voit forcé d'admettre la puissance prométhéenne des deux socialismes rivaux, avant de se tourner vers eux, quasiment contre son gré, pour choisir finalement la solution occidentale du fascisme, dont allait découler l'alliance fatidique avec Hitler et la collaboration, par pure « loyauté », ou plus sûrement encore par pessimisme intégral, devant l'infernale logique des choses de ce monde.

Il faut donc comprendre l'humanité et la tragique intelligence de Drieu, en dépit de la titanesque erreur d'analyse, lorsqu'il « voit » dans le fascisme *un moyen politique d'unifier l'Europe*, de dépasser le capitalisme démocratique sans dévoluer vers le socialisme bolchevique ou les nihilismes anarchistes, et donc de créer un authentique empire, assurant paix et prospérité à une civilisation agonisante qu'il s'agit de sauver : cette humanité et cette intelligence lui font commettre l'ultime erreur du XXe siècle, car le fascisme et surtout le national-socialisme s'avèrent des syncrétismes pathologiques du socialisme positiviste, du bolchevisme et de l'anarchisme radical, sur un substrat national-impérial frustré pour le fascisme italien, sur son corollaire de type racial-colonial pour le nazisme allemand.

Tenter de dégager la terrible logique qui conduisit de nombreux hommes de cette génération à s'engouffrer dans le totalitarisme fasciste peut alors nous conduire à entrevoir le suicide de Drieu comme le geste d'un homme ayant depuis un certain temps déjà *compris et assumé* la tragique et criminelle méprise de la collaboration, lui qui continuait de louer Proust et Gide en 1944 — un *juif* et un *pédé, voire un pédé juif et un pédé protestant*[1] — dans ses écrits littéraires qui restent aujourd'hui parmi ce qui s'est fait de plus pénétrant sur l'histoire de notre littérature. Drieu ne voulait pas laisser aux communistes victorieux, à Aragon particulièrement, le soin de lui lire sa sentence de mort puis de le coller au poteau. En mars 1945, après l'échec de von Rundstedt dans les Ardennes et l'entrée irrésistible des troupes soviétiques à l'intérieur des frontières allemandes, Drieu tire les conclusions que son mode de pensée lui impose, et une balle dans sa propre cervelle par la même occasion.

Il faudrait, mieux que je ne puis le faire, éclairer comment le fascisme devient une atroce « nécessité » historique qui émerge dès lors que le radical-socialisme de la IIIe république, la IIe Internationale et le communisme stalinien se liguent contre les conservatismes, en France, comme en Italie, en Espagne ou en Allemagne, et mettre dès lors en lumière ce qui, au-delà du délire totalitaire, emporte un homme comme Drieu dans l'expression d'une

1. Substantifs et adjectifs dont la prose pétainiste était en revanche coutumière.

haute vérité : avant toute chose une volonté clairement et nettement affirmée d'épouser les lignes de force qui permettront selon lui à la France, à l'Allemagne, à l'Italie, à l'Espagne, et aux autres nations du Vieux Continent, de créer un empire, une fédération analogue à l'URSS, ou aux USA, et d'enfin abandonner leurs stupides guerres nationales, qui ne sont tout bonnement que des guerres civiles conduites par des féodalités désormais absurdes. Drieu s'affirme à plusieurs reprises comme expressément *anti-nationaliste*. Et lorsqu'on lit ses écrits sur le « socialisme fasciste », on y rencontre bien plus d'exégèses sur la grandeur du christianisme, du judaïsme royal et des grands empires de l'Antiquité que de thèses rationalistes pour l'économie planifiée ou de litanies revanchardes et nostalgiques sur la grandeur passée de la France, comme Maurras ne cessait d'en commettre à la même époque.

Il est à mon sens très peu risqué d'admettre que Drieu et d'autres écrivains tels que lui (Rebatet et Céline en premier lieu) furent en quelque sorte des *fascistes par défaut*.

Ce qui n'empêche point, bien au contraire, l'adhésion radicale, quand on sait qu'un défaut est bien plus attirant qu'une vertu.

Lorsqu'une société s'est à ce point anémiée, telle la France de l'entre-deux-guerres, que les républicains francs-maçons et radsocs puissent s'allier sans vergogne avec l'Internationale socialiste, et que les figures de Thorez, de Staline et des hommes de la GPU apparaissent aussitôt dans l'arrière-cuisine, les aventures d'un D'Annunzio à Trieste, puis d'un Mussolini et sa marche triomphale sur l'antique cité de la Louve, ont franchement de quoi impressionner de jeunes esprits qui ne veulent entendre parler ni de socialisme marxiste ni de social-démocratie mercantile, et surtout pas de l'alliance des deux, telle qu'elle se traduira un beau jour dans le Front populaire.

Drieu allait être aveugle et sourd (qui peut se targuer d'avoir été lucide à cette époque ?) aux évidentes formes décadentes et populistes de ces caricatures d'empires que furent le Reich de Hitler ou l'Italie néocésarienne de Mussolini, mais comme d'autres garçons de cette génération, il y vit l'ultime acte de grandeur de l'antique civilisation européenne contre la déculturation bolchevique et l'anémie démocratique, ce qui aurait pu s'avérer si l'Europe, sa civilisation, et surtout son cœur, la Mitteleuropa austro-hongroise, n'avaient été définitivement anéanties en 1914-1918. L'Europe avait été minée de l'intérieur pendant plus d'un siècle par les idées de la Révolution française, rationalisme, nationalisme, jusqu'à son effondrement terminal. Ce qui surgit des ruines fumantes de 1918 fut le consumérisme démocratique, l'illuminisme matérialiste communiste et une contre-révolution au final guère plus cultivée que le moujik sibérien enrôlé de gré ou de force par Trotski dans son Armée rouge.

Pourtant âgé de quarante ans à l'époque, Drieu fait partie de ces hommes qui seront finalement subjugués par la puissance démonique des grands spectacles de Nuremberg. Son voyage en Allemagne en 1935 est suivi d'un périple à Moscou, à fin d'ultime comparaison devant emporter la décision. À son retour en France, celle-ci est fermement prise : aucune démocratie occidentale ne fera le poids face à Staline. Seul un fascisme français permettra à cette nation de recomposer un axe stratégique européen avec Berlin, Rome et Madrid, prélude à un authentique projet fédératif.

Son utopie est qu'on le veuille ou non à la mesure du désastre, le désastre continu d'une époque qui laissa son destin politique entre les mains d'hommes comme Poincaré, Briand, Millerand, Reynaud, Daladier ou Blum.

Avant de devenir « fasciste », Drieu va attendre le milieu des années 1930, quand en 1935-1936 il rejoint Doriot au PPF que celui-ci vient de constituer, cela fait près de vingt ans qu'il attend de la France un sursaut héroïque, une volonté, une vision, une destinée manifeste, qui pour lui ne peut se réaliser qu'à travers le projet d'une Fédération européenne. Il quittera d'ailleurs ce parti trois ans plus tard, lorsqu'il commencera à comprendre, trop peu, trop tard, que la voie ainsi prise conduisait au déshonneur.

Après l'armistice de novembre 1918, les gauches radsocs et socialistes, copulant par « cartels » interposés, s'entendent très bien sur les décombres laissés ouverts à la purulence comme une blessure béante par l'immonde traité de Versailles. En face, la droite revancharde et nationaliste, qu'elle soit désormais « républicaine » ou encore « monarchiste », travaille sans le vouloir contre la France, car contre l'Europe, dont Drieu sait à quel point désormais les destins sont entremêlés, au point de ne faire plus qu'un.

La seule utopie politique émergente d'alors, le socialisme bolchevique, est la forme absolue du rationalisme de 1789, un rationalisme internationaliste, formule hybride de l'anarchisme révolutionnaire terroriste de la fin du XIXe siècle et de tout le cursus idéologique européen depuis la Réforme, les rousseauisme, illuminisme, rationalisme jacobin, positivisme, anarcho-socialisme, marxisme, nihilismes révolutionnaires de tous ordres que Lénine syncrétisa comme une bonne mayonnaise qui monte d'autant mieux qu'on la tourne plus vite.

Drieu s'y opposa moins qu'à l'attirance qu'il ressentait pour tout cela. Comme d'autres de sa génération, il essaya, en vain, de trouver une voie de sortie pour l'Europe finissante.

Dans des pages d'une lumineuse clarté, Drieu décrit fort bien l'état général de la littérature française des années 1920. Il est férocement opportun de découvrir, comme moi, à quel point elles pourraient tout aussi bien s'appliquer au même objet, trois quarts de siècle étant passés. Comment voulez-vous même oser entreprendre l'exégèse de tels textes, de tels sommets d'intelligence et de sensibilité ?

Chaque phrase est à la fois élémentale, indivisible et

inséparable du reste, et infinie, c'est-à-dire pouvant créer une dynamique qui rend compte de l'émergence de la vérité dans et par le processus même de l'écriture.

Alors, j'en finirai ainsi :

Le jugement de la postérité est fait par les écrivains qui lisent et qui imposent leur opinion compétente aux critiques. C'est ainsi que Stendhal et Baudelaire et Mallarmé ont été peu à peu élevés à leur haute situation. Les écrivains deviennent bons juges à l'égard d'un confrère d'une génération disparue : l'envie n'a plus que faire et, au contraire, le laudateur s'accroît de la puissance du fantôme qui est loué.

Pierre Drieu la Rochelle

Bien. J'entends déjà les questions, voire les réflexions désobligeantes qui seront débitées par la presse à la lecture des pages précédentes.

Diantre, non content de citer Nietzsche ou de Maistre à qui mieux mieux — d'horribles réactionnaires antidémocrates comme chacun sait —, et après Bloy et Bernanos — des catholiques pur jus passe encore —, voilà que le fameux et fumeux écrivain de « polars » cyberpunks entreprend de « réhabiliter » Drieu la Rochelle, un horrible fasciste, un collabo fanatique, un politologue antisémite, etc

Sachez que cela fait un certain temps déjà que tous vos bavardages sont sans la moindre valeur. Ils ne résonnent qu'un bref instant dans l'espace unidimensionnel et à jamais forclos des mass media, ils échappent à toute portée, à toute existence, tout écho même, à travers le temps, je veux dire à travers ce processus souverain qui peut faire du Temps une ligne de fuite vers l'Infini.

Je n'ai fait que rendre justice à un homme qui, pour s'être lourdement trompé sur la nature et la grandeur de l'idéologie à laquelle il adhéra (et tout montre à quel point ce fut sous la pression devenue irrésistible des événements), n'en fut pas moins un écrivain d'une très haute lucidité sur sa vie d'homme et sur le rôle de la littérature au XXe siècle, et aussi parce que si on ne peut certes adhérer au nazisme maintenant que nous savons ce en quoi il consiste et à quoi il conduit, on admettra que le jugement moral infligé à Drieu devrait s'appliquer dans sa sévérité à tous ceux qui, comme Aragon, restèrent communistes bien après la mise au jour publique des inquantifiables crimes de Staline, et qu'on enseigne calmement dans nos écoles, et qui ornent de leurs noms encore aujourd'hui, comme Thorez et Lénine, de nombreuses rues de nos villes, des centres culturels, voire certaines stations du métropolitain.

Il est peu probable qu'on ose un jour en France nommer une ruelle, un square, une bibliothèque, un obscur terminus d'autocar du patronyme de Drieu la Rochelle, pourquoi ne pas aussi demander l'ouverture d'une école maternelle Gilles-de-Rais, ou bien d'un foyer pour jeunes femmes Landru, ou Henri-VIII, pendant que j'y suis ?

Alors je fais ce qui est à ma portée, je replace les choses dans leur perspective sur le théâtre des opérations de cette dernière Époque de l'humanité, avant que de Hiroshima à Apollo 11 l'Amérique ne décide en une génération de fonder le premier empire planétaire du posthumain.

Je prends, moi, la décision de vous offrir quelques extraits remarquables d'un auteur qu'on expurge aujourd'hui des bibliothèques publiques, l'exemplaire dont je dispose en fait foi, il porte en effet la marque d'un bureaucrate qui, comme tous les petits Eichmann des machines despotiques ignorent qu'ils signent leurs crimes au jour le jour, au fur et à mesure qu'ils les commettent, a machinalement reproduit de son geste de robot sur la page de garde un tampon qui stipule en toutes lettres : RETIRÉ DE LA COLLECTION DE LA BIBLIOTHÈQUE DE LA VILLE DE MONTRÉAL.

Autant dire « mis à l'index par la nouvelle bibliothécaire postmarxiste, néohumaniste, ou branchée astrologie chinoise sur Internet ».

C'est d'ailleurs une tendance que je constate depuis les deux ans que date mon installation dans cette ville : les bibliothèques publiques, comme les collectionneurs privés et tout autant que les écoles, collèges et universités, se débarrassent de toute la littérature « incorrecte » de langue française héritée de l'ancien ordre, osons le dire : toute la littérature de « droite » (ce qui aujourd'hui, selon les normes de l'Unesco et de Jack Lang, recouvre un champ quasiment infini de la pensée occidentale), et vous comprendrez que je bénis presque les cuistres et les pauvres débiles postmodernes qui expurgent ainsi leur propre culture, car je la retrouve chez mes bouquinistes favoris, à un prix défiant toute concurrence.

Les grands soldes du printemps new-age ont commencé : TOUT DOIT DISPARAÎTRE.

Mais à moins que les bibliothécaires du postmodernisme elles-mêmes ne mettent le feu aux livres, rien de tout cela ne disparaîtra vraiment, nos bibliothèques personnelles se constituent dans l'ombre sur les vôtres, dans l'attente du jour où elles deviendront les arsenaux de l'Armageddon.

*

Je ne puis dire que cela : un feu couve, une étincelle se propage sans cesse, détruisant dans sa flamboyance la matière organique qui lui sert de munition, de nourriture, de *chair à canon*, la vérité alors devient pire qu'une maladie, elle devient un nouvel état critique de la cognition, elle devient un complot permanent de la pensée active, voulue et pensée comme action, et donc sans cesse *agie comme pensée*, un flux tendu de projectiles à haute vélocité mentale qui oblige le langage à se durcir comme le fantassin engagé dans l'assaut héroïque, ce moment où l'on ne sait plus ce qui est cause et effet, du langage et de la pensée, de l'ordre et du chaos, de l'homme et du cosmos, de l'infini et du néant, de la vie et de la mort, mais où ces significations elles-mêmes se déchirent, s'entrouvrent et laissent apercevoir des abysses bien plus terrifiants encore.

Il n'y a pas d'acte littéraire sans un véritable affrontement avec la mort, ou plutôt, à la place de cette dialectique oppositionnelle périmée, nous pourrions dire en paraphrasant l'écrivain italien Giorgio Manganelli, cité par *Ligne de risque*, qu'*on ne peut pas écrire sans traverser l'expérience de la mort*, et j'entends par là l'expérience de la mort telle qu'elle est contenue tout entière dans toute vie, car c'est précisément par cette route qui la traverse qu'on échappe à la mort, en l'expérimentant à l'avance, en faisant de chaque moment important de sa vie — et écrire, pour tout écrivain, est le moment essentiel où la vie se rassemble en elle-même à l'infini, jusqu'au Néant —, de chaque acte libre et souverain arraché à l'existence, un moyen de passage à travers la mort, et ainsi offrir, sinon à tous les instants de nos vies brisées par la discontinuité digitale-sociale, tâche encore bien au-dessus de nos pauvres moyens, mais à quelques momentums essentiels, stratégiques, hautement dangereux, la grâce d'en finir avec la mort, avec tout ce que nos sociétés charrient de mort dans la moindre activité, le moindre discours, la moindre présence, la moindre relation humaine, et ainsi se réapproprier la mort, en faire sa compagne, oser parfois la défier, mais rester à son écoute, envisager une forme de secrète amitié avec elle reste le plus sûr moyen de ne pas pourrir sur place.

*

Avec *Babylon Babies*, j'ai essayé de mettre en scène les formes les plus voyantes des nihilismes contemporains. Ces nihilismes représentent toute la gradation que la pensée humaine est en mesure de produire en ce début de XXIe siècle : individualisme hyperconsumériste, massmédiatisation générale, désagrégations nationales, tribales, et maffieuses, sectarisme néoreligieux, positivisme eugéniste, traçage biotechnologique des individus, anarchisme cybernétique, posthumanité cyborg, percée quasi accidentelle d'une science émergente (rencontre de Dantzik et de Darquandier), et production cataclysmique d'une nouvelle branche évolutionniste d'*Homo*, avant que toute réelle ontologie, toute véritable métaphysique anthropologique ait pu même former les rudiments d'un projet susceptible d'éduquer un tel *être* supérieur, qui ne le deviendra vraiment que si un tel projet voit le jour, problème que je soulève maintenant avec cette entreprise en quoi consiste *Liber Mundi*.

*

Remercier la Toute-Puissance alors que le jour est gelé dans la gangue grise des nuages, comme dans l'œil du cyclone, où pas le moindre souffle de vent ne vient troubler ce spectacle de grand cimetière, lorsque la pluie elle-même refuse de tomber, qu'une pâle clarté émane du ciel et s'étend doucement vers le nord, jusqu'au mont Royal, que pas un arbre ne bouge, *immobilisés* qu'ils sont tous comme de vulgaires *immeubles*, tous plus vains que des décors de cinéma abandonnés, la ville semble vide de toute âme humaine et il m'apparaît que nos cités nous sont à jamais étrangères, elles pourraient fort bien se tenir ainsi sans nous face aux millénaires, notre présence y est en quelque sorte accidentelle, tout à fait incidente, notre disparition non seulement ne les affecterait guère, mais sans doute y trouveraient-elles enfin une liberté qui ne nous manque même plus.

Il y a de cela quelques mois, alors que nous roulions dans les no man's lands posturbains de la Métropole, en compagnie de Yann Langevin et de l'équipe avec laquelle il tournait un documentaire à mon sujet, nous débouchâmes je ne sais plus où exactement, en pleine nuit, pas très loin du pont Victoria. Une voie de chemin de fer s'enfonçait dans l'obscurité en direction de l'île de Montréal, sur une petite butte longée d'un grillage qui suivait une longue avenue absolument déserte et un quadrillage d'entrepôts.

Au moment où je démarrais au carrefour de la rue d'où nous venions et de cette avenue, mes phares saisirent une forme postée au bas de la butte, au bord de la chaussée. Sur le moment je vis un chien, mais Yann fit aussitôt remarquer, froidement : Tiens, un *loup*.

J'éclatai de rire, de concert avec le cameraman posté sur la banquette arrière, mais alors que j'engageais le Dodge Caravan le long du trottoir de la grande avenue, je détaillai néanmoins la scène avec précision. Le « chien », ou le « loup », nous observa de ses yeux jaunes venir dans sa direction, puis d'un geste vif, il se saisit de je ne sais quoi qui traînait sur l'asphalte à trois mètres de lui, un reste de hamburger probablement, nourriture providentielle qui avait dû attirer son attention, et sa faim, puis il disparut dans l'ombre de la butte du chemin de fer et à nos yeux alors que je garais le van un peu plus loin. Mais entre-temps nous avions pu l'apercevoir assez clairement pour qu'un diagnostic unanime soit établi : un *coyote*.

Ainsi la voie de chemin de fer transcanadienne, qui traverse les collines boisées du Québec, les grandes plaines du centre-ouest canadien, les Rocheuses, puis la Colombie-Britannique, pour atteindre les côtes du Pacifique, oui, ce chemin de fer est-il vraisemblablement une voie d'entrée vers la ville humaine pour quelques créatures sauvages comme ce coyote, ce très ancien compagnon de l'homme en Amérique, comme le savent les Amérindiens, et son apparition dans le clair-obscur électrique des entrepôts de la zone ferroviaire, avec en arrière-plan les structures de cathédrale-machine du pont Victoria s'élançant vers la cité illuminée, me jeta dans un de ces moments de grâce délicieux où toute la beauté d'un monde soudainement se concentre et se fixe à tout jamais dans votre mémoire la plus active, la moins rationnelle.

Frère Coyote revenait vers la Ville.

C'était un signe.

Il indiquait probablement la fin prochaine d'un certain état de l'homme.

Ce soir, pleine lune, insomnie générale. Tous les neurones sur le pont !

L'écriture comme véhicule *in tenebris*.

Ce soir, Frère Coyote est là.

Il erre dans la ville, comme moi.

Il a faim.

*

La Toute-Puissance nous gardait peut-être pour le jour où les anges seraient traqués et immolés par les hommes, nous étions des pièges destinés à s'ouvrir à la Fin des Temps pour arracher les pieds de la troupe en furie s'apprêtant une nouvelle fois à commettre l'Outrage, notre compassion était tout aussi limitée que les quelques crochets envenimés dont la Sainte Volonté nous avait pourvus, nous connaissions tout le poids de la Machine dont chacun de nous devait user ou bloquer un rouage, ou un peu plus si tel était sa chance, nous savions que la plupart d'entre nous finiraient broyés, puisque telle était précisément la stratégie : car en nous concassant ainsi, la Machine produisait elle-même les grains de sable qui venaient encrasser ses mécanismes, elle en multipliait le nombre tout en les écrasant, et pour finir une poussière toxique envahissait avec calme le moindre de ses organes.

— Petite fleur du Cosmos, lui ai-je alors soufflé dans le creux de l'oreille, ne t'inquiète pas. Tu es en sécurité ici.

Ses yeux ressemblaient à deux éclats d'une nacre sombre, à la profondeur océanique, et ils luisaient, bivalves ouverts sur la blancheur ivoirine de sa peau. Sa bouche s'entrouvrait sur les divers sucs dont elle venait de se nourrir, l'amour créait ses propres effluves autour de nous, nos corps en encensoirs argentés par l'éclat de la lune, là où déjà, certaines nuits, on pouvait apercevoir les lumières rouges de la ville sélénite de Lunokhod Junction.

Elle m'a regardé avec une intensité à laquelle je ne m'attendais pas, même après un tel émerveillement mutuel. Un sourire étrange flotta jusqu'à moi. Son index vint délicatement se poser contre mon plexus, puis y accentua quelque peu sa pression.

— C'est toi qui n'es pas en sécurité. Tu ne l'es plus depuis que tu m'as rencontrée. Tu ne le seras jamais plus.

(Extrait de *Cristal de Lune*, version 0.1.)

*

Procès Pinochet : l'annonce de l'inculpation du général par la justice chilienne est ici, au Québec, l'occasion donnée à tous les petits gauchistes de la presse, diplômés en journalisme révisionniste, de nous ressortir de la naphtaline leurs éternelles litanies sur la Méchante Amérique kapitaliste et le bon docteur Allende. Jamais — sauf à l'occasion du défilé de la Fierté gaie — on aura vu un tel déluge de bons sentiments humanitaires, chargés ici de nous faire oublier les crimes originels du régime socialo-communiste mis en place par le « Frente popular », destructions civiles qui aboutirent finalement au putsch militaire de septembre 1973 (comme le même Front populaire socialo-communiste de 1936 avait provoqué en Espagne la levée des troupes franquistes).

Or je suis persuadé qu'en dépit de tous leurs efforts les révisionnistes rouges ne parviendront pas à empêcher la vérité de remonter avec les trois mille cadavres du régime de Pinochet : si un procès juste et équitable est ouvert, alors inévitablement la responsabilité initiale d'Allende, ainsi que du PC et des organisations armées trotskistes et maoïstes, apparaîtra dans toute sa terrible nudité.

Pourtant, Dieu sait s'il est difficile de dissoudre les calcaires que l'histoire truquée du nihilisme occidental aura ossifié dans les esprits « cultivés » de notre (Fin des) temps.

Ainsi, je ne me souviens plus exactement où avoir lu dans la presse locale (le *Ici* ou le *Voir* d'il y a quelques semaines sûrement), sous la plume d'un révisionniste ou d'un autre, que les méchants « impérialistes américains avaient boycotté le cuivre chilien », ce qui avait provoqué la terrible crise économique qui s'ensuivit.

Pourtant, rien ni personne, que je sache, hormis l'idéologie bolchevique et ses thuriféraires, n'avait obligé Allende et son gouvernement à nationaliser d'un bloc toute la production de cuivre du pays, ce qui revenait à exproprier sans la moindre compensation les « trusts » américains (et leurs milliers de petits actionnaires) pour les remplacer par des idéologues formés à l'université moscovite. Quand on décide d'engager le bras de fer avec une nation bien plus forte que soi, en l'occurrence l'une des deux superpuissances nucléaires de l'époque, on s'assure éventuellement quelques arrières ou une voie médiane de négociation. Mais c'est vraisemblablement trop demander aux pasionarias du modèle socialiste, qui aiment tant le peuple qu'elles sont prêtes à le sacrifier à toutes les expériences les plus absurdes, avec la compassion des tribunes à discours de huit heures et des soupes populaires collectivisées.

*

En matière de récits, la dernière mode en France consiste à vouloir à tout prix essayer de ressembler aux « Américains », et ce sans comprendre le moins du monde la genèse de leur littérature et les raisons de sa domination actuelle.

On voit ainsi fleurir depuis une petite décennie des ouvrages dont la seule nécessité, au dire des auteurs eux-mêmes, réside en ce qu'ils sont écrits et commercialisés afin de faire concurrence à Stephen King, Tom Clancy ou Robert Ludlum.

Ce n'est pas la première fois que la littérature française, bloquée dans sa petite impasse nationale, nous fait le coup du « retour au vrai récit », aux « vraies » histoires, bref à du roman précalibré, et répétant des patterns que les écrivains américains ont précisément abandonné depuis au moins quarante ans. Ainsi, un de mes confrères, romancier de science-fiction, qualifié de géant hugolien par les critiques et ses amis (ce sont les mêmes), nous confie-t-il, dans un récent numéro du *Monde des livres* consacré aux « littératures différentes », que la littérature française d'anticipation n'a pas su s'adapter aux véhicules du roman contemporain, aux « vraies histoires », telles qu'elles nous sont contées par les auteurs américains, prise de position qui, en guise de « modernisme » (ce qui est la moindre des choses pour cette forme littéraire), nous ramène directement au XIXe siècle. Et au XIXe siècle le plus bourgeois et tristement conservateur. La science-fiction française se serait ainsi laissée aller à fabriquer des « brûlots politiques » plutôt que de continuer à « raconter des histoires » ? Première nouvelle. À moins qu'une poignée de mauvaises fables antimilitaristes et écolo-terroristes puissent être comparées avec disons... l'auteur du *Voyage au bout de la nuit* ? Toujours selon cet auteur[1], elle se serait également abandonnée à des recherches littéraires ésotériques qui ont détourné d'elle un public toujours plus désireux qu'on « lui raconte des histoires », des

1. Frank Bordage, publié à l'Atalante, dont je ne critique ici que la prise de position publique.

histoires de fusées intergalactiques, de guerres des étoiles et d'héroïques chevaliers-magiciens aux pouvoirs spirites, j'imagine ?

Il est toujours étrange de constater comment une seule et même situation peut être décryptée de deux manières antagonistes, pour le moins, selon chaque angle de vue des témoins.

Ainsi, pour ma part, il me semble que les années 1960 et 1970, et jusqu'au milieu des années 1980, ont précisément été le moment où la science-fiction anglo-saxonne a tenté avec le plus de réussite un certain nombre d'expérimentations formelles de haut niveau, tout autant qu'elle révélait un *engagement général* que notre littérature nationale n'est depuis longtemps plus en mesure d'assumer.

Ainsi Dick, Ballard, Spinrad, Moorcock, Farmer, Watson, Silverberg et quelques autres se sont-ils attachés durant cette période brillante et créative à faire authentique œuvre littéraire, et singulièrement *œuvre d'imagination*, en nous donnant à voir, à lire, à comprendre, à décoder les monstrueuses potentialités de notre monde, sans jamais nous faire la morale, ni se complaire dans le *gore*, le *trash*, l'*heroic fantasy*, le *space opera,* et toutes ces sous-merdes d'équarrissage que l'édition postmoderne refile à son bétail en guise de nourriture. Cette fratrie informelle donna naissance, au début des années 1980, à un « genre » nouveau, synthèse accomplie du roman noir et de science-fiction, avec les données formelles accumulées en deux ou trois décennies par les littératures mutantes anglo-saxonnes (Burroughs, Pynchon, Kerouac, De Lillo, etc.), synthèse que des journalistes en panne d'étiquettes affublèrent du surnom « cyberpunk ». Comme tous les authentiques génies, Gibson et Sterling, les deux coïnventeurs de cette « forme », venaient de créer un cliché. Ce cliché a été entre-temps recyclé de dix mille manières à peine différenciées par des tâcherons plus ou moins spécialisés et, en France tout particulièrement, il ne sert plus qu'à *raconter les sempiternelles mêmes histoires*, simples animations de marionnettes téléguidées dans leurs scénarios préécrits, et sans plus la moindre trace de ce qui fut précisément le génie européen, si ce n'est français. Personne n'ose faire ce que les Américains ont entrepris à partir de 1920, soit se nourrir d'une littérature étrangère (en l'occurrence la française de la seconde moitié du XIXe siècle) afin de la transmuter selon les lignes de forces propres à leur culture — Mark Twain, Conrad, Thoreau, London, Fitzgerald et Whitman, et les nouvelles configurations historiques qui faisaient d'eux les chroniqueurs cosmopolitiques de l'époque. Au lieu de bêtement nous copier, ils ont translaté nos inventions et nos traditions selon leur propre perspective, avec leur propre héritage. Si nous avions vraiment la volonté, en tant que peuple créateur, de répondre au défi américain, nous aurions su (comme les Hispaniques l'ont fait de leur côté) acclimater à notre tour leurs innovations à notre espace, l'espace européen, c'est-à-dire les confronter à l'inévitable questionnement central que la fin de notre civilisation au XXe siècle se devrait de produire en nous, les écrivains, nous les prophètes.

Mais, précisément, tout cela n'apporte-t-il pas la preuve cinglante, s'il en était encore besoin, que l'Europe n'existe pas, qu'elle n'a jamais existé que dans les mythes que l'Amérique est en train de réaliser ?

Il ne s'agit donc pas tant de « raconter des histoires », au sens malheureusement trivial que l'expression recouvre aujourd'hui, que de détruire les nihilismes frigides qui nous empêchent encore, nous autres écrivains français, *de nous projeter au-delà de l'histoire*, tout en assumant son héritage sélectif, et de proposer ainsi à notre tour des machines littéraires de troisième type, une espèce sans doute terminale de la littérature, avant son engloutissement dans le postmonde digital : celle du *dernier livre*. Tout le reste n'est qu'argumentaire d'épicier.

Utiliser certaines structures narratives héritées de son XIXe siècle ne peut plus aujourd'hui *suffire* à la littérature française, même si elles sont parfois, voire souvent *nécessaires*. En pensant « imiter » et « adapter » de soi-disant « romanciers américains qui continuent de raconter de vraies histoires », il me semble qu'on s'inspire surtout des traductions de plus ou moins bonne qualité des auteurs les plus « populaires », donc les plus « conservateurs » venus d'outre-Atlantique. Copier Ludlum, King, Clancy, Koontz et les autres *faiseurs* (et leurs talents respectifs, King étant comme son nom l'indique le Roi incontestable et incontesté de cette vaste tribu) est sans doute plus aisé que d'essayer d'intégrer la leçon donnée par les grands écrivains américains surgis de la Seconde Guerre mondiale et de la guerre froide, comme ceux que je ne cesse de citer et que j'englobe, à défaut d'autre concept, et dans la volonté de ne céder à aucun « isme », sous l'appellation de « roman pop », ce roman électrique, psychédélique, nomade, expérimental, cosmopolitique, anthropologique, violent, mégapolitain, prophétique, et qui a poussé sur les fantastiques mutations générales dont l'Amérique devenait clairement le véhicule posthistorique.

Voici donc pourquoi *nous devons impérativement toujours écrire comme si chaque livre allait être le dernier.*

D'abord parce que cela peut se révéler douloureusement exact, grâce au monde moderne et à ses catastrophes quotidiennes; aucun écrivain n'est à l'abri d'un autobus, d'un microbe, d'une bombe, ou d'un simple abruti.

Ensuite parce que nous, les derniers hommes, nous sommes de ceux qui connaîtront cette tragique époque des derniers livres, et que si nos livres sont en effet les derniers à être produits, encore faut-il qu'ils soient produits comme tels.

Enfin parce que toute littérature est dernière; par définition : elle n'est à l'origine de rien, mais tout converge toujours vers son apparition, comme tout « attracteur chaotique ». La littérature est ainsi la seule téléologie dont l'homme puisse tirer quelque chose, car comme le dit avec brio Alfiéri dans la revue *Ligne de risque* : *la littérature projette constamment sa propre origine*. Elle est un futur qui s'actualise au fur et à mesure de sa création en une constellation de possibles, contre toutes les forces que l'entropie lâche à nos trousses dès notre naissance. Elle est l'état de grâce qui conditionne toutes les victoires, même celles qui se paient par de misérables défaites. Elle est ce moment étrange entre tous où le langage semble bien produire son origine, qu'est la pensée, comme si la pensée était fondamentalement un phénomène neuroquantique, chronodynamique, paradoxal et hautement négateur, capable d'investir la matière même du temps afin de permettre les conditions de son propre développement, contre les termes mêmes de la matière organique qui lui donne naissance.

*

Nouvelle vague du terrorisme maffionaliste en Corse. Un ancien dirigeant de je ne sais plus quelle branche armée vient de se faire flinguer par des concurrents, fâchés de la description que leur victime avait tracée d'eux, et de leurs liens avec le crime organisé, dans un livre paru quelques semaines auparavant. On remarquera une simple chose à propos de ce rocher insulaire qui se prend pour une nation : c'est que les Corses ne manifestent contre la violence que lorsque c'est un « nationaliste » qui est tué, par d'autres « nationalistes » le plus souvent. Si des gendarmes ou des civils « français », voire « étrangers » pour ne pas dire « métèques », tombent eux sous les balles des crétinoïdes postrévolutionnaires, c'est à peine si un silence gêné répondra aux pathétiques appels à la responsabilité civique lancés par ce qui reste de l'État républicain.

Même offensive au Pays basque. Là, la situation est différente, car il est clair que la grande majorité du peuple espagnol s'oppose, pour l'instant pacifiquement, aux poseurs de bombes et à leurs officines « démocratiques ». Et Dieu soit loué, le Pays basque n'est pas une île.

Il fut un temps, pas si lointain, où une aventure du célèbre « Poulpe » mettait en scène de méchants réseaux néofranquistes animant l'obscur Groupe antiterroriste de libération, alors que tout le monde sait que cette créature pathétique fut commanditée par le président du gouvernement socialiste González, marionnette postmoderne sans la moindre vision ni expérience politique, qui laissa à de médiocres barbouzes le soin de répondre du mieux qu'ils pouvaient (c'est-à-dire fort mal) au défi lancé par l'activisme basque. Ce fameux GAL a sur sa liste deux ou trois vrais terroristes et un certain nombre de victimes « innocentes », dont d'authentiques bavures. Cette liste est à mettre en regard avec celle des victimes, « innocentes » ou non, qui porte l'emblème de l'ETA et des sigles rivaux. On constatera avec une étonnante célérité laquelle est presque aussi grosse que le Bottin téléphonique du département du Béarn.

On constatera aussi que le terrorisme basque n'a jamais été aussi sanglant et systématique que depuis que la dictature franquiste est morte avec Franco, et qu'en vingt ans de monarchie constitutionnelle démocratique, le « mouvement nationaliste » n'a jamais désarmé plus de quelques mois, lors de trêves savamment mises en scène pour illustrer sa « bonne foi », et que sans cesse il a trouvé un prétexte pour reprendre ses opérations terroristes. Jusqu'à la fin des années 1970, le nationalisme basque s'était trouvé une bonne couleuvre à faire avaler aux « démocrates éclairés » de l'Occident, avec sa « lutte contre le franquisme ». L'autoritarisme absolu de Franco et de son régime n'était-il pas analogue, n'est-ce pas, aux pires moments du nazisme, ou de la collaboration, contre lesquels la Résistance usa de tous les moyens disponibles, dont la lutte armée ?

Ce mythe de guévaristes boutonneux était déjà risible à l'époque, on se demande comment, je veux dire *par qui*, il tient encore debout, comme le communisme moscovite en son temps.

Vingt-cinq ans après la mort du caudillo, c'est comme si l'Espagne n'était pas devenue entre-temps la première authentique démocratie fédérale européenne, avec des entités autonomes, Catalogne, Galice, Pays basque, dont les prérogatives feraient rêver tout éveillés les habitants de n'importe lequel des Länder allemands. Les bombes explosent, les tueurs à gages exécutent, les livres d'histoire sont réécrits, une guerre civile d'extermination ethnique, contre les ressortissants non basques, dure depuis près de quarante ans maintenant, et pas une fois vous n'aurez entendu un fonctionnaire de l'ONU envisager l'idée de faire poursuivre les assassins pour crimes de guerre et tentative de génocide[1]. L'explication en est simple : cela fait un demi-siècle que l'onucratie promeut les « légitimes revendications » des « minorités nationales », et ce en vertu des adages de la démocratie égalitaire et mondiale qu'elle s'efforce depuis d'installer d'un bout à l'autre du globe : c'est-à-dire sans la nécessaire contrepartie politique supranationale authentique à tant de « droits » octroyés aujourd'hui en dépit du bon sens.

*

La semaine dernière, j'ai appris par Richard que la rédaction de *L'Humanité* avait voulu « censurer » au dernier moment une interview que lui et moi avions donnée

1. Aujourd'hui c'est le peuple espagnol, sa culture, son histoire, sa nation, son devenir tout entier qui sont les plus expressément menacés de destruction générale.

au sujet de notre projet musical *Schizotrope* à un de leurs collaborateurs. D'après celui-ci, et quelques témoignages connexes, il se confirme que je pose à ce journal un douloureux problème politique. Autant le dire tout de suite, afin d'éviter tout malentendu futur : cela ne risque pas de s'arranger avec le temps.

On me reprocherait ainsi d'avoir refusé de répondre à une autre entrevue de la même rédaction, l'année dernière je crois, au moment où le PC enfilait à son habitude les patins du criminel de guerre Milosevic durant l'intervention de l'Otan au Kosovo. Je devais sûrement être de fort méchante humeur ce jour-là.

À ce que je sais, la censure aurait été finalement levée et notre interview publiée sans la moindre coupe. Il est probable que cela soit à la fois la première et la dernière fois que nous apparaissions dans les colonnes de *L'Huma*.

Il est temps, je pense, que le PCF comprenne qu'une nouvelle génération d'écrivains ne se sent aucunement obligée envers lui, son histoire, ses multiples chapelles et hérésies, ses crimes divers et variés, ni ses pathétiques tentatives pour les faire oublier sous un fatras de fantasmes socialo-humanitaires et néorépublicains.

Ce n'est pas moi qui il y a déjà plus d'un siècle ai engagé les hostilités. Ce n'est pas moi qui les ai poursuivies durant des décennies, y compris après la chute des « démocraties populaires » est-européennes et l'effondrement concomitant du PCUS. Ce n'est pas moi qui chaque jour entends détruire un peu plus la civilisation occidentale, ce n'est pas moi qui ai fait avorter la Communauté européenne de défense en 1954, avec la complicité active des conservateurs « gaullistes » et des espions du KGB infiltrés dans la haute administration française, futurs ministres de Mitterrand, ce n'est pas moi qui ai ainsi détruit dans l'œuf la seule institution militaire, donc légitime, pour fonder une Europe politique, ce n'est pas moi qui chaque jour conchie l'Alliance atlantique, dans la nostalgie à demi avouée du pacte de Varsovie, ce n'est pas moi qui ai lancé toutes mes forces disponibles, visibles ou occultes, pour empêcher que la France change d'un iota sa politique procommuniste et proserbe durant l'implosion de l'ex-Yougoslavie.

Mais c'est moi qui *a contrario* ai choisi l'exil pour mieux assister à la déroute de ma civilisation, à votre victoire paradoxale, et préparer ainsi le contre-mouvement qui surgira peut-être un jour, sans doute bien longtemps après ma disparition du monde de la Matière. Comment ? Vous ne vous en êtes pas encore rendu compte place du Colonel-Fabien ? Si vous avez tant de mal aujourd'hui à rassembler plus de 8 ou 10 % de l'électorat national, c'est tout simplement que la société française a quasiment fait siennes l'ensemble de vos valeurs philosophiques et conceptions politiques. Que reste-t-il encore à socialiser dans ce beau pays de cocagne ? Même la « droite » est devenue sociale-démocrate. Et quand elle ne l'est pas, elle vous rejoint dans la chorale de la « défense de la nation » et de la « lutte contre les empires ».

Ah, bien sûr, il reste Le Pen, ce brave Jean-Marie, qui arrive, semble-t-il, toujours à point nommé pour « fédérer » la République contre ses éructations.

On remarquera que l'explosion de son mouvement « politique », et la fin anticipée de sa carrière, marque, comme les communistes, le moment paradoxal d'une victoire invisible : ses « idées » outrageusement nationalistes, antilibérales, antieuropéennes et antiaméricaines, bref anti-impériales, ont, comme les pâlottes versions socialistes de la même maladie, essaimé en effet dans tout le corps de la société française. Mais il serait plus pertinent de dire qu'elles ne l'ont jamais quittée. « Démocratiques » ou « populistes », « nationales » ou « sociales », toutes ensemble, ou chacune à leur tour, elles ont assuré la mort maintes fois répétée des ambitions eurofédératives et circumterrestres de la France, elles sont le plus petit dénominateur commun de la pensée politique française depuis des siècles, et c'est ce misérable quotient qui « gouverne » désormais les destinées du pays, et du continent par la même occasion.

La fête de l'antimondialisation bat son plein en ce moment dans notre beau pays, et le PC n'est pas en reste dans cette continuelle commémoration de son idéologie, devenue royal fétiche de la marchandise au degré terminal du nihilisme. Karl Marx se voit offrir une petite cure cosmétique au concombre et en le voyant ainsi paré des derniers atours du new-age biozodiacal, on peut se dire que le dépérissement du communisme est bien le plus sûr signal de sa réalisation dans la démo-matriarchie égalitaire et humanitaire.

Devant nous le futur, immense, infini, plein de tous les possibles, de tous les devenirs qui fermentent depuis trop longtemps dans la cave sombre et humide de l'humanité, fermée à toute lumière. Avec nous, en nous, et non pas derrière, toute la vie accumulée dans les turbines de la littérature, toute la pensée qui a agi dans le passé, et qui donc continue d'agir, indéfiniment. Contre nous, le monde dans son entier ligué contre le surgissement critique de l'infinitude, contre la beauté souveraine et libre d'un acte de justice, ou d'une sublime erreur, contre nous, tout ce qui fait régner la terreur des droits pour anéantir la royale liberté de pensée, contre nous, les représentants de cette sinistre humanité, dont tout montre qu'elle se prépare déjà à crucifier ce qui viendra lui offrir le salut.

Ah, oui, n'en doutez pas, les hostilités sont déclarées. Et cette dernière guerre qui va se livrer au sein des derniers hommes, avec les derniers livres, cette dernière guerre est bien celle des Derniers Temps prophétisés dans l'Ancien Testament. Une guerre sainte aux termes encore inconnus se prépare à être livrée, rien encore ne permet aux humains d'en voir les contours se former dans les configurations de la société-monde-noosphère qui s'instaure, mais quelques esprits assez *inhumains* pour ce faire peuvent froidement y jeter l'éclairage voulu et se confronter à la terrifiante apparence de la vérité.

Nous sommes des guerriers dansant autour des feux qui rayonnent toute leur rouge chaleur dans l'obscurité sauvage de la nuit. La vie se concentre en nous comme un fruit concentre en lui tout le potentiel de l'arbre, comme une arme concentre en elle toute la vie de celui qui la porte, et toutes celles dont elle a bu le sang, comme la Grâce concentre en elle tous les pouvoirs de l'Esprit-Saint, nous sommes prêts à marcher des siècles dans les ténèbres, car nul prix n'est trop élevé pour assurer l'explosion de la lumière, nous ne craignons pas le grand froid de l'hiver que vous avez voulu éternel, car nous sommes nés au cœur des blizzards, et si vous vous empressez de faire croître des déserts tout autour de vos termitières humaines, sachez que les déserts que nous avons traversés sont bien plus impénétrables encore, vous avez cru nous endormir à jamais avec un peu de pain et des jeux, ou un peu d'alcool et des droits, mais le souffle divin ne prévient pas les hommes de son irruption, ni de sa direction, ni de sa force, de quelque nation que nous venions, quelque endroit du monde que nous foulions un jour de nos pas, et où que se trouve le morceau de terre où nos cendres retourneront, nous aurons livré le plus prodigieux de tous les combats, celui en effet où les morts seront convoqués, et réanimés par quelques consciences plus tout à fait vivantes, *survivantes* si l'on veut, qui s'offriront d'une manière ou d'une autre en holocauste pour que brûle leur chair en échange du Livre des Livres.

L'authentique foi chrétienne est si prodigieusement inexplicable et imprévisible que quiconque en est touché saisit tout ce que ce retournement de soi-même porte de danger — redoutable — au cœur des institutions et des rouages sociaux de la société-monde globale et matricielle d'aujourd'hui, et en premier lieu au cœur de lui-même en tant que tel ou tel assemblage desdits rouages. S'il ne s'agit pas d'une conviction emportée par la peur de la mort et de l'anéantissement, mais au contraire par leur pleine et totale acceptation en vue de leur surpassement, si elle ne s'est pas forgée selon des prédicats philosophiques a priori consistants pour qu'elle s'élabore, mais au contraire à partir d'une authentique manœuvre de sabotage créatif de la conscience contre tous ces prédicats, si elle surgit par intermittence dans votre esprit, comme de rares moments de lumière éclairant alors des ténèbres que vous n'aviez jusque-là jamais pu percer, lorsqu'un arc électrique pourtant crépite en continu au plus profond de votre cerveau sans que vous l'ayez vraiment mis en action, et qu'il propage son énergie dans tout votre être, au point que corps et esprit ne font non seulement un, mais engendrent des trillions d'univers corpusculaires, et autant de longueurs d'onde psychiques, qu'un feu créateur déploie soudainement tout un monde, et surtout les instruments susceptibles de le décrire, un *antimonde neural* dont vous n'êtes plus que l'humble messager, le légionnaire de service, vos doigts frappent les phrases sur le clavier avant même qu'elles ne s'élaborent comme telles à la conscience, et si une voix *parle en vous*, ses mots voyagent à la vitesse de la lumière nerveuse, elle en meut le corps qui les exprime sans que la conscience ne puisse en entendre le moindre son, sinon parfois, à la faveur d'un ralentissement, un lointain écho ; lorsque surgit cet état métahumain de la cognition, tout mouvement semble alors suspendu dans un continuum où Temps et Espace entretiennent un jeu de relations bien plus complexes que ce que la réalité macroscopique nous donne à voir, car la pensée s'élabore ainsi sur une sorte de ligne parallèle au langage. Sauf que ce parallélisme n'est encore qu'une illusion d'optique. *Langage et pensée s'enroulent l'un sur l'autre en une structure hélicoïdale fort complexe* : deux chaînes de causalité spécifiques qui nouent des relations centrales par transversion. Autant dire *l'ADN de l'esprit*.

Si une « révolution » est encore à attendre de l'humanité, elle n'engagera rien moins que tout le Néant et rien moins que tout l'Infini contenus en potentiel dans cette métamachine neurobiologique qu'est l'homme. Le mot *révolution* deviendra l'équivalent de la danse cosmique des derviches de l'islam soufi, le moment sacré où la ligne et le cercle ne forment plus qu'un, s'accouplent, s'annulent et engendrent la Roue de la conscience divine, la spirale infinie qui sans cesse revient vers ce dont elle s'éloigne, qui crée ce qu'elle annihile et détruit ce qu'elle engendre, dans ce mouvement de la vie qui la fait traverser à tout instant l'abîme de la mort, elle deviendra alors l'instrument royal, souverain et libre de la Parole.

J'aimais en toi
L'animal secret
Qu'on aimante
Au cœur de la nuit;
Je voyais en toi
Le matin pourpre
Au-delà de tous les rêves bombardés;
Je brûlais pour toi
D'un froid plus intense
Que tous les brasiers de l'enfer;
J'étais pour toi
Un enfant perdu
Un enfant tombé un soir sur la terre.

*

La première fois où je mis les pieds en Asie du Sud-Est, en 1995 — les îles thaïlandaises du golfe de Siam étaient ma destination finale —, j'atterris d'abord dans la capitale, où je dénichai une pension située juste au sud du Chao Phraya, près du parc d'un monastère bouddhiste. Puis, après une semaine d'aventures typiques de la Bangkok cosmopolite de cette fin de siècle, je pris un train de nuit pour le sud du pays, la ville de Surat Thani, près de la frontière malaise, d'où j'embarquerais pour un périple d'un petit mois à travers les îles.

Lorsqu'à l'aube le room-service se matérialisa sous la forme d'un jeune homme en livrée bleu et or qui me servit, avec la grâce d'une tradition multimillénaire, toast, thé et jus de fruits, je me relevai dans ma couchette et mis le nez au hublot. La chaleur était accablante en dépit de la rudimentaire et bruyante climatisation et le soleil n'était toujours pas levé, seule un cristal de lumière pâle au diaphane cœur orangé apparaissait sous l'érosion de la nuit, à l'orient de l'horizon.

Dans le lent et régulier travelling créé par le mouvement tout asiatique du train au cœur de cette nature riche, indolente, et parcourue de nappes de brouillard rose et pourpre, où se découpaient les lourdes silhouettes d'un gris violine des hévéas, des palmiers, des palétuviers, des bananiers gorgés de toute l'humidité des jongles, je vis en une seule seconde tout ce que l'Asie m'avait toujours évoqué, une carte postale synthétique de mes lectures adolescentes et d'un certain nombre de films archétypaux : Cronin, Pearl Buck, Tintin, Somerset Maugham, *Shangaï Express*, *Apocalypse Now*, pour ne citer que les plus évidents. La sensation, loin d'être une pure remémoration visuelle et rationnelle des lectures et films en question, se révéla ce moment que Proust décrit à de nombreuses reprises, et que tout le monde a retenu sous l'exemple de la « madeleine », et qui me semble être quant à moi, si mes souvenirs sont exacts, une simple biscotte, mais bon, l'expression est restée, et bref : je fus saisi d'une *crise sensitive hyperdynamique*, pour employer le langage d'un froid dissecteur, un moment d'agglutination implosif qui me renvoya directement aux continuums sensitifs tels qu'éprouvés durant ces lointaines découvertes enfantines.

Le moment où, après avoir longé un champ recouvert du brouillard de la première heure dans lequel j'entrevis quelques ombres penchées sur les irisations d'une rizière, le train dépassa à sa vitesse de royal éléphant un passage à niveau noyé dans une brume bleu-rose, où attendait immobile comme un statuaire de bronze perdu dans la fumée des encens un groupe d'une dizaine de silhouettes toutes juchées sur le même modèle de petite moto japonaise, avec leur œil de lumière froide qui se réfractait en rayons mobiles dans les vapeurs matinales et le prisme kaléidoscopique du mouvement translatif du train, ce moment est à jamais inscrit comme moment-nexus dans ma mémoire, le simple fait de l'évoquer peut réveiller la crise sensitive hyperdynamique, qui se fiche éperdument des lignes visibles et socialisées du Temps.

Masse critique : le moment où une masse entre en crise, c'est-à-dire — selon le sens du mot grec *krisis* — *change* d'une façon fondamentale, au prix généralement constaté de vastes dévastations. La masse *critique*, c'est la masse qui se *convertit* en pure énergie. Et il faut comprendre la notion de *masse*, en physique des particules, comme inséparable de celle de la cohésion atomique du *noyau*, qui se maintient au moyen de la force nucléaire qu'un processus comme celui de la désintégration critique d'une certaine quantité de noyaux d'uranium, et l'émission subséquente de neutrons, est seul capable de briser.

Nous sommes ainsi sans doute quelques cerveaux attendant l'événement qui nous fera jaillir hors des limites de notre noyau, pour briser sans fin tous les autres.

*

Les alchimistes, ses pionniers de la physico-chimie, à l'époque où la moindre dissection était punie de mort et où l'observation même des minéraux les plus simples sentait le soufre, c'est le cas de le dire, furent sans conteste possible en contact avec des fragments d'*uranium* ou de *radium*, et ce depuis les temps les plus reculés du Moyen Âge, j'oserais dire de l'Antiquité elle-même.

Lorsqu'on prétend que les alchimistes cherchaient une « idéale » *pierre philosophale* susceptible de métamorphoser le plomb en or, et qu'on interprète ces notions sommaires et tronquées au pied de lettre, selon la lorgnette du rationalisme moderne, on ne risque pas de saisir, effaré, que, sans connaître bien évidemment les structures les plus élémentaires de la matière, les alchimistes — pythagoriciens, kabbalistes et chimistes empiriques, et souvent vrais chrétiens, vrais juifs ou vrais musulmans — avaient établi qu'un matériau étrange présentait de curieuses analogies avec le plomb. Sans pouvoir analyser comment cet « uranium », ou « radium », selon les cas, se transformait peu à peu, par désintégration naturelle, et sur des millénaires, en élément saturnien, ils avaient pressenti avec raison les liens qui existent entre les deux minéraux et cherchaient à remonter le cours du processus, vers cet Or qui n'était autre que la Lumière de la Connaissance, en essayant à partir du plomb de reproduire ce matériau mystérieux dont les pouvoirs pouvaient paraître si surnaturels à l'époque que ceux qui se risquèrent à en étudier les effets dissimulèrent vraisemblablement aux yeux de leurs contemporains le fruit de leurs recherches, et brûlèrent ou cachèrent leurs diverses notes à l'approche d'une mort prochaine, par crainte de la damnation post mortem d'une autorité ecclésiastique ou d'une autre, et des terribles représailles encourues par leurs descendants, leurs proches ou simples amis. Ainsi, la tradition ésotérique relate comment les écrits de Basile Valentin, un célèbre moine bénédictin passionné de chimie et de médecine qui aurait vécu au début du Quattrocento et qui aurait sans doute découvert l'antimoine, furent retrouvés des années après sa mort dans l'antique colonne d'un monastère, alors que la foudre venait de la fendre en deux.

Plus probablement encore, le complot souterrain des alchimistes essaya de faire croire à d'éventuels mécènes de la haute bourgeoisie banquière, ou bien à quelque archevêque ou cardinal un peu plus conciliant, que l'opération consistait effectivement à transformer le plomb en *or*, ou en bon *argent*, procédé capable d'éveiller un vif intérêt chez de gros investisseurs privés ou publics, et qui pouvait certes *racheter* une alliance toute temporelle avec les œuvres du Démon, surtout aux yeux des clergés italiens de la décadence pontificale.

Je n'ose imaginer la tête d'un occultiste de la fin du XIVe siècle (au temps où la science occidentale était encore *occulte*, cachée, secrète, clandestine) faisant face à un phénomène analogue à ceux qui mirent les Curie sur la trace de la radioactivité, après qu'ils eurent laissé par hasard un morceau de radium dans un tiroir et une clé dans un autre puis constaté que l'image de la clé avait été impressionnée sur une plaque photographique — soit un peu de nitrate et de chlorure d'argent et une mince épaisseur de verre — placée par hasard juste sous l'objet métallique !

Face à de telles manifestations, une autre image envahissait à coup sûr les esprits : celui du tribunal de l'Inquisition, ses chambres de torture et ses bûchers. Cela avait de quoi calmer les ardeurs.

Ainsi le fameux suaire de Turin pourrait-il être considéré comme le résultat d'une expérience particulière menée dans l'Italie médiévale par des alchimistes qui tentèrent avec le radium, un « écran » de toile et le cadavre d'un homme — peut-être un condamné à mort exécuté peu avant — la première expérience de photographie de l'histoire humaine, qui fut aussi par la même occasion la première *radiographie*.

Il est parfois opportun de revoir un peu l'étymologie des mots pour en comprendre le sens, qui se perd dès qu'une langue meurt.

Le mot « alchimie » est un dérivé occidental de l'arabe *al-kimya*, qui signifie précisément, avec l'article « al », « la chimie » et fut transcrit tel quel dans l'Europe médiévale, sous les diverses formes locales.

Mais les Arabes n'avaient pas inventé le mot à partir de rien. Si l'on s'en tient à Serge Hutin, grand spécialiste français de l'occultisme, et homme d'une haute culture, leur propre vocable proviendrait de l'adjectif égyptien qui signifiait « noir » : *kem-it*.

D'où l'idée populaire, et popularisée par les instances politico-religieuses de l'Occident chrétien, d'une « magie noire ». L'hypothèse la plus commune concernant cette origine prétendument « noire » viendrait du fait que l'Égypte du Nil fut longtemps appelée « Terre noire » à cause de la couleur sombre du limon du fleuve, mais lorsqu'on sait ce que l'Égypte pharaonique doit aux cultures syriaques et hébraïques, il n'est pas anodin, comme le fait René Alleau, dans l'*Encyclopaedia Universalis*, de relever que le mot hébreu *chemesch*, assez consonant avec l'adjectif précité, signifie lui « soleil », et que dans *La Table d'Émeraude*, œuvre du célèbre Hermès Trismégiste, le Grand Œuvre alchimique est nommé « Opération du Soleil ».

Expliquer par quel processus un adjectif tel que « noir » en égyptien aurait pu éventuellement se former à partir d'un mot hébreu signifiant « soleil », ou l'inverse, ou bien affirmer a contrario que la consonance n'est que pur accident phonétique, n'entre pas dans mes cordes de pauvre linguiste, mais je me permettrais de faire remarquer quelques points qui, dans cette perspective d'une création *occulte* de certains mots, liée à des pratiques scientifiques dont l'origine exacte s'est perdue, font intervenir ces formes cristallines et métamorphiques de la nature qui furent au centre des investigations de l'alchimie : les *minéraux*.

Une des sources les plus abondantes d'uranium à la « surface » de la terre se trouve dans les couches de pegmatites granitiques et syénitiques, et comme produit hydrothermal dans les dépôts de sulfure associés à la pyrite, à la blende, à la galène. On nomme ces minéraux des « uraninites ». La pechblende, source naturelle de radium, est une de ces variétés d'uraninites, avec une composition chimique analogue, mais une structure cristalline *rayonnante*, au lieu de cubique.

Ce matériau, comme toutes les uraninites, se présente généralement sous la forme de *masses compactes noires*, ayant l'aspect de la poix, qui s'altèrent très facilement au contact de l'air, ou d'autres éléments, comme certains métaux émetteurs d'ions, et donnent ainsi naissance à toute une série d'oxydes uranifères. D'après les recensements actuels, les plus grands gisements se trouvent au Canada, au Congo, en Afrique australe, en Bohême et en Saxe, mais on en trouve aussi en Sibérie et en Chine, bref il y en a, en quantités certes variables, sur tous les continents.

Cette matière noire à la structure rayonnante et aux pouvoirs proprement *surnaturels* (car conduisant finalement à l'anéantissement physique de la matière, pour ne pas dire de la *nature*) se trouvait cependant être un matériau fort rare, bien plus rare que l'or. Mais il est probable que quelques civilisations antiques, fort éloignées dans le temps et l'espace, aient pu l'extraire des couches de pegmatites ou de dépôts de pyrite, ou de pechblende, et qu'au fur et à mesure de la division cellulaire linguistique, des formes voisines mais finalement séparées par les âges et les distances n'aient conservé chacune qu'une portion du vocable et du concept initial.

*

The room was dark
And looked like someone
Had to get out fast
The window opened
By the fire escape...
(Stan Ridgway, *The Big Heat*).

Ce soir, je prie pour les cent dix-huit sous-mariniers russes piégés dans leur cercueil d'acier et de titane, à cent cinquante mètres sous la surface des eaux arctiques. Voyez-vous, je prie pour que les tubes lance-torpilles soient encore en assez bon état pour que les survivants puissent se risquer à cette terrible opération de quitte ou double, qui consiste à se faire propulser dans les eaux glaciales du cercle polaire, avec comme seules réserves d'oxygène la capacité pulmonaire de chacun, et comme seule destinée des chances voisines de zéro pour tous.

Je prie pour les innocents et les coupables, les tueurs et les agneaux, je prie pour tous ceux qui m'ont meurtri, et tous ceux qui vont le faire, je prie pour ceux que la misère rend aveugles, sourds et muets, je prie pour tous ceux qui sont riches de lumière et n'en donnent que de maigres rayons tout noircis de bonnes pensées, pour tous ceux qui sont gavés de savoir et sont dans l'incapacité d'écrire un vrai livre, pour tous ceux qui ont le don de Parole et qui le noie dans les égouts du bavardage.

Je prie aussi pour tous ceux et celles que le rasoir de l'amour a meurtris.

*

Dans un numéro récent du *Figaro-Magazine*, je tombe sur un effarant article de « fond » concernant le rap français qui me fait réaliser à quel point rien ne peut plus surgir de ce mode d'expression, tout entier désormais dévolu à la promotion de quelques « vedettes » qui passent sans vergogne de l'idéologie humanitaire mitterrandienne aux « valeurs » de la petite entreprise chiraquienne. *Le Fig-Mag*, devenu à peine moins social-démocrate que *Télérama*, constate avec une ironie en demi-teinte ce « retournement » de valeurs — nous sommes bien d'accord, il s'agit d'une microvariation au sein d'un seul corpus, ce que ne semblent pas en mesure de comprendre les adeptes d'Alain Minc et de Guy Sorman — et fait dès lors valoir les insipides discours d'anciens rappeurs de cités devenus patrons de label rap ou de quelque crétinoïde postmoderne servant de directeur de conscience à la division trucmuche d'une grande multinationale du disque.

Ce qui apparaît ici avec la splendeur particulière des fins de civilisations, c'est la totale paralysie de la société française prise dans les mailles du grand filet invisible des nihilismes.

Aux barbouillages marxisants et aux utopies révolutionnaires gauchistes, puis à leur variété humanitaire de masse, a logiquement succédé le pragmatisme de la « caillasse » et la beauf-idéologie — qui pourrait franchement s'en étonner ? — de *Ma 6-T va cracker* à *Taxi, c'est toujours la voix du peuple qui s'exprime*, osons dire même les beuglantes du populisme, de gauche, du centre, de droite, et d'ailleurs.

Il fut un temps où la « hip-hop culture » représenta une authentique novation au sein de la musique électrique de la seconde moitié du XXe siècle. Lorsque cette nouvelle forme syncrétique émergea vers 1978-1980, dans quelques grandes métropoles des USA, elle surgissait en premier lieu d'un petit réseau de musiciens, de poètes et de DJ noirs qui voulaient en finir avec la déliquescence constatée de la musique afro-américaine, devenue usine à disco, comme le punk avait été, à la même période ou presque, une réaction ultramarginale contre le mol endormissement posthippie du rock « blanc ».

C'est cette analogie rapidement constatée qui fit du hip-hop originel un mouvement musical extrêmement hétérogène, interracial et multiforme, à l'écoute de toutes les différences, et y compris des étrangetés, harmoniques et sonores, de la musique électronique « industrielle » européenne. Il est sans doute opportun de rappeler, en ces temps où l'image du rap est véhiculée par un Stomy Bugsy, ses mauvaises poses de petite frappe et ses pathétiques rimailles, que, vers 1982, Afrika Bambaata et John Lydon enregistrent ensemble un titre de dix minutes aux termes détonnants, qui seront depuis repris et copiés jusqu'à plus soif par une pléthore de groupes de « fusion hardcore » : *World of Destruction*. Rien d'analogue, sur le plan de la force sonore et métapolitique, je l'affirme, n'a été produit depuis dans ce genre de musique.

Car à la fin des années 1980 aux États-Unis et avec quatre ou cinq ans de décalage en France, où le rap s'était développé extrêmement rapidement dans les cités de banlieue, le même processus que j'évoquais plus haut au sujet du punk-rock originel, apparaissant dès sa massification culturelle, se reproduisit avec le hip-hop. À la fin de la dernière décennie du siècle, un Kool Shen peut concevoir une entreprise artistique entièrement et exclusivement dirigée vers les membres de son clan, *4 MY PEOPLE*, tel est le mot d'ordre communautaire de la culture en circuit fermé. Pour d'autres, plus voués encore aux adorations idolâtres, c'est le veau d'or qu'il s'agit de propager en autant de fétiches monnayables qu'il soit possible d'exploiter, le « gen-ar », la « caillasse », le fric, le pognon, le flouze, l'oseille, le blé, la thune, et fin du fin, des gynécologues appointés par la Matrice se prostituent avec des gangsters-politicards du football véreux se payant ainsi un retour à la case « chansonnette » de leurs pitoyables débuts.

Excusez-moi les gars, mais je pense pouvoir parier que Martin Luther King, Bob Marley, le négus Hailé Sélassié, et le prophète Mahomet lui-même, dont vous usez et abusez des noms dans vos pathétiques « dédicaces », sont en train de se retourner comme des toupies dans leurs tombes.

*

La médecine du XXIe siècle est donc en mesure de promettre la fontaine de jouvence ! Il est clair que les avancées de la biologie et de la génétique de ces trente dernières années ont désormais rendu techniquement réalisables des dispositifs de tous ordres qui retarderont substantiellement les effets du vieillissement. Mais ce « progrès » de l'humanité ne peut être entrevu sans la perspective qui le définit : l'immortalité n'est rien, car la problématique ontologique majeure de tout être vivant, et conscient, c'est apprendre à mourir. Autant dire apprendre à vivre car il s'agit de faire de la vie un processus qui sans cesse se surpasse, se surprend et se survit à lui-même, jusqu'à l'ultime instant.

Et nous dirons cela comme : être capable de faire de la mort un passage vers l'Éternité.

Cela ne peut se concevoir, vous le comprenez bien, sans une forme de violent dépassement, un miracle ontologique, une métamorphose générale de l'être qui distendra sa conscience vers les deux pôles de l'Infini et du Néant ; et c'est ici que la fontaine de jouvence moderne peut éventuellement jouer son rôle : car cette métamorphose de la conscience ne pourra s'établir sans que *l'organique lui-même soit parvenu à un degré supérieur*, tel que le disait Nietzsche, et comme chaque terme dépend vraisemblablement du développement de l'autre, nous admettrons une bonne fois pour toutes que plus dur est un enseignement, plus long est l'entraînement et rigoureuse la discipline, mieux aguerri s'en trouve forgé le soldat. Aussi cette métamorphose réussie est-elle encore rarissime dans l'histoire du laboratoire humain, peu d'individus sont parvenus à atteindre ce secret enfoui au plus profond des replis de notre cerveau, et de notre ADN, et encore moins sont ceux qui sont parvenus à en faire quelque chose.

Dans le numéro d'*Ici* du 17 août 2000, on apprend que tout partisan de la liberté de porter des armes à feu est un monstrueux « redneck » d'extrême droite, fondamentaliste chrétien *et donc* néonazi. Une minuscule revue libertarienne québécoise, *Le Québécois libre*, fait en effet de la résistance. Résistance contre le gouvernement fédéral qui veut renforcer les contrôles légaux et les embrouilles bureaucratiques à l'encontre des possesseurs d'armes à feu, une résistance très mal considérée par la soi-disant « mentalité québécoise », c'est-à-dire le discours ambiant de la presse jésuite, humanitaire et francocentriste, pour laquelle le « gun » est par définition synonyme d'insupportable machisme pro-yankee. Les membres du *Québécois libre* qui ne l'entendent pas de cette oreille se font donc insulter à qui mieux mieux par les petites mégères du journalisme décérébré postuniversitaire, dont le but avoué est de promouvoir la culture féministo-pacifiste qui plaît tant aux derniers Occidentaux (600 000 crétins au défilé de la « Fierté » gaie) et surtout d'empêcher toute expression différente de se faire entendre : la « culture » des armes à feu est paraît-il *insoluble* avec la fameuse *mentalité québécoise*.

Posons donc les bonnes questions : Qui met chaque jour en doute l'idée, à la racine de toute la pensée occidentale depuis deux millénaires et demi, qu'ÊTRE ARMÉ C'EST ÊTRE LIBRE ? Dans quels buts ? Quel est l'« homme » dont on nous annonce ainsi la fabrication en série ?

*

Lorsque les anges frappent, la terreur qui s'empare de vous n'est plus franchement dicible, car pour rendre opérantes les Voies de Ce qui n'a pas de Nom, et les contient tous, ils savent ouvrir les boîtes noires de tout votre être et ils laissent monter en vous le venin de la destruction, jusqu'à l'anéantissement total de votre volonté et sa refondation à Son dessein. Car si cette époque sans foi n'est sans doute plus sauvable, il faut considérer avec rigueur la nouvelle vérité qui semble pourtant s'en dégager : désormais, reviendront au Christ ceux qui en étaient *a priori* les plus éloignés.

Les anges usent de tous les moyens que le Créateur met à leur disposition pour parvenir à leurs fins. S'ils désirent vraiment que vous vous abandonniez à la Foi, s'ils entendent faire de vous un glaive prêt pour le sacrifice, ils décideront de l'aiguiser à leur convenance, ils useront alors de toutes vos énergies et de tous vos talents naturels pour les confronter à leur principe antinomique, comme on use l'acier contre la pierre de la meule dans le but d'en rendre plus affûté le tranchant.

*

Pour moi, ainsi, le baptême chrétien n'est sans doute plus qu'une question d'heures, et peut-être même de minutes. Lorsque la foudre s'abat sur vous, que vous l'ayez cherchée ou non, il ne faut pas espérer survivre intact à l'expérience[1].

Il existe des êtres réfractaires par principe à l'abandon de leur souveraineté et de leur liberté, des êtres rebelles au socius sans même qu'ils le veuillent vraiment, parmi ceux-là quelques écrivains laisseront une marque. Plus rares encore parmi eux sont ceux qui, ayant en quelque sorte atteint le sommet qu'une telle liberté-souveraineté impose à eux-mêmes, cherchent à en remettre le sceptre à une

1. Ce baptême ne fut oint par aucune huile, seules l'eau tombée du ciel et la foudre l'ont pour l'instant consacré. Baptême du Feu, donc.

souveraineté-liberté plus haute encore, sans pour autant jamais la sacrifier à une *idole*, c'est-à-dire à une quelconque figure humaine, ou animale, ou *quoi que ce soit de connu*. Et il n'est rien d'autre dans l'univers que la Toute-Puissance divine pour assumer ce rôle.

Étrangement en effet, cet « abandon » de la souveraineté-liberté individuelle au profit d'un principe métaphysique « abstrait » aux yeux des rationalistes-positivistes engendre, lorsqu'il survient chez ces êtres spécialement réfractaires a priori à un tel processus, un phénomène d'une puissance intérieure telle qu'elle confine à l'hallucination, à la folie, à la *désagrégation mentale*.

Lorsque la « crise » survient, ou disons lorsque le « changement d'état » s'effectue, il engage la totalité de l'être, et plus encore, puisqu'il ouvre cette « totalité » plus ou moins artificielle de codes sociopsychologiques sur le néant insondable de l'Origine et de l'Infini, l'y projette, l'y désintègre, et le ramène, exténué, et transformé, dans la sphère des vivants, en possession d'une souveraineté-liberté rafraîchie, et bien plus grande, précisément parce qu'elle se trouve assujettie à la plus grande d'entre toutes.

Vous croyez en toute sincérité qu'on peut faire de la philosophie sans ne serait-ce qu'évoquer Dieu ? Et vous croyez en une science qui se serait coupée de la Foi, pour ne pas dire de la Gnose ? Êtes-vous donc prêts à parier qu'on peut avancer sur la voie de la Connaissance sans traverser la Mort, et en revenir ?

Alors regardez plutôt ce que cela aura produit : des Robert Gallo et des Pierre Lévy. En myriades répliquées par le clonage universitaire postmoderne.

La fin de toute science, et de toute philosophie.

*

Vaste débat au Canada, et en Amérique en général, au sujet de la peine de mort. Deux jeunes artistes américains font en effet campagne pour une abolition totale et définitive de la sentence ultime aux USA, et autant le dire tout de suite cette campagne reçoit un soutien plutôt massif au Québec, et dans bien d'autres provinces de la Confédération.

L'hebdomadaire *Voir* s'est fait l'écho de cette campagne mais, dans un souci fort honnête d'instaurer les termes d'un débat, il a essayé de prendre en compte certaines voix discordantes, dont la mienne.

Une entrevue s'est donc effectuée au coin d'un petit square, avec terrain de jeux pour enfants et bacs à sable.

La veille, je n'avais cessé de mettre au point ma stratégie. J'ai suffisamment pratiqué les journalistes pour savoir qu'*il ne faut en aucun cas les laisser maîtres de la situation*.

Le jeune garçon, fort sympathique au demeurant, qui m'interviewait pour l'hebdo gratuit avait en main, en sus du petit enregistreur de type Sony, une liste d'une dizaine de questions et après le test de fonctionnement du petit appareil qu'il a dirigé vers moi, je l'ai vu prendre son inspiration et entamer la lecture de la première d'entre elles sur sa liste. Je l'ai instantanément coupé et je reproduis ici de mémoire les propos que je lui ai tenus, deux jours auparavant :

Nous constaterons au préalable, afin d'aborder au mieux cette question, que deux camps politiques se sont réappropriés cette problématique pour en faire un cheval de bataille électoral. Le PQ et le Parti libéral à ma gauche, l'Alliance canadienne à ma droite, nous voilà frais. Ces partis, fièrement campés sur leurs positions, ont adopté les vues ou plutôt l'organisation dialectique des vues que l'Europe a plus ou moins développée depuis deux siècles, et il s'agit de les passer en revue, si vous me passez l'expression, et d'y inspecter jusqu'au moindre bouton de culotte.

Ensuite, nous rappellerons que le concept de justice est aussi inséparable de celui de Rigueur (le Glaive) que de celui de mesure (la Balance). Mais le mot « mesure » est à prendre ici au pied de la lettre, si je puis dire, il n'a jamais signifié ce minable et étriqué concept bourgeois de « mesure » au sens de *modération*, mais bien celui d'étalonnage, d'échelle, de gradation de valeurs, et c'est sur cette articulation du Glaive et de la Balance que peut en effet s'opérer *un rapport entre les crimes et les châtiments*.

Cela étant posé, considérons les faits : à ma gauche l'abolitionnisme intégral, dont la figure emblématique est Robert Badinter, est devenu aujourd'hui la règle sur le Vieux Continent (j'entends par là au sein de l'Union européenne et dans les anciennes démocraties populaires qui désirent y entrer). Je ne vais pas m'appesantir ici sur les termes du débat qui eut lieu à l'époque (la peine de mort est-elle dissuasive ? et toutes ces sortes de choses délicieusement sophistiques[1]) et qui fut tranché, si vous me passez l'expression, par un vote de l'Assemblée nationale sous contrôle socialo-communiste. Je constate seulement ceci : la règle de l'abolitionnisme intégral, qui prévaut aussi ici au Canada (et son corollaire, la suppression des peines perpétuelles, considérées là aussi comme inhumaines), conduit à cette situation où un individu coupable d'un meurtre horrible écopera de vingt ou vingt-cinq ans de prison, celui coupable de cinquante ou cent assassinats non moins horribles écopera de... vingt ou vingt-cinq ans de prison, et celui reconnu coupable de génocide et de crimes contre l'humanité — disons deux cent cinquante mille assassinats particulièrement odieux — écopera de — eh oui, vous l'avez deviné — vingt ou vingt-cinq ans de prison.

Si la justice consiste à effectuer un *rapport* entre les crimes et les châtiments, je veux qu'on m'explique alors comment il marche dans un tel système, par quelle équation magique on parvient à ce résultat proprement faramineux ?

1. Il n'existe en effet aucune peine qui soit dissuasive, sans quoi le crime aurait depuis longtemps disparu de la planète.

Maintenant, voyons un peu ce qui se passe à ma droite : l'Alliance canadienne fait sienne, ou à peu près, les politiques menées par les États comme le Texas, qui forment eux le contingent des partisans du maximalisme intégral.

Dans ces États, la figure du nihilisme a pris la forme « inverse » de l'abolitionnisme social-démocrate européen. Articulé sur une dialectique moribonde, ce renversement ne conduit bien sûr qu'à une forme hystérique, typiquement postrévolutionnaire, de l'usage de la peine capitale, et surtout à une réplique isotope de l'équation magique que les abolitionnistes ont instituée en lieu et place d'une authentique échelle de valeurs. Car que constate-t-on en effet ? Dans ces États maximalistes intégristes, un individu coupable d'un meurtre écopera de la peine capitale, un individu coupable de cinquante ou cent assassinats écopera de la peine capitale, et notre bon vieux général ayant sur sa conscience l'extermination programmée d'une population de deux cent cinquante mille personnes recevra lui aussi l'extrême-onction avant de s'allonger sur la table à injection. Si on ajoute à cela les énormes carences du système judiciaire américain, et le fait qu'être pauvre vous conduit généralement au couloir de la mort, et celui d'être riche vous absout de toute peine (comme l'affaire O.J. Simpson nous l'a montré), il est évident que le diagnostic à établir est plutôt alarmant.

Ce système aussi absurde que son antinome, et qui bien sûr ne peut susciter qu'effroi et sentiment d'injustice, est une véritable panacée pour les partisans de l'abolition, et il est à craindre en effet que face à de telles criminelles inepties ceux-ci ne finissent par l'emporter.

Quelle est la solution que je préconise ? me demande alors le jeune journaliste (Tommy Chouinard pour ne pas le citer).

Ma solution est simple, si je puis dire, car elle consiste à se pencher sur le sens véritable du mot justice, comme j'ai essayé de le faire succinctement dans mon introduction, et à envisager avec sérénité quelques faits concrets, et assez simples à comprendre là encore.

On ne peut rien juger dans une société sans une échelle de valeurs. Si nos sociétés, abolitionnistes ou maximalistes, ont aplani tout rapport, tout différentiel, et qu'elles considèrent comme équivalents des homicides factuels, même prémédités, et l'organisation systématique d'assassinats en série, si elles sont incapables d'établir la différence entre une tuerie occasionnée par la rencontre d'armes à feu, d'alcool et de passions humaines et une entreprise programmée à grande échelle, dans le temps, dans l'espace ou en termes de volumes de victimes, par des fonctionnaires sobres et rationnels, si elles continuent de se vautrer dans le vice de la décadence terminale : anéantissement du principe même de justice — une mesure, un rapport entre crimes et châtiments — alors c'est tout simplement que les abominations du XXe siècle ne nous ont toujours rien appris, et qu'on en reste aux larmoyantes et pathétiques commémorations, avec envol de colombes, appuyé par les bavardages humanitaires des journalistes et des penseurs appointés (voir *Le Monde diplomatique* et ses campagnes révisionnistes sans cesse répétées, chaque mois que Dieu fait, j'y reviendrais à l'occasion de leur dernier numéro, qui vaut son pesant de volumes de la *Pravda*).

Que faut-il faire ? Commencer par réinstituer une échelle de valeurs, et pour cela oser affronter l'histoire du siècle, et comprendre comment le tribunal de Nuremberg fut l'unique éclat de christianisme dans ce siècle enténébré par les lumières du positivisme athée, comment et pourquoi le tribunal de La Haye en est la trahison humanitaire, créature lobotomisée de l'onuzisme mondial. Ensuite, eh bien ensuite il suffira, si je puis dire, de l'appliquer, cette échelle, et donc de dégager les termes d'une justice d'exception civile qui jugera, hors du « droit commun », les crimes susceptibles d'encourir la peine capitale.

*

Il est toujours étrange de constater que la mise au jour de la vérité engendre chez ses contemporains une telle confusion, un tel chaos.

Hier, lors de l'interview avec le journaliste de *Voir*, on m'apprend qu'une violente polémique agite le landerneau médiatique local, depuis qu'un journaliste du quotidien *Le Devoir*, ayant lu *Le théâtre des opérations*, a remarqué avec perspicacité que je m'en prenais à plusieurs reprises à un dénommé Pierre Monette, chroniqueur régulier dans l'hebdomadaire gratuit, et visiblement peu goûté de son rival émoulu à la gazette souverainiste, pour des raisons que j'ignore. J'achète le numéro du *Devoir* en question, où Pierre Monette répond à l'article précédent d'Antoine Robitaille et que je n'ai point lu.

Qu'y lis-je, un peu effaré tout de même ? Eh bien en fait que mon bouquin aiguise les passions plus que je ne l'avais imaginé, ici au Québec. Non pas que les deux duellistes en question se livrent à une exégèse quelconque du contenu de mon livre — il ne faut pas trop en demander tout de même —, mais il semble que je peux plus prosaïquement servir de prétexte (je suis encore un *corps étranger* au Québec, mon passeport en fait foi, et mes livres sans doute aussi) à un règlement de compte interprofessionnel, ou interpersonnel, d'une certaine *brutalité*.

Je préviens tout de suite mes lecteurs, et les autres si c'est possible, que je décline toute responsabilité dans le prochain règlement de compte qui surviendra entre les bandes de *bikers* qui se déciment ici depuis quinze ans. Même si on retrouve un exemplaire plus ou moins usagé de *Babylon Babies* dans la sacoche d'une Harley-Davidson.

*

Condamner un innocent se double par définition du fait qu'un coupable est laissé en liberté.

Il ne faut plus s'étonner qu'une culture de la vendetta se mette à ronger pernicieusement les fondations de cette société-(im)monde sous régime onucratique, si l'on constate avec lucidité l'ignoble traitement infligé au concept de justice depuis quelque temps déjà.

En Angleterre un fait divers récent devrait attirer notre attention, plus qu'il ne l'a fait jusqu'ici :

Un tabloïd à grand tirage, sans doute en perte de lecteurs, a décidé de monter une grande opération nationale contre les pédophiles. S'adressant avant tout à une populace inculte, ce qui devait survenir survint, et des opérations de lynchage furent déclenchées de façon « spontanée » aux quatre coins du Royaume-Uni, déclenchant jusqu'au suicide d'un jeune pédophile. Ne croyez pas que j'éprouve beaucoup de compassion pour les pédérastes violeurs et les meurtriers d'enfants, bien au contraire, je constate que le déni de justice qui est accompli quotidiennement, en ne sanctionnant pas des plus sévères châtiments les auteurs de ces crimes, revient à laisser aux débordements de la foule le soin de régler la question. Si on voulait se placer un instant dans la position du froid observateur clinique détaillant un corps en état de décomposition avancée, on pourrait sans doute constater que la population anglaise n'a pas voulu se retrouver dans la situation de sa consœur belge, qui fut, elle, lynchée[1] par le corpus médiatico-politico-universitaire,

1. Jamais, je pense, je n'ai vu un tel tombereau d'ordures déversées sur des personnes (venant de perdre leurs enfants dans des conditions abominables et dépassant même l'imagination diabolique d'un auteur comme moi) qui ne demandaient au final que leur dû, agréé par les tampons bureaucratiques du fisc. Des histrions universitaires, déchets d'expériences avortées que les facultés sont bien obligées de conserver, des flicards incompétents, dépassés par le niveau transnational des organisations criminelles à grande

dès lors qu'associée en Marche blanche elle demanda que toute la lumière soit faite sur les *réseaux* qu'alimentaient en chair fraîche Marc Dutroux et ses comparses, ce qui au dire des propagandistes « journalistes », toutous de la racaille au pouvoir à Bruxelles, n'étaient que pures élucubrations, purs « fantasmes ».

Je ne savais pas que les fantasmes étaient en mesure de se suicider.

Comment, et surtout pourquoi, la démocratie accouche d'une telle fange est une question qui ne cesse de me hanter. Elle hantera les démocraties jusqu'à ce que la fange les engloutisse.

D'autres que nous en établiront l'archéologie, mais nous sommes ceux qui vivons le processus, qui vivons la généalogie de ces morales et de ces crimes.

échelle qu'ils doivent combattre comme les Aztèques devant les navires, les chevaux et les mousquets des conquistadors, que dis-je ! devant l'armada du D-Day, des juges et des avocats qu'on voudrait voir traîner en robe de bure et la corde au cou, des ministres et des sous-ministres dont je ne peux évoquer ici le sort enviable que je leur réserve sans être poursuivi par les chiens de garde de la neuropolice — bref le complot naturel de la non-conscience s'est mis en marche, est parvenu à ses fins et a fini par briser toute résistance. La Marche blanche n'est plus que le rêve perdu à tout jamais d'une justice fondatrice capable de légitimer le rêve européen. Dix mille crétins en poste à Bruxelles, et à peu près autant dans chaque pays de l'Union-tsoin-tsoin-tagada, voilà qui est somme toute à la portée d'une authentique révolution politique. Celle d'une Constitution fédéraliste et impériale, dont il ne faut pas faire semblant d'espérer qu'elle sortira d'une discussion entre Lionel Jospin, Joshka Fischer et Tony Blair, avec José Bové et Pasqua en amuse-gueule pour les petits extrémismes à la retraite. Les Européens doivent se mettre dans le crâne que l'heure est venue pour eux d'accomplir ce que les USA ont entrepris il y a près de deux cent cinquante ans. Unifier le territoire. Réinventer la justice et la liberté, au prix, sachons-le tout de suite une bonne fois pour toutes, d'un bain de sang généralisé. Au prix d'une guerre. D'une krisis. D'un changement fondamental et irréversible

Laissons-leur autant d'indices qu'il est en notre pouvoir de le faire.

Un premier état des lieux nous laisse stupéfaits devant un tel désastre, je crois qu'en ce qui me concerne je n'aurais pas assez de toute ma vie pour en décrire toute la bêtise, toute l'horreur.

Si aujourd'hui la Belgique en est parvenue à ce point de pourrissement à peine descriptible, il convient de rappeler que depuis quarante ans Bruxelles est non seulement la capitale de cette fédération wallone-flamande assez improbable, mais plus encore qu'on l'a instituée « capitale » de cette impossible Union, dont elle est la pointe avancée, comme enfoncée dans sa propre chair, pour contaminer tout le continent d'une sorte d'utopie IIIe République au venin soporifique.

*

Depuis quelques jours, grave crise générale. Angoisses phobiques de mort, obsessions, culpabilité, délires nocturnes, tachycardie, cauchemars, et contacts avec les anges gardiens.

Je maintiens le cap au pifomètre, comme l'équipage pris dans la tempête du siècle de 1993, et récemment mis en scène avec George Clooney (film que je n'ai pas vu au demeurant).

Quelque chose a craqué, et le problème c'est que ce n'est pas la machine à café. Ça viendrait plutôt du moteur principal, ou pire encore, du gouvernail.

Physiquement d'abord. Un épuisement général qui a gagné en intensité avec les deux premières semaines d'août. En fait, j'ai probablement conduit la bête avec trop de dureté, si ce n'est d'inconscience. Revenu de Paris début juin, j'ai foncé tel un bulldozer dans les montagnes nocturnes de l'écriture. C'est que j'ai un contrat à respecter, et comme tout bon tueur à gages j'aime en respecter les termes. Mais la fatigue physique dont je subis les effets depuis la fin du mois de juillet n'est que le contrecoup à la longue série de stress qui me conduisit il y a trois ans à prendre un billet simple pour l'exil. L'écriture de deux romans et d'un volume du *TdO*, ainsi que l'énergie requise pour réussir une émigration, avait en quelque sorte retardé le contrecoup post-traumatique. Ce que le métabolisme signalait, insomnies, manque de tonus diurne alternant avec des épiphanies nocturnes, pertes d'appétit voisinant avec des périodes de boulimies extravagantes, addiction au Coca-Cola, évanouissements hypoglycémiques, c'était la mise en place d'une tempête de très grande envergure, comme ce terrifiant « Perfect Storm » de 1993 dans l'Atlantique Nord, qui naquit de la rencontre quasi miraculeuse entre plusieurs éléments fortement dynamiques et antinomiques, qui explosèrent telle une bombe climatique sur l'océan.

Quelque chose d'organique a été touché. Je veux dire, ce qui constitue l'organique de la pensée. J'ai ouvert une boîte de Pandore aux propriétés proprement terrifiantes, redoutables. J'ai décidé de la mettre au service de la vérité et de la Toute-Puissance, ce qui signifie accepter de faire de ses fictions des entreprises métapolitiques, des œuvres d'imagination, de prophétie, des formes de vie.

Ce qui signifie le sacrifice d'un volume conséquent de cellules nerveuses en contrepartie.

Et de cellules de bien d'autres organes encore.

*

Aussi en cette nuit étrange où la mort m'a submergé, au moment de l'heure fatidique du changement de jour, alors que je sentais ma conscience ployer par dévotion sous la présence lumineuse d'une vérité indicible, après qu'elle eut été écrasée des heures durant sous le poids des marteaux du démon, oui, alors qu'une fragile Alliance était nouée, comme aux temps bibliques où lorsque le Verbe se faisait Chair, c'était parce qu'il était Feu, alors que je priais pour chasser les fantômes de mon esprit et que mon imagination parvint à embrasser une dimension secrète de l'univers, une présence se manifesta et me ramena peu à peu à mon état normal.

Puis Elle m'ordonna d'écrire.

Et s'ouvrit à tous mes secrets, puis Elle décida que je pourrais Lui servir, et Elle commanda que je suive désormais d'impératifs préceptes, si je voulais qu'Elle continuât à me guider dans le siècle.

Retraite stratégique dans le dispositif schizophrénique ; implosion des placards en machines d'enregistrement, Radio ADeNaï, un crime se déroule de l'autre côté de l'autoroute et nous ne savons rien faire de ce sacrifice, j'urine des bobines d'argent et de sulfure sur le visage d'un clochard mort de froid et la police génétique dévore ses propres enfants, Chronos du chromosome, GPU du génotype, stockage général de l'organisme digital, plaintes suppliantes des bébés reformatés pour qu'on les délivre du Mal, des avions en perles orange et leurs rivières poudreuses dans un ciel de carte postale évoquent le désastre à venir du napalm, il est quatre heures du matin et je n'ai toujours pas dormi, la nuit semble calme, l'orage est passé, un vrai celui-là, un gros, avec des éclairs en rafales et la canonnade martiale du tonnerre, un orage moins gigantesque toutefois que celui d'hier, je crois, ou bien avant-hier, je ne sais plus, bref cette tempête de type tropical qui éclata sur Montréal avec des tubes de foudre horizontaux qui couraient d'un bout à l'autre de l'horizon et avec lesquels je communiai sous la pluie en trombe.

Je crois qu'il n'y aucune issue valable pour un écrivain. Suicide ou folie. Il nous faut faire un pacte avec la mort, et quasiment s'en remettre à elle.

Il ne faut même pas espérer sa clémence. Et ne rien

attendre des formes que l'entropie prend lorsqu'elle se nomme « Humanité ».

Bonne nuit.

(Je vais éteindre l'ordinateur, 4 h 01 très exactement, et tenter d'endormir mon cerveau.)

*

Crise parapsychotique toujours au plus bas du baromètre. Vents force 9 en moyenne, ça décoiffe.

Nous serions tentés d'appeler à l'aide en hurlant : MAYDAY ! sur les fréquences disponibles, si la radio n'était depuis déjà longtemps transformée en aquarium à transistors. En trois ou quatre jours, les angoisses de mort imminente et de culpabilité obsessionnelle ont largement monté d'un cran et minent presque chaque minute de mon quotidien, troubles tachycardiques en boucle, accompagnés maintenant de réflexes compulsifs inconnus jusque-là. Insomnie générale depuis maintenant... une semaine moins une heure par nuit (l'heure entre chien et loup où un calme provisoire m'est enfin accordé). De plus avant-hier, je commets une grave erreur de médication et devant l'innocuité à court terme de la molécule antidépressive en tant qu'anxiolytique, je prends huit cachets d'Effexor 75 mg dans la journée, ce qui veut dire le premier vers 13 ou 14 heures et un dernier vers minuit, juste avant d'aller dormir. *Dormir !* Avec 600 mg d'Effexor dans les tuyaux !

Je me retrouve moins d'une heure plus tard en transe, couvert de sueur, dans un état très proche de la démence, un syndrome d'angoisse paroxystique et de tachycardie entremêlées qui me poussent aux limites de l'impulsion suicidaire. Seules deux ou trois mégadoses fort peu homéopathiques de valériane parviennent à me calmer et à vaguement m'assoupir. Je somnole dans mon jus jusqu'aux premières lueurs du jour. Puis la maison s'anime. Il faut faire bonne figure, je suis épuisé, j'ai chopé une bonne grippe, ce matin je dors jusqu'à plus soif, qu'on parte donc à Tadoussac sans moi, telle sera la version officielle. Une heure plus tard, mon ami Alain B. me conduit aux urgences psychiatriques de Notre-Dame. Des heures d'attente, et quatre niveaux hiérarchiques pour m'entendre dire ce que je savais déjà, par un médecin fort compétent au demeurant qui, rendons-lui grâce, a eu la patience de m'écouter pendant trois quarts d'heure, dans un pauvre hôpital ravagé par la politique sociale-démocrate locale[1].

J'ai probablement usé et abusé de ma machine biologique et peut-être de ma chance, et qui sait de la Fortune divine, j'ai sans doute hurlé trop fort contre ce monde et son démon tutélaire, nommé Humanité, ses médiocrités criminelles, j'ai peut-être même blasphémé contre Dieu, l'Esprit-Saint ou la réalité du Christ, qui sait si je n'ai pas commis de crimes ?

Le trouble obsessionnel dont je souffre naît de mon empathie naturelle avec la mort. Dieu soit loué, jusqu'à présent quelques anges gardiens ont su me prodiguer les fils d'Ariane me permettant de remonter à la surface, au monde des vivants, mais il ne faut jamais perdre de vue que, dans ces dimensions-là, les fils d'Ariane sont de très fragiles filets menacés par de nombreux obstacles, dont le moindre n'est pas vous-même, et l'ivresse des profondeurs qui peut s'emparer de vous pour vouloir les trancher net, au risque de vous perdre à tout jamais.

Se souvenir que les gnostiques disaient *Lumière obscure*. Et les alchimistes *Soleil noir*.

Dans *Langages totalitaires* et *La déraison antisémite et son langage*, Jean-Pierre Faye, grâce à une érudition non

1. Le système de santé médical québécois n'a, je pense, qu'un seul équivalent dans le monde : celui de la Roumanie. La pénurie gratuite pour tout le monde.

vaine et une sensibilité hautement sélective, nous permet de mieux entrevoir la complexe et terrible généalogie de l'extermination des juifs par le Reich hitlérien. Je ne me livrerai pas ici au jeu de la citation *in extenso*, d'une part je ne voudrais pas prendre le risque de m'aliéner les quelques lecteurs encore présents, et d'autre part Faye est toujours vivant, autant dire que je vous encourage vivement à acheter et à lire ses livres.

Pour tous ceux qui comme moi ont été à un moment de leur jeunesse attirés par les antiques valeurs que le fascisme semblait pouvoir revivifier pour le bien du continent, la lecture de Nietzsche se sera révélée au bout du compte une expérience salutaire et Faye est sans doute un des tout premiers à avoir su démêler ce qui dans son œuvre s'apparentait parfois à l'antisémitisme ambiant dans lequel il baignait, de toute la violence créatrice avec laquelle il allait finalement mettre à bas cette dérive insensée de la Raison moderne, en expliquant froidement, à la fin de sa vie et de son œuvre, que « les juifs allemands allaient sauver l'Europe de la catastrophe nationale », textes soigneusement expurgés par son entourage, dont sa connasse de sœur.

La déraison antisémite et son langage s'ouvre sur trois citations du grand philosophe antinationaliste et antisocialiste qui à elles seules permettent de dégager la vérité profonde, et souvent paradoxale, que ce génie a mise en œuvre, jusqu'à la destruction de son cerveau :

« La lutte contre les juifs a toujours été la marque des nations basses.

Contre la distinction entre aryens et sémites : où les races se mélangent jaillit la source de la culture.

Odieuse littérature qui entend mener les juifs à l'abattoir, en boucs émissaires de tout ce qui peut aller mal dans les affaires publiques. »

Je n'ai pas envie de vous présenter ici une savante exégèse des travaux de Jean-Pierre Faye, en particulier sa description de l'émergence de l'antisémitisme rationnel au XIXe siècle, après un bon demi-millénaire de préparation des esprits, ni comment il se diffusa à travers tout le champ de la pensée politique européenne avant de se cristalliser sous sa forme terminale dans le nazisme, ni comment il se perpétue aujourd'hui dans le monde arabo-islamique, l'antisionisme de la gauche écolonihiliste ou l'université décadente de l'Occident postmoderne.

Il me faudrait en effet des pages de paraphrases inutiles pour tenter de suivre avec lui *chaque infini qui se propage à partir de chaque point de l'histoire*, je le cite ici de mémoire.

Je ne peux donc que pauvrement arrêter ma propre pensée sur quelques crêtes, d'où la vue brusquement embrasse des paysages encore embrumés par les brouillards de la nuit. Et à partir de là, tenter de remettre ma pensée en mouvement.

Ce que Nietzsche reprocha aux juifs de son temps, c'est précisément leur incapacité à comprendre comment le rationalisme des « Lumières » dont ils embrassaient les idées allait finir par les conduire à l'abattoir érigé en système, en *univers concentrationnaire*, un univers où la mise à mort d'êtres humains par d'autres êtres humains était l'économie de chaque instant.

Il pressentait toutes les catastrophes du siècle à venir et, dans la confusion des esprits qui contaminait ses contemporains, socialisme, nationalisme, anarchisme, populisme, racisme, il voyait une horrible matrice qui un beau jour fusionnerait tous ses termes et déciderait de rayer de la carte tout ce qui peu ou prou pouvait rattacher l'humanité au lignage du Livre.

Faye note avec concision, et non sans une certaine ironie, que Nietzsche vivait entouré d'antisémites dont il cherchera toujours plus à combattre les minables idéologies, jusqu'à sa mort, alors que Heidegger, sans doute un des deux ou trois plus brillants philosophes de son temps lui aussi, vivait entouré d'étudiants juifs, et qu'il adhéra, lui, pleinement aux valeurs de l'État national-socialiste dès sa fondation et jusqu'à sa ruine.

En dépit des fulgurances souvent impressionnantes de son esprit — et qu'il ne faut certes pas dédaigner à cause de ses errements —, Heidegger, selon moi, se serait vu vertement remis à sa place d'universitaire positiviste si Nietzsche avait été fabriqué dans le bois génétique dont on fait les centenaires et s'il avait pu, depuis les hauteurs de Sils Maria, assister à cette déroute définitive de la pensée européenne.

Il aurait en cela uni sa voix à un Thomas Bernhardt qui ne pouvait s'empêcher de décrire avec sa cinglante et bénéfique méchanceté comment le philosophe d'*Être et Temps* s'en allait cueillir ses champignons avec l'extase du cuistre néonaturaliste tandis que sa femme tricotait savamment ses chaussettes pour l'hiver.

Mais il y a bien plus que ces anecdotiques vérités dans les ouvrages de Faye.

Il est le premier, me semble-t-il, à avoir entrepris une démarche anthropologique au sujet du Génocide, une étude scientifique dont la découverte centrale réside dans la mise en lumière explicite de la destruction du langage en tant que spécificité humaine par les grands systèmes politico-idéologiques totalitaires du XXe siècle.

Si le langage est bien cette sphère qui permet à l'homme d'englober la nature pour mieux s'en séparer, s'il est le nœud qui le lie à tous les autres par la différenciation, il importe à tout système d'asservissement des corps et des âmes d'en mutiler outrageusement la fonction jusqu'à en faire un simple *outil de communication*, un vulgaire instrument de propagande qui permettra de rassembler autour de leurs plus petits dénominateurs commun (l'envie, la haine, la bêtise) des masses énormes de « citoyens » démocratisés.

Or, malicieusement, la destruction du langage se définit toujours par une sorte de double mouvement schizoïde qui enferme ses auteurs dans leur propre psychose.

D'abord cette destruction se pare bien souvent de la volonté apparente d'un « retour » aux formes anciennes, tout en ne pouvant s'empêcher, par inertie révolutionnaire, de vouloir s'en prendre à leurs fondements les plus intimes. Le nazisme est plein de ces contradictions insolubles. Sa haine de la « culture » se double du respect religieux qu'éprouve le prolétaire devant les ruines de l'aristocratie et de l'Antiquité, sentiment qui renforce sa haine, qui aussitôt renforce le besoin d'articuler un système de références et de filiations, et ainsi de suite. Tout en prêchant la « croisade » chrétienne de l'Europe contre le bolchevisme, on voyait les directives idéologiques de la SS répandre l'idée que le christianisme était étranger aux nations aryennes puisque Jésus lui-même appartenait à la race maudite ! En jetant ses armées « nordiques » à l'assaut des territoires peuplés de « sous-hommes slaves », en juin 1941, Hitler tentait de détruire la civilisation russe, créée mille ans plus tôt par des Vikings venus de Norvège !

Faye liste sans pitié tous les pièges qui s'ouvraient sous les pas du nazisme au fur et à mesure de son avancée, et il en existe d'autres encore, comme le fait surprenant que simultanément la SS de Himmler dépêcha une expédition au-delà du cercle polaire pour dénicher l'Hyperborée mythique et l'entrée vers ce monde situé sous la terre auquel croyait cet éleveur de volailles devenu vice-Führer du Grand Reich, mais également des explorations fort coûteuses pour retrouver l'Arche d'Alliance (une anecdote véridique dont se servira Spielberg pour son fameux *Indiana Jones*).

Ce fait traduit une vérité qui semble mystérieuse à bien des égards : non seulement les nazis vouaient une haine meurtrière aux juifs, mais plus encore, faut-il sans doute l'admettre, en avaient-ils diablement *peur*.

L'idéologie nationale-socialiste s'érigeait en effet comme l'ultime idolâtrie, elle promettait à son tour un millénaire de bonheur, une économie parfaitement ordonnée, une fin de l'Histoire, l'anéantissement du devenir humain au profit d'un programme immortalisé par sa propre hypnose, la production d'un Moloch social qui remplacerait Dieu, inutile, à tout jamais. Et pour ce faire elle entendait une fois pour toute couper l'homme de la Chekhina. À tous les niveaux de l'existence. Jusqu'à ce qu'on puisse tranquillement entreprendre l'assassinat par le gaz de 6 millions d'individus, dont 1 800 000 enfants, de toutes nationalités, pour le simple fait qu'ils représentaient le dernier lien vivant avec cet héritage secret, parce que tout bonnement, comme l'admettait bien volontiers Hitler lui-même, « les juifs ont inventé la conscience ».

Or précisément ce que le judaïsme et les autres religions du Livre avaient à jamais mis en branle, depuis leur plus haute antiquité, c'est le chaos transhistorique, patriarcal, cybernétique, métapolitique, celui de l'Écriture, celui du devenir, de la pensée-action critique toujours remise en œuvre.

Le nazisme, en dépit de sa plate misogynie, faisait siennes toutes les représentations matriarchiques du pouvoir : iconographie reine, symbolisme archétypal, architecture à la fois protectrice (pulsion maternelle) et dominatrice (refoulement totalitaire), modèle autoritaire-pathologique du contrôle des naissances (avortement obligatoire pour les non-aryennes, ou stérilisation forcée, et avortement interdit pour les autres, avec pour ainsi dire fertilité forcée à la clé), tout en lui manifeste ce que Nietzsche désigne quarante ans avant son apparition comme l'ultime décrépitude du dernier homme, subjugué par sa propre impuissance.

Le mépris des femmes et des homosexuels dont les nazis firent preuve (et encore aujourd'hui) démontre, s'il en était besoin, à quel point les perversions secrètes de la petite bourgeoisie européenne se réfugiaient dans la fantasmatique la plus pure. On comprend pourquoi Freud et ses théories déclenchaient à ce point l'ire du Führer et de ses acolytes de brasserie. Le Reich nazi, termitière sociale-hygiéniste aux contours dévolutifs, épousait étrangement toutes les figures que Nietzsche dénonçait comme « féminines » et propres aux « esclaves » dans le nihilisme de son siècle, une position qui lui vaut de n'être toujours pas compris plus de cent ans après la publication de ses livres.

Nietzsche combattait les idoles de son temps, y compris celles qui pullulaient sur le cadavre de Dieu. Il affirmait la primauté du *corps*, mais au sens le plus prophétique du terme, quand la Parole se fait Chair, il tenta de mettre en lumière les profonds phénomènes psychologiques qui articulaient la dynamique des rapports maître-esclave dans l'Histoire humaine, et particulièrement dans la généalogie de ses morales. Il comprit ainsi que la pensée suivait des voies bien plus tortueuses que l'action collective des masses sociales le laisse entrevoir. La figure du maître et de l'esclave était sujette à des retournements constants, à des superpositions paradoxales, des plis et des surplis toujours plus complexes, que le philosophe se devait de démêler. Des peuples auparavant souverains se voyaient dominés par un empire momentanément plus puissant, mais en retour ils contaminaient les mentalités de leurs oppresseurs d'un temps, qui se voyaient un jour dépossédés de leur trône par une coalition intérieure, ou un voisin encore plus puissant, qui se sera débattu avec des problématiques similaires.

Ce qu'il faut comprendre, c'est que le peuple juif est bien le *porteur de cette narration*, comme le dit Jean-Pierre Faye. Tel un fractal de l'histoire humaine, il renvoie à tous les dispositifs et à toutes les époques, il les traverse, ces phases de grandeur et de décadence, de force et de faiblesse, de rayonnement et d'autarcie, de vérités et de trahisons, mais plus encore il ne cesse de les transcrire dans ses textes sacrés, qui ouvrent sur le devenir, grâce aux prophéties.

Faye met en lumière les nombreuses interactions qui, de tous temps, se sont manifestées entre le peuple juif et ses voisins, égyptiens, perses, babyloniens, assyriens, arabes, grecs. Les données archéologiques aujourd'hui connues nous permettent de mieux comprendre, sous sa plume, comment Ur, cette cité chaldéenne aux origines suméro-akkadiennes, donc sémitiques, inventa l'écriture pictographique puis phonétique, avant que cette technologie n'émigre vers l'actuelle Palestine, où les Phéniciens et les Syriens de l'époque l'adoptèrent, l'adaptèrent à leurs cultures et la léguèrent aux Protogrecs de la mer Égée. *Alpha, bêta*, nous le rappelle fort justement Faye, vient d'*aleph, beth*. *Sepher*, *zifr* en arabe, à la fois « nombre » et « zéro », qui fait *chiffre* dans notre langue gréco-latine, vient de la ville de Sippar, où le même Abraham passa lors de son périple et qui développa, sur la base pictographique très avancée de la ville d'Ur, cette technologie unique qu'est l'alphabet phonétique.

Plus pénétrante encore est son analyse du voyage d'Abraham, depuis Ur jusqu'à Salem, un simple endroit dans le désert, là où l'attend ce personnage mystérieux qu'est Melchisédech, prêtre du Très-Haut, et qui semble être là pour sa venue depuis des éons. De ce point naîtra Jérusalem. Pourquoi le nom de ce voyageur singulier est-il changé par Dieu, lorsque Celui-ci le choisit, en *Abraham* ? Que signifie donc ce redoublement du phonème « a » ?

Ce voyage initiatique d'un individu venu de la cité où s'invente l'écriture crée une profonde schize dans l'histoire humaine. Car il semble bien que ce qui fonde la singularité universelle de cette aventure, c'est le fait qu'elle s'écrive, et que par son écriture même elle soit en mesure de précipiter et la chute, la *catastrophe* (la dégradation de l'entropie), et l'*analyse* (la sortie vers le haut) dans une étrange et hélicoïdale transversion générale des principes qui fera du peuple qui continuera cette narration métacritique le bouc émissaire répété des petits nihilismes humains.

Pour Faye, dès lors, face à cette dévolution de l'esprit qui semble s'emparer à nouveau des micropenseurs de notre époque, la seule solution consiste à projeter l'anthropologie vers ses limites, cosmobiologiques, physiques et évolutionnistes.

Allez, je ne peux me retenir plus longtemps, il va bien falloir que je vous montre de près comment agit cette spirale singulière de la pensée. Dans une série de paraboles saisissantes, Jean-Pierre Faye permet de mieux envisager à quoi devront se confronter nos esprits au cours du siècle qui s'en vient :

« [...] c'est à partir de cette grille de mouvements que nous pouvons arriver à comprendre *comment* se placent les hostilités, ces tensions, ces éclatements, cette façon pour un peuple d'être jeté hors de son propre cadre et pour ainsi dire en circulation libre dans l'espace historique. Un peu comme des électrons arrachés de leur atome, et projetés dans un courant — ce que nous appelons l'électricité et son champ magnétique —, il y a une sorte d'électricité de l'histoire, produite par cette façon pour un peuple, à un point décisif et très sensible de l'espace, d'avoir été jeté et mis en mouvement dans le temps historique. »

« [...] tout à l'heure je parlais de ce moment où une particule sort de son orbite et change d'énergie : chaque fois que se produit un changement d'orbite, il y a production de lumière. C'est cela l'histoire de l'univers. Chaque changement d'énergie dans une orbite matérielle produit une émission lumineuse (ou électromagnétique). Quelque chose de comparable semble se passer : une communauté humaine change d'espace, dans l'Histoire, et son mouvement produit de la lumière. Et cette lumière en même temps est perturbante. Peut-on dire qu'il existe un peuple porteur de champ lumineux — et qu'il accompagne une grande perturbation de l'Histoire ? »

« Tout cela est le récit du peuple *porteur de narration*, il n'y a pas d'autres témoins. Aucun autre peuple — ni les

Romains, ou les Grecs, ou les Chaldéens — ne dit : Ah, oui, j'ai vu passer Abraham. C'est après coup, dirait Freud, qu'il devient universel. Pour le moment, il parle tout seul, il monologue, plus tard le peuple qui se réclame de lui raconte sa propre histoire à lui tout seul [...]. Pour le moment et pendant longtemps, le fil historique sera l'histoire d'un peuple racontée par lui-même. Voici notre *première phrase* : le voyage d'Abraham à partir d'Ur en Chaldée — c'est-à-dire en Sumer. »

« Tout cela ce sont des récits. C'est l'extraordinaire énergie du récit qui agit là. Et qui est porteuse d'une intense force *pratique* qu'elle met en mouvement. Disons : force “narratique”. Essayons de comprendre que l'Histoire, d'abord, est faite de trames narratives, et que les événements eux-mêmes, on ne les voit pas. Nous sommes des voyants qui remontons le temps seulement à travers le récit des hommes. »

Enfin, en l'espace de quelques lignes d'une grande portée, Jean-Pierre Faye examine ce curieux concept des kabbalistes, le *tsim-tsoun*, cette « décision » de Dieu de se contracter en un point infiniment petit pour pouvoir s'expandre dans l'infiniment grand. Tout individu réellement informé sait aujourd'hui que cela correspond d'assez près à la singularité quantique initiale que la cosmologie moderne voit à l'origine du big-bang.

De là, il parviendra à nous éclairer sur cette haute antiquité du Croissant fertile et nous montre comment l'antisémitisme s'est développé parallèlement à l'histoire humaine, avec la récurrence par lui constatée, à chaque phase critique (il en articule huit), de *momentum* décisifs au cours desquels le peuple d'Abraham se retrouva pris en tenailles dans des conflits opposant deux ou trois empires violemment concurrents. Plus encore, qu'il se fût agi d'un royaume indépendant, avec toutes les prérogatives d'un État, ou d'un peuple dispersé par l'invasion et l'exil, il apparaît bien que la haine se soit déchaînée contre lui pour des raisons qui tiennent à l'Alliance forgée entre Abraham et le Très-Haut, et aux dix commandements que la Loi mosaïque allait graver dans la pierre.

La civilisation de l'Écriture, notre ordre politique patriarcal si détesté depuis deux siècles, se fonde en effet sur le refus du sacrifice humain. Puis sur celui de l'adoration du roi devenu Dieu. Les despotes décadents de la basse Antiquité ne virent pas d'un bon œil cette communauté qui refusait d'égorger ses enfants au pied de hautes statues de marbre à leur effigie ou aux symboliques figures qui les représentaient. Faye met sous le projecteur comment des narrations pathologiques en firent donc de sanguinaires et secrets sacrificateurs d'enfants et des conspirateurs en puissance.

D'autre part, il apparaît à sa lecture comment le bouc émissaire est un jour accusé d'être noir, et le lendemain de ne l'être point.

Après s'être vus accusés d'être des produits dégénérés de la race blanche et de la race africaine par un vieil imbécile comme Gobineau, d'être des sémites par les partisans de la pureté « aryenne », les idéologues nazis comme Rosenberg en firent la pointe avancée du *Panasiatismus*, et les parangons de l'identité nationale leur reprochèrent leur état de pure diaspora.

Aujourd'hui, on notera sans aucune surprise qu'on leur reproche très exactement l'inverse : d'avoir un foyer national en « Palestine », de n'être pas assez sémites[1], d'être la pointe avancée de l'Occident dans le continent afro-arabe, et d'être trop blonds avec des yeux trop bleus.

Je ne partage pas, loin s'en faut, tous les points de vue de Jean-Pierre Faye, surtout en ce qui concerne la mise en place d'un jour commémoratif de la Shoah, qui ne serait

1. Voir l'irrésistible prose des talibans de tous ordres.

somme toute que la pointe avancée de ce hideux dispositif censé masquer l'injustice et dénommé devoir de mémoire.

Je m'intéresse plus aux perspectives scientifiques qu'il essaie d'ouvrir par ses propres enquêtes sur le camp d'extermination (avec chambre à gaz) qui exista en France, le Struthof, ou sur son idée de mettre en place en Europe un Centre d'études sur le génocide, qui pourrait à la fois valider de véritables investigations concernant le crime nazi, mais aussi mettre en place une *anthropologie du génocide*, dont le champ d'investigation, grâce à la leçon exemplaire tirée du plus féroce d'entre tous, pourrait couvrir toutes les époques et tous les continents.

Mais pour qu'un tel projet puisse voir le jour, encore faudrait-il qu'une civilisation européenne soit capable de se constituer ! Encore faudrait-il que ce continent soit doté d'une quelconque volonté, de la plus petite puissance !

Encore faudrait-il qu'il prenne conscience de l'occurrence de sa mort, par tant de fois consacrée au XXe siècle, et pourtant invisible, indolore, inimaginable, et toujours non imaginée.

*

Prions un instant pour tous les êtres d'exception qui seront dévorés par la voracité dominatrice de la populace.

Ayons un accès de pitié pour les Tibétains, émettons pour eux une prière, eux dont la seule défense en ce jour est ce « guru mondain » — comme le dit si justement Pascal Bruckner —, ce touriste de la bonne humeur harmonique universelle, oui, ce dalaï-lama pseudo-bouddhiste[1]

1. Rappelons aux babas cool astrologues et bouddhisto-sanitaires que ce fut une poignée de moines bouddhistes qui, au monastère de Shaolin, créa un des plus anciens arts martiaux de la région. Et ce pour les besoins d'une lutte politico-religieuse contre la tyrannie, l'injustice et la crapulerie.

dont le règne dure depuis vingt ans sur les esprits occidentaux (et chez les agents onuzis depuis l'origine de l'invasion du Tibet) et conduit à l'implacable destruction planifiée du peuple tibétain et de sa culture par les criminels de guerre sino-communistes. Des anarcho-trotskistes à tendance guévaristo-bovidienne se baladent fièrement avec de minables t-shirts où l'on peut lire ce pauvre slogan typique de notre époque sans honneur : FREE TIBET.

Ah quel courage ! Quel héroïsme !

Libérez le Tibet ! Car à qui s'adresse-t-on exactement, dites-le-moi ? *Qui* doit libérer le Tibet, et sous quelles conditions, en clair *selon quel rapport de forces* ? Ce minable slogan publicitaire-humanitaire ne revêt à l'évidence qu'un seul sens : messieurs les génocidaires chinois veuillez, je vous prie, cesser cette choquante violation des droits de l'homme que toutes les organisations internationales sont en mesure de constater chaque fois qu'elles le peuvent dans votre pays et qui nous brisent le cœur chaque fois que nous les voyons parmi les cent chaînes de notre télévision, et pourriez-vous arrêter par la même occasion d'exterminer ainsi les pandas, les ours et les montagnards résiduels de votre nouvelle province annexée en 1959 ?

Imagine-t-on des manifestants britanniques demandant à Hitler, sous moult banderoles et pancartes, de libérer la Pologne, la Hollande et la France, alors que la Luftwaffe préparait ses premières opérations de blitz aérien ?

Mais c'est qu'à cette époque, qui sortait à peine de la boucherie de 1914-1918, les hommes savaient encore ce qu'était une guerre.

Car vous ne croyez tout de même pas que les mêmes courageux porteurs de t-shirts pro-tibétains soutiendront jamais la moindre opération militaire occidentale pour précisément « libérer le Tibet » ? Rappelez-vous donc ce qui se produisit lorsque, après des années de pantalonnade digne de la IIIe République, la désagrégation postcommuniste en cours dans la Serbie de Milosevic conduisit à l'« inévitable » (et minable) petit conflit avec le Ceaucescu de Belgrade au Kosovo, ce qui jeta toute la France politique ou presque dans la rue, alors que les cinquièmes colonnes de la presse, avec la complicité des institutions internationales, entreprenaient l'anéantissement, comme elles l'avaient fait une première fois en 1954 et une seconde en 1966 (les suivantes sont hors concours), de tout ce que l'Alliance atlantique pouvait représenter de *stratégique* en effet, sur le plan fondamental d'une légitimité historique, libre et souveraine, *imposée par les armes*.

Voilà donc le langage de notre crépusculaire époque où l'Occident a décidé de courber l'échine devant les seigneurs de la guerre mongols.

Non, messieurs, pas « FREE TIBET » : *CHINESES GO HOME* (pour rester poli car on pourrait trouver de nombreuses traductions locales et fortement imagées du fameux « yankee », apparu sur les murs du Paris à peine libéré par les Sherman du général Leclerc).

S'il nous tient à cœur qu'il reste ici-bas au moins un seul Tibétain dans une ou deux générations, il faudra bien se rendre à l'évidence qu'une guerre de libération nationale du Tibet, encadrée — comme à l'époque de l'Afghanistan — par des experts occidentaux et possédant des bases arrière en Inde ainsi que dans les pays islamo-asiatiques désireux de pouvoir récupérer le Sin-kiang par exemple, pourrait engager l'APL dans une guerre d'usure aux conditions extrêmement difficiles (hautes montagnes, déserts torrides, steppes sans fin, quatre ou cinq mille kilomètres de « front ») qu'elle finirait inévitablement par perdre, comme les Soviétiques ont perdu l'Afghanistan en 1988-89.

Il existe une forme de passive neutralité — je n'oserai dire bienveillante — du Démon. C'est que le Monde qu'il gouverne et qu'il tend à recréer à son image, produit, comme tout monde créé, ses propres tropismes autonomes. Il est par définition et à tout le moins partiellement un peu démiurge lui aussi, et en fait, au cas miraculeux et fort improbable où le Diable intendant de la matière voudrait changer quoi que ce soit aux logiques absurdes et innombrables qu'il a enchaînées les unes aux autres, il ne pourrait sans doute que hausser les épaules et dire : « Je suis désolé, je ne puis franchement plus rien y faire. »

Il faut se soumettre un jour à la menace de la Mort éternelle pour en éprouver la terrifiante noirceur, sentir une lame implacable et aux jugements pour nous inconnus, incommensurables, et vers lesquels nous devons nous élever, barreau par barreau, les pieds nus sur une échelle rougie au feu, vers un point situé infiniment loin et infiniment proche de notre cerveau, de ce que cette machine é*labore* — *labor*ieusement, faut-il donc être redondant ? — comme fugitives sphères de l'esprit métavivant.

Sentir alors le vol d'une main invisible sur vos épaules, un doigt de vierge se tend le long de votre colonne vertébrale, phalanges de vérité plus glacées que tous les zéros absolus, givre qui perce les moiteurs de l'esprit empoisonné, une lumière de lune vous parle au creux de l'oreille, au cœur de ces labyrinthes osseux trilobites spiraloïdes qui nous sont restés depuis le cambrien. Pour un peu des moignons d'ailes, à vrai dire de vagues élytres nouveau-nés, tout au plus capables de vous donner le pouvoir illusoire d'être un peu insecte, pouvoir qui sera bien sûr irréalisable sans une foi non seulement plus forte que vous mais que celle de tous les hommes, feront peut-être de vous un être capable de s'envoler et de rejoindre les météores du ciel avant de s'abîmer sur la terre.

Mais ce rêve, cette potentialité avortée est le signe que l'Homme n'est qu'un songe en état de formation, un rêve qui prend forme peu à peu dans la matière causale et conditionnée, avec tous les dangers qu'elle incarne et les risques que cela suppose. La sainte apparition, cette messagère des politiques secrètes de l'amour, put alors embraser ce qui n'a pas de nom en moi, et faire mien le cosmos de ce crépuscule de l'Homme, et faire sienne en contrepartie ma petite danse de particule humaine, et les quelques données fractales que mon nanocerveau tout juste anthropologisé aura pu compiler d'une grandeur qui en tout point le dépasse.

Elle pavane un instant au cœur de votre être, cette Notre-Dame du Verbe, goûtant pour elle-même les bienfaits parfois acides et vénéneux qu'elle vous apporte, comme l'abeille butinante ; elle, cette espiègle danseuse tournoyant dans la spirale transfinie où ligne et cercle s'annulent et copulent dans la création moléculaire de la vie, cristaux mauves hélicoïdaux comme des rotors venus des ténèbres du corps, son regard vous foudroie de part en part et son apparence change, les yeux d'or pur, sa silhouette drapée de blanc, elle vous confie le tranchant bleu du glaive. Et elle vous commande en silence de savoir le porter. Vous ne pouvez plus reculer. Un tel adoubement écraserait allègrement tous les papiers que les hommes nomment contrats et qu'ils signent depuis le moment où ils ont décidé de s'entuber les uns les autres ; ce n'est pas un contrat, ce glaive, *c'est une charge*. Le voir comme une liberté, même accordée de haut rang, serait encore une erreur, née de nos myopies modernes, l'acier du verbe qui vous est confié n'atteindra pas le statut de royale liberté avant le jour où il sera mis au service d'un acte de justice cataclysmique, et aux apparences anodines, et comprenez-le comme vous le voudrez, mais sa liberté ne naîtra que de l'actualisation de ce qu'il est au plus profond de son métal : un privilège. Un don. Qui ne peut donc se « payer », s'échanger que par le *don*, par le sacrifice nécessaire en retour ; et l'adoubement du porte-glaive qui lui confère la charge-privilège n'est pour lui que l'étape initiale pouvant, par le combat et la mort, lui faire accéder à sa propre liberté-souveraineté : le savoir extatique qu'il n'y a rien à en attendre, sinon la certitude du sacrifice et donc, ultime compassion de la Miséricorde envers nos rêves humains, une petite étoile dans le ciel infini, une page dans les trillions de pages de tous les livres laissés par l'homme, un morceau de grandeur arraché au monde, et ses turpitudes, ses trahisons, ses miracles.

Amen.

(31 août 2000)

*

Je ne connais qu'une version valable de l'amitié : un cercle de feu qui vous cerne et vous protège des bêtes sauvages, et plus tard des vauriens, puis des ennemis de toutes sortes qui guettent le paladin lorsque la nuit est tombée. Se rappeler à ce titre que le cercle de feu est indissociable de l'homme et son instinct social, de son éducation immémoriale de destructeur des lois presque immuables (à son rythme d'humain en tout cas) de la Nature. Le cercle de feu, c'est le premier véritable signe que les hommes tracèrent au-devant des grottes, au sommet des mésas et jusqu'au cœur des jungles. Il fut, en dehors du foyer domestique situé au cœur des abris, protégé du vent et de la pluie, il fut le signe de la présence humaine bravant la nature et ses dieux. Ce signe universel, il appartenait aux guerriers les plus braves, ceux qui ne faillaient point devant la mort donnée pour l'autre. On sautait par-dessus le cercle de feu, on tournait autour en dansant, on s'y jetait, on y marchait sur les braises ardentes, on y sacrifiait une partie de sa chair, on y laissait consumer un peu de douleur, pour être à lui, être son danseur, son soldat, être l'Homme, l'Homme qui fait de quelques flammes des signes pour les astres.

Les feux de forêt, déclenchés par les forces des éléments (éclairs, tornades, étincelles accidentelles d'un quelconque processus chimique naturel), avancent de front, soufflés par le vent, mais stoppés par la pluie ou les fleuves, la rocaille dénudée des montagnes où le sable des déserts, telle une horde.

Le cercle de feu, c'est le moment où celui-ci, plus encore

que de prodiguer la survie quotidienne, devient l'acte symbolique des gardiens de la nuit, c'est le moment où des hommes s'engagent à brûler pour d'autres.

C'est le moment où le feu devient coupe-feu.

Poètes, fous, philosophes, explorateurs, révolutionnaires, contre-révolutionnaires, prophètes, messies, quels que soient notre valeur et notre destin, nous n'avons fait que déranger de grandes meutes de bétail qui se sont entre-piétinées à qui mieux mieux après avoir de leurs sabots écrabouillé dans le fumier de leur crottin les livres que leur estomac de ruminant herbivore ne supportait pas le moins du monde et qu'elles déchargeaient en bouse avec le méthane puant de leurs anus.

Honnêtement les sociétés auraient dû depuis longtemps nous enfermer, nous emmurer à tout jamais. Ou nous exterminer. Elles vivraient tranquilles. Elles en seraient encore au néolithique, l'âge d'or des écolos et des archéologues, ou peut-être à une gynocratie postmédiévale, autant dire que l'expérience serait sur le point d'être terminée, telle celle des dinosaures, car comme le dit De Lillo dans *Mao II*[1], l'Invention du terroriste au tournant des XIXe et XXe siècles est en étroite concomitance avec le moment où les écrivains se sont mis à « écrire des livres », au lieu d'éclairer les ténèbres de nos vies, et du XXe siècle qui s'en venait, chargé de la colère divine.

Nos livres vont infliger plus de Terreur que tous les Néron, Torquemada, Netchaïev, Stern, Arafat, Baader, Jim Jones, Staline, Hitler et Mickey Mouse réunis. Et j'oserai dire qu'en premier lieu cette sainte terreur assaillira comme en Son temps les marchands du temple, car cha-

1. Et dont un lecteur me fait pointer plusieurs passages judicieusement choisis en les mettant en relation avec certaines de mes assertions ; livre que j'avais lu mais visiblement pas assez bien, à moins qu'évidemment une influence souterraine et plus ou moins oubliée ait accompli son travail.

cun de nos ouvrages servira de bâton bien noueux pour s'abattre sur le dos des cloportes et faire valser de leurs étals leurs minables marchandises et colifichets. Car ce qui s'en vient, ce qui est déjà là, va mettre l'humanité tout entière au pied du mur, le mur qu'elle doit franchir et auquel elle n'accorde plus la moindre foi, et près duquel elle organise ses pique-niques et ses jeux du cirque, et où elle bâfre ou crève de famine. Si vous connaissiez ne serait-ce que le dixième, que dis-je, le centième des forces que nous avons désormais à notre disposition, vous commenceriez déjà à trembler pour de bon, comme de vieilles feuilles prêtes à chuter de l'arbre.

Je vous le conseille, ô démocratie des médiocres, médiocratie des madones de marketing, mondovision des médiums multicartes, ENFERMEZ-NOUS, INTERDISEZ NOS LIVRES, BRÛLEZ-LES, PORTEZ-NOUS AU BÛCHER, DÉPORTEZ-NOUS EN ANTARCTIQUE OU SUR LA PLANÈTE MARS. PENSEZ VITE AUX MOYENS DE NOUS FAIRE DISPARAÎTRE DANS QUELQUE MONDE PARALLÈLE.

Mais là encore vous ne serez pas à l'abri, les mondes parallèles sont nos terrains de jeux favoris, et d'une certaine manière nous sommes déjà morts, c'est à se demander parfois si même nous sommes nés. Mars, l'antique Terre du premier système solaire, oui, Mars la Rouge des guerriers revenus au feu des enfers, nous ferait un joli petit coin de Paradis, et nous vous y attendrions de pied ferme. Quant aux glaces de l'Antarctique, que vous commencez à faire fondre à coups de fréon de frigidaires, elles seront un havre de paix comparées à vos conapts Ikéa et vos vies de déchets de clonage. Nous sommes à jamais du côté des fantômes, les spectres, les loups et les chauves-souris sont les compagnons de nos nuits, comme les anges, les djinns, Frère Coyote *himself* et même quelques vrais démons, qui condescendent parfois à vous accorder une brève et coûteuse amitié.

Comme la nuit blanche que je viens de passer.

(Le 31 août 2000. 7 h du matin)

Derniers mots secrets pour la Toute-Puissance du Verbe. Amen.

*

Comment séparer la folie de la foi ? Je veux dire comment discriminer entre la psychose schizophrénique (ou l'angoisse obsessionnelle) et l'irruption d'une Voix métahumaine dans votre cerveau ? Comment établir une différence, une différence « médicale », « scientifique », si le mot « science » revêt encore un sens aujourd'hui ?

C'est qu'en fait il n'y en a pas. Ce qui ne veut pas dire bien sûr, comme tous les névrosés rationalistes le croient, que *foi égale folie*, mais que le Dieu Créateur et son Esprit-Saint n'ont pas d'autres solutions que de nous parler ainsi, donc par ce phénomène neural qui s'apparente à la « folie ».

Le positivisme enragé qui sévit depuis trois siècles s'est permis de ranger sous le terme « maladie mentale » un bon nombre de phénomènes n'appartenant pas à cette catégorie, pour en laisser autant, sinon plus, agir librement dans la nature, je voulais dire : la société.

Conclusion, la société est malade, mais vu qu'elle est une immense maladie, chacun œuvre à son travail de petit microbe, et il arrive qu'un certain nombre de victimes de cette pathologie déambulent dans les hôpitaux psychiatriques, à moins qu'ils n'errent comme des spectres organiques dans l'univers de science-fiction qui est notre décor quotidien. Et puis, et puis, il y a d'authentiques radars de la conscience divine, qui croupissent on ne sait où, dans on se sait trop quel anonymat, quelle isolation, désolation, hospitalisation, et qui reproduisent chaque fois, dans leur terrible souffrance, le Martyre de la Croix.

Et puis il y a aussi les chanceux. Ceux pour qui la loterie socio-génétique a arrêté l'encoche sur la case « Don du

Logos ». Il ne faut pas voir pour autant les Œuvres de la Création comme une simple roue de la fortune. L'encoche s'arrêtera peut-être sur « Don du Logos » mais ce « don » si je puis dire n'est pas *acquis*. Je ne veux pas dire par là non plus qu'il est *inné, puisqu'il est à naître*, il est à actualiser, à *incarner*, grâce à l'expérience néoténique de l'être humain, et pour cela il n'existe qu'une seule chimie opérative, une très sainte substantiation, et elle concerne l'échange de la vie contre ce don, je veux dire le sacrifice. Et ce sacrifice, c'est celui du guerrier.

Que la divine loterie ait en ce qui vous concerne implanté ce petit cristal particulier dans votre âme, vous pouvez compter sur la société pour qu'il reste enterré à tout jamais sous l'amas d'une documentation administrative monumentale, l'abrutissement du travail à la chaîne ou même l'oisiveté néobourgeoise et branchée. Pourtant, il peut en sortir des Kafka, des London, des Proust.

Aussi les vrais chanceux sont ceux qui ont reçu, en plus du petit cristal donateur, comme un enseignement rudimentaire, tel qu'on en trouve enroulé dans les petits gâteaux chinois.

Cet enseignement est proprement indicible car il ne s'agit pas d'un simple proverbe millénaire inspiré de Confucius et inscrit sur un petit bout de papier, mais d'un long ruban d'enregistrement, ou plutôt d'un « virus », osons le dire : *un nouveau génome* qui, se logeant dans le cristal, lui permettra au bout du compte de faire fi de toutes les contingences de la société et de la vie, et lui permettra même sans doute d'en faire le cœur de son œuvre. Ainsi le cristal devient vivant, *survivant* parmi tant d'autres anéantis avant que d'avoir eu le temps de prendre un premier souffle, alors ce don à naître brise la coquille, émerge de la matrice et demande déjà à dévorer le monde.

Aussi, comme il a été dit il y a longtemps, ce qui appartient à César doit revenir à César. Par quelle ignominie, nous les écrivains, avons-nous non seulement prostitué la littérature dans la fange des maquereaux, des vendeurs de flingues-godemichets et des fiers d'être cons, mais, pire encore, ne savons-nous même plus rendre grâce, ne serait-ce qu'un bref instant, pour un des pouvoirs les plus fabuleux que la « nature » — puisque le mot Dieu est désormais de l'ordre des langues mortes et enterrées, disons : que la « force cosmobiologique suprême » — nous a prodigués en arrêtant ladite encoche sur la rarissime case « Don du Verbe ».

Bien sûr, cela se manifeste par une activité neurologique tout à fait spécifique, le cerveau étant précisément la plate-forme organique nécessaire (disons la roue de la fortune biomachinique) pour que de telles *manifestations* (au sens quantique — je renvoie les cuistres à sir John Eccles et à la physique des quantas) puissent apparaître, c'est-à-dire prendre l'*apparition la plus probable* pour nos instruments scientifiques de détection.

Mais l'activité neurologique d'un cerveau, en dépit de ses nombreuses facultés et indéterminations, n'existe malheureusement pas seule au milieu d'un paradis peuplé de créatures semi-animales du genre désiré courant nu(e)s dans la nature sauvage des origines. Il y a environ trois millions d'années, un cataclysme aux dimensions inouïes, mais silencieux, allait frapper la planète. Et le cortex néoténique, ce cataclysme postanimal, allait devoir avant toute chose apprendre à communiquer avec les autres. Problème : qui dit communication néoténique dit langage, transformation symbolique et surtout chronologique du monde, invention du Temps, de la mémoire et du futur, sans cesse recommencés, réinventés. Et qui dit langage dit problème. Je veux dire problème néoténique en perpétuelle ouverture (pas comme le problème du singe essayant d'attraper la banane et qui se traduit par la binarité définitive du choix, oui, non).

Aussi, lorsque mille fois trois mille ans furent passés, il serait juste que nous autres, nous qui nous targuons d'écrire des livres, sachions quelque peu prendre conscience de leur dangereuse réalité, et surtout rendre grâce à cette force à la fois invisible et faite de toutes les choses de la terre, cette force qui brusquement se manifeste, prend le contrôle de la chimie opérative du cerveau, et fait naître la spirale du langage.

La spirale du langage n'est pas qu'une métaphore, Lacan savait très bien qu'en disant que l'inconscient avait la forme d'un tore, il tentait de préciser la mathématique secrète que la force cosmobiologique imprime à toutes les constructions de l'univers, même les plus abstraites. Le binôme de comiques troupiers Sokal-et-Bricmont ont tenté de ridiculiser la simple idée que l'Inconscient puisse prendre plus ou moins la forme d'une structure mathématique, tore, polygone ou double hélice. Bien, on n'y pourra jamais rien, l'inconscient des rationalistes hystériques est lui en forme de fer à repasser.

La spirale du Logos n'est pas une métaphore, disais-je, car le langage, lorsqu'il est devenu l'instrument du Logos, le glaive de la vérité, c'est-à-dire que l'individu a su ouvrir les ténèbres pour y rencontrer son jumeau sombre, comme disait Faulkner, lorsqu'il est prêt à donner sa vie pour que la lumière de son enfant survive à tous ses livres, mais qu'il pourrait mettre le feu à toute une ville pour sauver sa bibliothèque, lorsque le Néant et l'Infini se dilatent en lui pour qu'enfin quelque chose saigne sur le papier (ou l'*e*-papier d'aujourd'hui), pour que vraiment une part de sa vie s'en aille, alors un *acte concret*, non symbolique, à la fois organique et métavivant est accompli comme échange sacrificiel.

Les peuples de l'âge sauvage connaissaient le prix exact de la douleur, ils savaient que l'ultime vérité de l'homme pouvait se lire sur le visage du condamné à mort, ils comprenaient, avec toute leur brutalité néolithique, que cette vérité cachée à la vie des sociétés se révèle lorsqu'il affronte la mort, lorsque le fer entaille la chair, ils évaluaient les hommes en fonction de leur courage à endurer leur douleur. Les Latins, Indo-Européens venus des lointaines contrées du Caucase, avaient conservé, sous des formes altérées, ce que tous les peuples néolithiques avaient partagé de tout temps. Quelle ne fut pas leur stupéfaction de voir mourir dans leurs cirques des chrétiens priant leur Dieu sous les griffes et les dents des fauves, des jeunes femmes devenus sorcières de la divine présence rire sur les grils où rougissait le fer — et je garde sous silence ce qu'endura le Christ. Plus tard, sur l'autre continent, le Nouveau, celui de la science-fiction réalisée, de nombreux Indiens furent subjugués par la foi invincible des prêtres ou des pasteurs, voire des simples pionniers catholiques français ou calvinistes de souche écossaise, qu'ils torturaient parfois, ivres du mauvais whisky qu'ils leur avaient pillé (ou acheté à quelque trafiquant), avant de se rendre à l'évidence. En dépit des abjects écrits du révisionnisme postmoderne, on continue de savoir que de nombreux peuples indiens se convertirent de plein gré au christianisme, ou à une forme primitive de syncrétisme très naturel pour eux (il serait mesquin de prétendre voir des différences fondamentales entre le Dieu Créateur des Amérindiens et le nôtre, et je reviendrai plus tard, Inch' Allah, sur cet aspect de la question) qui fit d'eux des alliés plus que sûrs lorsque le Canada dut arrêter les miliciens révolutionnaires américains lors de la guerre de 1812-1813.

Nous les écrivains, ceux qui se targuent d'en être en tout cas, devrions-nous nous résigner à faire moins, à l'âge des bombes thermonucléaires et des génomes en cartes ?

La spirale du langage, c'est la danse derviche de l'esprit, c'est le moment où les mathématiques secrètes du cerveau entrent en harmonie avec la samba improbable du cosmos, tous les astres tombent les uns sur les autres et pourtant ils s'éloignent tous les uns des autres, le centre devient infini et l'infini le centre, ce qui signifie bien plus qu'un simple *renversement des valeurs*, mots désormais creusés des derniers nihilismes chics que les nietzschéens de salon pètent entre deux lampées de champagne. Le processus est inconnu, et sans doute inconnaissable jusqu'au moment où les mots semblent commandés par l'automate de la main plutôt que par une pensée discursive abstraite qui viendrait peser et articuler les locutions dans le granit des idées arrêtées. Certes, il convient toujours de revenir sur ce qu'on écrit, sans parler des fautes de frappe, qui sont des plus fréquentes sur clavier IBM, et lorsque notre esprit-logos, le petit fragment d'esprit-saint dont la « Loterie » nous a doté, semble avoir lui-même donné l'autorité d'agir à notre corps, puisque, incarnation provisoire du Don, on se rend compte à quel point ce corps est mal discipliné, peu entraîné au feu du vrai combat, lorsque ça pleut de toute part, il m'arrive ainsi dans une frénésie de synthèses fulgurantes de sauter des propositions, ou quelques locutions — comme on saute une tranchée — qu'il me faut immédiatement traquer dans les cornues de mon laboratoire intérieur, ou sur le champ de bataille si vous préférez, en priant pour que le composé initial, avalé par l'accès quasi psychotique d'hybridation symbolique des données de mon cerveau, n'ait pas été transformé en un résidu tout juste utilisable, ou le cadavre épars d'un camarade.

Lorsque la spirale de la pensée vous avale, elle n'a ni début ni fin, aucun de nos romans ne devrait plus s'écrire avec ces notions absurdes de début et de fin, rien n'a de but et rien n'a de fin, nous sommes des fragments de la spirale, nous pouvons essayer d'en capter quelques formes, quelques apparitions, quelques circonvolutions caractéristiques, y compris, je dirais *surtout*, grâce aux télescopes de la fiction, mais encore une fois, chers amis, dégagez-vous des concepts euclidiens d'une simple spirale à deux plans, les plis du chromosome nous ont appris que la nature nous réservait une immensité de possibilités et de complexités, alors tentez de concevoir une spirale cosmique œuvrant dans toutes les directions, que peut votre cerveau biologique contre une telle intrusion ? le cerveau ne sert donc — en ces moments-là — que comme dispositif neural devant s'autocourt-circuiter, j'entends là prendre un risque majeur : la mise en place d'une masse critique qui, lors de l'effet EMP produit par l'inévitable explosion dans le neuromonde, provoque le black-out de la pensée discursive, esclave du monde-immonde, et fait directement intervenir l'Esprit-Saint, disons son virus, ce cristal de vérité qui, en toute franchise, au bout d'heures de frappe quasi ininterrompues, peut mériter le nom d'« épuisement ».

Bon Dieu, vous n'avez pas encore compris qu'il s'agit d'une *vraie guerre* ?

J'imagine alors certains de mes ancêtres, ces hommes d'avant l'électricité, avant même les lampes à gaz et les poêles à charbon, ceux qui écrivaient dans la plus totale solitude des nuits entières à la belle lueur chaude mais fragile, et sans effet sur la température ou si peu, des chandelles assemblées sur quelque candélabre, livrant leurs corps aux antimondes de la nuit jusqu'aux premières lueurs gris-bleu de l'aube, dans des maisons souvent humides, mal chauffées, mal isolées, j'en passe, pour vous épargner la tuberculose ou la pneumonie. Je pense à ceux qui écrivirent durant des décennies, dans les goulags communistes de la Kolyma, des romans entiers sur des feuilles de papier à cigarettes, petits rouleaux aux minuscules écritures à peine lisibles à la loupe, dont ils donnaient le mauvais tabac rationné à leurs camarades d'infortune, et qu'ils camouflaient ensuite avec soin entre les joints des troncs de bouleaux de leur block, et dont on ne sait par quels miracles ils nous sont parvenus.

J'aimerais rendre grâce, voyez-vous, à ce que plus personne ne veut nommer par Son nom et d'ailleurs les vieux juifs ont sûrement raison lorsqu'ils prétendent qu'Il ne peut être prononcé ; mais quand ils affirment cette vérité de toute leur antique sévérité il me semble que les talmudistes parlent du *Vrai Nom* de « Dieu », son nom secret, caché à la conscience des hommes, sauf peut-être des plus éclairés, or il faut parfois la nommer, cette force divine, un code cryptique comme le YHVH des juifs ne manque pas d'intérêt, encore faut-il qu'il représente un authentique cryptage multidimensionnel (à la mesure de la spirale) que seuls 17 millions d'israélites de par le monde sont en mesure de partager grâce à leurs six mille ans d'histoire.

Qu'avons-nous à notre mesure ?

Des églises plus désolées que des parkings nocturnes d'hypermarché. Un jubilé bimillénaire devenu cirque postmoderne (une pathétique assemblée de boy-scouts agenouillés devant un pape mimant de ses mains presque centenaires le rythme d'une mauvaise techno humanitaire), et qui a failli se transformer en gay-pride mondiale. Des technoraves « mystiques » où des abrutis postpsychédéliques propagent en posant d'un air niais et inévitablement rebelle l'idée que la majorité des ravers ne prennent pas de drogues, quoique eux en gobent régulièrement, et la plupart de leurs potes « artistes » aussi, et que l'*e* (nouveau label chic de l'exta, ou ecstasy) *est drôlement « plus safe » depuis que les gangs de bikers ont mis la main dessus.*

Le monde que les anarchistes postmodernes et leurs directeurs de conscience déconstructivistes nous préparent est une des plus fantastiques et criminelles absurdités que l'univers humain (et peut-être l'univers tout court) a jamais été en mesure de produire.

Cet (im)monde a toutes les chances de se détruire de lui-même, tel un temple rongé par la vermine, nous aurons à peine à pousser sur les piliers. La longueur de nos cheveux ne changera rien à l'affaire.

Saint Dominique, je crois, disait qu'il fallait prêcher la vérité.

L'écrivain doit en faire une arme vivante.

*

Un tueur en série (et peut-être deux) sévissent dans la région de Montréal depuis environ trois ans. Des jeunes femmes et de très jeunes adolescentes disparaissent sans laisser de trace, leurs voitures dûment verrouillées sur des parkings de centres commerciaux, ou alors elles s'évanouissent comme une volute de fumée de cigarette à la descente d'un autobus. Hier, un violeur, agressant une jeune femme près du canal Lachine, face à la défense acharnée de sa victime, s'est trouvé dans l'obligation de la tuer pour accomplir son forfait.

Inutile de dire qu'en parallèle, si je puis dire, la campagne contre le port des armes à feu par les citoyens en est à son plus haut degré de propagande active (pas une feuille de chou n'y va de son couplet humanitaro-socialiste). Une bonne balle de calibre .38 est pourtant, il me semble, un des moyens les plus sûrs de stopper net un corps en mouvement, même s'il est lui-même armé, et qu'il n'est surtout qu'une outre remplie de trouillasse, en dépit de sa détermination maladive. Et tant qu'à passer l'arme à gauche, comme on dit, on sait depuis la plus haute antiquité qu'il vaut mieux partir avec son adversaire vers le lieu du Jugement.

Pendant ce temps, la SQ s'est lancée dans une « grève du zèle » qui est tout le contraire de ce qu'un pauvre et minable Européen comme moi entendait sous ces mots. Ici, « grève du zèle » signifie en fait « grève » tout court. La police joue aux cartes sur le bord des autoroutes, les flics échangent leurs uniformes contre des jeans bien plus seyants, fument les joints piqués aux petites fourmis des rues et laissent des braillards de discothèques avec casquettes à l'envers faire du 180 dans leurs Transam en slalomant entre les lignes blanches.

Le tueur en série de Montréal doit se bidonner chaque soir devant les informations télévisées, tandis que sa victime hurle sans espoir dans la cave.

La dernière victime en date se nomme Colette Rondeau, je ne la connais pas, elle vivait à Sainte-Joliette, je crois, elle s'était mariée six semaines auparavant, j'ai prié saint Jude, patron des causes désespérées, à l'église du Rosaire, pour qu'il intercède pour elle, s'il le peut encore en cet âge immonde où les criminels sont devenus des « victimes », et la flicaille à peine plus que des sergents du guet (et encore les archers du roi accomplissaient leur besogne, eux).

La « fierté » québécoise interdit sans doute à la vaillante maréchaussée locale d'aller prendre quelques cours de formation à Quantico, Virginie, siège du FBI spécialisé dans la traque aux assassins postmodernes. Je n'ose même pas conseiller que des agents de là-bas nous soient dépêchés sur place, des Yankees impérialistes venant donner des leçons à la francophone et « souveraine » Sûreté du Québec, autant demander l'admission de la province comme 51e État des USA !

Le mari de la jeune femme dernièrement disparue souligne les faits qui rendent inconcevables une quelconque fugue volontaire, comme pour les autres cas ; rien n'y fait, il n'existe toujours pas au Québec une institution policière digne de ce nom et capable d'œuvrer contre le crime en série. C'est à croire que le Québec n'est qu'une île perdue au milieu de l'Atlantique, un peu au-dessous de l'Islande. Les méthodes scientifiques de Robert Ressler et du Vicap (qui ont plus de vingt ans d'âge) n'ont visiblement pas franchi la frontière (osons dire le rideau de fer) qui nous sépare de cet encombrant et surpuissant voisin du Sud.

Le pauvre homme en est réduit à jurer qu'il montera sur les genoux les marches de l'oratoire Saint-Joseph au cas où sa femme serait retrouvée, même morte, je crois pouvoir le dire, afin qu'une sépulture digne d'elle puisse être érigée quelque part.

Je ne connais pas plus cet homme que sa femme. Je ne sais rien d'eux et n'en saurais sans doute pas beaucoup plus par la presse dans l'avenir. Le cas sera vite classé et une affichette portant le double mot « missing/disparu » ornera, avec un visage de plus, les vitrines des boutiques de la ville.

Ainsi soit-il.

(5 septembre 2000)

*

Si nous n'avions pas cloué Sa chair sur l'odieuse croix, notre territoire s'étendrait aujourd'hui jusqu'à Alpha Centauri, et depuis un bail.

Aujourd'hui, les saints, et les saintes, seraient revêtu(e)s de blouses vertes au Nylon très seyant et déambuleraient avec un calme neuroleptique dans les couloirs de nos hôpitaux « psychiatriques ».

Aussi, ce soir où en face de moi la Croix du mont Royal, flanquée de ses deux antennes radioélectriques, est surplombée d'une demi-lune d'un jaune plus électrique que les néons de la ville, je n'y vois plus tout à fait cet « artefact dérisoire » que j'avais décrit dans mon précédent volume. Ah, ça y est, s'écrieront les égoutiers du rationalisme journalistique, le voilà qui retourne sa veste et veut nous faire croire qu'il s'agit d'une chasuble.

Mais non, microcéphales d'immeubles à ordinateurs, c'est juste que cette étrange trinité est *un peu plus* que ça.

Certes, la Croix n'est qu'un objet érigé par les hommes et bardé de lampes de forte puissance afin qu'on l'aperçoive en tous points de la ville. Bien sûr, en notre ère de haute culture n'est-elle plus qu'un élément comme un autre du décor urbain, et on peut parier qu'un beau jour un crétinoïde postmoderne proposera d'y organiser une *rave-party*. Mais précisément le siècle qui s'en vient et ses cataclysmes moraux et scientifiques nous permettront sans doute (je veux dire à quelques-uns d'entre nous) de nous approcher de ce mystère, de nommer avec un peu plus de précision ce *un peu plus* que ça qu'on nous a consenti, dont le Nom véritable nous reste caché mais dont les manifestations visibles, lorsqu'elles surviennent, nous donnent à voir la lumière créatrice du Logos.

On m'accuse d'une sorte de « mysticisme new-age ». Ah bon, le Christ faisait prendre des pilules de cyanure à ses adeptes ou distribuait de l'ecstasy ?

Puisque *l'Armageddon est engagé*, en dépit des plaisanteries de caniveau qui ornent les chapeaux de vos déjections hebdomadaires aux maquettes chics et aux photos tocs, puisque ce qui s'en vient, ce XXIe siècle tout juste né, mettra définitivement à plat (ce sera relativement aisé) ce qui vous tient lieu de « pensée », puisque vous avez non seulement prostitué le Logos aux marchands du temple publicitaire, mais pire encore ne cessez de le démembrer, de le tronçonner en microlocutions journalistiquement décoratives, puisque vous régnez au sommet du tas d'ordures, et que vous vous aveuglez de vos minables convictions, vous ne croyez tout de même pas que vous serez jamais capables d'arrêter la quatrième guerre mondiale, le quatrième cycle du Kali Yuga entamant son dernier tour de roue ?

Ce qui s'en vient, ce Mur auquel l'humanité devra faire face et qu'elle devra tenter de traverser, c'est celui du métavivant fait chair, ce haut Mur encore invisible et au bas duquel les hommes bâfrent ou crèvent de famine, c'est bien en effet l'annonce faite depuis des déserts multimillénaires que la *fin des temps* — est-ce donc étonnant ? — est survenue.

L'Apocalypse (qui signifie étymologiquement *Révélation* mais que le sens vulgaire a traduit par « *fin* du Monde » — ce qui est bien moins stupide que ne le pensent la plupart de nos fins lettrés), c'est le moment où le Logos trouve sa voix de nouveau dans la chair (la chair neurale) de l'Homme.

Notre choix est désormais d'une simplicité *biblique*, dirons-nous : nous contenter de nos petites existences d'agrégats de matière à peine pensants et consommants, ou bien accepter notre destinée métahumaine, l'élaboration d'un *être* conçu comme vecteur du Logos, soldat du Christ, c'est-à-dire du royal processus vers lequel nous devrons tendre toute la force de nos esprits, par des lois que j'ignore encore et pour cause, afin d'accomplir l'humanité dans son rôle de plate-forme évolutionniste qui, au bout de millénaires et de millénaires d'expériences, souvent avortées, s'étant déroulées sur le laboratoire Terre, fera de ce bipède au cerveau néoténique l'agent même du Verbe créateur.

Ne voyez pas le Messie comme un vieux barbon vêtu de noir, un méchant sénateur sentencieux, la main sur sa canne, venu nous ennuyer d'interminables catéchismes ou nous bombarder d'anathèmes. Le Messie, c'est le moment cinétique absolu de l'humain, c'est la gloire du métavivant fait chair, sur-chair autant que sur-machine. Degré suprême de l'organique et pont vers ce qui lui succède.

Seuls quelques poètes, fous, mystiques, illuminés, irrationalistes, choisissez soigneusement dans vos *Petit Robert*, seront en mesure de pressentir l'Événement, et bien sûr, la foule et ses sbires médiatiques s'esclafferont d'un bel ensemble devant leurs « délires ».

Que Notre-Dame apparaisse parfois aux yeux ébahis de jeunes enfants aux cerveaux en pleine expansion est simplement la preuve que la neurodynamique quantique de nos cortex est dans quelques cas rarissimes en mesure d'entrer en contact avec une forme ou une autre de la Divine Puissance, d'un bout à l'autre du globe. Il est bien sûr inutile de compter sur l'université moderne pour essayer de saisir ce qui se passe en ces cas d'*hallucinations* plus ou moins collectives. Même pas pour de simples discussions spéculatives considérées aujourd'hui comme totalement « improductives ».

À ce sujet, petite digression, j'en ai une bien bonne à vous raconter :

Un ami, chercheur à l'université, me fait part, en s'esbaudissant à moitié, du règlement des nouvelles conventions de recherche franco-québécoises : Désormais, lors de la répétitive demande de bourses à laquelle tout chercheur doit consacrer une bonne part de son temps, SON PROJET SCIENTIFIQUE devra tenir sur l'espace de... *une* page.

Une page pour expliquer la physique quantique, la relativité générale, le fonctionnement de l'ADN, les tropes de l'inconscient, ou la formation nucléaire des étoiles.

C'est la version postmoderne du célèbre « Racontez-moi votre histoire en vingt-cinq mots et je verrai si je peux vous trouver une place dans les productions du studio ».

Bon Dieu, nous ne sommes pourtant pas à Hollywood ? !

Mais que dis-je, deviendrais-je *normal* tout à coup ? Bien sûr que si : NOUS SOMMES À GLOBAL HOLLYWOOD.

L'université postmoderne est une foire aux UV et aux QCM, comme le cinéma est devenu une course aux nominations et aux Oscars.

L'université française est en ruine depuis... la ruine de la France. Disons entre 1940 et 1968.

L'université anglo-saxonne avait jusque-là plus ou moins bien résisté, grâce à ces « humanities », à l'offensive du relativisme (post)moderne, mais depuis une bonne dizaine d'années elle est sous la domination croissante d'ignares qui ont dû lire de fort mauvaises traductions (voire des « digests ») de Deleuze ou de Lyotard (s'ils les lisent vraiment, car de tels livres se lisent plusieurs fois), et qui déconstruisent à qui mieux mieux les textes de Kafka, de Shakespeare ou de Platon, pour les expurger soigneusement de tout ce qui aujourd'hui « pose problème », entendez par là la susceptibilité ethnique, sociale, religieuse ou sexuelle de tous ceux (minorités ethniques, femmes, nains de jardin, adeptes d'Isis ou de la scientologie, protecteurs des animaux, zoophiles, etc.) pour qui il s'agit maintenant de réécrire non seulement l'Histoire, mais les histoires elles-mêmes.

Mais le pire, franchement, est ce qui est survenu à l'université francophone québécoise.

Héritée du jésuitisme absolu qui a sévit ici durant deux siècles, et qui n'est pas exempt de reproches loin de là, les « révolutionnaires tranquilles » des années 1960 y ont tout simplement entrepris ce que tous les « révolutionnaires » (tranquilles ou non) ont toujours produit depuis qu'ils accomplissent leurs méfaits. Certes l'Éducation était sous la coupe de l'Église jusque vers 1962-1963 je crois, et son enseignement était pour le moins d'un autre âge.

Dépourvue des cadres locaux nécessaires, la nouvelle Éducation nationale québécoise fit appel à nos soixantuitards de choc qui se firent un plaisir de venir en « terre vierge », en « terre libérée » de l'odieux et antique ordre patriarcal, afin d'y tenter leurs diverses « expériences » (post)marxistes de toutes obédiences : une série d'expériences qui, sous toutes les latitudes où ces messieurs, et ces dames, ont sévi a porté le nom de *tabula rasa*.

Résultat : vingt-cinq ans plus tard, le désastre est accablant. Si on laisse de côté le fait que le ministre local de l'Enseignement est un pauvre niais de businessman sorti d'une vulgaire école de commerce (et qui veut un système scolaire formant des jeunes ayant accès à des « jobs »), et si la pitié ne vous retient pas, il ne vous reste qu'à vous esbaudir royalement devant l'hypermarché de la culture (de l'anticulture devrais-je dire) et ses vendeurs de mauvaises pizzas livresques qui empoisonnent à longueur de journée, et tout au long des sessions scolaires, les cerveaux d'adolescents dont le moins que l'on puisse dire c'est qu'ils sont perdus dans la vase visqueuse de la « pensée » (post)moderne.

Car l'Église du Québec, en dépit de ses lourds ancrages dans le *passé* (qui n'était déjà plus à la mode), possédait le plus précieux des trésors : ses immenses bibliothèques remplies d'ouvrages classiques, laïcs ou religieux, de nombre d'incunables et de manuscrits fort mal connus.

Pratiquant la célèbre politique révolutionnaire du « jetons le bébé d'abord pour nettoyer la baignoire », les marxistes des années 1970, particulièrement à l'UQAM (l'université du Peuple, l'équivalent de l'université Lumumba à Moscou), décidèrent d'un bel ensemble de se débarrasser de cet encombrant héritage. Certes, ils n'ont pas envoyé au feu les milliers d'ouvrages séculaires. Plus malins, ils se sont contentés de redonner son dû à l'Église pour le remplacer par quelques obscurs traités sur l'hystérico-féminisme à tendance yoga-zen, plusieurs tonnes d'écrits de la tétralogie Marx-Engels-Trostki-Mao (Staline n'est quand même pas très fréquentable) et l'incalculable volume d'écrits en tous genres que les professeurs agréés se doivent de commettre régulièrement pour répondre aux règlements intérieurs de l'université et justifier leurs salaires.

Cette université à la carte, où l'étudiant n'est plus qu'un client, ne forme plus que des androïdes apprentis coiffeurs pop ou des cyberproles œuvrant à mille dollars le mois dans des usines à images animées sur PC.

Conclusion : les étudiants de troisième cycle en sont réduits à pondre de pauvres thèses concernant « la structuralité longitudinale des œuvres de Barbara Cartland, et son rapport critique de type postlacanien avec la couleur rose (ou avec l'âge du capitaine) », ou quelque « synthèse sémiologique des pratiques urbaines liées à l'usage du piercing dans le nombril ».

Voyons de plus près la situation : je veux dire de plus « loin » en fait. Le problème principal des jeunes qui sortent de cette « école » n'est pas qu'ils ne savent rien, au contraire, mais non seulement ils ne savent plus rien sur « Tout » (c'est-à-dire le processus global de la vie cosmobiologique pour l'étude duquel TOUTES les sciences doivent au minimum coopérer, si ce n'est s'interpénétrer) mais ILS SAVENT À PEU PRÈS TOUT SUR PRESQUE RIEN.

Cette *Belle Époque* est en bien des points analogues à celle d'il y a cent ans : le nihilisme intégral, la fête continuelle, la politicaille socialiste-nationaliste, l'éducation revancharde républicaine-postrévolutionnaire, et surtout l'effondrement annoncé de l'Europe (aujourd'hui sa monnaie de singe, son armée d'opérette, ses artistes subventionnés, sa Grosse Commission bruxelloise), qui promettent aux premières générations du XXIe siècle un sort auquel personne ne veut, surtout, les préparer.

Mais c'est là qu'intervient la force du Logos, puisqu'il est temps pour lui de nouveau s'incarner, maintenant que la « bataille suprême est engagée », comme le disait de Gaulle le jour du D-Day.

Il existe encore quelques vieux, moins vieux et tout jeunes légionnaires qui tiennent les ultimes carrés de défense face au déferlement et au poids du nombre.

Ils ont toujours été là, ils le seront toujours, jusqu'à cette fin des temps qui s'approche d'heure en heure.

Car l'Apocalypse est bien notre Époque. Elle s'est forgée au XXe siècle, elle est née d'Auschwitz et de Hiroshima, de Gagarine et d'Armstrong, de Crick et Watson, d'Einstein et de von Braun, elle s'accomplit dans les nouvelles « formes de vie » du clonage et du génodécryptage, elle s'est comme brutalement actualisée à nos yeux lors de la guerre du Golfe, et de nos pantalonnades en ex-Yougoslavie, au Rwanda et aujourd'hui en Sierra Leone.

Cette époque est la *vôtre* que vous le vouliez ou non, petits journalistes ex-trotskistes reconvertis dans l'humanitarisme pop, professeurs logorrhéiques croyant imiter Lacan, Deleuze et d'autres génies en alignant autant de concepts abscons et confus que n'importe quel politicien moderne peut se targuer d'en pondre à chaque discours commémoratif. Oui, vous les pitres de plateaux-télé, petits clowns nous desserrant à peine un sourire devant vos cloacales chiures verbales, vous les « médiologues » (spécialistes de la moyenne) : C'EST VOTRE ÉPOQUE, non seulement vous l'avez faite, puis consolidée, vous y trônez maintenant, avec la certitude d'une sorte d'immortalité déjà acquise (certains d'entre vous lorgnent sur l'habit vert, cela se sait depuis longtemps), mais cette Époque, c'est aussi celle du cataclysme, vos trônes médiatiques ne vous seront d'aucune utilité et une des premières missions qui nous échoira sera de vous faire ravaler vos déjections écrites, une à une, page par page, jusqu'à ce que vous en creviez d'indigestion.

*

Je ne sais trop quels imbéciles heureux ont tenté de faire croire que parce qu'il avait finement analysé le mode d'organisation anthropologique et stratégique de la horde puis celui des armées (y compris comment les nomades avaient préfiguré bien des aspects de l'ordre antique), Gilles Deleuze aurait un beau matin, par on ne sait quel trouble du réveil, décidé que le premier était *supérieur* au second. Depuis, une innombrable quantité d'ouvrages traitant des « mérites » intrinsèques du nomadisme et de l'organisation tribale a surgi des eaux marécageuses de l'Éducation (post)-moderne, et d'une certaine littérature branchouille.

C'est que ces pauvres nabots ignorent sans doute que Deleuze était un homme d'une grande culture, et en dépit du fait que je ne le connais que par archives textuelles ou images interposées, d'une grande humanité, donc un connaisseur de l'art de la guerre.

Je suis prêt à mettre mes deux mains frappeuses de clavier au tranchoir en pariant que Deleuze avait non seulement lu Sun Tzu et la *Guerre des Gaules* de Jules César, ainsi que Thucydide, mais sans nul doute aussi les chroniques de Procope ou d'Appien.

Il savait comment le modèle militaire des Romains, hérité des Grecs, des Macédoniens, des Étrusques puis de tous les peuples italiques qu'ils avaient fini par conquérir et assimiler, formait la seule machine de guerre capable de stopper l'incroyable force dynamique des cavaliers nomades venus par millions d'Asie centrale.

J'imagine que, pour tout bon rationaliste qui se respecte, le fait que la bataille des champs Catalauniques se soit déroulée juste vingt-cinq ans avant la chute de Romulus Augustule, derniers des empereurs de Rome, est du domaine du plus pur hasard. Nous n'ergoterons pas là-dessus.

La mise à sac de Rome au tout début du même siècle, en 410, ne fut pas plus qu'une incursion sans suite, rapines, pillages, dont la durée fut écourtée par les grands bourgeois de l'opulente cité, l'or contre la paix, les Vandales et autres barbares tout juste arrivés de l'est s'en repartirent, surchargés de butins, gonflés de vinasse et l'affaire fut réglée pour pratiquement trois quarts de siècle.

En 451, lorsque Rome doit affronter la cavalerie hunnique, il faut savoir que nombre de tribus germaniques romanisées font depuis longtemps partie de l'armée impériale, et pas seulement comme gardes-frontières, mais surtout comme troupes d'élite de cavalerie et d'infanterie de choc.

Cela fait depuis Constantin (disons le début du IVe siècle) que le christianisme est la religion unique et officielle (j'oserais dire parfaitement monothéiste) de l'Empire d'Occident.

La machine de guerre romaine est une institution qui possède à ce jour près de quinze siècles d'existence. Elle est la seule capable, grâce à ses « technologies », son héritage stratégique et ses modèles d'organisation tactique, de littéralement faire éclater une masse énorme de cavaliers (dont l'arme favorite est l'arc mongol) en une série de mouvements parcellaires, acéphalisés, chaotiques, et sans plus de commandement cohérent. Jusqu'alors, de mauvaises barricades et des troupes de fantassins armés de piques ou de glaives, agrémentés de quelques groupes de cavaliers submergés illico par le nombre, se voyaient désagréger en moins d'une demi-journée par la force dynamique « invincible » venue des steppes sibériennes. L'arc mongol et les charges massives de cavalerie ne laissaient aucune chance aux armées qui n'avaient pas acquis la technique de combat romaine.

Mais aux champs Catalauniques, les cavaleries hunniques se brisèrent sur les formations germano-romaines, et seuls la grandeur et l'or de Byzance permettront à Attila et ses troupes défaites de trouver refuge en Pannonie (l'actuelle Hongrie).

Lorsque Jules César décide de conquérir la Gaule cinq siècles avant cette bataille mémorable, et cruciale, cette machine militaire aux technologies encore « rudimentaires » est déjà constituée en tant que métaorganisation stratégique et anthropologique, et elle y montrera toutes ses qualités. Mais ce qu'on ne voit pas, ou rarement, c'est qu'avant même le premier siècle de l'ère chrétienne, César et ses légions inventent de toutes pièces un des plus fameux prototypes de la guerre moderne : la guerre de tranchées. Inventant une *nouvelle forme de guerre*, César ne sait pas, et ne saura jamais, qu'il est en train lui aussi de participer à l'invention d'un nouveau monde, d'une *nouvelle forme de vie*.

Tout d'abord le légionnaire romain n'est pas qu'un fantassin ordinaire, je veux dire un simple trancheur de viande. Non seulement il est professionnel (vingt-cinq ans de service, si je ne m'abuse) et pas du tout un paysan-soldat comme l'étaient les Grecs, mais surtout, à l'exception d'unités très spécialisées, il n'est pas qu'armé d'un glaive et d'un bouclier, mais aussi de pelles, de pioches, de haches et de scies. Il est avant tout un homme du « génie », même si ces capacités combattantes sont indéniables.

En un temps record, des dizaines de milliers d'hommes établissent une tranchée de plusieurs kilomètres de longueur, protégée par des structures de défense étagées, avec des fortins aux endroits névralgiques, et surtout une ligne de protection de part et d'autre, formée de pieux entrecroisés au maillage serré, en quinconce, et aux tailles diverses (certains sont de la circonférence et de la longueur d'un pin de bel âge), devancés par des « zonages » précis où sont disposés divers pièges et chausse-trappes (ancêtres de nos mines antipersonnel, simples mâchoires à clous ou pieux de petite taille enfoncés au fond d'un trou recouvert de terre meuble (les Viêt-cong et toutes les armées du monde connaissent désormais le fameux « booby-trap »), le tout bombardé sans relâche par les archers celtes. Cette terrible ligne de force, dont la construction laisse de marbre les tribus gauloises coalisées contre lui, divise alors les forces ennemies en deux camps d'un volume sensiblement égal, et César comprend qu'il a déjà gagné la moitié de la bataille. Étant éventuellement arrivés en bon état aux proximités de la ligne de protection, en ayant glissé entre les pièges, trouvé une brèche dans la masse des pieux et échappé aux flèches et autres projectiles, les valeureuses unités gauloises font face aux légions d'élite de César et leurs alliés germains, glaive en main, protégés par l'étagement interne de leurs fortifications.

Résultat, et en dépit des pertes subies, 70 000 légionnaires défont 360 000 combattants gaulois, et toute la Gaule celtique divisée par la même occasion.

Plus tard, en 476, lorsque Romulus Augustule sera destitué par Odoacre et sa coalition germanique, il ne s'agit plus d'une simple mise à sac, comme en 410, déclenchée par l'incurie générale de l'époque. Les tribus germaniques, aux buts politiques maintenant bien arrêtés, et leurs supplétifs celtes sont depuis longtemps intégrés aux légions, ils ont beaucoup appris du modèle militaire romain, d'Alésia aux champs Catalauniques, et nombre d'entre eux sont christianisés depuis un bon moment (cent cinquante ans environ les séparent du règne de Constantin).

Le christianisme ne sort pas des eaux fangeuses que les superanimaux que nous sommes nommons « histoire », il n'apparaît pas tel un nouveau Conducator au cœur d'une ville soumises aux pires outrages, il est né bien avant, il a déjà fait de Rome l'une des métropoles essentielles de la diaspora chrétienne. Lorsque la coalition germanique d'Odoacre et ses quelques alliés romains décident de jeter bas l'empire terminal de Romulus Augustule, c'est parce que c'est désormais à eux qu'échoit la responsabilité d'en faire la capitale de l'Empire romain d'Occident, à eux de savoir en faire une nouvelle Cité éternelle.

Notre monde est rempli de petits démons. Comme celui nommé Windows, qui peut vous faire perdre en une microseconde — grâce à son ergonomie inqualifiable — tout ce que vous aviez écrit durant cinq heures nocturnes d'affilée.

Survient alors ce que je m'obstine à nommer la Puissance du Logos dont les mystérieuses intercessions dépassent l'entendement humain. Le lendemain, c'est-à-dire ce soir, non seulement la demi-lune d'hier vient surplomber de nouveau la Trinité électrique, mais l'ensemble du texte produit me revient presque inchangé, et en suivant la même force invisible qui fait de moi Son automate.

Ainsi soit-il, sans aucun doute.

Dieu n'est pas un « être », personnel ou non. Nietzsche savait que cette notion, pervertie par deux mille ans de platonisme et de rationalisme, n'était plus qu'une *vapeur*, une volute d'homme moderne. Les juifs, les chrétiens grecs des premiers temps, et même les musulmans (si l'on considère Allah comme la contraction du mot d'origine sémitique signifiant Dieu, Elohim, et l'article *al*), ont toujours dit « *le* Dieu », ils ne s'adressaient pas *à* Dieu, comme à une sorte d'être singulier, mais *au* Dieu, comme figure intemporelle et aspatiale de l'Unique, de l'Irreprésentable.

Dieu, c'est l'*être*. En tant que force toujours active et constamment créatrice, et surtout autocréatrice. C'est donc l'*être comme fonction ontologique du devenir*, et surtout des surpassements atemporels, quand le Temps tout entier devient unité de conscience, quantum de l'Esprit ainsi éveillé à Sa Présence.

Autant dire qu'Il est partout, et nulle part, ce qui revient au même pour une « singularité quantique » qui a tenté de créer un processus cosmobiologique capable de faire émerger la conscience, au sens noble, c'est-à-dire cet *être*, précisément, je ne parle pas d'un « Être » suprême et suprêmement rationnel — Sa Royauté trône bien au-delà de toutes ces conceptions vulgaires —, mais cet *être comme moment de singularité quantique*, à la fois destructrice et créatrice, *surpassant* la conscience, au cœur de ce petit organe encore bien rudimentaire qui tient lieu à certains d'entre nous de cerveau.

Le posthumain sera probablement une femme, je veux dire une postfemme, et je veux dire par là que les progrès de la biotechnologie et l'ordre gynocratique qui se mettent effectivement en place auront peu à peu vidé de son sens la fonction sociogénétique masculine jusqu'à la dernière goutte, c'est là le cas de le dire. Les hystérico-féministes croient que je le déplore, pas du tout : d'une part je le constate, d'autre part j'essaie d'observer froidement et lucidement comment ce mouvement matriarchique est une composante essentielle de la société du futur (je devrais dire du présent, voire du futur antérieur), avec toutes ses abominations, sa vulgarité, son relativisme, et toutes ses passerelles sublimes, dangereuses et rédemptrices. Il ne s'agit pas là encore de s'envoyer des « droits » à la figure. Il s'agit de comprendre comment les premières postfemmes vont devoir impérativement, si elles veulent survivre à la Terre dont elles vont hériter pour un temps, oser comprendre ce que le règne historique des hommes (je l'entends là sous l'acception de sexe masculin) a produit de plus grand, de plus noble et de plus haut, sans bien sûr ignorer ce qu'ils ont accompli de plus lâche, de plus criminel, de plus abject.

Mesdames, mesdemoiselles, voyez-vous, nous courbons peu ou prou sous la charge depuis environ cinq mille ans, disons même plutôt sept ou huit mille, si on admet que deux ou trois millénaires, c'est le temps qu'a mis l'ordre de l'écriture patriarcal et historique pour s'imposer.

Par une mystérieuse conjonction « temporelle », ou plutôt par l'effet d'une causalité implacable, votre règne est précisément celui de la Fin des Temps. Il va falloir très vite que vous compreniez que ce n'est ni dans *Vogue*, ou *Vanity Fair*, ni dans *Cosmopolitan* ou dans *Elle*, ni dans la littérature postmoderno-féministe, ni dans l'abjecte presse « générale » contemporaine, et pas plus dans *Le Monde diplomatique*, que vous trouverez de quoi vous mettre en mesure de répondre aux effarants défis que vous devrez relever au XXIe siècle.

Non seulement la gynocratie hystérique va régner encore quelque temps sur les esprits, et les institutions essentielles, pour notre plus grand malheur à tous et à toutes, mais comme par « hasard », déjà, des voix critiques s'élèvent de toute part, je veux dire des voix féminines, bien sûr, les voix de celles qui commencent tout juste à entrevoir l'ampleur de la tâche et la rigueur du défi. Elles sont évidemment taxées d'odieuses révisionnistes réactionnaires sous le prétexte que certaines d'entre elles votent ou ont voté pour le Parti républicain, et qu'elles s'affirment authentiquement *chrétiennes* (auraient-elles dit « nazies » que l'émotion aurait sensiblement été la même dans l'intelligentsia de gauche qui commande et irrigue les universités et une part substantielle, soyons honnête, des médias, du plus petit au plus mégacorporatif).

Que le sida soit un fléau de Dieu, une semi-manipulation scientifico-publicitaire du docteur Gallo ou un virus — dit VIH — venu d'Afrique qui aurait transité de par le monde au fur et à mesure de la mondialisation de la planète durant la seconde moitié du XXe siècle, et qui, revenu à son point d'origine, y représente désormais environ 90 % de la contamination mondiale, j'oserai affirmer ici que sans doute ces vérités forment quelque chose de proprement indicible.

Mais je dois aussi avertir que des trois propositions l'une d'entre elles est non seulement créatrice des deux autres mais, puisqu'elle est *sui generis omni generis*, l'*information*, le cryptage primordial des *tiers inclus* fondamentaux de toute entreprise un tant soit peu *rationnelle* des choses (si ce mot ne doit pas être banni, quoique jamais tout à fait, de notre vue), elle en est l'hypervérité, sa pure et indescriptible transfiguration des créations qui s'en approchent. Et voilà comme il est étrange de constater que le christianisme n'a strictement rien à voir avec ce qu'en racontent nos modernes et démocratiques littératures journalistico-universitaires.

Ce que nous, les derniers hommes, nous les poignées de survivants errant dans un monde d'androïdes et de criminels parfois étrangement innocents, quoique proprement démoniaques, et je ne parle pas là des plus immondes, ce que nous les derniers hommes de l'âge historique (notre âge) avons à vous offrir représente bien plus que tout ce que vos atterrantes « copines » — qui se croient intelligentes parce qu'elles peuvent parler de tout chaque jour sans jamais rien dire d'intéressant — sont en mesure de vous apporter. Cette désagrégation du langage et des valeurs n'est pas l'apanage des potinières médiatiques, ni d'une jeunesse gentiment déconstruite par trente ans de relativisme postmoderne, car elle en serait plutôt comme la conséquence, la vulgarité, on le sait, n'invente jamais rien, mais alors la question se pose : la conséquence de quoi ? Vous comprendrez peut-être comment la double destruction de l'Europe (à vingt ans d'intervalle) a accompli ce dont cinq millénaires de monothéisme historique, anthropologique et créateur d'histoire (donc de guerres) ne cessait, par les bribes que certains cerveaux ont la « chance » de pouvoir capter — et que le rationalisme moderne a transformées en simples contes populaires — ne cessait, disais-je, d'annoncer la venue. Vous pourrez toujours expurger Shakespeare, Balzac, Machiavel, Deleuze, Bataille, Nietzsche, Kafka, et je ne parle pas des authentiques textes religieux, et toute la légion de ceux qui laissèrent une trace un tant soi peu lisible pour ceux qui devront vivre dans le chaos, qui est VOTRE MONDE, rien n'y fera, vous serez mis face au FAIT ACCOMPLI : nous vivons la Fin de l'Homme. Au sens générique cette fois.

Que l'homme et son poids de création et son lot de destructions, dont la moindre n'avait certes pas été celle du métavivant fait chair, aient pu engendré sa propre ruine, que deux mille ans de sanglantes tragédies, jusqu'aux plus récentes, soient la charge (pour ne pas dire la croix) qu'aura dû porter le pauvre sursinge parfois instruit que forme l'humanité en sacrifice, j'oserais dire par l'effet d'une Justice métahumaine qui sut ÉVALUER la mesure du crime et nous laisser seuls ainsi avec le seul acte de la Résurrection du Christ, qui eut bien lieu évidemment, comme antique rouleau de connaissance, lentement dégradé par l'entropie des hommes, voilà un langage que vos gynocrates ne sont pas aptes à comprendre.

D'autres virus biologiques s'en viennent, bien plus terribles encore. Une équipe canadienne a établi qu'un papillovirus découvert par elle tout récemment se fichait comme d'une guigne des matières plastiques synthétiques, qu'il propageait un cancer du cerveau chez les femmes et que visiblement le mâle seul en était le porteur « sain ».
Autant dire la capote, zéro.
Et autant dire les hommes.

Je ne sais absolument pas ce que la matriarchie impériale pourra faire de tout ça, car le pouvoir métapolitique qui lui échoira fera paraître nos plus despotiques dictateurs, nos plus tentaculaires empires comme des jouets pour bacs à sable, sinon qu'elle aura probablement pu assurer la survie de l'espèce, vers le milieu du prochain siècle, par une forme « biotechnologique » de sexualité, où des spermatozoïdes et des ovules parfaitement contrôlés, examinés, voire planifiés verront le jour dans des cliniques forteresses, parce que entre-temps les apôtres nihilistes de la dépopulation hanteront les villes pourries jusqu'à l'os en demandant que soit instaurée la dictature de la population zéro. Les derniers hommes qui accompagneront le périple posthumain des femmes dans cette fin des temps auront dû savoir transmettre leur plus grand héritage s'il doit n'en rester qu'un : l'homme — sursinge historique — est un moment de passage évolutionniste vers une métamorphose globale de l'être humain, et ce moment d'autocréation neurale est le pont qui mène au Christ.

On comprend mieux maintenant pourquoi les gynocrates tiennent à réduire au silence toute voix discordante, je veux dire toute voix discordante *féminine*, maintenant que ce que les hommes ont à dire sur les femmes est tout bonnement écarté d'un geste méprisant (il est presque inutile de le spécifier), je disais donc qu'on voit mieux s'agréger la conspiration des esprits. Puisque le XXIe siècle appartiendra (en grande partie) aux femmes et à leur mode de production central, il est clair que celles qui prendront le pouvoir dans ces conditions ne feront pas de cadeaux à leurs contemptrices dont le premier mouvement semble s'animer.

Clonage, fécondation in vitro, décryptage (sûrement très partiel et grossièrement opératif) de l'ADN humain, et je ne parle pas de la fameuse symbiose homme-machine qui est probablement la plus haute (donc la plus dangereuse) des technologies que nous vous léguerons, je vous souhaite bien du courage, et encore plus de lucidité.

Bien sûr, il subsistera des hommes, en quantités statistiques variables, à la demande de la matrice de contrôle des naissances. Mais plus le contrôle matriarchique s'affirmera, plus vraisemblablement la bonne vieille probabilité de voir s'éveiller d'authentiques êtres humains s'amenuisera. C'est précisément à cause de ce danger qui pèse sur l'expérience humaine de cette planète qu'un processus mettant au jour les secrets du métavivant devenu degré suprême de l'organique et pont vers ce qui lui succède (dans l'ordre ontologique-anthropologique) doit d'une manière ou d'une autre parvenir aux enfants de ce siècle qui nous déboule dessus comme aucun, je crois, n'a jamais osé bousculer l'humain, et ses petites certitudes et servitudes.

C'est pourquoi il faut laisser agir la Puissance du Logos, voilà pourquoi nos livres brûlent tout seuls sans qu'on y mette le feu, car tels des phénix ils naissent de leur consomption, voilà pourquoi nous devons transmettre l'héritage humain aux enfants déjà piégés par les marécages mortels du relativisme (post)marxiste, voilà pourquoi l'organisation d'une famille a reposé sur des principes millénaires, et voici comment l'Éducation nationale française d'aujourd'hui appelle un simple ballon : *référentiel bondissant*.

Cette trouvaille, parmi les dizaines d'autres du même genre que le père Allègre a relevées dans les perles de notre Éducation laïque et obligatoire, et qu'il saupoudre dans son petit livre vengeur contre les staliniens et les trotskistes des syndicats enseignants qui ont voulu sa peau dès le premier jour, et son premier mot « mammouth » devenu fameux, est une des innombrables perles que recèle notre pédagogie nationale-socialisée. Ce mauvais livre n'a d'autre intérêt qu'il permet de comprendre un peu mieux pourquoi la merveilleuse communauté éducative et universitaire française adore « vouloir faire bouger les choses » quand on interroge ses représentants un à un (une à une ?) dans quelque microtrottoir saisi lors de je ne sais quelle manifestation revendicatrice, ou reportage sur la condition des profs en France, tandis qu'elle reste plus immobile qu'un sous-marin russe piégé dans les glaces, dès qu'il s'agit de se mouvoir collectivement d'un quart de pouce (sur l'essentiel s'entend, et je ne parle même pas de mettre en place une *Éducation*, un projet politique et philosophique qui irait contre tout ce que l'école rationaliste enseigne depuis environ deux cents ans).

Voici donc ce que nous allons faire, plus ou moins clandestinement selon les régions, les États, les lois, les cours de « justice » postmodernes : sans enfermer nos enfants dans un cloître paranoïaque calviniste ou janséniste, hors du monde, dans la psychopathologie du Démon offrant l'image hideuse d'un Christ haineux et aviné de paroles et de rituels dictatoriaux aux limites de la superstition idolâtre, nous les élèverons dans la plus *sainte foi* possible ; pas la « foi en un monde meilleur » que les endormeurs nous vendent depuis un sacré bail, mais la foi dans la bataille suprême contre la Dévolution, le mal incarné de la régression hypernihiliste, la bataille contre l'ignorance cuistre, les histrions et les pharisiens, les branchouillettes à champagne dont le dernier livre s'est vendu à x milliers d'exemplaires depuis l'obtention du prix Trouducul, grâce à leur « pote » éditeur (et maquereau officiel la plupart du temps, car on fournit aussi de la minette de luxe aux écrivains vraiment célèbres). Ils et elles, les enfants de Mathusalem, devront apprendre la guerre à outrance aux vérités de latrines et à la culture journalistico-universitaire, car désolé, les gars qui restent et les filles qui s'en viennent ou sont déjà là, mais si rien n'est fait pour vous transmettre l'essentiel des cinq ou dix mille ans d'histoire écrite ou protohistorique que l'*Homo masculinus* a élaborés par le sacrifice trinitaire de l'économie politique, de la guerre, des techniques, et du mélange abominable des trois lorsque les temps furent venus, alors votre planète sera une planète tout bonnement invivable, soumise constamment aux pires dangers comme au plus petit dérèglement; et alors je vous le dis en vérité, vous serez perdus, aussi je vous en conjure : lisez des livres, lisez des livres, tous ceux qui ne seront pas dans votre petit programme de maîtrise bien étriqué et rasé de près (on ne digresse pas, mademoiselle, tranchez les cent pages qui dépassent) de votre directeur de thèse, commencez par vous refaire une bibliothèque de combat, il ne manque pas de bouquineries à Montréal, formez ensemble des microclubs où le prêt de livres serait anonyme, gratuit et actif, ne cherchez pas une conversion religieuse pratique pour votre standing social, ou susceptible d'épater les copains-copines qui viennent de s'offrir un nouveau piercing, abandonnez une bonne fois pour toutes les festivaliers de l'anarchie et les dérisoires décompositions spectaculaires du marxisme, lisez les auteurs qui ne sont plus étudiés, ou alors si pitoyablement, dans vos facultés. Lisez surtout ceux que vous ne trouverez plus dans leurs bibliothèques.

Alors peut-être, je l'espère honnêtement de toute mon âme, vous commencerez à mieux comprendre certains éléments que l'école a soigneusement séparés, cloisonnés, enfermés, comme si Aristote, Pythagore, Descartes ou Newton, Leibniz, Heisenberg, Bohr ou Einstein, n'étaient pas à la fois, et pour cause, mathématiciens, physiciens, logiciens et philosophes !

Vous commencerez à vous dire, si vous lisez ces livres, que le monde est peut-être une porcherie, une vallée de larmes, ou un centre commercial géant, les actes d'héroïsme et de rédemption ont précisément pour but de poursuivre le salut tragique de la vie, la survivance de l'être comme autodétermination de son devenir, ainsi considéré comme vecteur actif du Verbe.

Voilà, nous sommes le lundi 11 septembre 2000 au matin, 7 h 52 sur l'horloge numérique de l'ordinateur, et la pluie tombe par averses brèves, violentes, à la périodicité chaotique, comme un irrépressible accès de larmes entrecoupé de pauses d'une mélancolie extrême.

Je me dis dans un accès de folie schizochristique (puisque le mot *foi* est désormais un vocable qui ne fait plus que s'esbaudir tout le monde d'un bel ensemble, et je ne parle pas des bandits qui s'en emparent pour aggraver leurs crimes, un mot digne en tous points en effet d'une visite aux urgences psychiatriques de l'hôpital le plus proche), je me dis, donc, que la Vierge Marie laisse échapper un chapelet de larmes sur son invisible visage (dans les conditions normales du cerveau) comme pour intercéder un peu en notre faveur, nous tous ici-bas, qui n'avons pas choisi de naître durant la seconde moitié du XXe siècle et qui nous perdons dans le pire cloaque que l'histoire de l'homme a su produire.

*

Interruption du journal pendant plus d'un mois. Je reprends le cours de mes notes le 23 octobre au soir, et je reste muet de longues minutes devant l'écran de mon ordinateur, ne sachant véritablement par où commencer pour raconter les cinq ou six semaines qui viennent de s'écouler.

Cela n'a aucune importance, finis-je par me dire. Je ferai comme d'habitude : au rythme que m'imposera mon cerveau.

Mais je me rends compte très rapidement qu'entretemps le monde s'est encore avancé plus avant dans la quatrième guerre mondiale. Alors que mon petit cerveau local subissait les foudres du Logos, puis parvenait à s'en remettre peu à peu, un petit trimestre au total, le « processus de paix » entre Israéliens et Palestiniens a franchi les limites du conflit armé, et tout le monde fait semblant de s'en étonner.

Ici, au Canada, comme dans Zéropa-Land j'imagine, on reste stupéfait devant l'image de la mort en direct du petit môme palestinien dans les bras de son père sous un feu nourri de l'armée israélienne. Cette image a le mérite de nous donner un aperçu synthétique et tragique de la violence réelle qui se déroule là-bas, mais en parallèle cette image, privée de tout contexte et assaisonnée des habituels commentaires relativistes de la presse, tend instantanément à accréditer la thèse que dans ce conflit les seules victimes sont palestiniennes — aucune image d'ailleurs ne nous parvient des trois soldats de Tsahal kidnappés par le Hezbollah au Liban-Sud, et pour cause ! — et surtout, encore une fois, elle omet de nous recadrer ce court moment, atroce et fatal, mais individuel, dans l'ensemble du théâtre des opérations, occultant ainsi sous l'émotion la donnée principale : le fait qu'Arafat a décidé d'en finir avec le processus de paix en se joignant aux islamistes du Hamas, dont il libère à tour de bras les éléments les plus extrémistes, alors qu'il laisse sciemment une Intifada puissance 10 se développer sur tout le territoire : kalachnikovs et mortiers ont remplacé les frondes et les lance-pierres, et quiconque un tant soit peu informé sait que les fusils d'assaut se camouflent derrière la chair à canon adolescente qu'on envoie au sacrifice face aux militaires israéliens.

Or il apparaît bien que l'agenda du processus, du côté israélien comme du côté des pays arabes en paix avec l'État juif, consistait peu ou prou à revenir au « découpage » de 1948 — celui-là même refusé par les Arabes à l'époque, avec les conséquences que l'on connaît jusqu'aujourd'hui —, ou disons au « découplage » progressif des deux entités, au prix de réarrangements territoriaux négociés au couteau, pouce par pouce, autour de la table, avec comme partie finale le règlement de Jérusalem. Or Arafat a décidé à la fin de l'été que Jérusalem était indissociable du reste et qu'elle était à négocier tout de suite, qu'elle était/serait de toute façon la capitale de son État indépendant autodécrétable dans l'année, ce qui, bien sûr, provoqua la colère de la droite israélienne, Sharon en tête, qui se livra à son jeu préféré, la provocation outrancière, ce dont Arafat use et abuse depuis plus d'un mois pour faire avorter tout le processus.

Pourquoi ? Eh bien, demandez donc aux « durs » de la Ligue arabe, tous ces splendides modèles de développement et de démocratie, comme nos bons émirs pétro-saoudites, l'Irak de Saddam Hussein, la Syrie du fils Assad, la Libye de Kadhafi, l'Algérie nationale-socialiste aux prises avec les tueurs islamistes, la Tunisie touristique et dictatoriale, le Liban déconstruit d'aujourd'hui aux mains des Syriens et du Hezbollah, et tutti quanti, ceux-là mêmes qui financent et supervisent l'OLP depuis sa création, ce qu'ils auraient à gagner, et à perdre, si deux États souverains, liés par un ensemble de chartes et d'agences de contrôle réciproque, l'un israélien, l'autre palestinien, parvenaient à établir une paix durable en se joignant à la Jordanie et à l'Égypte, et proposaient ainsi un modèle politique confédératif viable pour cette partie du monde, en concurrence avec tous les autres modèles qui y sévissent depuis un bon demi-siècle (national-socialisme arabe ou rigorisme pan-islamiste).

Jérusalem capitale d'un État arabo-musulman ?
Pourquoi pas Rome ou Marseille, pendant qu'on y est ?

Il faut bien comprendre ceci : ce n'est pas parce qu'une majorité de Serbes vivaient en Krajina croate que la Krajina était serbe. Ce n'est pas parce que des Arabes vivent à Jérusalem qu'ils peuvent décider d'en faire la capitale d'un État encore à construire.

Dix millions de francophones en Amérique du Nord, grand maximum. Une métropole de la taille de Chicago suffirait largement à les contenir tous. Au lieu d'y voir un handicap, auquel seule une immigration de masse pourrait suppléer, osons affirmer à contre-courant la chance d'être une minorité linguistique, une différence irréconciliable, sinon par sa disparition-assimilation pure et simple, en même temps qu'une origine commune en passe d'être oubliée. Osons dire que nous voulons faire de cette langue le vecteur aristocratique d'une synthèse anglo-latine en Amérique du Nord, bref ayons l'audace de la proposer comme réel instrument de culture aux nations qui peuplent ce continent.

Deux cent cinquante anarcho-nihilistes ont décidé de se payer une petite émeute-spectacle lors du sommet du G-20 à Montréal.

Selon ces ramollis du bulbe, qui devraient d'urgence arrêter de brouter la prose de José Bovidé, ou celle d'Ignacio Ramonette, et lire en leur place quelques philosophes sérieux, *la mondialisation ne profiterait qu'aux riches*.

Comment garder son sérieux devant tant de sottise synthétisée en une seule phrase ?

Ce sont toujours les riches qui « profitent » des mutations industrielles et culturelles, ce qui ne veut pas dire par ailleurs que nombre de gens ne s'enrichissent pas au passage, et que l'élévation générale du niveau de vie n'est pas liée aux facteurs de développement techniques et culturels que le capitalisme démocratique globalise, très précisément, encore et toujours.

Le même phénomène se produisit à la Renaissance, lorsque le Capital s'établit comme processus biopolitique général. Certes l'écart entre les riches et les pauvres s'agrandissait, mais cela ne voulait pas dire pour autant paupérisation générale des populations, bien au contraire, puisque le niveau de vie augmenta malgré tout jusqu'à la fin du XVIIe siècle.

Ce sont les guerres de religion entre Réforme et Contre-Réforme qui ruinèrent une première fois les espérances du Vieux Continent, la Saint-Barthélemy — 1572 — scellant sa destinée pour les deux siècles à venir.

Seuls Tocqueville, de Maistre, Hegel et une infime poignée d'autres surent analyser en quoi la Révolution française *ouvrait* une nouvelle Époque. Mais des trois cités, seuls les deux premiers virent dans la Révolution américaine l'élément hétérogène et imprévisible qui allait *façonner* cette Époque. La Révolution française a abouti à la France d'aujourd'hui, une France dont le déclin est depuis un moment amorcé, même si d'anciens trotskistes devenus sociaux-démocrates tentent de nous faire croire le contraire chez Pivot en reprenant, face à un Giscard devenu royalement pessimiste, les arguments habituels du corpus politique français : tout va bien, bonnes gens, nous sommes toujours le quatrième exportateur mondial (Weber, ce mois-ci).

Certes, avec un dollar canadien à 5 francs et des bananes, la France, grâce sa nouvelle monnaie, le Zéro, devrait pouvoir exporter toute la quincaillerie qu'elle sera encore en mesure de fabriquer pendant une ou deux petites décennies.

Mais au lieu de pavoiser comme un cuistre à Bouillon de culture, Weber ferait mieux de regarder les choses en face :

Zéropa-Land et son Zéro sont devant une crise monétaire de grande envergure, à plus ou moins courte échéance. La lente mais irrésistible chute de la monnaie zéropéenne n'est qu'un avant-goût de ce qui se profile à l'horizon, pour qui sait porter son regard jusque-là.

Depuis sa nomination à la tête du « machin » dénommé pompeusement Banque centrale européenne, un crétin vaguement social-démocrate nommé Wim Duisenberg se borne à accumuler gaffes iniques et déclarations foireuses les unes sur les autres, au point de désespérer tous les marchés financiers de la planète. Cet hydrocéphale bureaucratique croit « diriger » une Banque centrale européenne, mais pour qu'un tel objet pût exister, encore fallait-il que l'adjectif se rapportât à un signifiant quelconque. Européenne ? Mais où est donc l'Europe, dites-moi ? Je veux dire : qu'est-elle au juste ? Engagez, pour voir, la conversation avec un trader de New York, un musicien de Tokyo, un informaticien de Buenos Aires ou un pompier de Sydney ou de Montréal...

Combien de pays déjà ? Ah, mais alors quels statuts exacts pour les ex-républiques pop-communistes ? Qui dirige quoi ? Ah, une « commission » et un « conseil des ministres intergouvernemental » ? Une « présidence tournante tous les six mois » ? !! À vingt-cinq ou trente d'ici à dix ou quinze ans, me disiez-vous ? L'Europe, dites-moi, c'est bien là où se trouvent la Bosnie et le Kosovo ?

Il arrive qu'une sorte de hoquet de rire interrompe parfois votre interlocuteur.

Et vous vous surprenez à l'imiter, lors de vos réponses... *Oui, c'est cela même, vous savez, cette civilisation qui un jour a confié son destin à la Forpronu !*

*

La chute de Zéropa-Land s'amorcera par son irrémissible déclin économique.

Bien avant que les ex-républiques populaires orientales et la Russie soient en mesure de représenter un véritable pôle de prospérité, depuis dix ans un interrègne très dangereux est en train de s'ouvrir, au cours duquel les démocraties de l'Ouest européen se figent dans un socialisme bureaucratique qui éteint toute perspective, toute vision.

En ce qui concerne la France, comme en mai 1940, lorsque nous étions la « plus puissante armée du monde », notre position de « quatrième exportateur mondial » risque de se transformer un beau matin en une forteresse ruinée de plus, une ligne Maginot, un vulgaire submersible obsolète rempli d'eau glacée, il suffira que les paradigmes cataclysmiques encore en gestation dans la « nouvelle économie biocybernétique » s'actualisent pour de bon, d'ici à une ou deux décennies, au grand maximum, et je reste « sympa ».

Zéropa-Land et son Zéro, c'est l'Amérique moins la Déclaration d'indépendance, moins la Constitution, moins la conquête de l'Ouest, moins le bureau ovale, moins le Pentagone, moins Hollywood, moins la Seconde Guerre mondiale, moins le Viêt Nam, moins la Cybercoast qui s'étend maintenant bien au-delà de la Silicon Valley des origines, moins Apollo et moins la guerre du Golfe.

Autant dire... *Zéropa-Land*, précisément.

Cet avorton de Frankenstein aux quinze et bientôt vingt-cinq morceaux de viande rattachés les uns aux autres sans la moindre articulation politique, autant dire neurospinale, sans un véritable exécutif, un véritable Congrès, une véritable Justice, soit au bas mot une Constitution fondant un véritable État fédéral, ce machin sans queue ni tête — c'est franchement le cas de le dire — n'a strictement aucune chance de survivre très longtemps aux mutations qui ont commencé de le ronger, et je ne parle pas de celles qui s'en viennent.

Conclusion : comme toujours, c'est en France que tout se jouera. Parce que c'est la France qui est en train, une énième fois, de rater son destin, qui est précisément la construction POLITIQUE de l'Europe. Le dernier à avoir vraiment eu une vision à ce sujet et les moyens de l'appliquer s'appelait Napoléon Bonaparte, et malheureusement il ne sut dominer la vague sur laquelle il surfait. Et cela ne nous rajeunit pas.

Or toute construction politique nécessite une philosophie, une morale, voire une religion, bref une submachine inconsciente qui soudainement s'actualise et s'écrit, donnant naissance à un corpus social tout à fait *autonome*.

Mais qui écrira la Constitution zéropéenne ? Un pool de fonctionnaires sis à Bruxelles, après qu'une sorte de Conseil des sages fut convoqué, un orchestre de vieux barbons nobélisables et nobélisés, sénateurs et académiciens mêlés, tandis que sur l'Internet, probablement, la « parole sera donnée aux jeunes et aux minorités ethniques, communautaires et sexuelles » ainsi qu'à tous les groupuscules nihilistes et sous-groupes plus ou moins officiellement déclarés.

Autant dire que le plus hideux patchwork d'un des « meilleurs » artistes contemporains du moment fera pâle figure auprès de l'immondice ainsi créé, et qu'on vendra comme de la bidoche à prion à tous les citoyens-consommateurs du comateux continent.

Soyons net : si rien n'est fait à court terme, si aucune révolution authentique ne se met en place en Europe, et particulièrement en France, la France perdra tout, y compris l'Europe qu'elle n'aura pas su bâtir. Bref c'est le continent tout entier qui sombrera, comme un bon gros *Titanic*.

Or, je le sais, rien ne sera entrepris, sinon les gesticulations de l'extrême gauche-droite antimondialiste. Donc... une guerre civile française se déclenchera tôt ou tard, et son éclatement fera trembler, comme chaque fois, les fondations de tous les autres régimes reliés à elle par l'histoire et la géopolitique, soit 400 millions d'Européens de nouveau jetés dans la terrible épreuve de la sélection naturelle.

C'est peut-être aussi grâce à cette sauvage dévastation, comme l'abcès mené à son terme que, du coup, la Fédération deviendra inévitable.

*

Certains — toujours les mêmes — trouveront contradictoires mes prises de positions sur l'ex-Yougoslavie et le Canada, ou la Bosnie-Herzégovine et le Proche-Orient.

Faut-il encore leur rappeler que malgré la « mondialisation » (phénomène qui est apparu avec l'homme et s'éteindra avec lui) de profondes différences de potentiel séparent Sarajevo de Jérusalem, ou Paris de Montréal ?

Lorsqu'en l'espace de douze mois, Slovénie, Croatie, puis Bosnie quittent le navire yougoslave, c'est parce que les Serbes ont mis au pouvoir en 1989 un certain Slobodan Milosevic qui s'est occupé dans la minute de renforcer la répression militaro-policière au Kosovo, après avoir privé la province albanophone de ses droits constitutionnels fondamentaux, puis de ruiner tous les processus politiques de la fédération (blocage des institutions fédérales par refus de la présidence tournante croate en 1990), et enfin de tenter plusieurs coups de force aux moyens de son armée « fédérale », composée aux trois quarts de Serbes, surtout aux postes de commandement, ainsi que des miliciens communistes serbes partout où cela fut possible. En fait, le véritable sécessionniste, ce fut lui, et son appareil d'État en perdition après que Gorbatchev eut laissé s'effondrer le mur de Berlin. Ce sont Milosevic et son alliance nationale-socialiste serbe qui ont sciemment conduit la Yougoslavie dans le mur, par peur qu'elle ne passe tout entière à très court terme dans le camp occidental. La guerre d'extermination ethnique conduite par le Parti communiste serbe et ses divers visages ou dénominations fut lancée tout de suite après l'échec des forces fédérales en Slovénie, en juin 1991. Il fallait d'urgence créer une Grande Yougo-Serbie qui couvrirait tout ce que Belgrade serait en mesure de réunir par la force. Cela comprenait au moins les Krajinas et la Slavonie en Croatie, ainsi que tous les territoires possibles en Bosnie-Herzégovine, et cela par tous les moyens qu'un régime rouge est capable de planifier, puis d'exécuter.

L'histoire de l'ex-Yougoslavie n'a donc pas grand-chose à voir avec ce qui se passe sur ce petit bout de terre situé entre le Liban, la Jordanie et la mer Rouge et qui se déchire aujourd'hui.

Pointer les extrémismes ne suffit pas. Il faut toujours penser le chaos de l'Histoire comme un signal crypté.

Quelques données de base peuvent rapidement être sélectionnées :

Lors de la guerre « civile » en ex-Yougoslavie, environ 250000 victimes ont été comptabilisées. Près de 220000 sont bosniaques, environ 25000 sont croates, les autres sont serbes.

En termes de crime de guerre et de génocide caractérisé, les chiffres, pourtant mollassons, du tribunal de La Haye indiquent une proportion de 80 à 85 % des crimes graves commis par l'armée ou les milices serbes, 10 à 15 % sont attribués aux Croates (principalement les Croates de Bosnie) et 5 à 10 % à tous ceux qui persistèrent à servir en tant que Bosniaques dans l'Armiya gouvernementale.

Aussi, au risque de me répéter pour certains, je vais rappeler ici quelques faits très concrets qui déboulonnent à tout jamais l'idée que les Bosniaques étaient avant tout des séparatistes musulmans. Pour commencer, que le chef d'état-major bosniaque durant toute la guerre contre les bras armés du communisme serbe, était lui-même un... *Serbe*, mais aussi que de nombreux Serbes, Croates et « Musulmans » bosniaques se bâtirent côte à côte contre les « yougoslavistes » rouges de Milosevic, Karadjic et Mladic, et que pour finir, malgré les tensions entre communautés, les Musulmans, les Croates et les Serbes démocrates résistèrent ensemble à Sarajevo, et qu'ils faillirent vaincre en septembre 1995, avant que les guignols zéropéens et un baby-boomer amateur de pipes en robe bleue ne les forcent à accepter la « paix » de Dayton (rien d'autre qu'une guerre mise temporairement au congélateur, attendez un peu que le courant soit coupé et que la température remonte, ce qui ne saurait tarder).

Lors des différentes guerres israélo-arabes, qui s'échelonnent depuis 1947-48, si des crimes de guerre ont sans aucun doute été commis, on admettra sans peine qu'ils n'ont jamais atteint en intensité absolue ni relative les crimes perpétrés en moins de cinq ans par les communistes serbes. D'autre part, en dépit de la propagande pro-arabe, ils sont très certainement en volume égal dans les deux camps, et j'essaie vraiment de rester neutre et « objectif ». Car les centaines de victimes de Sabra et Chatila n'effacent pas celles du village de Damour, au Liban, un village chrétien que les miliciens palestiniens et sunnites rayèrent proprement de la carte, en 1978 si je ne m'abuse. Le siège de Tell el-Zaatar par les Kataëb en 1976 peut-il faire oublier les sanglantes exactions que les petits seigneurs de la guerre palestiniens commirent à Saïda, et un peu partout au Liban-Sud, avant que l'armée israélienne ne les force à déguerpir, en 1982 ? Qui parle encore de l'attentat qui raya de la carte l'immeuble où siégeait Bechir Gemayel, et lui avec, commandité et opéré par les Syriens, avec le soutien actif des miliciens nationalistes arabes et des islamistes alors en pleine ascension (l'Occident gentiment socialiste n'allait pas tarder à s'en apercevoir).

En Bosnie, Dieu m'est témoin, si des volontaires afghans, iraniens ou arabes sont venus à la rescousse, et parmi eux des fondamentalistes islamiques, il serait stupide de le nier, rien, jamais, dans la volonté militaro-politique du gouvernement bosniaque n'a jamais pu le rendre suspect de vouloir établir un régime coranique en Bosnie, comme la propagande communiste de Belgrade s'efforça et s'efforce encore de le faire croire. Les crimes de guerre et les atrocités commises contre les civils se comptèrent sur les doigts de la main lorsque le HVO et l'Armiya gouvernementale unirent leurs forces en 1994-95 et qu'ils parvinrent à reprendre la moitié du territoire sur les miliciens communistes. L'armée croate commis certainement des dérapages lors de l'opération Tempête qui libéra la Krajina illégalement occupée depuis 1991, mais je défie quiconque d'y démontrer la moindre tentative de génocide planifié. Les Serbes qui vivaient là, sous la tutelle des quarante-cinq mille miliciens locaux et des divers représentants de Belgrade, furent expulsés par l'avancée des troupes croates, quoi de plus naturel, ils formèrent le premier contingent de réfugiés que Milosevic allait faire s'entasser dans les coins les plus pourris du Kosovo, avant qu'ils ne soient forcés, par la bêtise crasse de leur petit dictateur, d'évacuer les lieux de nouveau quatre ans plus tard.

*

Élections américaines en vue. Élections fédérales au Canada à trois semaines d'intervalle.

Certains croient encore que la « politique » a brusquement disparu, par je ne sais quel drôle de simulacre de la posthistoire ; elle a disparu en « Europe », certes oui, mais aux USA ?

C'est le propre des politiques impériales de devenir invisibles, puisqu'elles modèlent les modes de vie et les pensées. C'est ne rien comprendre au monde d'aujourd'hui que de ne pas saisir comment la puissance nord-américaine se nourrit des incapacités actuelles de l'Europe, et des dévastations à venir, comme lors du XXe siècle, lorsque nous avons fabriqué les socialismes. Quand j'entends un citoyen français, belge, italien, allemand ou tchèque se plaindre avec moult gémissements de l'*américanisation du monde*, je commence toujours par lui répondre que l'évolutionnisme humain, comme celui qui régit la nature, a horreur du vide, et qu'au lieu de gémir il n'a qu'à commencer à se battre pour autre chose que les délires nationalo-écolo-luddites du moment, et donc oser enfin se demander comment faire de l'Europe une entité géopolitique viable au XXIe siècle.

Autant leur demander la Lune.

C'est le cas de le dire, là encore.

Enchaînement fatal : programmes spatiaux zéropéens : zéro, il fallait s'y attendre.

À part notre bel Airbus des orbites, dénommé Ariane, les quinze nations du Vieux Continent historique n'ont aucune vision, et encore moins le budget pour n'en accomplir ne serait-ce qu'une microportion.

Pourtant, il y a trente ans, les Américains, avec la technologie des V2, l'invention du microchip et des astronautes sérieusement burnés et motivés parvinrent six fois, sur sept lancements, à atteindre la surface lunaire, située à 380 000 kilomètres de la Terre.

Les Russes, sans les microchips, mais avec le reste, ratèrent la course à la Lune, mais par contre inventèrent et mirent sur orbite les premières stations spatiales de l'Histoire, avec les Saliout, puis Mir. Leurs records de vie en apesanteur s'empilent depuis lors.

Aux premières minutes du XXIe siècle, la seule perspective de l'ESA reste le lancement de satellites commerciaux avec Ariane V, de sondes scientifiques en coopération avec d'autres agences spatiales et sa « participation » à la fabrication de la station internationale. Au-delà de 2005-2010, néant, nada.

L'homme dans l'espace, comme le dirent en leur temps Delors et Allègre, c'est — n'est-ce pas ? — *un pur fantasme de science-fiction*.

Pourtant, partout en Amérique du Nord des dizaines et des dizaines de programmes sont lancés, souvent concurrents, parfois miraculeusement complémentaires. On parle de revenir sur la Lune pour y installer des bases permanentes et un réseau de radiotélescopes sur sa face cachée, on étudie déjà comment faire de la station internationale, achevée vers 2005, un laboratoire grandeur nature de biologie humaine spatiale, avec des « vols de longue durée » qui partiront de l'expérience accumulée par les Soviétiques avec Mir, on élabore des plans de terraformation, de missions sur Mars, ainsi que des futurs moyens de transport dans l'espace proche ou lointain. Des firmes très sérieuses, et œuvrant pour l'aérospatiale civile et militaire depuis longtemps, côtoient désormais des centaines de petites entreprises soutenues par du capital-à-haut-risque et à très haut rendement, car on soupçonne que les années 2010 seront les toutes premières à produire des investissements vraiment rentables. Rentable, aujourd'hui, ça signifie un marché global qui dépasse les 100 milliards de dollars US.

À ce que je comprends en surfant sur le net et en regardant quelques documentaires sur certaines chaînes spécialisées, il serait sans doute possible à la Nasa de conduire quasiment seule le projet jusqu'à maturité pendant la quinzaine d'années à venir, histoire de créer les infrastructures et les technologies essentielles. Puis le capital privé se lancera pour de bon à l'assaut du cosmos.

Des entreprises de troisième type sont d'ores et déjà en fonction, et par myriades, même si elles œuvrent partiellement avec les fonds de l'agence fédérale, il existe assez de milliardaires cinglés aux États-Unis pour croire dès aujourd'hui dans les potentialités de la nouvelle frontière. Dans dix ans, pratiquement toutes les technologies fondamentales seront prêtes, et certains laboratoires développent déjà les systèmes de propulsion d'après le propergol chimique, comme le réacteur à plasma, d'autres se lancent dans la robotique d'exploration extraterrestre, pour Mars, la Lune et les autres objets du système solaire, on met au point la fabrication autonome de carburants chimiques par micro-usines hautement robotisées, ou bien alors la production d'oxygène et d'hélium-3 à partir de la roche sélénite, des types de propulsion alternatifs aux carburants classiques, magnéto-hydrodynamisme, micro-ondes, filocâbles électromagnétiques (tethers) pour des charges légères (comme les micro-satellites) sont en cours de développement, on parie sur la prochaine révolution informatique, celle des composants quantiques et des nanotechnologies, on cherche à fabriquer des matériaux et des écrans protecteurs susceptibles de résister plus longtemps aux radiations cosmiques, on poursuit — quoi qu'on en dise en Europe — l'étude avancée de « biosphères artificielles » et de modules d'habitation diversement adaptés à la vie extraterrestre ; pour faire bref, il semble bien que des perspectives concrètes se mettent en place pour tous les experts astronautiques américains, civils comme militaires. Et de tout cela une sorte de plan d'ensemble « médian » est en train de surgir peu à peu :

Après avoir laissé totalement aux entreprises privées, et à Zéropa-Land, le marché des lanceurs de satellites et de ces derniers, pour concentrer ses efforts sur la « prochaine frontière », soit la colonisation permanente de l'espace par l'homme, puis avoir transféré aux entreprises spatiales nord-américaines certains des développements technologiques de la navette du XXe siècle (en particulier son moteur chimique réutilisable), l'agence spatiale US a désormais en main une série de programmes dont le moins que l'on puisse dire est qu'ils forment un tout cohérent, étalé sur quasiment un demi-siècle :

1) Élaborer un successeur à la navette au début de la prochaine décennie, soit un orbiteur hypersonique de nouvelle génération, dont divers prototypes ultrasecrets sont vraisemblablement expérimentés par l'armée américaine depuis quelques années dans le ciel du Nevada, et que la Nasa développe de son côté au sein du programme Pathfinder (X30, X33, X34, X36, X37, X40), tous autant de démonstrateurs de vols testant et validant un certain nombre de technologies clés pour ce futur *Reusable*

Launch Vehicle (RLV). Selon toutes probabilités, deux engins aux principes de base identiques, mais aux fonctions et aux caractéristiques différentes, seront mis au point en parallèle, par le Pentagone d'une part, par la Nasa d'autre part, qui œuvreront en coopération : l'un destiné à des missions militaires, l'autre aux missions civiles. La caractéristique fondamentale de ces engins sera qu'ils ne porteront plus vraiment le nom de « fusée », mais d'*aerospace plane*, car ils décolleront et atterriront comme un avion, en ayant au passage relié la station spatiale aujourd'hui en construction, pour y délivrer, ou reprendre, leurs charges utiles, humaines et matérielles. Le programme Pathfinder consiste à constamment améliorer les technologies RLV selon le rythme triquinquennal mis en place depuis 1995 : 2010, 2025, 2040, avec comme objectif de passer selon les diverses phases du programme à des changements d'échelle dans deux ordres de grandeur caractéristiques : la fiabilité et le coût. De 10 000 $ US aujourd'hui à 1 000, puis 100 puis pourquoi pas 25 ou 10 $ pour une livre de charge utile mise en orbite, et une fiabilité d'un risque majeur sur deux cents missions aujourd'hui à un risque sur dix mille, puis vingt-cinq mille, puis sur environ deux cent mille, soit la fiabilité des appareils de transports aériens les plus récents.

2) Achever la station internationale dans les temps (2005) et en faire le noyau central d'un futur « astroport » orbital, qui se développera au fur et à mesure que les technologies rendront le coût et la fiabilité des vols spatiaux de plus en plus attractifs pour l'entrepreneuriat privé.

3) Poursuivre l'exploration de Mars, de la Lune et du reste du système solaire par robots et sondes de toutes sortes pendant les quinze années à venir.

4) Mettre au point un vaisseau de longue portée capable de relier l'orbite terrestre à la Lune, puis à Mars, voire plus loin dans le système solaire, avec chaque fois un programme d'implantation d'équipages en rotation dans

une biosphère artificielle, même austère au départ, à partir des données accumulées par la station.

5) Poursuivre l'étude des problèmes physiques et dynamiques posés par l'envoi d'une sonde quelconque à environ 250 unités astronomiques (250 fois la distance Terre-Soleil) de notre planète à des ordres de vitesse « raisonnables », c'est-à-dire environ mille fois plus rapides que *Voyager One* qui, lancé il y a une vingtaine d'années, mettra encore soixante-quatorze mille ans pour atteindre la plus proche des étoiles du voisinage. De là passer à 500 ou 1 000 UA, puis lancer un engin vers une des étoiles en question.

D'après les experts en question, une colonie semi-permanente sur la Lune (avec équipages en rotation) pourrait être établie entre 2010 et 2015, et une autre sur Mars dans les cinq ou dix années suivantes. L'objectif avoué est de faire progressivement de ces colonies de véritables cités autonomes dont les résidents plus ou moins permanents seront chargés de terraformer leur propre environnement.

Un énorme business spatial sera alors en plein boom, où mégacorporations et start-up de pionniers seront en train de coloniser le ciel, comme aux premiers temps de l'aviation civile, entre les deux premières guerres mondiales.

Les experts de la Nasa pensent qu'un premier prototype de sonde d'exploration de l'espace interstellaire pourrait être mis au point vers 2040.

Entre-temps, des lignes de transport aérospatiales auront vu le jour. Pour aller d'un bout à l'autre des antipodes vous ne mettrez plus que trois ou quatre heures, avec un petit saut de puce suborbital qui vous fera goûter pour un temps le luxe de la microgravité. La station spatiale de 2005 aura fait des petits, la plupart grâce à des fonds privés, afin d'assembler une ceinture orbitale autour de l'astroport. Pour voir le jour, les rêves d'Arthur C. Clarke et de Stanley Kubrick mettront sans doute vingt ou trente ans de plus que ce que ces deux génies avaient voulu prédire à l'Amérique, et au reste de l'humanité, mais quoi qu'on en dise, ils se réaliseront.

Comme Kubrick l'avait compris en prenant le thème d'*Ainsi parlait Zarathoustra* de Richard Strauss pour leitmotiv musical de son film, le scénario de *2001* n'est rien moins que la tentative américaine de projeter l'homme vers son devenir, autant dire que *2001* est la première adaptation cinématographique de l'œuvre de Nietzsche, ce qu'elle est en effet au bas mot, et ce dont selon moi Kubrick avait parfaitement saisi l'ampleur inimaginable.

Tout autant qu'il se savait un des rares, sinon le seul, à pouvoir la réaliser.

Nombre d'experts astronautiques US soulignent très justement les hauts degrés d'expertise accumulés en quarante ans par les Russes, en dépit du communisme et de sa déroute générale. S'ils indiquent avec objectivité le pauvre état des infrastructures, comme tout ce qui concerne l'ex-Union soviétique, y compris son armée (on a pu le voir tragiquement avec le désastre du *Koursk*) et ses installations de recherche les plus en pointe (espace, nucléaire), ils ne négligent pas l'énorme documentation et les savoir-faire, analyses, données, expériences, que la science spatiale russe a acquis depuis Spoutnik et Gagarine, jusqu'aux dernières opérations sur Mir.

Certains d'entre eux vont même jusqu'à prédire que le lancement d'une fusée comme Energya, un monstre dont chaque lancement représente largement le PIB d'une micronation postmoderne, et par ailleurs le seul engin au monde capable de mettre d'un coup 100 tonnes en orbite (pour comparaison la navette américaine actuelle a une charge utile de 30 tonnes maximum), pourrait représenter son chant du cygne, mais un chant du cygne fort agréable, et fort utile, lorsque la station internationale sera achevée, et qu'on pourra envisager d'y faire coorbiter des masses de plus en plus lourdes et de plus en plus volumineuses. Pour la construction d'un vaisseau habité à longue portée, par exemple, où des modules d'habitation et de service deux ou trois fois plus spacieux que ceux d'aujourd'hui.

Bref tandis que Zéropa-Land claironne partout ses 60 % de parts du marché des satellites, je compulse en ce moment les divers projets que des firmes privées comme Boeing (plus McDonnell-Douglas), Northrop-Grumman, et autres Lockheed-Martin, sont en train de développer pour les années 2001-2010 : lanceurs hautement automatisés avec moteurs réutilisables, Delta-Clipper — un engin à décollage vertical mais pouvant aussi se diriger à l'horizontale et entièrement réutilisable —, lanceurs classiques améliorés de tous ordres et de tous gabarits.

Si on y ajoute le savoir-faire russe, que les Américains incorporent désormais à tous leurs projets d'études de la vie en apesanteur, la Non-Europe et ses institutions antidémocratiques sont tout bonnement en train de rater la plus importante fenêtre de tir de l'histoire du XXIe siècle. Celle de la distribution des cartes pour la colonisation humaine de l'espace.

Le *momentum* stratégique de l'Amérique en ce début du XXIe siècle sera de choisir entre les Russes et les Chinois.

Le problème, c'est que le vide politique de Zéropa-Land à l'ouest et la désagrégation islamiste en cours dans tout l'Orient musulman, au sud et au sud-est de la Fédération, encouragent Poutine à se rapprocher de Pékin.

C'est à coup sûr une vision à courte vue car le rêve géopolitique de la Chine moderne a toujours été de prendre le dessus sur son vaste voisin du nord, et une telle « alliance » ressemblerait fort à celle d'un hémophile et d'un vampire, mais il semble bien que la Fédération russe n'ait guère d'autre choix, si on ne lui en offre aucun autre.

Et voilà qui serait fort fâcheux pour l'ensemble de la région, et pour le reste du monde.

Il me semble qu'un des points faibles de la stratégie nord-américaine en Extrême-Orient, et depuis trop longtemps, c'est le Japon. Devenu rien de plus que Nintendo-Land, puis Sony-World, ce pays aux traditions politiques et militaires millénaires a été violemment, et justement, puni pour ses outrages durant la Seconde Guerre mondiale. Comme l'Allemagne, il n'a pas de siège au Conseil de sécurité — et pour cause, celui-ci est au départ une reproduction de l'Alliance au plus haut étage administratif de la toute fraîche ONU — et si l'Allemagne possède au moins sa Bundeswehr, le Japon n'a lui qu'une sorte de force d'autodéfense extrêmement réduite et qui de fait ne contrôle à peu près rien de la géopolitique locale. Sans faire une croix sur le passé, Pearl Harbour, les camps et les atrocités de l'armée japonaise, Hiroshima, il serait sans doute préférable pour les Américains de tenter de rapprocher Tokyo et Moscou, plutôt que de voir s'établir un axe plus ou moins néocommuniste entre cette dernière et Pékin.

29 octobre. Arafat continue d'envoyer ses propres enfants au suicide, avec la bénédiction du Hezbollah libanais et des décérébrés postmodernes occidentaux, et le voilà qui clame à qui mieux mieux qu'il ne s'arrêtera que lorsque le drapeau de l'État palestinien flottera sur Jérusalem. Il faudrait d'urgence dégriser ce vieillard et lui faire admettre le sens des réalités. S'il veut une capitale pour son État palestinien, il est peu probable que Jérusalem lui soit de quelque façon historiquement assignée, et je ne vois pas comment la communauté internationale, à moins de se fourvoyer totalement dans le relativisme le plus absolu, le plus intégriste, pourrait admettre une seule seconde la légitimité d'une telle revendication.

Arafat a décidé de brûler ses dernières cartouches de national-socialiste arabe, et il conduit son peuple vers le même désastre que celui de 1948.

Ehud Barak, petit social-démocrate sans envergure, se montre incapable de réunir un conseil d'unité nationale avec le Likoud. Je crois vraiment que l'assassinat de Rabin par un complot des fanatiques religieux juifs fut l'événement cardinal d'Israël à ce tournant de millénaire. Au bord du gouffre, l'État hébreu est acculé à la répression militaro-policière par un Arafat qui, sachant qu'il n'a rien à perdre et que Barak ne fait pas le poids, pousse toute sa population à l'Intifada générale.

Le seul problème, c'est que ce n'est pas Arafat qui paiera la facture, salée comme une soupe de hareng, lorsque les festivités révolutionnaires foireuses seront terminées. Il nous la tendra, via onucrates humanitaires interposés, qui se chargeront de nous expliquer pourquoi nous devons payer, et nous sentir coupables de ne pas vouloir le faire. À ce que je sais, les pertes économiques consécutives aux violences et aux bouclages des territoires depuis maintenant quatre semaines atteignent déjà un bon milliard de dollars, pour un « pays » dont le PIB correspond à peu près au salaire annuel d'un haut manager mégacorporatif occidental, on me permettra d'appeler cela un luxe hors de portée, et en politique ce type de luxe porte un nom, très ancien et très simple : crime.

La vie est bleue comme la nuit
Lorsqu'elle s'efface
Aux primitives radiations
Dans le matin nu et sec,
La vie est un coup d'œil furtif
Sur une poignée d'arbres
À peine atteinte
Par quelque lumière
La vision s'obscurcit,
À peine éveillé
Déjà tu vieillis

Tu t'éteins
Puis tu meurs ;
Parfois des mélodies
Bercent le chant des nuages
Alors que je glisse vers toi
Le temps assure son épreuve
Étend son emprise
Un peu plus à chaque battement
De nos cœurs ;
J'aurais aimé certaines couleurs
Aux frondaisons atomiques
Les anges des premières heures
Sur les pages cruciales d'un livre,
J'aurais aimé tes cheveux
Sur mon visage dans l'or vif
D'un après-midi de printemps
Alors que nous étions jeunes
Et que la vie ne nous avait pas encore
Appris la douleur de la connaissance ;
J'aurais aimé quelques mots
Murmurés dans le silence
Opaque du désir
J'aurais aimé la musique de nos ruines
L'innocence brutale de l'enfance
Et certains lacs aux noms indiens
Mais à peine rencontres-tu une âme
Que déjà la société l'abîme
À peine souris-tu dans le miroir
Que la mort s'en empare,
À peine éveillé
Déjà tu vieillis
Tu t'éteins
Puis tu meurs.

*

La ville
Belle
Comme un acier
D'octobre
Sous le ciel froid
Qui a vu
Tant de crimes ;
La neige
Est tombée
Comme le souvenir
D'un hiver très ancien
Au sommet de la colline
Trois signaux rouges
Forment un triangle
Équilatéral sur l'antenne
De télévision.

*

Radio libre métakrisis is calling/entendez-vous la voix des plus anciennes mémoires inscrites dans le livre des vivants, entendez-vous le souffle des ombres qui s'attache à tous ceux qui sont morts ? Savez-vous tout ce que vous perdriez à être vraiment libres, êtes-vous prêts à laper de votre langue le tranchant du couteau ? À combien de blessures, combien de souffrance, estimez-vous un sacrifice réussi ? Quelle est la dose de cruauté qui vous semble nécessaire pour survivre en société ? À combien estimez-vous ceux qui seront prêts à se défaire de leurs servitudes, qu'on nomme « droits » aujourd'hui ? Où sont les combattants du cerveau souterrain ? De quelles armes disposerons-nous ? À combien estimons-nous les pertes acceptables, quand nous engagerons pour de bon les hostilités contre les crétinismes (post)modernes, mais aussi contre leurs modèles fondateurs : les socialismes, les nationalismes, les progressismes ? Quand oserons-nous donc restaurer le christianisme, quand oserons-nous réinventer un Dieu, une authentique religion ?

Ce qui aujourd'hui se pare du nom de christianisme est à peine descriptible pour qui voudrait en rendre compte à Jésus de Nazareth ou à l'un de ses apôtres.

Si l'ange Gabriel venait vérifier ce que l'Islam est devenu à La Mecque, à Kaboul, à Gaza ou Bagdad, il demanderait sans le moindre doute à Mahomet de refaire ce qu'il a fait aux premières années de l'Hégire, quand il broya les bédouins païens et hérétiques qui dominaient alors la région. Si Moïse revenait voir ce qu'il est advenu de son peuple au XXe siècle, subir l'abomination du nihilisme national-socialiste, puis se convertir au nationalisme à son tour, sans doute viendrait-il réécrire sévèrement quelques tables de la Loi.

Il n'y a que les serfs pour croire que la liberté conduit au bonheur.

Il n'y a que les derniers hommes pour avoir cru que la vérité pouvait être inoffensive.

L'authentique liberté est tragique. Lorsque la solitude qu'elle entraîne se fait jour en vous, vous ne pouvez que ressentir une grande mélancolie, à mesure que la glace de la lucidité s'empare de votre esprit.

Les seuls gants qu'il y a prendre avec l'humanité, ce sont des gants de boxe.

Ou alors des gants de chirurgien.

*

7 heures du matin, Québec time.

Une nuit blanche absolue. Pure comme une autoroute lancée à travers les plaines.

Grand Ouest.

Je ne sais quel trope pousse ainsi les grands peuples de l'Histoire, Indo-Européens du Caucase, peuplades hunniques, Sémites arabes, puis Espagnols, Anglais et Français à vouloir suivre la direction de l'occident, la direction du soleil couchant.

Les Indo-Européens, tout particulièrement, allaient faire de ce trope le royal instrument de navigation de leurs futurs impériums circumterrestres, dont ils léguèrent ce qu'ils purent à la Nouvelle Rome de l'an 2000.

Grand West.

Ici au Canada, cette terre neuve et pourtant déjà si profondément marquée par l'Histoire, Français et Anglais d'origine ont livré un combat sans merci, qui vit les uniformes rouges de la couronne d'Angleterre prendre le dessus sur le drap bleu fleurdelisé du roi de France. Les nationalistes des deux bords (Bloc et Parti québécois d'une part, Alliance canadienne d'autre part) continuent de vivre et de vouloir vivre dans un état de séparation larvée, qui dure depuis au moins deux référendums souverainistes foireux, et comme si un mur plus haut et plus opaque que celui qui traversa Berlin durant quarante ans s'élevait quelque part au milieu des grandes plaines du Manitoba. Unilinguisme forcené de part et d'autre, les anglofédéralistes ultras et les souverainistes québécois semblent ne pas vouloir comprendre l'essence même du mot *nation*, « nakheon », qui comme je ne cesse de le rappeler, signifiait bien *confédération de peuples différents* selon ses concepteurs grecs. Alors, quand on apprend que Montcalm d'un côté et Wolfe de l'autre ont laissé chacun leur peau aux Plaines d'Abraham le même jour, au nom de leur roi et de leur honneur, on se permet d'y voir un signe clair assurant dans la tragédie la naissance d'une nation.

*

Ce soir le ciel est si pur que les avions pourraient s'y dissoudre comme des cubes de sucre brun dans l'ivoire d'une liqueur au venin tropical ; la nuit sera douce pour les monstres : des trillions d'étoiles en convergence absolue.

Je marche vers les trous béants du remembrement-psychose, mon corps en rivières d'horloges aux synchronismes fulgurants, je marche nu comme une roche vers les sacrifices de néon.

Mes deux mains brûlent en torche quand l'auto passe sur le pont.

*

Lors d'une récente partie de Halloween, discussion de cuisine avec deux femmes québécoises au sujet de l'Europe. Je leur apprends, à leur plus grande stupéfaction, le niveau d'organisation « démocratique » de notre grand et beau continent et des nations qui le composent. Lorsque j'évoque le fonctionnement et les pouvoirs respectifs du « parlement de Strasbourg » et de la « commission de Bruxelles », quand je leur explique comment 75 % des lois sont conçues par des bureaucrates non mandatés, via des « directives » que les législations nationales se voient forcées d'adopter, quand je me risque à mettre en lumière le pourquoi du comment de notre inaction durant les quatre années de génocide en ex-Yougoslavie, je vois peu à peu une très intense et très sincère sensation d'effarement se teinter de la consternation la plus pure. Atterrées, les deux femmes me demandent, par batteries de questions, comment notre « grande civilisation » a pu en arriver là.

Notre civilisation était un rêve, leur dis-je. Il s'est réalisé en Amérique.

Avec tous ses cauchemars sous-jacents.

Qu'est-ce qu'une vérité ?
Un artifice *suprême*.
Un artifice suprêmement *libre*.
Un artifice *souverain*.

*

Dans *1984*, les tyrans au pouvoir décrétaient la tenue régulière d'une « journée de la Haine ».

Arafat, sur la voie de réaliser les fictions cauchemardesques d'Orwell, invente le « jour de la Rage », journée où probablement les adolescents des banlieues de Hébron et de Gaza iront se jeter en sacrifice à une quintuple cadence.

Pour les propagandistes du *Monde diplomatique*, c'est bien évidemment, vous l'aurez compris, l'intransigeance israélienne et le soutien des États-Unis à l'État juif qui sont en cause dans la désagrégation soudaine du processus de paix engagé à Oslo.

Pourtant, il saute aux yeux qu'Arafat a décidé de lui-même d'engager le bras de fer avec les Israéliens, le retrait de Tsahal du Liban-Sud et sa mise sous contrôle de fait par le Hezbollah ont sérieusement changé la donne stratégique dans la région, et le père Yasser, qui ne veut qu'une seule chose : mourir *après* la création de l'État palestinien, dont il serait ainsi le premier président historique, a décidé de s'allier avec les intégristes islamiques, chi'ites et sunnites, pour parvenir à son but, quel qu'en soit le prix à payer plus tard, par les méchants capitalistes libéraux du FMI, et tout de suite par le peuple palestinien.

*

7 novembre 2000, Elections Day aux USA.

Nuit blanche passée devant CNN, ABC ou CBS, à suivre le thriller politique du demi-siècle. Le « roller-coaster »

— comme disent les journalistes d'ici — a duré jusqu'à l'aube.

Les grands réseaux ont d'abord donné Gore vainqueur, puis Bush, avant que la Floride, qui semblait échoir à ce dernier, État crucial pour la comptabilité des votes électoraux à ce moment du processus, se voie obligée de recompter chaque voix, comté par comté, laissant le résultat final en suspens pour les prochaines vingt-quatre ou quarante-huit heures. Cette élection aura battu bien des records, en plus du volume d'argent dépensé par les deux principaux partis pour financer leurs campagnes respectives.

Au-delà du fait qu'elle se trouve être l'élection la plus serrée de toute l'histoire américaine, une des choses les plus étonnantes lorsqu'on regarde la nouvelle carte présidentielle des USA, c'est de voir que le Parti républicain, depuis maintenant un bon siècle le parti des grandes corporations et des riches États industriels de la Nouvelle-Angleterre, du nord et du centre, a fait une percée remarquée dans les terres traditionnellement démocrates du Sud-Est et de l'Ouest, ainsi que dans quelques fiefs du Nord-Est et du Midwest, comme le New Hampshire, la Pennsylvanie, l'Ohio, l'Arkansas et le Kansas, et que ce blitz « rouge » dans le gras des territoires « bleus » correspond peu ou prou aux régions où le boom économique des années Clinton a eu le moins d'impact et où une problématique comme celle du second amendement est toujours cruciale.

En dépit des apparences propagandistes, les plus ou moins nouveaux riches de la West Coast (Silicon-Hollywood), de la Nouvelle-Angleterre, du district de Columbia et de Floride ont massivement voté pour le candidat « libéral et progressiste » Al Gore, en plus des vastes districts métropolitains aux traditions syndicales des Grand Lacs.

À l'inverse, les fermiers du Midwest, les habitants des Rocheuses, du Sud-Ouest et des Grandes Plaines, ainsi que les industriels (et les travailleurs) du tabac des grands États producteurs, Virginie, Virginie-Occidentale, Kentucky, et des régions laissées plus ou moins sur la touche par le « silicon-boom » des dix dernières années se sont ralliés à Bush.

Bref, les pauvres votent pour les républicains, prétendument le parti des « riches », et les riches votent pour les démocrates, prétendument celui des « pauvres ».

*

Nouvelle offensive de la troupe de choc des défenseurs de quotas ethniques à la télévision française.

Éberlué, j'observe sur TV5 notre fameuse hystérique nationale de l'*affirmative action*, écrivaine plagiaire de son état, annoncer qu'il y aurait entre 15 et 20 millions de gens de « couleur » en France. Ah, bon, et pour commencer, parce que blanc, si je comprends bien, ce n'est pas une couleur ?

Au-delà de la démesure stalino-paranoïaque des chiffres annoncés, on constate alors, proprement stupéfait, que cette pasionaria du quota ethnique affirme sans la moindre pudeur que ce serait aux *autres* de faire la preuve du contraire (entendez par les « autres » : les « blancs ») !

Questionnée par un journaliste, une spécialiste de l'Insee démontre tranquillement la disparité entre les rêves zimbabwéens de Calixte et la réalité des faits. Mais le meilleur reste à venir.

Un rapport officiel du CSA démontre que les gens de « couleur » (entendez plus ou moins « noire ») sont présents dans environ deux tiers des programmes audiovisuels, vidéo-clips en tête, et représentent plus de 6 % des professionnels de la télévision, ce qui est loin d'être hautement discriminatoire. Le rapport, avalisé par le sinistre Hervé Bourges, affirme pourtant une *sous-représentation marquée des « minorités visibles »*, et ce à l'encontre des chiffres présentés un peu plus haut. La réponse à cette mystérieuse énigme ? Interrogée par un journaliste, la « responsable du rapport » (qui est elle-même de « couleur ») explique en toute sincérité que sa conclusion ne s'appuie, *évidemment*, sur aucun chiffre, mais sur « sa vision subjective de la société française, ou de ce qu'elle devrait être ».

Voilà au moins un ferment de vérité au milieu de ce marécage d'antipensée révisionniste antiraciste : il s'agit bien d'une pure projection fantasmatique, telle que la France postmitterrandienne ne pouvait qu'accoucher, de son ventre rongé de vermine.

Comme le savait Foucault, la guerre des races ne s'est jamais terminée.

Le mitterrandisme et ses avatars, ne pouvant vendre un « socialisme » déjà partout déconsidéré, et ayant dû être rapidement redirigé vers une économie de marché traditionnelle par Fabius et consorts, inventa, au milieu des années 1980, l'antiracisme institutionnel, le « Black-Blanc-Beur » formidâââble que Jack Lang refourgua à toute une génération déjà décérébrée par une armée bien entraînée de profs archéo ou néomarxistes. Quinze ans plus tard, les dégâts sont incalculables. Cet antiracisme révisionniste est en passe de *dicter sa loi* aux peuples européens, y compris au sens le plus strict.

Affirmer sa différence en tant que personne de « couleur » y est perçu comme une avancée « progressiste » de la « société », à la condition bien sûr que le mauvais Blanc indo-européen, impérialiste, militariste et techno-politique disparaisse lui totalement en tant qu'élément *différencié*.

*

Comme disait Churchill, les différences entre la guerre et la politique sont fort minces, la seule notable étant qu'à la guerre, au moins, on ne meurt qu'une fois.

Quant à l'Art, non seulement son combat est perdu d'avance, par nature (humaine — cela va sans dire), non seulement c'est de cette déroute continue et tragique qu'il fait surgir ces plus belles œuvres, mais d'entre toutes les activités martiales, guerre et politique y comprises, il est celui où rien n'advient jamais que l'éternel anéantissement ; c'est l'Art, à tout prendre, qui laisse le plus de victimes sur le champ de bataille, car tout artiste (au seul sens qu'on peut donner à ce nom) meurt autant de fois que cela lui est nécessaire pour produire ne serait-ce qu'une ligne, une image, un son qui résiste à l'entropie de la mort, aux petits désastres de la vie.

Nous sommes les Agents de l'Infini et du Néant.

*

Reçu par deux fois ce mois-ci, via un ami vivant à Montréal, une pétition humanitaire circulant sur Internet et visant à « condamner » la situation faite aux femmes en Afghanistan, et demandant à l'Occident de faire pression « pacifiquement » sur le régime taliban afin que les choses changent.

Après plusieurs échanges de courriels entre mon interlocuteur et moi-même, lui demandant parfois de faire remonter mes différentes réponses aux initiateurs de la liste, j'ai décidé d'écrire ma propre « pétition » — si je puis dire — que j'ai envoyée directement aux organismes onuzis responsables de cet holocauste.

Je me permets de vous en livrer le contenu, comme celui de la pétition d'origine, ainsi que de divers courriers échangés entre-temps.

Pétition reçue le 6 novembre 2000, texte recopié *in extenso* :

> SVP prenez le temps de lire ce message : c'est une pétition humanitaire qu'on signe en bas du message en le faisant suivre jusqu'au comité des Nations unies sous-mentionné.

Le gouvernement afghan mène la guerre aux femmes. La situation s'est détériorée à un tel point que, dans un éditorial du *Times*, quelqu'un a comparé le traitement des femmes là-bas au traitement des juifs dans la Pologne du pré-holocauste. Depuis la prise de pouvoir des talibans en 1996, les femmes doivent porter le burqua, sont battues et lapidées en public si elles n'ont pas l'habit adéquat, et si le filet ne couvre pas leurs yeux. Une femme a été battue à mort par une foule de fondamentalistes pour avoir incidemment exposé son bras en conduisant. Une autre a été lapidée à mort pour avoir tenté de quitter le pays avec un homme qui ne faisait pas partie de sa famille. Les femmes ne sont pas autorisées à travailler ni même à sortir sans un parent de sexe masculin. Les femmes qui travaillent en tant que professeurs, traductrices, médecins, avocates, artistes et écrivains ont été contraintes de quitter leur travail et ont été renvoyées à la maison, de sorte que les dépressions deviennent tellement répandues que le phénomène a atteint un seuil d'urgence. Il n'est pas possible dans une société islamique à l'extrême de connaître le taux de suicide avec certitude, mais les représentants d'organismes humanitaires estiment que, pour les femmes qui ne parviennent pas à trouver les médicaments et traitements adéquats pour dépression grave et préféreraient mourir que vivre dans ces conditions, le taux a augmenté de manière significative. Les maisons occupées par des femmes doivent avoir leurs fenêtres peintes de sorte que les femmes ne puissent jamais être vues de l'extérieur. Elles doivent porter des chaussures qui ne font pas de bruit, de manière à ne jamais être entendues. Les femmes craignent pour leur vie à la moindre « mauvaise conduite ».

Le travail leur étant interdit, les femmes célibataires ou sans membres de la famille de sexe masculin meurent de faim ou mendient dans la rue, fussent-elles titulaires d'un doctorat. Il n'y a pratiquement pas de traitements médicaux disponibles pour les femmes, et les représentants d'organismes humanitaires ont pour la plupart quitté le pays. Dans l'un des rares hôpitaux pour femmes, un journaliste a trouvé des corps immobiles, presque sans vie, couchés sur des lits, enveloppés dans leur burqua, réticents à parler, à manger ou à faire quoi que ce soit, dépérissant à petit feu. D'autres femmes sont devenues folles. On les a vues tapies dans des coins, se balançant ou pleurant, pour la plupart, de peur. Un médecin envisage de laisser ces femmes face à la résidence du président en signe de protestation pacifique quand le peu de médicaments restant sera épuisé. La situation est arrivée à un point où le terme « violations des droits humains » est un euphémisme. Les maris ont droit de vie et de mort sur les femmes de la famille, en particulier sur leurs épouses, mais une foule en colère a tout autant le droit de lapider ou de battre une femme, souvent jusqu'à ce que mort s'ensuive, pour avoir exposé une once de chair ou avoir offensé l'un d'entre eux de la manière la plus insignifiante. Selon David Cornwell, les Occidentaux ne devraient pas juger le peuple afghan pour ces traitements car cela fait partie de leur « culture », ce qui est faux. Jusqu'en 1996, les femmes jouissaient d'une relative liberté pour travailler, généralement pour s'habiller comme elles le souhaitaient, pour conduire et paraître seules en public. La rapidité de la transition constitue la raison principale des dépressions et des suicides. Les femmes qui, par le passé, étaient éducatrices ou médecins ou qui simplement étaient habituées à des libertés humaines basiques sont à présent durement réprimées et traitées comme des sous-êtres, au nom de l'Islam fondamentaliste et rétrograde. Il ne s'agit pas de tradition ou de culture, au contraire. Les mesures sont extrêmes, même dans les cultures où le fondamentalisme constitue la règle. Par ailleurs, s'il était possible de tout excuser par la culture, nous ne devrions pas être horrifiés de ce que les Carthaginois sacrifiaient leurs nouveau-nés, de ce que des petites filles sont excisées dans certaines régions d'Afrique, de ce que les Noirs, dans les années 30 au fin fond des États-Unis, étaient lynchés, interdits de vote et forcés à se soumettre à des lois racistes. Tout être humain a le droit à une existence tolérable, y compris les femmes d'un pays musulman situé dans une partie du monde que les Occidentaux ne comprennent pas. Si nous pouvons user de menaces militaires au Kosovo au nom des droits humains des Albanais, l'Otan et l'Occident peuvent certainement dénoncer pacifiquement le scandale de l'oppression, du meurtre et de l'injustice commis contre des femmes par les talibans.

DÉCLARATION

Par notre signature, nous nous accordons à reconnaître que le traitement actuel des femmes en Afghanistan est tout à fait inacceptable et mérite le soutien et l'action des peuples des Nations unies afin que la situation actuelle en Afghanistan ne soit plus tolérée. Les droits de la femme ne constituent nulle part un sujet mineur. Il est INACCEPTABLE qu'en 2000 des femmes soient traitées comme des sous-êtres et des propriétés. L'égalité et la décence sont un DROIT, non une liberté, que l'on vive en Afghanistan ou ailleurs

*

Dans la nuit j'envoyai une première réponse à mon interlocuteur-transmetteur :

Cher Jelly Bean,
Évite à l'avenir, s'il te plaît, de m'envoyer ce genre de pétitions humanitaristes qui ont le don fâcheux de m'échauffer sérieusement les oreilles, et je reste poli et suave. Les « Y-A-KA » qui désirent une intervention occidentale en Afghanistan, pour sauver les femmes de là-bas de la dictature talibane, sont ceux-là mêmes qui ont pleuré d'un bel ensemble quand l'Otan a commencé à bombarder les cibles militaires et stratégiques civiles des serbo-communistes.

Si vous voulez vraiment que l'Amérique du Nord et l'Otan dominent le monde, comme moi, dites-le clairement une bonne fois pour toutes, et arrêtez de vous lamenter sur le sort de pays où jamais l'Occident n'a eu la moindre influence notable — comme l'Afghanistan, alors que j'ose vous rappeler que le Kosovo comme la Croatie et la Bosnie-Herzégovine sont situés en Europe, vous savez, ce continent qui a inventé la POLITIQUE il y a deux mille cinq cents ans, et dont la plupart d'entre vous, si l'on remonte à quelques générations, sont ORIGINAIRES.

Donc, pour revenir au sujet des tyrans islamiques pachtounes, sache que la plupart des arguments de cette magnifique pétition postmoderne occultent les processus politiques en cours dans la région depuis l'invasion soviétique de 1979.

Si vous voulez libérez l'Afghanistan des tueurs talibans, osez prendre les responsabilités qui s'imposent, comme pour le Tibet : appelez donc à un fonds de soutien pour Shah Massoud qui combat seul, depuis vingt ans, les cocos afghans d'abord, les russkofs ensuite, et les talibans depuis 1995. Osez donc appeler nommément à une GUERRE TOTALE contre l'islamisme et le socialisme, y compris en Palestine, et ensuite, nous verrons si je pourrais adjoindre mon autographe à votre liste.

Merci de comprendre qu'EN AUCUN CAS je ne transmettrai votre pétition humanitariste à quiconque.

*

Puis plus tard :

Cher Jelly Bean,

Additif au précédent retour de courrier :

Après avoir relu une fois encore la pétition humanitariste que tu m'as envoyée et la réponse de ma part qui a suivi, j'aimerais te dire à quel point ce foutoir politico-postmoderne m'inspire de dégoût. Et j'aimerais par ton intermédiaire dire ceci à ceux qui l'ont inspiré, comme à ceux qui s'y sont joints :

Mettre sur le même plan la brillante civilisation de Carthage et les Khmers verts de Kaboul est une incroyable insulte à l'intelligence, et à la vérité historique. Le révisionnisme onucratique occasionne visiblement de profonds dégâts à tous les étages de la société, et ce n'est pas un hasard, tout particulièrement dans la jeunesse estudiantine, ce me semble.

Sachez, pour votre gouverne, que si l'Occident a pu intervenir au Kosovo, c'est parce que les puissances militaires de l'Otan (par ailleurs détentrices de trois sièges sur cinq au Conseil de sécurité — seul noyau de vrai pouvoir dans la bureaucratie onuzie) ont pu dresser un gros majeur bien raide face à messieurs Boutros-Ghali, Kofi Annan et consorts et qu'elles ont pris seules, grâce aux abstentions russe et chinoise, la DÉCISION POLITICO-MILITAIRE de planifier une intervention dans la province du Kosovo, et ce GRÂCE, entre autres choses, à la MORT DE MITTERRAND et aux changements survenus en Russie après 1992-95. (L'ex-URSS d'Eltsine et la France socialiste se sont constamment opposées à toute intervention militaire occidentale en Croatie et en Bosnie, y compris aux pires moments du génocide conduit par les yougo-communistes.)

Laisser entendre, comme les pétitionnaires antitalibans le font, que mesdames-messieurs les bureaucrates onuzis, responsables concrètement de tous les désastres accumulés depuis quarante ans dans le « tiers-monde », terme inventé par un de leurs sinistres représentants écolo-humanitaires (M. Dumont, il me semble, militant socialiste bien connu des spécialistes), bref, laisser croire que ces technocrates de la non-violence pourront « pacifiquement » débloquer quoi que soit dans le processus nihiliste de désagrégation de l'Islam, et tout particulièrement en Afghanistan, est soit une naïve pitrerie, soit une saloperie de jésuite postmoderne (une de plus).

Si la situation des femmes en Afghanistan rappelle celle des juifs dans la Pologne du pré-holocauste, alors il faut sans attendre ENGAGER LES HOSTILITÉS avec ce pays, et ses divers soutiens, où qu'ils soient dans le monde.

Êtes-vous prêts, mesdames-messieurs les pétitionnaires, à appeler à une forme de contre-terrorisme actif ? Êtes-vous prêts à vous porter volontaires pour une campagne générale de soutien aux anticommunistes et anti-islamistes partout dans le monde ? Êtes-vous prêts à défendre les valeurs de VOTRE civilisation ?

Permettez-moi d'en douter.

The Spark

*

Enfin, n'y tenant plus, je me décide à envoyer ceci à l'organisme chargé de maintenir la paix et les droits de l'homme tout autour du globe :

To : daw@undp.org

MESDAMES-MESSIEURS LES CRIMINELS DE L'ONU

Depuis 1979, date de l'invasion soviétique en Afghanistan, ce pays connaît la pire désintégration institutionnelle de toute son histoire, et de toute la région. Après une lutte héroïque contre l'envahisseur communiste, les forces de la liberté n'ont reçu de votre part que l'habituel soutien symbolique dont vous êtes les spécialistes reconnus. Conclusion : en 1995-96, une bande de tueurs incultes et fanatiques s'est servie de cette implosion pour se porter au pouvoir et mettre en place un régime obscurantiste et criminel, violant non seulement les « droits » de la population locale que vous avez en charge de protéger, mais portant la guerre au cœur de nos propres nations, en Occident. Pire encore, ce régime tyrannique est en train de porter un coup fatal à l'Islam lui-même en tant que religion.

Seules sans doute vos politiques tiers-mondistes en Sierra Leone, au Rwanda et au Zimbabwe ont pu occasionner de tels désastres, et je ne parle pas de ce que vos ignobles complices civils ou militaires (Kouchner, Mitterrand, MacKenzie, Janvier et consorts) ont « accompli » sur mon continent, lorsque les yougo-communistes y ont planifié puis exécuté le pire programme d'extermination ethnique que l'Europe ait connu depuis la Seconde Guerre mondiale.

Alors que les pétitionnaires humanitaires antitalibans tentent d'encombrer vos e-mails avec la bonne conscience jésuite et postmoderne qui caractérise notre époque, et dont vous êtes les inspirateurs, sachez qu'une poignée d'Occidentaux, atlantistes, défenseurs des valeurs de la civilisation judéo-chrétienne en ont plus qu'assez et veulent désormais faire entendre une voix différente.

Nous ne vous demanderons en effet plus rien, vous les criminels de la non-violence, vous les fonctionnaires de l'ordre onuzi, vous les porteurs-de-sacs-de-riz-en-direct.

NOUS N'AVONS CERTES PAS LES MÊMES VALEURS. Les nôtres remontent au Saint Empire de Charlemagne, à la Rome républicaine de Caton et Cincinnatus, à la Grèce de Périclès, ou bien à la Révolution américaine de 1776. Nous n'avons pour vous qu'un profond mépris, doublé de la froide colère des justes.

Qu'il s'agisse de l'Afghanistan sous le joug taliban, de l'ex-Yougoslavie toujours démembrée par la paix de Dayton, de la Somalie néotribale, du Tibet sous occupation sino-communiste, de la Birmanie du SLORC, du Zimbabwe négro-socialiste, de la Palestine livrée au nationalisme arabe, ou de toute autre région du monde déstabilisée par vos politiques mortifères et anti-occidentales, NOUS APPELONS DÉSORMAIS À LA GUERRE TOTALE contre les résidus du socialisme et les nihilismes nés de la désagrégation terminale de l'Islam, et ce partout dans le monde.

GUERRE TOTALE contre vos institutions onucratiques, prosocialistes, responsables des millions de morts accumulés pendant cinquante ans de guerre froide, puis dix ans de « quatrième guerre mondiale » métalocale.

GUERRE TOTALE au révisionnisme postmoderne des universitaires archéo ou néomarxistes qui empoisonnent les esprits sous votre haute bénédiction.

GUERRE TOTALE à la sous-humanisation du monde que vous nous proposez comme destin collectif.

GUERRE TOTALE AUX TALIBANS, À L'ARMÉE POPULAIRE DE LIBÉRATION CHINOISE, AU SLORC BIRMAN, AUX NOUVEAUX ROIS NÈGRES DE L'AFRIQUE CENTRALE, AUX ORGANISATIONS COMMUNISTES ET APPARENTÉES, À LEURS ÉQUIVALENTES FONDAMENTALISTES ISLAMIQUES, ET CE OÙ QU'ELLES SE TERRENT, Y COMPRIS DANS VOS BUREAUX DE NEW YORK CITY.

En vous remerciant de votre attention,

Maurice G. Dantec,
franco-american writer,
Montréal, Canada.

*

Eh oui ! qu'est-ce que vous croyez ?, *au XXIe siècle, ça va salement chier.*

*

Nouvelle nuit blanche en perspective, loin du poste de télévision. Les résultats de Floride ne seront pas définitifs avant 5 heures de l'après-midi, le 9. Je peux attendre quelque peu. La Fin du Monde est remise à demain.

Le ciel forme un dôme orange-pourpre au-dessus de la ville, et je sais que la Lune est aux trois quarts pleine au-dessus de moi. Le syndrome de l'épiphanie nocturne frappe avec la précision et la tranquille férocité des armes chirurgicales de la guerre anthropotechnique d'aujourd'hui.

Tous les éléments sont en place, et la science noire du cerveau émerge des fausses clartés auxquelles le jour social nous habitue, auxquelles on nous fait croire, de gré ou de force.

Depuis minuit, c'est l'album *Whore* de Dalbello qui tourne en boucle, et pour toute la dernière heure, le titre

EleVen, merveille de rigueur métallique et de tendresse mélancolique entremêlées comme la chair nue autour d'une lame.

Marche harmonique calée sur la gamme de *sol* majeur, groove de rhythm and blues suspendu dans la stase de la microgravité, cadencé par l'écho d'un sonar, avant l'entrée du beat glam-rock, CinémaScope et slow-motion, rencontre de troisième type entre les fantômes digitaux des Beatles et l'éclair vif-argent d'un T-Rex aux fulgurances météoriques, la séquence organique et dénudée des premiers instants devient mantra aux fluides électrisants grâce à la plastique fragilité du timbre de la voix de Dalbello, oscillant sans cesse entre la basse la plus profonde et les aigus les plus translucides venus d'une bouche glissant sur la matière même de votre visage, avant qu'elle se durcisse comme un sexe en royale érection et vous frappe en plein cerveau, lorsque l'amour se consume sous le feu du sodium d'un tunnel périphérique, puis dans un souffle qui semble venir du plus loin des astres, quelque chose emporte alors la musique vers le fer d'une chorale dont le chant me berce sans fin dans la solitude nocturne et absolue de l'hyperpolis :

I follow, head over heels
Taunting me like a messiah
Says « do you believe in me ? »
I see you, call out for me
The line between thruth and desire
Crumbles so easily
I count eleVen
I count eleVen

I count the seconds and the minutes
Seem like hours to me
I count to seven and the heat
Turns up into another degree
I count eleVen for the reasons

Why it happened to me so easily
I count eleVen... eleVen

Easy, easy, easy,
EleVen
« Free me », she says, « heal me »
EleVen

I count eleVen when you
Offer me the length of your hand
I count eleVen when you caution
Me to strengthen my stand
I count eleVen when you
Say that you're an innocent man
Oh spare me — baby — spare me
Ah did you ever stop to think
About the need of a friend
And go easy on me, easy ? !
I count eleVen when my patience
Hits a quarter to three
I count eleVen in the name of
What's important to me
I count eleVen strikes for you
For not believing in me
There ain't no heaven when a
Promise doesn't mean anything
If all's forgiven
I count eleVen, I count eleVen

Don't save my soul
Don't raise my hope
Then take it away
Don't make me whole
Don't saveth my soul
Just let me go
To rise up from the sleep I'm deep in
To walk out from the dream I'm breathed in...
Home... Home

One... Two... the colour of blue
Lightening strikes in a moment of truth

Three... Four... the night that I swore
I got nothing to prove
You got nothing no more
And if all's forgiven, I count eleVen

(choirs) :
Thou shalt not take a woman in vain
Thou shalt not take another woman
Thou shalt not put a promise to shame
Thou shalt not make a fool of no one
(I count eleven)
Thou shalt not take a woman in vain
Thou shalt not take another woman
Thou shalt not shape a man into day
Thou shalt not go on unforgiven
(I gotta count)
One... Two... the colour of blue
Lightening strikes in a moment of truth
(and then I go)
Three... Four... the night that I swore
I got nothing to prove
You got nothing no more
Six... Seven... It's almost eleVen
You broke a word that's not easily given
EleVen.

EleVen, Dalbello
© 1995 Dalbello Toonz Inc/
EMI Music Publishing

Si vous écoutez un jour ce disque, vous comprendrez, stupéfaits, rayonnants et pleins de gratitude pour les fins crépusculaires des civilisations, qu'en une poignée de « chansons » de quelques minutes, Dalbello y synthétise environ trente ans d'héritage hautement sélectif du rock, ce rocher de Sisyphe de l'art électrique principalement porté jusqu'à ce jour par les différentes tribus de derniers hommes produits au XXe siècle, y compris les purs génies qui s'y sont cristallisés comme des diamants dans la couche carbonifère, et que cette artiste hors du commun a su prospecter et ramener à la lumière. Lorsque parfois on croit entendre le vrombissement caractéristique d'un zeppelin, ce n'est plus de plomb, mais d'or, ou plutôt d'hélium pur et de vif-argent qu'il est constitué, engin hypersonique dont l'électricité *heavy-metal* n'est qu'un moment, un éclair dans le processus de mise en orbite. Quand on ne sait comment, dans *Little Boy*, la lumineuse sinuosité soufie s'introduit peu à peu dans une transe urbaine dangereuse, conduite jusqu'à l'épuisement, dans un décor tendu de velours et d'acier noir, on touche là, on le sent de tous ses nerfs, à une forme maîtrisée de l'Alchimie Sonore. Quant au morceau qui donne son nom à l'album, *Whore*, la seule chose qui me vienne à l'esprit sur le moment, c'est le croisement impossible entre Grace Jones et Lou Reed, Matt Johnson et Marianne Faithfull, c'est la putain noire devenue vierge de cristal, la face d'ange révélant ses démons les plus obscurs.

Une des promesses les plus intéressantes de la musique électrique d'aujourd'hui me semble en grande partie, depuis une petite dizaine d'années, tenir entre les mains d'une nouvelle génération de jeunes femmes, auteurs et compositeurs de très grande classe, qui font enfin de cet art une version postatomique du lied de la fin du siècle dernier. De Bjork à Dalbello, en passant par PJ Harvey ou Garbage, de Portishead à Crustation, de Sinead O'Connor ou de Stéréolab à Meredith Brooks ou Pain Teens, les niveaux et les genres d'expérimentations sont certes divers et variés mais on constate un changement d'échelle majeur. Une lourde tendance tectonique s'affirme : un cataclysme souterrain de forte magnitude a fait de cette poignée de jeunes femmes des musiciennes et des *lyricists* à part entière, dotées d'une extrême sensibilité acoustique, donc *poétique*, que le rock n'avait plus atteint depuis un bail, à l'exception des quelques exceptions dont je vous confie parfois un souvenir déjà oxydé d'une jeunesse, elles sont donc en passe à elles seules de tracer une ligne esthétique mutante qui pourrait accompagner, pourquoi ne pas dire *produire*, nos devenirs.

Face aux pitreries psychopathologiques et homophobes d'un Eminem ou les borborygmes scatologiques de Limp Bizkit, face aux clones « punks » désormais reproductibles à la chaîne, ou aux révolutionnaires hardcore, néoguévaristes et corpo-sponsorisés, face à la dégénérescence gangstérisée et terminale du rap, face aux pauvres reproductions de Woodstock qu'on nous vend en bidons depuis trop longtemps, face à la techno décérébrante antitextuelle, face à la « house » démocratique, métronomique et sous-discoïde, et face aux poupées gonflantes posthippies genre Courtney Love ou Spice Girls, un groupuscule d'amazones libres et souveraines reprend le flambeau là où on l'avait laissé choir, au beau milieu des années 1980. Belles, suprêmes et dangereuses créatures androïdes sorties d'un rêve-cauchemar suburbain, « survireuses » de l'âge bionique, élégantes et mortelles comme des armes à longue portée, leur grâce est celle d'anges atomiques survolant les splendides débris de notre civilisation. Princesses du crépuscule, elles accompagneront en bande sonore le crash majestueux de notre monde, je ne saurai jamais comment les en remercier.

*

Comment ne pas voir dans l'érotisme le moyen de faire de cette guerre le théâtre d'une nouvelle beauté, transfigurée par la lumière de l'amour, de la cruauté et du désir ?

L'amour-Éros ainsi constitué est un Feu qui consume toutes les programmations que nos corps et nos cerveaux ont reçues en guise de modélisation socialisée de la vie. Non seulement il fait que l'Un ainsi formé est largement plus grand que la somme des deux parties qui le constituent, mais plus encore il provoque la désintégration critique des deux « parties » en autant de microscopiques et fulgurantes possibilités du Multiple, de l'Infini cosmodynamique, il étire les deux êtres dans toutes les dimensions de leur devenir, il les anéantit en tant que petites subjectivités relatives, pour faire rougir à nouveau les braises de la conscience absolue qu'on croyait éteinte, pour faire rayonner les icônes interdites qui dictent nos actes les plus secrets, pour faire se dresser la saillance angulaire et nerveuse d'une queue bien raide, pour faire s'entrouvrir la grâce d'une libellule de chair aux élytres humides et frémissants d'une rosée au goût de miel et de sel.

Comme pour les autres aspects significatifs et essentiels de la vie, le sexe ne conduit à la « liberté » qu'à la condition de savoir en faire une sorte d'art martial, une discipline occulte, dont les secrets ne doivent être révélés qu'au plus petit nombre.

La nuit hyperblanche m'a conduit jusqu'au milieu du jour, il est désormais 13 h 40, le 9 novembre 2000, *eastern times*.

J'apprends sans la moindre surprise que le prix Décembre (un prix de rattrapage pour ceux qui n'ont pas eu l'honneur de se voir décerner une quelconque récompense par leurs « pairs » cet automne), qui en dépit de son nom est attribué début novembre — allez donc y chercher quelque « logique » ! — et pour lequel je faisais partie des « nominés », ne m'a pas été attribué.

Ne croyez pas que cela me trouble le moins du monde, ni que l'information provoque en moi quelque aigreur atrabilaire. Au contraire. Depuis qu'on m'avait appris l'occurrence de ma « nomination » avec les sept autres concurrents, je me demandais vraiment ce que j'avais pu commettre pour mériter un prix littéraire national.

À l'exception de la coquette somme qui faisait office de dotation, rien ne m'incitait à prendre la nouvelle au sérieux : 200 000 francs, au cours moyen du zérofranc actuel, cela fait quand même pas loin de 40 000 dollars canadiens, et cela pourrait certes m'aider à asseoir un peu plus ma position de petit Blanc bourgeois nouveau riche et identitaire.

Mais un simple coup d'œil sur la composition du jury suffisait pour comprendre qu'un tir de barrage d'au moins trois de ses membres (que je ne dénoncerai pas ici, par égard pour leur famille et leurs amis, s'ils en ont) empêcherait vraisemblablement que je me retrouve dans l'embarrassante position du lauréat.

Merci à eux, du fond du cœur.

Faire de l'écriture un authentique acte de guerre, c'est lui permettre d'accéder au degré le plus haut de l'amour.

Du même coup, c'est le placer face à l'incompréhension plus ou moins générale.

Dernier rebondissement de cette élection du siècle, dans tous les sens du terme. Non seulement les voix des soixante-sept comtés de Floride sont en train d'être recomptabilisées, avec la patience d'un scribe cistercien, et sans les habituels moyens informatiques dignes de la Nasa, donc vraiment *à la main*, mais un fait nouveau risque de retarder le résultat jusqu'à la semaine prochaine, voire, qui sait, encore plus tard...

La mauvaise conception des bulletins de vote dans cet État a en effet induit un certain nombre d'électeurs démocrates dans l'erreur, les faisant cocher pour l'ultraconservateur Pat Buchanan, qui s'est dit lui-même étonné de son succès dans ces districts où vit une forte communauté juive, acquise à Gore, et qui ne pouvait certes pas confier son vote à un antisémite notoire comme le chef du Reform Party. Diverses *lawsuits* sont d'ores et déjà lancées par plusieurs groupes de citoyens s'estimant floués.

Vue la vitesse actuelle de la justice américaine, on pourrait aisément imaginer que le résultat ne soit toujours pas certifié au moment crucial de la prestation de serment, en janvier 2001.

Le troisième millénaire commencerait alors vraiment avec le moment d'accomplissement terminal de la démocratie américaine, le moment où ses limites sont atteintes et sont mises à l'épreuve.

Seule une authentique singularité peut accoucher de la pluralité des mondes.

17 h 50. Nouvelle accélération à l'huile de cannabis. Dalbello toujours en boucle, depuis des heures et des heures. Ça décoiffe et je suis prêt pour une nouvelle orbite.

Le jour est déjà bleu comme un danger minéral, un vaste météore qui oscille du cobalt à l'azur, et tend de plus en plus vers l'outremer des abysses, annonçant la loi numérique des astres en mouvement dans la nuit.

Nous pourrions être des putains androïdes déambulant sur les docks de l'astrodrome, attendant en vain qu'un vaisseau les emmène vers la nouvelle Amérique céleste.

*

21 heures et des poussières, baisse de régime... Il va falloir penser à mettre la machine en stand-by pour quelques heures...

Non, fausse alerte. Un ajout de caféine dans le carburant me redonne le jus nécessaire pour aller un peu plus loin. Je reprends donc le récit de cette guerre en cours à la fois partout et nulle part.

*

La bicyclette et l'automobile sont furieusement artistes, savez-vous ? et on ignore où cela s'arrêtera. Le courant est si impétueux qu'on peut craindre que, dans une ou deux générations, les fils des bourgeois ne soient tous des Albert Dürer, des Shakespeare ou des Beethoven et que la Bourgeoisie ne périsse étouffée par l'Art. Je signale patriotiquement le danger.

Léon Bloy

À un tireur à la ligne comme Buren, disons un dérouleur de bandes, qui ose clamer que « ceux qui [le] critiquent sont les petits-enfants de ceux qui crachaient sur Renoir », il convient de répondre sans appel qu'il y a infiniment plus de *peinture* dans un seul plan de Tarkovski, ou de Kubrick, que dans toute cette hideuse élucubration postmoderne qui depuis trente ans s'est auto-instituée « art contemporain », et dont il est en quelque sorte le golden boy parmi les plus représentatifs (plan de carrière assumé, avec ses appareillages marketings-spectaculaires, comme répétition *ad nauseam* d'un seul et même « pattern », soit la fameuse bande verticale de x ou y centimètres de large, et succès international/mondain garanti depuis au moins deux décennies, comme Arman, César, et tous les autres empileurs subventionnés de cafetières ou de frigidaires...).

La « polémique » qui agite depuis deux ou trois ans les milieux de ces fameux, et fumeux, « arts plastiques » est entrée dans une phase de repli tactique, c'est sans doute le moment de faire le point.

Tout d'abord considérons bien un élément essentiel :

Comme d'habitude, si j'ose dire, la mariée fut mise à nu par une petite poignée d'écrivains célibataires. Un carré d'irréductibles. Irréductibles par exemple à la notion de « progrès » en art, et pour lesquels néanmoins la métaphore militaire de l'avant-garde pourrait prendre sens si on y injectait pour de bon toute la dose de mystique exploratrice que la science authentique et l'aventure exotique peuvent parfois exalter.

Dès le début des années 1990, un certain nombre d'auteurs qui ne se connaissaient pas, mais qui traçaient par leur corrélative présence les diagrammes d'une « nouvelle critique », s'en prirent aux délirantes et coûteuses farces que l'État socialiste universel entendait imposer comme politique d'asservissement culturel général.

Dans la revue *Esprit*, un écrivain comme Domecq, par exemple, tapait régulièrement, et avec un talent certain, sur ce dont les situationnistes avaient pressenti la venue sous l'appellation de « spectaculaire intégré », cet anéantissement-asservissement de l'art aux narcissismes universalistes et nihilistes de cette fin de siècle molle et sans âme. Muray, sans que je le sache à l'époque, avait lui aussi commencé à installé sa dynamite critique autour de bien des piliers du système. Des livres comme ceux de Michel Schneider (*La comédie de la culture*) ou de Marc Fumaroli (*L'État culturel*), que je lus à l'époque, jetaient un éclairage sans beaucoup de compassion sur la cuisine ministérielle des petits baronnets de l'Art-Subventionné-Par-Tous-et-Pour-Tous.

Avec Jean Clair, Marc Fumaroli, Jean Baudrillard et quelques autres, Domecq se trouva brutalement pris à partie par l'ensemble de la « corporation » lorsqu'il s'avéra qu'ils avaient tous franchi le Rubicon, en osant participer à un numéro de la revue *Krisis* — dirigée par Alain de Benoist — consacré aux problématiques posées par l'Art du XXe siècle. Il faut dire qu'un certain Kostas Mavrakis y allait pour sa part sans compter — comme tout bon nihiliste postmoderne — sur l'impasse prétendument « nihiliste » représentée par toutes les avant-gardes artistiques du début du siècle, et de vanter en retour la force des idéologies totalitaires, nazies ou communistes, seules capables de donner à l'art quelque téléologie. Une telle ignorance des données transnationales et transpolitiques des mouvements artistiques de la première moitié du siècle, pour en rester au domaine qui nous occupe, est en effet rédhibitoire et pour le moins comique (tout le monde sait que les mouvements avant-gardistes, futurisme, expressionnisme, constructivisme, suprématisme, cubisme, dadaïsme, surréalisme, etc., se propagèrent comme une traînée de poudre dans le monde entier, et ce disons, dès 1900, et qu'ils influencèrent toutes les civilisations en jeu, démocraties nationales européennes, universalisme communiste, empire américain, républiques fascistes), mais osons le dire, ce pitoyable pamphlet néostalinien pouvait en effet faire craindre le pire concernant les autres articles publiés par la revue d'Alain de Benoist. Une simple lecture du numéro en question permettait toutefois de comprendre comment une buanderie révisionniste et postmoderniste comme *Krisis* pouvait parfois, au milieu de quelques torchons, faire valoir de très jolies serviettes.

Un article vengeur de Philippe Dagen fut publié peu de temps après dans *Libération*, appelant à la vigilance des artistes-citoyens-démocrates, à la délation et au garde-à-vous mondain. La revue *Art Press* et quelques autres du même réseau dénonçaient dans le même temps un nouveau et très radical « complot de l'extrême droite contre l'art contemporain ». Bref, tous ceux qui n'en pouvaient plus de bouffer du sous-Warhol en boîte, du Keith Haring en bombe, du Basquiat en seringue, du Buren en rayure, du Fluxus en flux tendus, du Schnabel en linéaire ou du Manzoni en bâton (de merde) se voyaient illico frappés de l'anathème ultime, et fort pratique, de « fasciste » ou de « réactionnaire », deux adjectifs que pour ma part j'ai entendus à de multiples reprises sonner à mes oreilles depuis que j'ai l'âge de prononcer quelques opinions de mon fait et, plus encore, que je parviens à les publier.

Le problème est rendu plus complexe par le fait qu'un « philosophe » comme Comte-Sponville, pour qui l'art pictural s'est grosso modo arrêté à Rubens, se met de la partie et institue ses mauvaises épiphanies sur l'éternité en guise d'alternative à cette décadence partout constatée.

Domecq, avec lequel je partage bien des opinions à ce sujet, me semble pourtant faire preuve de peu de clairvoyance en ce qui concerne Andy Warhol et Baudrillard, quoiqu'il devine par moments l'importance des aphorismes et des attitudes de dandy machinique (ou de *snob machinal* — pour reprendre justement Baudrillard) que le patron de la Factory considérait comme bien plus important que son « art ».

Affirmer que *Warhol n'est pas un grand artiste*, comme je ne sais plus quel directeur artistique d'agence de pub foireux a tenté de nous en convaincre il y a une dizaine d'années, est une de ces lapalissades dont notre époque postmoderne regorge, et qui peuvent embuer la vision des plus grands.

Mais nous le savons bien, il est nécessaire de commettre des erreurs pour accéder à quelque vérité.

Ce fut l'occasion que saisit la meute du nouvel Ordre moral pour attaquer plusieurs de ces imprudents à la gorge.

Ces nouveaux chien(ne)s de garde ont, paraît-il, déjà excommunié certains auteurs qui, comme Benoît Duteurtre, ont commis bien des péchés mortels contre le prêt-à-penser du *Monde diplomatique* et du *Nouvel Observateur*. Cet écrivain s'en était pris il y a quelques années à la dictature effective que Boulez et son SuperMachin nommé Ircam font peser sur la création musicale française depuis des décennies, il présentait des chiffres précis, des argumentations solides, appuyées par une érudition musicale tout à fait certaine, le tout d'une plume acerbe et sûre. Dans les colonnes du *Monde*, il fut accusé nommément par une doberman de la gauche culturelle d'être un suppôt de la Shoah ! D'autres, pour les mêmes raisons ou peu s'en faut, se sont vus retirés de la liste d'un plateau de télévision, à l'époque où la thuriféraire de Duras dirigeait d'une poigne toute mitterrandienne son Cercle de minuit.

Un livre vient de sortir, chez un petit éditeur suisse, rappelant toute cette lugubre affaire et rassemblant les textes critiques de l'époque, dont ceux des auteurs incriminés[1]. On notera que la revue *Art Press* se déballonne et présente, en guise d'excuses pour son refus de voir republiés ses éditoriaux fulminants de l'époque, un bien triste faire-part.

En lisant l'ouvrage avec une attention soutenue, il apparaît bien que la dégénérescence accomplie du « réseau » de l'art contemporain, la sinistre aporie des « démarches » justificatives et des inquantifiables discours explicatifs cachant le vide insignifiant d'« œuvres » clonables à répétition, sous-objets d'« artistes » devenus à la fois le centre et la périphérie de leur existence infime, éphémère, et sans plus la moindre « aura » (comme le craignait Walter Benjamin avec raison, tout en se trompant lourdement sur la forme d'art qui pourrirait le plus vite à l'âge de la reproduction mécanique, soit celle qui se croyait la mieux protégée de ses influences perverses) ni sans le moindre « public », mais aux subventions fastueuses, oui, il apparaît bien que cette dévolution planétaire du discours ambiant ait fini par contaminer en retour ce qui désirait encore il y a peu se consumer au feu de la Parole, je veux parler de la Littérature.

La sous-écriture sociologique et postmoderniste de l'université a lentement tué toute idée de représentation plastique (ou de reformulation plastique des événements et des singularités) après la Grande Schize de 1945. En même temps, elle s'occupait de déconstruire ce que les romanciers avaient déjà déconstruit avec talent depuis au moins quarante ans (Joyce, Proust, Kafka, Schmidt, etc.), soit la narration traditionnelle avec son unité classique et ses dispositifs d'analyse sociopsychologique des personnages ; osons dire que plus elle tuait l'œil, mieux elle enten-

1. *L'art contemporain est-il nul ?*, éditions Favre, Lausanne.

dait étendre sa nécrose à tous les dispositifs du système nerveux central (le nerf optique étant comme chacun sait un réseau de neurones particulier d'un tel système), phase d'activité terminale dans laquelle elle est entrée au cours des années 1980-1990, et qui vise à réduire le Logos à une forme de communication sociale, à faire de l'art un moyen d'expression « personnel », et qui, tout en se parant d'une gloséologie infestée d'un jargon technique mal assimilé, tue toute science en l'art, et par réciprocité, tout art en la science.

Comme en littérature, le problème des arts plastiques était, on l'a compris, de « faire disparaître » au plus vite les barrières et les frontières (alors qu'il s'agit toujours d'en reformuler de nouvelles, encore plus sélectives) et en particulier de redéconstruire une fois de plus ce que Duchamp avait posé en geste unique et singulier, car se voulant précisément *fondateur de rien*, un résumé lapidaire mais, me semble-t-il, assez juste de la philosophie dada. En clair, de la même façon que les nouveaux romanciers trouvaient le cadre de la narration classique trop étroit, on s'attaqua à la représentation figurative, puis à toute représentation, voire toute présence, puis osant dépasser ma confrérie dans l'absurde, on vit des gens vouloir faire de la peinture sans tableau, sans pinceau, sans peinture, et pourquoi pas, sans peintre.

Certains de mes confrères écrivains qui tentèrent une approche analogue se virent très vite confrontés au problème qu'un livre sans pages, sans mots et sans encre ne rencontrait qu'un public fort limité. L'abruti qui tenta une première fois l'opération dans les années 1960, un dénommé Fred Forrest, fut aussitôt détecté par le radar des situationnistes qui s'empressèrent de le réduire en poussière, comme il se devait.

Quant à la suppression de l'écrivain, chers amis du Monde-des-Zarts-Plassetiques, nous l'expérimentons sur nous-mêmes depuis environ deux mille cinq cents ans, merci.

Étrangement, ce qui retint ma profession de se jeter au précipice comme les lemmings des susdits « arts plastiques » tenait dans la paradoxale et immanente régulation de l'économie de marché, ce monstre tant honni par les zartistes de la subversion subventionnée.

Cinéastes, musiciens ou écrivains, nous étions entrés dans l'ère de la reproduction mécanique (et aujourd'hui numérique), et si ma confrérie joua aussi longtemps les coquettes, c'est parce que des trois elle était la seule qui pouvait encore se targuer d'être une activité solitaire et relativement « artisanale », et dont l'origine se confondait avec celle de la civilisation. L'illusion ne se maintint néanmoins que quelques années.

Pour les artistes dont la généalogie remontait à Michel-Ange ou au Greco, en passant par Rembrandt, Ruisdael, Vélasquez, Watteau, Turner, Corot, Van Gogh, Picasso, Kandinsky, jusqu'à Duchamp, l'impasse devenait, passé le mur de 1945, d'une densité lourdement impénétrable.

Comme dans les processus paradoxaux de la personnalité, lorsque émerge une psychopathologie, les frontières disparaissaient au profit de l'indifférenciation, le repli sur soi ouvrait sur le vide métastatique. Le cercle phénoménologique de la peinture se rétrécissait de plus en plus vite à chaque « crise », chaque fois qu'une « frontière » tombait, qu'un « tabou » était transgressé, à chacune des contre-réactions nées des innovations précédentes, et surtout, cet art de la pièce unique se trouva dès lors emporté par le flot d'un fleuve mystérieux, et dont nous peinons encore à topographier le cours : alors que le cinéma, la musique (la vraie, pas celle de l'Ircam) et la littérature (tout au moins à ses marges) s'employaient à faire de leur condition première (reproduction électromécanique à des millions d'exemplaires) une expérience fondamentale à partir de laquelle, peut-être, un nouvel émerveillement pouvait surgir, la peinture contemporaine s'autodétruisit patiemment en éliminant de son champ d'action jusqu'à elle-même. De la singularité génésique jusqu'au néant opératif, puis à la nullité tout court, on peut dire que, dès les années 1970, le cadavre sentait mauvais.

Il est vrai que l'état de putréfaction entra dans sa phase explosive au cours des deux dernières décennies du siècle avec cette double invention stupéfiante que fut le marché mondial de l'art, d'une part, et la notion d'industrie culturelle, de l'autre. Je ne reviendrai pas sur cette anomalie monstrueuse qui donna naissance à ce *complexe mercantilo-culturel*, mais il importe de souligner que c'est dans la France mitterrandienne qu'elle a atteint d'emblée sa forme finalisée, et effrayante, celle du *cadre de gestion culturelle*, ce « commissaire » new-look chargé de policer les esprits, et dont Yves Michaud avait dès 1989 tracé le portrait au vitriol.

À l'exception de Warhol, qui joua d'emblée sur le bord de l'abîme et proposa le plein et fulgurant anéantissement de cette nécrose par la surutilisation de la copie, voire de la copie de la copie, immortalisation métapublicitaire par le clonage machinique, la plupart des artistes « contemporains » refusèrent cette mort obligée et s'enfermèrent dans la magnification du geste unique, si unique qu'il se devait même de s'évanouir dans la nullité de l'éphémère microstatique, de l'insignifiant déifié, puis du rien-du-tout éternellement recyclé.

À l'opposé, ou plutôt de façon éminemment corrélative, un nouvel art monumental, conçu à l'avance pour circuler de musée en musée, et de foire en exposition, grâce à l'argent du contribuable, et pour le bénéfice de petites coteries, donna une sorte d'emphase au ridicule, qui du coup devint grotesque, pour ne pas dire pompier.

Lorsqu'il y a une dizaine d'années environ, un groupuscule indistinct de critiques et d'auteurs constatèrent ce déplorable état des lieux (je souligne encore une fois ici le fait que les zartistes de la subversion subventionnée, la *sub-sub*, ne bronchaient alors pas plus que le bétail drogué partant pour l'abattoir), ils furent illico parqués dans le petit camp de concentration que l'État culturel/médiatique met à la disposition de tous ceux qui osent penser différemment. La répression était si lourde, si bavarde, qu'il leur fallut pas moins d'une décennie pour qu'enfin leur voix se puisse faire entendre, et entre-temps ils avaient été bien évidemment traités de *nazis* à de multiples reprises.

Ce qui ressort de ce fantastique travail collectif, ou plutôt « multi-individuel », que ce « groupe » factuel a conduit, c'est que l'art contemporain (ce non-art systématisé depuis trente ans) a actualisé tout ce que Nietzsche avait pressenti du siècle qu'il n'allait pas voir : une totale inversion des valeurs dont la bourgeoisie planétaire serait à la fois l'instrument, la victime et la bénéficiaire.

Comme le font remarquer plusieurs des auteurs en question, le bourgeois social-démocrate cultivé du XXe siècle ne voulut pas commettre la même erreur que ses prédécesseurs du XIXe siècle, qui avaient acheté (à un prix misérable) une seule toile de Van Gogh de son vivant, alors que l'art pompier florissait. Du coup, toute « nouveauté » devint par définition exemplaire. Dieu étant mort, l'art prenait sa place théologique, sur le mode de la rupture, de la schize, de la dérivation-coupure de flux devenue consciente, idolâtrée, commercialisée.

Je ne suis pas certain de me faire comprendre à cette heure, mais tant pis : comme d'habitude, c'est l'art qui présidait aux fondations d'une nouvelle civilisation.

Ceux qui se contentent de leurs petites idéologies en cubes lyophilisés peuvent se refuser à l'admettre, mais il n'en reste pas moins que le bourgeois de 1925, ou de 1975, n'est pas tout à fait le même que celui de 1870, ou de 1830. Il a entre-temps été profondément modifié par l'aventure artistique qui précisément se situe entre les plus extrêmes de ces dates. C'est l'art du XIXe siècle (jusqu'en 1914) qui crée l'humanité du XXᵉ, et c'est celui du XXᵉ qui est en train de produire l'humanité présente.

C'est l'art qui toujours institue les modes de perception fondamentaux des sociétés, et grâce aux technologies électromagnétiques de communication, ce qui mettait une ou deux générations à s'instaurer, est aujourd'hui conçu, élevé et enterré en quelques années tout au plus. L'art ne pouvant remplacer la divinité perdue (ce n'est pas son rôle, bien au contraire), sa simulation théogonique ne pouvait conduire qu'à un fatal épuisement. On ne crée pas impunément deux ou trois centaines de dieux en un siècle sans une baisse sensible de l'énergie esthétique, et éthique.

Cet état de fait doit nous conduire à nous poser un certain nombre de questions cruciales comme :

L'artiste est-il à ce point nécessaire qu'il se doive de surimiter Dieu ?

N'est-il que la figure la plus avancée du sursinge démocratique ?

Notre vocation ne consiste-t-elle pas plutôt à montrer la béance de Son absence, et donc investir l'homme d'une authentique mission de création cosmopolitique, tout en revendiquant le droit d'agir pour cela selon les moyens — secrets s'il le faut — que seul notre bon vouloir nous dictera ?

Si l'art lui-même n'est ni une fin ni un moyen, mais bien plus et bien moins tout à la fois, pourra-t-on envisager qu'il peut être cause première, origine, néant se surpassant dans l'expansion surcritique ?

Notre expérience peut-elle être jugée et comprise de nos contemporains ?

Peut-on clamer sa liberté en étant assujetti aux fonctionnaires administratifs de la culture d'État, ou aux vicissitudes souvent pitoyables de l'économie-reine ?

La prétendue Éternité immuable de la Beauté ne provient-elle pas plutôt du fait que l'authentique œuvre d'art est toujours ouverte à sa propre reconstruction, par chaque individu, à toutes les époques, n'est-elle pas dès lors l'illusion recouvrant au contraire l'indicible changement perpétuel que met en mouvement toute expérience artistique accomplie ?

La « crise » que l'art plastique contemporain est en train de vivre n'est pas sans conséquence sur le sort de notre littérature.

Si un « groupe » d'écrivains et de critiques ont osé s'en prendre à la décrépitude de l'installation multimerdique postmoderne, qui osera donc se confronter de face avec la nouvelle bêtise universelle qui vient clore une certaine histoire de la littérature ?

Est-ce à des cinéastes, ou à des musiciens, de venir réveiller le spectre toujours somnolent de notre monde littéraire national ?

Il ne suffit pas de brailler contre l'extinction des arts plastiques planifiée par les humanistes universitaires, encore faut-il bien comprendre ce qui est en jeu ici :

Si nous voulons que l'art pictural/sculptural redevienne ce qu'il a cessé d'être depuis un siècle, disons tout de suite que le combat est perdu d'avance.

Comme le cinéma, la littérature et la musique, les arts plastiques n'ont pas le choix : accepter de s'industrialiser, pour les artistes de cette corporation, si tout du moins ils croyaient en autre chose que leurs petits moi, cela pourrait les inciter à réfléchir à une nouvelle conception de l'atelier d'artistes, tels ceux qui florissaient au Moyen Âge ou à la Renaissance et nous laissèrent tous ces chefs-d'œuvre que des hordes de touristes visitent un peu partout de par le monde, dans ces hauts temples de la culture, et de la bêtise concomitante, que sont nos musées démocratiques.

L'Université a définitivement gagné.

Tout est devenu si instantanément et si platement universel que l'art, à savoir le culte de la séparation, est devenu impossible, et avec lui, tout espoir d'une authentique culture.

L'Université a gagné, signifiant là sa perte.

Elle sera peu à peu remplacée par une branche de l'industrie de l'art et des loisirs, la division spécialisée d'un consortium de musées, de zoos et de parcs à thèmes.

Il sera interdit de lancer de la nourriture aux professeurs d'art et de philosophie.

*

Minuit moins quelques atomes, cette fois, extinction des feux.

Impression étrange de m'arrêter au milieu du gué, la nuit ne faisait que commencer...

*

10 novembre.

Réveil à 15 heures et des poussières... soit une nuit de sommeil de quinze heures d'affilée.

Le chaos électoral américain se poursuit et monte même d'un cran. Comme le dit sans rire un représentant officiel du ticket Gore-Liebermann : *the democracy is in action*.

*

Chaque jour, la presse française, plus ou moins prosocialiste et proarabe, commet un crime contre la vérité. Chaque jour, un degré de plus est mollement, et de façon indolore, franchi dans la déchéance de l'esprit critique par ces tuyauteries à discours.

Une forme très froide de colère me glace lorsqu'un de mes amis informateurs m'apprend comment l'antisémitisme de gôche voire d'ultra-gôche est en train de s'infiltrer insidieusement un peu partout dans le pays dirigé par Jack Lang, le SNES et *Télérama*.

Maintenant que Renaud Camus s'est permis d'outrepasser les lois liberticides de cette République populaire à peine déguisée en démocratie, et qu'il s'est donc vu immédiatement comparé aux nazis par les mégères hystériques de la vigilance « antiraciste », pas un mot ne s'élève de cette vaste communauté transmédiatique lorsque dans le même reportage du « service public », sans que personne ne daigne faire le moindre commentaire, on voit des enfants palestiniens jetant des pierres aux soldats israéliens puis l'enterrement de l'un d'eux, où le père de la victime affirme, dans la tranquillité apparente des véritables malades mentaux, que ce n'est pas grave, qu'*il a quatre autres fils prêts pour le martyre*.

Ah... bon ! si je comprends bien, lui, à quarante ans il n'est pas prêt, mais ses fils de dix ou quatorze ans, eux, le sont ?

*

Le véritable acte d'amour est invisible aux yeux des hommes, il ne peut être confié aux oreilles de personne, il résulte d'un défi lancé aux programmations de la vie, de la société, et du destin, il ne peut s'accomplir que par un don complet et définitif qui s'apparente à la mort, celle des illusions, il en résulte que vous ne devez rien attendre en retour, au contraire il est juste et normal que TOUT vous soit pris, que vous soyez volé de la moindre parcelle de ce que vous êtes, et pourriez être, et qu'au final vous soyez condamné, d'une façon ou d'une autre, par la justice des « hommes ».

*

Tout grand amour est un acte d'héroïsme, plus grand que les plus grands actes de guerre.

Car si l'héroïsme est indivisible de la loyauté en temps de guerre, que dire alors de cette relation quand elle s'engage dans l'amour ? Elle nous oblige à faire fi de tout ce que les sociétés, surtout les nôtres, nous enseignent plus ou moins consciemment sur le sujet.

Car le véritable amour est dans une certaine mesure capable de se survivre à lui-même, de s'étendre au-delà de sa propre fin, de sa propre extinction. Acte souverain, libre et créateur, il supplante de sa royauté toutes les petites féodalités de la vie et de la mort.

Aimer quelqu'un signifie certes qu'on lui doit la loyauté aux moments cruciaux, les moments devant lesquels les derniers hommes se démettent, mais il signifie surtout d'engager à travers l'autre un combat à mort avec soi-même.

*

Des enfants éparpillés
Sous les étoiles
Sans même un drap
Pour les couvrir,
Des tueurs au visage clair
Sans plus un seul crime à commettre,
Des animaux armés de chiffres
Sans même le Diable
Pour les absoudre et les comprendre,
Des fleurs avides
D'abeilles aux dards poisseux
S'asséchant sur place
Au désert d'un soleil bavard,
Des mains plongées
Dans l'eau et la glace
Sans même un ange
Pour les entendre.

*

Lorsque j'ai dit un dernier adieu aux cendres de mon père, il faisait très beau. Je tenais l'urne dans mes mains, surpris qu'elles ne tremblent même pas comme la feuille parcourue par une brise de printemps. L'employé des pompes funèbres me l'avait remise avec toute la compassion dont un homme du métier est capable. Je suis descendu dans la tombe, j'ai posé l'urne sur la chape cimentée et l'espace de quelques instants j'ai pensé très fort à l'homme dont elle contenait les restes calcinés. Je me suis souvenu d'une poignée d'images et de sensations datant de mon enfance : lui et moi lorsque nous jouions au ballon au bois de Vincennes, la nuit où il me réveilla pour voir Neil Armstrong mettre le pied sur la Lune, les téléscripteurs de Bakélite noire dont les bandes perforées crépitaient comme des mitraillettes lorsqu'il nous emmenait jusqu'aux salles de travail de l'agence de presse, rue du 4-Septembre, quelques instantanés de bord de mer à l'époque où lui et ma mère vivaient ensemble, le petit appartement d'Ivry-sur-Seine, sa silhouette quand au matin, alors qu'il partait au travail, nous l'observions par la fenêtre, avec ma mère et ma sœur, agiter la main dans notre direction, avant de le voir disparaître au sommet de la côte du Petit-Ivry.

Puis, tandis que ces images semblaient virevolter vers le ciel comme des flocons de neige désireux de revenir au gaz de la haute atmosphère, pour s'y vaporiser, une larme est venue se confronter au monde, à la peau de mon visage et à la chaleur de l'été.

J'étais au fond du trou fraîchement creusé, une urne de céramique contenait les survivances carboniques de son corps et je me tenais droit face à elle.

Sachant tout ce qui me séparait de lui, bien au-delà des frontières de la vie et de la mort, je devinais que cet athée de la première heure, et qui avait tenu à un enterrement sans service religieux, accepterait de moi ce qu'il n'aurait certes pas voulu d'un représentant d'un ordre sacerdotal ou d'un autre. Mon signe de croix s'est très étrangement, et dans la simplissime fluidité des actions de grâce, terminé par ce geste des musulmans qui font se rejoindre le cœur et la bouche, en signe de reconnaissance envers l'Amour dont le Verbe nous a dotés.

Je lui devais tout au moment où il ne devait plus rien à personne.

La veille, lorsque j'avais vu les derniers moments de son enveloppe biologique, allongée sur la civière de la maison des morts, sa tête dépassant du linceul, j'avais presque immédiatement noté le mince et fragile sourire qui semblait vouloir ourler le coin de ses lèvres. Après deux pleines années de souffrance, et de guerre contre le crabe, une paix immense l'avait enfin enlevé aux misères du monde et pris sous son aile protectrice.

Alors que j'éprouvais énormément de difficultés à retenir en ces lieux mon chagrin, je discernais un second mystère sur la figure figée de mon père.

Brusquement, et bien après que je fus en demeure de le constater de son vivant, son visage laissait transpirer celui de l'enfant qu'il avait été, et dont les seuls indices qui m'avaient été donnés à voir tenaient sur une poignée de photographies en noir et blanc, inévitablement jaunies par l'oxyde du temps. J'y voyais son visage malicieux, son regard clair curieux de tout (en dépit des paupières closes à cet instant), cette intelligence sans concession, et déjà pleine du métal des loyautés que le sacrifice impose.

Cet homme, qui s'est fait soldat de la liberté à l'âge de dix-sept ans, n'a pas eu exactement la vie qu'il avait voulue, certes, mais plus grave encore il n'aura même pas vu un bref instant la France pour laquelle il avait été prêt à donner sa vie, bien avant qu'il ne puisse donner jour à la mienne.

*

Ne jamais ouvrir les abysses de la vérité à qui n'est pas en mesure de s'y perdre, et d'en revenir.

*

Un enfant est toujours plus que la somme de ses parents. Il est beaucoup plus même que leur éventuelle multiplication ou toute autre opération arithmétique. Et pour tout dire, grâce à Dieu, en fait il est *infiniment moins*.

Il « est » ce qui naît du *néant opératif* engagé dans l'acte d'amour qui lui a donné le jour, il peut *devenir* ainsi, par la grâce du Verbe pur, *infiniment plus*, et à jamais, que toute minable opération de *reproduction*, sociale et biologique.

S'il surgit d'une façon ou d'une autre d'une époque, et de parents, destinés à une haute forme de sacrifice, il, ou elle, aura une chance de pouvoir faire de sa liberté un acte souverain, il, ou elle, pourra faire de sa vie un instrument de conquête et de connaissance, sans même qu'un tel projet ait eu le temps de voir le jour dans le crâne de ses géniteurs, bien sûr, car si ceux-ci en avaient eu la volonté consciente, rien de tel n'aurait pu survenir, jamais, dans le cerveau néoténique explosif de cette petite créature humaine. L'enfant ainsi accouché, aimé, éduqué, dépasse, dès la première seconde de sa naissance, voire de sa conception, les engrammes de la société et ses turpitudes, il est déjà en train de devenir ce qu'il est, et surtout, plus important encore : *d'être ce qu'il devient*.

Rien de vivant, et encore moins de « conscient », ne peut être obtenu par la voie du « programme ».

Aussi le code génétique est-il bien plus, ou plutôt *bien moins* qu'un vulgaire « programme », tout particulièrement dans le règne humain.

Si nous partageons 99,98 % de notre génome avec les chimpanzés, et donc 99,99 et un paquet de décimales avec les autres habitants *Homo sapiens* de cette planète, il faut bien alors se pénétrer de l'évidence que ce qui nous « différencie » les uns des autres sur le plan génétique tient dans une poignée de microséquences sur les trois milliards de gènes qui composent le noyau de nos cellules.

L'ADN est donc une plate-forme hautement mutable dont le « sens » ne peut être donné que par sa coextension métamorphique à travers le cerveau-conscience avec lequel il établit les hyperrelations paradoxales nécessaires à l'expansion de la VIE INTELLIGENTE ET AGISSANTE, donc de la vie se retournant contre la vie, via l'opération créatrice/destructrice du Néant.

Dans *Liber Mundi* (je devrais dire son prototype actuel), je raconte comment Darquandier et ses coéquipiers donnent naissance, par « accident », si je puis dire, à l'intelligence artificielle Joe-Jane (une protologie de *Babylon Babies* non abordée directement dans ce dernier roman).

C'est au moment où surgit un phénomène « hyperquantique » dont ils recherchent péniblement l'équation que Joe-Jane commence à devenir ce qu'elle est, et à être ce qu'elle devient : elle commence à proprement détruire et reconstruire à sa propre dimension *autonome* les divers « programmes » qui la composent encore, elle acquiert sa liberté en se dressant face à ses concepteurs, endommageant gravement au passage une bonne partie des équipements locaux.

Or, bien plus tard, Darquandier se rendra compte que cette équation hyperquantique dont ils peinent à rassembler les termes leur donne accès à la clé de la vie et de la mort.

Elle est l'Équation du Néant.

Nuit, ou disons (très) petit matin du 11 novembre. 3h13.

Le brouillard mauve recouvre la ville, avançant dans ma direction, il avale désormais le mont Royal et ses signalétiques radio-catholiques, seuls quelques réverbères orange résistent encore à sa base, et au sud, les hauts buildings du centre-ville dont les sommets se perdent dans la masse violet-orangé des brumes électriques.

11 novembre.

Cet après-midi, lors d'une discussion dans une boutique je me rends compte que bien des gens ici au Canada ignorent ce que signifie cette date. Les hommes politiques et les yuppies du centre-ville arborent le coquelicot rouge, fort seyant ma foi, mais le *sens*, et même l'occurrence exacte, de l'événement crucial pour le XXe siècle que fut la Première Guerre mondiale semble sur le point de se perdre, s'il a par quelque miracle jamais pénétré les esprits, ici comme en Europe, là où il se produisit.

Les derniers hommes ont fait du « devoir de mémoire » le plus génial instrument d'extermination du *souvenir*, en tant que processus vivant, donc infiniment dangereux.

*

Mes vrais amis encore vivants en ce monde se comptent sur les doigts d'une main, ou à peu près.

Les autres, plus nombreux, sont cachés dans les livres, même s'ils en ornent de leur nom d'auteur les couvertures.

L'enfance est pleine de véritables secrets qu'on ne peut tout à fait livrer qu'une fois parvenu à l'âge adulte, lorsque la mort commence à effectuer son travail dissolutoire.

Lorsqu'on est vraiment différent, on fait tout pour camoufler aux yeux des autres ce troublant mystère.

C'est lorsqu'on est un petit clone reproductible à la chaîne qu'on clame bien fort sa « différence ».

*

Il y a fort longtemps, je me souviens avoir lu, dans une revue sociale-démocrate que je ne suis plus en mesure d'identifier, à quel point Nietzsche, au-delà de la « dangerosité » que représentait sa pensée, s'était fourvoyé et ridiculisé définitivement par la publication de « Pourquoi j'écris de si bons livres », troisième partie du volume *Ecce Homo*.

Il faut dire que pas un de ces journalistes ne s'est depuis fendu d'un acte de vérité minimal consistant à expliquer en environ cinquante pages « Pourquoi j'écris de si mauvais articles ».

*

Un exemple parmi tant d'autres de mes souvenirs de lecture de jeunesse : je me rappelle très bien le contenu d'un article publié dans *Le Nouvel Observateur* lors de la sortie d'*Excalibur*, le sublime chef-d'œuvre de John Boorman, en 1980.

En gros, l'usage de *Carmina Burana* et de Richard Wagner sur des images de chevalerie européenne des origines était, vous l'avez déjà compris, suspect de connivences plus que troubles avec l'idéologie du nazisme.

Dans le même hebdo de la gôche bien-pensante, à moins que ce ne fût *Télérama*, *Apocalypse Now* fut, de la même façon, accusé de « vanter les valeurs guerrières » et de propager une vision « proaméricaine » et « édulcorée » de la guerre du Viêt Nam.

Toujours dans le même registre, il serait amusant de relire les « critiques » que la même presse commit lors de la sortie du film *Orange mécanique*, de Stanley Kubrick. Quand on sait que ces sommets de bêtise vulgaire et révisionniste ne furent à l'époque dénoncés par personne, au sujet d'un monument de l'art cinématographique, il faut comparer tout cela avec les larges colonnes ouvertes aujourd'hui aux armées des défenseurs de *Baise-moi*.

*

Dalbello en boucle depuis bientôt deux jours.

Extase électrisante du mantra. Exténuation de la découverte par elle-même. Mise en boucle spiraloïde, neuromécanique de précision, combien de fois cette nuit aurai-je avec elle compté jusqu'à onze ?

I count eleVen...

Danse derviche pour les amants perdus du cyberdôme, valse terminale au bord du précipice, I count eleVen avec elle, easy, easy, very easily, elle qui n'est jamais qu'un spectre digital sur disque compact devient alors un peu ange, un peu machine, et chaque fois il me semble bien que je franchis un degré de plus vers l'Infini.

*

5 h 12.

L'ampoule électrique de ma petite lampe de bureau vient d'exploser, projetant à travers la pièce des débris de verre opaque, en forme de griffes parfaites, coupantes comme des lames de rasoir, une poussière de petits diamants verdâtres, ainsi que d'épais cristaux noircis, météores de carbone calciné, et la fine structure filamentaire anode-cathode au beau milieu, comme l'antenne d'un satellite s'étant échoué dans ma chambre.

Je reprends le cours de mes notes un quart d'heure environ après l'incident, et son traitement domestique.

Je dois dire que je n'ai même pas eu à toucher l'ampoule pour qu'elle explose, j'ai juste voulu changer l'orientation de la lampe et une simple vibration a suffi pour délivrer le phénomène critique. Surchauffant depuis des jours et des nuits d'affilée, elle était parvenue à un degré d'incandescence analogue à mon propre cerveau.

5 h 56, arrêt momentané des opérations.
Le jour s'en vient.
C'est l'heure cruciale des créatures de la nuit.

*

6 h 28.
Mise à feu du dernier étage, ajout de caféine et d'huile de cannabis dans les turbines.
La brume est devenue bleue sur le mont Royal et se teinte très délicatement de rose au sud-est.
Le jour est là.
Avec toutes ses menaces.

*

7 h 17.
Le ciel est maintenant d'un gris acier uniforme comme la cuirasse d'un sous-marin piégé au fond d'une mer arctique. Immobile et froide coupole traversée, à l'instant même où je relève les yeux vers la fenêtre, par le vol calme d'un oiseau noir aux larges ailes ; là-bas, à l'ouest, les quelques réverbères orangés de la nuit persistent, comme moi, à veiller sur les premières heures.
Quelqu'un a comme oublié de nous débrancher.

Une pluie fine comme un crachin breton tombe lentement sur la ville qui s'éveille à un rythme géologique.
Le sommeil, parfois, n'est qu'une idée.
Et une bien mauvaise.

*

Aucune éducation n'est possible sans l'Amour, autant dire sans la guerre, une guerre livrée secrètement au monde par les devenirs mêmes qu'engendre ce haut sacrifice. Ainsi l'éducation que nécessitent les abîmes du XXIe siècle ne peut-elle plus se concevoir autrement que comme la discipline ultime :

Élever un enfant dans la liberté, c'est lui apprendre, au rythme produit par l'interaction hyperagissante entre vos cerveaux, impossible sans amour, qu'*être libre consiste à sans cesse le devenir*, à instaurer avec force l'acte souverain de la création des possibles, à ne rien considérer dans la médiocre limite des droits acquis, mais bien plus loin que soi-même.

Cette éducation ne consiste donc pas à bombarder votre enfant de tous vos désirs, frustrés ou non, de vos diverses projections idéelles et autres nihilismes auto(dé)générés, mais à mettre en danger les passivités, les messages reçus et véhiculés par les innombrables machineries inconscientes de nos sociétés, en sachant le guider, grâce à un infime mais toujours présent éclat de lumière, au cœur des labyrinthes de l'existence première.

Cela s'apparente donc à un *art martial* où le silence est parfois plus porteur de sens que tous les bavardages inutiles, pour ne pas dire nuisibles, et où un seul mot, un seul *acte*, formulé à bon escient, au bon endroit, et au bon moment, est un facteur décisif dans l'éveil du jeune et impatient cerveau qui bouillonne sous son petit crâne.

Ce que savaient toutes les civilisations d'avant l'âge « moderne », laïque et démocratique.

*

La vérité se fiche totalement des accords ou désaccords humains à son sujet. Car elle ne peut survenir qu'à l'intérieur d'un cerveau dégagé des catégories socio-programmées/programmables de l'existence. Si vous constatez l'émergence d'un *consensus* dans n'importe quel groupe de personnes, commencez par vous dire qu'un gros mensonge collectif est en train de s'élaborer.

*

8h08.
Maintenant le ciel est presque blanc, glacé comme le visage d'un enfant tout juste emporté par la mort. Il est trop tard pour ne pas continuer à avancer. Car en cet instant, mettre pied à terre constituerait de fait un acte de reddition devant les milices du jour, poursuivre la percée le plus loin possible reste la seule solution envisageable, en occasionnant le maximum de destruction sur son passage, et sans se soucier des bastions ennemis encore debout, des poches de résistance, des divers fortins que vous laisserez derrière vous, car ils tomberont d'eux-mêmes si vous parvenez au but stratégique, si vous frappez droit à la tête.

Croire qu'une forme de connaissance authentique peut surgir sans sacrifice, sans perte — pour ne pas dire « don » — de sa misérable petite personne, et cela sur le plan de l'*organique*, est une pure bouffonnerie d'homme (post)moderne.

Pour nous, créatures de la nuit, le Temps n'est qu'un phénomène plastique comme un autre.

*

8h44.
J'abandonne la tenue de ces carnets de route momentanément, la maison s'éveille, je vais entamer mon parcours diurne dans le monde des vivants.

10h05.

Je remonte pour quelques instants dans la tourelle. Le périscope indique une mer calme et peut-être au loin la fumée noire d'un vieux vapeur montant de la ligne d'horizon. Il nous faut une cible plus intéressante, plus motivante, un navire de transport, ou mieux, un de ces lourds cuirassés aux armements ostentatoires et périmés, voire un destroyer par trop lent et craintif, mais la mer reste d'huile, sous le ciel toujours plus blanc d'heure en heure.

Au bout de quelque temps de traque à la surface, j'ordonne à l'équipage de repasser en mode plongée. Nous devenons peu à peu invisibles sous la surface du jour.

À une nuit prochaine, pour un nouveau feu d'artifice, j'espère.

12h01 à l'horloge de bord digitale. Remontée, un peu plus au nord-ouest dans la traversée du jour.

Les cloches résonnent, toutes proches, sûrement en provenance de Saint-Louis-de-France. Je n'arrive pas y croire : alors qu'*EleVen* continue de tourner sur la platine, les harmoniques venus de l'église se fondent parfaitement dans sa tonalité et épousent son rythme comme par l'effet d'un pur miracle, le miracle de la musique, quand elle vient des plus hautes sphères.

*

12h15.

Pause dans les opérations.

Comme on dit je crois : cet après-midi, je peux pas, j'ai *piscine*.

*

Dimanche 12 novembre. Ce soir, véritable arrêt de la pensée en tant qu'action : je regarde *Bouillon de culture*.

S'adressant à un des auteurs invités, qui peine visiblement à entrer dans le jeu préréglé par ses miseurs en fiche, Pivot laisse entrevoir à quelques reprises son hideuse vérité : *Pensez au téléspectateur qui nous regarde (sic)* et veuillez vous efforcer de nous raconter en quelques lignes le scénario de votre histoire.

L'auteur parvient je ne sais comment à faire comprendre à notre gastronome-bibliomane national que précisément *un livre se raconte par son écriture*.

Certaines relations m'encouragent à mettre la pédale douce sur les principaux sujets sensibles pour tout auteur français qui se respecte : Pivot, Adler, La Culture et ses ministresses, les journalistes et leurs cafés du Commerce littéraires, les prix de la Rentrée et leurs jurys.

Il faut dire qu'un passage sur Pivot et l'obtention souvent concomitante d'un prix automnal ont la capacité de faire de vous un auteur qu'on achète, pour ne pas dire *qui se vend*. Vous avez ainsi toutes les chances de voir votre livre se transformer un beau jour en un superbe objet de décoration, entre une pipe ramenée du Pérou, un masque rituel du Botswana, et une carte postale de la tour Eiffel en trois dimensions. Votre sort est alors à peine plus enviable que tous les FAUX LIVRES qui ornent la FAUSSE BIBLIOTHÈQUE qui décore le plateau de télévision ou la culture se transforme chaque semaine en un affreux bouillon.

Aah... voilà, c'est malin, je n'ai définitivement plus aucune chance de m'y voir un beau jour plongé, malgré moi.

Dommage, car j'avais prévu une stratégie, au cas où une telle épreuve puisse un beau jour m'attendre au coin d'une publication :

Réitérer quelque vingt-cinq ans plus tard l'acte de sabotage qu'un Charles Bukowski y commit un soir, mais avec mes armes à moi, celle de la guérilla neurochimique.

J'hésitais encore, jusqu'à ce soir, entre LSD et méthédrine.

D'une certaine manière, publier ces quelques lignes, c'est malheureusement m'assurer que cela jamais ne survienne.

Quoique... Il faudrait d'abord que je sois lu par ces puissances tutélaires de la littérature française, qu'aimablement je conchie depuis quelques années déjà.

Une sorte d'*accident*, comme l'invitation du père Buk en 1977, est donc toujours possible.

Prévoyez les pilules, please.

*

En voyant notre petit prix Nobel national répondre aux questions insipides de Pivot par une série de lieux communs dont même notre université néoconfucianiste (et néoconfusionniste) ne voudrait plus entendre parler par peur du ridicule, la séance terminale et rituelle du questionnaire de Proust me laisse rêveur quant à la décadence humanitaire du prix littéraire portant le nom de l'inventeur de la dynamite ; le prix Nobel n'est plus que le défalque pseudo-littéraire du prix de la Paix. Ce qui compte, ce n'est pas la qualité de ce qu'on écrit, mais l'effet consensuel que l'ouvrage en question prend en charge pour le compte du monde-immonde qui tente de s'imposer aux esprits de notre époque. Les mots préférés et détestés de notre Bob Geldof franco-vietnamien sont dans l'ordre : « amour », bien sûr, et « violence », comme il se doit. Comme si Amour et Violence n'étaient pas depuis toujours, et à jamais, à la fois inséparables et irréconciliables, disons *coévolutifs, par nature*.

Son bruit préféré est le « mulmule des luissaux », pardon, le « murmure des ruisseaux », et j'ai quitté la pièce avant de l'entendre prononcer celui qu'il hait le plus profondément, un bruit de moteur ou d'une « horreur mécanique » quelconque, j'imagine.

Bien, ne désirant aucunement vos petites comme vos plus « grandes » récompenses, ni la séance de marketing précodifiée à laquelle est liée l'attribution de ces dernières, je me permets à l'avance de vous avouer mes mots et mes bruits préférés ou haïs :

« Justice » et « tolérance » pour le premier binôme.

« Explosion » et « bavardage », pour le second.

En réserve, j'ai aussi :

« Art » et « égalité », avec « son du silencieux » et « plainte du bien-nourri ».

Récompensez-moi, maintenant.

*

Toute vérité est une conspiration.

*

À l'exception d'un groupuscule de survivants sans doute mal dans leur peau, et probablement livrés à la solitude la plus extrême — mes amis extraterrestres sur cette Terre —, ceux qui seront en mesure d'un jour « me reconnaître », ou tout du moins « se reconnaître » quelque peu en moi, ou plutôt dans mes livres, eh bien, oui, ceux-là sont tout juste nés, et encore, je reste d'un indéfectible optimisme.

*

Ce n'est pas le 7 juin 1944 au matin qu'il fallait se découvrir une âme de résistant, ou disons de Français libre.

Mais c'est ainsi que la masse de la population française put se fabriquer à bon compte une authentique destinée de « démocratie moderne ».

De Gaulle, dans un geste méritoire, mais sans doute un peu léger, décida de faire en sorte que le bon peuple de France ne fût pas jugé par une juridiction internationale *légitime*, comme le furent les Allemands et les Japonais, et comme les totalitarismes rouges devront l'être un jour, et au plus vite. Il préserva à cette petite nation qu'était devenu l'ex-Empire français un rôle au Conseil de sécurité, il la dégagea de la guerre civile qui faisait rage en Algérie, conflit stupide que la IVe République radsoc avait initié sans bien sûr aucune préparation stratégique, politique comme militaire[1], et au prix que paient les Algériens depuis, soit leur « indépendance » sous le joug national-socialiste, et le tranchant des poignards égorgeurs islamistes, puis il essaya vainement de réformer la bourgeoisie française qui le lui fit payer très cher au moment crucial (un an après mai-juin 68, lorsqu'il essaya de relancer le projet d'une France fédérative, et d'un capitalisme démocratique et populaire, par un référendum perdu qui lui coûta le pouvoir), bref, la France, incapable de s'affirmer libre et souveraine, donc d'identifier un nouveau processus libre et souverain dans l'établissement d'une Fédération des nations européennes, aborde désormais le dernier cycle de sa décadence, celui de la Chute de la Maison Zéropa, lorsqu'elle entraîne, par son misérabilisme néobourgeois, tout le train hors de ses rails, toute la structure du bâtiment vers le fond. L'impact a déjà eu lieu, le trou dans la coque est béant et les instruments de contrôle sont hors service, ainsi que les systèmes d'urgence, donc les compartiments se remplissent les uns après les autres à une vitesse exponentielle, sans que personne ne puisse avoir le temps d'en prendre conscience, à l'exception, sans doute, d'une poignée d'entre les meilleurs qui se sacrifieront pour la survie d'une ruine échouée à jamais sur les sables glacés de la posthistoire. Bientôt, même s'il subsiste quelque part, par miracle, ou plutôt par malchance, une petite poche d'air, la température y aura atteint de tels chiffres au-dessous de zéro que vous survi-

1. La France néosocialiste de 1946-1947 avait également engagé *la France et son armée* en Indochine jusqu'au désastre de Diên Biên Phu, et au prix que paient les Vietnamiens depuis.

vrez tout au plus quelques fractions de cauchemar dans l'obscurité mortelle d'un congélateur.

Croyez-vous vraiment que les Nord-Américains et ce qui reste du Commonwealth britannique se sacrifieront de nouveau pour des intellectuels et des classes politiques qui auront passé cinquante ou soixante-dix ans à les conchier, du haut de leur morgue nationale-socialiste de gôche ou de droâte ? Croyez-vous vraiment qu'on viendra vous sauver, vous qui avez hurlé par tous les moyens imaginables dont disposent les propagandes d'aujourd'hui qu'il ne fallait pas bombarder l'armée serbe et les sites stratégiques civils dont elle se servait, ni sortir le Kosovo — ou la Bosnie — du bourbier yougoslave ? Croyez-vous vraiment que nous aurons beaucoup de compassion pour ceux qui auront supporté toute leur vie durant les dictatures communistes, sociales-bureaucratiques, nationalistes ou islamistes et qui viendront gémir sur le sort du continent qu'ils auront conduit au désastre ?

Cette fois nous serons quelques-uns à prévenir la Justice qu'il est temps pour elle de s'abattre sur ce peuple révolutionnaire, dévolutionnaire, et sans plus la moindre pensée historique.

En l'état actuel des choses, je ne donne pas dix ans à la France, allez... quinze, et conséquemment moins de vingt à la prétendue « Union européenne ».

Ou les Français conduisent l'Europe à la Révolution fédérale constituante qui lui est nécessaire, ou ils s'exileront d'eux-mêmes du processus métapolitique du XXIe siècle. Cet exil se traduira entre autres choses par la désagrégation de l'État-nation dinosaurien, puis par l'explosion armée des néonihilismes « révolutionnaires » qui se répandront comme une traînée de poudre dans tout l'espace « européen », comme au début du XXe siècle ou à la fin du XVIIIe.

Rien, du coup, cette fois-ci ne pourra leur être pardonné.

*

Tout acte authentiquement créateur est toujours un défi jeté à l'organique, donc un moyen de le dépasser, de lui faire franchir un degré supérieur.

Ces mots, du moins leur *sens*, sont réellement empruntés à Nietzsche. Voyez comment ils ne prennent tout leur *sens* qu'un bon siècle après leur rédaction, comme leur auteur l'avait prédit, *contre tout bon sens* — n'est-ce pas ?

*

Cette nuit, le ciel est pure surface de pourpre électrique, la journée fut splendide, à tous points de vue, mais une dépression semble revenir de l'ouest, comme avant-hier soir.

2 h 04, nuit du 13 novembre, synchronisons nos montres...

Comprenez d'abord que le jour, sur le strict plan magique des nombres, commence au cœur de la nuit, juste passé minuit ; quelles que soient les décimales que vous emploierez, la « journée » du 13 novembre a commencé pour moi il y a maintenant deux heures et quelques mystères.

Ensuite, Dalbello toujours en boucle, l'album *Whore* dans son entier, est un signe qui ne trompe pas. La musique est une « drogue » acoustique, elle exerce directement son influence sur notre système nerveux central.

Les nuits du vampire créatif sont ainsi des phénomènes *continus* qui supplantent la discontinuité imposée au cerveau par le jour, par la mortelle clarté digitale des sociétés. Continus, ils produisent donc des *continuums*, même et surtout si un concept de « quantum » d'énergie littéraire est non seulement devenu possible, mais sans doute nécessaire.

Synchrotrons de minuit, notre thermodynamique est celle des chambres à coucher. Nos accélérateurs sont les milliards de têtes humaines qui dorment pendant que nous veillons, pendant que notre cerveau de combat s'infiltre dans leurs rêves, pour y larguer les nôtres, tels des blocs de sous-munitions à retardement, et pour piéger les leurs avant de les soumettre à notre rude esclavage.

Du coup, le jour lui-même rejoint la nuit sur son terrain, conquis, et la pratique de la vie quotidienne devient pour de bon un *acte de sabotage*, je vous en parlerai plus précisément chaque fois, au fur et mesure de l'Expérience sur la vie que je mène dans ce Laboratoire, mais vous pouvez en être sûr, en cette nuit du 13 novembre, les méandres d'un réseau de vérités métalocales formant peu à peu une *conspiration générale des théories*[1] sont en train de se réunir, un fleuve aux origines inconnues, et à la force insoupçonnée surgira de cette confluence, quelque chose se trame, nous sommes déjà une poignée à entreprendre l'attentat métaphysique terminal, à préparer les processus et les constituants opératifs qui s'élaborent par la haute alchimie d'une synthèse disjonctive : l'expérience transmutatoire sur ce qui subsiste de nos civilisations, terrifiées par leurs devenirs, figées dans l'autosuffisant présent de leur confort culturel et matériel.

Nous débarquerons dans la nuit la plus noire, et lorsque nous apparaîtrons ce sera dans la lumière cyberphotonique des armements de troisième espèce.

1. Et non pas une « théorie de la conspiration générale » parano-nihiliste de plus.

*

Le plus étrange, pour moi, si je me repenche sur le travail littéraire que j'ai accompli en une petite dizaine d'années, c'est de me rendre compte à quel point l'instinct de l'écrivain est aussi pur que celui d'un authentique tueur.

*

N'en doutez pas, nous sommes des *prédateurs* pour les humains.

Mais nous ne tuons que leurs « consciences », nous ne nous en prenons qu'à leurs petits « moi », à leurs minables vérités et à leurs grossiers mensonges, nous exterminons la laideur et la bêtise, où qu'elles se trouvent, d'où qu'elles viennent, de quelque façon qu'ils la produisent, nous frappons sans pitié de nos sabres les têtes de la Gorgone-Humanité, chaque fois qu'elles resurgissent, sous quelque forme que ce soit, oui, nous nous devons de l'admettre, nous nous en prenons à ce qu'ils ont de plus précieux, sans qu'ils le sachent la plupart du temps, c'est vrai, nous ouvrons leurs têtes en deux et nous y déposons nos parasites monstrueux, nous les contaminons en profondeur, nous prenons possession de leur âme, s'il leur en reste une, et parfois nous planifions des assassinats, voire des guerres biopolitiques contre les mauvaises idées qui les empestent.

Mais comprenez-le bien : si nous sommes devenus ainsi, c'est parce que nous avons dû au préalable, et par des voies toujours uniques, fort singulières, nous débarrasser de notre humanité. Nous avons donc vaincu, parfois sans le savoir, sans même le vouloir vraiment, nos propres consciences, nos « moi », nos certitudes les plus hautes et nos doutes les plus profonds, nous avons alors converti cette énergie dissolutoire en une vitesse absolue, nos cerveaux n'ont même plus besoin de trouver des moyens complexes de téléconnexion, nous, les agents de la connaissance noire, nous sommes vraiment voyants, télépathes, nous avons le pouvoir de glisser dans la peau d'êtres humains fictifs, ou réels, vivants, morts, ou pas encore nés, nous sommes les voyageurs de l'antimonde, nous naviguons par-delà les limites du temps, de l'espace, nous pouvons entrevoir la réalité comme une matière hautement plastique, et mutable, elle devient poreuse à notre contact, elle laisse apparaître tout le vide dont elle est constituée, nous y glissons comme des spectres et nous y surgissons comme des cataclysmes foudroyants, venus d'une origine insoupçonnable par le mauvais radar à courte vue des sociétés qui continuent de croire que le splendide crépuscule va durer indéfiniment, tel le dernier cliché sur un carrousel de photos de vacances à Bali.

Nous sommes préparés à l'obscurité. Nous y combattons chaque nuit. Nous nous y entraînons en permanence. Les yeux bandés au fond d'un trou sans la moindre goutte de lumière, nous sommes capables de monter, démonter, remonter nos armes et nos munitions neuronales pour les rendre actives dans la minute, et avec le plus haut degré de dangerosité possible.

Les systèmes bureaucratiques et les diverses tribus corporatives humaines, ces nids à petits hommes, sont nos cibles quotidiennes, notre ration de survie. Car comme tout bon guérillero qui se respecte nous vivons sur les réserves de l'ennemi, nous survivons à ces dépens, de manière très directe ; dans un autre registre, mais sur le même principe vampirique, nous brouillons d'autant mieux ses lignes de communication que notre topographie se précise, et que nous décodons ces cryptages les plus secrets, alors que sans cesse nous renforçons les nôtres, tels d'étranges systèmes immunitaires.

La pensée, ce surgissement critique, puis métacritique, du cerveau connaissant, est une expérience que le langage, parfois, peine à circonscrire si l'on exige de la phrase qu'elle se constitue sur un plan trop rationnel, trop discursif même : si l'on ne laisse pas *courir* la pensée-langue comme un chien de chasse, libre de ses mouvements, mais se mettant en arrêt devant la cible, nous ouvrant le terrain aux plus vastes espaces, et aux sentiers les plus escarpés, ce pouvoir ne vaut pas la peine d'être invoqué.

13 novembre, 3 h 53.

*

Comprenons que les guerres en cours (et toutes celles qui se préparent) dans l'Asie centrale des confins sino-turco-russes dessinent la topologie du moment historico-cinétique où le « jihad » wahhabite se verra confronté aux armées islamiques de la liberté, grâce aux antiques connaissances du soufisme. Si l'Occident avait une paire de burnes, il soutiendrait ouvertement Shah Massoud, les chi'ites afghans et les Ouzbeks du Nord, et permettrait la constitution opérationnelle d'un Front islamique de la liberté sous influence soufie, avec engagement militaire des femmes au sein d'unités spécialisées, nous y enverrions des formateurs, ainsi que des réseaux d'agents dans toute la région au nord de la vallée du Panshir et de la frontière avec l'Ouzbékistan. Si nous avions quelques neurones actifs, nous comprendrions à quel point il est urgent de faire émerger la Russie comme pôle boréal de démocratie avancée, afin qu'elle nous aide à détruire nos ennemis les plus irréductibles, les communistes (pro)chinois et leurs alliés pakistanais et arabo-islamistes, d'où viennent les talibans[1].

1. À l'heure où j'effectue ces corrections, les hindouistes d'Afghanistan sont forcés de porter un signe distinctif, leurs statues sacrées ont bien été dynamitées, les humanistes de service ont appelé à une manifestation de-la-Nation-à-la-République, MSF et la télévision

Certains me rétorqueront que les USA, via leur Agence centrale d'intelligence, portent une lourde responsabilité dans l'émergence du phénomène taliban. Ce mythe, véhiculé depuis leur brutale émergence des déserts et des montagnes de la frontière pakistanaise en 1995, est comme toujours la partie la plus émergente de l'iceberg. Celle que peut voir un nihiliste myope du *Monde diplomatique*, par exemple.

La guerre froide fut initiée dans la région par l'URSS, et ce depuis les années 1960-1970, lorsque les Soviétiques formèrent et encadrèrent de nombreux mouvements d'inspiration communiste ou nationale-socialiste pro-arabe qui, en 1978, prirent brutalement le pouvoir à Kaboul puis, comme tous bons révolutionnaires marxistes-léninistes qu'ils étaient, se divisèrent illico en factions rivales, déclenchant une protoguerre civile qui servit de prétexte aux Soviétiques pour envahir le pays l'année suivante (ils soutinrent une des factions principales du Parti communiste afghan). En 1980, Shah Massoud, depuis sa haute vallée du Panshir, organisait déjà la résistance des combattants de la liberté. Il se tourna vers Zéropa-Land : peu ou pas de réponse. Parallèlement, avec Reagan au pouvoir, les Américains essayaient de contrer la percée rouge vers l'océan Indien. Dans le coin, l'Inde était plutôt prosoviétique, et depuis Nixon, la Chine, qui veut la peau de la Russie, s'était intelligemment rapprochée des USA. L'Inde est depuis l'indépendance et le partage de 1949 le pire ennemi du Pakistan, qui s'était du coup allié à la Chine maoïste puis postmaoïste. Grâce aux Chinois qui les introduisirent aux plus hauts et aux plus occultes niveaux du régime nationaliste puis islamiste instauré au Pakistan depuis sa création, les

française servent de Propaganda-Staffel aux « Émirs » de Kaboul, et Shah Massoud, authentique aristocrate, continue de résister, seul et ostentatoirement dédaigné par nos gouvernements de cloportes.

agents de la CIA se servirent logiquement de ce pays comme base arrière pour le transit des hommes et du matériel pour tous les maquis afghans qui se constituaient. En 1989, épuisée par une décennie de guerre, l'armée soviétique plia bagage — grâce, comme le disaient les soldats de Shah Massoud, au « Stinger et au Coran » — mais bien des réseaux clandestins actifs depuis le Pakistan restèrent plus ou moins opérationnels après cette date, à cause de l'occurrence de plusieurs phénomènes critiques. Il faut bien comprendre que depuis le début des années 1980, en Iran d'abord, pays limitrophe de l'Afghanistan, ainsi qu'au Pakistan précisément, comme dans toute la péninsule Arabique et jusqu'au Maghreb, une nouvelle vague « révolutionnaire », née de la décadence de l'Islam sous sa forme rigoriste d'inspiration wahhabite (un mouvement financé depuis les origines par les émirs pétro-saoudites) supplantait peu à peu les idéologies nationales-socialistes ou communistes soutenues par Moscou, déjà sur le déclin.

La CIA s'était servie d'un bon nombre de volontaires venus d'écoles coraniques de la frontière, où le gouvernement pakistanais encourageait ou laissait faire les réseaux, et les dollars venus du pétrole saoudien.

Les stratèges de l'agence ne soupçonnaient pas que ces réseaux allaient échapper à leur contrôle dès que les soviétiques (qui unifiaient en négatif l'action politico-militaire des moudjahidin) se furent complètement retirés du territoire, et que la propagande islamiste profita de l'inaction géopolitique de l'Occident.

La guerre conduite par les USA contre l'Irak national-socialiste de Saddam Hussein en 1990-1991 allait donner du grain à moudre pour les différents courants islamistes, influencés par Téhéran, Karachi, Médine ou Aden, qui furent en mesure de regrouper tous les fondamentalistes et tous les antioccidentaux sous un même étendard. De ce merdier émergea un Ben Laden, les tueurs algériens et les talibans.

Aux dernières nouvelles, les conditions économiques du pays sont telles qu'une véritable famine programmée y sévit du nord au sud, d'est en ouest. Les Khmers verts de Kaboul annoncent une punition d'ordre divin parce que les règlements inflexibles de leur charia n'y sont pas suivis avec assez de rigueur.

Le cataclysme est en cours.

Voici ce que je propose pour renvoyer la balle au lanceur, en l'occurrence l'Irak baassiste avec ses divers soutiens, et les pétro-émirats wahhabites avec les leurs, tous deux étrangement, secrètement et nouvellement alliés depuis que l'URSS a explosé, juste après la guerre du Golfe, et que l'État russe cherche, péniblement, et avec moult ratés, à se rapprocher des démocraties occidentales :

1) S'appuyer sur les forces en présence dans la région, comme Shah Massoud dans le Panshir, les Ouzbeks du Nord, les chi'ites du centre, pour créer le premier squelette articulé d'une stratégie efficace, et instituer plus ou moins officiellement la création financée par les capitales occidentales (ou tout du moins par Washington) d'un Front islamique de la liberté en Afghanistan. L'Afghanistan est le « trou noir » de l'islamisme pathologique version wahhabite, *c'est là qu'il atteint ses limites autodestructrices, c'est de là que pourra s'effectuer la contre-offensive générale.*

2) Parallèlement, instituer un premier rapport de vérité avec les populations aux origines panislamiques vivant en Amérique du Nord, leur faire comprendre que c'est précisément ici que le sort de leur religion en tant que religion de l'Islam peut avoir une chance de revivre, si elle s'unit avec les autres monothéismes contre les idoles qui pullulent, les athéismes fanatiques, comme les pharisianismes de toutes natures, les rationalismes mortels comme les illuminismes fatals, contre l'obscurantisme tout autant que les fausses lumières.

3) S'appuyer sur les bases arrière naturelles du soufisme en Asie centrale, Tadjikistan, Ouzbékistan, Kazakh-

stan, et jusqu'en Turquie, ainsi que sur le courant réformateur en Iran. Créer dans cette région du monde un bassin de population transnational favorable à nos idées. Envoyer plusieurs groupes de formateurs militaires et d'experts en renseignement et désinformation aux confins du Tadjikistan et de l'Ouzbékistan.

4) Solliciter l'aide technique des Russes, sans trop le publiciser dans un premier temps. Les faire basculer progressivement vers l'Otan, en leur faisant comprendre au passage que mieux vaut un Caucase indépendant constitué de « nations souveraines », en premier lieu en Tchétchénie, et à la clé une alliance historique avec la Turquie, que de se voir durablement infecter par la double pression des mâchoires sino-islamistes aux périphéries de son ex-empire.

5) Planifier une opération combinée avec les différents réseaux de résistance unifiés, sous la bannière d'une Réforme de l'Islam et de son alliance stratégique avec le « christianisme » occidental, contre l'intégrisme « islamiste » et les nationaux-socialismes ou les résidus postnucléaires du communisme qui pullulent dans toute la région, dont la Chine Pop postmaoïste.

6) Réitérer en Asie centrale — le « vide » stratégique du futur — ce que les « Tigres volants » effectuèrent en leur temps, et contre l'ennemi de l'époque, au cœur de la Chine plongée dans le chaos général et la guerre (civile puis mondiale), alors que ce « vide » dont elle était porteuse à ce moment de l'histoire avait littéralement implosé dès 1937, deux ans avant que la guerre ne s'actualise en Europe.

7) Un corps de manœuvre aéroporté occidental doublé d'une offensive planifiée des réseaux de résistance antitalibans pourraient vraisemblablement libérer Kaboul et tout le nord de l'Afghanistan en quelques semaines, peut-être même en quelques jours. Ensuite, la poursuite incessante des opérations jusqu'au nettoyage complet du pays, aux confins baloutches, ne prendrait guère plus de temps que l'opération militaire au Kosovo, avec en revanche des

pertes un peu plus importantes, sans doute inacceptables pour l'opinion publique internationale, déjà pacifiée par les « penseurs » onucrates.

*

Plutôt que d'organiser ces vastes, conviviales et spectaculaires réunions de masse symboliques comme leur récente Marche mondiale, en connivence avec les divers organes de la tyrannie onuzie et leur criminelle année des Valeurs de la Paix, les femmes de l'Occident postchrétien et postindustrialisé feraient mieux de demander l'envoi immédiat de forces armées hautement motivées et entraînées (et pourquoi pas composées de femmes, dont certaines seraient musulmanes ?) pour encadrer, former puis lancer des unités de combat antitalibanes au nord de l'Afghanistan.

Je suis pour ma part certain qu'une telle guerre contreterroriste active serait pour beaucoup d'entre celles qui sous-vivent là-bas, crevant comme des animaux retirés du monde sous le burkha, une manière de salut.

Tant qu'à mourir, autant entraîner la Bête avec soi vers le Ciel du Jugement.

Il existe un paramètre qui n'a pas été suffisamment pris en compte, je crois, par les analystes de la guerre du Golfe et de ses conséquences.

Le sunnisme wahhabite des Saoudiens et des pétro-émirats craignait certes, et avec raison, la puissance militaire d'un Saddam Hussein. Ils furent soulagés lorsque sa défaite au Koweït fut consacrée, grâce à l'intervention US, mais simultanément rien ne leur faisait plus peur qu'un éclatement de l'Irak et, pire encore, que ce pays se dote, dans la trace des chenilles des Abrams M1, d'une authentique démocratie. Pendant des années, les Saoudiens s'étaient servis de Saddam comme bouclier contre la menace des chi'ites radicaux iraniens. Le sud de l'Irak, aux confins des émirats et de l'Arabie saoudite, était peuplé de chi'ites et de quelques autres minorités religieuses que le régime de Saddam ne cessait de persécuter. Si l'Irak national-socialiste disparaissait pour de bon, avec une République kurde au nord, et un État fédératif ailleurs, les gras émirs du pétrole se seraient retrouvés avec une population de chi'ites et d'alévites se gouvernant eux-mêmes, juste à leurs frontières. Cela risquait de faire tache d'huile, leurs yachts en or massif pouvaient ne s'avérer que de luxueuses chaloupes de sauvetage.

Il fallait que la guerre cesse.

Les émirs trouvèrent comme d'habitude des oreilles attentives (pour ne pas dire des bouches grandes ouvertes) chez les gérants de Zéropa-Land, en particulier dans notre belle République, qui s'empressèrent de reprendre leurs arguments au Conseil de sécurité et devant l'Assemblée générale des Nations unies : on fit gentiment comprendre aux Américains que maintenant que le problème était réglé, il était inutile, voire nuisible, n'est-ce pas ?, de mettre toute la région à feu et à sang. La paix au Moyen-Orient était en jeu, il ne fallait pas froisser la susceptibilité des Arabes, et patati, et patata. Bush Sr envoya un télégramme à Colin Powell, qui à son tour ordonna à Schwarzkopf d'arrêter la progression des troupes.

Les wahhabites et leurs alliés pacifistes occidentaux avaient gagné. On pouvait se contenter d'une petite guéguerre de basse intensité — elle dure depuis dix ans maintenant — tout en geignant régulièrement sur le sort des populations civiles. Simultanément, et dans l'ombre, les wahhabites saoudiens et les baassistes irakiens formaient une entente secrète leur permettant à chacun d'assurer leur emprise sur leurs peuples et ceux de la région.

Les émirs nous doivent leur richesse, grâce à leur pétrole, qui nous est encore nécessaire. Ils ne pouvaient tolérer que les chars irakiens viennent les menacer directement, mais ils ne voulaient absolument pas que le régime de Saddam Hussein s'effondre et que le chi'isme pro-iranien se développe, ni, surtout pas, qu'une démocratisation à l'occidentale viennent perturber leurs petits royaumes.

La France, à ce titre, mit tout son poids pour sauver et Saddam, et les Saoud.

Il faut espérer qu'en retour quelques barils de brut nous soient consentis à un tarif préférentiel.

*

Zéropéens, priez pour que l'Otan existe encore quand viendra l'heure des décisions vitales, quand vous chercherez une chaloupe ou quelque embarcation improvisée pour vous sauver.

8 h 14, pause momentanée des opérations.

Pour être vivable, je veux dire *pour ses proches*, un mort-vivant se doit d'apprendre à maîtriser le mieux possible sa chronobiologie quotidienne.

Petit coup de pompe, normal, vu l'heure et le rythme.
Confection du turbopropulseur diurne en cours
À tout à l'heure.

« Qu'est-ce que vous voulez que je fasse avec un milliard ?! »

Julien Dray — préposé socialiste à l'humanisation des banlieues —, ce week-end, sur une radio française, information collectée grâce à un de mes amis encore resté en France et qui me tient régulièrement au courant des « meilleures ».

12 h 57.

Pause momentanée des opérations littéraires.

*

Reprise du journal la NUIT du 15 novembre, 3 h 08.

Whore de Dalbello toujours en boucle.

Aller jusqu'au bout, épuiser la forme et le sens dans le tourbillon de la spirale.

En gros, mon rythme est le suivant : entre vingt-quatre et trente heures d'activités continues, littéraires et/ou quotidiennes — une fin de soirée, une nuit, une journée, une plus ou moins longue soirée —, suivies d'un long sommeil réparateur d'au moins douze ou treize heures, et on remet ça, avec dans l'intervalle une journée et une soirée consacrées à ma famille.

Pour moi, et sans doute de façon définitive, le mot « journée » devient un objet verbal (encore mal ou déjà plus et en tout cas) non identifié, une échelle de temps extraterrestre me sépare de plus en plus du monde des vivants.

Les toutes dernières « journées » sont proprement inénarrables en cet instant. Quelque chose a fait de moi l'étincelle pas vraiment involontaire d'un phénomène qui, je l'espère de toutes mes forces, me dépassera largement, et assez vite.

En fait, je me dois d'être honnête, il me dépasse déjà, et largement, mais la traînée de feu reste pour l'instant invisible aux yeux et silencieuse aux oreilles des hommes qui dorment, béats, dans la coursive surplomblant la sainte-barbe où s'empilent les caisses du nécessaire et dangereux explosif et vers lesquelles court dans l'obscurité des étages inférieurs une petite grappe d'étincelles, dégageant une lumière froide, la sonorité d'un serpent à l'attaque et une fumée noire comme la nuit.

Laissons au temps le soin d'agir pour nous, commençons par laisser s'établir le primordial niveau tactique des opérations, grâce aux informations collectées lors des tout premiers engagements. Considérer dès lors l'acte de sabotage métacritique comme moment absolu de la vie, devenue à la fois le champ et l'instrument d'une expérimentation envisagée comme *continuum*, comme « conspiration permanente » — pour reprendre à nouveau les mots de *Ligne de risque* — (mais le champ *et* l'instrument, n'est-ce pas exactement la même chose, puisque nous n'étudions jamais que les résultats que nous donnent à voir nos divers *instruments*, interfaces biologiques/anthropotechniques — donc hypercodantes et interagissantes — du champ de réalité avec nos cerveaux-consciences ?), un acte-pensée qui devient alors l'action primordiale qu'effectue le neuromancien sur la piste de sa pierre philosophale.

Ainsi, pour l'heure, laissons plutôt agir la musique, cette alchimie spatiale et plastique du Temps, grâce au plus invisible et au plus « matériel » des arts, un des plus antiques, celui de l'onde acoustique.

Laissons donc agir Dalbello puisque je ne sais quelle étrange vérité a voulu que ce soit *sur elle que cela tombe.*

Parlons donc de *Falling Down*, précisément, toujours sur ce sublime album, *Whore*.

Disons au préalable que, publié en 1995, ce disque échappe clairement à toute actualité journalistique, et surtout à toute classification, ce qui fait sans doute que personne dans la presse rock française n'a daigné s'y intéresser à l'époque, et pas plus depuis aux artistes qui sous ce nom avaient conçu et réalisé ce projet hors normes que de transmettre un héritage en le rendant encore plus beau que cha cun des composants qui le constituent, parvenant ainsi à créer cette invraisemblable et absolue impression d'unité, vue comme l'instrument et le champ d'expérience d'une diversité qui ne s'accomplit vraiment que dans le processus réciproque, lorsqu'elle devient un phénomène coextensif et paradoxal de la singularité en tant que moment actif où différence et répétition s'annulent et copulent dans l'Acte Créateur, oui, lorsque la Spirale agit, surgit, interagit, lorsque l'Hélice se met en place sur l'Axe et que la Rotation s'amorce, le Décollage devient imminent, il devient possible à des plus lourds que l'air de s'élever dans le gaz de l'atmosphère, une nouvelle vérité métacritique prend place et rayonne, parce que quelques cerveaux conspirants ont conçu une nouvelle science contre l'ordre des choses, et les petits systèmes nerveux microspécialisés qui collaborent à sa mauvaise consistance, à son abjecte persistance.

Dans ces cas très rares, très précieux, et la plupart du temps cachés sous les déchets de toute nature accumulés par myriades, ces moments où l'Art effectue pour de bon son travail alchimique, son travail transsubstantiateur, la musique des mots et le verbe de la musique deviennent indissociables, non pas comme deux masses inertes même vigoureusement mélangées par tout procédé technique quelconque, mais comme les deux fractions fondamentales de la masse critique ainsi réunie et qui se convertit alors en pure énergie, en pure onde de choc, en un globe de lumière anéantissant tout sur son passage.

Falling Down, comme *EleVen* dont je vous ai parlé il y a quelques jours, et comme les huit autres titres qu'on trouve sur cet album, atteint encore une fois cette authentique « fusion » créatrice, autant dire thermonucléaire.

Permettez-moi là encore de vous faire découvrir *in extenso*, si ce n'est déjà fait, ce sommet du *lied* postatomique de la fin du XXe siècle :

Like the times that I swore
Like the wine that I poured
Like a blinding fact
You can't ignore

Like the motion
That delivers you forward
'Til you can't go back
Not anymore

Can't dive into an ocean
And not leave the ground
Can't trade in your devotion
For what you haven't found

Can't go beyond the limit without falling down
Can't go beyond the limit without falling down

And it's not what I say
It's a lot what I do
'Cause you can't go back
Not on your word
It's the moment
When you're riding on fear
That you can't look back
You live and learn

Can't start at the beginning
When you're in between
Can't know if where you're
Going's
Where you haven't been

Can't give away the centre
Without spinnin'round
Can't go beyond the limit
Without falling down

Like the signs that I feared
And the lines in the mirror
Like a haunting ghost
That will return

Like the moment
When it's suddenly all clear
What I needed most
To live and learn

What a lovely day it is for falling down
(mm, what a lovely day it is for f-f-allin')
What a lovely day it is for falling down
(mm, what a lovely day it is for f-f-alling)

Can't go beyond the limit without falling down
Can't go beyond the limit without falling down

Can't bruise below the surface
What's not above the skin
Can't lose the war on purpose
And not breathe to win

You can't throw away the minutes
You can't go beyond the limit
You can't tell the tale to live it...
... Without fallin' down

and it's not what I say
It's a lot what I do

What a lovely day it is for falling down
What a lovely day it is for falling down
What a lovely day it is for falling down

Falling Down, Dalbello,

Et maintenant comment faire pour évoquer à vos oreilles la musique telle qu'elle se développe en boucle depuis près d'une heure, puisque de l'écoute de l'album tout entier, je m'attache maintenant à l'observation expérimentale de cette pièce de poésie électrique en particulier ?

Comment et surtout quoi ? Sinon essayer de faire de chaque passage bien plus qu'une simple répétition du même, mais plutôt un processus singulier et spiraloïde de divergence/convergence paradoxalement en équilibre dynamique, métacritique ?

Laisser swinguer la Spirale à nouveau, laisser parler le serpent et souffler ce vent qui semble provenir du timbre même de la voix de Dalbello, s'arrêter le temps nécessaire lorsque le contact avec son écho, parfois si fragile qu'on pourrait le briser entre ses doigts comme une coquille d'œuf, parfois plus dur que le diamant, à tel point qu'il peut rayer en profondeur la mémoire, se perd quelque part au-delà de votre horizon, laisser le contrôle aux phénomènes paranormaux de la littérature, leur ouvrir la possibilité de s'auto-organiser sans cesse, laisser agir la boucle, son silence digital final, respiration indexée sur le chiffre 5, et observer par exemple les météores du petit matin par la fenêtre. Puis entendre quelques bruits en provenance de la maison qui reprend vie.

Le conseil de guerre permanent se poursuit. Le jour se lève.

Il est 6 h 57. Tout indique qu'il va faire relativement beau aujourd'hui.

*

8 h 09. Reprise des opérations.

Erreur dans mon appréciation météo d'il y a une heure et quelques.

Le ciel se couvre. Le bleu pur des petites heures a laissé la place à quelques trouées azur survivantes dans une cuirasse d'acier martelée.

*

Non seulement bien des guerres sont inutiles, mais la plupart des paix sont nuisibles.

De ce qui nous sépare d'elles, les femmes ne savent presque rien, et de ce qui nous en rapproche, beaucoup trop.

Être misogyne, c'est tout bonnement ne pas aimer les femmes ; en revanche, aimer les femmes, c'est beaucoup leur demander.

Être misanthrope, c'est simplement ne pas aimer les hommes ; aimer les hommes, en revanche, c'est beaucoup me demander.

L'authentique amour est inséparable de ses antinomes, la haine bien sûr, le plus bas d'entre tous, mais aussi et surtout les diverses formes de cruautés sophistiquées auxquelles les étages les plus hauts de votre conscience vous livrent parfois, avec de rares délices.

L'humour est indissociable d'une certaine distance (auto)ironique, ce dissolvant puissant qui nous ramène souvent à l'humble mesure de notre véritable dimension, dans le gigantisme inconcevable de l'univers et de la vie.

L'humour est donc indissociable de la grandeur, ce que devinèrent certains monarques de l'Occident médiéval, et de quelques autres empires antiques, en inventant l'institution du fou du roi, celui qui pouvait oser penser en *diagonale*.

Il n'y a rien dans l'Évangile, rien dans le message du Christ qui sanctionne l'amour ; au contraire, Jésus semble n'accorder que très peu d'importance au péché de chair, et à ceux qui prétendent que la justice divine permet de lapider la femme adultère, le Nazaréen fait cingler cette réponse fameuse : « Que celui qui n'a jamais péché lui jette la première pierre. » Non seulement le Christ venait faire rayonner un soleil d'amour pur dans le cœur des hommes, mais il était aussi celui qui venait légiférer, qui dispensait la justice, bref, il était bien ce roi dont l'invisible royaume allait avoir raison du plus grand empire que la terre eût porté.

Certes, dans ma jeunesse, j'épousai successivement en une petite dizaine d'années à peu près tous les nihilismes révolutionnaires du moment, en les rejetant dans l'ordre quasiment aussi vite.

Cette série d'approches puis de rejets, de mariages et de divorces, de constructions et de destructions dura, grosso modo, de 1974 à 1984.

Après avoir éliminé de ma pensée tout ce qui subsistait des nihilismes « révolutionnaires » de gauche que ma société et ma famille m'avaient inculqués, et après la période de pur chaos créateur-destructeur que furent pour moi les années 1977-80, je fus profondément attiré par les religions, le monothéisme et les origines de la civilisation occidentale. Je devins tout aussi vaguement royaliste puis néofasciste que j'avais été trotskiste, puis anarchiste. Vers 1983-84 une série de contingences de l'existence me projetèrent vers l'humiliation et le mensonge, puis dans la misère et la solitude, et cette remise à zéro sociale provoqua une sorte d'alchimie que je ne peux décrypter que pratiquement vingt ans plus tard. Mais en tout cas un certain nombre de minuscules énigmes avaient d'ores et déjà été éclairées : les soi-disant « royalistes » provenaient de ce qui subsistait des cendres de la monarchie restaurée ou de l'aristocratie dégénérée du XVIIIe siècle, si ce n'est de la noblesse d'empire, et rêvaient tous de réanimer le cadavre d'une royauté antique qui avait par au moins une dizaine d'occurrences historiques disparu depuis des siècles. Les fascistes et leur antisémitisme congénital ne pouvaient, comme Nietzsche l'avait moult fois signifié à leurs prédécesseurs, que défier ma patience. Le comble fut atteint, lorsqu'au plus fort de la guerre au Liban, alors que les chrétiens y subissaient déjà de multiples revers politico-militaires en dépit de l'opération israélienne qui les avait sauvés du génocide général, je vis partir pour les milices du Hezbollah ou d'Amal de jeunes Occidentaux dont la destinée avait été manipulée par de petits profs racornis du bulbe et une poignée d'authentiques psychopathes parano-idéologiques. Durant cette période en effet, après que la gauche tout entière se fut constituée sur leurs bases, l'antiaméricanisme et l'antichristianisme (avec son corollaire antisémite) outranciers avaient pris une place prépondérante dans les conceptions de la « nouvelle droite », ce qui influença durablement et influence encore un nombre considérable de « théoriciens » de ce courant de « pensée ».

Au milieu des années 1980, alors que Reagan entamait son second mandat, que l'économie américaine se relevait des terribles contre-chocs de la guerre du Viêt Nam et de l'ère Nixon-Carter, et que tous les béni-oui-oui de l'Occident décadent lui promettaient un déclin imminent, une feuille de chou de l'extrême droite « révolutionnaire » publia un numéro spécial comparant de façon « critique » l'URSS et les USA.

Déjà, en cette sombre époque du premier mitterrandisme, de providentielles passerelles idéologiques s'établissaient entre les néostaliniens et les néohitlériens, cela aurait des conséquences fâcheuses cinq ou six ans plus tard, lorsque la France ferait semblant de sauver les Croato-Bosniaques, pour mieux aider les Serbo-Yougoslaves à les exterminer.

La feuille de chou, dont malheureusement le nom m'échappe aujourd'hui, était affiliée à ce courant « révolutionnaire » qui entendait s'allier avec les communistes pour renverser les démocraties « pourries ». (Ensuite que serait-il advenu des deux vainqueurs ?, vous pouvez imaginer ce qui pouvait se lire plus ou moins secrètement sur chaque face de cette nouvelle pièce à la bichromie sang-de-bœuf/merdasse-toute-fraîche : À mort l'autre. Comme chaque fois.)

Cette revue comparait une à une les réalisations culturelles, techniques, scientifiques et géostratégiques de chacune des deux mégapuissances alors à la lutte. Inutile de préciser que Mickey-Land n'avait strictement aucune chance face au surpuissant État impérial soviétique.

On était, je crois me rappeler, au milieu de l'année 1987 lorsque ce numéro me tomba entre les mains. « Challenger avait explosé en direct devant des milliards de téléspectateurs, alors que les Soviétiques venaient de lancer Mir avec succès et s'apprêtaient à tirer la plus grosse et la plus puissante fusée de toute l'histoire spatiale », je cite de mémoire. En matière d'astronautique, expliquaient froidement les rédacteurs de cette revue, il était évident que les choix technologiques soviétiques étaient infiniment supérieurs à ceux pris par cette superpuissance déclinante qu'était l'Amérique.

L'informatique venue de la Silicon Valley n'avait aucun avenir face à l'industrie japonaise, et les Russes dominaient de très loin les recherches en biologie !

Permettez-moi un instant, je contrôle à grand-peine mes maxillaires.

En effet, force est de constater qu'il fallait être un humoriste très doué, ou un authentique visionnaire de café du Commerce, pour affirmer sans rire vers la mi-1986 ou 1987 que Mickey-Land était au bord de la guerre de sécession, de l'anéantissement géopolitique et de l'explosion interethnique généralisée, alors que l'URSS blanche-impériale-socialiste pouvait largement voir venir, paraissait-il, jusqu'au milieu du XXIe siècle, bien après que les USA se seraient évanouis comme une volute de fumée, un simple simulacre fabriqué à Hollywood !

Déjà à l'époque, ce hasard étrange qui me remettait en contact avec cette littérature nullissime des « penseurs » de l'extrême droite postmoderne provoqua chez moi d'authentiques fous rires. C'est que, déjà à l'époque, j'avais compris où s'établissait vraiment le nouveau Centre de commandement métalocal, la Nouvelle Rome, ou la Nouvelle Persépolis, pour ne pas dire la Nouvelle Jérusalem. C'est qu'à l'époque je relisais Tocqueville, Nietzsche, Soljenitsyne, et je découvrais déjà une première fois Joseph de Maistre. Quelque chose me soufflait que les probabilités d'effondrement impérial avaient de fortes chances d'être très exactement inverses que celles prédites par la revue des « nationalistes-révolutionnaires ».

Je n'aurais pas dû rigoler à ce point, j'aurais dû réaliser qu'il s'agissait du fond de commerce idéologique national depuis pratiquement la naissance de la République, et qu'il allait devenir sans mal le lieu commun de tous les nihilismes postmitterrandiens au tournant du millénaire, de Jean Bovidé au *Monde diplodocus*, de Viviane Forestière à Réglisse Debrelle, de Robert-Hue-Hue-Courez-camarades-le-vieux-monde-est-derrière-vous — heu, encore un peu de concombres ? — à la lepenophilie purulente des radicaux antioccidentaux de tous acabits.

Car au cours de l'année qui avait précédé cette lecture hilarante, et sans doute même faut-il compter les douze mois d'avant, j'avais franchi une nouvelle étape, essentielle, dans ma destruction créatrice des nihilismes dévolutionnaires auxquels j'avais succombé depuis le milieu des années 1970. Primo, il devenait clair et limpide à mes yeux que la seule institution légitime de l'Europe d'après 1945 était le traité de l'Atlantique Nord. La rose des vents me semblait en toute logique le seul symbole fédérateur capable de se dresser face à l'étoile rouge, et ses petits collabos locaux, et d'unifier la civilisation gréco-chrétienne de l'Ouest européen autour d'un projet historique. Les petites étoiles jaunes sur fond bleu, dont les douze occurrences ne signifiaient rien à mes yeux, et pas plus aujourd'hui, ne symbolisaient que la division, la simulation et le néant. Chaque jour dans le métro je traçais de grandes étoiles cerclées à quatre branches sur les affiches les plus monochromes des couloirs. Western World Will Win. United States of Europa. North Transatlantic Imperium. J'y laissais de multiples et incompréhensibles signatures pour les androïdes du moment...

Quinze ans plus tard, la croix-boussole de l'Occident métachrétien en devenir réapparut, stigmate à 100 dollars, sur ma peau.

*

Degré de plus dans l'ordure, en regardant il y a quelques heures — hier soir, pour être précis — l'émission d'Ardisson, *Tout le monde en parle*, sur TV5, j'apprends par la bouche de Michel Boujenah, invité de dernière minute sur le plateau du jour auquel je reviendrai d'ailleurs un de ces quatre, que Gaccio et ses rognures de néotrotskistes anarchisants des Guignols de l'Info se sont fendus d'une perle, vous savez, une de ces authentiques *perlouzes* lâchées par votre sphincter lorsqu'il ne se contrôle plus, une de celles qui n'auraient certes pas démérité dans la *Pravda* stalinodiarrhéique des années 1950-1970.

À ce que je comprends, le jour même du Yom Kippour, « jour du Pardon », leurs mauvaises et poupoïdes idoles « politiquement incorrectes » — comprenez « vulgairement incultes » — se sont rituellement animées avec cette fois comme protagonistes grotesques un soldat de Tsahal répétant « pardon, pardon, pardon... » tout en arrosant à la mitrailleuse un tas de corps d'enfants palestiniens plus ou moins morts, plus ou moins vivants.

Gaccio m'avait paru suspect dès la première fois où je le rencontrai lors de mon second passage sur le plateau de *Nulle part ailleurs*, en 1995, après la publication des *Racines du mal*.

Dès les premiers mots délivrés au public par ce sinistre spectre du postmodernisme relativiste, j'avais compris la manœuvre : sans le savoir, j'étais devenu l'instrument de la petite guéguerre à laquelle se livraient TF1 et Canal Plus pour récupérer la tranche la plus jeune de l'audience populaire. Un des deux personnages principaux du roman, Andreas Schaltzmann — schizoparanoïde criminel de son état — est persuadé que les extraterrestres ont conquis la Terre avec l'aide des nazis et que la chaîne TF1 fait partie de la vaste conspiration mise en place pour faire croire le contraire aux quelques derniers hommes de la planète.

Inutile de dire qu'on rigolait grassement aux allusions ou aux citations *in extenso* concernant Balladur, Bouygues et les diverses corporations qui s'agitaient en effet autour du grand ennemi télévisuel. (J'avais voulu faire de Schaltzmann un véritable psychotique paranoïde, dont les systèmes sont toujours très érudits et très savants, et très cohérents, et je m'appuyais sur un certain nombre de cas cliniques, pourtant ouvertement cités dans la prologie du roman dont Gaccio avait parcouru les vingt-cinq premières pages dans sa BMW le matin même, avec une fiche de synthèse élaborée de la main d'une de ses assistantes.)

Aurais-je été un auteur américain, peut-être aurais-je choisi NBC, ou plutôt CNN, mais à moins de verser dans le plus bas caniveau de la trash TV locale, aucun animateur télévisuel d'un grand réseau US, même au sein d'un talk-show assaisonné d'humour, n'aurait à ce point appuyé sur la chose, à moins de passer instantanément pour un gougnafier aux yeux de l'ensemble de ses pairs.

Ce n'est pas ce qui s'est produit, et pour cause : la France dégénérée du postmitterrandisme a ouvert la voie à la révolution dont elle rêvait, plus ou moins en secret. Canal Plus et les Guignols ont finalement remporté la bataille de la vulgarité et du crétinisme nihilo-comique pour gagner la couche « jeune » de la population. C'est le règne « subversif » de Djamel, de Tonton Doc Tapinéco, ou de Gaccio, du porno-de-minuit, des Guignols ou du gangsta'rap par tous et pour tous, ainsi que des quelques baby-boomers qui les manipulent aussi sûrement que leurs spécialistes salariés animent leurs fameuses marionnettes.

Pourquoi n'en ai-je jamais fait état publiquement jusqu'à ce jour ?

Eh bien, pour la simple raison que ce sujet somme toute secondaire n'était pas réapparu depuis dans mon champ de vision. Mon radar traquait alors des cibles sûrement plus importantes... quoique...

Il faut dire qu'en ce jour d'été 1995, sous l'œil multiforme de cette incroyable machine à effet spécial qu'est le plateau de *Nulle part ailleurs*, j'avais bien d'autres chats à fouetter que de m'occuper des pantalonnades de Gaccio et de ses gnomes.

D'abord, contrôler la montée du mélange herbe/méthédrine.

Ensuite, faire face aux platitudes de la jeune fille qui me faisait office d'interlocutrice et dans le même temps tenter d'établir un contact vrai avec un Philippe Gildas encore attentif et essayant avec peine d'élever comme il le pouvait le niveau général de la conversation.

Enfin, essayer de gérer la transmission en direct avec ce groupe de Bosniaques que je ne connaissais pas, de toutes origines, serbes, croates, musulmans, assiégés à l'époque par les miliciens yougo-communistes, et à qui j'avais décidé d'ouvrir l'antenne en échange de mon passage sur le plateau. Ce fut mon petit acte médiatique de participation à la guerre : non pas parler en lieu et place de ceux qui étaient là-bas en train de se battre pour nous, en utilisant des imageries hors de propos et historiquement incorrectes (comme BHL et ses conneries au sujet de la guerre d'Espagne), mais en leur ouvrant un bref temps de parole en direct (je crois avoir dealé avec Canal un temps d'émission satellite depuis Sarajevo d'environ dix-quinze minutes en échange de mon passage).

Déjà, ce qu'avait été *Nulle part ailleurs* au moment de sa brève splendeur n'était plus qu'une formule sans la moindre (al)chimie, une jolie machine bien programmée, une série de numéros sans un ensemble susceptible de dégager pour eux la plus simple opération. Gildas, sans doute lié moralement et contractuellement à la chaîne, faisait de son mieux pour conserver un cap relatif à ce navire sans plus de destination. Antoine de Caunes, plus prévoyant, avait déjà emprunté le chemin des chaloupes de sauvetage et s'était éloigné à temps du bâtiment en péril.

Je lui avais été présenté l'année d'avant, pratiquement jour pour jour, en tant qu'invité secondaire de l'émission qu'il coanimait alors avec Gildas. Il venait de lire mon roman *La sirène rouge* et, en véritable connaisseur du roman « policier » et du film noir, il y avait décelé les influences qui avaient volontairement habité mon travail, mais plus important encore un certain nombre qui s'étaient mises à l'œuvre sans je n'en eusse éprouvé sur le moment — lors de l'écriture du livre — la moindre conscience. Ce tout premier passage sur cette émission alors à son sommet (donc sur sa fin) avait produit son lot d'effets bénéfiques, augmenter quelque peu mes chiffres de vente et ma notoriété en tout premier lieu, mais malheureusement il eut aussi comme conséquence fâcheuse de me mettre en confiance envers la chaîne elle-même, ce qui me conduisit à cette guerre acharnée et parfois vacillante que je menai ce soir-là, en juin 1995, parallèlement en tous points aux Bosniaques assiégés auxquels j'essayais comme je le pouvais d'ouvrir un espace de parole dans le mur idéologique des bien-pensants qui tiennent les médias français...

Naïve erreur, que j'essayai de ne pas répéter lorsque ce fut Guillaume Durand qui m'invita en 1999, et que je ne répétai pas, en effet, mais au profit d'une autre, bien plus gigantesque : j'eus confiance en moi-même, et je sous-estimai du coup gravement l'incroyable force d'*inertie* des divers dispositifs de l'adversaire.

De plus, je n'avais pas eu de méthédrine à ma disposition sur ce coup-là.

*

17 novembre, 2 h 42. Le Conseil de métacrise permanent reprend ses activités souterraines et littéraires. Cette nuit, séance de corrections. Appareillage furtif pour le radar du lecteur, sauf si on lui laisse le petit miroitement d'un leurre avant de disparaître, comme pour jouer avec ses nerfs.

*

Émergence visible dans l'espace blanc du continuum cathodique. Il est 4 h 54.

La vision de l'émission d'Ardisson à laquelle j'ai fait allusion un peu plus haut a mis plusieurs *journuits* à se décanter.

Sans l'avoir sans doute vraiment voulu, mais en le désirant visiblement assez fort pour que cela ait un jour une chance de survenir, quelque chose a vraiment échappé à Thierry Ardisson lors de cette émission.

Et, il faut le reconnaître, le passage blitzkrieg de Christine Angot fait partie des sommets du genre.

Il se trouve que je dois être un des rares à avoir acheté son dernier livre, et à l'avoir lu, en tout cas ici au Québec c'est sûr, et à ce que j'ai compris, selon ses propres dires, un phénomène analogue se reproduit en France.

De plus, j'en avais déjà lu un tiers environ, lors de sa sortie, un peu à la sauvette durant une petite heure à tuer à la librairie Gallimard, et quelque chose m'avait comme chaque fois avec elle fortement (dé)plu, donc forcément intéressé, tout au moins. Ça n'avait pas été le cas, reconnaissons-le, avec *Sujet Angot*, mais déjà un peu plus avec *L'inceste*.

Qu'Angot soit « caractérielle », pour rester dans l'euphémisme, et qu'elle ait, à sa manière, engagé une manière de bras de fer impitoyable avec la vérité et un certain nombre de mensonges sociaux, au moyen d'une sorte d'autofiction générale, est ce soir-là devenu à mes yeux comme par trop visible. Ce qui était loin d'être désagréable au contraire, en tout cas en ce qui me concerne.

Il est vrai que j'ai lu *L'inceste après* avoir parlé d'Angot dans mon volume précédent, mais j'avais essayé de lire *Sujet Angot*, et j'y décelai déjà certains patterns qui n'allaient pas tarder à devenir symptomatiques de son écriture. D'autre part, je m'y attaquais moins à son livre qu'aux voix braillardes qui « avaient pris sa défense » avant même qu'il ne soit attaqué, voire avant qu'il ne soit lu, comme celle de son éditeur, Jean-Marc Roberts, dans un grand article à la une de *Libération*.

Or l'émission d'il y a trois jours a pour ainsi dire accentué la pression de cette empathie que je pourrais ressentir envers elle si, précisément, elle n'avait pas accompli ce geste hautement symbolique, et sans doute très télégénique, très bon pour les archives, de quitter abruptement le plateau. On ne quitte pas un théâtre d'opérations dans lequel on a engagé ses hommes derrière les lignes, on ne quitte pas une scène au milieu du troisième acte, on ne laisse pas de blessés aux mains de l'ennemi, on n'abandonne pas au milieu du gué les rares personnes qui s'intéressent à cet instant, même contre toute attente, à ce que vous faites, et dites, pour une bouderie d'adolescente.

Mais du coup, une des choses qui me semblent les plus sûres en ce qui concerne ce *sujet*, c'est que Christine Angot n'est pas malade, elle est la maladie, d'une certaine manière elle est une véritable romancière pop, une terminaison avancée du nihilisme esthétique national, donc sa plus belle fleur, disons même peut-être la plus vénéneuse, comme par accident. Ses limites sont celles de la France de l'an 2000, elles permettent néanmoins de deviner la topologie d'un devenir pour cette littérature, au cas où cette écrivaine entreprendrait un jour leur dépassement.

Quitter la ville est un journal. Il ne fait pas bon pour un écrivain d'aujourd'hui, en cette France bimillénaire, de publier un journal, surtout si ce journal témoigne des méfaits de l'Humanité, au cœur des milieux hautement intellectuels de la Littérature, de l'Édition et de la Presse.

*

La paix est une chose trop importante pour être laissée aux pacifistes.

*

La « révolution informatique » ne peut être comprise que par-delà les limites que les nihilismes postrévolutionnaires imposent trop facilement à la pensée.

Elle n'apporte la « libération » qu'aux agents de la forme sociale, et en fait elle les enferme dans sa logique prédominante (la communication), son étage biopolitique de contrôle neural. Mais cette révolution, cette « liberté de communication », qui s'avère le plus sophistiqué dispositif de biocontrôle et de mise en esclavage productif du genre humain, apparaît paradoxalement, pour certains éléments imprévisibles et isolés des plannings sociaux et/ou familiaux, comme une chance concrète d'y trouver une forme d'aliénation supérieure qui ouvre alors sur une liberté absolument souveraine.

*

Les philanthropes sont reconnus pour leur amour de l'humanité, ce qui aura sans doute conduit bien des humains au désastre, et je ne parle pas des peuples ou des nations.

Je n'ai pas leur grandeur d'âme, abstraite et inconditionnelle, antidiscriminatoire et sans hiérarchies. J'aime profondément une petite poignée d'êtres, j'en aimerai sans doute de moins en moins, et avec une intensité déclinante, ou au contraire rayonnante, selon le rythme que l'entropie aura choisi pour moi. Je serai de plus en plus sélectif, et sans doute mettrais-je chaque fois la barre un peu plus haut, exigeant l'impossible, ou à peu près, de moi-même comme des autres. Ma discrimination sera implacable, mes hiérarchies seront sans références connues.

Je serai aussi plein d'amour que l'humanité en sera dépourvue.

*

Son corps s'ouvrit
Dans la lumière blanche
Son ombre laiteuse
Tendue comme un arc
Je me tenais immobile
Au bord du précipice
Un tube rayé de feu
Pénétrait ma conscience ;
Toutes les heures
En numérique sarabande
Minutes explosées
Par mon rythme cardiaque
La foudre venait trouer
Et les os et la viande ;
Je pris sa bouche
Entre mes dents
Je pris ses seins
Entre mes mains
J'aspirai sa vie
Tel un organe chaud
Je buvais un gel de nacre
Mon sexe se dressait
Nu comme un jeune roi
Le vampire en moi
S'éveillait dans la crypte.

*

Depuis quelques jours une page secrète de la guerre neurovirale s'ouvre dans le « Théâtre des opérations ». Un mouvement encore clandestin vient de surgir, inopinément, ici même, un mouvement protologique auquel votre humble serviteur n'est pas peu fier d'être pour quelque chose, même si c'est en *parallèle*.

Les événements sont si singuliers que la force me

manque à cette heure-ci pour vous en narrer tous les détails. La nuit a été longue, nous sommes le 24 novembre 2000, il est 6 h 23, et elle devient une menace de cobalt où des ovnis roses stagnent dans la haute atmosphère, quand la contemplation pure paraît la seule possibilité d'existence.

Les *journuits* prochain(e)s seront sans doute profitables et permettront à mon cerveau de dégager le noyau de vérité de cette expérience tout à fait singulière.

Pour le moment nous lui donnerons le nom de code « Métakrisis 21 ».

Tout pourrait être indéfiniment plongé dans ce bleu-vert des limbes du tout petit matin, à l'instant où les premières radiations infrarouges cinglent dans l'ionosphère. Une aube-crépuscule continuelle, avec quelques astres froids comme compagnons, la Lune, une poignée de constellations, les météores, et le seul souvenir de la lumière solaire, enregistré dans un livre ou sur une cassette.

7 h 07, maintenant le jour attaque, une pâle coupole à l'azur translucide nous surplombe, au sud-est les divisions jaune pâle des premières lueurs font leur apparition, là-bas, à l'horizon occidental, un long convoi de cumulus outremer aux boursouflures fuchsia passe au ralenti entre la montagne et les immeubles du centre-ville, le bruit de fond de la cité monte doucement en puissance, remplaçant peu à peu la laconique musique des heures nocturnes.

Maintenant il est bien trop tard pour dormir.

*

Il existe un sentiment d'exaltation particulier propre à la victoire sur les programmations naturelles et sociales qui ont fait de nos jours et de nos nuits une suite de petits fragments fonctionnels, discontinus, et sans plus le moindre mystère.

Il existe une folie guerrière singulière qui consiste à affronter le monde, non pas dans ce qu'il a de plus terrible, mais dans ce qu'il a de plus beau. Cette folie est celle de l'affirmation entière de la création et de ses processus, y compris celui d'entre eux qui fait des consciences vivantes et agissantes le moment critique de retournement du monde contre lui-même, et pour certaines d'entre elles le facteur métacritique décisif qui leur permettra d'en inventer un.

Usines dans la rouille matinale
Fumées roses spirales d'or
L'explosion immobile du soleil
Dans les vitres au sud-ouest
D'un immeuble ;
La montagne rousse et blanche
Animal de brousse endormi
Dans la neige ;
L'ultrajaune graphique
Carré monochrome net
D'un bloc sur Saint-Laurent
Meurtrières anthracite
Ouvertes dans le béton
Aveuglé par le jour.

*

Sous la passerelle
Deux anges tombés
D'un astre
Perdu pour ce jour ;
Elles sont plus resplendissantes
Encore qu'une
Fontaine de jouvence ;
Elles marchent
Avec la calme assurance
De la jeunesse

En cours d'expérience ;
Elles disparaissent vers le nord
Sous le camouflage militaire
Des arbres aux treillages verts ;
Leurs rires hantent un moment
La ruelle d'un écho
Cruel.

*

7 h 49.
Plein jour.
Jeune bleu.
Ciel pur.
Is'nt a perfect day for fallin' down ?

8 h 01.
Je sais qu'à Paris il est toujours « Québec time plus six heures ».
Des problèmes professionnels de dernière minute vont me forcer à donner quelques coups de fil à la Vénérable Maison.
Veuillez nous excuser pour cette interruption momentanée de notre programme.

*

10 h 08, retour sur la plage de débarquement.
Froide pornographie des corps piégés par les capteurs électroniques de la caméra micrototalitaire. L'œil technique xérographie les orifices les plus intimes, devient la tierce entité qui surgit de toute *copulation*, l'imaginaire fantôme qui se glisse entre les corps, les dénude, les inspecte, les offre aux regards, multiples et obsessifs, de l'Autre, devenu macrocosme multicéphale, ou plutôt multisexuel, trillions de sexes avides perdus devant le glacial espace de

l'humanité numérique et qui tentent désespérément de cloner le désir, la Machine leur offrant une collection infinie de micromoments parcellaires et discontinus en échange de leur abandon de la vie vécue comme continuum.

La liberté ne rend faibles que les faibles.
La vérité ne rend libres que les fous, et les saints.

*

Si Dieu n'existait pas, il faudrait quand même inventer la poudre à canon.

*

Jeunes femmes au regard clair
Vieux de plusieurs empires
Leurs mouvements dans l'espace
Tracent des frontières sauvages
Par-delà lesquelles
Il serait si doux de se perdre ;
Boréales créatures
Aux mémoires étranges
Et aux noms surprenants
Irlandaises de l'Arctique
Iroquoises des Highlands
Françaises des Amériques
Vénus transnapolitaines,
Elles rient de la Mort de l'Homme
Sur l'autoroute panaméricaine.

*

Crâne dépoli
Casque de lumière
Le jeune oiseau

Déterre l'os
Sous l'angle
Chaud de la roche ;
Millénaires de sable
Ma tête au soleil
Se consume
Pourtant jamais
Le verre ne se porte
À mes yeux
En armes de lune ;
L'éclat du siècle
Comme un marteau
Sonne pour les tombeaux
Par millions dans le silence
Des cloches ;
Je marche avec les légions
Des enfants de la guerre
Je dévore l'eau et la terre
Et le feu m'accompagne
La fumée, la poussière ;
Je suis ton ombre
Petit diable
Dans tous les sens
Du terme,
Je te suis et je te précède
Je suis toi, de toi je procède.

*

Matinées difficiles
Pour les jeunes filles
Aux bras en croix ;
Au petit jour surexposé
Leurs veines se glacent
Dans la blancheur,
Quand la chimie tranquille

De la fatigue scintille
Au fond des iris,
Les lèvres sèches
Comme de la poudre
En chaleur.

*

28 novembre, minuit passé de quelques minutes ; troisième semaine du feuilleton électoral US.

Après avoir essayé par tous les moyens possibles d'empêcher Bush de gagner l'élection cruciale de Floride, et après avoir compté recompté décompté et redécompté quatre ou cinq fois les voix des comtés les plus prodémocrates, le clan pro-Gore refuse le résultat, engage une action devant la Cour suprême et enfonce un peu plus encore la République américaine dans le juridisme.

Gore et Clinton se sont faits les hérauts et les héros de la prospérité économique de ces dix dernières années. Ils oublient évidemment de dire qu'ils n'ont fait que jouir des fruits que Reagan et son équipe avaient semés lors de la décennie précédente. Trois ou quatre ans (le mandat Bush Sr, avec la guerre du Golfe et l'explosion de l'ex-URSS à « gérer »), c'est à peu près le temps qu'il faut à un supertanker civilisationnel comme les États-Unis afin de manœuvrer pour changer de cap.

Ensuite on peut clamer un peu partout que la croisière est splendide alors qu'il ne reste plus qu'à tenir la barre, en se faisant sucer le jonc de temps à autre par une assistante dévouée en robe bleue.

Bouillon de culture. Ce soir le marronnier de service (public) : la langue française en danger, avec la Bombardière de choc made-in-Canada et quelques seconds couteaux venus des escadrilles locales. Je quitte la pièce alors que Pivot interrompt pour la troisième fois en l'espace de cinq minutes un Claude Hagège imperturbable et qui renvoie en quelques explications érudites, donc simples, la brochette de cuistres et leur chef cuisinier dans les cordes.

Pivot réclame du *suspens*, il beugle désormais ouvertement que tout cela n'est plus qu'un dérisoire gadget de la marchandise parvenue enfin au degré ultime de sa décrépitude.

Je préfère de loin regarder CNN.

Chaque jour que le Dieu Dollar fait, le Zéro poursuit sa chute inexorable, à la lenteur quasiment agaçante.

Razzia libérale aux élections générales canadiennes. Chrétien s'avère ainsi le Mitterrand de cette fin de siècle, outre-Atlantique. Une droite divisée et ringarde, une gauche socialiste en perdition et un mouvement nationaliste québécois sans perspective, tous piégés dans leur régionalisation de fait, ont permis au Parti libéral de tenir fermement le centre stratégique du pays et de l'électorat, et de gagner des voix partout où cela lui était possible, y compris ici, sur le Bloc souverainiste. Qu'on le veuille ou non, qu'on l'aime ou pas, comme François le Deuxième, Jean Chrétien a démontré quel drôle de petit-grand bonhomme politique il était. Petit en rapport avec ce que nous savons du mot *politika.* Grand par rapport aux nains qui se sont mesurés à lui.

Ici au Québec, on comprend bien que ce vote « rouge[1] » n'était en fin de compte qu'un vote par défaut, pour ne pas dire par dépit. Il ne masque qu'un vide aux dimensions sans cesse agrandies. Le Québec commence tout juste à se rendre compte de l'affreuse dialectique dans laquelle la

1. Au Canada, la couleur rouge est associée au Parti libéral (centre gauche), et non pas comme en Europe au Parti communiste et consorts.

gauche postmarxiste l'a enfermé. Entre la sociale-bureaucratie fédérale et son équivalente provinciale, avec leurs petites guéguerres continuelles au sujet de la Constitution, de la loi XYZ, du « contenu canadien » ou de la « culture québécoise », de telle ou telle prérogative protocolaire, de tel ou tel aspect de leurs (non-)politiques linguistiques, aucune troisième voie ne semble encore en mesure de se dégager. Ainsi le Québec se voit-il constamment obligé de choisir entre deux mauvaises potions, aussi amère l'une que l'autre, les libéraux ou les souverainistes, avec leur totale absence de vision, leur népotisme, leur centralisme, leurs bureaucraties tentaculaires et improductives. Comme à l'époque du duplessisme, jamais l'horizon politique n'a semblé aussi bouché. Mais, comme à l'époque du duplessisme, cet immobilisme apparent cache dans ses profondeurs un mouvement tectonique dont l'émergence n'est encore sensible qu'à une poignée de sismographes vivants auxquels la mission est confiée d'enregistrer et de rendre visible l'onde de choc encore souterraine qui s'en vient.

Tous ces commentateurs de la presse française qui accumulent poncifs sur clichés à propos du « blocage des institutions américaines » et qui glosent à nouveau sur le déclin prévisible de cette grande puissance... comme si tout déclin n'était pas prévisible à plus ou moins long terme dès lors que l'apogée est atteint !

Et surtout, surtout, j'attends avec impatience de les voir commenter en direct la prochaine grande crise politique du siècle, lorsque le « blocage des *non-institutions* zéropéennes » fera à nouveau exploser la France et le continent qu'elle n'a pas su ni voulu unifier.

Non seulement les souverainistes font tout pour que les Québécois n'aient plus que le seul choix de la séparation, mais comme tout bon social-nationaliste qui se respecte, ils forcent désormais des dizaines de municipalités, dont celles de l'île de Montréal, à fusionner, avec de grands effets de manche sur la « rationalisation nécessaire », tout cela étant bien entendu décidé et orchestré sans la moindre consultation « populaire » par les ministresses et sous-ministres divers sis à *Québecgrad*.

Comme les communistes, les bureaucrates postmodernes pensent que la liberté et la démocratie sont valables pour les... bureaucrates.

*

Un bon bureaucrate est un mobilier de bureau. Une broyeuse à papier, par exemple.

*

Ce soir à la télévision nouvel appel des collabos onuzis pour envoyer des fonds au régime de Corée du Nord. Après cinquante ans de communisme forcené (le seul équivalent connu à ce jour fut le célèbre régime d'Enver Hodja en Albanie), la Corée du Nord souffre d'une terrible famine endémique, qui pourrait s'en étonner ? Touchée maintenant par des typhons et des inondations, cette nation se trouve totalement incapable de faire face à la situation, pour peu que ses dirigeants le veuillent vraiment.

Car lorsqu'on observe en parallèle la construction des formidables sites militaro-nucléaires destinés à mener la guerre contre l'Occident (voir les photos satellitaires publiées sur le net par la Federation of American Scientist), on comprend tout de suite mieux où va passer l'argent que les mères maquerelles de l'ONU sont en train d'accumuler dans leurs sébilles, et il est temps de leur faire savoir que nous ne marchons plus dans la combine. Comme pour l'Éthiopie de Mengistu, ou l'Irak de Saddam Hussein, nous savons que la famine orchestrée par les communistes coréens est le dispositif central d'une stratégie dont l'onucratie humanitaire est partie intégrante, puisque c'est avec les dollars que nous leur envoyons que ces régimes financent leur répression interne et les guerres qu'ils mènent avec leurs voisins, voire, via terrorisme ou missiles balistiques interposés, contre nous-mêmes.

Si nous voulons *vraiment* faire quelque chose pour la population de Corée du Nord, comme pour celles d'Afghanistan, du Tibet, de Bosnie, d'Irak ou d'ailleurs, il est peut-être temps de penser à donner notre argent à d'authentiques forces de libération politiques armées, pro-occidentales, formées et encadrées par nous, sans le moindre état d'âme et avec toute la rigueur nécessaire.

Un petit olibrius de la presse para-universitaire locale croit déceler un « sophisme » dans une de mes paraboles concernant la science et la technique (la parabole du singe, du bâton et de la banane). Adepte des méthodes collabos du petit nazillon d'ultragauche, ce triste sire se permet en fait de régler ses comptes personnels sous l'aspect d'une « critique » de mon dernier volume, et s'enferre à chaque ligne dans les chausse-trappes de sa non-culture parfois exhilarante ; je ne laisserai pas le soin à la postérité d'immortaliser ici la pauvre vulgarité avec laquelle ce minable ex-hippie, ex-punk et néocybertrouduc aigri me répond à sa manière, mais une chose est sûre selon lui « les frontières entre science et technique sont inexistantes », pour ne pas dire qu'il s'agit en fait d'un seul et même objet.

Ah bon, mais pourquoi alors les Grecs et les Romains avaient au moins deux mots différents pour les désigner ?

Ah, mais qu'ai-je donc dit là ?

Grecs et Romains ? Vous pontifiez, monsieur. Pourquoi pas l'Égypte de Ramsès II ou l'énigme des Atlantes pendant que vous y êtes ?... Ne savez-vous donc pas que le monde moderne et ses brillantes élucubrations ne doivent absolument rien à ses figures préhistoriques ? Le monde est né avec l'ampoule électrique — que dis-je : avec le poste à transistors et l'ORTF, Pierre Bellemarre et les Thunderbirds, aussi l'art du futur se devra d'animer des images de synthèse tridimensionnelles à plusieurs millions de polygones par kilogramme-seconde, le seul livre important d'aujourd'hui est le mode d'emploi de Netscape, ou le code-source de Trouducux V.69 en assembleur, il était temps que quelqu'un remette les pendules à l'heure.

Pour un microposthomme, appelons-le « petit z », incapable de concevoir les mots et la langue autrement que comme un morceau de viande sur lequel viennent s'agglutiner des poignées de grosses mouches, toute poésie ne peut se voir gratifier que de l'épithète « dépressive », vocable aux sinistres consonances dans un monde chargé de nous faire tous nous aimer les uns les autres, grâce au Prozac et aux *social studies*.

*

Qui est « petit z » ? Sur le plan microlocal qui ne nous intéresse que très peu, sa dénomination vient que dans sa déjection commise au nom de la « critique littéraire » il ne cesse de m'affubler du surnom « G », autrement dit « Grand G », ce qui est tordant, il faut bien en convenir. D'autre part, nous apprenons par « petit z » que tel ou tel de mes romans, surnommé « Syndrome du pavé protecteur », devrait être coupé de deux cents pages (pas un mot d'explication sur cette surprenante et impérieuse assertion), puis qu'il a « conservé » par-devers lui et « pour la bonne bouche » — *dixit* — des textes écrits par moi il y a environ vingt-vingt-cinq ans. Non seulement ce petit cybermégalo aigri cite aussi le nom de ma rue, se régalant sans doute du minable instinct délateur qui sommeille en tout médiocre atrabilaire, non seulement il s'appuie sur des faits intimes et personnels absolument véridiques (comme mon acné juvénile ou mes crises gastriques avant chaque concert), mais il accomplit en toute ignominie, et en toute « sincérité », le travail de les exposer publiquement pour le compte d'un mensonge pathologique dont il est bien sûr la première victime. Car en me traitant, en intitulé de cet « article », de « Staline sous Valium » en pleine « implosion », il permet de mieux décrypter comment le Prozac postmarchand se stalinise, lui, un peu plus à chacune de ses avancées.

Exemple, parmi des dizaines d'autres : « z » cite en toutes lettres une référence inconnue de moi et dont il n'a pu trouver nulle trace dans le moindre de mes textes, mais qu'en revanche il décrit avec moult précisions dans l'unique note de son immondice paratextuel : « Collection *Le mystères des Atlantes*, par Pierre Charrier, couverture reliée cuir avec illustration représentant une statue maya, éditions du Club du Livre, 1972 » ; pour un micropersonnage accusant de dérives pontifiantes et petites-bourgeoises toute « accumulation compulsive d'informations » qu'il s'avère incapable de comprendre, nous voilà forcés de reconnaître être en présence d'une belle brochette d'indices nous permettant d'établir en toute certitude que, si ce livre me reste à ce jour parfaitement inconnu, il doit en revanche trôner quelque part dans la « bibliothèque » de ce pamphlétaire à rouflaquettes.

*

D'autre part, changement majeur du dispositif tactique.

En accord avec Michel Braudeau, je vais livrer la marchandise un an plus tôt.

Plutôt que de faire un volume courant sur les deux années 2000 et 2001, j'« arrêterai » celui-ci au 1er ou au

2 janvier 2001, et je pourrai me lancer plus rapidement que prévu dans l'écriture active — hyperactive ? — de mes futurs romans.

Ainsi nous espérons délivrer la charge pour octobre ou novembre 2001, dans le plus grand secret possible jusqu'au D-Day.

Je devrai achever d'ici là quelques courts essais « parallèles », comme celui sur Drieu la Rochelle, et rendre compte de plusieurs faits qui sont encore à l'état de petits fichiers en attente de traitement dans le disque de mon ordinateur, Israël, l'Afghanistan, l'ex-RFY, la Russie, ainsi que l'évolution générale du cosmos, mais je ferai ainsi de l'année 2001 une véritable année de transition active, sur le plan transfictionnel s'entend, c'est-à-dire sur le plan de la métamorphose coévolutive de la vie et de la littérature.

En outre, frôlant aujourd'hui les deux cent soixante-dix pages à mon format (environ 50 % de plus à prévoir aux épreuves finales), et n'étant pas insensible – pourquoi le cacher ? — à la baisse tendancielle du cours de l'euro, j'ai pris la liberté de frapper au cœur d'une rentrée automnale plus vite que prévu.

J'espère franchement que plusieurs m'en voudront.

*

La vengeance est un plat qui se déguste glacé, mais se délivre brûlant.

(La parabole militaire de la chose étant résumée par les termes « Pearl Harbour » et « Hiroshima ».)

*

Un des éléments décisifs des batailles modernes, c'est-à-dire datant de l'âge mécanique et humaniste, est le fait que très vite (la guerre du Viêt Nam en fut la première grande expérience grandeur nature) il apparaît au regard de l'observateur stratégique que, sur le plan du « matériel humain », blesser son adversaire est bien plus redoutable encore que le tuer bonnement et simplement.

Aux époques plus reculées où la guerre était une charge, et où les seules ambulances et hôpitaux se trouvaient dans les missions de l'Église, lorsqu'il s'en trouvait, la plupart des blessés mouraient directement sur le champ de bataille, ou dans les petites heures qui s'ensuivaient. Ils ne posaient guère de problèmes, sinon par les maladies qui pouvaient surgir de leur décomposition. Tout au plus avait-on besoin de fossoyeurs bien entraînés.

Mais plus tard, au cours des guerres de Crimée, puis de Sécession américaine, dès lors que les démocraties mirent en place leurs machines de communication et d'humanisation, des officines spécialisées (Croix-Rouge, etc.) virent le jour et se développèrent, jusqu'à plus tard aller vérifier le conduit des « douches » d'où sortait le zyklon B sans rien remarquer d'anormal.

Alors, presque simultanément, au milieu des années 1960, quelque part dans les jungles d'Indochine, deux nations qui s'affrontaient avec leurs moyens propres découvrirent le même théorème et s'empressèrent de l'appliquer.

Sur le plan psychologique comme sur le plan logistique, sauver, protéger, évacuer, soigner, éventuellement amputer, puis s'occuper d'un blessé de guerre est bien plus *douloureux* que d'abandonner le corps dans une rizière ou le boucler dans un sac de plastique.

C'est à cela que servaient les booby-traps viêt-congs, et les bombes à billes américaines.

C'est pour cela que Russes et Occidentaux développèrent depuis toutes ces gammes de mines antipersonnel, avec lesquelles l'Afrique paierait aujourd'hui sa dette en les revendant au kilo de ferraille.

Comme nos sociétés avancées et finissantes, qui n'en finissent plus de mourir et de s'alimenter de cette mort, la guerre trouvait là un de ces aboutissements les plus cruellement modernes. Il était plus efficace encore que l'adversaire survécût au massacre, dans un état de démolition avancé, certes, mais vivant, plutôt qu'il y laissât sa vie, qui du coup ne valait vraiment plus rien.

Un blessé coûte cher. Un mort ne vaut rien. La guerre trouvait enfin sa terminologie économique rationnelle, moderne, humanitaire.

« Auteur à succès ». Pour peu que vous trouviez votre voix, et un public pour l'entendre, et que vous diffusiez plus des 1 234 exemplaires habituels de cette corporation de cordonniers de la littérature, vous êtes suspects de trahison, cela ne peut survenir que si vous vous êtes vendus au « système ».

Bien sûr que je me suis vendu. Je suis un prolétaire de la plume. Autant dire la seule aristocratie capable de s'imaginer comme telle aujourd'hui.

Les nabots nous cernent
Leurs bouches sont visqueuses
Le règne de leurs mots
Est franchement obscène
Leurs sabots exsudent
La sueur du labeur
Servant volontaires
D'un petit succube
Sans saveur.

*

Une des choses qui, je crois, irritent tout ce beau monde des zarzélettres dans le dernier bouquin d'Angot tient dans le fait qu'elle *livre* enfin sans pudeur les petites vicissitudes, ennuyeuses, et comptables, de la vie d'un écrivain.

IL N'EST PAS AUTORISÉ, comprenez-le bien, que soit un instant exposée la figure du petit humain qui en nous, comme en tout autre, se réveille parfois brutalement dès lors qu'il faut payer un nouveau crédit ou s'offrir un voyage aux antipodes (ou ne serait-ce que sur la côte bretonne).

Christine Angot, soudainement avalée par la machine de l'Édition, narre les anxiétés nées de sa confrontation avec le monstre poli et doux, et de l'évolution souvent cataclysmique de ses chiffres de vente.

Qui pourrait l'en blâmer ? Les journalistes qui la couvrent de sarcasmes ne regardent-ils pas avec une certaine attention le chiffre inscrit sur leur chèque de fin de mois, ou la courbe de leurs stock-options ?

Ce n'est pas de la littérature ? Ah, bon, peut-être, après tout. Peut-être n'en est-ce pas effectivement au départ, j'oserais dire dans l'*intention*, mais il est probable que cela en produise quand même à l'arrivée, comme par *accident*. Ce qui est infiniment plus intéressant, au bout du compte.

On peut défendre certains livres qu'on aura peu aimés, lorsqu'on sent que leur auteur vaut mieux qu'eux (rien donc n'est perdu) et que ses écrits valent infiniment plus que les quelques critiques qui les détestent pour de très mauvaises raisons.

*

Voir l'enfant mourir
Sous les balles de ses frères
Entendre le cri du père
Et la sirène d'alarme
Pleurer avec la mère
Sans plus la moindre larme
Pour ce qui gît égorgé
Entre ses bras martyrs
Revenir dans les collines
Avec de la haine et des armes

Quelques livres sacrés
Et sans doute plus encore
Ne laisser aucune chance aux démons
C'est se faire l'ami du plus Grand
Invoquer notre perte pour la survie d'un ange :
Doux sacrifice voué aux déserts des hommes.

*

Violences sans fin dans les territoires de Gaza et de Cisjordanie. Il semble bien que la catastrophe se rapproche de jour en jour.

Israël, en tant que nation moderne, posait dès ses fondations une problématique qui a fini par submerger le jeune État juif.

Qu'est-ce donc précisément qu'une telle entité ? Comment définir une nation autour d'un peuple dont la seule mais très puissante force communautaire se définit justement par le seul fait d'être « juif », donc les héritiers de la première grande religion monothéiste, et qu'ils soient résidents d'Odessa ou de Vilnius, de Berlin ou d'Istanbul, originaires de Varsovie ou de Paris, de Tunis ou de Brooklyn, qu'ils aient survécu à Auschwitz-Birkenau, à Bergen-Belsen, à Treblinka, à Chelmno, ou à un concert de Patrick Bruel ? Comment donc fabriquer un État juif qui ne soit pas une théocratie, et qui ne se fonde pas sur un système d'apartheid plus ou moins déclaré ? Comment intégrer les « Arabes israéliens » dans un tel processus ? Comment fallait-il concevoir la recolonisation juive de certains territoires après la victoire de 1967 ?

Comme je l'ai dit plus haut, seul Yitzhak Rabin était capable, au moment crucial entre tous, de conduire cette jeune nation vers son devenir, c'est-à-dire vers une paix acceptable et durable avec un État palestinien aux contours rudement mais justement négociés, pour intégrer le tout dans une alliance stratégique avec l'Occident au sein d'une union monétaire et économique régionale, d'un système de coopération militaire transnationale, et d'une confédération politique (ou d'une agence de consultation et de décision intergouvernementale dans un premier temps) qui mettrait alors à bas tous les engrammes socialistes et nationalistes qui empoisonnent cette région, et l'ensemble du monde, depuis plus d'un siècle.

Yitzhak Rabin, militaire, laïc, sioniste, fut tué par la main d'un extrémiste religieux fanatique agissant pour le compte d'organisations semi-clandestines juives profondément opposées à tout concept de *politika*, au sein de son propre État, comme Sadate, quinze ans auparavant l'avait été par un complot d'islamistes égyptiens en tous points similaires.

La funeste erreur de l'État juif fut d'accepter le « deal » des années 1970 avec Brejnev, puis plus tard avec ses successeurs, et de faire venir par wagons entiers des colons juifs de toute l'ex-URSS, rassemblés la plupart du temps au sein de familles de religieux hassidiques qui jusque-là n'avaient considéré qu'avec le plus grand mépris cette entité politique « laïque », comme leurs coreligionnaires qui vinrent de Brooklyn, durant les années 1980 et 1990. Dès lors que l'État d'Israël conçut cette politique absurde d'implanter à marche forcée ces nihilistes religieux au cœur de la poudrière, puis qu'il ne sut faire machine arrière lorsque cela était encore possible, je crois pouvoir dire que, malheureusement, *le sort en était jeté*.

Le sionisme originel aujourd'hui plus que centenaire n'était rien de plus qu'un nationalisme juif, à tendances démocrates-socialistes, rien de plus qu'un des syncrétismes politiques qui pullulaient en Europe dès la fin du XIXe siècle. Au sortir de la Shoah, un phénomène étrange se fait jour au sein de la communauté juive, qui comprend avec raison que sa survie, dans un monde d'États-nations, doit sans doute passer par ce processus politique, et que cette nation ne peut pas — c'est une évidence lourdement comptable — se constituer en Europe, et pas plus à Madagascar. Le sionisme moderne, postguerre mondiale, tend très vite à s'agréger avec le marxisme, ou à certaines de ses déviances, ou bien encore à d'autres nihilismes plus ou moins consécutifs, il devient peu à peu un clonage bizarre de l'idéal nationaliste-socialiste, et peut se décrypter alors comme la marque résiduelle de la terrible expérience nazie sur les consciences de l'époque. Mais une fois ce constat fait, il faut tout de suite ajouter que les Arabes de Palestine, et de partout ailleurs, étaient eux aussi aux prises avec ce démon moderne, et qu'ils le sont toujours.

Israël ne peut se concevoir que comme un *nouveau type de nation*. Répliquer à plus petite échelle la séparation ethnique et religieuse (sur l'équivalent de deux ou trois départements français), se montrer par ce fait incapables de relire avec l'œil du XXe siècle le message des Saintes Écritures, ne pas avoir su renverser la vapeur quand il en était encore temps, au début du processus d'Oslo, et surtout, surtout, avoir laissé se commettre l'assassinat en direct du seul homme capable de sortir l'État juif, et son futur corollaire palestinien, des bourbiers idéologiques du siècle de fer, sont de la responsabilité de tous les Israéliens. Comment s'en sortiront-ils, maintenant qu'ils n'ont plus que Barak ou Sharon ?

Le « futur » État palestinien lui aussi ne peut se concevoir comme un État-nation classique.

Il n'y a d'ailleurs rien dans cette région qui puisse se concevoir dans le cadre étroit et asphyxiant des sociaux-nationalismes, à variante « laïque » ou « islamiste ».

Mais pour l'instant l'idéal national-socialiste, donc la déroute définitive de toute pensée politique, reste le seul projet des Palestiniens et des pays arabes qui soutiennent la ligne actuelle d'Arafat.

L'explosion est donc inévitable, il ne s'agit que de la résultante de masses critiques majeures entrant en réaction.

Le XXIe siècle commence plus fort et plus vite que prévu, semble-t-il.

(4 décembre 2000, 00 h 11)

D'après ce que je lis dans *Le Monde*, la seule perspective pour le Parti social-démocrate allemand est de s'allier sans vergogne avec les anciens maîtres communistes de l'ex-RDA, le tout grâce à l'assaisonnement révisionniste fin-de-siècle auquel on habitue peu à peu l'estomac des électeurs. L'utopie socialo-communiste se tape une cure de jouvence et déclare froidement vouloir revenir à l'Époque d'AVANT la République de Weimar, disons même d'avant la Première Guerre mondiale. 1913, ça ira, bonnes gens ?

C'est une des plus surprenantes perspectives qu'il m'ait été donné d'entendre au sujet de l'Europe politique du XXIe siècle. Elle a au moins le mérite d'être claire : EN ARRIÈRE TOUTE.

Voyez comme ils sont heureux et enthousiastes, ces fossoyeurs de l'Europe !

La semaine dernière, découverte sur le net d'un site web tenu par des Serbes indépendants et violemment opposés au gouvernement serbo-yougoslave, comme aux crétinoïdes criminels de l'ONU.

À la fois radical, pro-occidental, anticommuniste, antinationaliste, très méchant et fort bien documenté, multilingue, d'un téléchargement rapide, agréable à consulter en surface comme en profondeur (comptez quand même sur une petite heure pour un premier tour assez complet), il est, je crois, ouvert depuis 1998, et sa lecture fait désormais partie de mes « musts » quasi quotidiens.

Je me permets ici de vous en livrer l'adresse, visitez-le, et faites-le connaître, au maximum de vos possibilités : www.freeserbia.net

Ce ne pouvait être que du processus avancé de décomposition de l'idéal national-socialiste serbo-yougoslave (et bien sûr de sa funeste réalisation politique) qu'une telle réponse critique active pouvait surgir.

Ce ne pouvait être que des Serbes, finalement, qui sauraient livrer au monde la *honte* ressentie devant les atrocités commises par les milices communistes, des Serbes encore qui pourraient témoigner de la profonde collusion entre le PC « yougoslave », les troupes « fédérales », celles de Mladic-et-Karadjic, et les bandes de hooligans et de criminels intégrés en masse dans les unités paramilitaires comme celle d'Arkan ou de Seselj, des Serbes encore qui se feraient une joie de présenter les innombrables preuves indiquant en quoi et comment la dictature de Milosevic fut celle d'un petit Staline, d'un Kim Il-sung des Balkans qui, après la chute cataclysmique de son voisin Ceaucescu le Conducator, se devait de réunifier au plus vite l'armée serbe, le parti et la majorité de sa population dans une guerre ethnique de grande amplitude, inconnue depuis la Seconde Guerre mondiale, afin de sauver le féodalisme rouge dans cette région du monde, et les petits trônes qui allaient avec.

www.freeserbia.net
Zéropéens, remerciez-les d'être là, en votre place.

*

DON'T LET BIG MOTHER WATCHING YOU.
LET'S WATCH BIG MOTHER.

*

Dernières pantalonnades de Gore-and-Liebermann devant les cours de justice avant la fatidique date du 12 décembre, jour où les grands électeurs de Floride devront exercer leur vote censitaire.

Clinton fut sans doute la pire chose qui pouvait arriver à l'institution présidentielle américaine, grâce à lui elle sort du XXe siècle tellement affaiblie que son propre vice-président, candidat officiel du Parti démocrate, peut désormais la faire entrer droit dans le premier mur venu, avant même qu'il soit élu, ou pas.

*

Reprenons un peu d'altitude, c'est le cas de le dire, en revenant aux programmes concernant les dix ou quinze prochaines années en matière de colonisation humaine de l'espace.

Grâce à une propagande fort bien faite, l'équipe Clinton-Gore (à moins qu'il ne se fût agi dès le départ d'un véritable mais occulte ticket Gore-Clinton) a réussi à faire croire qu'elle était responsable de la bonne santé techno-économique actuelle des États-Unis, et tout particulièrement dans les secteurs les plus en pointe : informatique, télécommunications, aérospatial, biochimie et génie génétique.

Ce mensonge n'en est qu'un demi, car en ce qui concerne les données stratégiques de sa domination impériale l'Amérique parvient encore assez bien à œuvrer au-delà des clivages partisans, mais il en reste une moitié d'un et un gros : jamais par exemple la Nasa n'a connu une telle bureaucratie, ses budgets internes de fonctionnement généraux n'ont cessé d'augmenter en regard de l'utilisation opérationnelle des fonds, et c'est grâce au Congrès à majorité républicaine que l'agence a été obligée de redéfinir sa politique au milieu des années 1990 et qu'elle peut aujourd'hui s'engager sur une gestion efficace de ses coûts et assurer à nouveau la mise en place de programmes définissant une perspective cohérente à court, moyen et long terme, au lieu de se contenter de gérer le présent (voire le passé) à coup d'hypermédiatisation et d'opérations-spectacles.

Si vous voulez avoir une idée vraiment complète de ce qui se prépare pour la prochaine décennie aux USA en ce domaine, jetez un coup d'œil aux sites : www.spaceand-tech.com et www.spacer.com. Ensuite comparez tout cela avec les projets et les forums de l'Agence spatiale zéropéenne.

Ensuite, rions ensemble.

Une des publicités républicaines les plus réussies montrait un écran de télévision avec, en avant-plan, la silhouette d'un téléspectateur moyen dont on entend la pensée ou le murmure plus ou moins « intérieur ».

Sur le petit écran apparaît la figure de Gore disant on ne sait trop quoi (mmhmmh, murmure le téléspectateur) puis qui enchaîne superbement sur son désormais immortel : « ... how I invented the Internet... »

À ce moment-là le téléspectateur zappe froidement en « se » disant : « Yeah, and I invented the remote control. »

Misez un dollar sur l'industrie spatiale américaine aujourd'hui, vous en récolterez sûrement mille ou dix mille fois plus dans une dizaine d'années. C'est au cas où l'idée saugrenue de devenir riches, sans vous lancer dans le gangsta'rap, vous passait par la tête. Sinon, vous pouvez continuer d'acheter des actions Eurotunnel.

Si les nations subsahariennes avaient su produire autre chose que des partis génocidaires et des roitelets de la guerre postmoderne et néoethnique, elles auraient pu offrir, en de multiples endroits, là où s'étend aujourd'hui un arc continu de désastres et de désolation, des sites de lancement pour orbite équatoriale à peu de frais, en agissant de concert pour créer un réseau d'astrodromes privés à faible coût qui dès aujourd'hui pourraient se placer sur le marché international de la colonisation spatiale.

En lieu et place, le seul aéroport de Lagos, pourtant

situé en « zone de paix » au cœur d'un des pays les plus riches de la région, est tout bonnement un des endroits les plus dangereux du monde, dès lors que le soleil s'y couche.

*

Il n'est pas d'écrivain qui ne soit, au fond de lui, un guerrier, un justicier de la nuit. Il lui faut régulièrement durcir et aiguiser sa lame sur le granit des idées arrêtées, certes, mais aussi parfois sur la cuirasse d'un faiseur-de-livres, voire d'un pondeur-de-lignes-à-la-petite-semaine.

Il y a sept jours, très exactement, j'ai pu constater avec précision à quel point forme et style ne faisait qu'un, à tout jamais, qu'une idée sans style est une arme inoffensive, démilitarisée — comme on dit —, voire un simple jouet nihiliste déguisé en potentiel transgressif et destructif, et que le style sans idée en est son corollaire, à peine inverti, puisqu'une coquetterie narcissique et impuissante.

Dans le *Voir* du 30 novembre, la parution d'un même livre *Un petit bleu bourgogne*, de Sylvain Houde, a divisé profondément la rédaction de l'hebdomadaire. À tel point que deux plumes adverses ont pris partie, l'une CONTRE, l'autre POUR, et que c'est précisément par les *écritures* tout à fait opposées de ces deux critiques qu'on pouvait mieux comprendre ce qui était en jeu dans le livre que chacune commentait.

Dès le lendemain de la parution de l'article, je parcourais discrètement dans une librairie de la ville l'ouvrage en question. Afin, malgré ce que j'avais pressenti par la lecture des critiques rivales, de me faire une idée par moi-même. Il arrive parfois que des impressions intenses se révèlent l'image-miroir du phénomène qu'elles reflètent.

Faisant de la *brièveté* même le « concept » clé de ses productions, Houde enchaîne quatre ou cinq nouvelles farouchement tendance (sex, drugs, rock'n'roll, violence gore pédés, flics pourris, tout y passe) dans la pure continuité de ce qui est désormais convenu d'appeler la « culture » *trash*, et qui grosso modo ratisse le plus largement possible dans les déjections terminales de la Rock Machine Inc.

Mais il existe des dizaines, des centaines de récits du même genre qui chaque année viennent obstruer les sphincters pourtant dilatés de notre bonne mère Édition, qu'a donc celui-ci de particulier ?

Le fait que Houde soit DJ dans un groupe techno nommé Les Jardiniers et qu'il possède donc déjà une certaine notoriété publique pourrait ne revêtir aucune importance si, justement, l'auteur en question n'accompagnait ses « brefs » récits trash d'une sorte de manifeste qui sert à la fois à nous « vendre » sa salade néominimaliste (un relent inassouvi des « Moins-que-rien » de la NRF d'il y a cinq ans ?), et dans le même temps, tel un Beigbeder local, à expliquer en quoi il s'agit d'une pure *stratégie marketing*, sans oublier le couplet « situationniste » mal digéré sur le retournement des armes du système contre lui-même.

Ainsi, ce qui m'était apparu de la façon la plus lumineuse par la simple lecture des deux critiques concurrentes ne trouvait dans cette lecture piratée au coin d'un pilier qu'une preuve grégaire de ce que j'avançais au début du paragraphe, concernant le « style » et l'« idée ».

À la lecture de l'article de Louis Hamelin, opposé en tous points à la prose de Sylvain Houde, j'avais en effet déjà tout compris. L'article de sa rivale, radicalement « pour », m'avait permis de préciser quelques contours.

Car Louis Hamelin n'est pas n'importe qui, même si peu sans doute le connaissent dans notre belle République des Zarzélettres, centre du monde des créations de l'esprit comme chacun sait. Je le connais assez peu moi-même, l'ayant croisé une couple de fois, et n'ayant encore lu qu'un seul de ses romans, dans lequel se déploie déjà une imagination sans limites sinon celles qu'elle se donne — donc l'acte libre et souverain d'un homme libre/écrivain.

Car ce sur quoi Hamelin aiguise sa lame, c'est précisément l'antithèse de tout ce vers quoi il tend de toutes ses forces, sans même parfois le savoir, ni le comprendre, comme tout écrivain : la vérité. Et la vérité, c'est le moment où le langage retrouve sa fonction créatrice, donc le moment où les « idées » qu'il est prétendument chargé de transmettre et la « forme » qu'elles sont censées revêtir ne deviennent plus qu'un seul et même processus méta-vivant.

Décelant sans peine les oxymores, les pléonasmes, les contre-sens, les fautes de syntaxe, les pesanteurs adverbiales, bref les béances involontaires de la postécriture, jamais son discours ne s'apparente à celui d'un vieux professeur de grammaire, car à ce que je sache Hamelin a fait sien lui aussi le langage synthétique de notre époque d'après l'Apocalypse, et je devrais plutôt dire « Hamelin a en revanche fait sien le langage synthétique, etc. », car une synthèse n'a de sens que si elle supplante la somme de ses parties, lorsqu'elle tend à les ouvrir vers un anéantissement plus haut, plus complet, plus *infini* — si je puis m'exprimer ainsi, et vers lequel la « culture » trash ne peut, par définition, essayer même de s'élever.

Donc, si je puis dire là encore : *et voilà pourquoi votre fille est muette*.

Car autant la plume d'Hamelin est inflexible, forgée dans l'acier d'un français à la haute culture, autant celle de sa rivale d'un jour (et sans doute pour l'éternité) est en parfaite adéquation avec l'objet dont elle prend la défense, et il n'est donc pas anodin de comparer les deux critiques POUR/CONTRE que *Voir* a publiées concernant le bouquin de Sylvain Houde, car cette comparaison dessine à coup sûr l'abîme qui sépare pour toujours les écrivains des faiseurs de livres.

*

Comme je l'ai dit plus haut, « petit z » n'est pas qu'une subforme locale et « singulière ».

« z » possède en effet de nombreux clones, car il n'est plus que la réplication de patterns sociaux désormais fabriqués en série et réintégrés sans répit par la Machine à produire du discours. La liberté d'expression ouvre presque toujours la bouche à ceux qui n'ont rien à dire, ou ne savent pas *quoi* dire pour se rendre un tant soit peu intéressant, et piochent ainsi sans vergogne dans les réserves pathologiques personnelles ou interpersonnelles, qui passent aujourd'hui pour le sommet de la non-correction politique.

Nous connaissons tous ou avons tous connu de tels « petits z ». Lorsqu'ils écrivent, en fait, tout sort de l'anus.

Ne le niez pas, vous vivez entourés de « z ».

Prenons un exemple, encore une fois avec celui qui me concerne (c'est celui que je connais le mieux). Dans son « article », à un moment donné, le voici qui me compare un instant à ces « créateurs » d'installations cybervirtuelles qui ne fonctionnent pas — comme le célèbre Silophone de Montréal, qui d'ailleurs fonctionne très bien (je l'ai visité) — et des centaines, des milliers d'autres de par le monde, dont les siennes (car en effet, comme tous les encyclopédistes modernes « z » a touché à tout, et à rien de particulier, mais est devenu entre-temps le génie incompris de la révolution multimédia) — bref, « petit z » tente par un petit tour de passe-passe rhétorique assez vicieux de me faire passer pour le contraire de ce que je suis, et pire encore, me fait dire le contraire de ce que j'écris. Plus drôle, on comprend alors à cette lecture comment « z » a lui le désir le plus profond de réaliser des installations cybervirtuelles qui *marchent*. Or « z », dans ce cas précis, prouve qu'il n'a rien compris de ce qu'il a lu, ou croit savoir de moi. Les installations « artistiques » cybervirtuelles ne m'intéressent que très peu. Et pour dire vrai, c'est lorsqu'elles ne fonctionnent pas qu'elles commencent à attirer quelque peu mon attention, car non seulement on dira qu'ainsi elles auront produit au moins un peu d'imprévisible, mais surtout qu'elles auront révélé une grande part de leur vérité.

On admettra que dans ce cas-là, vu les méthodes utilisées par « petit z », la critique est franchement aisée, pour ne pas dire gagnée d'avance. Je ne suis pas le premier à qui cette mésaventure arrive, et encore moins le dernier. Mais cela n'empêche point le dégoût de se former comme un vieux poison dans votre bouche.

C'est leur époque, elle leur appartient et pourtant ils ne savent rien en faire.

Isolée dans sa République-forteresse, la France se montre définitivement incapable de tenir le rôle majeur qui aurait dû être le sien à l'orée du IIIe millénaire. Sur le plan linguistique, alors que tout le monde chiale sur les reculs de la francophonie dans le monde, personne n'ose entreprendre la nécessaire transformation politique (pour ne pas dire *reformation transpolitique*) qui ferait de la France une démocratie fédérale au sein d'une vaste unité paneuropéenne de démocraties fédérales, et leurs « commonwealths circumterrestres » respectifs, s'il leur en reste. Ainsi, le français pourrait à nouveau se définir comme la langue d'exception de l'Ouest européen, puisque aux confluences celtico-gréco-romano-germaniques, et ici en Amérique oser s'affirmer comme langue synthétique créant un pont culturel et linguistique ENTRE l'espagnol et l'anglais.

Pour cela le français doit non seulement se reconstituer comme héritage actif des langues européennes, mais comme une arme de la pensée dont personne ne pourra se passer au XXIe siècle. À nous, les derniers écrivains, c'est notre *job*, de montrer comment cela est possible, donc nécessaire.

À nous, donc, de tirer les dernières cartouches de notre civilisation.

4 h 14, le 8 décembre 2000.

Demi-lune montante juste au-dessus de ma tête la nuit fut en fait assez calme, comme parfois ces temps-ci j'hésite à cette heure entre l'extinction des feux ou bien continuer la bataille durant la *nuit blanche* qui s'ensuivra.

*

J'ai regardé la fille et je lui ai dit : « Tu es libre, tu es jeune, tu es belle, tu pourrais t'envoler dans les airs et planer au-dessus de la ville. »

La fille s'est accroupie devant le montant de la fenêtre, a posé ses pieds sur les conduits de canalisation et s'est hissée jusqu'à dominer le vide. Tu crois que je pourrais voler ? Oui, lui ai-je répondu, le cerveau consumé par les vérités truquées de la drogue, tu pourrais vaincre les lois de la physique et de la biologie, voler au-dessus de la cité, et rester éternellement un enfant. Elle a mis les bras en croix, m'a regardé de tout son sourire d'amour et durant un instant j'ai vraiment cru qu'elle s'envolait, alors qu'elle se jetait par la fenêtre. J'ai pu voir son visage, ses yeux, son sourire, le mouvement flottant de ses cheveux suspendu dans une image volée au continuum, avant que le vide ne l'absorbe.

C'était incroyablement beau. Ce crime était paré de toutes les pulsions de la nuit électrique. En moins d'une seconde je venais de me damner pour l'éternité.

(Extrait de *Sensoramic*, version 0.1.)

*

Rendons grâce aux putains de l'âge photonique, à toutes ces icônes pornographiques transformées en fichiers.avi, ou mpeg, en simples prothèses digitales de nos pauvres vies, toutes ces filles-androïdes qui tapinent ainsi sur le grand réseau démocratique, WorldWideStrip/SexOnLine, ce métabordel invisible et pourtant si obscurément visuel et dans lequel toutes nos âmes viennent errer, au moins pour un soir.

Oui, rendons-leur grâce, sans toutefois les béatifier, ce qu'elles ne demanderaient certes pas. Osons dire qu'il leur arrive, sans même sans doute qu'elles en aient vraiment conscience, de propager durant un bref éclair un peu de beauté au cœur de l'ordure. Un geste un peu plus délicat, un regard un peu plus abandonné, une posture un peu plus diabolique, un souffle un peu moins bridé, un frémissement sans calcul, et une étrange magie émotive peut alors vous transporter, cette impression d'avoir su pénétrer dans la Caverne des quarante voleurs pour leur dérober quelques-uns de leurs trésors est tout bonnement inexplicable, sans compter qu'elle se révèle à peu près aussi fugace que le *coitus masculinus*, qui ne dure que le temps d'un Kleenex.

*

5 h 02, après une brève interruption, notre programme reprend son cours anormal par nature.

Que deviendrais-je sans mes *démons intérieurs*, comme ceux, psychotropiques, des opérations sacrées de l'alchimie neuronale, ce *Neuronomicon* que certaines molécules permettent non pas de « dévoiler », comme s'il était préexistant à l'opération même qui doit se mener sur la vérité — comme le disait Nietzsche — mais de s'écrire, se transcrire, se décrypter, se recrypter sans cesse dans le cerveau conçu dès lors comme champ et instrument de l'expérience de la vie, en tant que continuum absolu, y compris et surtout grâce à ses retournements critiques et/ou métacritiques sur/contre elle-même ?

C'est vrai : plus l'acte-pensée de l'écriture devient pure rencontre de troisième type avec la vérité — c'est-à-dire avec le moment malicieux, délicieux et sublime, où les paradoxes s'éclairent grâce à leur obscurité —, et plus l'organique se libère de ses contraintes (et en invente de nouvelles par la même occasion, avec les libertés qui, en toute nécessité, les accompagnent) pour gravir un échelon supérieur; plus l'écrivain s'éloigne du monde des vivants, mieux il peut s'y déplacer, sans la moindre limite ni résistance, électricité voyageuse se promenant au sein d'une structure refroidie jusqu'au zéro absolu, donc ouvrant à la vitesse absolue (celle, pure, de la lumière théorique), oui, comprenons-le ainsi : plus vous nous faites mourir, mieux nous savons faire l'amour à la mort.

Nous vivons désormais dans les cryptes de vos villes-mémoires, aux périphéries invisibles de vos métaphysiques, dans le souterrain digital des empires cybernétiques, nous nous déplaçons de nuit, dans le silence des hommes et sous le chant des étoiles, nous sommes les porteurs d'une langue qui ne disparaîtra pas sans avoir placé quelques explosifs pour le futur, nous avançons au cœur des déserts que vous faites croître sans cesse, nous les traversons avec l'indifférence froide du scorpion, du serpent-corail, ou bien celle, plus ironique, du chameau ou du dromadaire, nous sommes le Long Range Desert Group du biocide universel et humanitaire, nous frapperons désormais au cœur de vos entreprises les plus secrètes comme les plus spectaculaires, les plus inavouables comme les plus humanitaires, nous ferons sauter vos petits fortins nihilistes et vos stocks de mauvais carburant délétère, nous brouillerons vos signaux et vos systèmes d'« information » grâce à la photonique du cerveau métacortical, nous romprons vos lignes de « communication » grâce aux contre-mesures du langage, nous disparaîtrons aussi vite que nous sommes apparus, pour réapparaître au moment que nous aurons décidé, à l'endroit que nous aurons choisi, dans les conditions qui nous sembleront les plus favorables, nous briserons vos dispositifs les plus simplistes comme les plus « sophistiqués », *nous allons vous rendre la vie intenable,* au sens le plus strict.

*

Entre la décadence et la mutation, il faut en effet choisir. On perçoit aisément lequel est le plus *facile* des choix.

*

Vous croyiez donc ainsi, pauvres logiciels de simulation, que rien ne surviendrait jamais au cœur même de votre « programme » ?

Vous pensiez que la pensée était à l'abri des virus ? Alors que notre pauvre chair organique ne peut lutter efficacement contre quelques séquences de gènes qu'on lui a fait bouffer pendant des années, parce qu'une poignée d'« experts » de la grosse commission de Bruxelles avaient décidé qu'après tout les bœufs pouvaient bien devenir carnivores, voire charognards.

Mais la pensée elle-même est un virus, ou plutôt une splendide usine à neurovirus, une centrale de contamination métaphysique ; enfin, comme tout ce qui appartient au troisième monde des volontés et des représentations, encore faut-il que l'incarnation singulière par laquelle elle se manifeste — et dont elle cherche l'anéantissement vers une forme supérieure — soit en mesure de le vouloir, et surtout de le pouvoir.

Il faut bien comprendre et peser ce que j'affirme ici, de la façon la plus nette qui soit :

Les bureaucrates anonymes qui auront pris ces séries de décisions fatidiques, conduisant à la rupture écosystémique de la chaîne alimentaire — dans l'aconstitutionnalité antidémocratique de Zéropa-Land —, devront TOUS, comme Eichmann, être jugés et condamnés pour *crimes contre l'humanité*.

Car avant, et même après qu'ils sont parvenus à détruire la plupart des cerveaux encore pensants et agissants de cette planète, que ce soit par l'Université postmoderne, ou méthode plus directe, par le prion de l'ESB, il subsistera ce petit carré d'irréductibles, ces vecteurs inhumains du verbe qui défendront toujours le même faisceau de lumière, celui qui fait mal aux yeux des petits *zumains*, celui qui brûle leurs rétines et les oblige à coudre leur paupières devant Sa Toute-Puissance.

*

Les « révolutionnaires » : ces éléphants qui se regroupent en horde pour briser quelque gracile porcelaine.

Aujourd'hui, on pourrait dire les « trash-transgressifs » : ces ânes en troupeau qui exhibent quelques-unes de leurs bites en croyant choquer l'épouvantail du fermier.

Nuit blanche en continu depuis trente-six heures maintenant. 1 h 50 heure locale, nous sommes le 9 décembre 2000, je sens mes dernières forces m'abandonner doucement, l'une après l'autre, avec une certaine forme de discrétion, voire de courtoisie envers la plate-forme organique qui les aura servies jusqu'à l'épuisement.

Mais qu'il est bon cet épuisement, comme il nous semble gracieux cet abandon, il apparaît dans la douce clarté des croissants de lune, il vous caresse et vous fait miroiter le sommeil, lourd et noir, abyssal, comme l'oasis à l'horizon.

*

Journée de sommeil réparatrice. Douze heures et des poussières. Chaque *journuit* qui passe, que j'expérimente autant qu'elle me soumet à ses expériences, oui, chaque fois je constate avec une terreur sacrée, et délicieuse, à quel point je suis un monstre, une créature nocturne, et relativement prédatrice.

Pathétique apparition du saltimbanque mitterrandien Jacques Higelin, lors de l'émission d'Ardisson, *Tout le monde en parle*, regardée il y a quelques jours sur TV5.

S'offrant son petit caprice de star, nous le voyons apparaître et disparaître du plateau comme bon lui semble, et visiblement sans égards aucuns, au contraire, pour les autres invités, surtout ceux qui n'ont pas l'heur de lui plaire. À côté de Christine Angot, qui elle, n'était pas revenue, on assiste là à une sorte de taylorisation de l'effet. On hésite alors un instant sur le diagnostic : pure agitation hyperactive liée à l'absorption d'un alcaloïde très *prisé* des milieux du spectacle ou simple manque de savoir-vivre accoutré du costume caractériel de la diva ? Ce pauvre clown nihiliste s'en prend alors au méchant « militaro-fasciste » Paul Barril, en nous racontant pourquoi et comment, puisque né pendant la guerre, sous les horribles bombardements (ceux des pilotes alliés, vous savez les pauvres cons de troufions qui crevèrent par milliers dans leur carlingue carbonisée pour libérer le continent, qui accouchait alors d'un Higelin !), comment et pourquoi, donc, il avait une sainte horreur des militaires et de tout ce qui touche à cet univers, comme les « sales flics », et les autres du même méchant calibre, ce qui suscita les applaudissements attendus de la foule moutonnière et festive.

Barril n'est pas ma tasse de thé non plus, en matière de révisionnisme le bonhomme s'y connaît (ce ne sont pas les Hutus — voyez-vous — qui ont massacré les Tutsis en 1994, mais l'inverse), et si l'ironie psychopop et facétieuse d'un Gérard Miller pouvait encore passer, à la rigueur, notre pauvre Higelin a été en revanche incapable de répondre aux questions d'importance que malheureusement Paul Barril posait avec sa finesse habituelle :

Si aujourd'hui l'Afrique regorge de tueurs et de roitelets génocidaires, sous le règne des organisations bienfaitrices de l'ONU, ne croyez-vous pas qu'il serait peut-être temps d'oser lui proposer autre chose que vos lamentations humanitaires et vos pitoyables appels pour les sans-papiers ?

Quoi ?

Eh bien, un *protectorat*, pour commencer. Mais pour protéger quelqu'un, encore faut-il être capable de se protéger soi-même. Pour oser proposer une telle issue politique à l'Afrique centrale, encore faudrait-il qu'il y ait, quelque part, un protecteur.

Vous voulez dire un empire ?

Les Canadiens anglais doivent à leur tour vivre avec le spectre du séparatisme. L'espèce de chantage effectif constant auquel se livrent les souverainistes québécois envers l'appareil central d'Ottawa trouve ces épigones à l'ouest de l'Ontario. Des abrutis contaminés par les rebuts de nationalisme qui surnagent à la surface des eaux usées du XXe siècle viennent en effet de créer le Parti indépendantiste de l'Alberta. Les droits de l'homme n'ont plus de limites, puisqu'un jour on a pu anéantir toute idée de l'homme au nom d'une communauté politique qui lui était vassale ! Il faut bien que l'humanité agonisante de tous ses crimes, passés, présents et futurs, se trouve un reliquat de bonne conscience ! Du coup, toute communauté peut à son tour se targuer d'avoir des droits imprescriptibles et pour toujours légitimes, sans pour autant avoir jamais su produire un principe « narratique », pour reprendre J.-P. Faye, qui puisse produire un devenir « supérieur », engageant le monde vers une promesse qui fasse fi des contraintes de l'entropie, de la servitude, de l'ignorance.

La destruction de l'Europe par elle-même, à travers sa population juive et l'ensemble des « anormaux » ne cadrant pas avec les principes hygiénistes de la seule fédération qu'elle fût en l'état de produire (quelle misère !), conduisit à l'amnésie bon marché de la commémoration symbolique, son bavardage incessant couvrait les hurlements épouvantables des enfants jetés vivants au brasier, il permettait de produire le spectacle du souvenir et nous épargnait le devoir de vérité. Du coup un révisionnisme général dévora lentement les sociétés de l'Occident, de l'intérieur, lentement, comme un acide. Il s'attaqua aux squelettes, aux muscles, aux organes de la pensée, il acheva l'œuvre de destruction du nazisme en instituant l'idole remplaçante du communisme, puis celle-ci à son tour déboulonnée, on continua de translater la figure sur d'autres combinaisons idéologiques, toujours plus empoisonnées, qui conduisirent aux revendications micronationales, à l'écoloterrorisme, au fondamentalisme islamique, aux diverses formes du révisionnisme postmoderne, bref vers un désastre sans analyse, une catastrophe parcellaire et sans laboratoire de narration pour la décrypter et la projeter vers son devenir.

Mes personnages pourraient facilement être pris comme d'autres « moi-même » plus ou moins archétypaux, le genre d'insanités dont « petit z » fait la matière — fécale — de ses logorrhéiques colonnes, s'ils n'étaient précisément ce que JE NE SUIS PAS, donc ce que J'IMAGINE de mes antivies parallèles, ou plutôt ce que ces antivies sont en mesure de m'apprendre sur moi-même, et le monde dans lequel nous vivons, le monde qu'elles imaginent.

Je ne suis pas, donc je pense.

*

C'est lorsqu'on est un démocrate par défaut, pour ne pas dire par dépit, c'est lorsqu'on prend les démocraties pour ce qu'elles sont, un pas grand-chose aussi précaire et limité qu'une sorte de « SMIC » politique, oui c'est lorsque les démocraties agonisent sous l'effet des venins qu'elles s'inoculent elles-mêmes, que l'on est le mieux à même de combattre pour elles, pour ce qu'elles ont accompli de plus grand, malgré elles.

Être un aristocrate aujourd'hui cela ne consiste point à se chercher une particule mariable dans les rallyes de l'ouest parisien, ou à s'offrir un quartier contre les millions de dollars nécessaires au rachat d'un château du Bordelais, ni à vouloir revenir aux époques antérieures à la Révolution par quelque moyen, vestimentaire, politicien ou symbolique que ce soit, cela ne consiste pas à répéter les petites figures décadentes de ce que fut l'aristocratie française dégénérée du XVIIIe siècle finissant, désormais reprises et adaptées par les représentants de la haute bourgeoisie moderne, si pitoyables avec leurs « bonnes manières » frigides et ce style vestimentaire épouvantable, croisement improbable de l'employé de bureau homo lambda et du joueur de golf semi-professionnel, cela ne consiste point non plus à parler de petits-fours ou de macarons, entre un peu de politique, de mode et de vacances à Saint-Moritz, ni de telle ou telle vieille relique — mouchoir de Cholet, porcelaine de Limoges, vache non contaminée du Limousin — achetée la veille chez Drouot, non, penser qu'il est possible et nécessaire de réapprendre à vivre comme un aristocrate aujourd'hui — c'est-à-dire se battre pour le meilleur, pour une culture hautement sélective —, c'est apprendre à redevenir un soldat.

4 h 13, 10 décembre. Je suis tapi au cœur de la nuit, et parfois je bondis, je suis le tigre invisible parmi les roseaux, au bord de la rivière, j'attends ma proie avec plus

de délices encore qu'à l'instant où mon mouvement me décèle, trop tard, et que mes griffes et mes crocs saisissent la chair à la gorge.

Je me repais de votre sang, et je dévore vos entrailles, puis je jouerai peut-être négligemment avec ce qui restera, avant de laisser vos os et un peu de mauvaise viande pour les charognards, et le soleil du jour.

Parfois je m'élève du sol et je deviens oiseau, je me laisse dériver très haut dans le ciel, profitant des courants ascendants de la conscience, et je croise alors quelques flocons de givre en suspension dans l'air glacé des altitudes, ou des filaments épars de nuages, puis je discerne les carrés nets de vos champs et les cancers monstrueux de vos villes, je m'en approche car j'aime leur lumière orange et la vitalité naturelle, sauvage, inhumaine, qu'elles ne laissent voir qu'à la faveur de la nuit, où plutôt dès que le soleil se couche, dès que le jour abandonne et produit alors ses plus belles couleurs, dès que le ciel s'approfondit vers l'infini et nous donne à voir les premières étoiles, à cet instant donc je fonds sur les petits cubes de l'humanité, sur le tracé de leurs vies en blocs et j'ouvre la bouche pour que le feu puisse en jaillir et tout calciner à mon passage. Oiseau ? En quelque sorte. Avais-je oublié de vous préciser que j'appartenais à l'espèce des dragons ?

Puis je deviens microscopique, bacille, bactérie, brin d'ADN, protéine, atome de carbone, proton, neutrino, quark, je deviens pur rayonnement stellaire et je bondis de planète en planète, de lune en lune, d'anneaux en astéroïdes, je franchis les unités astronomiques à la vitesse C, croisant parfois quelques objets manufacturés flottant à des vitesses d'escargot aux alentours de cette planète dotée de bipèdes tout juste pensants et agissants, et me voilà accroché(e) à l'antenne d'un satellite dont les micropulsations digitales fusent vers les hautes couches de l'atmosphère, je redeviens alors comme par magie électricité urbaine, conurbaine, panurbaine, hyperurbaine, je suis l'anode et la cathode, la centrale et le réseau, le continuum et ses discontinuités numériques infinitésimales, je suis alors le gaz qui passe au stade d'incandescence, je suis la pluie de néon qui tombe sur les villes, les putes et les chiens errants.

Je peux alors devenir un instant l'enseigne de néon d'un des sexodromes du red-light district et de mon point de vue rose-mauve sur le monde j'observe les derniers humains se déliter lentement dans la nuit froide. Je rebondis sur l'asphalte et le sang des rues, le béton et le verre des immeubles, la peau et les iris fatigués des dernières catins, le métal et le plastique des voitures, et des cœurs.

Puis je viens mourir sur la fenêtre d'un immeuble du centre-ville, me fondant dans la brume pourpre qui fait office de ciel et la radiation bleu cobalt d'un tube cathodique, mes ultimes photons viennent percuter un visage qu'il me semble connaître quoique je sois sûr(e) ne l'avoir jamais vu auparavant, en tout cas pas sous cette forme, sans doute un effet de corrélation quantique, bref en tant que lumière je me désagrège, je meurs puis je redeviens carbone et hydrogène, oxygène et hémoglobine, je redeviens chair, une chair qui sent au-dessus d'elle le puissant magnétisme lunaire et qui vient de vivre sans trop savoir comment cette expérience, et a tenté de vous en restituer l'écho en direct.

Il n'y a rien de sexuel qui ne soit profondément *cérébral*.

En cette sous-époque ou règnent les « transgressifs » de la trash culture et les jésuites des « droits humains » postmodernes, la réponse n'est pas dans le repli réactionnaire sur des spectres de valeurs qui n'en finissent plus de s'évanouir, mais de savoir dessiner la topologie mutante d'un authentique *ars erotica*, d'une authentique éducation, pour ne pas dire d'une *culture* de l'amour, d'une sexualité qui ne se conçoit libre qu'au terme d'un processus de souveraineté, de création, d'un acte hautement « intellectuel », qui fait que mesurant vingt-cinq centimètres ou pas, votre phallus sert à autre chose qu'à imiter la robotique animation d'un piston dans une soupape, et que c'est effectivement avec votre *cerveau*, pour ne pas dire toute votre *intelligence*, voire un certain machiavélisme, qu'il convient de faire l'amour à votre partenaire.

Le jeu est : qui fait jouir l'autre le premier ? Le premier a perdu, si je puis dire.

*

Il est vrai qu'on a besoin de déchets pour produire des fleurs. Comme on a besoin de millénaires et de mégatonnes de vulgaire charbon pour produire quelques carats de purs diamants.

Des fleurs.

Des diamants.

Quand le but devient la production d'autres déchets, la trash culture montre là sa nuisible et ridicule entreprise, métastase terminale de la marchandise-mort cherchant à se répliquer par tous les moyens possibles, et les limites plus qu'étroites qui viennent avec.

Les cyberpunks authentiques ne sont pas des idolâtres de la marchandise, même « détournée », quand elle n'est pas exposée telle quelle dans une installation multimerdique ou une autre ! Ce que nous savons provient de l'expérience historique et d'une analyse transpolitique, cosmopolitique — oserai-je dire —, qui consiste à concevoir la réalité et ses paradoxes, ses développements et ses régressions, comme les termes d'une expérience sans cesse recommencée, et à concevoir en parallèle le cerveau mutant comme système de survie de la conscience métavivante, comme *alchimie neuronomique*, comme corps étranger dans le métabolisme des sociétés modernes et humanitaires, rationnelles et illuministes, bureaucratiques et publicommunautaires.

*

Création imminente du Bureau de sabotage culturel, comme dans les magnifique livres cultes de Frank Herbert, datant des années 1970.

La science-fiction, non pas en tant que « genre » microspécialisé, mais comme littérature transgénique, comme acte-pensée-écriture transfictionnelle, a non seulement produit la science-fiction du futur (celle de notre actuel présent), mais en grande partie le présent tel qu'il s'est développé dans les métastases imaginaires-réelles, voire « virtuelles » des sociétés de l'an 2000, et elle s'avère aujourd'hui la seule littérature susceptible de devenir la littérature générale de demain, au cas où elle ne le serait pas déjà devenue aujourd'hui.

Science de la fiction tout autant que fiction de la science, notre art consiste à naviguer par-delà les limites métaphysiques des petits zumains et à tenter de leur en ramener quelques messages que nous aurons su plus ou moins décrypter, mais qui ne susciteront sans doute guère d'intérêt chez nos contemporains.

À dire vrai, par définition, assumer son rôle d'auteur de « science-fiction », c'est se condamner à la reconnaissance posthume.

Mais notre art, notre alchimie, consiste aussi à produire ce futur, à en actualiser certains abîmes, à inverser la tendance, ou à la propager encore plus vite, à oser faire se collisionner, dans nos accélérateurs de particules, philosophie et investigation criminelle, espionnage et cybernétique, biotechnologies et métaphysique, économie politique critique et littérature expérimentale, thriller aux découpages cinématographiques et cinétiques machinales terrifiantes, narrations mutantes et fictions transgéniques, bref nous nous instituons en Laboratoire de catastrophe générale, en anneau d'accélération de la conscience et de ses mutations, en *kubergnésis* secrète et toujours largement non décryptée, mais que nos séquenceurs nocturnes décodent chaque journuit un peu plus.

Lorsque j'étais enfant, disons entre sept et treize ans, je me suis souvent perdu des nuits entières à observer le ciel et les astres qui y apparaissaient et, pour certains, s'y mouvaient à l'œil nu. Non seulement je m'intéressais de près à l'astronomie et à l'astronautique, mais la contemplation fascinée (et souvent pleine des questions mentales sans réponses adressées aux étoiles) me projetait dans un état semi-onirique semi-réel — j'oserai dire hyperréel, qu'il est effectivement impossible de décrire comme tel, en essayant vingt-cinq ou trente ans plus tard d'en reconstituer froidement le mécanisme. La sensation ne peut être réécrite que par la transe-fiction qui réanime le souvenir, et par une mise en condition grandeur nature, ciel d'été pur et sec, nuit noire et douce chaleur, qu'il ne m'est pas encore possible de simuler en ce moment, car il fait aux alentours de moins vingt degrés Celsius cette nuit. Le premier hiver du XXIe siècle lui aussi s'annonce plus vite, et plus froid, que prévu.

6 h 13. Nouvelle journuit en perpective.

Une telle reprogrammation du cycle neurobiologique demande un certain nombre de choses, essentielles, pour ne pas dire fondamentales :

1) la *volonté* d'y parvenir, dans la perspective d'une destruction nécessaire à cette transfixion tendue vers un développement supérieur de l'organique ;

2) le *pouvoir* d'y parvenir, c'est-à-dire le moment où la

volonté souveraine et libre s'autorise les contraintes nécessaires à l'établissement d'une nouvelle thermodymamique;

3) l'*expérience* nécessaire pour y parvenir, autant parler tout de suite de science, de *gnôsis*, car celle-ci dépasse largement le cadre dimensionnel des méthodologies préécrites, des prédicats admis, des machines neurolinguistiques inculquées dès notre plus jeune âge.

*

La vérité surgit du moment inattendu où la volonté fait brutalement fi de la raison, pour l'asservir à sa tâche, déroute le programme pour l'investir de ses propres gènes, où par exemple l'écriture fait fi du sommeil pour dépasser la fatigue, pour faire de l'épuisement même la dynamique nécessaire à son surpassement. Le cerveau est capable de très grands prodiges. Il n'est pas anodin de constater que c'est le siècle de la postmodernité technoscientifique rationnelle et/ou illuministe, celui qui est en train de s'éteindre derrière nous, qui d'une part a initié les recherches en ce sens, puis en a promu la maladie chalartanesque-marchande, tout en prohibant rapidement les recherches sérieuses en ce domaine — sur les hallucinogènes, par exemple.

Il faut dire que l'Onucratie est très maligne et très puissamment organisée pour corrompre les esprits. C'est l'ONU qui décide, entre 1961 et1966, de prohiber en une série de diktats médico-idéologiques tout un ensemble disparate de substances, regroupées depuis sous l'appellation unanime de « drogues ».

Ce qui, à l'époque, n'était au fond qu'un appendice de plus aux bureaucraties tentaculaires qui prenaient possession de toute vie sur la planète, imposait des décisions alors purement réactionnaires qui n'avaient pas encore trouvé la parade pour désavouer à l'avance toute critique, d'où qu'elle vienne, sous quelque forme que ce soit.

C'est qu'aujourd'hui l'ensemble de la législation onuzie est en train de bannir l'homme de toute expérience un tant soit peu sérieuse, ou qui ne garantisse pas illico le soin prophylactique universel de leur terreur physiocrate ; l'homme est désormais circonscrit aux limites humanitaires qui occasionnent sa propre destruction, et ce sous le couperet inflexible des juges onucrates, et leurs mères maquerelles de la « vigilance » de tous, et par tous, sur fond de discours du dalaï-lama mixés avec des rythmes éthiopiens et un peu d'électronique new-age.

En fait de « résistance », c'est bien tout le contraire que nous proposons : c'est-à-dire, non pas, pauvres nains, la « collaboration », même postmarchande, mais la *supraconductivité* : *ce moment où le zéro est absolu*, où tout est devenu si froid, si immobile, si mort, rien ne peut être plus mort, sinon le néant lui-même, que *l'énergie n'y éprouve plus aucune réalité*, bref ce moment où à – 273,15 °C et des poussières, la matière devenue simple agrégat hyperstable, sans le moindre mouvement atomique, est aussi le moment où la lumière photonique ne rencontre plus AUCUNE résistance, et *s'y propage de fait avec autant d'aisance que dans le vide*. Ce moment de « zéro absolu » n'indique donc pas seulement la limite physique du froid dans notre univers, ou l'état terminal d'entropie hyperstable de la matière et des sociétés, mais aussi comment cette limite ouvre la matière sur sa vérité : le vide.

Ne jamais dormir est réservé aux plus grands d'entre nous, Cioran par exemple.

Nous autres, les cyborgs survivants nés après l'Apocalypse, et dans notre relatif confort, il nous faut parfois nous en remettre au sommeil, mais je puis vous dire qu'à 7 h 22, il est peut probable que cela puisse maintenant survenir avant la fin de la journée.

Il existe une stratégie pour faire se réaliser les rêves, ou plus exactement en contaminer la réalité. La méthode, en fait, est fort simple. C'est laisser le cerveau secret de la nuit vous habiter, dans l'état métaconscient que la littérature, parfois, ouvre à ses potentialités organiques. Les rêves, autrement dit les traces, les échos de vos antivies ne pourront faire autrement que s'actualiser dans vos actions dites « conscientes » ou « rationnelles ». Votre cerveau devient l'interface entre le réel et les antimondes, il devient *cybernétique* — au sens étymologique —, il devient un instrument/champ pour des expériences quantiques corticales d'un ordre encore mal connu, il devient l'organe de la transfiction opérative.

*

Comme pour le reste, je m'empresse de le rappeler, il ne s'agit pas là d'une « recette » pour rendre plus épanoui et harmonieux votre rythme de productivité personnel, ou celui de vos orgasmes clitoridiens, je ne vends pas de cassettes de remise en forme, ni de livres de world philosophy ; au contraire, au risque de me répéter et de me fâcher avec tout le monde, risque devenu désormais dérisoire, je préviens tout de suite qu'une telle resynchronisation biopsychique est extrêmement *dangereuse*, qu'elle est en effet réservée à une *élite* (comme la descente de piste noire en VTT ou la réparation de panneaux solaires à quatre cents kilomètres au-dessus de la maison de votre grand-mère), et qu'il faudrait en bannir tout ceux qui ne supportent pas les marches forcées plusieurs journuits d'affilée, tous ceux qui chaussent leurs pantoufles après avoir terminé le xième chapitre de leur futur roman-à-prix-de-la-rentrée, avant d'aller regarder *Bouillon de culture* en bavant d'envie d'être à la place de ce jeune cuistre (tronche de premier de la classe) nous contant par le menu l'énigme du chaînon manquant grâce à la copulation d'une sorte de primate préhominien avec un cochon, ou alors celle de cette écrivaine soi-disant punk et transgressive mais ne servant que de maigres platitudes nouvelle cuisine à tendances lesbiano-humanistes, quand ce n'est pas celle d'un de ces seconds couteaux pathétiques, Goncourt d'un jour, ou d'un autre, Interallié d'une brève pour FR3, Femina d'un consensus humanitaire, Renaudot de la demi-minute de célébrité, qui s'y animent provisoirement, piégés dans le petit ronron humanitaire des mausolées de carton.

Une de mes rares fiertés sera, sans doute, de n'être présent nulle part dans les archives d'un quart de siècle de culture mitterrandienne en Bouillon ou en Apostrophes. J'ai cru comprendre que l'émission allait sans doute s'arrêter, l'année prochaine à ce qu'on m'a dit. Il y a de fortes chances pour que l'opportunité éventuelle de prendre quelque puissant psychotrope de sabotage en soit du coup quelque peu... modifiée.

*

Mais si les rêves peuvent contaminer la réalité, il faut aussi se dire que cela fait longtemps, en retour, que la réalité les a contaminés.

La pure et naïve confiance en l'infraconscient psychologique individuel fut l'impasse dans laquelle les surréalistes, et leurs divers suiveurs, butèrent dès leurs premières expériences, surtout lorsqu'elles débouchèrent sur cette inénarrable « invention littéraire collective » que sont les célèbres « cadavres exquis », ce jeu de société qui concurrençait le Trivial Pursuit baby-boomer chez les lecteurs du *Nouvel Observateur* et des *Inrockuptibles* jusqu'il y a peu encore.

Le principal problème des lois d'aujourd'hui, c'est que leurs victimes elles-mêmes ne valent pas la peine qu'on les en défende.

Non seulement plus personne ne semble digne de vivre dans la liberté, mais pour beaucoup c'est par la servitude qu'une forme minimale de dignité est atteinte.

*

Sans ses monstres, l'humanité se sentirait désespérément esseulée.

D'après mon expérience, le premier coup de pompe se produit aux alentours de 8 heures, 8 heures 30, je veux dire l'hiver, lorsque c'est l'heure où le jour matinal s'est pleinement constitué (l'été cela va se produire environ une heure plus tôt).

La recette est simple : il faut manger un vrai déjeuner. Œufs, fromages, jambon ou viande, céréales, lait, fruits, caviar ou crème de soja, ce que vous voulez. Et si bizarre que cela puisse paraître : avaler dès la fin du repas une petite capsule d'anxiolytique genre clonazépam 0,5 mg, pour lutter contre le stress, se refumer un joint après une demi-heure ou trois quarts d'heure de digestion, pour le buzz, et avaler ensuite ce qu'il convient d'excitants.

Pour ma part, c'est l'heure où je me confectionne mon « turbo » diurne, mon « transdaylight express », un simple mélange d'eau minérale très fraîche (eau plate, genre Vittel, Évian, ou ici Labrador), de café soluble type Nescafé ou Maxwell, de chocolat en poudre genre Nesquik, ou mieux Van Houten, de cassonade et, parfois, d'une pincée de safran ou de cannelle, voire d'un clou de girofle, avec un couple de glaçons pour faire bonne mesure. Agitez avec vigueur, afin que le produit mousse quelque peu.

Avec un demi-litre d'une telle mixture, deux cigarillos ou un cigare, plus deux ou trois cônes, je tiens sans le moindre problème jusqu'au soir, en pleine forme verbomotrice et physique. Je peux aller à la piscine ou me taper une marche de cinq kilomètres dans la ville à bon rythme, je peux faire le ménage, écrire, lire, regarder la télé, prendre un bain (méthode : bain très chaud suivi d'une douche froide) et je peux même recevoir des amis à l'heure du thé, sans compter tout ce qui serait inopportun de longuement décrire ici.

8 h 21, c'est le moment.

À tout à l'heure.

Pour environ 1/3 de litre de « transdaylight express » :

300 ml d'eau plate fraîche
6 cuillers de café soluble
1 à 2 cuillers de cacao en poudre
1 cuiller rase de cassonade et/ou 1 demi-cuiller de miel liquide
éventuellement 1 clou de girofle, 1 pincée de safran et/ou de cannelle
1 zeste de citron, si vous supportez l'aigre-doux
2 glaçons en cube.

Secouez vigoureusement.

Consommez le contenu en renouvelant en eau plate et glaçons à chaque moitié consommée, afin de rendre le produit de plus en plus dilué au cours de la journée.

Mangez un peu.

Pissez à satiété.

*

Nuit du 11 au 12 décembre. Blizzard sur la ville. On n'y voit plus rien à cinquante mètres, et encore à cette heure-ci, 5 h 17, on peut dire que ça se calme.

La journuit a été longue, car l'opération Métakrisis 21, dont le secret vous sera plus ou moins dévoilé plus tard, continue, bien au-delà d'elle-même.

Si l'art ne change pas votre vie de fond en comble, autant se faire soldat de fortune.

Mais changer sa vie de fond en comble, cela signifie

entre autres choses, pour ne pas dire surtout, se transformer au point d'être capable de changer la vie des autres.

Enfin, tout du moins ceux ou celles qui le désirent.

Il n'y a pas d'*écrivain dont la voix est faible*, je reprends ici les mots de notre prix Nobel national, cité dans *Le Devoir* d'hier (l'e-mail d'une amie en fait).

Un écrivain dont la voix est faible ferait mieux de se taire. Le silence est au moins un constituant négatif et primitif du langage.

Vous croyez que nous entamons des guerres contre le monde pour lui prendre la parole et ensuite susurrer je ne sais quelle platitude au sujet de *la beauté de la nature* ? !

Individus, nous ? Vous comprenez, j'espère, le sens de ce mot : *indivisibles*, insécables, atomiques.

Or nous sommes des agrégats de matière et d'esprit qui coévoluons avec le cosmos, des interfaces vivantes entre le niveau moléculaire et le niveau stellaire, et nous, les écrivains, et tous les autres qui s'en chargent dans leurs « disciplines » respectives, notre rôle est d'exprimer la voix de ces deux pôles que le petit homme moderne, rationnel, psychologique et humaniste tente de refouler du mieux qu'il peut. Sauf qu'il ne peut plus. Mais qu'il bouche sa conscience de tous ses sphincters disponibles, qu'il refuse de voir et d'entendre, de comprendre et d'imaginer, d'utiliser ne serait-ce qu'un pour cent des ressources neurales dont l'impitoyable nature l'a doté.

Il faut alors invoquer le dieu-démon des vérités dissolutoires et transgéniques pour qu'enfin peut-être on nous entende.

Il y a vingt-cinq ou trente-cinq siècles, les « Anciens » savaient déjà que les « chimères » étaient possibles, qu'elles étaient des créatures pensables, donc faisables, donc vivables.

Les conteurs de l'âge mythique savaient que les « monstres » du futur étaient au bout des doigts de l'homme, au bout du pouvoir d'imaginer dont ils étaient les premiers démiurges.

Notre rôle n'est pas a priori de faire peur aux petits zumains. Mais il se trouve que la moindre de nos créations déclenche leur terreur panique.

*

13 décembre. Minuit moins des poussières.

Ça y est. Les États-Unis ont un président. Il aura fallu un vote décisif de la Cour suprême fédérale pour que l'édifice juridique du ticket Gore-Liebermann s'évanouisse, telle une simple volute disséminée dans l'air par la page qui se tourne; ceux qui voient dans ce moment en effet unique de l'histoire américaine le signe d'un « déclin », ou à l'inverse d'un « renouveau » politique des USA, sont les éternels mêmes benêts qui ne comprennent toujours pas ce sur quoi la civilisation nord-américaine est fondée : la démocratie marchande comme mode de dysfonctionnement schizodynamique

À ce titre, la petite revue para-universaire qui a abrité les infamies du petit « z » local montre son vrai visage à bien d'autres reprises dans ce numéro — par ma foi édifiant : le visage de la petite « gôche » intello-internationale (comme le touriste sous Prozac, l'universitaire-de-gôche est une espèce clonable à répétition dans le monde entier).

Heureusement, le style ne se situe pas toujours au niveau-caniveau de notre petit cuistre postgauchiste suscité, mais il faut malheureusement en convenir, la précision grammaticale et l'articulation classique, mises au rencart par les mêmes « penseurs » dix ou vingt ans auparavant, ne se retrouvent un petit air de jeunesse que grâce aux habituelles connivences antimondialistes et antioccidentales, voire antieuropéennes, de tout ce joli monde. C'est maintenant Jean Dutourd lui-même qui est appelé à la rescousse par nos postmodernes de luxe, et après avoir fabriqué la psychopop culture qui a envahi la société dont ils sont les maîtres, les voici qui crachent à qui mieux mieux sur Sigmund Freud et Lacan, avec une vulgarité qui aurait fait pâlir d'effroi un éditorialiste stalinien des années 1950-1960. La gôche (post)archéomoderne, toujours en retard d'au moins une révolution et toujours avide de se trouver un nouveau bouc émissaire, s'allie sans vergogne avec les vieux barbons de la forteresse France.

Dans un article à la rhétorique souvent très convaincante, Marc Vaillancourt « critique » avec une élégance tout juste dithyrambique les derniers livres de Duneton et de Dutourd.

Résumons un peu :

LA LANGUE FRANÇAISE EST EN PÉRIL DE MORT IMMINENTE.

Ah, bien, la langue française serait morte ou en voie de l'être, mais son peuple, lui, sa nation, son devenir historique, eux, ne le sont point.

Il faudra m'expliquer un jour ce paradoxe, à la profondeur sans doute abyssale.

Puis voici que notre critique local s'emballe brusquement, et pointe une date, chipée sans doute dans l'un ou l'autre de ces doctes ouvrages, pour nous affirmer que c'est là que tout a commencé, qu'il s'agit du moment crucial entre tous où le déclin s'est amorcé : 1902, année où l'école républicaine, laïque, obligatoire, socialiste et démocratique — faut-il le rappeler ? — décide de liquider en quelques tranches tout ce qui subsiste alors de l'héritage classique.

Il faut se souvenir en effet qu'en 1902 bouffer du curé et du penseur non marxiste était déjà devenu le sport national préféré de notre beau pays de cocagne.

Hé ! *hombre*, autant te prévenir tout de suite, 1902 n'est

pas la date initiale du déclin mais plutôt de sa congestion préterminale, juste avant cette Première Guerre mondiale que la nation désira avec tant d'intensité qu'elle finit par survenir, et qui allait ouvrir l'époque de la Mort de la France historique (1914-1940).

L'origine première de tout cela est si évidente qu'elle devrait sauter aux yeux de tout *critique* un tant soit peu objectif, mais dans le même temps une autre évidence vous éclate en pleine face : jamais elle ne pourra être acceptée comme telle. Pointer 1793, *année du régicide*, comme l'avènement de l'époque nihiliste ultime, liquidatrice et dévolutive, n'est pas concevable pour le crâne dûment compartimenté de l'intellectuel-de-gôche-postmoderne-néoréac-light.

Sous les effets de manche parfois fort bien réussis de Vaillancourt, il apparaît très vite à la lecture de l'article que ces deux ouvrages font partie des sinistres épitaphes que les zacadémiciens et quelques zobsédés de l'immobilisme linguistique posent depuis des décennies sur la tombe de la langue qu'ils auront ainsi largement contribué à enterrer.

Citant Paul-Jean Toulet, Vaillancourt — au demeurant homme d'une haute culture et d'une sensibilité poétique incontestable, lui — met si j'ose dire les pieds dans le plat sans le savoir, comme certains messieurs Jourdain font de la prose entre deux rimes, par inadvertance :

« C'est fort bien de naître yankee ; mais, de le devenir, après des siècles de civilisation, c'est une maladie mortelle. »

(Lettre à R. Philipon, juin 1918.)

Yankee. Civilisation. Maladie. Mort. 1918. On comprend mieux en plaçant ses termes côte à côte ce qui se cache sous cette opération de « sauvetage » de la langue française : l'éternel credo zéropéen, invariablement antiaméricain (les USA ne sont pas une civilisation, n'est-ce pas ?) et qui vise à faire oublier que si l'Europe s'est suicidée par deux fois consécutives, et poursuit depuis sa route à rebours du processus historique, avec les micronations qui la composent, et la duplicité des zécrivains zacadémiciens qui collaborèrent — et continuent de collaborer — à toutes ces abjections idéologiques, c'est à cause du fait initial que la seule de toutes ces nations capable de recomposer l'espace transculturel continental, grâce, précisément, à sa langue, vit depuis longtemps repliée dans les mausolées des grammairiens et les citadelles des politico-paranoïdes.

D'ailleurs, lorsque Vaillancourt s'en prend au *Monde*, c'est moins pour éclairer l'inqualifiable niveau de sous-écriture qui y règne en effet aujourd'hui que pour affronter le sieur Lepape au sujet d'une obscure citation de je ne sais plus quel écrivain inconnu et son emploi éventuel d'un barbarisme sanctionné ou non par le grand Littré.

On constate tout de suite à quelle altitude se développe le débat.

Dutourd, qui se crut hussard un bref instant avant de réaliser qu'il n'était qu'un épicier du radotage se prenant pour Marcel Aymé, et Duneton, brillant linguiste mais qui semble concentrer en lui tous les patterns autodestructeurs de la forteresse France, cette idéologie infraconsciente qu'on retrouve depuis les visions de Vauban jusqu'à celles de Maginot, forment ainsi ce couple indicible de Super-Dupon(d/t) Brothers, ces roboflics de la langue française devenus porte-parole officiels du microcatastrophisme intello-médiatique (« la littérature est morte, la langue française se meurt, le Yankee nous menace »), et se font ainsi les complices paradoxaux mais objectifs des tenants de la trash culture, celle de la décadence terminale, de la mort-marchandise, celle du petit aplatissement vulgaire de tout l'héritage classique occidental.

S'il nous faut choisir entre les diktats de Jean Dutourd et ceux de Virginie Despentes, s'il faut se définir, avec moult impératifs alarmistes, entre les défenseurs de la « langue française académique » et ceux de la « novlangue trash », s'il faut opter pour les Moins-que-rien ou pour les Tout-à-l'égout, s'il faut à tout prix trancher entre les Moi-je-et-mon-identité-personnelle et les Seul-le-monde-social-m'intéresse, s'il faut secouer la bannière de l'ordre établi ou bien brandir l'étendard des nihilismes dévolutionnaires, s'il faut vraiment se ranger dans un de vos *camps* ou dans un autre, alors disons-le tout net : NOUS OPTONS POUR LA DÉSERTION.

Voire pour l'évasion systématique, comme Steve McQueen de son stalag.

Nous ne sommes ni pour l'ordre ni pour le désordre, puisque, comme l'explique Gregor Markowitz dans sa *Theory of Social Entropy*[1], nous sommes les Agents du Chaos, cette force qui surpasse ordre et désordre pour constituer des devenirs, des *métaformes* donc ; aussi, puisque nous sommes la *poursuite mutante du processus d'hominisation*, nous désirons qu'une expérience disjonctive nouvelle/terminale soit conduite sans attendre par la langue française sur elle-même et par elle-même, jusqu'au bout de ses potentialités.

Pour nous, le langage n'appartient ni à l'ordre de l'organique ni à celui de la technique. Dans un premier temps, déjà, il apparaît comme la primitive forme méta-organique qui naît aux confluents paradoxaux et fortement négatifs des deux premiers.

Il est donc bien la première production cyborg de l'*Homo sapiens*, et cela fort longtemps avant l'invention du microprocesseur. Cyborg : *organe*, voire *organisme cybernétique*. Autant dire en revenant au sens étymologique des mots,

1. Gregor Markowitz est une figure extrêmement mystérieuse de l'underground américain ; la publication de ses œuvres se fit sous forme de « samizdats » qui émergèrent dans le San Francisco des mid-sixties (cf. Norman Spinrad et ses œuvres diverses).

donc à ce grec ancien que nos petits « penseurs » néoréacs adulent comme une idole, et dont nos trash-culturels incultes ne veulent entendre parler : *organon* de la science navigatrice, pour ne pas dire tout bonnement : organisme de navigation de la Connaissance.

Le langage n'a donc de compte à rendre à personne, et surtout pas lorsqu'il se sépare de la fonctionnalité de vulgaire outil de *communication* que certains crétins l'ont forcé à adopter.

Lorsqu'il se sépare du monde des zumains pour mieux le reformer, le reformuler, procédant sur ce monde — dont il est une terminaison métaorganique — à une alchimie neuro-opérative qui provoque de fait des tensions hors normes, des distorsions, des plis, des surplis, des échappées fractales dans les cerveaux par lesquels il circule du créateur à ses lecteurs, le langage devient un acte-pensée, une interface métavivante entre plusieurs systèmes nerveux, non pas sous une forme rituelle et égalitaire (et pourquoi pas *interactive* ?!) de « communication », mais plutôt comme l'irruption d'une manipulation psychodynamique de grande amplitude, la réalisation d'une expérience scientifique conduite sur l'homme et par l'homme sans qu'encore les couperets de la justice humanitaire ne nous en empêchent, et dont par définition nous ne connaissons pas à l'avance les résultats, imprédictibles par nature, surtout par nous-mêmes.

*

Être « situationniste » aujourd'hui, si ce mot revêt encore un sens après un quart de siècle d'hystéries postmodernes, cela ne consiste pas à s'en réclamer comme d'une autre idéologie (pour les « situs » — faut-il le rappeler aux cuistres —, toute *idéologie* en tant que *système* de pensée était nuisible — et en cela ils étaient bien plus nietzschéens que marxistes), cela ne consiste donc pas à citer à la queue leu leu des extraits hors contexte de Debord ou de Vaneigem, mais à essayer de faire ce qu'ils ont fait toute leur vie, et ce depuis les origines de leur pensée-action (durant la protologie lettriste des années 1950) : produire — par l'art si nécessaire — des *situations hautement critiques* susceptibles de modifier en profondeur les programmes neurosociaux nihilistes au pouvoir depuis au moins deux siècles.

Leur « erreur », en quelque sorte, fut aussi leur grandeur : en tant qu'ultime avancée de la pensée marxiste, ils l'anéantissaient plus sûrement encore que les ténors de la « droâte » conservatrice de l'époque, et grâce à eux, en secret, dans des consciences plus tout à fait neuves, et déjà marquées du sceau des collisions fatales, s'établissaient des plans d'opération clandestins, je veux dire pour ces consciences elles-mêmes, des connexions-disjonctions explosives et souterraines qui, tels des phénomènes tectoniques de grande amplitude, surgissent un jour à la surface sous la forme d'une rarissime et terrifiante catastrophe.

*

La littérature française n'est pas morte, car la littérature ne peut pas mourir : elle a toujours consisté en effet à vouloir se réapproprier la mort en « libérant » sa vie, c'est-à-dire en lui faisant épouser un *jeu de contraintes* — autant dire une discipline — *infiniment* supérieur.

C'est plutôt d'un excès de vitalité, pour ne pas dire de vulgaire vitalisme, qu'elle souffre en ce moment, tel un athlète anabolisé au bord de l'implosion générale. La production désormais industrialisée de romans automnaux (combien cette année ?) n'est que la partie émergée d'un iceberg aux proportions terrifiantes.

Car ne faudrait-il pas plutôt commencer par établir cet étrange constat de décès qui stipulerait que la littérature française n'ose pas affronter sa propre mort, qu'elle n'ose pas en franchir la limite, pourtant incontournable, et qu'elle piétine depuis au moins trente ans dans le bourbier de plusieurs formules désormais inextricables, engendrant des dialectiques en purée, où plus ou moins tout le monde s'englue depuis quelque temps déjà ?

Style ou idée, contenu ou forme, expérimentation ou réalisme, imagination ou économie, épopée ou vie quotidienne, science ou fiction, technique ou organique, intuition ou stratégie, narration ou théorie, héritage ou devenir, forment depuis longtemps des « catégories » dichotomiques dans le substrat intellectuel français — depuis les années 1970 elles sont devenues des compartiments totalement étanches.

Aujourd'hui, lorsque quelque « mouvement » littéraire fait un instant le geste de les ouvrir, soit il s'agit de faussaires au service de la marchandise, soit ils s'empressent d'en refermer les écoutilles, dès lors qu'un système idéologique de remplacement est plus ou moins défini, planifié, et finalement ossifié par ses propres sécrétions.

L'espèce d'agonie *interminable*, et perfusionnée de toutes parts, de la littérature française peut alors s'exprimer en une simple formule, dont l'équation est malheureusement vérifiable un peu partout : la semi-mort sans fin de la littérature ne pouvait finalement accoucher que de la semi-littérature de la mort sans fin.

Non... non, pas celle qui donne à voir en pleine lumière son horrible visage, celle qui nous conduit pour de bon jusqu'au bout de l'horreur humaine, de l'implacable vérité, car la mort-marchandise aime qu'on la croie éternellement jeune, belle, souriante, et dans le cas qui nous occupe, capable de tenir une heure et des bananes à une émission de Bernard Pivot, non je parle là de cet hémiplégique rebut de pop culture qui, croyant propager le chaos, ne sème qu'un très vague et éphémère désordre, et qui enfile les cadavres et les morts violentes par pure complaisance, dans le narcissisme des instincts faussement réanimalisés par les barbaries humanistes (post)modernes.

Mais si notre littérature n'est toujours pas morte, si par ce fait elle n'a pu renaître de ses cendres, c'est donc que quelqu'un maintient cet être dans le coma, mais où, et pourquoi ?

Qu'a-t-on fait du *corps* de notre littérature ? Où donc a-t-elle *disparu* ? Pourquoi reste-t-elle invisible aux yeux du monde, et aux nôtres, en dépit des efforts répétés des directeurs marketing de nos vénérables maisons d'édition ?

Cette question, on le comprend dès qu'on l'exprime, reste entièrement ouverte. Elle n'est que l'étape préliminaire de l'enquête criminelle qu'il s'agit de conduire avant qu'il ne soit trop tard, avant que tous les témoins de première ou de seconde main n'aient à leur tour disparu. Qu'on ne compte pas sur moi, donc, pour la refermer, pour *classer l'affaire*, bien au contraire : je ne cesserai, comme les célèbres personnages de *X-Files*, de tambouriner à vos portes et de déranger vos réunions saisonnières, avec le dossier sous le bras.

L'année dernière, dans une première ébauche d'investigation, j'avais à peine esquissé quelques pistes. Je dois reconnaître que je n'ai guère avancé depuis, mais que certains indices ont quand même été récoltés :

L'étrange situation de notre littérature semble le corollaire, quasi synchronique et isomorphique, de celle de la nation tout entière.

Ainsi, la schizophrénie post-Libération (la France se découvrit une Histoire officielle de résistante après quatre ans de loyale collaboccupation) se lit aussi à travers la destinée de notre littérature : s'étant arrogé le droit de figurer du côté des vainqueurs, tout en ayant adopté en secret la morale des vaincus, nous n'étions pas les mieux placés pour faire état de quoi que ce soit d'important concernant le XXe siècle, et par exemple l'immense responsabilité criminelle de notre propre nation dans le cours des événements.

D'autre part, vivant dans le pire mensonge qu'une nation se soit monté à elle-même, il devint de plus en plus difficile aux générations de l'après-guerre d'y voir clair. La faiblesse immunitaire constante de la France vis-à-vis des rhétoriques communistes, anarchoïdes, postmodernistes, voire islamistes et autres idéologies de bazar, n'est plus à démontrer.

En l'an 2000, la nation en est au point où il lui faut sans cesse opter pour des dialectiques piégées d'avance. Sur le plan « politique », c'est Pierre Lévy (ou Alain Minc) contre José Bové (et Viviane Forrester). En termes de littérature, ce serait aujourd'hui Christian Bobin ou Virginie Despentes, Beigbeder *versus* Angot, la « nouvelle » fiction contre la narration dramatique traditionnelle, bref Verlurin contre Clochemerle.

La France s'est — semble-t-il — interdit de produire un écrivain marquant (je parle du « Reste du monde », c'est-à-dire la planète entière moins Saint-Germain-des-Prés) après la fatidique date de 1945. Il n'existe à ce jour, et à ma connaissance, pratiquement aucune œuvre d'importance qui ait été écrite par un individu né après cette date.

Ce premier faisceau d'indices est certes encore trop faible pour nous faire une idée, même vague, du crime qui a été ainsi commis, mais il nous permet d'indiquer avec plus de précision la voie à suivre pour des investigations plus poussées.

En conclusion de son rapport, l'Agence de sabotage métaphysique, cellule Métakrisis 21, se permettra d'indiquer une des perspectives qui se dégagent de cette primitive analyse : la non-visibilité actuelle de la littérature française sur le plan international n'est-elle pas, elle aussi, quasi synchronique et isomorphique avec le refoulement toujours plus appuyé de sa destinée européenne manifeste ?

Si notre langue est par nature (par son histoire donc) le médium vernaculaire capable de faire se rencontrer en elle, et par elle, les autres langues et cultures de l'Europe, et si en revanche, nourrie de toutes les inventions successives du continent, aux confluences des racines grécolatines, celtiques et germaniques, elle se révèle toujours moins entendue, toujours plus faible, et sans plus beaucoup d'écho alentour, on peut se dire qu'une sorte de conspiration inconsciente (donc essentielle) a voulu qu'il en soit ainsi, que notre incapacité à faire de notre langue autre chose qu'une machine autocentrée sur ses mensonges n'est pas explicable par le seul hasard, ou la seule fatalité, qu'un saisissant parallélisme nous apparaît lorsque nous plaçons ce phénomène en comparaison avec la lutte forcenée que la nation française a entamée contre son propre destin, contre la création politique de l'Europe.

(15 décembre 2000)

Il faut parfois reconnaître à nos ennemis naturels, même les plus vils, les plus bas, les plus orduriers, qu'ils nous ont été a contrario très utiles. Déjà en nous obligeant, par nature j'oserais dire, à observer le monde dans la direction opposée à celle où se pose leur regard. Puis à suivre cette direction quoi qu'il arrive, et à agrandir sans cesse la distance entre les deux points de vue, les rendant à jamais irréconciliables. Ensuite, pour ceux d'entre eux qui auront voulu un instant croiser le fer avec nous — sous quelque forme que ce soit —, de nous avoir appris l'essentiel qu'il fallait savoir sur les zumains, voire les zumanoïdes actuels, désormais clonés par séries générationnelles/culturelles.

Mais il est vrai, on le constate avec une forme de nostalgie, qu'il devient rarissime cet *ennemi qu'on se devrait de révérer*, comme le demandait Nietzsche ; on cherche, on cherche, et au final on ne trouve plus grand-chose à se mettre sous la dent.

Nos cibles ne sont pas pour autant petites en elles mêmes, elles sont au contraire parfois hautement statufiées, quand elles ne dessinent pas les lignes de défense d'une forteresse idéologique plus que centenaire, mais comme pour les aviateurs américains d'aujourd'hui et de demain, ces « barbares sans civilisation », notre altitude de croisière les rend franchement dérisoires, simples formes géométriques digitales balayées par les senseurs de nos appareils de mesures et de contre-mesures.

Barbare banlieusard, disait même me concernant un des grands critiques que cette époque aura produits.

Pire que ça, « z », pire que ça : barbare transplanétaire. Métapolitain. Cosmopolitique. Extraterrestre.

Ton ennemi.

*

4 h 44, 14 décembre 2000.

Le blizzard frappe de nouveau Montréal depuis le début de la soirée. À cette heure-ci, la brume rose-orange qui recouvre la ville est encore plus opaque que celle d'hier, et on annonce quinze ou vingt centimètres de neige pour la journée. Il s'agirait d'un des hivers les plus rudes et les plus prématurés du siècle en voie d'être définitivement passé.

Je peux sans peine vous garantir à l'avance qu'il n'est que les prémices de ceux du siècle à venir.

*

Les bons et les mauvais meurent tous à la fin. Ce qui compte, c'est ce qu'ils ont fait de leur vie. Et surtout de leur mort.

Prétendre connaître une femme sans lui avoir fait l'amour : autant dire qu'on a bu un grand vin sans en avoir descellé la bouteille.

*

Il est connu qu'un homme a fait ses preuves quand il a tué quelqu'un en duel ou ruiné plusieurs familles.
Léon Bloy

*

Quand vous disposez d'une seule balle pour tirer un éléphant en pleine possession de ses moyens, faites en sorte de ne pas juste égratigner l'ivoire de sa défense la plus apparente.

Ne poussez jamais un démon aux limites de sa compassion.

Avoir envie de tuer est une chose. Aimer en faire un des beaux-arts en est une autre.

N'abusez jamais de la chance qu'on vous a laissée. N'usez jamais d'elle comme d'une vulgaire catin. Elle pourrait trancher votre organe d'un coup net, au moment le moins opportun.

Traîner son adversaire dans la boue par le biais de la presse « libre » et « critique » postoccidentale, c'est livrer du fumier à une charrette jusque-là habituée au simple crottin.

Les nations dégénèrent dès lors qu'elles bannissent le *devoir du duel*.

Haïr sans talent est pire encore qu'aimer sans amour.

Mépriser sans grandeur, c'est s'abaisser devant l'objet de son mépris.

Attaquer sans distance, autant dire sans ironie, c'est lancer des troupes à l'assaut sans le moindre état-major.

La forme la plus cruelle de nos contre-offensives : l'*anéantissement actif* de l'adversaire.

Ne jamais attaquer un mutant avec une arme conventionnelle ; ne jamais outrager un spectre avec les pouvoirs minuscules d'un simple mortel ; ne jamais offenser un samouraï avec le camouflet de la langue duplice ; ne jamais combattre une chauve-souris dans le noir.

*

7 h 27, l'heure du bombardier.

Un nuage gris-bleu comme de la cendre de lune recouvre la ville.

La neige tombe, poudre froide, à angle droit depuis les étoiles invisibles.

Je me demande alors jusqu'à quel point je suis encore vivant.

Pour atteindre un autre monde, encore faut-il oser en franchir la frontière.

*

Hey
Petit « z »
Voilà, ton heure sonne
Hey

Microzomme
Montre-nous tes rêves :
Un
Et zéro
Ne font jamais qu'un,
À l'exposant
Nul
Ton ego fonctionne ;
Hey
Petit « z »
Rigolons un peu,
Montre-nous la somme
De tous tes atomes,
Déploie l'horizon
De ce que tu crées ;
Garde pour
Ta bouche
Ce que l'on te donne,
Tes sphincters
Exposent
Ton odeur interne.

*

Il faut rendre grâce aux épreuves, grandes ou petites, quand elles aiguisent à ce point votre appétit.

Créer, c'est dévorer l'entropie.

Parmi les décisions stratégiques auxquelles cette guerre contre la médiocrité confortable de mes contemporains aura directement conduit, il y a celle-ci, qui couvait depuis un certain temps dans les souterrains du neurocentre de commandement métalocal connu actuellement sous l'identité de Maurice Georges Dantec :

Passer, en grimpant un à un les barreaux ascensionnels

d'une stricte échelle initiatique, jusqu'à la composition formelle du cinéma.

Bref me lancer à terme dans l'adaptation cinématographique de certains grands textes de la seconde moitié du XXe siècle.

Je possède une caméra, un banc de montage sur PC, et ma liste est prête.

Je dois juste achever deux ou trois romans entre-temps...

C'est à croire que je deviens patient.

9 h 39, tout est blanc, recouvert d'un cristal monochrome, le matin est calme et frissonne, à mes oreilles des anges de glace résonnent.

La nuit, la lueur d'une cigarette est visible à des kilomètres. En plein jour, seul le sourire jésuite du petit gigolo postmoderne (moitié artiste, moitié chômeur, parasite à temps complet) est à ce point identifiable dans la foule des mensonges sociaux.

Il mérite le même traitement, implacable comme la balle du sniper.

Il existe un lieu *étrange* en vous-même où absolument rien ne peut plus vous atteindre, et où dans le même temps plus rien ne vous est autre.

J'aime beaucoup les zumains moi aussi ; en guise de petit déjeuner.

Il faut être un parfait abruti pour croire qu'une guerre puisse se mener sans le moindre bunker.

15 décembre, minuit et deux minutes. La journuit commence à être longue.

Pourrait-on concevoir l'idée d'une *nuit ultrablanche* ?

L'art de la critique est bien le plus difficile d'entre tous, voilà pourquoi on en trouve si peu de dignes représentants.

Tuez-les tous.
La littérature reconnaîtra les siens.

Certains individus ont à jamais l'aiguille du compte-tours bloquée sur les années de leur jeunesse, sur cette époque mythique sans cesse refabriquée, ce qui — à les entendre — leur garantirait ainsi le pouvoir de rester « jeune » toute leur vie.

Quelle affolante et absurde perspective !

J'ai toujours su pour ma part que la jeunesse n'était qu'un fugitif instant de pur fantasme, que la vie tout entière consistait à se réapproprier la vieillesse, la mort, l'entropie, le mal lui-même, afin d'en produire éventuellement quelques « livres noirs[1] » qui pourraient ouvrir l'homme sur ses propres abîmes.

Pour rester jeune plus ou moins indéfiniment, ou plutôt pour faire de sa jeunesse le potentiel de sa vie, il faut savoir mourir chaque jour.

La mort adore se grimer en « jeune ». Combien sont-ils de ces « jeunes » éternellement réifiés dans le cycle de leur microtribu-marchandise, combien sont-ils ainsi suspendus dans la semi-vie de l'apocalypse festive et communautaire, combien sont-ils à être momifiés avant que d'avoir produit leur premier souffle ?

Cette stupide idée sociale-démocrate de recomposer

1. Un *black book* — en anglais dans le texte — est généralement un petit livre aisément transportable comportant des plans de pièges antipersonnel, des méthodes de survie, des techniques de combat nocturne, des tactiques de guérilla.

l'Europe par le seul biais de la macroéconomie et de la bureaucratie anonyme ! Comme si les USA avaient frappé monnaie avant de déclarer leur indépendance et leur Constitution politique ! Comment oser croire (ou faire semblant de croire, ou faire croire tout en faisant semblant, bref...) que des nations qui se sont entre-déchirées durant des siècles allaient gentiment ranger leurs instincts et leurs mémoires millénaires pour faire tourner pacifiquement quelques centrales à charbon ? L'utopie sociale moderne, l'État planificateur et les grands travaux, qui venait de commettre tous ces crimes se repointait sans vergogne sous un nouveau masque, humanitaire, communautaire, égalitaire et fraternitaire. Et plus de quarante ans après le traité de Rome, Zéropa-Land n'est toujours qu'un « machin » onuforme, une suprabureaucratie sans Constitution, sans *corpus*, sans plus aucun devenir sinon une implosion à la soviétique.

Les Nord-Américains feraient bien de s'attendre à une nouvelle vague d'immigration massive en provenance d'outre-Atlantique.

Final Solution — une composition originale de Père Ubu —, reprise par Peter Murphy, tourne en boucle depuis des heures.

Si toute l'histoire de la rock-music pouvait se résumer à ce simple morceau, nous serions sans doute quelques-uns à nous dire que ces dernières quarante années auront su produire un pur météore de poésie absolue.

La conscience ne surgit qu'à la faveur de son anéantissement.

La mémoire ne s'invente vraiment que lorsqu'on la perd.

On ne produit rien sans abandonner par contre un peu de sa structure organique.

*

Le « devoir de mémoire » masque la plus sinistre ironie de l'histoire : car en se substituant à jamais à l'acte créateur de l'oubli (tel que le concevaient les Grecs classiques), il occulte précisément le fait que le devoir de justice n'a pas été rempli et que chaque jour qui passe nous éloigne un peu plus de son occurrence.

Si nous avions puni les criminels nazis, puis communistes, à une *juste mesure*, nous ne serions pas forcés de commémorer sans fin les actes de bravoure que nous n'avons pas accomplis, sous la forme nihiliste absolue du remords mis en scène.

*

Qui pourrait nous empêcher de chanter, y compris sous la forme d'un chœur infiniment silencieux, et lumineux, après que le dernier homme lui-même aura été effacé de cette planète ?

Qui osera étendre le camp de concentration et ses barbelés jusqu'aux cerveaux mêmes des poètes ? Qui nous fermera la porte d'Auschwitz au nez, si j'ose dire, comme à de vulgaires voyous malpolis, voire derrière nous, comme les arrivants du dernier convoi ?

Qui nous imposera le bavardage universitaire comme extension du programme totalitaire humaniste ? Qui aura donc l'audace de nous pointer de l'index si jamais nous dévions quelque peu du Plan multiquinquennal de l'Anticulture postmoderne ?

Qu'il ose s'avancer un peu dans le cercle de lumière, et qu'il essaie donc de nous rejoindre au cœur du brasier ardent.

Nous n'avons pas attendu Adorno et ses disciples contemporains pour nous emparer du XXe siècle et de ses désastres, comme de ses beautés, nous ne laisserons à aucun professeur de philosophie le soin de nous dicter ce que nous avons le « droit » d'écrire et de ne pas écrire.

Rappelons une bonne fois pour toutes à ces grisaillons et pompeux cloportes que ce furent des professeurs de droit, de philosophie et de philologie qui envoyèrent par fournées entières les écrivains en herbe du XXe siècle droit dans la gueule des crématoires industriels.

Comme tous les décadents, communistes et nazis partagent ce goût si appuyé pour la rhétorique.

Comme eux, les doctes scribouillards de la « pensée » postmoderne-néoréac-light se prennent pour des maîtres de la phrase, alors qu'ils ne sont pas dignes d'en être les valets de chambre.

Ces pauvres gargotiers qui ont compris à ma lecture que j'étais « monarchiste » !

Ces crétinoïdes papirovores dont les déjections multipliées par le tirage de la revue où régulièrement ils s'expriment, en effet, de tous leurs sphincters exterminent chaque année des forêts entières !

Ceux-là mêmes qui vous demandent de prendre les patins du nouveau parti politique du postmodernisme accompli : l'Écolo-Bureaucratie.

Comme toute bonne industrie qui se respecte, la fabrication en série du petit posthomme monoclonal obéit à quelques slogans de base qui forment ce qu'on nomme parfois curieusement sa « culture », dont les fameux « le client est roi », « zéro défaut » et autres « extension sans cesse renouvelée de la gamme de nos produits ».

Ainsi, le modèle « petit z » s'avère-t-il le modèle le plus vulgaire, pour ne pas dire le plus *répandu*, au sens le plus strict, de cette re-production *sans cesse renouvelée*.

Une gamme entière de produits plus sophistiqués vient

en effet l'accompagner, de notre fameux triple « r » (robot-rebelle-révolutionnaire) au non moins performant triple « a » (artiste-anarchiste-antisocial) en passant par notre surpuissant « universitaire à nihilisme intégré » (unianii) ou notre toute nouvelle intelligence dévolutive anticulturelle » (idéac), surnommée « TRASH » (pour TeRminAlSHit) qui remporte un franc succès depuis son lancement sur le marché, avec son écran-anus répétant dans toutes les langues des Nations unies : baise-moi, fuck me... et son célèbre logo humanitaire en forme de pistolet automatique antiraciste et féministe.

À ce que je sais, à la fin des années 1960, Jimi Hendrix et Miles Davis s'étaient rencontrés à Londres en vue de tenter une expérience musicale commune. Hendrix en avait marre du rock et de ses patterns déjà constitués et désirait se rapprocher du jazz, Davis voulait s'emparer de l'électricité du rock pour insuffler une nouvelle énergie à sa musique. D'obscures raisons rendirent la rencontre impossible. Hendrix allait mourir moins de deux ans plus tard. Si on se risque à imaginer la géniale masse critique que deux individus de cette trempe auraient produite par leur simple mise en contact, on est aspiré vers l'infini.

*

Lorsqu'on recule les frontières du sommeil, lorsqu'on avance à bonne foulée dans la nuit de la pensée, là où s'échafaudent tous les monstres de nos prochaines réalités, lorsque le langage devient cette action singulière qui produit son origine (voir Alfiéri dans *Ligne de risque*) et la projette sans cesse vers ses devenirs, lorsque le cortex devient brusquement, où plutôt par tranches, par circonvolutions successives au sein d'un même continuum, l'instrument d'observation autant que le champ de l'expérience, le plaçant dans un limbe conceptuel incompréhensible sans l'apport de la physique des quantas, lorsqu'il s'aventure ainsi au-delà de lui-même, de son état organique actuel, lorsqu'il entreprend de redessiner de façon souveraine le diagramme synchronique de ses existences *potentielles*, dotées d'un *pouvoir*, donc, un pouvoir qui outrepasse les définitions et les classifications raisonnables de tous ces bons et braves « penseurs » zumains, autant dire une « volonté de puissance » qui se propage dans toutes les directions simultanées de l'espace et du temps, lorsque vous sentez en vous s'exalter le désir secret et particulier de mettre le feu à votre propre vie, et par simple contagion thermique, à celle des autres, si vous apprenez peu à peu à régler votre tir et à diminuer la quantité de dommages collatéraux, souvent inutiles, voire nuisibles à la poursuite des opérations, sans parler des *friendly fires* infligés à vos propres troupes, si en revanche la traque nocturne de l'ennemi vous excite au point qu'en vous parfois la fatigue s'anéantit dans sa propre sublimation, comme avalée par un trou noir de la conscience, si jamais vous pressentez là tout le danger alchimique de la *poiesis*, création d'un monde, donc destruction d'un autre, avec un sentiment proche de l'extase, et contigu à la douleur, si vous y éprouvez l'étrange plaisir du combat, forgé dans la peur, et trempé dans le sang, si par je ne sais quel hasard fatal vous avez croisé sur votre route de puissants et mystérieux météores qui auront bouleversé pour toujours votre carte du ciel et votre définition de l'horizon, alors, nous pouvons l'affirmer en toute tranquillité : vos ennuis ne font que commencer.

De petits biographes nécessiteux rappellent avec insistance le fait que mes parents furent des militants communistes. Cela leur permet généralement de placer avec leur légèreté légendaire ce fameux « tout le monde n'a pas eu la chance d'avoir des parents communistes » qui, on le sait, fait fureur à tous les niveaux de lecture dans notre belle république populaire.

Avec l'honnêteté intellectuelle qui caractérise notre époque, ils oublient surtout de signifier qu'ils le *furent* en effet, jusqu'à ce qu'ils ne le soient plus, dès la fin des années 1960, c'est-à-dire dix ou quinze ans avant que de petits gauchistes en recherche d'emploi ne retournent leur veste en masse, du côté rose, dans un large mouvement d'ensemble à la chorégraphie impeccable.

Revoyez vos fiches perforées, messieurs les zumanoïdes.

*

Je n'épousais pas
Les rêves de mes frères,
Je ne croyais guère
En la commune
Mesure,
Ni aux prometteurs
Futurs
Des paradis
Populaires,
Je préférais brûler
Mes vies
À quelque fantaisie
De néon,
Ou à une créature
De vinyle
Et de chair,
Je roulais
Jusqu'à plus soif
Avec la solitude
Des heures,
Je n'aimais pas
Qu'on me prenne
Pour un con.

*

Une splendide éclipse va se produire le 21 juin 2001. Une telle date a franchement de quoi fasciner les esprits, et l'observation du phénomène devrait être susceptible d'attirer des dizaines, voire des centaines de milliers de passionnés d'astronomie et de touristes dans les contrées où elle sera visible.

Oui. Le seul petit problème, c'est que TOUTES les contrées en question sont situées dans cet « arc de la mort » qui traverse l'Afrique subsaharienne d'est en ouest, de la Somalie ou du Rwanda au Liberia et à la Sierra Leone, en passant par les divers Congos et le Zimbabwe, tous en état de guerre « civile » plus ou moins larvée, tous aux mains de roitelets-guérilleros et de dictateurs postmarxistes...

Au cas où un astronome amateur courageux veuille aller y planter son télescope, je lui conseille de prévoir également l'achat d'un AK 47 à crosse repliable, très pratique, et disponible pour environ 100 dollars pièce, munitions non comprises, dans la première épicerie qu'il rencontrera.

Voici donc l'*afro-futur* qui se prépare, l'affreux futur d'un continent qui, pire encore que l'Europe, n'aura cessé de se suicider depuis des décennies, si ce n'est des siècles, et qui programme dès aujourd'hui son extinction sous la houlette des onucrates.

Il est vrai que, le XXe siècle passé, nous n'en sommes plus à quelques dizaines de millions de morts près.

*

Certains me disaient dépressif
D'autres me promettaient à l'asile
Il était clair que j'étais fasciste
Je ne croyais point en leurs idées débiles ;

Je hurlais pourtant en silence
Avec les armées d'enfants morts
Et avec les compagnons des morts ;
Je suivais les loups dans la nuit
Les os gelés, la chair raidie
Jusqu'aux matinées les plus blanches ;

Je devenais le couteau perdu
Planté au cœur d'une très jeune chair
J'étais l'arbre, vert, et la corde du pendu ;
Je marchais droit dans la poussière
Froide des soleils de la rue
Je cherchais je ne sais trop quel rayon vert ;

J'attendais parfois que minuit fût passé
Pour ouvrir le répertoire des crimes
Le siècle était long et atteignait des cimes
Il faut dire que je n'étais pas pressé ;

Je dévissais les crânes des vérités soumises
Et j'en faisais parfois l'objet de mon mépris
L'expérience était pourtant loin d'être acquise,
Je m'initiais à leur défoliante alchimie.

*

Je n'irai guère plus loin, à présent. En l'espace de deux années, le « Théâtre des opérations » s'est vu circonscrit d'une manière infiniment plus précise que je ne l'avais supposé en entamant cette expérience ayant pour but de me faire changer de siècle.

Une expérience effrayante qui m'aura permis, entre autres choses, de traverser le fleuve des ténèbres, et d'en revenir *infiniment* changé, de telle sorte que mon futur travail en soit lui aussi à jamais transfiguré.

Deux années d'enquête, et de chasse à l'Homme, deux années de crise, deux années de guerre.

Deux années passées à chercher, et à détruire.

Merci à vous tous.

2 h 02, le 17 décembre 2000.

*

Dans moins de deux semaines, l'année zéro cessera d'être d'actualité. Mais cette microvérité calendaire semble vouloir cacher une présence à la fois plus écrasante et plus confuse, comme si le XXIe siècle se propageait déjà par toutes les lignes de fuite et de coupures que le présent en éternel devenir engage à chacune de ses circonvolutions.

Comme si, en effet, l'« Histoire » ne faisait paradoxalement que commencer.

Ultimes déjections révisionnistes de l'année.

Dans *La Presse* d'aujourd'hui, je tombe sur un article intitulé « Colère noire ».

Comme j'avais pu m'en rendre compte les jours précédant cette lecture, il ne se passe pas une heure en effet, depuis l'élection de Bush, sans que des membres de ladite ‹ communauté noire » ne propagent autant de pamphlets mensongers qu'il est possible d'en imaginer dans une société comme les États-Unis.

Ainsi plusieurs radio-animateurs ou « columnists » représentants autodéclarés de cette « communauté » (fondée sur la couleur de la peau) hurlent-ils en meute contre Colin Powell, nommé secrétaire à la Défense, et le traitent de toutes sortes de quolibets (« Oncle Tom » et autres gentillesses) sous le prétexte qu'il « trahirait sa race » en participant à un « gouvernement républicain, descendant du Ku Klux Klan » !

Oui, vous avez bien lu, le parti d'Abraham Lincoln est soudainement devenu, par la magie (noire elle aussi ?) de quelques olibrius ayant pignon sur rue, celui des démocrates ex-esclavagistes pour lesquels ils auraient voulu que tout le monde vote d'un bel ensemble !

Les républicains, *descendants* du KKK ? Autant dire que ce sont les juifs qui ont exterminé les Allemands durant la Seconde Guerre mondiale.

Mais le pire — quand on y pense — provient d'un petit fait anodin, que ces crétinoïdes néoethniques ne peuvent même pas apercevoir, aveuglés qu'ils sont derrière les verres opaques de leur idéologie de bazar, ce fait pourtant saute aux yeux — si je puis dire — lorsqu'on regarde le photogramme couleur placé en première page du journal, où un gros plan de Bush et Powell les montre côte à côte, lors de la nomination officielle de ce dernier :

Powell n'est pas « noir ».

C'est à peine si sur la photo il semble un peu plus bronzé que son voisin, le président.

Si George Bush avait passé les six semaines qui viennent de s'écouler sous le soleil des tropiques, plutôt que dans les avions, les trains et les studios de télévision, la différence serait invisible à déceler.

Qu'est-ce que cela signifie donc ?

Rien, j'oserais dire un détail : le fait que par ses ascendances fortement métissées, sa propre histoire individuelle, et par l'histoire du pays qu'il a servi, Colin Powell n'est ni *noir*, ni *blanc*, ni *rose* ou *vert à bandes pourpres*.

Il est *américain*.

*

Un certain nombre de cuistres (post)modernes ont, dans leur crasse inculture, amalgamé on ne sait comment la « volonté de puissance » nietzschéenne avec une espèce de morgue rigide protofasciste consistant à beugler son appartenance à un clan ou à un autre.

Il faudrait des pages et des pages, noircies en pure perte,

pour essayer de faire comprendre à nos histrions en quoi consiste cette « volonté » et cette « puissance », autant dire rédiger un *digest* des œuvres du Grand Friedrich, ce qui n'est certes ni mon but ni mon propos. Que les crétinoïdes en post-doc ou niveau bac économie se débrouillent avec les quelques neurones aléatoires qu'il leur reste.

Je ne sais pourquoi j'ai voulu poser ce paragraphe en introduction d'un tout autre sujet mais c'est ainsi, un lien secret, encore à moi-même à l'instant même où j'écris ces lignes, un lien secret les unit.

L'hiver dernier, il y a de cela près d'un an, j'ai lu un certain nombre de livres. Plusieurs relevaient de la philosophie, ou de la théorie de la connaissance, d'autres du roman. D'autres... d'autre chose encore.

Parmi eux, un objet m'a été révélé par je ne sais plus quelle exactement revue de critique littéraire (désolé, les gars) et quelques jours plus tard se retrouvait entre mes mains, qui ne le refermèrent, tremblantes, que bien des heures plus tard, près d'une journée entière après en avoir lu les premières lignes.

Ce livre, de Philippe Forest s'intitule *L'enfant éternel.*

La problématique posée dans ce livre n'est pas tant que l'identification est totale puisqu'on *sait* dès la première seconde que ce qui s'y narre est « vrai », que sans cesse Forest montre en quoi la littérature, si elle n'est certes pas plus *forte* que la mort, au sens vulgaire, sait se la réapproprier, y compris par le désespoir le plus clair, j'oserai dire le plus lumineux, par une faiblesse qui n'est au bout du compte qu'apparente, car quelque chose d'impossible surgit à la lecture de ce livre, par la grâce même de la « fiction », en tout cas pour ceux qu'il aura touchés profondément, quelque chose que peut-être l'auteur ne soupçonnait pas lors de la rédaction de son texte, et dont peut-être il ne soupçonne pas encore les conséquences.

Il s'est rarement écoulé plus de vingt-quatre heures sans

que je ne regarde vivre et se développer ma fille âgée de cinq ans avec des réminiscences plus ou moins violentes, plus ou moins effrayantes, plus ou moins pathétiques de ce livre qui aura ainsi réussi son pari bien au-delà, je l'espère, des attentes de son auteur.

Forest nous conduit jusqu'au bout de la vérité, jusqu'à la mort de son propre enfant, sans complaisance, mais sans cynisme, avec la rigueur quasi scientifique et l'émotion à fleur de peau de ceux qui savent concilier l'altitude de la vision et la noblesse des sentiments, et s'il faut enfin sortir de la réserve qui, censément, nous est due, on doit reconnaître que bien des pages se lisent avec une angoisse plus écrasante que de nombreux ouvrages qui voudraient se réclamer du genre, et en toute franchise, si un livre peut vous conduire au-delà même des larmes, c'est bien celui-ci.

Il nous oblige à exercer une nouvelle forme de liberté sur notre propre conscience, sur l'amour même qu'on porte à son propre enfant, car il semble qu'en faisant tout pour préserver la vie de celui-ci, on redonne un instant d'éternité à cet enfant de papier que nous-mêmes n'avons pas connu, mais dont il nous semble que, déjà, où qu'elle soit aujourd'hui, elle, nous connaît.

On n'ose même pas, vous le comprendrez aisément, féliciter un tel écrivain pour cela.

(18 décembre 2000, 1 h 47)

Pluie, neige, ouragans, pluie à nouveau, en l'espace d'une nuit une réplique fractale du chaos climatique à venir s'est joué une petite répétition, juste histoire de tenir la forme avant la générale.

*

J'apprends par mes amis du 10 Ontario Ouest, que ce building va être pour moitié détruit, pour moitié rénové. Un pool d'Italo-Canadiens a en effet racheté le monstre pour environ 7 millions de dollars et leur programme de restauration complète coûterait sans doute 60 ou 80 millions. Le demi-bloc abritant la Galerie Clark, le World Beat, et les boutiques pakistanaises sera rasé. Le 10 Ontario Ouest en tant que tel sera, lui, surélevé de dix étages pour se voir constitué de lofts branchés et chers pour jeunes yuppies du centre-ville, tout le contraire de ce que j'imaginais dans *Babylon Babies*.

Mais étrangement cette irruption de la réalité la plus brute vient compléter mon dispositif fictionnel, en cours d'élaboration pour ce qui sera *Liber Mundi*.

Je ne peux malheureusement en dire plus pour l'instant, désolé.

L'opération Métakrisis 21 vient à peine de commencer.

Hier, vive discussion dans un taxi. Apprenant très vite — notre accent ne trompe pas — que nous sommes français, une conversation d'abord agréable s'engage. L'homme nous explique qu'il fait des films documentaires, des films « politiques », ce qui attire mon attention, et...

Patatras.

Le bonhomme s'affirme — comme il me le dit sans la moindre gêne — un « fan » de l'ETA et autres Assassineparak et il m'annonce qu'il va partir filmer la « réalité du Pays basque » dans quelques semaines.

Déjà, assise à mes côtés, Sylvie sent que ça va partir, son coup de coude dans les côtes ne m'arrête pas.

— Ah ouais, les criminels de guerre basques — je lâche, peinard, sur le mode azote liquide —, tu veux dire les mecs qui tuent tous ceux qui ne parlent pas leur petite langue et ne portent pas leurs ridicules bérets de coureurs de vachettes, c'est ça la réalité que tu veux aller filmer ?

Le mec cherche une parade, mais manque de chance pour lui, il doit aussi concentrer son attention sur la conduite.

— Il y a une époque, je rajoute, où le Pays basque était

sous le joug franquiste, c'est à croire qu'il le méritait, puisque ses terroristes n'ont jamais été aussi sanguinaires que depuis que la démocratie est rétablie en Espagne.

Faut pas me chercher sur ce genre de conneries, je lui explique bien clairement, je suis un EUROPÉEN, et le Pays basque a des prérogatives qui feraient rêver n'importe laquelle des provinces canadiennes, alors les petits nihilistes qui se cherchent des « causes » et des « peuples opprimés » feraient bien d'aller voir en Afrique ou au Moyen-Orient si j'y suis.

Heureusement, la course, en dépit de la neige, est fort brève, et j'entends Sylvie reprendre son souffle à mes côtés alors que nous arrivons en vue de notre destination.

*

Soirée métal lourd. Les minutes précédant minuit s'ouvrent avec le *Free Tyson Free* de Holy Gang, un album datant de 1994.

Tout ce que je puis dire, c'est que l'énergie démesurée qui se dégage du titre éponyme est d'une nature littéralement inhumaine. Hymne à Mike Tyson, l'un des deux plus grands boxeurs du XXe siècle — avec Mohamed Ali —, on en ressort non seulement le corps collant de sueur, les nerfs trempés dans l'acier des *battledomes* et l'électricité sauvage d'une centrale en réaction surcritique, mais surtout transfiguré par la révélation qu'une telle musique pourrait donner la vitalité nécessaire à un commando de desperados pour frapper sans pitié au cœur du dispositif ennemi. Oui, on sort de cette expérience avec l'impression qu'une telle écoute pourrait aisément nous transformer en *killing machines*.

Danse cyborg des Haschichins du XXIe siècle, implacable rotation du cogneur autour de sa cible, comme celle de l'aigle autour de sa proie, clameur mégasonique des arènes, gladiateurs de l'Apocalypse, le sourire de Tyson, sa célèbre rencontre éclair qui dura une seconde chrono, tout passe comme un train rempli de plutonium dans une nuit d'émeutes.

Je le passe en boucle durant des heures, sans aucun problème.

Et demain, j'achète un sac de sable.

« I can't lose, *I refuse to lose* ! I'm the best fighter in the world ! »

Mike Tyson

*

Tous les grands amours sont immortels. C'est d'ailleurs là leur principal problème.

Je suis un explosif dont vous avez allumé la mèche bien avant le jour de ma naissance.

L'amour, c'est lorsque l'autre vous suit même quand vous vous perdez.

Souffler sur un feu n'a jamais fait qu'en attiser les braises.

Si le Christ n'était pas venu en guérisseur, le monde aurait été réduit en cendres.

*

Comme « la » drogue, bannie par ses instances au début des années 1960, l'onucratie s'attaque depuis quelque temps à l'autre grand fléau de nos temps modernes, qu'elle a pris en charge de « soigner », de manière plus ou moins définitive : « la » violence.

Il ne se passe pas un instant où d'un bout à l'autre de

l'Œcumène, d'un bureau à l'autre des administrations en charge du genre humain, de l'école égalitaire au concert de rock corposponsoré, pas un instant, donc, où les valeurs « pacifistes » ne sont inculquées de gré, ou de force, à tous les cerveaux disponibles.

Ainsi sont mis sur le même plan sémantique, et symbolique, le mutilateur d'enfants de la Sierra Leone et le soldat qui, peut-être un jour si Dieu le veut, l'abattra. En une opération de décervelage ultrasimple (répétez le même grossier et simplissime mensonge pendant une ou deux générations, et le tour est joué), les valeurs fondamentales de notre civilisation sont-elles jetées dans la même benne à ordures qui contient toutes ses antinomes !

Je vais vous dire : je crois fondamentalement en la vertu de la violence technique et « raisonnable », *disciplinée* en un seul mot. Cette « violence » est celle du courage et de la réponse volontaire au danger, celle de l'affrontement aux crétinismes du pouvoir, aux gangstérismes de salon, ou de caniveau, celle de la guerre menée sans cesse aux tyrannies, elle a toujours existé, partout, tant qu'il a existé des *hommes libres*, c'est celle qui permettait, par exemple, à deux adultes responsables de régler leurs comptes devant témoins, dans un endroit et à une heure les abritant des regards publics, et selon des règles établies d'avance en fonction du degré de l'affront subi. Du premier sang à la mort terminatrice, avec tous les stades intermédiaires, cette échelle de valeurs « chevaleresque », pour ne pas dire « médiévale », est non seulement rendue impossible par l'arsenal des lois liberticides qui corsètent le petit *Homo democraticus*, mais par le fait que ces lois sont voulues par lui, comme tout bonne servitude volontaire, et que de toute façon il ne faut plus attendre de sa part le moindre comportement qui pourrait rappeler cette époque, en effet révolue, et dont il ne veut plus entendre parler.

*

Cette nuit, éruption du Popocatépetl, à soixante kilomètres de Mexico. Je surfe sur le net à la recherche d'informations et j'apprends que la plupart des spécialistes craignent une explosion générale du volcan, qui culmine à plus de 5 000 mètres. Le phénomène pourrait être d'une puissance analogue à la déflagration du mont Saint-Helen, qui, lui, se trouvait dans un endroit des Rocheuses relativement dépeuplé...

Merde, me voilà quasiment en train de faire du reportage en direct, alors que ce livre paraîtra bien après l'occurrence éventuelle du phénomène. Je vais retourner sur Internet. L'éruption est fort jolie à regarder.

Et on peut rêver en silence à l'irruption de la catastrophe.

Il existe deux sortes de « champions » : ceux de la trempe de Mike Tyson et ceux de l'espèce O.J. Simpson.

*

Les « rebelles » du RUF, cette horde de criminels qui met la Sierra Leone à feu et à sang depuis dix ans, sont ouvertement soutenus par le « patron » autodéclaré du Liberia, un gangster dénommé Charles Taylor, « rebelle » à ses heures lui aussi, et dont le moins que l'on puisse dire est qu'il devrait être immédiatement inculpé pour crimes de guerre et génocides, avant d'être pendu haut et court. Depuis quelque temps, on l'a vu, les populations du coin, lassées de l'impuissance onuzie et de devoir se contenter d'une main pour conduire, ou creuser la tombe de leur enfant, ont décidé de plus ou moins passer à l'action. Ainsi l'été dernier, comme je vous l'ai raconté à l'époque, la crapule qui dirige le RUF fut-il PROTÉGÉ de la vindicte populaire par les gestapistes de l'année de la Paix.

Aujourd'hui, les coupeurs-de-mains du RUF, unis aux forces gouvernementales de Taylor-le-Tailleur-de-têtes-à-moindre-prix, massacrent sans vergogne les populations frontalières de la Guinée-Conakry, en « représailles » contre les milliers de réfugiés qui fuient ces sanguinaires despotes et qui, ô insupportable insulte à leurs mégalomanies pathologiques, ont décidé de *s'armer pour rester libres*, et ne serait-ce que *vivants*.

Les pays africains, réunis je ne sais où au Mali, discutent au même moment de l'opportunité et du calendrier éventuel d'une « Force de protection et d'interposition » qui se déploierait aux frontières en question.

Le modèle *Forpronu made-in-Zéropa-Land* est désormais exporté dans le monde entier, au même titre que nos Airbus, pour le plus grand bienfait des organismes humanitaires et des fonctionnaires de la paix, et le plus grand malheur des populations livrées à elles-mêmes.

En l'espace de quelques années, et sans compter le génocide rwandais de 1994, des centaines de *Srebrenica* se sont produits dans l'arc de la mort centre-africain.

Pendant ce temps en Algérie, l'État socialiste, plus ou moins complice, plus ou moins infiltré, se montre incapable de combattre cinq mille talibans fanatiques et incultes éparpillés dans les montagnes et sans plus aucun soutien populaire, puisqu'ils livrent depuis quelque temps déjà leur vrai visage : celui de gangsters dégénérés, violeurs, kidnappeurs, pillards, égorgeurs en série...

Dernier en date de leur exploit, après un ramadan qui aura battu tous les records (plus de deux cents morts en un cycle lunaire) : l'attaque d'un dortoir scolaire où ils ont arrosé les chambrées à la kalachnikov. Quinze enfants y sont restés, des dizaines d'autres sont blessés. Et on passera sur les traumatismes psychologiques.

Disons les choses comme je les pense : si l'Algérie n'avait

pas suivi la voie de l'étatisation soviétisée, elle disposerait sans doute aujourd'hui d'un appareil politico-militaire capable de régler le problème en quelques semaines. Peut-être même ferait-elle partie de l'Otan ?

Or même un taliban endurci voit sa température s'élever brutalement sous l'action d'une bombe à propane.

Simultanément, comme je vous l'ai déjà dit, un contre-mouvement se dessine aux confins de l'Islam soufi d'Asie centrale et du chi'isme iranien, qui possèdent en commun l'antique héritage turcophone et persanophone.

Désormais, en Iran, la vague réformatrice ose s'emparer ouvertement du message d'Ali pour penser à la naissance d'un Islam démocratique.

Dans une conférence tenue récemment devant l'agence de presse iranienne IRNA, le président réformateur Khatami n'y est pas allé par quatre chemins. Voici comment les faits sont rapportés sur CNN.com :

The president has clung to his vision of an Islamic democracy, at least in words. To make a point, he drew an analogy Sunday between present-day Iran and the seventh-century rule of Ali, Prophet Mohammad's son-in-law and first Shi'ite Muslim leader.

« In a time when oppression and force ruled in the name of Islam, Ali insisted that people have a right to rule over themselves », the president said in a speech marking Ali's death at the hands of a Sunni Muslim opponent.

« Ali believed in justice and a government based on the people's choice. We seek a government modeled on Ali's and within the existing system. Democracy is the true model for an Islamic system », he said, quoted by IRNA.

*

Avec les unités du nord de l'Afghanistan, avec les premiers témoignages, en provenance du Daghestan ou d'ailleurs, de l'existence de formations combattantes féminines islamiques antiwahhabites, avec cette première rupture qui se dessine en Iran, oui, avec ces éléments encore parcellaires et fragiles, nous pouvons nous dire que la contre-réaction au nihilisme « islamiste » d'origine pétro-saoudite, grâce à la vérité de la Toute-Puissance elle-même, celle du Verbe quand il resurgit de ses cendres, n'en est qu'à ses prémices, et qu'elle mérite toute notre attention.

S'il veut survivre aux dix-quinze premières années du nouveau siècle, l'appareil militaro-politique de l'Otan va devoir revoir de fond en comble sa stratégie, encore héritée des termes de la guerre froide « classique » du XXe siècle. La Chine Pop.com se prépare d'ores et déjà à envahir Taiwan, grâce aux formidables progrès que son armée a accompli ces dix dernières années, avec l'espionnage industriel mené à grande échelle, la bénédiction implicite de l'équipe Gore-Clinton, et la complicité des agences de « coopération » internationales. À travers l'activité terroriste de ses alliés wahhabites, elle déstabilise à la fois l'ex-superpuissance russe à ses confins du Caucase ou de l'Asie centrale (sans se douter qu'elle joue avec le feu car l'ouest de la Chine possède ses propres indépendantistes musulmans), mais aussi son rival hindou au sud de l'Himalaya, via Pakistanais et Kashmiris interposés, et dans le même temps tout le Moyen-Orient, enjeu géopolitique majeur pour nous tous. Elle ne s'arrêtera pas en si bon chemin. C'est tout le continent asiatique — de la mer Jaune à la mer Rouge, du fleuve Amour à l'océan Indien — que le gouvernement néocommuniste de Pékin veut dominer, afin de se hisser dans les vingt ans à venir à un niveau d'égalité avec les Occidentaux.

L'Otan doit donc non seulement intégrer au plus vite toutes les anciennes républiques populaires de l'Est européen, mais prévoir à moyen terme une organisation tripartite unifiant les trois grandes puissances boréales :

Amérique du Nord, Europe Unie (quel que soit son état, malheureusement) et Russie, plus le Japon, au sein d'un nouveau traité Atlantique-Pacifique Nord, qui puisse faire contrepoids à l'abomination onuzie et aux menaces sino-wahhabites.

La guerre qui se prépare chaque jour est bien sûr d'une complexité effarante car une myriade de microruptures métalocales se propagent comme indépendamment des macroséismes qui fissurent déjà l'espace politique universel du siècle tout juste né. C'est sans doute parce que nos modalités de lecture sont fort grossières et qu'elles sont encore incapables de voir les fractales du chaos supérieur sous l'apparence des désordres actuels.

Mais on se doit de le constater, une constante cruciale des guerres de l'âge historique semble survivre dans ce « chaos » postmoderne de la quatrième guerre « mondiale ».

Cette constante, c'est l'affrontement quasi automatique, à la « logique » darwinienne, entre les superpuissances thalassocratiques et les empires continentaux.

La Chine — empire du Milieu — et ses diverses courroies de transmission, pétro-islamistes wahhabites, régimes socialistes africains et arabes, despotes-rebelles de diverses obédiences postmarxistes, représentent l'ancienne alliance des empires centraux : elle consiste à définir un nouveau bloc despotique asiatique « modernisé », maîtrisant directement la masse centrale et orientale du continent, et étendant ses pseudopodes jusqu'au Bosphore, la péninsule Arabique, l'Afrique du Nord et de l'Est, le Pacifique occidental et l'océan Indien.

La seule issue pour l'Occident est donc bien de définir un nouvel arc stratégique panocéanique, trinitaire, avec l'Amérique au centre, l'Europe du côté atlantique, et la Fédération de Russie, assistée du Japon, pour l'espace pacifique-sibérien.

19 décembre 2000, 5 h 44.

*

Nouvelle journuit en perspective, en moyenne une sur trois en ce moment, et les deux autres ne valent guère mieux (sommeils réparateurs d'une douzaine d'heures, genre 4 heures du mat'-3 heures de l'après-midi, car je continue de travailler entre-temps) ; les métamorphoses de la conscience ainsi obtenues sont extrêmement dommageables pour l'ensemble du système nerveux, *je le rappelle*, sauf dans le cas d'une discipline bien établie.

Mais une fois cette discipline établie pour vous-même, la vérité se découvre, impitoyable : le travail ne fait que commencer car vous devez maintenant apprendre à contrôler, du mieux possible, les dommages que cette métamorphose occasionne sur la conscience, sur la vie des *autres*, et en particulier de vos proches, que vous aimez, et que vous voyez, sans savoir comment faire, subir par contrecoup direct les dégâts occasionnés par les radiations qu'à chaque instant ou presque, désormais, vous dégagez.

Se *trans-former* sans rien risquer d'important !

Microrêve en 3D du petit zomme actuel.

Quelques petits zapprentis de la critique littéraire s'essaient à me faire rougir de mon « succès » actuel. Sans savoir ou en faisant semblant d'ignorer que ce « succès » tient avant tout à l'estime durable de quelques-uns. Il importe en effet pour les torche-culs de papier journal de toujours quantifier ce qui leur semble *in-qualifiable*, dans tous les sens du terme ; aussi ne tardent-ils pas à succomber à leurs penchants naturels, l'exagération grossière du vendeur d'épicerie en forme l'ossature, et nous les voyons ainsi se ridiculiser en claironnant des chiffres de vente purement fantasmatiques qui, s'ils étaient vrais, me permettrait sur-le-champ de lever une armée régulière pour venir délivrer Paris de toutes ces petites arsouilles qui la tiennent depuis des générations.

Si mes informations sont exactes, selon les chiffres comptables de mon éditeur, à ce jour j'aurais vendu :

environ 80 000 exemplaires de *La sirène rouge*, publié en 1993
90 000 exemplaires des *Racines du mal*, publié en 1995
40 000 exemplaires de *Babylon Babies*, publié en 1999
20 000 exemplaires du *Théâtre des opérations*, vol. 1, publié en 2000.

Soit à peu près 230 000 exemplaires en un peu plus de sept ans, en simplifiant un peu : un rythme approximatif de 30 000 par an.

Je ne dirais certes pas que je suis à plaindre, mais vous aurez du mal à assimiler ces ordres de grandeur avec ceux qu'un bon prix d'automne estampillé « Littérature française » vous assurant un passage au Pivot de service peut vous faire atteindre en quelques semaines.

Ne rêvez donc pas ainsi tout haut, quelle que soit la nécropole à laquelle vous appartenez. Vous m'avez cru trash ? Je suis un dandy. Vous me preniez pour un cynicoïde postmoderne ? Je suis une survivance de l'ordre antique. Vous m'accablez de vos épithètes humanistes ? Je ris avec les monstres du futur. Vous voudriez que je me mette à marmonner avec les jeunes vieillards séniles et acnéiques des zacadémies ? Sachez que le seul prix littéraire qui pourrait combler mes petits égoïsmes n'est pas entre leurs mains, et encore moins dans celles de ces Suédois calvinisés qui, chaque année, font honte à l'inventeur de la dynamite[1]. Vous me parlez de radieux

1. Le seul en effet qui pourrait exalter ma vanité se nomme le prix Hugo, il est américain, et son nom ne vient pas de notre illustrissime Victor, mais du prénom d'un dénommé Gernsback, barbare d'outre-Atlantique dont nos intellectuels nationaux n'ont même jamais entendu parler.

progrès humains, et moi je vous dis que je viens d'une civilisation perdue, d'un monde détruit, et déjà oublié. Vous voudriez alors que j'arbore la crête rouge, verte ou violette d'un quelconque coquelet des révisionnismes contemporains ? Mais je suis bien trop orgueilleux pour cela, car mon humilité de témoin (étymologiquement « martyr », n'est-ce pas ?) m'oblige à brûler pour la vérité, au sommet des collines qui jouxtent la villa du Tyran, comme les chrétiens qui éclairaient la nuit romaine sur leurs croix enflammées, tel que Sénèque nous le raconte.

Vous m'avez cru posthumaniste-universitariste, que sais-je encore ?

Mais je ne peux être que pour ce qui pousse l'humain vers sa sublime destruction.

Je ne suis pourtant qu'un microscopique éclat du Christ. Je ne suis pas grand-chose en effet, car vos minables élaborations m'obligent à concentrer contre elles des efforts qui me paraissent parfois surhumains, qui me dépassent donc, et qui montrent à quel point ces mêmes édifices barbares ne résisteraient pas une petite seconde face à Sa Venue tout entière, quelque part, depuis un coin obscur de l'humanité.

Ne jamais céder aux appels de la petite raison sans pour autant tomber à jamais dans le gouffre de la grande démence. La pensée est un art martial, donc une danse avec l'équilibre et la destruction.

La logique est un moment particulier de la folie.

Encore une fois, il ne s'agit pas d'un sophisme, mais d'une simple évidence neuropsychiatrique. Enfin, pour ceux qui ne se contentent pas de la philo psychopop contemporaine, et qui se souviennent que des gars comme Freud, Jung, Deleuze, Guattari, Lacan, Laing, Cooper et bien d'autres ont écrit de nombreux essais concernant les *racines de la conscience*[1].

Des écrits chiants et pontifiants, cela va sans dire.

*

Traverser la journée en tenue camouflage
Avec les armes de la nuit
Les dents aiguisées sur la meule des futurs
La bouche sèche de tous les rêves morts
Laissés derrière soi
Dans la jongle à l'aurore ;
Se fondre dans la lumière du six centième étage
Avec un clown pour ami
L'œil-cinématographe braqué sur le mur
Dessine la structure argentique des corps
Danseuse aux ongles de soie
D'une Indochine de décor ;
Les machines livrées aux sociétés sauvages
Se dissolvent sans bruit
Dans le plus nu des appareils de la nature
L'animal redressé par l'effort
Se fige dans son petit caca
Et son mobilier de confort.

*

I Am not what I Am.
I Am what I Am not.

Dès sa conception
Univers en guerre
Tunnel métatron
Vitesse-lumière

1. Voir l'œuvre éponyme de M. Jung.

Les électrons
Élémentaires
Fusent vers la Terre
Aletheion ;
Je suis un corps
Énergétique
Je suis un corps
Fait pour le vide
Et les cratères
D'une lune avide
Où je tombe.

*

Laisser la trace d'un feu sur son passage.
Rattraper où qu'elles soient les tempêtes, et l'orage.
Se dresser sous l'éclair pour en capter la lumière.
Paratonnerre.
Électricité.
Dispositif.
Technique.
Secret.

*

Toute conscience active métavivante se conçoit comme une sorte d'armée transpersonnelle.

Peu à peu, la fiction devient réalité, l'alchimie sainte du Verbe opère et le cerveau s'engage dans un processus irrésistible qui en fait la surmachine neurovirale engagée dans un combat mortel contre la Matrice de réplication zumaine. Et de fait, ce combat, éclairé par le travail métacritique conduit sur ce *Théâtre des opérations* particulier, se poursuit déjà sous sa forme singulière dans une circonvolution transfictionnelle de mon cerveau, afin de donner corps à une « histoire » susceptible d'éclairer notre condition.

Voici ce qui en quelque sorte pourrait résumer cette opération Métakrisis 21 dont les contours se dessinent à peine, mais dont les objectifs s'éclairent peu à peu :

Créer un pont actif entre réalité et fiction, cela signifie établir un circuit à double sens, au moins, voire un composant plus complexe capable d'exprimer plusieurs fonctions non équivalentes à partir des mêmes termes, et mieux encore de parvenir à un résultat analogue avec des variables différentes, soit un authentique *attracteur chaotique*.

Cela signifie un dispositif métavivant susceptible de rendre réelles certaines parties de vos fictions en garantissant le fait que certaines parties de la réalité soient en contrecoup avalées, détruites et reformulées par la fiction ainsi construite, et réciproquement, dans une spirale paradoxale, hélicomorphique et en devenir continuel.

L'opération Métakrisis 21, cette fiction-réalité en gestation, est née de l'actualisation critique de toutes les forces contradictoires qui s'animaient, et s'animent encore, en moi, mais aussi de leur rencontre cataclysmique avec des forces analogues, incarnées dans quelques structures biologiques temporaires.

Elle est née d'une série de hasards voulus et d'étranges coïncidences, d'expériences avortées et réussies tout à la fois, elle procède tout autant de contingences manipulées que de la souveraine expression d'êtres volontairement libres.

7 h 05, avec le petit jour bleu océan, c'est peut-être le moment de lever un peu le voile.

Comme tout processus imprévisible, le phénomène interface qui a donné le jour à l'opération Métakrisis 21, sorte de baptême du feu de l'Agence de sabotage métaphysique, ne faisait pas partie de mes plans, les plans n'étaient même pas là à l'origine et pourtant ce sont eux qui en quelque sorte la projettent vers son futur toujours réassemblé au-delà de ce qu'ils indiquent explicitement.

Maintenant que j'observe froidement cette expérience, avec un peu de distance oculaire et temporelle, comme une carte sans organes étalée sur la table des opérations, la topographie exposée ne laisse aucun doute : elle est ce qui, procédant du langage devenu instrument-champ de connaissance, ne pouvait qu'advenir. D'une certaine manière, son autocréation indique à quel point elle n'était pas préécrite, mais cryptée dans l'inconnu des dimensions moléculaires-stellaires de la vie et de ses évolutions.

Comment expliquer un tel phénomène quantique et relativiste ? Comment décrire à des sceptiques-en-fosse-d'aisance l'apparition d'objets aux cinétiques impossibles dans un ciel dégagé de toute perturbation météorologique ?

Comment expliquer la conspiration secrète des théories à des zumains convaincus que la Lumière a recouvert le monde grâce à la technique polyvalente-prophylactique ainsi qu'à l'Art-pour-tous-et-par-tous ?

Comment procéder en effet ?

Il faut y aller par touches, peut-être, pour une fois. Jouer une sorte d'approche impressionniste. C'est effectivement à un lent strip-tease auquel se livre, journuit après journuit, cette danseuse-ombre qu'est la vérité, et sans doute faut-il respecter son rythme, son secret, sa mystérieuse technique tantrique.

Disons qu'une sorte de prologie s'est formée il y a environ un an lorsqu'un jeune réalisateur français vivant depuis quelques années au Québec a décidé de présenter un projet de documentaire à l'Office national du film canadien. Sujet du « doc » : votre serviteur.

Sa surprise fut grande lorsqu'on lui apprit que son projet était accepté et que son tournage était programmé pour l'été 2000 dans le cadre du studio « Culture & Expérimentation » du programme français de cette vénérable institution.

Vous imaginez la mienne.

Il se trouve que le projet de Yann Langevin ne ressemblait à rien de ce que j'avais vu auparavant en matière de portrait d'écrivain. Même en ce qui me concerne.

Une telle connivence du fond et de la forme, une telle intelligence, une telle vivacité d'esprit (le jeune garçon s'est tapé mes quatre bouquins en l'espace d'un trimestre, bon appétit) m'avaient sur le moment paru à la fois fort à propos et complètement irréalisables dans le cadre du cinéma institutionnel, mais Yann, par sa ténacité et son talent, me montra à quel point je me trompais du tout au tout concernant le second terme de l'équation.

Non seulement c'était réalisable, mais son idée maîtresse, *rendre sensible par la forme visuelle et l'articulation narrative du film* la vision spécifique d'un écrivain, en l'occurrence moi-même, passait par une série de « contraintes » filmiques (autant parler de souveraines libertés créatrices) qui me « forcèrent » entre autres choses à m'enregistrer sur cassettes vidéo jour et nuit pendant près de deux semaines, puis de là me permirent de comprendre à quel point l'envie de réaliser mes propres « films » se trouvait dès lors comme éclairée en plein jour.

Conclusion, un ou deux mois plus tard, j'entrepris la réalisation du film *Schizotrope* qui se constitua là aussi sur des contingences extérieures qui me « forcèrent » à passer à la phase active, soit l'écriture et la réalisation concrète d'un vidéogramme d'environ cinquante minutes, où mes lectures de Nietzsche et de Deleuze étaient mises en image selon un découpage assez précis pour être autre chose qu'un simple décorum psychédélique, et assez flou pour s'adapter aux fluctuations accidentelles de la musique de Richard.

Ce film fut réalisé avec la participation active de deux jeunes directeurs photos et cadreurs du cru qui, sans que je n'eusse le moindre *cenne* à leur proposer, « embarquèrent » aussitôt, comme on dit ici, et m'aidèrent grandement, chacun avec son talent, à faire de ce désir fou une réalité accomplie.

Cette métamorphose me permettait dans le même temps de substituer à ma présence physique celle, vidéo-numérique et *méta-physique*, de ma simple image.

La lutte que nous eûmes à mener pour faire comprendre aux tenanciers des maisons de spectacle qu'une telle transformation était plus que cohérente avec notre projet artistique nous conduisit, Richard Pinhas et moi-même, au bord de l'implosion.

Mais le mal était fait. Le projet *Schizotrope* se redéfinissait de lui-même comme une authentique entreprise de troisième type.

À cet instant, il faut le souligner, le virus de la transfiction opérative ne faisait que commencer son œuvre, hautement destructrice.

L'opération Métakrisis 21 refermait son prologue, un premier chapitre tout à fait imprévu là encore allait produire les conditions nécessaires à son actualisation dans le monde réel. Je veux dire au-delà des frontières de mon petit cerveau, dont le film de Yann avait pour but avoué de tracer les contours et qui y était ma foi fort bien parvenu, au point de rendre l'exploration avancée de ses *terrae incognitae* un tantinet plus aisée.

C'est le moment que choisirent plusieurs autres cerveaux pour entrer sans le savoir le moins du monde dans un processus de corrélation quantique, de masse critique cognitive, de conspiration métaconsciente — un processus à la haute thermodynamique —, et où une étincelle jaillit, un beau jour, comme surgie de nulle part, au beau milieu de la soute à munitions.

Petite pause dans les opérations. 8 h 01. La maison va bientôt reprendre vie dans l'écoulement diurne du temps. Je vais aller préparer un peu de café pour Sylvie.

Vous bilez pas. Je reviens d'ici peu.

8 h 49. Voyez c'était pas si long.

Quarante-huit minutes pourtant se sont *objectivement* écoulées pour moi, et c'est à peine si vous avez eu le temps de battre des paupières.

Entre un auteur et ses lecteurs, il entre en jeu une quantité presque innombrable de paradoxes relativistes et de phénomènes quantiques qui les dépassent, tous, et chacun.

Pour un quantum d'énergie, la discontinuité est un moment impossible du continuum.

Temps plastique, espace polymorphe, unicité/éternité du néant, fiction comme virus transnodal de la réalité, consciences autoproduisant leur vie par la réappropriation des innombrables moyens de production dont la mort dispose, par leur détournement immédiat, continuel et intempestif, métamorphique, métacritique, et finalement mortels pour eux-mêmes, par la mise en route d'un réacteur matière/antimatière susceptible d'accélérer les mutations dont nous sommes de petits tubercules, jusqu'à des vitesses supraluminiques.

Attention, petits zumains : *alerte rouge*.

La centrale Littératron est passée en phase surcritique, le réacteur lui-même est devenu plasma, les rayonnements sont mortels dans le cercle de lecture, voire bien au-delà. Prenez toutes les dispositions qui s'imposent pour protéger vos enfants, vous-mêmes et les membres de votre famille.

L'évacuation sanitaire est immédiate, je répète : l'évacuation sanitaire est immédiate.

13 h 22. L'intoxication au métal ultralourd se poursuit, éléments transneptuniens et transsaturniens, là-bas, tout au bout du tableau périodique de Mendeleïev.

La zone d'impact est parfaitement irradiée.

De Holy Gang à Garbage, puis de Nine Inch Nails à Junkie XL, la journuit devient pour de bon postatomique, « *metrolike* » : grooves terminateurs dans une lumière ultrablanche à la Kubrick, sodium sur béton, spectres humains sur mur digital, néon sur chair, *flashlight-on-flesh,* veinules de l'organique cristallisées par le vif-argent de la pellicule, reflets de l'œil cybernétique circulant sur les surfaces immaculées du vaisseau en route vers Jupiter, contre-jour électrique des jeunes tueurs d'*Orange mécanique* à l'entrée du tunnel, visions de duels à l'épée ou de combats au fusil automatique sous le faible halo des photons lunaires errant dans un jour trop pâle pour être vrai, pure beauté tragique des derniers hommes cohabitant avec les premières machines, et leur propre destruction.

Saturday Teenage Kick. Funk psychotronique, sauvagerie illimitée du robot programmé pour tout détruire, parades et danses sexuelles pour un jeu d'ombres dans un souterrain rythmé par des sirènes d'alarme.

Par ma fenêtre, le jour est gris, plein, et froid comme une arme.

La neige tombe en une fine pluie tourbillonnante de microparticules, quasiment invisibles.

Pourquoi écrire ?

Pour nous, la question est plutôt : *comment ne pas écrire ?*

Vous comprenez : nous serions obligés de *vivre*.

Lors de ces moments de sur-vie intense, cette inclusion de la vie dans la mort, quelque chose se produit en nous, même si nous ne semblons pas bouger de notre chaise. Nous devenons une espèce analogue à celle des requins, qui ne peuvent s'oxygéner qu'en se mouvant continuellement, même lors des phases de sommeil.

Si nous nous arrêtons, nous mourons.

Sans plus user de métaphores, si jamais il me venait à l'idée d'arrêter voire de ralentir quelque peu l'hyperproductivité mentale du moment, mon cerveau ordonnerait aux molécules de la fatigue et du sommeil de m'emporter sur-le-champ.

Je ne suis pas prêt à me constituer ainsi prisonnier sans livrer un combat sans merci.

La Daylight Biocontrol Corporation ne m'aura pas vivant.

J'expérimente sans cesse de nouvelles neurotechnologies à son encontre.

Nos cerveaux, comme nos corps, sont presque infiniment plastiques. Le problème n'est pas d'en faire ce que l'on veut, mais ce que l'on doit.

*

Je ne crois pas qu'un véritable « orgasme » — au sens que Reich donna à ce mot, pas celui des animatrices d'émissions sexopsychopop sur TQS ou TF1 — soit possible de quelque manière que ce soit dans la solitude masturbatoire, cybervirtuelle/techno-assistée ou non.

Car l'*Orgasme*, ce moment d'anéantissement-surpassement — provisoire — de l'organique ne peut se concevoir sans que les limites du « moi » ne soient définitivement transgressées, autant dire que non seulement la présence de l'Autre est une nécessité première, mais que son propre orgasme dépend du vôtre, et réciproquement, imposant une téléologie de fait, autant de fois qu'il est possible d'induire de tels courants neurospinaux transpersonnels en quelques minutes ou secondes de plaisir absolu.

14 h 38, plongée momentanée en mode subspatial. J'ai une série de « rencards » sur le net.

À plus tard, les amis. Autant dire, pour vous, à tout de suite.

17 h 13, back to the frontline.

La journuit se poursuit à travers la reprise du mélancolique *Lay-Lady-Lay* de Dylan par l'industrie lourde de Ministry, ou bien l'hypnogène *Ruiner* de Nine Inch Nails, puis plus tard, je ne sais pourquoi, alors que la nuit électrique a repris possession de la ville, et de mes douleurs, c'est un vieil album de Lou Reed, *Sally Can't Dance,* qui vient accompagner les dernières heures de veille. *New York Stars, Kill Your Sons, Ennui...* s'y déploie une soul mutante, vénéneuse, nocturne, parée d'une morgue et d'une distance typiquement *glam* — le bras vérolé de la pute-junkie recouvert de l'interminable gant en lamé étincelant modèle Rita Hayworth —, cette distance clinique et froide du dandy terminal convoquant les fantômes du rock'n'roll pour une danse sur le bord de l'abîme.

Don't you know they gonna kill,
Kill your sons ?

*

Ne rien comprendre aux femmes, c'est se laisser une chance de pouvoir les aimer.

*

Nuit du 21 au 22 décembre.

Sommeil reconstructeur, suivi d'une journée bien tranquille.

Demain Sylvie et Éva partent en France pour les fêtes de fin d'année.

Je n'aime pas cette séparation symbolique au moment du changement de millénaire, mais je suis obligé de faire avec. Je préfère encore la solitude blanche de l'Amérique boréale à cette bonne ville de Paris un soir de réveillon.

Denise Bombardier s'offre un petit pamphlet contre les « Français qui se croient encore le centre du monde ». Après en avoir parcouru quelques chapitres glanés au hasard, on est en mesure d'affirmer deux choses :

1) Le patronyme a encore trop peu d'influence sur les capacités réelles de celui — ou de celle — qui le porte.

2) Si la France n'est plus depuis longtemps le centre du monde, évidence constatée depuis un bon demi-siècle, le Québec n'est encore malheureusement qu'une ex-province de feu son empire, gouvernée d'abord par des jésuites puis par des adeptes du « centralisme démocratique », et devenue entre-temps banlieue extraterritoriale de l'État de New York

Québécois, encore un petit effort pour être vraiment américains!

Nuit de Noël. Isolement relatif au cœur des Laurentides.

Question troublante : deux mille ans après sa naissance, le métahumain reste à inventer.

*

Jean Chrétien gouverne son pays comme un vulgaire Conducator communiste, et malheureusement son modèle paternalo-autoritaire laxatif, parfaitement humanitaire, est en passe de s'imposer comme patron unisexe à tous les mauvais couturiers de la communication politique.

Afin de recevoir à Québec les officiels du Sommet des Amériques, convoqués pour mettre en place la vaste zone de libre-échange américaine, à laquelle tous les socialistes et apparentés sont bien sûr violemment opposés, le gouvernement fédéral des libéraux a lancé une vaste offensive contre les libertés individuelles.

Ce politicien postmoderne et sa clique sont en effet en

train d'ériger un « mur » circulaire de quatre kilomètres de circonférence autour du centre de la vieille ville de Québec. Un Mur postmoderne, donc invisible, « virtuel » pour ainsi dire, si l'on omet de se souvenir que l'adjectif vient du mot « vertu ».

Même à Berlin on n'avait pas vu ça. Seul le souvenir inverti d'un Sarajevo extrême-occidental peut vous aider à imaginer le phénomène. Une ville cernée et interdite par décision administrative. La GRC, la Sûreté du Québec, les polices métropolitaines sont complètement mobilisées, l'électronique de précision et le fichage des individus sont bien sûr de la partie, pour ne pas dire qu'ils forment l'ossature centrale du dispositif, mais les bonnes vieilles méthodes staliniennes n'ont rien perdu de leur charme ancestral : on arrête des journalistes trop curieux, on oblige les jeunes et les associations de rue à vider les lieux sans plus de ménagement, on prépare tranquillement l'instauration de la loi martiale dans les esprits, et déjà des forces militaires se font chaque jour plus présentes dans la région.

C'est à croire que les libéraux, ces centristes sociaux-démocrates, travaillent directement pour les ennemis de la démocratie et des économies de marché : en agissant avec le tact d'un officier de marine sud-américain, le gouvernement du Parti libéral approfondit la coupure entre les populations jetées dans le siècle des mutations et ceux qui se doivent de les accompagner, quand ils ne peuvent les produire.

Encore quelques années de pouvoir social-démocrate au Canada, comme au Québec, et la voie sera grande ouverte pour les communistes.

Il faut dire qu'un Mike Harris, Premier ministre conservateur de l'Ontario, est en train de son côté de promouvoir une série de mesures antisyndicales qu'un partisan de Calvin Coolidge n'aurait pas osé mettre en pratique il y a trois quarts de siècle aux États-Unis. Des mesures si absurdes et discriminatoires que je ne vois même pas comment les corporations pour lesquelles elles sont censés être faites pourront en faire quoi que ce soit de productif.

Si les anglophones « purs et durs » de l'Ouest canadien suivent cette pente savonneuse de l'autoritarisme « démocratique », ce duplessisme protestant, s'ils imitent à leur manière les errements jésuites du Québec et les absurdités sociales-bureaucrates des libéraux fédéraux, alors le Canada risque sa disparition pure et simple, avant même que d'avoir existé pour de bon.

En favorisant les pires théories réactionnaires antiscientifiques, créationnisme en tête, dans les esprits, à l'école en premier lieu, la « droite » nord-américaine est en train de creuser le lit des nihilismes cryptosocialistes et/ou nationalistes, qui reviendront très vite hanter le « siècle de la Lumière ».

L'économie de troisième type, schizoévolutive et terminatrice, n'aura sans doute pas le temps de faire disparaître assez vite tous ses cacochymes d'alluvions, tous ces bourgeois, néobourgeois, antibourgeois, superbourgeois, tous ceux qui infectent de leur non-pensée les cellules reproductives du futur, tous ces mauvais acteurs qui ne se décident pas à quitter la scène de l'histoire, et même de la non-histoire, lorsque la pièce est finie et qu'on cherche avec avidité la sortie.

Cette économie ne pourra pourtant se satisfaire longtemps des élucubrations calvinistes mystico-new-age d'un Stockwell Day ni des pitreries antisyndicales d'un Chris Stockwell, et tant qu'à me prononcer tout de suite sur votre fin du monde, je refuse pour ma part d'avoir à choisir entre la dictature du Goulag et celle de vos oligarches incultes.

*

Depuis quelques jours, la presse locale fait ses choux gras d'une sombre affaire qui semble déchirer en profondeur le Parti québécois, et surtout met à nu la plaie purulente qu'on tente de recouvrir depuis un bon moment avec du sparadrap de troisième ordre.

Le nationalisme québécois est malade. Certes oui, mais n'est-il pas plutôt la maladie elle-même ?

Aussi lorsqu'un petit député PQuiste lève le voile[1] et remet au goût du jour des plaisanteries antisémites dont un Drumont n'aurait pas voulu comme caricatures dans sa *Libre Parole*, et que devant la consternation de Lucien Bouchard, les francocentristes extrémistes remettent le couvert, et critiquent d'un bel ensemble, par pétition interposée, la décision unanime de l'Assemblée du Québec de condamner de tels « dérapages », on devine aisément que quelque chose se prépare, l'abcès n'est pas loin de crever, la plaie sent de plus en plus mauvais, si rien n'est fait, et s'il n'est pas déjà trop tard, la gangrène et la septicémie risquent fort d'emporter le patient.

(28 décembre 2000)

*

Le *TdO* 1999 est chroniqué dans le dernier numéro de *Teknikart* — fort estimable revue technopop — au sein d'une rubrique consacrée à la *posthumanité*.

En l'espace d'un petit quart de colonne, disons cent mots tout au plus, nous devons admettre qu'il est ardu de résumer un livre de six cents pages et des poussières, aussi je ne mettrai pas en question l'honnêteté intellectuelle du rédacteur qui a fait, visiblement, ce qu'il a pu pour essayer de tracer dans ce cadre étroit quelques-unes des perspectives que j'essayais alors de propager dans mon propre

1. Qui ne tardera sans doute pas à nier l'existence des chambres à gaz.

cerveau, afin de pouvoir éventuellement en contaminer quelques autres.

Je m'attacherai donc quelque peu aux livres chroniqués par ailleurs dans cette même rubrique, en remarquant au préalable que sous ce « concept » de « posthumanité » sont regroupés de manière franchement arbitraire des ouvrages dont les prédicats de base me semblent pour le moins antinomiques.

Les théories néoévolutionnistes d'Anne Dambricourt, de sir John Eccles ou de Jeremy Narby y côtoient en effet d'étranges « philosophies postmodernistes » tendant à accréditer l'idée d'un retour aux instincts primaires — le « ventre » contre la « tête » — comme solution aux nihilismes que la Raison toute-puissante aura érigés en tant qu'idoles au cours du siècle précédent — je veux dire : le vingtième.

Cette dernière « théorie » est, semble-t-il, élaborée par Michel Maffesoli qui entend ainsi s'en prendre aux terreurs de la Raison moderne, afin d'inventer un « posthumanisme » dont la simple évocation me fait, quant à moi, frémir de la plus pure angoisse.

Dans le même *genre*, une certaine Beatriz Preciado se fait à son tour le héraut d'un hypothétique « troisième sexe » androgyne à souhait qui ferait de l'anus le « nouveau point de rayonnement de la sexualité humaine ».

Ne pas en rire apporterait sans aucun doute la preuve d'une totale absence d'humour, mais se contenter d'en rigoler nous ferait tout aussi sûrement passer pour quelque peu légers aux yeux de nos malheureux descendants.

Comment oser en effet mêler ces déjections du révisionnisme pop avec les recherches des « biologistes de la mort » ou ceux des « origines » et de la « conscience » ?

Comment ne pas rester un instant songeur devant cette manipulation idéologique qui amalgame les dernières volontés d'une humanité réduite au petit néant de la régression postmoderne avec les ruptures métaboliques encore insoupçonnées qui se préparent dans le secret des biosociétés en devenir ?

Comment faire semblant de croire à ces rousseauismes high-tech tout en voulant nous ouvrir sur la pointe extrême de la science d'aujourd'hui ?

Posthomme ? Immortel ?

Parce qu'il aura fait de son anus le centre de son moi ? Ou qu'il sera revenu aux temps bénis des « sociétés prémodernes », quand la « part maudite » de l'homme était sagement « euphorisée » par les « traditions orientales » ?

Comprenons bien ce qui est en jeu ici : ce sous-bataldisme de bazar, cette minauderie new-age fardée de toutes les caricatures de la marchandise, cache la plus formidable entreprise de propagande pour la sous-humanisation du monde, pour l'anéantissement des civilisations dans les niches écologiques primordiales, pour une dévolution philosophique dont le but est de nous préparer à un retour à Confucius et au mode de production du *despotisme asiatique*.

Il faut encore et encore rappeler à ces dangers pour la pensée humaine que, peu importe le terme qu'on emploie pour désigner l'Idole, seul compte le processus par lequel l'Idole est créée, pour recouvrir de sa face à l'atroce sourire le visage en pleurs de la Vérité.

Je ne suis ni mort ni vivant, et bien plus que tout cela à la fois, ai-je répondu à l'affiche publicitaire, je suis ce qui n'a pas besoin de toi. Je suis ce qui n'a pas de nom. Je suis tous les noms.

*

Si, comme l'a démontré sir John Eccles, il se produit dans le cerveau un étrange phénomène quantique qui tend à faire émerger la conscience *avant même* que la machine neurologique humaine soit activée, alors il faut bien admettre que cette phénoménale rencontre du Néant et de l'Infini forme la topologie d'une physique cognitive, pour laquelle il devient peu à peu évident que le cerveau est une métamachine capable de faire remonter des informations à rebrousse-temps, dans toutes les dimensions du continuum, contre toutes les lois du Monde créé, parce qu'il est parfois — trop peu souvent certes — le royal instrument de l'Esprit créateur.

Le cerveau n'est pas un « organe » du corps, même très sophistiqué. Le cerveau est l'ensemble de Tous-Les-Organes plus le néant opératif qui s'ouvre à leurs conjonctions-disjonctions. Il n'est rien d'organique qui ne soit cérébral dans le corps humain, et réciproquement. À tous les étages de notre « structure » biologique, des informations sans arrêt circulent, notre corps tout entier est une messagerie biocosmique inséparable de son antenne neurospinale, l'ADN lui-même est un phénomène coévolutif à la céphalisation des organismes vivants — comme une lecture croisée d'Anne Dambricourt, de John Eccles et de Jeremy Narby permet précisément de l'envisager en toute sérénité —, bref, nos chers « posthumanistes » se contentent de reproduire, de façon plus morbide encore, le dualisme cartésien qu'ils font péniblement semblant de combattre.

2 h 31, le 30 décembre 2000.

3 h 44. J'ai décidé hier matin de passer le réveillon 2001 dans la solitude sauvage de la journuit extensive. Dès la soirée du 29 entamée, je me suis dûment préparé. Une première nuit blanche va me conduire jusque vers 5 ou 6 heures du matin, tout à l'heure. Je dormirai ensuite sûrement d'une traite jusque vers 15 ou 16 heures. Puis rebelote. Le 31, vers 22 heures, *eastern time*, j'entamerai le compte à rebours fatidique devant l'écran de mon ordina-

teur. Je traverserai le millénaire dans l'hyperespace de la littérature.

Bush décide de relancer l'idée d'un bouclier spatial stratégique. S'il voulait vraiment laisser une trace dans ce que nous nommons parfois Histoire, il pourrait décider de renverser la tendance initiée par Nixon il y a trente ans, et qui consista à se rapprocher des Chinois pour mieux défier les Soviétiques.

Si les USA avaient encore la possibilité d'élire de grands hommes politiques, peut-être George Jr se déciderait-il dès la première année de son investiture à proposer aux Russes et aux Zéropéens — puisqu'il faut bien faire avec — de participer à ce projet de défense stratégique contre le néodespotisme asiatique[1].

Au tigre les feux sonores
Que le chasseur exploite
Au cheval la joie des steppes
Sous le fer des sabots
Au scorpion le sable et le soleil
La délivrance du venin
À l'homme la mort lente
Ou sa sublime accélération.

Selon le calendrier chinois, 2000 fut l'année du Dragon et 2001 sera celle du Serpent.

Cette double succession symbolique me semble hautement dangereuse pour ce qui reste d'humain en nous, en ce qui me concerne elle devient à cette minute le signe évident d'une transmutation encore à accomplir, dont le but, bien sûr, est de faire de la vérité le moyen expérimental de contaminer de ses fictions la substance de la réalité, et de sa propre vie le combustible nécessaire à l'obtention

1. *He did it !* (le 24 juillet 2001).

d'une liberté plus haute, bref faire de son corps-cerveau un vaisseau de l'extrême inconnu, entreprendre dans la joie le travail que la nature ne peut pas accomplir, s'engager vers la mort, et toutes les formes d'immortalité possibles, pour ne jamais reculer devant la nuit qui nous sépare des astres les plus lointains.

Lorsque vous écrivez un livre, il vous remplit peu à peu, en même temps qu'il vous vide, vous finissez par en connaître chaque recoin, la plus petite note, le moindre mot, la plus infime vibration, le plus lointain écho, il vous explore encore plus que vous n'en explorez les limites (un peu comme s'il vous dévorait de l'intérieur en échange de ce que vous aurez laissé de votre vie sur le champ de bataille de la littérature) puis, alors que vous en atteignez les ultimes terminaisons, votre attention est attirée par une porte un peu étrange s'ouvrant dans un angle mort, et que vous n'aviez point vue jusque-là. Si vous ouvrez cette porte, vous comprenez avec une terreur fascinée que votre livre recouvrait un autre livre.

Le jour est un intervalle entre deux nuits, comme la paix est le temps qui sépare deux guerres, ou plutôt : qui toujours *prépare* la suivante.

Ainsi, en lisant Ignacio Ramonet, on apprend que « regarder Columbo (ou Kojak) revient à payer ingénument un tribut à l'impérialisme américain ».

« Propagandes silencieuses », comme les précédentes compilations de statistiques et de délires sociopop de notre géopoliticien antiaméricain préféré, confine à une expérience mystique. Jamais je crois le pauvre positivisme de notre époque n'aura à ce point mérité son épigone : sa propagande à lui est celle du *bruit de fond*.

Lire *Le Monde diplo*, ou les essais illisibles de son rédacteur en chef, c'est, n'en doutons pas, payer en toute conscience un tribut pour le néoréalisme socialiste.

*

4 h 49. Le sommeil me gagne lentement. Je ne verrai probablement pas le jour se lever, la nuit blanche restera dans la zone grise, mais les opérations continuent, la préparation des troupes de débarquement se poursuit, la journuit du Serpent sera traversée, comme prévu.
À dans une seconde.

*

Suspens du thriller autoréflexif, cette fois la seconde était réelle de mon point de vue, ou presque. L'était-elle du vôtre ?

La nuit est toujours violet-pourpre néon. Six minutes se sont écoulées. Le temps qu'il faut à un ange pour tomber.

(*TWA 800*)
Enfants en flammes
Dans le tube fou de la carlingue
L'avion digital
Est une simulation du silence
Qui envahit les cieux ;

Parfois nos yeux
Peinent à reconnaître l'invisible
L'infime turbulence
D'un gaz chaud aux pouvoirs terribles
Dérobé aux dieux ;

Le sel des larmes
Dévorant les mères et les pères
Comblerait tous les vides

De nos sociétés avides et sans âme
Faute de mieux ;

Mais je reste statique
Dans l'électricité froide du matin
Je prie sur des tombes
Que je creuse de mes propres mains
En musique ;

Le monde est deux
Boîtes noires au plus profond des eaux
Les débris de l'attente
Les voix des enregistrements radio
Coupées nettes par le feu ;

Je me consume en toi
Vol TWA 800
Chien du réservoir à l'explosion fatale
Je meurs avec les petites filles
De la coursive avant.

*

Dès maintenant je pourrais écrire : Nous sommes demain.

4 h 58.

4 h 59.

Nous sommes demain. Il est : *18 h 33*.

Il fait nuit.

*

Petite dérive du programme : en fait je n'aurais rien écrit dans la nuit du 30 au 31, car j'ai été absorbé par le Livre des Livres, lorsqu'il devient chair, sang, feu, lumière, vérité, amour.

Mais je reprends le cours des opérations juste à temps : vingt-quatre heures et onze minutes plus tard très précisément (à l'instant où j'écris ces lignes il est 18 h 44), le dernier jour de l'an 2000. Les navires de combat et les barges de débarquement croisent déjà vers le large, dans le ciel qui se prépare à la Grande Invasion je vois les lumières des aéronefs fusant vers leurs objectifs, au loin se dessine déjà la bande au gris lunaire des plages que nous devrons prendre d'assaut, le tube neurotranstemporel se déclenche, spirale sans fin projetant son origine vers l'infini, et me voilà assis au milieu des hommes qui vont mourir, ou survivre, à l'aube du XXIe siècle, sous nos casques nos yeux sont vides, tous que nous sommes à cet instant tournés vers nos démons intérieurs, ou la dernière image d'une fille marchant dans le soleil printanier, nos mains soudées à l'acier, nos jambes raidies par le froid, nos corps voûtés, serrés les uns contre les autres dans l'humidité glaciale de la barge 2001, et tandis que l'odeur de l'essence brûlée s'insinue dans l'iode fort de la mer, nous voici soumis au choc régulier des vagues qui claquent contre le panneau avant et projettent sur nous leurs embruns en une pluie fine et constante qui nous colle à peau.

Déjà des feux orange, énormes et silencieux trouent la nuit devant nous, des éclairs en rafales secouent l'horizon, météores de magnésium qui s'élèvent parfois jusqu'au zénith, aurores boréales aux stricts contours géométriques, plus froides encore que ce qu'il nous reste de nerfs, de sang et de peur devant leur brutale magnificence.

Et me voilà de retour, dans mon propre vaisseau-corps-cerveau qui observe l'écran de son ordinateur et le clavier où ses doigts courent sur les touches : un écrivain ne peut pas faire autrement qu'être du côté de l'Infini, donc contre TOUS les absolutismes, et en particulier le plus odieux de tous, celui de notre fin des temps : Le relativisme-tyran qui se fait passer pour une *se-reine* vérité. S'il se résigne au despotisme, au communisme, ou à l'anarchisme post-moderne, l'écrivain se désigne comme un être fini, et la politique pour lui ne devient plus que ce qu'elle est devenue pour la canaille qui s'en est emparée, un résidu quelconque du nihilisme qui l'a dévorée.

Il existe peut-être encore quelques héros en cette triste époque de pop-stars de six secondes. Un garçon de cinquante-huit ans nommé Keith Henson a décidé en effet de s'en prendre comme il se devait aux vendeurs de cassettes de neuroprogrammation dianétique dont les juristes sont par ailleurs de grands avocats de la mafia. Sur son site web on pouvait lire toutes les coordonnées GPS des « églises » de la Scientologie®, assorties de quelques méthodes artisanales mais fort efficientes pour fabriquer des engins de type explosif. Poursuivi par les séides de l'Église, et n'ayant pas pour lui la chance de faire valoir son droit au premier amendement — comment la justice en est-elle arrivée là ? — il a cru pouvoir trouver refuge au Canada où il s'est fait brutalement arrêter par une escouade de la police torontoise dont la presse avait écrit qu'elle a déjà été par le passé infiltrée par les services secrets du Führer L. Ron Hubbard. Keith Henson purge aujourd'hui sa peine de prison, pour « hate literature », dans le Pays de la Charte des Droits et Libertés. La justice de Californie veut quant à elle le juger pour « TERRORISME », alors que l'Église de Scientologie® est considérée par le FBI lui-même comme une « organisation criminelle de grande envergure » ! Maintenant que le communisme est mort (ou à demi), la Scientologie®, ses dérivés, et l'islamisme taliban sont les plus grands dangers qui pèsent sur notre civilisation. Long Live Keith Henson ! La liberté est une GUERRE sans cesse recommencée. Pour plus d'informations concernant la police dianétique et sa guerre contre la liberté, grâce à ses avocats de la mafia, visitez les sites :

www.holysmoke.org
www.thecia.net/users/rnewman/scientology/henson
www.keithhenson.org
www.operatingthetan.com

Un certain Guillaume Dustan et son acolyte nommé Nicolas Pagès, tous deux anciens membres fondateurs d'Act-Up, cherchent par tous les moyens à se distinguer de cette organisation, en propageant ouvertement la pratique « libératoire » de l'amour sans préservatif, dans n'importe quelles conditions et, disons-le sans ambages, avec une attirance prononcée et « assumée » comme telle pour celles qui présenteraient le plus de risques. Cette pratique, le *barebake*, est en passe de devenir le rite initiatique le plus sinistre que l'humanité finissante aura produit, car désormais de jeunes homosexuels font tout pour attraper le virus du sida, voyant en lui comme une sorte de clé servant à ouvrir les portes de cette « communauté » autopatentée qui flirte ouvertement avec son propre suicide.

Grâce à l'excuse médicale de ces fameuses « trithérapies » qui se transforment la plupart du temps en « quadri », en « penta », voire en « heptasurvie », et à la dialectique nihiliste que des « penseurs » comme Dustan-et-Pagès ont statufiée en idole, le virus est devenu le symbole positif de ce nouveau communautarisme totalitaire qui, à l'instar du communisme ou du nazisme, se découvre dans l'instant comme simple réplique de la mort-marchandise-pulsion.

Aussi, puisqu'il est désormais de bon ton de me traiter de *réactionnaire*, permettez-moi de jouer avec les nerfs des journalistes bien-pensants et de me glisser pour quelques secondes dans la peau d'un de ces rigoristes calvinistes qui considèrent l'homosexualité comme une œuvre satanique qu'il faut éradiquer de cette Terre par tous les moyens disponibles.

Admettons donc que je dispose moi aussi de ce tunnel étrange qui permet aux personnages de *Being John Malko-*

vich de se retrouver dans le crâne de l'acteur suscité, à la différence près que ce *neurotube* porterait le nom de, disons, Pat Buchanan.

Ô divine surprise !

Car le pasteur antisataniste et antipédé affiche un large et lumineux sourire face aux déjections commises par Dustan-et-Pagès, et nous le voyons comme tenté de s'approcher d'eux pour serrer la main au fameux binôme.

Merci, leur dit-il en effet en son for intérieur, merci de tout cœur, grâce à vous et à votre « littérature », nos vœux seront bientôt comblés, et tout homosexuel aura disparu de la surface de cette planète avant la fin du siècle qui commence.

S'il ne peut — pour des raisons évidentes — se commettre ainsi en public, partager ses pensées nous permet d'en apprendre un peu plus sur les lourds secrets qui hantent les caves de l'histoire des zommes, car en effet dans ce pacte de non-agression qui se profile en silence, le communautariste homosexuel est, par la grâce autodestructrice des néonihilismes qui l'habitent, et la puissance virale de la nature, de la façon la plus stricte condamné à mort à l'avance.

La guerre contre la criminelle innocence ne fait donc que commencer. Combattre la mort et ses répliques nécessite de savoir l'apprivoiser et d'avoir fait de ses multitudes une meute à son service. Car dans le cas qui nous occupe, la sous-vie qu'on promet est égale en tous points à la sous-mort qu'on réserve. Aussi faut-il agir comme les ninjas et les moines de Shaolin des films de Hongkong, en utilisant tous les effets spéciaux, tous les *art*ifices possibles. Zombies ultralucides, vie et mort entremêlées, tournoyant dans la spirale hélicoïdale du métavivant.

Apparaître tel un spectre derrière les lignes ennemies. Trancher d'un coup net la gorge des mauvais discours dans la nuit. Poignarder en silence les sentinelles du sous-ordre nouveau. Foncer droit vers les réserves de carburant, de munitions, de vivres et les bunkers de commandement. Tuer s'il le faut chacun des mots présents, n'en épargner aucun, repartir à l'aube en ne laissant derrière soi que des ruines fumantes et désolées, sans plus âme qui vive, oui, combattre la souzumanité sans la moindre merci. Comme je l'ai déjà dit plus haut : la littérature reconnaîtra les siens.

Nouvelle offensive liberticide conduite par la police de la pensée « libérale-conservatrice » au pouvoir au Canada. En Ontario, un jeune adolescent (dont l'identité ne peut être dévoilée) va passer devant un tribunal et risque une sévère peine d'emprisonnement.

Quel crime a-t-il commis ? A-t-il assassiné pour le plaisir, ou quelques centaines de dollars, deux malheureux vieillards à coups de tessons de bouteille ? A-t-il violé des victimes de passage près de l'immeuble où il réside ? A-t-il abusé de jeunes enfants avant de les jeter à la rivière ? A-t-il fumé de cette antique tisane aujourd'hui interdite par la loi ?

Vous n'y êtes pas. Ce jeune garçon *a lu* un texte en classe. Un texte fort peu teinté de l'idéologie bien-pensante de la gauche-droite consensuelle, cela va sans dire, mais on était en droit d'espérer que cela ne nous conduirait plus directement au bagne.

Ce texte de fiction s'inspirait librement d'un fait divers dont ce jeune garçon était la victime récurrente depuis son plus jeune âge : un défaut de prononciation qui lui valait toutes les moqueries imaginables. Vous me suivez ? Sans doute pas, et c'est tant mieux. Car un beau jour, une dizaine de ses compagnons de classe se sont tellement « moqués » de lui qu'il est rentré à la maison couvert de sang et d'hématomes. Ce coup-ci, la police de l'Ontario ne daigna pas bouger d'un pouce, on la comprend : qu'est-ce qu'une minime voie de fait ainsi caractérisée en comparaison des dangereux intoxiqués au cannabis qui essaient de fumer ce qui leur chante sans respecter la loi ? Mais lorsque les parents des studieux élèves de l'école — dont les petizommes en culottes courtes qui l'avaient ridiculisé jusqu'aux coups — prirent peur devant ce Littleton virtuel lu en classe et dénoncèrent aux autorités le jeune solitaire à l'imagination débridée, c'est avec des fusils d'assaut que l'on fit irruption chez lui et ses parents, et c'est menottes aux poignets qu'on lui fit quitter le domicile familial.

Il vit aujourd'hui dans une prison de la province de Mike Harris, en attendant un procès dont la tenue même est le scandale le plus pitoyable des démocraties finissantes. Il faudra bien un jour juger tous ces juges, condamner tous ces jurys, emprisonner tous ces « législateurs ». Qui devra-t-on pendre alors, je vous le demande ?

*

Si l'amour servait à quelque chose, il ne servirait à rien.

Comprenez-le ainsi, si le moindre aphorisme vous échappe :

L'amour est par définition au-dessus de toutes les servitudes, il est ce à quoi doivent être soumises toutes les autres souverainetés, mais cet « amour » ne peut être défini selon les petites normes postromantiques/postmodernes que le XXe siècle nous aura léguées, comme accomplissement de l'amnésie publicitaire.

Car l'amour ainsi décrit ne peut être envisagé que comme *accomplissement* des antiques valeurs guerrières.

*

Si l'amour est sacré, alors il demande des *sacrifices*.

Savoir ce qu'on doit, c'est pouvoir ce qu'on veut.

N'en doutez pas, il fallait bien un siècle comme celui qui va mourir pour qu'on ose produire un jour une synthèse hautement disjonctive entre disons Léon Bloy, Nietzsche et Niels Bohr ! Vous n'imaginez pas non plus le rire qui peut s'emparer d'un cerveau lorsqu'il est confronté directement à cette vérité !

Dans l'unique but de servir ses fins, c'est-à-dire vendre un article au *Devoir*, une petite apprentie de la critique littéraire locale a décidé de m'égratigner au passage de son tracteur logorrhéique : dans un commentaire digressif lancé sans la moindre préparation au beau milieu d'un article ayant courageusement opté pour la tactique du « mi-figue, mi-raisin » au sujet du dernier livre de M. Houellebecq, *Lanzarote*, une gentille série d'épithètes déjà fort usitées à mon sujet sert à me caractériser en opposition formelle avec l'auteur des *Particules élémentaires*.

Sans qu'on puisse comprendre comment, ni pourquoi, voilà qu'on m'amalgame en deux coups de cuiller à pot à Virginie Despentes et aux adorateurs de la culture trash ! Je n'éprouverais — paraît-il — qu'aversion pour le « sublime ».

Quelqu'un pourrait-il faire l'effort d'informer cette « rédactrice » d'infomerciaux culturels, dénommée Ghyslaine Massoutre, que non seulement j'aimerais assez l'entendre s'exprimer sur cette même notion de « sublime », mais aussi que dans le cas où elle désire un jour *lire* mes livres, l'attachée de presse des éditions Gallimard se fera une joie de les lui envoyer.

22 h 27, le 31 décembre 2000 (brouillon d'une lettre, etc.).

*

Écrire des livres n'est qu'une étape, comme la vie. Et s'il faut franchir la porte de la mort, autant que ce soit pour quelque chose qui dépasse votre vie.

Suis-je clair ?

Pas encore assez, visiblement.

Si parvenir à la liberté de la conscience ne vous conduit pas à l'acte d'héroïsme pour le métavivant, autant renoncer tout de suite, et s'offrir un appartement branchouille à Paris-les-Thermes, ou monter une boutique new-age à Montréal.

Plus précisément ?

Apprendre à dompter la mort pour la réinvestir dans la sur-vie.

Plus encore ?

Produire ce que l'on doit produire, puis, par pure volonté, choisir sa mort, en décidant de donner sa vie pour le Christ.

Ai-je été assez clair cette fois-ci ?

*

22 h 44, il est minuit, quelque part au-dessus de l'Atlantique.

*

Si vous ne pouvez pas être un héros pour vous-mêmes essayez au moins de l'être pour les autres.

*

Dernière heure tout juste commencée.

Il reste 59, non, 58 minutes avant le double bang silencieux que provoquera la pure abstraction du fuseau horaire quand il passera au-dessus de nos têtes à l'heure dite *minuit*...

1 h 13.

Lucie et Alain viennent de sortir de chez moi, ils m'ont surpris vers 11 h 30, caméra au poing, et j'ai commis l'erreur fatale de les faire monter : nous avons d'abord achevé une Veuve-Clicquot, puis dès minuit nous avons ouvert une bouteille de Roederer, et avons commencé à raconter n'importe quoi, et à rire, avant que plusieurs coups de téléphone amicaux ne se succèdent, troublant de leur joyeuse humeur chaque fois amplifiée le lac noir devant lequel je m'attendais, ici même.

Finalement, et si j'allais au « gros party » de Mike ?

*

Mais comment résister à l'appel des plages de débarquement ?

Réenclencler le neurotube. De toute urgence. Réinvoquer le Neuronomicon, le Véhicule secret de la Spirale, et ne plus rien attendre du monde.

La bande grise s'est rapprochée jusqu'à former une falaise qui domine l'horizon, trouée de longues lignes pâles d'où s'élèvent des torchères et où explosent sans cesse des nuées aux polychromies primaires, emblèmes piqués du feu d'un dieu vulcanologue sous acide, les obus passent au-dessus de nous en ameutant l'air au point qu'il hurle, comme une femme conduite à l'extase.

Le son de la canonnade emplit désormais tout l'espace sonore et/

le panneau avant bascule, faisant éclater une gerbe d'écume qui vient rouler, noire comme du sang, à nos pieds qui déjà s'élancent vers la rampe et/

je cours dans l'eau glacée jusqu'au bord du rivage, la nuit noire se délite dans les vapeurs surchauffées de l'enfer mécanique, partout autour de moi le rire du diable se démultiplie en une pluie d'échos à chaque explosion, chaque coup tiré, chaque homme dont la bouche s'emplit de sable et/

l'expérience elle-même se déplace, se translate, s'ouvre vers un autre univers où/

à 1 h 41, je me tapis un moment dans un repli de l'espace-temps, derrière un écheveau de barbelés oublié par les paramètres de tir, au bas d'une dune non répertoriée sur les cartes, ici même, dans la tourelle de mon bunker personnel, derrière l'écran blanc-bleu du tube cathodique, les yeux scrutant encore des rivages provisoirement évanouis, qu'ils chercheront durant une microfraction d'éternité dans le paysage nocturne déployé par-delà la fenêtre.

*

2 heures, *do the locomotion, baby*.

*

3 h 34, nous avons été tenus plus d'une heure bloqués sous le feu du sommeil champagnisé. Puis la double hélice s'est de nouveau réveillée, aspirant mon âme vers la danse des étoiles, comme si le Christ et Aphrodite, Jésus et Vénus s'unissaient pour une valse sans fin ni origine dans l'unique but de s'offrir en sacrifice à l'amour.

*

Soie rouge
Drapeau tendu
Sur la peau
Nue ;
Lune blanche
Éblouissante
Sur les yeux
Clos ;

Rose croix
Divin éclat
Sur l'ivoire
Pur ;
Souffles bruts
Échangés
Dans la nuque
Au repos.

*

Alors nous vîmes le feu couvrir le ciel de l'horizon au zénith, du zénith à l'horizon, d'est en ouest, et du nord au sud, comme si le cœur ardent du soleil se déversait sur la terre, et que le cœur de celle-ci fusait vers lui en signe d'amour.

Les ténèbres s'ouvraient aux sillages des avions larguant leur phosphore et le sable lui-même s'enflammait sous nos pas.

Nous laissions les plages fumantes derrière nous et entamions notre route vers les derniers bunkers qui résistaient encore, grimpant vers l'herbe roussie à l'odeur de napalm, rampant dans la boue froide sur le corps d'un camarade mort, nous scrutions les ténèbres aussi loin que possible, les yeux rougis par la poudre, la bouche desséchée par le feu, tel l'acier du canon rayé qu'on pointe vers les rires jaunes que démasquent les bouches cariées des blockhaus.

Je marchais avec les milliers d'autres, tous ceux tombés avec moi le même jour, juste après l'aube, les hommes de la division fantôme, ceux qui toujours accompagnaient les vivants dans la nuit du monde.

Le Diable lui-même ne pouvait nous suivre là où nous allions.

*

C'est précisément dans l'*être-ensemble* de la société démocratique que l'Autre devient Étranger, et l'Étranger Autre, et ce de la façon la plus *transparente* qui soit. Quand le mystère s'effiloche dans le social, comment s'étonner de voir s'élever des murailles là où s'ouvraient des abîmes ? La bourgeoisie marchande a institué son Panopticon idéal à chaque étage de nos vies et de nos consciences. La famille n'est plus que le reliquat atomisé des anciens lignages, le couple moderne une copie standardisée modèle middle class internationale répliquée à des millions et des millions d'exemplaires, et dont la variante postmoderniste achève l'absurde déconstruction tribalisée d'un tel fantôme.

L'Amour est désormais si impossible qu'il se permet d'effrayer, pour quelques instants souvent cruciaux, ceux qui laissent sa béance s'ouvrir en eux, sa figure nous est devenue si étrangère que nous la confondons avec notre image, et lorsque soudain, au cas où par un obscur miracle son séisme viendrait à faire trembler nos certitudes, tout ce que la société a fait de nous crie au scandale et s'acharne à mettre en doute sa primauté, son absolue légitimité à détruire le programme, et à écrire sa propre musique.

Seule la solitude-liberté-souveraineté vous permet de vous confronter avec cette vérité et d'entreprendre son dépassement.

*

L'amour, l'unique force qui vous rende plus faible, la seule faiblesse qui vous rende plus fort.

Il n'existe pas dans le monde deux hommes semblables, sauf au moyen du clonage réplicatif (naturel ou artificiel) ; nous sommes non seulement irréductiblement étrangers les uns aux autres, ainsi qu'à nous-mêmes, mais l'unique issue pour les hommes libres est de toujours creuser cette distance.

Si l'homme vivait en paix, il serait une plante, et encore...

Si l'amour dépendait de nous, son existence serait tout bonnement improbable.

Tous ces crétinoïdes qui pérorent sur la sexualité comme s'il s'agissait de la *fonction* d'on ne sait trop quel *organe* !

Faire l'amour en moins de soixante minutes est soit un acte barbare, soit une punition de jésuite.

Il existe un moment, un point crucial du continuum, par lequel l'érotisme lui-même se consume vers une vérité plus haute encore, celle du pur souffle de l'Esprit.

Ce momentum rarissime nous ouvre de la façon la plus directe vers les abysses situés par-delà la conscience, là où commence le métavivant, il transvalue de façon définitive nos conceptions de la Chair et du Verbe, du Cosmos et du Logos, des putains et des anges.

Ce moment, sacré entre tous, est celui où l'Amour lui-même se transsubstantifie pour une souveraineté plus haute dont il est sinon le Créateur, du moins le Messager.

Turbine du sommeil vaincu. Réacteur masse critique. Électricité extatique de l'esprit. Neurones consumés en sacrifice. Vitesse-lumière dépassée. Point de non-retour. Hasards objectifs en cascade, simples mondes compossibles croisés sur notre route et réunis par la grâce de nos regards, et d'une volonté indécelable.

Espionnage direct de la conscience par elle-même, à travers l'Autre, et ses sublimes abysses.

Seul l'Amour règne au-dessus de la vie et de la mort, car il est le processus paradoxal par lequel l'une et l'autre se dépassent par leur contraire.

C'est parce qu'elles devinent la toute-puissance créatrice/destructrice, pour ne pas dire *divine*, de l'amour que les sociétés en ont peur à ce point, jusqu'à tuer un Dieu vivant chargé de toute sa béance, puis de travestir la pensée ainsi léguée, chaque jour un peu plus, durant des siècles et des siècles, jusqu'au point de désagrégation terminale du langage humain que nous sommes en train de vivre.

Prétendre fabriquer la posthumanité alors que nous ne savons même pas réaliser un homme !

L'amour sans la liberté, c'est la servitude.
La liberté sans amour, ce n'est rien.

Tous ces *philo*sophes incapables d'*amour* ! Autant dire de la moindre pensée, car lorsqu'on ôte l'amour à la philo*sophie*, il ne reste plus, on le voit, que les *sophismes*.

Tous ces savants incapables de *con-naître* ! Tous ces croyants sans la moindre foi ! Toutes ces hystéries parées du nom de justice !

Cela fait un petit moment déjà que mes contemporains — je parle des *hommes* — sont inaptes à l'amour. Le problème, c'est qu'ils ne sont pas plus doués pour la guerre.

L'amour vous lie à l'autre en même temps qu'il vous délivre de la foule, et de vous-même, il vous *livre* à l'autre en même temps qu'il vous ouvre ses mystères, acte de prédation absolu, car réciproque, il fait de chacun des amants le point critique de *transvaluation* des figures de la victime et du bourreau, du chasseur et de la proie, de la vie et de la mort.

Il est donc acte créateur, législateur, prophétique, lui seul permet à un monde de prendre forme, puis de produire ses propres lois.

Un destin sans épreuves ? Vous voulez dire une femme sans enfant ? Un acier sans forge ? Un Dieu sans sacrifice ? Une nation sans guerre ?

*

Les deux Colt navy
De collection
Aux crosses de nacre
Pendaient accrochés
Sous l'attrapeur de rêves ;
Ses seins étaient lourds
Comme de la glace
Je les aurais sucés
Tout un hiver ;
Son souffle nimba la vitre
Sous une cloche de cristal
Des oiseaux morts
Tombaient vers la fenêtre
En pleurs ;
L'univers était froid
Couleur de mitraillette
S'il restait un espoir
Il était sous la couette
En fleurs.

*

J'étais l'enfant jauni
Par l'automne du napalm
Le visage gonflé du plastique
En feu

Mes yeux ne verraient jamais
Mon image répliquée
Par l'éclair de la photo
En jeu.

Principales entités constituantes d'Armstrongville (première cité lunaire), *Mare Tranquillatis* : Tsiolkovski Flight Center. Mercury, Apollo et Gemini Docks. Columbus City. Lunokhod Junction. Nuevo Colorado. Moonlight Serenade. Ranger Crash City. Lunik Hills. Novoï-Irkoutsk. Surveyor Valley. Van Halen Heights. Galileo Circumlunar Orbital Motel. Youri Gagarine Drive. Vostok et Soyouz Alley. Boulevard des Astronautes. The House of God (official churches district). Eagle Point Circus. Sky Pioneers Avenue. Cosmopolis. The XXth Century Adventure Plazza. Neil Armstrong Building. Icarus Beach. Dark Side Magnet Railway. Dead Spacemen Monument — *the fireball angel*. Von Braun Avenue. Korolevgrad. Terechkova Familial Center. Union Of Spacetech Compagnies « Jules Verne » Complex. Playboy-PhilipMorris Megadôme. Walt-Disney-IBM-Dreamworks Entertainment Earthpark.

Un petit extrait de la topologie sélénite au milieu du XXIe siècle.

Prospective retenue : environ 100 000 habitants plus ou moins permanents vers 2045.

La nuit est longue
Rapide corail
Eau fluide
Elle s'ouvre
Au contact
De mes mains
Se déplie comme une ombre
Portée sur le mystère
D'un corps
Qui s'expose.

En boucle depuis presque vingt-quatre heures, l'album *Ray of Light* de Madonna.

Achèvement parmi les plus sublimes, donc atemporels, de la musique pop électronique de la fin du XXe siècle. Vous y entendrez là encore une synthèse aboutie de tout ce que la rock music a accompli en quelque trente ou quarante ans, des Scarabées à l'Avion espion, du Souterrain de Velours à la Centrale d'Énergie, du jeune Flamant Rose au vieux Jay Johanson, des Garçons de la Plage aux B-52, du Funkadelic au Grand Funk Railroad.

Une femme, là encore.

Une vraie — je veux dire.

*

Découverte *in extremis* de Sissy Reynaud et de son *Petit traité très incorrect sur la pensée, le sexe et Dieu*, quelques heures tout juste avant l'ultime percée. J'en referme la dernière page à l'instant même.

Lecture revigorante et bouleversante tout à la fois. Style dur, net, concis, implacable, chaque mot porte comme une munition bien dosée, ô Sissy, quelle dureté et quelle compassion, on sent en vous tout le talent du tireur d'élite, et tout le génie d'un enfant meurtri. Voyez comme les choses sont étranges, dans votre chapitre intitulé « Celui qui ne se consume pas pourrit », vous établissez la liste des événements *qui vous ont fait sauter l'Europe au visage*, comme vous le dites martialement et, comme vous le dites encore, vous décidez de « commencer par le Serbe ». En quelques mots, madame, vous avez su me replacer devant mes propres choix, mes déshonneurs, mes pouvoirs, mes misères, et ma rédemption.

Qui est ce Serbe ? Rien d'autre qu'un pauvre milicien yougoslave ayant sur la conscience six cents viols, et à peu près autant de meurtres de jeunes femmes. Je connais ce cas, comme vous j'avais vu ce reportage à l'époque, et plus tard j'avais pu me rendre compte à quel point il n'était pas isolé. Plus grave, comme vous j'avais senti sur cet homme tout le poids de la bêtise crasse du XXe siècle, toute la lourdeur des crimes de cette anti-Époque infâme, mais sur le moment, je dois le reconnaître, c'est la haine la plus pure qui m'avait submergé, un infernal désir de détruire, de tuer, de venger, désir qui reste à bien des égards inassouvi. Des années plus tard, c'est en vous lisant, chère Sissy Reynaud, que je me surprends à avoir comme vous la vue brouillée par les larmes en face de la simple évocation de cette pauvre vie ramenée au plus bas niveau du crime.

Osons le dire, pour ce zombie, enterré vivant par les abrutis postcommunistes qui aujourd'hui sont protégés par l'armée française dans leurs caches de Bosnie, oui, pour ce pauvre instrument servile de la racaille, seule une condamnation à mort était salutaire. Son exécution fut son unique rédemption possible, et peut-être cet « homme » le devinait-il, tout au fond de lui, alors qu'il répondait de sa voix déjà morte aux questions du journaliste[1].

Plus tard vous rappelez à point nommé les « choquantes » prises de position de Pasolini au sujet de l'avortement[2], juste avant son crapuleux assassinat, et vous osez vous dresser contre celle que vous surnommez malicieusement Mortilène Goral, cette pourvoyeuse de pilules abortives et de discours humanitaires, précisément au nom de ce qui, aujourd'hui, est sujet de toutes les moqueries. Il est sans doute vain de vous en remercier, mais il serait inconvenant de ne pas le faire.

Christianisme de la lumière et de l'amour. Bombarde-

1. Soumis aux lois militaires en vigueur dans les zones contrôlées par l'armée gouvernementale bosniaque, cet homme évita ainsi la réclusion humanitaire sauce tribunal de La Haye.

2. Comme le savait cet artiste génial, et comme le rappelle Sissy Reynaud en le citant, « on peut être contre l'avortement, et pour sa légalisation ».

ment ininterrompu des subnihilismes snobinards. Cette écrivaine tire sur tous les cadavres momifiés qui obstruent notre vue et nos bouches. Son antiféminisme virulent marque le début d'une véritable « prise de pouvoir par les femmes », quand elles osent enfin dépasser ce qu'elles sont.

*

5 h 11.
La nuit est *très* longue.

Dans *Le Journal de Montréal*, cette statistique, effarante d'évidence pour qui désire voir le visage de la vérité bien en face : 1 200 disparitions d'enfants (et d'adolescents) inexpliquées par an, pour la seule province du Québec.

Comme pour les « soucoupes volantes », pures hallucinations collectives comme chacun sait, il ne faut surtout pas affoler le bon peuple en tirant de ces chiffres les conclusions qui s'imposent, mieux vaut encore lui parler du bébé-éprouvette de Céline Dion ou des éminentes qualités de la ministresse des Fusions-Forcées.

Si les sociétés (post)modernes veulent tout oublier du *crime*, c'est parce qu'elles savent à quel point elles dépendent de lui.

Interdire le crime, c'est souvent le meilleur prétexte à sa justification.

Car cette interdiction contente facilement l'appétit malingre du bourgeois pour la justice.

Par delà le Bien et le Mal, cela ne veut pas dire en deçà.

Je ne me permets pas de juger. Je me contente en effet de condamner.
(Jules Renard, je crois.)

Certains d'entre nous sont souvent tentés de rajouter : Pour ma part, je m'occupe fort bien des *punitions*.

Succès garanti auprès des jeunes étudiantes, et certaines de leurs professeurs. Quoique très secrètement, bien sûr.

Le Mal, c'est toujours *mieux* que *rien*.

Nihilisme panglobal qui a envahi le moindre de nos actes, comme les plus grands, la plus innocente de nos pensées, comme les plus criminelles.

C'est le signe de notre époque que de soudainement livrer au monde une génération d'hommes authentiquement prêts à se damner pour un bon mot, mais qui ne réagiraient que faiblement devant une très mauvaise action.

Que doit faire un poète lorsque les mots eux-mêmes sont irrésistiblement aplatis dans la Matrice au point qu'ils sont non seulement mauvais, mais qu'ils sont le mal, les agents du mal, disons plus précisément : les miliciens de l'Ignorance ? Qui osera s'en approcher assez près pour risquer d'être contaminé par quelques éléments salement actifs présents dans on ne sait quelle poussière toxique à peine visible ? Qui saura les retourner dans la lumière afin d'en saisir les mathématiques secrètes, les cryptes oubliées, leur grand lignage, leur synthèse explosive au cœur de la rosace des possibles ? Qui osera les manipuler et transvaluer leur existence, leur portée, leur volonté créatrice, leur disjonction divine, qui osera les placer sur la table d'opération et envisager leur mort comme le fondemenι nécessaire à la création d'une nouvelle vie ? Qui comprendra que, s'il faut livrer la guerre aux mots, c'est avec eux qu'il faudra la conduire, qu'ils en sont l'enjeu tout autant que l'instrumentale armurerie ? Que c'est de leur choc sans merci, mots contre mots, vérités contre vérités, fictions contre fictions, que doit s'opérer le miracle de la sélection naturelle, lorsque même les défaites sont les signes d'éternelles victoires, la plupart du temps invisibles aux yeux des hommes.

Si vous commencez une phrase en sachant exactement où elle va vous mener, vous risquez fort de vous retrouver au point de départ. C'est en aveugle qu'on marche vers la lumière.

Pourtant le nombre de crétinoïdes qui sans cesse font du mal aux mots ! Qui les torturent, les massacrent, les violent, les exterminent, en traquent les enfants sans pitié, en déportent jusqu'aux plus lointains ascendants, oui, tous ces unilinguistes incultes, ces tyranneaux de la médiocrité spirituelle, ces sociaux-bureaucrates « purs et durs » comme ils aiment à se définir, tous ces bourreaux sans responsabilité, et encore moins de culpabilité, sans plus la moindre conscience de leurs actes, tous s'alignent pour leurs oraisons funèbres au grotesque style pompier et font valoir avec leur pathos publicitaire que la langue dont ils ne connaissent que quelques jargonnesques véhémences, ou véhémentes jargonnades, est en train de perdre du terrain à Montréal, à cause d'eux précisément, quoiqu'il soit interdit de prononcer cette toute dernière assertion sans être aussitôt accusé d'être un agent du complot sioniste mondial[1] ; ils pointent avec rage et d'un index accusateur des cibles fantômes pour faire oublier tout ce que cette noble langue doit aux criminelles fumisteries avec lesquelles ils la déconstruisent à qui mieux mieux dans leurs universités délétères. Vraiment, comme lorsqu'il est dit

1. Ça tombe bien, les gars, profitez-en : j'en suis un. Je suis cet horrible judéo-chrétien qui vous attendait au tournant du millénaire.

dans les Écritures que « la main gauche ne sait pas ce que fait la main droite », les pourritures du socialisme ethnique se nourrissent des déjections dont elles se torchent le cul, avec le calme olympien des fonctionnaires de la mort.

Jean Clair rappelle fort justement dans un de ces écrits comment Baudelaire concevait le *modernisme*, telle une sorte d'antidote aux deux maladies corrélatives de son époque, qui allait forger la nôtre : le romantisme d'une part, le progressisme de l'autre.

Jean Clair souligne avec raison l'étymologie latine du mot — *modus* — qui provient encore une fois d'un concept gréco-romain s'apparentant à celui de mesure, de justice, de voie droite. Le *modernisme* selon Baudelaire était un authentique dandysme qui entendait appréhender son époque selon toutes ses facettes, y compris celles de ses origines secrètes et de ses devenirs méconnus, son présent s'étirait dans le futur comme dans le passé, il ne se perdait ni dans les brumes de la nostalgie ni dans la lumière charbonneuse des avenirs sans lendemains. En ce sens, il ne recherchait ni les postures monumentales destinées par avance à la postérité, pas plus que les chiures intimistes du « vilain et universel reportage », comme le dirait plus tard Mallarmé, cloué pour toujours sur la Croix du quotidien. L'art était intemporel parce que voguant sur l'éphémère devenu instrument de sa propre transfiguration, il ne parvenait à une forme d'éternité que s'il savait toujours maintenir ouverte la rosace des possibles au cœur du plus bref instant, il surpassait la vie et la mort parce qu'il s'en jouait, comme l'enfant-dieu d'Héraclite qui joue au tric-trac.

À la place, les figures emblématiques de l'art contemporain nous ont placés dans le présent éternisé du recommencement du même. À l'hélicoïdale danse du métavivant qui toujours se fiche de la discontinuité, psychologique, formelle, historique, se substitue un rituel nécrophage de valeurs toujours plus réduites, de recherches toujours plus conformes, de subversions toujours plus subventionnées.

Si encore — comme Breton dans l'entre-deux-guerres — quelqu'un intimait à la Beauté d'être d'une certaine façon ou de ne pas être ! Si encore on osait dire que l'artiste est le prêtre de l'époque et qu'il importe de lui fabriquer des temples, afin qu'on l'adore, puisqu'il est devenu indifférenciable de son « œuvre », puisque son œuvre elle-même est plus petite que lui !

Micropublicitaire de son propre instant réifié dans le cycle marchand dont il tire d'autant plus bénéfice qu'il en dénonce avec cynisme le « totalitarisme quotidien », l'artiste contemporain est le bavard éternel figé dans une rayure du temps, un échantillonnage tournant en boucle et servant de décoration discursive à des objets plus ou moins décoratifs dont il aura meublé un grand espace vide, sponsoré par une agence publique de subvention quelconque.

De plus en plus interactives, et de plus en plus virtuelles, ses créations s'avèrent donc de purs jouets communicationnels, des ectoplasmes, des simulations de simulacres, elles ne nourrissent rien, ne se nourrissent de rien sinon d'elles-mêmes, ce qui revient au même, bref elles ne menacent personne, elles ne s'engagent nulle part, n'inventent pas de nouveaux langages et ne risquent pas de détruire un monde perdu d'avance.

*

De tous les peuples de la terre, le français est sûrement celui qui a gagné le plus de batailles, et perdu le plus de guerres.

Je n'ai jamais été aussi français que depuis que je suis devenu américain.

Car, bien sûr, on n'« est français » qu'à la condition de constamment le redevenir, c'est-à-dire si on conçoit cette

« identité » comme une plate-forme paradoxale dont la destruction sert à édifier les plans futurs, et à la condition seulement d'être incapable de se penser comme français sans avoir l'orgueil démesuré d'embrasser trois mille ans d'histoire européenne.

Si ma mémoire se restreignait à mon « identité », mes pouvoirs se restreindraient à ce que je sais d'eux.

*

Comme le sait Sissy Reynaud — me semble-t-il — c'est la voix du Christ elle-même qui s'élève par la bouche de Nietzsche, de Nerval ou d'Antonin Artaud lorsqu'ils crient, dans le désert des hommes, et jusqu'au suicide, psychique ou physique, qu'*il n'y a point de Dieu*.

Comment pourrait-il y en avoir un, puisque nous l'avons mis à mort, et que nous réitérons chaque jour ce sacrifice infâme ?

Tenter de devenir chrétien, et donc de surpasser les impasses du christianisme, ne tient pas tant dans l'affirmation que Dieu est et a été de tous temps, mais que Sa présence demande le sacrifice de l'âme humaine, de sa « conscience », dirions-nous aujourd'hui, en échange d'une véridique Connaissance sur nos devenirs cosmobiologiques. Le Christ est Amour, il est donc un pont entre l'humain et ce qui le surpasse, il est ce mouvement qui sans cesse projette l'origine au-delà de l'infini, cette dynamique inouïe qui, comme le savait Nietzsche, est là de tout temps, a toujours été, sera toujours, même aux époques où les petites idoles pullulent dans leurs termitières. L'Épiphanie est indissociable de l'*Agapê*, voire de l'*Aletheia*, il ne peut y avoir Annonciation sans Résurrection, il ne peut y avoir Vérité sans Amour.

Comme l'a montré Léon Bloy, des mondes entiers peuvent s'ouvrir sous le feu secret d'un lieu commun de la bourgeoisie et de fait elle a depuis montré en quelques horribles occurrences à quel point cette assertion de clairvoyant était vraie. De minables slogans républicains-patriotards servirent de ration K idéologique à plusieurs générations qui s'entre-déchirèrent par tranchées et gaz moutarde interposés, puis grâce aux immenses progrès de la science, par le biais de chambres industrielles de la mort, et pour finir avec la haute bénédiction de l'atome désintégré. Après avoir creusé sa propre fosse commune au XXe siècle, la communauté humaine démocratique-mondiale s'apprête à s'enterrer festivement durant les quelques années qui restent pour une bonne et digne décadence.

*

Un homme incapable de se perdre pour une femme risque fort d'être perdu par une autre.

*

Nous pouvions néanmoins aller par-delà l'épuisement même de nos propres forces, devenus soldats de la Quintessence, nous pouvions faire agir la pensée pour cette force hautement négative de l'univers, celle qui constamment relance la tendance jusqu'à son dépassement.

Nous pouvions déverser dans notre vie le procès sans cesse renouvelé de la création souveraine, au prix de quelques destructions collatérales, nous pouvions porter la guerre jusqu'au cœur même de nos existences, au mépris de toutes les diplomaties sociales.

Nous pouvions porter l'Amour jusqu'à son point d'incandescence, nous pouvions condenser sa lumière jusqu'à en obtenir un laser invisible, trouant les blindages les plus résistants des individus, comme des communautés. Nous comprenions, effarés, sa toute-puissance, hautement destructrice pour tous les sous-ordres de la petite bourgeoisie planétaire.

Nous étions dans l'obligation de faire face à la vérité : nous n'appartenions plus tout à fait à l'espèce humaine.

Ne pas subir, disait de Lattre. Oui, mais il faut savoir que ne pas subir impose des douleurs encore plus grandes.

*

6 h 11, le ciel se dégage peu à peu au-dessus de Montréal, après quarante-huit heures de floconneries ininterrompues et un plafond bas, gris, opaque, à ne pas mettre un F-16 dehors, une luminosité surnaturelle semble surgir de chaque objet, les volutes de fumée crachées par deux cheminées voisines se distinguent du ciel bien mieux encore qu'en plein jour, formant des séries d'ectoplasmes échevelés que les hauts tubes de béton laissent dériver quelques instants, puis s'évanouir dans le pourpre profond de la nuit.

Envahir le Néant ; libérer l'Infini.

Si les mots n'étaient pas des énigmes, à quoi bon alors les convoquer ?

Aucun mystère ne pourrait tenir sans le sacrifice primitif. Tout secret recouvre une vérité, donc un crime.

6 h 24. Tenue serrée du rapport des dernières heures de veille. La percée au travers de la première journuit de l'an 2001 se poursuit selon le planning prévu.

Take no prisoners.

*

7 h 17. Une heure de communication avec la French Connection.

L'opération Métakrisis 21 passe en phase hyperactive : réalisation immédiate et sans condition de la pensée-action, imagination sans limites lovée en virus au cœur de la Matrice, sabotage métaphysique expérimental, exploration de la vie par-delà ses contingences, soumission nécessaire à la Beauté, invention de nouvelles souverainetés.

Le jour se lève alors que je reprends le cours de mes notes, à l'ouest un éclat turquoise bleuit peu à peu sous la nuée de roses opalescentes qui semblent s'évanouir à son simple contact.

La journuit du Serpent a été franchie selon les modalités prévues. Les pertes subies sont acceptables. Nous pouvons regrouper nos forces en vue de l'offensive générale.

Nous instaurons l'état d'insurrection du métavivant.

J'allume un Roméo y Julieta.

Yes, we can be heroes, just for one day...

7 h 32.

Je vous salue Marie, pleine de grâce...

20 h 04.

La seconde journuit commence...

Je suis vivant, et vous êtes morts.

Montréal, *le 1er janvier de l'an de grâce 2001.*

Anus mundi
ou
Du relativisme absolu
et
du révisionnisme intégral
comme religions universelles

Quand nous ne parlons pas à Dieu ou pour Dieu, c'est au Diable que nous parlons, et il nous écoute dans un formidable silence.

Léon Bloy

La mort sans fin de la science « sociale » ne connaît aucune limite. Son scrotum posthistorique déverse un interminable colombin qui s'avère l'ensemble de l'organe intestinal du malade, reconstitué sans fin lors d'un cycle écologique en circuit fermé dont jamais aucune époque n'avait auparavant tenté l'expérience. C'est par exemple une règle absolue du relativisme idéologiquement coquet que de se pourvoir en grand supermarché-de-la-vérité-vraie-au-sujet-des-chambres-à-gaz-qu'elles-z'ont-jamais-existé-puisque-je-me-tue-à-vous-le-dire-et-que-c'est-strictement-impossible-voyons-vous-pensez-bien-d'ailleurs-regardez-mes-chiffres-et-le-mouvement-de-mon-doigt. À la fin du XIXe siècle, quelque temps *après* l'invention de Clément Ader, et une poignée d'années avant le vol historique des frères Wright, de nombreux universitaires rationalistes avaient démontré une fois de plus qu'il était impossible de vaincre la gravité avec des « objets plus lourds que l'air », plus tard, d'autres membres de leur confrérie essayèrent vainement durant des décennies de bousculer le « dogme » einsteinien de la constante *c*, ou certains « paradoxes insoutenables » de la physique quantique, puis des universitaires-idéologues vinrent clamer du haut de leurs chaires syndicalisées que l'ADN et la théorie de la sélection naturelle étaient de vieux « fantasmes bourgeois », quand il ne s'agissait pas de vulgaire fascisme ; nos nihilistes à la petite semaine, minables professeurs de province la plupart du temps, tentent quant à eux de prouver qu'il est impossible de tuer des hommes, des femmes et des enfants avec de l'insecticide de marque zyklon B. Je leur conseille de faire le test, chez eux, dans une pièce hermétiquement close, avec leur propre famille, les amis qu'il leur reste, et certains de leurs voisins de palier les plus désagréables, j'attendrai, n'en doutez pas, les résultats avec impatience.

Comme toute forme de bêtise crasse, cette idéologie de caniveau se nourrit indéfiniment de ses vomissures, régime alimentaire garantissant à la fois surcharge pondérale et haleine des plus fétides, pour faire bref elle se nourrit sans fin de sa propre misère.

Après m'avoir envoyé cet automne une tordante missive me demandant sans vergogne une aide financière afin de faire face à ses petits tracas devant la justice républicaine, un crétinoïde a décidé de publier *in extenso* mon courrier en retour dans l'une des déjections que ces pauvres rebuts de la science dégénérée produisent à longueur d'année avec les fonds publics de la recherche universitaire. Et comme tout petit « z » qui se respecte, cette cloche s'est permis de m'envoyer le tout, sans adresse d'expéditeur comme de juste, sachant que j'avais peu de chance en effet de me pencher un jour sur leur petit caca.

Imprimé façon samizdat (Nous-Résistons-Vaillamment-À-La-Propagande-Mondialo-Sioniste), le « Global Patelin » (*sic !*) publie son « Conseil de Révision » (notez l'humour de carabin dont font preuve nos exquis esprits acéphales), sorte d'informe revue de presse pour zanimaux sans histoire ni géographie, et se permet par la même occasion de reprendre ma lettre somme toute fort personnelle, agrémentée de quelques commentaires dont on note par moments le style facétieux et léger, digne d'un sous-préfet de la République, ou de l'État français.

Dans un premier temps, disons même d'entrée de jeu, me voilà soupçonné d'être « complètement cinglé » parce que je m'en prends nommément à leurs micronihilismes de trottoir et que j'ose invoquer d'emblée mes références absolues, pour ne pas dire *absolutistes*. L'habitude leur manque[1]. Ils ne trouvent en face d'eux généralement que des écolo-trotskistes ou des universitaires bourdivins qui ont tous patiemment creusé leur lit, mais ne veulent plus désormais partager la puante couche (il faut reconnaître que l'odeur de la connerie est une des plus tenaces et la mieux partagée au monde). Cinglé ? On est toujours en effet le *schizophrène* d'un malade mental rationaliste, et on sent ici la vieille habitude de la psychiatrie d'origine soviétique de placer dans une camisole et sous une douche froide tout ce qui n'entre pas dans ses étroites et minables préconceptions des choses.

Pour ces pauvres déchets de la sous-pensée postmoderne, en effet, la *free market economy*, suivie de l'adjectif « transglobale », est un concept genre « bouillie dans le crâne qui monte comme du lait et menace sans cesse de se sauver » — *dixit* — (la foule de gardes rouges s'esclaffe alors au grand complet) ; autant dire qu'il faut d'urgence abonner ces sursinges tout juste instruits à quelque méthode d'apprentissage rapide des langues étrangères, et accessoirement de leur langue maternelle, pour qu'ils

1. Ça va passer, les gars. C'est comme un bon vieux carpet-bombing via B-52, vous finirez par vous y faire, enterrés vivants sous le napalm.

puissent lire les *digests* de trois ou quatre auteurs de base, comme Marx, Tocqueville, Smith, Ricardo, Placid-et-Muzo, que sais-je, à seule fin qu'ils puissent construire au moins une phrase correcte, dotée d'un vague sens, ou tout du moins pourvue d'une cohérence quelconque avec ce qui leur tient lieu de « pensée ».

Lorsque je parle de « monstruosité onucratique » et de « nihilisme anarcho-révolutionnaire », ces techniciens de surface pour vomitoires n'y voient que « des mots ronflants dont le sens doit [lui] apparaître assez vague », c'est dire à quel point la « critique » est une arme fraîchement aiguisée chez ces plumitifs venant de trouver un stylo à bille.

On passera rapidement sur les surprenantes qualités de l'écriture comme de cet humour sophistiqué à l'irrésistible séduction dont fait preuve ce trou du cul qui attend le passage du Kleenex depuis trop longtemps. Sachez enfin pour votre gouverne que ces gens se réunissent fréquemment sur un site web dénommé RadioIslam (un site tenu par des talibans fanatiques) qu'il serait sans doute bon de contaminer au plus vite à coups de VRAIS virus, avant d'employer les GRANDS moyens.

Le choc des derniers temps, l'Armageddon, ne fait en effet que commencer. L'Occident n'a pas dit son dernier mot, et il est temps de lui rappeler que, pour avoir la paix avec les barbares, il ne faut cesser de leur faire la guerre.

Pour ces mêmes avortons de pissotières, je me situerais donc ainsi « à la droite de Le Pen et de George Bush » !

Mais non, pauvres zorglubs de troisième cycle, pire encore : je suis à la droite de Qui vous sauriez, si vous en aviez gardé un vague souvenir, à la droite de Ce en quoi vous ne croyez plus depuis un sacré bail !

Puis, submergés par le rire, nous finissons par découvrir que tout cela n'avait d'autre but que de « tester », comme il se doit en cette période de flicage de la pensée par les soi-disant « rebelles » eux-mêmes, de « tester » — disais-je — mon honnêteté intellectuelle quant au fait « publiquement assumé » que je serais « pour » le droit à l'expression publique des cons, antisémites, socialistes et autres petits racornis révisionnistes, remarque colportée par un article du *Monde* et dont ce monsieur voulait sans doute éprouver la véracité.

Osons l'affirmer de nouveau : oui, je suis POUR votre « droit » à l'expression. Mais je suis aussi POUR le mien, pour ne pas dire SURTOUT (puisque je ne crois point en l'ÉGALITÉ des hommes et des théories), donc pour celui de cracher sans fin dans ce qui vous fait office de face, ce muscle fessier muni d'une fente et d'un orifice ma foi fort bien entraînés au va-et-vient du kalachnikov antiraciste.

Car devinez donc quel était le cœur du « test » que ces bonnes âmes ultralaïques, antisionistes, superdémocrates, et violemment opposées à la colonisation judéo-américaine du monde, avaient mis en place à mon encontre : LE POGNON.

Quelle horreur ! Vous voulez dire l'argent vagabond et anonyme des grands banquiers cosmopolites tant conspué par les gens de notre souche ? Lui-même, madââme la Maréchale Nouhouvoylat, lui-même.

Oui, c'est là que leurs petits nerfs de ménagères de province ont craqué : lorsque j'ai placé leur orifice nasal juste au-dessus de leurs étrons de posthommes postgauchistes et que je me suis permis de leur demander à quel ordre désiraient-ils exactement que le chèque fût rempli, à quel titre, et surtout avec quel bon argent américano-mondialo-sioniste ils entendaient que je leur envoie l'aumône. Les monnaies de rechange que je leur proposais par ailleurs, ossements humains, brouettes de Reichsmarks ou citernes de Zérofrancs, n'ayant pas eu l'air d'emporter leur approbation non plus, je ne pouvais que poliment leur faire comprendre que ma compassion éprouvait quelquefois des limites, cette fois largement outrepassées.

Dans l'oubliette de leur microscopique publication, on n'entend au sujet de ce paragraphe particulier que le silence en écho, lourd de sens, on l'entend hurler comme un train dans la nuit et le brouillard ; en terme de commentaires acérés, notre révizomme a eu ici comme une absence...

Je vous le redis, pauvres produits d'équarrissage, vous avez certes le droit « démocratique » de vous exprimer, ne vous en privez donc pas, mais nous nous accordons en revanche, nous, le devoir, *le privilège aristocratique*, dirais-je, de vous pisser à la raie, sans la moindre retenue.

Dans le même registre, un gratte-papier fait paraître dans une prétendue *Revue trimestrielle d'histoires littéraires des XIXe et XXe siècles* un compte rendu du *TdO* 1999 qui aurait sans doute impressionné les chefs de rubrique de *L'Humanité* de la grande époque, celle que ce petit monsieur semble regretter de toutes les larmes de son corps ulcéré par mes prises de position, qui ne relèvent pas, en effet, de son « humanisme » que chacun jugera.

C'est que, voyez-vous, j'ai commis le crime imprescriptible de n'apprécier que fort moyennement la bite de Milosevic et de ses miliciens communistes, et puisque je n'ai que peu de goût pour celle du rebelle négro-spirituel, ou du taliban, et guère plus pour l'organe lissé par des milliers de bouches avides de notre super-héros Bov(id)é national, ou du tueur à gages maffionaliste, il faut à tout prix me faire payer cette récalcitrante et choquante prédisposition de mes orifices naturels. Mes « découvertes scientifiques » proviendraient donc de *Valeurs actuelles* ou du *Journal de Mickey* (ricanements garantis de l'assistance). J'ai sans doute commis l'erreur de ne pas noyer mes lecteurs sous la tonne de références qui, du *Scientific American* à l'*Astrophysical Journal*, de *Nature* aux Stanford University Press, m'ont permis ainsi de succomber à la « pensée du martien de Roswell », références que notre microzuniversitaire franco-français serait de toute façon dans l'incapacité de comprendre, ni même de lire. Comme tout sous-produit caractéristique de la petite zumanité actuelle, ce courageux « journaliste » nous fait part de sa haute conception de l'humour (Gallimard est devenue sous sa plume une filiale du groupe Moltonel, qu'est-ce qu'on se marre à la revue *Histoires littéraires*) et prélève allègrement hors de leur contexte les phrases qui lui paraissent dignes de comparaître devant son petit tribunal pop.

L'imagination est en panne sèche depuis un bail chez nos vendeurs de condoms antifascistes, en le lisant avec attention, on remarque que nombre de ses « arguments » proviennent d'une sorte de digest des « critiques » auparavant publiées dans *Les Inrocks*, *Le Nouvel Obs*, et quelques autres fleurons de notre culture socialiste nationale. Ce nihiliste historien de son propre vide est en tout cas le saint Thomas de son époque chiasseuse : lorsqu'il évoque comment la défaite de Milosevic me décide à porter l'étoile de l'Otan tatouée sur l'épaule, il se lâche d'un solennel « ça, on veut le voir pour le croire ». Quoique cet histrion soit dans l'incapacité absolue de croire en quoi que ce soit, et de voir plus loin que le bout de ses intestins, il aura bientôt l'occasion de jeter un œil sur une photographie, cela lui permettra de méditer un instant sur ses pauvres rogatons de certitudes. On scellera l'épilogue, comme une pierre tombale, en constatant que ce brillant écrivain-critique me reproche, en citant mes observations désabusées sur les bombardements américains au Kosovo, d'avoir fait montre de peu de « compassion » avec mes « semblables », mes « prochains », vous savez tous ces gens qui sont mes « frères humains », soit le chanteur Renaud, les troupiers de Belgrade et les criminels de guerre chinois, et qu'il s'achève lui-même, si je puis m'exprimer ainsi, par cette phrase, digne de figurer aux annales de la critique, en effet :

« Il en est de même pour Nietzsche, qui, sa vie durant,

reprocha à l'humanité sa fistule mal placée, et Deleuze, le représentant en pompes funèbres bien connu. »

Il est difficile de rester stoïque devant tant de haute philosophie, servie par ce style d'élite. Gravons donc ses propres mots en épitaphe.

RIP.

*

Ainsi, les positivistes liberticides et les négationnistes véricides forment-ils bien les deux faces, hideuses, d'une même mauvaise *pièce*, cette tragi-comédie atrocement dialectique qui ne tient debout que par la pauvre magie de leurs illusions d'universitaires obsédés par leurs petits fétiches !

Si je dis que la loi Gayssot est une saloperie d'instrument de propagande communiste et que je m'oppose aux décisions juridico-universitaires qui entendent bannir les thèses révisionnistes de tout débat critique, surtout s'il s'agit en fait de couvrir par la même occasion le crime encore plus monstrueux du Goulag ; si j'affirme que la loi n'a pas à remplacer l'intelligence humaine ni à se substituer à l'impitoyable sélection naturelle des faits et des idées ; si je prétends que la démocratie n'a d'intérêt que si elle ose entreprendre des expansions au-delà de ses limites, et qu'elle n'a jamais eu de visions que lorsqu'elle a risqué de hautes entreprises avec elle-même, *contre elle-même*, cela signifie-t-il dès lors que je doive illico ouvrir mon compte en banque aux petits zommes qui n'arrivent tout bonnement pas à croire qu'un moyen aussi simple, méthodique et efficace que la chambre à gaz ait pu être utilisé à grande échelle par une nation de musiciens, de philosophes, de médecins et de juristes à quadruples diplômes ? Lutter contre les lois criminelles d'un gouvernement socialo-communiste serait-ce *accorder du même coup quelque crédit* aux pitoyables caricatures qui piaillent à qui mieux mieux au complot juif dès lors que leurs mauvaises farces postmodernistes sont mises au jour par quelque moyen que ce soit, y compris la mauvaise foi de leurs habituels adversaires ?

En bref : si je dis que tel ou tel crétinoïde de mes contemporains a le droit légal de s'exprimer, cela signifie-t-il que je suis enrôlé de force dans ses sinistres pitreries de dernier zomme ?

Eh bien oui, évidemment, qu'est-ce que vous croyez, et plus vite que ça, nom d'un zek ! Un courageux petit collabo, payé à la copie, ou pire encore *bénévole*, déverse sinon sur vous sa bile de médiocrivaillon, en représailles pour le non-respect des termes de leur minable contrat, qui stipule que la réalité de ce qui est impossible a priori selon leurs vues d'universitaires post-tout ne peut être défendue que par des agents du sionisme mondial, preuves à l'appui (vous avez lu Proust et Stefan Zweig, on vous a vu en 1981 à un concert de Leonard Cohen, ou en 1976 à celui de Lou Reed, NE NIEZ PAS, vous-même l'avez écrit quelque part), et voilà comment votre simple marche vers la vérité vous place en travers des mauvaises péripatéticiennes professorales qui sillonnent de nuit les petites routes de l'université obscurantiste, à la recherche d'une rapine de passage, ou d'une bite talibane à sucer.

Il existe une différence de taille entre le nazi et le négationniste :

Le *vrai* nazi n'a certes pas honte des crimes commis par son régime, au contraire il clame ouvertement que *les camps n'ont pas gazé assez de juifs*, puisqu'il en reste, et en cela on lui accordera au moins le mérite d'une certaine honnêteté intellectuelle.

Le petit révizomme zuniversitaire est lui un homme de *gauche*, un petit zomme de l'*ultragauche*, il est le jésuite inculte que nos temps méritent.

Aujourd'hui une maîtrise universitaire en l'une ou l'autre des prétendues « sciences sociales » peut prouver absolument tout et son contraire. Avec un diplôme accordé par deux ou trois olibrius aussi nullissimes que ma pauvre personne, je peux, *Moi*, petit posthomme démocratique devenu Roi du Monde, soudainement « prouver » que l'usage du piercing dans le nombril est une pratique hautement révolutionnaire, ou bien l'inverse[1], que l'homosexualité est une valeur culturelle, ou alors que l'anus est le nouveau centre de rayonnement de la vie humaine, qu'on ne pourra jamais voler avec un engin plus lourd que l'air, que l'astrologie est une science, que nous sommes depuis toujours et à jamais l'unique espèce vivante et intelligente de l'univers, que le monde a été créé en six jours il y a six mille ans, ou qu'il est absolument impossible de tuer à grande échelle des humains avec de l'insecticide allemand — cette dernière assertion étant de loin la plus absurde lorsqu'on connaît l'efficacité du DDT sur les aborigènes et le génie de la chimie germanique depuis les origines de celle-ci.

Pire encore, l'impasse est telle que c'est le mur lui-même qui se déguise en sortie de secours, comme Sokal and Co en apportèrent l'édifiante démonstration.

Le négationnisme s'appuie sur le déconstructionnisme anhistorique des derniers hommes de l'Occident totalement démocratisé. Exhalaison terminale du postmarxisme dégénéré, il est LA GAUCHE dans toute son horreur, dans son absolutisme de sans-culottes, son inculture crasse idéologisée, ses fanfaronnades de cuistre, ses manières de mégère mal dégrossie, ses parfums de charniers humanitaires, sa glose de petit kapo égalitaire, ses bassesses de

1. Par exemple : que la révolution est le piercing dans le nombril de l'usage, ou que toute pratique est en fait une révolution transperçante de l'usage du nombril, ou que tout nombril est une pratique révolutionnaire de l'usage du piercing, et beaucoup plus rarement, que tout le monde s'en fout.

comité révolutionnaire, son adoration innée pour le plus vil, le plus laid, le plus stupide, donc le moins *vrai*, et il ne prouve jamais qu'une chose, et une seule : le fait que désormais les discours universitaires postmodernistes sont vides de tout sens, et en tous points isotopes, puisqu'ils forment des structures purement rhétoriques s'appuyant sur quelques tours de passe-passe statistiques permettant d'étayer n'importe quelle théorie, ou contre-théorie, dans n'importe quel domaine, sous n'importe quelle condition, pour n'importe quel objectif.

Le négationnisme n'est donc pas autre chose que le signe du degré terminal de décrépitude atteint par la pensée « humaniste », il est l'aboutissement (in)attendu de l'idéologie postmoderne universitaire. Il est sa chiure ultime.

Qu'il n'y ait pas de « business comme le Shoah-Business » pour tous les philosophes de collège et les artistes humanitaires qui en tirent directement bénéfice, qui pourrait en douter ? Comme pour tout ce qui a surgi de tragique au XXe siècle, la vérité est recouverte de tous les mensonges nihilistes dont les « valeurs » de cette époque sont porteuses, telles des couvertures infectées de variole jetées aux peuplades indigènes. Les commémorations pompières de Hiroshima et Nagasaki font-elles oublier le point nodal de l'Histoire qui a fusionné ici par deux fois consécutives ? Certes, c'est leur but secret, parfois même on nous le promet. On nous l'annonce, on la prépare, cette sainte amnésie rivée sur le spectacle de la mémoire, en piqûre intraveineuse s'il le faut, ou par composant neuroactif...

Mais la vérité se fiche des petits zommes. Elle se fiche du Bnai' Brith comme du docteur Faurisson, elle se contrefiche de Serge Thion, ou du rabbin Kahane, de la loi Gayssot comme des vieilles taupes embaumées de l'université de Lyon, elle se cogne encore plus de Yasser Arafat, de l'ONU, du *Nouvel Observateur*, de David Irving, de Noam Chomsky et du docteur Farrakhan, figurez-vous qu'elle se tamponne plus encore de tous les talibans de salon qui attendent de voir la colonisation militaire judéo-européenne cesser en Terre sainte en comptabilisant patiemment, assis devant leur télé, les cadavres des mômes palestiniens sacrifiés par vagues humaines en pure perte devant les tanks et les hélicoptères ; car la vérité se fout royalement des soi-disant « preuves » révisionnistes que de plus ou moins vieilles taupes à la myopie pathologique empilent dans leurs tiroirs à poupées comme autant d'invisibles ectoplasmes, puisqu'il apparaît chaque fois que leur trucage est grossier, leur méthodologie inepte, que leurs résultats sont absurdes, et que seul un rosâtre mandarinat antiraciste mis en place sous Mitterrand et Djack Lang parvient à donner une illusoire « crédibilité » à leurs thèses tout juste amusantes, en les jetant en pâture aux mauvaises lois jacobines-socialistes de cet âge de perdition.

Comme certains « conservateurs », illico suspectés de troubles connivences, je crois que les négationnistes devraient être traités à leur mesure, avec le juste mépris qu'on leur doit. S'il faut vraiment les condamner pour quelque chose, qu'on les punisse donc pour « colportage de fausses nouvelles ».

*

Colonisateur ?

Il fut un temps où ce mot, d'antique origine, revêtait un sens, un sens qui sans doute fonda la destinée manifeste de notre civilisation.

Face aux petits révizommes zuniversitaires-rebellitaires, osons en revendiquer l'héritage.

Colons ? Impérialistes ? Pionniers ? Légionnaires ?

Quatre fois oui, d'est en ouest, du nord au sud...

Osons porter la quadruple flamme des croisés, et voyons

dans quelle « psychopathologie » le petit « z » en question va essayer de nous classer. Essayons maintenant avec une chemise gris argent aux armes du roi de France. Wow, vous n'imaginez pas mieux l'effet d'une foudre tombant au milieu d'un dîner. Retentons le coup dans des conditions adaptées avec un t-shirt noir sur lequel sont reproduits une photo du général de Gaulle et un de ses mots célèbres, comme le début de son discours du D-Day : « La bataille suprême est engagée... », voyons un peu avec celle de Douglas MacArthur, ou une reproduction de la bombe de Hiroshima, osons arborer pour voir un verset de la Bible, et l'aigle de la CIA.

Tatouons-nous sur la peau ces symboles qui leur font tant horreur et leur flanquent la frousse, à tous, d'où qu'ils viennent, où qu'ils nuisent, ces petit zommes de l'abrutissement massifié et démocratisé. Portons dans notre chair les signes interdits d'aujourd'hui : un haut symbole *catholique*, les anges, le Christ ou la Vierge Marie, une étoile de David, une croix de Lorraine, un pentagramme tricolore façon US Air Force, le symbole de l'atome d'hydrogène, l'emblème des SAS, du Long Range Desert Group, ou même de l'Afrikakorps. Ou pire encore : la rose des vents de saint Dominique, et du traité Nord-Atlantique !

Affirmez votre spécificité à votre tour. Oui, allez-y... N'hésitez pas, vous avez le droit, c'est permis, c'est même à la mode. Vous vous sentez encore plus étranger qu'à l'accoutumée ? C'est normal, votre civilisation n'est encore qu'un rêve.

Vous êtes un Atlante.

La quatrième guerre mondiale, jusque-là invisible, va surgir aux yeux des hommes depuis les abysses de la faille des failles de l'Histoire. Elle surgira aux confins de l'État d'Israël et du non-État palestinien. La lave éruptive qui coule en ce moment à grands flots sur les pentes du volcan n'est que le souffle annonciateur de la déflagration. Tous les

« amis de la cause arabe » qui entendent désormais emboîter le pas à Arafat ou au Hezbollah pour envoyer les enfants palestiniens au martyre, afin de procéder au « démantèlement de l'État hébreu », ce vieux fantasme de staliniens aigris, sont de minables criminels de guerre qu'il faudra au plus vite condamner, à défaut de pouvoir un jour les juger.

Il faudrait que quelqu'un avertisse les Arabes que les meilleurs « amis » de leur « cause » sont les plus féroces fossoyeurs de leur peuple, et qu'aucune légion, qu'elle fût arabe, romaine, germanopratine ou autre, ne pourra venir à bout de Jérusalem, parce que nous la gardons, au nom de l'Esprit-Saint.

Eh, petit révizomme ?! N'oublie pas : *je suis complètement cinglé.*

*

(Copie de ma lettre envoyée à Serge Thion :)

Montréal,
Amérique du Nord judéo-christiano-cosmopolitique,
l'an de grâce deux mil,
à
Monsieur Serge Thion,
République française, Zéropa-Land,

*

Monsieur,

C'est avec une réelle surprise, teintée d'un authentique déplaisir, que j'ai pris connaissance du courrier que vous m'avez adressé, via mon éditeur, à Paris.

Afin de couper court rapidement à toute possibilité de dialogue, je vais me permettre de vous placer pour quelques instants bien en face de mon point de vue, que mon intervieweur du *Monde* aura sans doute un peu hâtivement synthétisé :

1) Étant un démocrate *par défaut* — version Churchill ou de Gaulle —, je n'accepte les démocraties que lorsqu'elles s'engagent résolument sur la voie de la loyauté envers leurs antiques principes fondateurs. Pour le dire autrement, et plus clairement encore, le tribunal de Nuremberg, et ses potences, fut selon moi l'unique — et ultime (?) — éclat du christianisme occidental dans ce siècle enténébré par les athéismes et les religions dégénérescentes, dont la vôtre.

2) Je ne confonds certes pas les « droits » et les *libertés*. Le « droit à l'expression » qui vous a été gracieusement accordé et dont vous me rebattez les oreilles dans votre lettre est précisément une de ses monstruosités onucratiques que vous prétendez combattre (mais comment un nihilisme anarcho-révolutionnaire, tel que celui qui vous ronge la cervelle depuis tant d'années, pourrait-il combattre quoi que ce soit ?).

3) Certes vous avez le « droit » de vous exprimer, quoique vous feriez mieux selon moi de prendre la liberté de vous taire. Rien ni personne — en tout cas pas moi — ne vous en empêche, même si c'est pour dépasser en crétinisme postmoderne les écœurantes déjections d'un Noam Chomsky, sauf ces lois liberticides que d'autres négationnistes (ceux du Goulag cette fois-ci) auront fait voter par la députaille républicaine ; aussi, par pitié, ne me demandez pas en plus de vous plaindre parce que MES impôts ne serviront plus à VOUS subventionner. (Je suis comme vous le savez peut-être un partisan de l'authentique *sélection naturelle* des idées et des concepts, en clair un suppôt de la *free market economy* transglobale.)

4) Vous me demandez de l'argent. Vous voulez dire en bons dollars judéo-américano-mondialistes ? Ne préféreriez-vous pas plutôt une brouette de Reichsmarks, ou un camion-citerne de Zérofrancs ? Ou bien alors un train rempli de roupies yougoslaves, voire d'ossements humains produits par la brillante industrie khmère rouge ?

5) Il vous manque, me dites-vous, de quoi payer l'électricité, l'essence, ou le fioul, plaît à Dieu que vous n'ayez pas eu l'audace de me demander d'acquitter vos factures de *gaz*, je l'aurais peut-être mal pris.

6) Ayez l'intelligence de ne pas chercher à me joindre de nouveau, mes oreilles pourraient s'échauffer pour de bon.

7) Tout courrier me parvenant via mon éditeur ainsi que la réponse qui éventuellement lui est faite sont susceptibles d'être publiés dans mon journal.

À bon entendeur, salut.

Copie aux éditions Gallimard, Paris,
Maurice G. Dantec,
le 23 novembre.

Interface en guise d'Épiphanie

Rien ne semblait en mesure de réduire la puissance de ce monde. Encore moins d'en faire quelque chose. Rien d'humain, en tout cas.

Rien ne pouvait plus sauver l'humanité de son impuissance sans cesse renouvelée. Si encore elle avait le courage de mourir pour de bon !

L'Histoire s'achevait par l'épuisement de toutes les forces, l'aplatissement total-digital-vectoriel, le syndrome généralisé à un point tel que les mots perdaient leur sens dès leur simple énonciation, comme dans une chambre d'écho aux réverbérations infinies ; l'illusion collective ainsi créée avait de bonnes chances de perdurer, car les spectres qui, nous disait-on, la hantaient se révélaient de plus pitoyables ectoplasmes encore ; on voyait ainsi fleurir sur ce cadavre de civilisation nombre de purulences parasitaires traitant d'un même mépris toutes les valeurs auparavant produites, en les englobant du terme, jeté avec dédain, de « nihilismes », sans concevoir un instant qu'elles en formaient les terminaisons ultimes, la plus basse dégénérescence, mais surtout sans se douter de tout ce que ces « nihilismes » avaient su créer de haut et de sublime, parfois malgré eux ; comme l'avait pressenti Nietzsche et comme Heidegger l'avait pointé, le discours démocratique métastatique s'emparait du concept pour mieux en gommer les saillances et les altérités, pour mieux en aplatir la substance, bref pour essayer de quelque peu le domestiquer.

Mais peut-on domestiquer la pensée ? Comprenons par ce vocable, lui aussi vidé de sa substance, la *pensée-acte*, celle qui se produit par la grâce d'un cerveau en guerre contre l'ordre universel des choses, et les désordres dialectiques de l'Université, un cerveau complotant pour le chaos des devenirs, et l'avènement de ce qui le surpasse.

La société humaine peut-elle vraiment s'en emparer sans du même coup faire entrer *La Chose* (venue d'un autre monde), sous l'apparence d'un chien, au cœur même du chenil ?

Croire que la pensée-action pouvait se laisser réduire à un rôle de bon toutou toiletté pour les salons et les prix littéraires semble un peu léger de la part des zautorités zumaines en charge de la planète, en premier lieu ces zécrivains zélés collaborateurs de l'ordre/désordre dialectique qui entendent bien protéger par tous les moyens à leur disposition leurs petits talents, et leurs gros acquis.

Car si la pensée-action pouvait être ainsi arrêtée, d'une façon *définitive*, cela signifie que l'humanité serait parvenue à un tel contrôle du Temps qu'elle pourrait en geler la flèche thermodynamique, voire la faire procéder à rebours, ce qui n'entre pas vraiment dans les maigres ressources dont elle dispose à ce jour, quoique le jour où cela sera possible s'approche lui aussi, et précipitera sa fin. Et ce pour une raison fort simple : nous seuls en possédons la technologie secrète, le code de décryptage, le réseau de navigation, nous, ceux de la conspiration éternelle, ceux qui négocions notre mort avec les anges, et notre vie avec bien des démons, pour la transmission du message métamorphique, nous l'agence de sabotage métaphysique, nous le laboratoire de catastrophe générale, nous tous, ceux pour qui le Temps est un processus plastique, non linéaire, fractal et sans réelle discontinuité, même dans la mort, ceux pour qui tout Espace recèle une mathématique explosive entre ses dimensions, dans le processus vivant toujours recommencé de la conscience, ceux qui ne désespèrent pas de voir Sa gloire envahir un tel horizon, consumant l'humanité avant même le souffle de Son onde de choc.

Nous qui désirons tirer l'homme de son sommeil, pour le confronter à ses rêves.

Oublions donc pour un (trop) bref moment les petits roitelets du rien, les monarques en série des démocraties en soldes, les barons de la parole vaine, les mignons du sheik sans provisions, les farceuses pétomanes de l'anti-science contemporaine, les gardiennes de miradors du mensonge humaniste et les vigiles du flicage-par-tous-et-pour-tous, oui oublions tous ces strapontins de l'heure de pointe qui s'aplatissent et se fondent dans le métro gluant des idées populaires. Oublions une minute la *sale* guerre que nous menons aux déchets de la sous-pensée et de l'anti-action que cette microzumanité produit à tous les étages où elle accomplit son hideuse reproduction, à chaque instant de sa *petite vie*. Osons reposer un instant notre carcasse à l'abri d'un regard neuf, au creux d'un souffle venu du plus profond des âges, et qui sans doute nous a créés, posons notre front, notre joue, notre bouche contre un sein accueillant et plein de l'amour que vous lui portez, comme un petit bébé désirant un peu de douceur et de lait.

Osons faire surgir un éclat de beauté avec presque rien, quelques pierres de silex, une nuit noire et une savane bien sauvage tout autour.

Osons ranimer la peur, les antiques menaces, l'œil du fauve, la flèche du chasseur, l'acier du gladiateur, la poudre du conquistador et les pluies mauves de l'atome, osons invoquer la force des mutants, ceux pour qui seul l'Un peut créer le Multiple, et le Multiple se dépasser dans l'Un, ceux pour qui le monde est un agencement de forces cosmopolitiques qui ne demandent qu'à être pour de bon inventées, ceux pour qui un pâle rayon de lune sur le visage de l'être aimé peut rassembler en un instant tout le continuum en quelques traits flous dans la pénombre.

Ouvrons la chambre noire de l'humanité, ce sinistre appendice d'hospice dans lequel on l'a cloîtrée en lui promettant guérison prochaine et bonheur recouvré, oui, faisons déguerpir à coups de bâton bien noueux tous ces apothicaires de pacotille qui lui font respirer ses propres miasmes, la vident de son sang et lui prescrivent sans fin leurs potions empoisonnées. N'hésitons pas à les frapper jusqu'à l'hématome, pour l'exemple, et jusqu'à la fracture s'ils s'obstinent à rester sur place. Veillons à ce que certains de nos coups mortels soient réservés aux plus récalcitrants d'entre tous. Histoire qu'ils y restent pour de bon.

Ouvrons la fenêtre. Ne serait-ce que pour jeter les cadavres quelque part. Aux chiens.

Oui, il fait nuit, mon bon monsieur. Ces lugubres vautours qui anéantissaient de leur existence le mot même de « médecine » vous ont coupé du vrai monde depuis si longtemps que votre fenêtre est restée hermétiquement close durant toute l'époque où la lumière a peu à peu disparu de cette partie de l'univers.

Mais regardez, monsieur, même lorsque la nuit du cosmos eut remplacé la clarté du jour, ils n'ouvrirent point les rideaux, de peur que vous ne succombiez à la pâle beauté lunaire des paysages, au froid appel de l'infini, à l'amitié des étoiles. Relevez-vous, venez donc voir de quoi ils vous ont privé, rejetez à terre vos draps souillés de vos propres immondices, et préparez-vous à venir vous baigner dans les eaux du fleuve.

Car désormais nous pouvons arpenter les jardins du château jusqu'aux rivages de la vérité en compagnie des spectres de tous les astronautes morts, et de quelques démoniques créatures que notre chair intéresse et auxquelles en échange nous avons appris à lire les textes sacrés, les anges dès lors les acceptent comme nos compagnes et on nous dit qu'ils apparaissent parfois à l'horizon lorsque notre marche nous a conduits assez loin.

Sachez aussi, mon bon monsieur, que nous côtoyons de nombreuses vies intelligentes qui, bien avant que nous n'apprenions l'usage du feu, se servaient déjà de l'énergie des astres et qu'il leur arrive parfois de nous rendre visite, quoique cela soit considéré encore aujourd'hui par certains mollassons du cortex comme de simples hallucinations collectives.

Mais ne parlons pas de ces rebuts d'humanité pour qui le zyklon B est un produit inoffensif et la cosmobiologie évolutionniste un concept abscons. Comment expliquer au primate arboricole la technologie du livre imprimé ? Comment faire comprendre par de postmodernes négationnistes l'œuvre négative de la Quintessence infinie ? Comment oser exposer à leurs petits cervelets de porcidés deux simples mots comme *Quantum Evolution* (voir le livre éponyme de JohnJo McFadden, *The New Science of Life*), comment espérer même que leurs fibres nerveuses réagissent quelque peu à de telles évocations ? Essayez donc d'apprendre le sanskrit à une phalène ! Même si vos expériences transgéniques réussissent à la doter d'une mémoire suffisante pour ce faire, j'ai peur qu'en vingt-quatre heures vous ne dépassiez pas la première moitié de l'alphabet, et tout le problème résidera dans le fait d'introduire en elle le désir de l'apprendre plutôt que de courir se brûler à la première loupiote venue, comme son instinct le lui dictera !

Mais je vois que je vous ennuie avec mes bavardages. Levez-vous en effet, mon bon monsieur, je vais vous aider à tenir sur vos jambes durant les premiers temps car il est vrai que l'inaction forcée et la pensée allongée dans l'humidité catarrhale ne sont pas les stimulants les plus propices à une extension de la vision, ni à l'exercice des muscles les plus nécessaires. Voilà, appuyez-vous sur mon bras et approchez-vous de la fenêtre que j'ai ouverte tout à l'heure, passons sur le balcon maintenant, n'ayez pas peur, la nuit nous entoure et nous rend libres, voyez, vos chiens ont déjà terminé le travail, la vue est parfaitement dégagée, observez un peu la profondeur de cette splendide voûte céleste, les étoiles vous semblent si proches qu'elles hurlent en vous toute leur distance, toute leur éternité... Sentez ce vent tiède, parfois frais, souvent chaud, qui vient glisser sur votre visage comme le souffle d'une femme attentive et malicieuse. Humez donc tous les parfums qui errent dans la nuit de l'Homme, même l'odeur du napalm que l'on déverse là-bas sur des idées mortes et celle des usines pétrochimiques dont les torchères trouent le noir silence de l'horizon.

Ne croyez-vous pas cela préférable aux putrides exhalaisons de vos maladies auto-immunes que vos apothicaires gardaient dans votre lit comme dans un infect bouillon de culture ?

Regardez là-bas la ligne sombre des cyprès, puis plus loin le bouleversement bleu abysse des hautes montagnes, je vous le dis, c'est derrière cette crête que des engins aux cinétiques surnaturelles parfois s'élancent dans le ciel, à des vitesses terrifiantes, et un silence épouvantable, que nous peinons toujours à décrire. Maintenant si vous tournez votre visage vers le sud, vous apercevrez la lisière des déserts de la Connaissance, là où vivent nos amis les serpents, les scorpions, les archanges et les démons, et si vous le tournez vers le nord vous distinguerez au loin la lumière blanche des aurores boréales éternelles.

Vous comprenez, monsieur ?

Alors, le rire né de l'acceptation joyeuse de toutes les facettes de ce monde, ses bassesses comme ses plus hautes lumières, peut creuser en vous la diagonale du fou, et rendre à vos maxillaires une liberté exubérante par laquelle vos nerfs se consumeront, pour la toute-puissance du Verbe, cet éclair créateur.

Vous n'êtes pas près de vous arrêter.

Le 10 janvier de l'an de grâce 2001.

Le cosmos est vivant

Vide quantique

Le vide n'est pas neutre. Il possède en effet une énergie quantifiable, quoique très ténue (de l'ordre de 4 électron-volts par millimètre cube), autant dire qu'il n'est pas *vide*, ce que les physiciens et les cosmologistes d'aujourd'hui considèrent désormais comme une des clés nous permettant de mieux comprendre les origines et les développement passés, présents et futurs de notre univers.

La cosmologie est à la fois une science très neuve et très ancienne. Elle est, par définition, la première et la dernière d'entre toutes.

Elle est celle en laquelle, comme par définition là aussi, toutes les autres tendent à fusionner, et il n'est pas imprudent d'affirmer qu'elle se trouve aujourd'hui au bord d'un grand et sublime cataclysme théorique, plus impressionnant peut-être encore que la validation du big-bang, presque accidentelle il y a une quarantaine d'années, avec la première mise en évidence du rayonnement de fond quantique de l'univers à 3 degrés K.

Un des bouleversements majeurs que cette science a introduits durant la dernière décennie, c'est de rendre compte à quel point l'univers était complexe, multidimensionnel, paradoxal, que ses phases de croissance et de développement s'avéraient fort peu linéaires, et que ses structures mathématiques les plus intangibles se dotaient de pouvoirs étranges dans un certain nombre de conditions qui apparaissent de moins en moins exceptionnelles et extrêmes aux yeux de ceux qui observent le ciel, mais plutôt comme des événements critiques chargés de rompre l'homogénéité de l'espace et du temps, de l'énergie et de la matière, dans un perpétuel mouvement évolutionniste.

Il apparaît en effet que l'évolution de l'univers est d'une complexité aux profondeurs biologiques, avec tous les fabuleux paradoxes que cela implique. Et il semble bien que son évolution souligne une tendance qui sans cesse s'actualise avec plus d'intensité : la complexité engendre la désagrégation. Ou plutôt l'inverse : toute élévation de complexité nécessite la désagrégation thermodynamique de l'unité précédente. Et en fait les deux propositions semblent bien concomitantes dans un univers engagé, quoique de façon fort complexe, dans la dynamique de la flèche du temps.

Il ne paraît plus possible de nier que l'univers est en évolution constante, que ses lois fondamentales elles-mêmes changent, puisqu'elles sont constamment réécrites, et que certaines limites « intangibles », comme *c* ou la valeur de la constante de Planck, peuvent subir des variations d'importance *selon les conditions* générales, voire locales, du cosmos desquelles elles dépendent. Ainsi il semble que la vitesse de la lumière a atteint des valeurs différentes selon les âges de l'univers, et les diverses conditions générales qu'il a connues, il est alors concevable de se dire que de telles constantes se trouvent annihilées et dépassées dès lors que des conditions analogues ou voisines sont reproduites à un niveau local (comme dans un trou noir, ou une étoile à neutrons, ou un quasar, ou des objets célestes encore inconnus, voire des appareillages technologiques pour nous à peine concevables), et qu'en fait de *limites* elles nous montrent bien en quoi une théorie scientifique véritable est une interface entre deux modes cruciaux de la cognition. Limite. Frontière. Membrane. Filtre. Toute théorie métacritique (qui survit et se prolonge dans et par sa propre mise en crise) produit certes une rupture entre un avant et un après, et non seulement elle creuse de son existence la faille ainsi créée, mais elle la remplit et la dépasse, elle étend l'infini de ses termes jusqu'à englober tout un monde.

Une des théories les plus intéressantes surgies ces dernières années concernant la genèse et le développement de l'univers met en place des concepts que de vieux kabbalistes auraient certes pu admettre. Cette théorie, dénommée *Quintessential Universe* par les scientifiques de Princeton[1] qui l'ont élaborée, mérite qu'on s'y arrête quelques instants.

Sa simple présentation ouvre des possibles dont l'intensité critique n'était à ce jour, par moi en tout cas, pas même imaginable. Ou disons sous une forme très embryonnaire.

Je ne me prêterai pas ici au jeu désagréable du journaliste devant rendre un papier le lendemain pour le compte d'une machine à vendre du papier et de la publicité. Je ne me commettrai donc point à vous infliger ici l'exégèse de mes différentes lectures du *Scientific American* de l'année désormais écoulée, ni même de l'exemplaire de ce premier mois de 2001.

Un écrivain, s'il se saisit de telles découvertes, doit impérativement les projeter dans son espace de création/destruction, son cosmos à lui, son théâtre des opérations mental.

Sa synthèse ne peut se borner à la traduction-compilation des faits et des théories de la science moderne. Il faut, c'est son travail, qu'il en fasse d'authentiques machines de la pensée-action. Ces choix sont restreints. Il doit se mesurer au cosmos et oublier l'humanité.

1. Jeremiah P. Ostriker, Paul J. Steinhardt, Robert Caldwell, Rahul Dave, et quelques autres.

Mais il lui faut cependant examiner par l'écriture en mouvement ce dont il s'agit, ou plutôt en retracer mentalement la topologie avant de laisser à l'intuition visionnaire le choix de conclure. Et certes nos précautions ne sont pas tout à fait du même genre que celles que doivent prendre les académies scientifiques.

Voici ce que l'observation du ciel nous apprend : l'univers est composé à 70 % d'« énergie sombre ». Pour le reste, il est constitué à quasiment 26 % de ce qu'on nomme « matière sombre », 3,5 % de matière visible non lumineuse, 0,5 % de matière « ordinaire » visible et d'un petit 0,005 % de radiation.

Pensez-y juste comme ça de temps en temps avant de vous coucher : la « matière » que nous connaissons selon notre expérience quotidienne est bien éthérée et inconsistante dans l'immensité du cosmos : la moitié de 1 %.

Ce qui compose quasiment aux trois quarts ce mégamonde, cette *énergie sombre*, analogue à l'eau de nos corps, c'est elle la vraie « matière », ou plutôt, c'est bien elle la source d'*in-formation* générale qui modèle son évolution depuis des milliards d'années.

Le cosmos n'est pas un « réceptacle » passif dans lequel sont suspendus des « objets » sphériques, vaguement tournants, et gravitant les uns autour des autres dans le mouvement intangible des lois universelles de l'attraction, même si c'est ce que nos petites perceptions socialisées continuent de nous faire croire, alors qu'Einstein et Planck ont accompli leurs travaux il y a un siècle.

Le cosmos n'est pas une sorte de « machine », ni un « architecte » ingénieux, ni je ne sais quel horloger, mécanicien, cadre dirigeant ou Père Noël de l'utopie interstellaire.

Il est au bas mot un métasystème d'information.

Osons donc dire que le cosmos est une forme de vie. Ou plutôt : qu'il est la métaforme de la vie.

Et la vie, c'est le processus métacritique de l'évolution quantique : c'est elle qui aujourd'hui entreprend de « diriger » l'évolution du cosmos. Ou disons de « bricoler » avec le trope génésique de l'univers.

Je vais m'expliquer, n'ayez crainte, tel est précisément l'objet de ce court exposé.

Énergie du vide et quintessence

Qu'est-ce donc que cette « énergie sombre » qui constitue plus des deux tiers de l'univers, d'où vient-elle ? Quel est son rôle en vérité ?

En fait la question pourrait se formuler ainsi : *que cache-t-elle donc* ?

Nous devons d'abord admettre qu'il s'agit d'un champ quantique. À l'intérieur de ce champ, périodiquement, des paires de particules/antiparticules sont créées, sans cesse. Ce « vide » est donc bien plus actif qu'il n'en a l'air puisque son énergie permet la création de particules élémentaires, dont l'existence est cependant si problématique qu'on les qualifie de « virtuelles ».

Je vous disais en préambule que la cosmologie est la première et la dernière de toutes les sciences. Ses tendances les plus avancées n'hésitent pas en effet à se repencher sur un très ancien concept des Grecs de l'âge classique : le *cinquième élément*, ou si vous préférez la « quintessence ».

Le plus étonnant, c'est que cet « élément » provient en fait de la théorie gravitationnelle d'Einstein, et des problèmes qu'elle ne cesse de soulever, un centenaire ou presque après sa création.

Pour les Anciens, le monde était constitué d'une « sphère céleste » contenant les corps composés de quatre éléments fondamentaux : la terre, l'air, le feu, l'eau. Pour éviter ce que la logique aristotélicienne ne pouvait qu'inférer, la chute de tous les objets vers le centre de la sphère, les Grecs avaient conçu cet « élément » cinquième, intangible, à la fois éphémère et éternel, et qui prévenait un tel cataclysme de survenir.

Certes, il ne s'agit pas de dire ici que les Grecs du ve siècle avaient prédit les théories d'Einstein ni celles de ses successeurs, mais plutôt que ceux-ci, par-delà Einstein, sont en train de recroiser leur route et qu'il s'agit de leur faire un petit signe amical, à travers les prismes du temps. Si la science était linéaire, comme le croient encore bien de nos contemporains, elle n'aurait jamais rien inventé.

Mais revenons à cette *dark energy*, ubique, qui forme la principale « consistance » de l'univers.

Ces toutes dernières années un certain nombre d'observations sont venues bouleverser l'image que les théories « classiques » du big-bang avaient, semble-t-il, figée un peu trop vite.

Il apparaît bien en effet que cette *énergie sombre* dispose d'une qualité fort singulière : sa force gravitationnelle ne fait pas attraction. Bien au contraire, elle repousse.

Pour simplifier, on pourrait dès lors parler d'*antigravitation naturelle*.

Alors que la gravitation maintient la cohérence macroscopique de la matière (qu'elle soit elle-même « sombre » ou « visible ») grâce aux lois de l'attraction, l'énergie qui régit ce champ quantique pousse sans cesse dans l'autre direction, créant l'expansion même de l'espace.

La problématique qui a toujours excité le débat entre cosmologistes du XXe siècle est la suivante : quel est le taux exact de cette expansion ?

Depuis peu, on peut dire : il est variable, selon l'âge de l'univers. Et plus étrange encore il semble bien que notre *dark energy* soit en train de surpasser la gravitation naturelle, donnant à l'univers un taux croissant d'expansion qui pourrait bien conduire, selon certains, à une nouvelle phase inflationniste (comme celle qui succéda au big-bang, après 10^{-43} secondes) et donc à un univers radicalement différent de celui que nous connaissons aujourd'hui.

Revenons maintenant au bon vieil Albert.

Vers 1917, Einstein tenta d'élaborer un modèle d'univers statique. Comme on le sait, Einstein garda très longtemps ses distances avec l'idée d'un univers en expansion. Pour conserver une cohérence à sa théorie de la relativité dans un tel cadre, il dut introduire une « constante cosmologique », selon ses propres termes. Ses calculs lui permirent d'ajuster la valeur de cette constante de telle façon que sa répulsion gravitationnelle contrebalance exactement l'attraction gravitationnelle de la matière.

La cosmologie moderne enterra pourtant assez vite l'idée d'un univers statique, et à la fin de sa vie Einstein revint sur cette « constante cosmologique », y voyant une sorte d'artifice non viable et l'un de ses échecs théoriques les plus retentissants.

Mais comme le font remarquer les membres de l'équipe de Princeton, si la valeur de la constante avait été légèrement supérieure, sa force répulsive aurait très légèrement excédé la force gravitationnelle de la matière, et l'expansion du cosmos aurait été alors en accélération.

Or cette même équipe est en train de constater, par l'étude de ces spatiomètres géants que sont les supernovae, que si la constante cosmologique d'Einstein est en effet invalide, il existe par conséquence un trope dynamique qui semble interagir avec la matière et l'énergie, qui ajuste sa valeur selon les conditions cosmologiques et qui aujourd'hui pousse l'univers vers une nouvelle phase expansionniste.

Or le défi de toute théorie quantique de l'*énergie sombre* repose sur ces termes : si l'énergie du vide est inerte, cela signifie qu'elle a maintenu une densité constante à tous les âges de l'univers. Or pour expliquer la quantité actuelle de cette même énergie il aurait fallu que la valeur de la constante cosmologique soit parfaitement ajustée dès la première picoseconde du big-bang, ce qui est statistiquement fort peu probable. L'équipe de Jeremiah P. Ostriker et de Paul J. Steinhardt est en train de mettre en évidence le fait que ce qu'ils nomment « quintessence » est une sorte de facteur évolutif qui a suivi l'évolution de la matière et de l'énergie depuis les premiers âges du cosmos. Comme beaucoup de phénomènes appartenant aux mathématiques des attracteurs chaotiques, il apparaît que ce *tracker field* converge « naturellement » vers les valeurs aujourd'hui connues de l'énergie sombre, alors qu'il surpasse désormais l'énergie gravitationnelle « classique », et cela quelles qu'aient été ses valeurs d'origine.

Comment la gravité peut-elle être répulsive ?

La question est d'importance mais elle demanderait une explication technique préalable fort poussée qui, je crois, risquerait de m'aliéner les quelques lecteurs qu'il me reste. Nous admettrons donc que toutes les analyses concordent aujourd'hui pour affirmer que la constante *w*, qui mesure l'état de pression propre aux forces gravitationnelles, peut en fait posséder plusieurs valeurs, selon les conditions cosmologiques locales ou générales. Cette valeur quantifie le ratio entre la pression et la densité de l'énergie. Lorsque la valeur *w* devient négative et descend au-dessous de la valeur – 1/3, la gravité devient répulsive. Bon, maintenant, vous me direz, que signifie donc qu'une pression gravitationnelle puisse indiquer une valeur négative ?

Eh bien, cela révèle un certain fait paradoxal partout constaté dans l'univers : la plupart des gaz chauds émettant des radiations (dont la gravité est encore plus forte que celle de notre matière ordinaire) offrent une pression hautement positive. L'énergie cinétique des atomes vont « pousser » vers l'extérieur de leur « contenant », dans un processus d'ordre explosif. Or l'effet direct d'une telle pression est précisément l'attraction gravitationnelle (par exemple notre soleil).

À l'inverse lorsque la pression devient négative, et qu'un phénomène implosif survient, on notera que la gravité devient *répulsive*.

D'autre part, il convient d'indiquer que ce champ d'énergie quantique peut être considéré comme une particule plus grosse qu'un superamas galactique et d'une masse si faible qu'on ne peut espérer la quantifier avec nos moyens technologiques, son énergie est si ténue et dispersée qu'elle n'est pour l'instant « détectée » que par certaines inférences scientifiques et un faisceau de phénomènes indirects, supernovae, trous noirs, observation du rayonnement micro-onde de l'univers. Pour l'équipe de Princeton, il est plus commode donc de parler d'un champ quantique, qu'on peut rapidement décrire comme une distribution continue d'énergie assignant à chaque point de l'espace une valeur numérique connue sous le nom de « force de champ ».

Voici une traduction partielle, et littérale, d'un des articles qui me servent à vous résumer l'état de nos connaissances à ce sujet[1] :

> L'énergie contenue par le champ possède un composant cinétique qui dépend directement de la variation temporelle de la « force de champ », ainsi qu'un composant potentiel qui, lui, dépend seulement de la valeur de cette force. Lorsque le champ quantique subit un changement, l'équilibre entre l'énergie potentielle et l'énergie cinétique se translate, voire s'inverse. Dans le cas de la *vacuum energy*, il faut se rappeler que la pression négative procède du résultat de la loi de la conservation de l'énergie, qui dicte que toute variation dans la densité de l'énergie est proportionnelle à la somme de ladite densité (soit un nombre positif) et de la pression. Pour l'énergie du vide, le changement est égal à zéro, donc la pression se doit d'être négative. Pour le

1. Cela aura au moins le mérite de — qui sait ? — faire taire les cuistres, prétendument latinistes d'élite, qui croient que je tire mes informations du *Journal de Mickey*.

trope de la quintessence, le changement est graduel, donc quoique la pression doit être négative pour elle aussi, elle peut s'exercer avec des valeurs bien plus faibles. Cette condition permet de conserver plus d'énergie potentielle que d'énergie cinétique.

Parce que sa pression ne peut être moins négative que l'énergie du vide et sa constante *w*, la quintessence n'accélère pas l'expansion de l'univers selon le taux de cette dernière [...]. D'autre part, à la différence de l'énergie du vide, la quintessence permet de mieux comprendre les processus évolutionnistes complexes de l'univers. Ainsi la valeur de *w* peut atteindre des valeurs négatives, positives, puis négatives à nouveau.

Une différence encore plus cruciale réside dans le fait que *la quintessence peut être perturbée*. Les vagues gravitationnelles se propagent à travers elle comme les ondes sonores traversent l'air ambiant. Dans notre jargon, cela signifie que la quintessence est « soft ». La constante d'Einstein était par contraste, inamovible, elle était « dure ». Or toute forme d'énergie devient « soft » à un certain degré, aussi faut-il considérer la précision absolue et l'intangibilité comme des idéalisations ne pouvant prendre corps dans la réalité, auquel cas la constante cosmologique absolue est une impossibilité. Du coup, un champ « quintessentiel » avec *w* proche de – 1 nous semble l'approximation la plus raisonnable.

Il existerait donc quatre ordres fondamentaux dans l'univers macroscopique d'aujourd'hui :

les radiations, hautement attractives sur le plan gravitationnel ;

les différentes formes de matière, modérément attractives ;

une énergie sombre, énergie du vide, corrélative à la constante *w*, et dont la gravité peut s'avérer hautement répulsive ;

la quintessence, champ quantique dynamique, dont la « constante » *w* n'est pas fixée mais qui doit se situer en dessous de la barre fatidique des – 1/3, et qui s'avère elle aussi répulsive, mais de façon *variable*.

Le dernier constat qu'il s'agit de faire au sujet de la quintessence est le suivant :

Les supernovae, et l'étude concomitante du champ micro-onde de l'univers, permettent de dégager des modèles de coévolution cosmique. Les courbes suivies respectivement par l'expansion de la matière, de l'énergie visible et de l'énergie sombre semblent se coaguler à la date précise où cette valeur devient nécessaire pour que des phénomènes physico-chimiques macroscopiques de grande amplitude surviennent : telle la création des gaz interstellaires, puis des nébuleuses, galaxies, corps planétaires. Or depuis environ 5 milliards d'années, une sorte d'ajustement régulier, quoique pas tout à fait « lisse », permet à la quintessence d'éviter à l'univers l'expansion foudroyante que la constante *w* lui imposerait, tout autant que le « collapse » terminal, le *big crunch*, qui donnerait à l'attraction gravitationnelle le dernier mot et, comme dans les préconcepts grecs du Ve siècle, une agrégation de toute la matière jusqu'à son annihilation terminale.

En clair, et de façon franchement interactive, la quintessence et la *dark energy* dont elle dérive permettent l'expansion de l'univers à un taux que nous qualifierons de « raisonnable ». À elle seule, la constante *w*, et sa *vacuum energy*, aurait depuis longtemps fait se pulvériser les corps célestes que nous connaissons aujourd'hui, elle aurait séparé jusqu'aux atomes qui les constituent.

Or, phénomène encore plus étrange et qui clôturera notre enquête : la *quintessen*ce, dont on pourrait dire qu'elle est non pas variable, mais variation même, semble aujourd'hui sur le point de converger vers un autre attracteur chaotique. Et cet attracteur, sans pour autant se coller à la courbe explosive de la constante *w*, est en train de faire passer notre cosmos vers une nouvelle phase d'accélération. La quintessence écarte littéralement l'espace entre les corps célestes, de titanesques « trouées » apparaissent entre les amas de galaxies, et les galaxies elles-mêmes. L'espace entre les plates-formes biologiques de type planétoïde du même coup s'agrandit lui aussi.

Mais quelque chose interdit à la quintessence d'agir trop vite, et trop fort, quelque chose, semble-t-il, la retient, l'ajuste en permanence vers une courbe accélératrice non destructrice, une très infime variation, de l'ordre de 120 décimales, avec la constante *w*.

Infime, certes, mais essentielle,

Quoi, comment et pourquoi ?

Voilà sans doute les trois grandes questions qui attendent les théoriciens de la gravitation unifiée.

Permettrez-vous, ô critiques du dimanche, à un humble écrivain, pour ne pas dire un *fou*, de proposer ici, en quelques éclairs ce dont il pourrait s'agir ?

Nous pourrions intituler gravement ce chapitre : *Le facteur anthropique comme processus néoténique d'auto-développement de l'univers : Leibniz, la théorie des cordes et Steven Weinberg.*

S'il est vrai qu'un *tracker field* quantique, agissant selon les lois d'un attracteur, a toutes les chances de parvenir à un même état critique quelles que soient les conditions d'origine, on admettra qu'il est assez rare de rencontrer des champs d'énergie qui semblent interagir avec une telle précision, et une telle « délicatesse », quasiment indétectable, et de plus sur des millions et des millions d'années.

Quelque chose permet à ce *tracker field* de ne pas faire exploser l'univers dans l'expansion inflationniste de la *vacuum énergy*, ni de le faire sombrer vers le *big crunch* gravitationnel, et plus fin encore, ce champ semble épouser les crises évolutionnistes de l'univers. Sa dynamique est si particulière qu'elle peine encore aujourd'hui à être comprise par ceux qui l'étudient.

Si nous savons maintenant que la constante *w* est variable selon les conditions cosmologiques, puis que l'on admet la quintessence comme trope de *variation*, et si l'on se penche sur le phénomène avec une paire d'yeux neufs, on y verra plus encore. Car comme le disent avec pertinence Ostriker et Steinhardt, il est impossible de ne pas déceler une très forte corrélation entre l'émergence de la *dark energy* et la naissance des corps stellaires et planétaires. Car créée lorsque l'univers n'avait que 10^{-35} secondes d'existence, l'énergie sombre est restée dans l'ombre du plasma initial et des phases chaudes qui lui ont succédé durant 10 milliards d'années environ, avant d'émerger puis de supplanter la gravitation attractive, soit un facteur de 10^{-50}, ce que les cosmologistes de Princeton considèrent avec un certain étonnement et les conduit inévitablement à se poser la question suivante : puisque les données suggèrent que ce n'est qu'à ce moment précis que cette force a pu surpasser celle de l'attraction gravitationnelle, causant ainsi une accélération de l'expansion de l'univers, à partir d'une répartition parfaitement égale de la densité entre la *dark energy* et l'ensemble de la matière attractive, est-il anodin de constater que c'est précisément à ce moment-là que les possibilités cosmobiologiques d'apparition et de développement de la vie s'actualisent ?

Dès lors, la quintessence, ce trope qui semble dériver de cette énergie, permet à l'univers de s'expandre selon une courbe qu'il serait bon d'étudier sous un autre angle.

Un des apports les plus impressionnants de la physique des dernières années est la théorie des cordes et de la supersymétrie.

Ces théories souvent connexes permettent d'envisager une théorie unifiée des forces fondamentales (le Saint-

Graal de la physique moderne), quoiqu'elles demandent toujours, bien sûr, une expérimentation critique qui les valide définitivement.

L'élément fondamental des théories basées sur le concept des cordes est qu'elles postulent l'existence d'un espace-temps multidimensionnel, à dix, voire onze dimensions. Pour la première variante, notre continuum est formé de trois dimensions spatiales plus le temps, mais six autres restent cachées, telles des « hyperboules » repliées sur elles-mêmes et dont le diamètre serait trop petit pour être détecté par des êtres n'évoluant que dans l'espace-temps « normal » avec leurs technologies simplistes. Pour la seconde, nommée *M-theory* par ses concepteurs, l'idée de base reste la même mais la matière ordinaire serait confinée à deux ou trois surfaces dimensionnelles, dénommées « branes » (raccourci de *membranes*), séparée des autres par une faille microscopique le long d'une onzième dimension.

Maintenant essayons, si vous le voulez bien, de placer toutes ces informations selon une perspective plus générale, oserons-nous dire métaphysique ?

Que constatons-nous ?

Tout d'abord qu'une drôle de coïncidence fait que, juste au moment où les conditions se remplissent pour que la vie intelligente se développe dans l'univers, celui-ci est alors conduit à une accélération substantielle de son expansion par la force qui permet à cette même vie d'apparaître.

Qu'une seconde coïncidence semble indiquer un ajustement continuel et « interactif » du trope quantique nommé quintessence avec les conditions métalocales du cosmos.

Ne s'agirait-il pas plutôt de deux observations légèrement variantes du même phénomène ?

Pour Steven Weinberg, en tout cas, de l'université du Texas à Austin, l'explication ne peut résider que dans un phénomène anthropique. En gros, comme Leibniz l'avait pressenti il y a plus de trois siècles, seule une frange très réduite d'univers, et sans doute même un seul d'entre tous, le « meilleur de tous les mondes possibles », *incompossible* avec tous les autres, a la possibilité d'évoluer selon l'équilibre dynamique du cosmotrope. Des univers avec une *vacuum energy* supérieure à 4 électronvolts par millımètre cube pourraient être plus communs que le nôtre, mais leur taux d'expansion serait si rapide qu'il leur serait impossible de former les plates-formes cosmobiologiques que sont les corps stellaires et planétaires. Inversement, des univers où cette valeur serait moindre seraient très rares, et de toute manière incapables de s'expandre au-delà de la matière gravitationnelle.

Or c'est très exactement ce à quoi notre « intuition » de simple « auteur de science-fiction » nous avait conduit, sans que toutes les étapes nécessaires de la science aient été franchies. Mais maintenant, osons dire que grâce aux chercheurs de Princeton et d'ailleurs, c'est fait.

Si l'énergie du vide était purement et simplement cette mystérieuse *dark energy*, les coïncidences seraient tout à fait impossibles, les ordres de grandeur statistique de leur probabilité d'existence seraient ridiculement infimes.

La quintessence, selon ses concepteurs, règle le problème de ce *fine-tuning* quasi surnaturel, mais elle ne supprime pourtant pas d'emblée les deux coïncidences.

Il faut considérer sans plus tourner autour du pot qu'il existe un facteur que la cosmologie moderne ne pourra plus éluder très longtemps.

Vers une cosmobiologie évolutionniste

Ce facteur, appelons-le attracteur Anthropos, si vous voulez bien, est un processus hautement chaotique, mais déterministe. Pour faire bref, il s'agit de l'influence directe que des civilisations intelligentes ont sur les différentes forces qui composent notre univers « naturel ».

D'une certaine manière la physique doit comprendre qu'elle ne peut plus rester isolée de la biologie, et que celle-ci, à son tour, doit se considérer comme un peu plus qu'une science strictement « naturelle ».

Les êtres vivants et agissants se dotent de la technique pour transformer le monde, dont ils sont des éléments à la fois constitutifs et destitutifs, créateurs/destructeurs, par la grâce de leur puissance de transformation. Croira-t-on longtemps encore que cette vérité se cantonnait à nos minables prothèses et à notre petite planète ?

Confrontées au risque *toujours remis en jeu* d'une évolution explosive de l'expansion cosmique, ou au contraire de sa contraction gravitationnelle, seules des intelligences développées, apparues grâce à la force quintessentielle qui s'accorde à peu près aux conditions évolutives du cosmos, ont pu s'emparer des moyens leur permettant de l'ajuster en permanence au mieux de leurs possibilités, dans le but d'assurer leur survie, tout autant que celle de l'univers qui les a vues naître.

Des êtres intelligents se servent déjà depuis longtemps de cette antigravitation « cosmologique », comme de bien d'autres forces de l'univers, pour assurer leur propre développement. Il est tout à fait remarquable, n'est-ce pas ?, que leur survie dépende désormais de leur capacité à maintenir la quintessence à l'intérieur d'une mince frange énergétique qui seule permet l'expansion à la fois continue et métacritique de la vie intelligente qui ainsi la régule.

Or il y a fort à parier que, comme tout phénomène appartenant au monde de la « matière » neurobiologique, le développement des intelligences cosmiques ne soit guère dominé par de simples combinaisons algébriques. Le chaos propre à la vie consciente et agissante a très certainement modifié selon son agenda spécifique cet ajustement interactif de la vie et du cosmos.

C'est en cela qu'il reste résolument indécryptable par la science actuelle et nos faibles ressources.

Cette activité consciente de l'univers, son autotransformation par la vie intelligente, reste cachée aux formes de vie qui ne possèdent pas encore les instrumentations conceptuelles et matérielles capables de la percevoir.

Elle reste *cryptée* aux yeux qui ne peuvent que tout juste en discerner la surface, tout comme l'image télévisée ou cinématographique n'apparaît tout bonnement pas comme telle dans la réalité perceptive, et donc perceptible, de l'aborigène parfaitement analphabétique.

Nous sortons à peine de la préhistoire et on veut nous faire croire que toute histoire est finie ? Franchement, qui pourrait affirmer que la posthistoire ainsi éternisée dans le téléprésent de la marchandise va pouvoir masquer longtemps sa misère et empêcher la destinée cosmologique de l'humain en devenir de se manifester ?

Ceux qui espèrent faire vivre encore longtemps ce fantôme d'idéologie humaniste courent au-devant de très pénibles déconvenues. Même s'il apparaît qu'ils assoient leur domination terminale sur le monde qu'ils auront ainsi transformé en un vaste camp de concentration.

Comme pour le communisme, en fait, il suffit sans doute d'attendre.

Le cosmotrope évolutionniste se fiche des galaxies et de la gravitation, vous imaginez quel cas il fait de la réplique microlocale de l'attracteur anthropique sur le troisième rocher tournant autour de ce soleil de banlieue, et surtout de ses confortables utopies.

Jeremiah P. Ostriker et Paul J. Steinhardt, « The Quintessential Universe », *Scientific American*, janvier 2001.

Robert R. Caldwell et Mark Kamionkowski, « Echoes from the Big-Bang », *Scientific American*, janvier 2001.

Nima Arkani-Hamed, Savas Dimopoulos et Georgi Dvali, « The

Universe's Unseen Dimensions », *Scientific American*, août 2000.

Limin Wang, Robert R. Caldwell, J.P. Ostriker et Paul J. Steinhardt, « Cosmic Concordance and Quintessence », *Astrophysical Journal*, février 2000.

Martin A. Bucher et David N. Spernel, « Inflation in a Low Density Universe », *Scientific American*, janvier 1999.

Lawrence M. Krauss, « Cosmological Antigravity », *Scientific American*, janvier 1999.

Derniers feux

Nos vies blêmes repliées
En carré sous la douche
Évaluent le sang noir
Qui s'évacue vers la bonde
Nos mains s'accrochent
À l'air blanc du plastique
Le rideau se dévide
Nous ouvrons grand la bouche
Au couteau qui s'abîme
Nous savons que ce n'est qu'un film
Il n'y a rien de vrai en ce monde.

*

Je pouvais conduire
Jusqu'aux matins
Plus froids qu'une horloge ;
Les ouvriers en bleu
Mouraient devant leur zinc
Au rythme des cigarettes
Et des petits cafés ;
L'aube me saisissait parfois
Comme un pilleur de rêve
Pris en flagrant délit

Dans l'air climatisé ;
Je titubais sur une rayure
Du temps publicitaire
La radio hachée de tunnels
Et de voix-mitraillettes ;
Mon corps troué de gaz
Dans le silence d'un poème
Cherchait à éteindre les feux

Il est impossible de disjoindre le continuum de la pensée lorsqu'elle s'est faite singularité évolutionniste, cosmotrope, énergie du vide, quintessence.

Les corrections que j'opère sur le corps du texte depuis début janvier conduisent à leur tour à la mise en œuvre d'autres vérités, dont l'immensité insondable pourrait parvenir à m'effrayer si je ne savais à ce point que le destin d'un écrivain est de s'y perdre.

Le texte de la vie est en écriture constante, on pourrait même la qualifier d'*infinie*, et si pour vous le cosmos est vivant, alors rien, jamais, ne pourra empêcher votre corps-cerveau de se consumer pour sa gloire.

Où donc finit un livre, où commence le suivant ? Sont-ils des langages ne pouvant s'expliquer que par l'élaboration d'un autre langage, pour paraphraser un peu vite Wittgenstein ? Chaque livre recouvre-t-il un autre livre, que le processus d'écriture dégage l'un après l'autre comme les archéologues mettent au jour les cités superposées de différentes époques historiques ? Ou ne serait-ce pas plutôt que tout livre, comme tout monde, est en effet « le meilleur des livres possibles », au sens où il devient la singularité incompossible avec tous les autres ? Et qu'ainsi tout livre « fabrique » celui ou ceux qu'il recouvre tout autant qu'il est « fabriqué » par eux, au cours d'un phénomène fort paradoxal et que je peine toujours à m'expliquer ?

Si l'écriture est le procédé par lequel s'actualise ce phénomène quantique absolu qui projette l'origine du langage vers son infini, acte génésique-hélicoïdal, si elle est l'action quintessentielle du langage par laquelle la pensée, qui toujours surgit AVANT sa « matérialisation » neuronale, peut faire s'ouvrir des mondes entiers, les précipiter le long de l'onde néguentropique de la *vacuum energy* pour les rendre à la quintessence, à ce cosmotrope métavivant qui sans cesse modifie les lois de l'univers, si l'écriture peut donc enfin accéder à sa condition divine, il lui faudra en échange perdre la plupart de ses attributs actuels. Comme le savent les *sadhu*, et les ermites de toutes les époques, pour être en mesure d'endosser une vérité, il faut au préalable s'être débarrassé des vêtements précédents, sans la moindre exception. Autant dire s'être mis à nu.

Notre littérature est vraisemblablement la dernière ? Elle est condamnée à une mort proche et certaine ? Son décès cliniquement constaté n'est sans doute plus qu'une question de minutes (une ou deux générations à l'échelle humaine) ? C'est là sans doute sa plus grande chance.

Car cela signifie qu'elle est enfin en mesure de *léguer* quelque chose.

Qu'elle meure donc, afin de pouvoir un jour renaître !

Même le bourgeois le plus matérialiste, parfois le « révolutionnaire » ou le positiviste le plus sectaire, sa dernière heure sonnée, cherche à confier les secrets de son âme à un prêtre s'il le faut, ou au médecin-terminateur s'il y en a un à portée, à défaut de la présence d'un ami, ou d'un chien.

Nous voulons bien être ce chien, si l'occasion ne peut nous être donnée d'être le médecin.

Voilà, c'est ainsi : la civilisation européenne projette sans doute ses derniers feux, et on peut se dire que notre mission devrait nous pousser à en faire les plus beaux, les plus sublimes d'entre tous.

Ce n'est pas la première fois que l'Europe meurt.

Mais ce sera sans doute la dernière.

*

Les femmes me semblent parfois si matérialistes que je me demande comment nous avons fait pour les dominer pendant cinq mille ans.

Sans amour, pas de vérité; sans vérité, point d'amour.

Ces hommes qui « aiment les femmes » selon les conceptions que ces dernières ont au sujet d'elles-mêmes et de l'amour!

Et pour ceux qui voudraient voir dans cette dernière assertion un accès de « misogynie », je leur rappellerai qu'une affirmation comme la mienne s'entend bien sûr avec sa réciproque : ces femmes qui aiment les hommes selon les conceptions que ces derniers se font d'eux-mêmes et de l'amour!

Par définition, l'amour est un « au-delà » métacritique qui annihile les distances en les rendant infinies. C'est en cultivant la distance qu'il nous reste une chance, fragile, de se rapprocher vraiment des autres.

Petite précision : distance n'est pas morgue. Cette affectation provient des dernières heures de la noblesse, lorsqu'elle copia les bourgeois dès lors au pouvoir pour rentrer dans leur grâce, et d'exil. Et je ne parle pas de ce que le prolétariat en a fait (l'isolation atomisée dans la promiscuité).

La distance est un art martial qui engage tout l'être, y compris dans les amitiés les plus hautes, et les plus fulgurantes. Elle ne consiste pas à se barricader dans un fort Chabrol dérisoire autant qu'ostentatoire, mais à n'accepter des autres que ce qui se constitue comme différence de potentiel. Cette sélection vise donc à ne pouvoir pas s'assembler au même, mais plutôt à s'en disjoindre, à ne pas rechercher le semblable et l'être ensemble, mais au contraire l'énergie dégagée par l'actualisation de nos différences.

Si la vérité n'était pas un tant soit peu d'origine électrique, elle ne foudroierait personne.

Aussi tout dispositif bassement humain ne tient pas une seconde devant le Grand Attracteur de la conscience. Expansion du cosmotrope au-delà du vivant, la pensée devient une onde gravitationnelle capable de remonter jusqu'aux premières pico-secondes du big-bang, et de se projeter sans fin à travers les devenirs du monde.

La Fin de l'Histoire est donc bien à la fois vérité *et* illusion. Vérité de la métastase locale, éternité réifiée dont l'existence camoufle, parasite, surcode la propagation évolutionniste du cosmos.

Car les humanismes en charge de la planète continuent de propager l'idée fondamentale, et absurde, de notre unicité identitaire d'*anthropos*. Partout s'érige depuis au moins deux siècles le petit dieu homme, et sa variante postmoderne « posthumaine » entend désormais asservir le futur lui-même à ses visions étriquées, futiles, morbides, et parfaitement clownesques.

Or le cosmos évolue sans cesse, et il apparaît bien que l'époque de l'humain, ou du moins de la plate-forme biologique qui l'a vu éclore, correspond à une certaine phase critique de cette évolution, lorsque l'énergie du vide, grâce à son trope quintessentiel, prend le dessus sur l'entropie sous certaines conditions que cette énergie seule est en mesure de remplir. *Anthropos* est donc bien un phénomène à la fois singulier et pluriel, un phénomène quantique-évolutionniste, soit l'actualisation biologique d'une « constante » cosmotropique qui, étrangement, promet tout à la variation continuelle, y compris elle-même.

Une des problématiques cruciales qui surgiront au XXIe siècle, concernant l'étude des phénomènes quantiques aux dimensions macroscopiques (comme les trous noirs, ou d'autres, et je ne parle pas de nous-mêmes), viendra de la question suivante : ce que nous voyons de l'univers avec nos instruments pourrait-il être partiellement « crypté » ? Plus prosaïquement, certaines manifestations « naturelles » qui nous semblent à l'œuvre dans les profondeurs du ciel pourraient-elles être, à des degrés divers, les conséquences d'une activité intelligente dont nous ne percevons que les artefacts les plus compréhensibles pour nos esprits, et dont bien sûr les motivations et les origines nous échappent complètement aujourd'hui ?

Posons la question ainsi : le cosmos ne poursuit-il pas son évolution métacritique grâce au développement de la pensée-action intelligente, partout où cela lui est possible, et selon les formes les plus diverses ? Des civilisations aux dimensions galactiques pourraient-elles s'instituer « ingénieurs du cosmos », « architectes de la quintessence » et veiller ainsi à ce que l'accélération évolutionniste cosmotropique soit développée, et régulée, au mieux de ses potentialités ?

Pffh, foutaises de science-fiction que tout cela, vous le savez bien !

La philosophie et encore moins la « science » ne peuvent se permettre de telles spéculations oiseuses.

Nous sommes entre gens sérieux, et nous sommes seuls dans l'univers, mettez-vous bien ça dans la tête. Les autres formes de vie sont rarissimes et ne dépassent guère le niveau de la bactérie. Tout ce qui apparaît à nos yeux et à nos oreilles, que nos *sens* soient d'origine naturelle ou de fabrication artificielle, sont de simples phénomènes liés à des causalités purement « physiques » explicables selon les lois imprescriptibles de la raison humaine. Le cosmos est vide de toute vie intelligente, ou alors sous l'aspect, peut-être, de quelques îlots dispersés et éloignés les uns des autres dans le temps et l'espace, ainsi que par les intangibles limites que nos découvertes scientifiques ont fixées pour l'éternité. Des sociétés aux dimensions à peine imaginables pour nous autres n'y travaillent pas, vous le pensez bien, cela est parfaitement impossible. Il serait tout aussi indécent de penser que non seulement des créatures plus développées que nous se servent de formes d'énergie par nos cerveaux insoupçonnées, mais que plus encore elles se chargent en quelque sorte de l'évolution du cosmos lui-même, ou de certaines parties de celui-ci.

Si vous osez ici prononcer pareilles inepties, il vous en cuira, vous serez — sachez-le — rayé à vie des cadres de l'Académie, quelle que soit par ailleurs celle à laquelle vous vous destiniez.

Nous pourrions tolérer à la rigueur quelques dérapages révisionnistes concernant le « mythe de la Shoah » ou celui du Goulag, après tout, nous savons bien que tout peut être sujet à discussion, nous sommes prêts à subventionner autant d'installations multimerdiques que vous le désireriez, nous n'hésiterions plus à reconnaître en vous un « véritable » écrivain, nous pourrions même vous offrir de discourir à n'en plus finir sur la « world philosophy » dans l'une ou l'autre de nos universités, nous pourrions, c'est sûr, vous ouvrir les colonnes de la presse afin que vous y déversiez votre bile de raté aigri avec la périodicité des petits chèques de fin de mois, nous pourrions, croyez-nous, vous ouvrir toutes grandes les portes de la renommée littéraire de notre époque microbienne, mais dans tous les cas, veillez bien à suivre cette inflexible règle :

Ne dites jamais à personne que vous croyez aux « petits hommes verts ».

Les indigènes du Pacifique dressaient des cultes pour les cargos qu'ils voyaient parfois passer en mer, depuis les rivages de leurs îles. Plus tard, leurs descendants vouèrent une même admiration fascinée pour les avions à réaction qui survolaient leur territoire. Sauvage et magnifique poésie des société disparues.

Aujourd'hui, l'apparition d'un Dieu vivant serait probablement prise pour l'atterrissage d'un Boeing 747.

*

Il n'est pas de science qui ne soit occulte.

Le 31 janvier de l'an de grâce 2001.

Le mois de Mars

La force d'une langue n'est pas de repousser l'étranger, mais de le dévorer.
Goethe

Ce *Théâtre des opérations* aura été une expérience fort singulière, elle me conduit face à la redoutable rosace des choix, là où s'inventent les mondes, et là où ils meurent avant que de naître. Si vous saviez, amis lecteurs, à quoi peut tenir la création ou l'anéantissement d'un univers, à quoi se joue la mort ou la survie d'un personnage, et je ne parle pas de celle de son auteur !

Ai-je assombri assez de certitudes, ai-je éclairé suffisamment de doutes ? Je poursuis en mode « conflit à basse intensité » ces quelques notes, en attendant de recevoir mes premières *épreuves*, c'est sans doute le cas de le dire. Cette guerre se déroulera maintenant dans la sphère de la narration (méta)romanesque, et selon d'autres préceptes que ceux qui me poussèrent vers l'écriture active il y a tout juste dix ans, ou plutôt grâce à leur fission critique sans cesse recommencée ; pour ces derniers jours de relative tranquillité avant la Grande Offensive, je me place sous la douce bénédiction du printemps boréal, sous la protection du sabre du dieu Mars.

Travail sans cesse recommencé, jusqu'au cœur même de l'œuvre, cybergnôse rejoignant l'antique ouvrage des prophètes, transe-fiction tout autant que métaréalisme, dépassement de la Machine par la phase miraculante de sa schizosphère, vécue comme degré supérieur de l'organique et comme pont vers une nouvelle production ontique, connexion à la part de divin et de démonique dans l'homme et la nature, décryptage de l'évolution toujours recommencée de la narration anthropique, héritage de la Terre, du Cosmos, des Mégapoles et de la Bombe thermonucléaire. Singe sacré dévorant son propre crâne. J'aurai fait, là comme ailleurs, ce qui me semblait être de mon devoir pour ceux-là qui naissent en ce moment même.

L'homme rationnel est l'antithèse de l'homme raisonnable. Pour cela, considérez bien les deux locutions : rationnel, raisonnable, et voyez comment l'une signifie que l'Homme domine la raison, la plie à son usage et à ses commodités sociales (pure absurdité des XIXe et XXe siècles héritée des « Lumières » et de la « Révolution ») et qu'à l'inverse l'autre sous-entend que la raison domine l'homme (haute pensée philosophique des XVIe et XVIIe siècles héritée de l'Antiquité et du Moyen Âge), qu'elle le plie à ses processus d'émergence et de sélection, ou pour employer des termes peut-être moins méchamment connotés, nous dirons que le rationaliste « moderne » se croit être le maître, le centre, l'origine et jusqu'à la *causae finalis* de la Raison, alors que l'homme de la Renaissance sait pertinemment que c'est elle qui le fait homme, car il ne la présuppose pas finie par ses propres finitudes, prédéfinies par ses définitions, et que ce qu'il nomme la Raison pourrait être appelé aujourd'hui l'attracteur chaotique Anthropos, autrement dit le domaine d'application de l'évolutionnisme neuroquantique.

Quand la rupture devient ordre, alors l'ordre fait rupture.

Critiquer une civilisation, c'est se donner les moyens de la défendre. Défendre une civilisation, c'est prendre les moyens de la critiquer.

Par définition, au sens étymologique, est « classique » *ce qui mérite d'être copié*.

En ce sens toute authentique modernité est toujours un classicisme en devenir.

Car là encore, il ne faut jamais perdre de vue le fait que « moderne » ne signifie pas *à la mode*, mais *juste*.

Plus que la vérité, plus même que la beauté, le dandysme est l'ultime expression de la *justice* d'une société. À la condition toutefois que ces trois notions ne soient pas les émanations d'une seule et unique force.

Dans mon précédent *TdO*, un aphorisme comme celui-ci avait jailli un soir : un réactionnaire est un révolutionnaire raté, un conservateur, un progressiste lucide.

Aujourd'hui, j'y rajouterais bien celui-ci :

Par voie de conséquence, un révolutionnaire est un réactionnaire qui a réussi, et la lucidité n'est franchement pas de ce monde.

Nouvel exploit de la civilisation des esclaves : une juge de la province de Québec vient de condamner à *deux ans avec sursis* un homme coupable d'actes pédophiles graves sur quelques enfants de son proche voisinage.

Raison explicite de cette mansuétude : l'homme est, paraît-il, un « homosexuel refoulé » ne supportant plus les carcans de son mariage, de sa femme et de ses trois enfants.

Je croyais pourtant que les démocraties modernes avaient institué le divorce afin de parer éventuellement à ce type de situations, en tout cas, son champ d'application recouvre aujourd'hui cette possibilité. Mais c'est oublier le processus de la chute, dont nos démocraties sont comme des métaphores cinétiques : après le divorce, la contraception légale, l'avortement, sont arrivés en vrac la pilule abortive, le mariage homosexuel, le clonage réplicatif, et quelques autres « bonds en avant » de notre radieuse post-modernité, l'homme libéré de l'an 2000 se voit alors offrir la prescription à perpétuité, plus rien en effet ne le retient, si ce n'est quelques vieux tabous désuets que la justice des derniers zommes entend bien extirper de nos antiques et réactionnaires systèmes de valeurs.

Pendant ce temps, des gamins de dix ans se voient offrir généreusement des fellations gratuites, et quelques sodomies conviviales, festives, et absolument non discriminatoires.

Comme le disait Louis Pauwels il y a trente ans[1] : « En dépit de la plus belle démocratie, le monsieur qui veut coucher avec sa sœur et, de surcroît, pour faciliter la chose, exige que l'inceste soit enseigné dans les écoles et récompensé par une croix du mérite, risque d'être très malheureux. »

En fait, Pauwels se trompait, l'humanité nouvelle, révo lutionnaire, égalitaire et hystérique, *castrisée*, socialisée, et sur la voie de sa « libération » définitive, est en train de promettre le paradis sur terre à tous les sociopathes qui la trouvent diaboliquement oppressive : la société capitaliste

1. *Lettre ouverte aux gens heureux et qui ont bien raison de l'être*, Albin Michel, 1971. Dès la publication de ce livre, Pauwels fut unanimement considéré par la presse bien-pensante de gauche comme un odieux « fasciste réactionnaire », alors qu'il y défendait les valeurs de la civilisation occidentale (christianisme, démocratie, liberté de penser, expérimentation critique et technoscientifique).

est aliénante en effet, surtout pour les pervers et les assassins. Qu'à cela ne tienne, renversons la logique et le poids de la charge. Est désormais aliéné, et surtout aliénant, voire aliénateur, celui qui prétend que les sociétés humaines se doivent de rejeter sans appel les abominations de la « philosophie » postmoderne et qui trouve tout bonnement dignes de l'ordure les comportements « libérés » du petit zomme de notre sous-époque.

Archéomodernes et postmodernistes, deux miroirs déformants placés l'un en face de l'autre. Un infini difforme et sans la moindre perspective autre que la laide dialectique se répondant sans fin à elle-même.

Le vertige anarchiste est une névrose de nantis.
Louis Pauwels

L'Homme est un pont entre le singe et le surhomme, disait Nietzsche. Il est aussi un fleuve qui tout à la fois sépare et unit en lui les dimensions naturelles et surnaturelles du cosmos. En ce sens, son étude scientifique est inséparable d'une recherche théosophique, et oserai-je ajouter, réciproquement. Mais qu'on ne se méprenne pas : il ne s'agit pas de prendre des « bouts » de réalités scientifiques et des « parties » de vérités révélées, en les mélangeant vigoureusement dans un shaker démocratico-universitaire de notre choix, pour décréter l'irruption de tel ou tel modèle d'une nouvelle scientologie-en-kit.

Le judaïsme en ce sens sait depuis longtemps faire la différence entre un mélange impur et improductif, et une synthèse réussie, il en a surcodifié la frontière de tabous alimentaires et législatifs qui visent à préserver l'homme des abominations qu'il engendre naturellement, grâce à la Loi, principe paternel de régulation aujourd'hui mis en miettes, partout, et pour un temps indéterminé.

Je crois que c'est Rûmi qui rappelle cet épisode dans le *Livre du Dedans*, parfois cité dans les travaux des kabbalistes, je cite de mémoire, pardonnez-moi : Gog et Magog, les deux anges de Babylone, rappellent un jour à un homme désireux d'étancher sa soif de connaissances et d'user pour cela de procédés nouveaux les termes imprescriptibles de la Loi : Puisque cette science t'a été donnée par l'œuvre de Dieu, sers-t'en, *mais garde-toi bien d'être infidèle* !

En clair : la technique est un instrument que Dieu donne aux hommes lorsqu'ils s'arrachent de leur ventre-matrice nourricier maternel (le paradis utérin) afin que, livrés au monde de la matière et des autres hommes (les sociétés), ils puissent en tirer les éléments nécessaires à leur développement dans l'univers. Mais parce qu'elle est l'instrument divin de la *liberté*, arraché par Dieu à Dieu, via Sa créature, elle est aussi l'agent de la *Loi*, celle qui stipule de n'adorer qu'un seul Dieu, et donc de ne surtout pas faire d'elle-même une idole. Et cet avertissement est répété depuis la mise en route de ce formidable processus *narratique* qu'est le Livre, je veux dire les Saintes Écritures, ou ce qui nous en est parvenu. Car de toutes les idolâtries, par son origine divine comme toutes choses en ce monde, mais donc surtout par son rôle majeur dans l'évolution phylogénétique et ontogénétique de l'homme, la science est de loin la plus puissante, donc la plus dangereuse.

Nous n'en avons vu, il faut en être sûr, que les premières conséquences.

*

Dire que Hannah Arendt est allée chercher la « banalité du mal » chez un fonctionnaire de police politique comme Adolf Eichmann, alors qu'elle avait conversé des années durant avec sa représentation la plus parfaite : le professeur de philosophie allemande, spécialiste de l'*Essence de la Vérité*, et cueilleur de champignons à ses heures perdues !

Scientisme contre rousseauisme. Mythe du progrès contre mythe de l'âge d'or. Être contre néant. Vapeur contre vapeur — aurait dit Nietzsche. Mécanisme contre vitalisme. Police biopolitique de l'individu contre anomisme-anarchisme du collectif totalisé.

C'est de cette infâme dialectique dont notre monde est l'esclave.

Dépasser le plus rapidement possible les escadrilles du nouvel universalisme relativiste, ce marécage « philosophique » qui fait du posthumain la dernière des panacées sociales, alors qu'il n'est qu'un simple « après », un épisode de la mécanisation du monde et des subjectivités, donc une plate-forme provisoire, un écosystème dont la seule issue est de sombrer au plus vite pour dégager les termes de la nouvelle catachrèse, l'irruption du métahumain, ce surgissement cataclysmique pour lequel ce fameux « posthumain » ne sera qu'un sursinge amélioré, doté d'une dizaine de pénis, de quelques ovaires directement connectés à sa prise internet, et d'une bouche capable de prononcer plusieurs discours universitaires en même temps dans une série de microlangages programmés par Microsoft.

Car bien sûr ce qui manque à ce posthumain, c'est déjà d'être un homme, c'est-à-dire de savoir le devenir et l'oublier en même temps, dans un processus par lequel seul la conscience a une chance d'émerger. Tout dans ce « posthumanisme » reproduit les vieilles figures du passé en les colorant avec le fluo pop postmoderne des petits rigolos universitaires des *cultural studies*. Rien n'est jamais dissous et donc rien n'est refondé. On part du principe que nos petits ego, désormais pris en charge par nos « techniques de développement personnel » néobouddhistes, sont en mesure de faire quoi que ce soit des redoutables instrumentations que l'anthropogenèse actualise à travers nous. On refuse de constater l'inévitable part de tragique dans cet éloignement des figures de l'Homme, car en fait on a décidé de garder en secret ses oripeaux ; plutôt que d'essayer de dégager une typologie spécifique permettant la production d'un véritable homme synthétique, cet *Homo sapiens cosmopolitis* qui reste dès lors hors de notre portée, nous quadrillons le monde de nos petites identités et, le quadrillage exécuté, il ne nous reste plus qu'à multiplier les combinaisons interidentitaires, comme autant de « patrons » plus ou moins aléatoires, plus ou moins conformes aux attentes du flux numérique-publicitaire global.

Ainsi le posthumain reste-t-il une simple métaphore, ou plutôt son embryon avorté, une protoforme donc, un acte infralittéraire, et non pas un acte authentiquement performatif, créateur de mondes, car il ne vise rien d'autre que sa propre production, au lieu de faire de son autoproduction le processus par lequel des réalités à ce jour inconnues sont en mesure d'être produites.

Le posthumain ainsi conçu et réalisé par le programme réplicatif de la machine universelle reproduit platement le réel, pur simulacre virtuel il n'est qu'une matrice pseudo-vivante dans laquelle le réel injecte ses coordonnées. Si le corps est obsolète, alors que dire de composants digitaux dont les générations changent tous les deux ans, et les principes technologiques chaque décennie ! Le posthumain cyborg *made-in-cultural-studies*, c'est malheureusement la caricature que nos rhétoriciens décadents postmodernes font de l'iconographie secrète des devenirs. Sursinge humanoïde, il se croit devenu surhomme par la simple grâce de quelques objets techniques dont son propre corps maintenant est sur le point de devenir le réceptacle ! En ce sens, le posthumain ne produit rien, ne dit rien, n'invente rien, car il se montre incapable de dégager un principe narratique nouveau à partir des changements de paradigmes dont il se croit porteur, tout au plus peut-on le considérer avec une ombre de compassion comme le résultat purement mécanique, réactif, un déchet de la terrible expérience que l'humanité conduit sur elle-même depuis ses origines.

Je ne sais encore comment interpréter cette association d'idées, ou plutôt d'images : avant-hier, en me baladant vers le quartier d'Outremont, dans un coin calme et relativement excentré, j'ai aperçu une sorte d'ombre bleue se déplaçant sur le trottoir.

M'étant rapproché, je me suis rendu compte qu'il s'agissait d'un burkha, sous lequel se traînait sans doute une femme, portant un sac rempli de marchandises diverses.

Je n'ai rien dit à cette femme, j'étais en voiture, j'ai passé mon chemin, mais je l'ai vue disparaître peu à peu dans mon rétroviseur, comme l'image d'un passé obscur venu hanter les rues de l'aimable démocratie sociale québécoise.

La société du Québec, en effet, se vante depuis un bail de sa tolérance et de son ouverture, ce refrain est d'ailleurs repris dans un bel unisson par tous les partis politiques au Canada, dans toutes les provinces, le tout sous le parapluie de cette sinistre aberration nommée Charte des droits et libertés, qui permet entre autres choses à des pédophiles de ne pas être poursuivis par les tribunaux, à des gangs de criminels organisés de construire des bunkers imprenables en plein milieu des villes ou des villages, et à des islamistes de gérer des réseaux d'accueil et de transit plus ou moins clandestins, offrant ainsi l'asile tout autant aux pauvres réfugiés politiques venus du « tiers-monde » qu'aux membres des services secrets qui furent leurs bourreaux durant des décennies, ainsi qu'à leurs rivaux des noyaux talibans fanatiques qui entendent bien prendre leur digne succession.

Bras armé de cette Charte, la Cour suprême du Canada augure des ubuesques tribunaux que le régime onuzi tente de mettre en place avec la complicité des sociaux-bureaucrates de tous bords, afin de détruire toute souveraineté-liberté politique : deux ans avec sursis pour les pédophiles, cellules spéciales à plusieurs millions de dollars le bout pour protéger les chefs d'organisation criminelle de la dépression nerveuse en prison, vingt ans de détention pour crimes contre l'humanité, un séjour en Hollande de quelques années pour plusieurs centaines de viols et à peu près autant de meurtres, impunité non discriminatoire garantie pour les « communautés ethniques et culturelles », comme celles qui obligent les femmes à porter le burkha ou le tchador et à marcher trois mètres derrière leur barbu polygame de mari.

Pendant ce temps, le gouvernement libéral du Canada et le gouvernement PQuiste, dans un étrange effet miroir grossissant, promeuvent à coups de spots publicitaires luxueux l'antiracisme, la tolérance et la non-discrimination. Il faut savoir par exemple qu'il serait mal vu par le Congrès juif canadien que le Québec veuille augmenter sa population francophone par une immigration sélective qui serait dès lors jugée « discriminatoire ». En retour, les « souverainistes » commettent gaffes sur bévues (l'Ontario n'a pas de culture spécifique, brame une ministresse de Québecgrad, le Canada est inutile, surenchérit Landry tout juste intronisé Premier ministre de la province) et se défendent avec la maladresse ridicule des demi-coupables de tout antisémitisme (ils ne sont pas antisémites, n'est-ce pas ?, ils sont juste antisionistes).

Quant aux délires postmodernes du Congrès juif canadien, bon sang, faut-il lui rappeler que c'est pourtant sur un précepte tout à fait analogue, et avec raison, que s'est reconstruit l'État moderne d'Israël en 1948 ? Sous quel prétexte l'Amérique française en devenir devrait-elle abandonner toute prérogative sur le plan de ses diagrammes sociaux et culturels ? Pourquoi n'aurions-nous pas le droit, ici en Amérique française, de privilégier telle ou telle source d'émigration en fonction d'un projet cosmopolitique qui devra être clairement annoncé : Mesdames, messieurs, il faut tous bien vous mettre dans la tête que la République de Nouvelle-France reste encore à inventer.

Je l'admets, deux années pleines passées ici m'auront violemment ouvert les yeux sur les deux nihilismes qui tiennent le haut du pavé dans la société canadienne.

D'une part, le mythe d'une démocratie « fédérale » parlementaire, ouverte et tolérante, non discriminatoire dans ses fondations mêmes, a été vendu comme modèle de civilisation à ce peuple par Pierre Elliott Trudeau il y a de cela un peu plus de trente ans, peu avant que les lois civiles ne soient par ailleurs brutalement suspendues au Québec en octobre 1970. Malgré cette « erreur » circonstancielle, le multiculturalisme communautaire, l'idée d'une société patchwork où TOUT serait également autorisé, et TOUT autoritairement égalisé, s'est authentiquement réalisée. Le relativisme est absolu, tous les mensonges ont désormais droit de cité, et la vérité est traquée par les chien(ne)s de garde de la nouvelle vigilance éthique ; grâce à la propagande d'État, depuis peu relayée par celle des corporations transnationales, ou celle, parfaitement dialectique, des officines de leurs contempteurs postmarxistes, plus aucune cohérence, sinon la tautologie antiraciste universelle, ne permet à cette société de se percevoir comme un flux particulier dans le mouvement des nations. Du coup, toute volonté d'indépendance politique du Québec est-elle illico traitée de *fasciste* par les béni-oui-oui du fédéralisme social-démocrate. D'autre part, et réciproquement, le Québec ayant fait siennes les valeurs de la société dominante, et les poussant même jusqu'à l'absurde, son autonomie politique reste un projet sans vision, un mirage social-démocrate sans portée autre que symbolique, et n'intéressant au final que quelques survivants des années 1960-1970 qui se refont une façade à coup d'antimondialisation spectaculaire.

Comme avec nos tchékistes des quotas ethniques à la

télévision française, « on » trouve que l'armée fédérale n'est pas assez *coloured*, ou bien ici que l'administration de tel ou tel ministère est un peu trop « blanche-et-francophone », bref on impose en « douceur » l'idée d'un modèle unique de « multiculture » aussi uniforme, voire bien plus, que les monocultures nationales d'antan. Le métissage devient une norme patronnée par les institutions de la Grande Société Anonyme, un « patron », oui, dans tous les sens du terme, et surtout celui faisant référence à ceux utilisés par les couturiers pour concevoir leurs uniformes de collection, et leurs collections d'uniformes. United Colors of Benetton : voici la seule idéologie à laquelle adhère désormais le Canada tout entier, Québec compris, comme un(e) seul(e) homme-femme postmoderne, tolérant tout, et surtout l'intolérable, ne discriminant rien, donc restant dans l'incapacité de rendre la justice, ne sélectionnant rien, donc ne pouvant prétendre à aucune souveraineté, ne hiérarchisant rien, donc faisant fi de la véritable liberté, ne choisissant rien, sinon le relativisme absolu donc la discontinuité hyperstable de la marchandise, paralysé(e) par l'hypnose publicitaire de la propagande onuzie qui a fait du Canada le terrain d'expérimentation pour les futures abominations socialistes que l'Organisation du Néant Universel nous prépare.

Ouverte, oui, comme la putain aux jambes écartées devant un organe vaguement prophylactisé et quelques dollars.

L'autonomie politique du Québec, et sa redéfinition comme République de Nouvelle-France, doit dès lors se concevoir d'emblée comme un projet transnational, l'étape nécessaire à une refondation du Canada comme une société non pas « multiculturelle » et « communautaire » mais polyglotte et impériale, non pas « multiethnique » mais cosmopolitique, non pas « antidiscriminatoire » mais stratégiquement sélective, et capable de faire de la démocratie nord-américaine autre chose que cette décivilisation qui, au nord du 49e parallèle, prétend avec fatuité proposer un modèle alternatif à la « barbarie » des USA.

Seule une République autonome de Nouvelle-France, assumant son rôle jusqu'au bout, c'est-à-dire jusqu'à sa réintégration constitutionnelle négociée au sein d'un Canada aux institutions réformées par ce fait, permettra aux Amériques de créer une civilisation synthétique dont nul Européen ne pourrait même rêver, et dont nul Américain ne pourra s'offrir le luxe de se passer.

Mais au lieu de cela, le PQ joue sagement son rôle de petit toutou de l'État « fédéral » social-libéral, cette fiction qui arrange tout le monde, et collabore activement à l'organisation du Sommet des Amériques, se tenant à Québec et devant statuer sur la création d'une zone de libre-échange allant de l'Alaska à Ushuaia, transformant au passage toute la ville en une véritable citadelle de non-droit et de non-liberté, donnant ainsi aux concertistes crypto-marxistes de l'antimondialisation plus d'arguments massues qu'ils n'en ont jamais espéré.

C'est la raison pour laquelle je me prépare à aller voir de mes yeux (et ceux de ma petite caméra numérique) ce qui va se produire lors de ce grand show de l'(anti)mondialisation.

Québec City Parano.

Je vous tiendrai au courant. D'une manière ou d'une autre.

Nous sommes des hommes qui luttons dans des conditions désespérées contre une vaste conspiration. Une société secrète d'anarchistes nous poursuit comme des lapins. Il ne s'agit pas de ces pauvres fous qui, poussés par la philosophie allemande ou par la faim, jettent de temps en temps une bombe. Il s'agit d'une riche, fanatique et puissante Église : l'Église du pessimisme occidental qui s'est proposé pour tâche sacrée la destruction de l'humanité comme d'une vermine.

G.K. Chesterton, *Le nommé Jeudi*.

Cette Église domine complètement la situation, culturellement et psychologiquement, depuis plus d'un demi-siècle maintenant, elle a conduit peu à peu les générations de l'Occident à accorder plus d'importance à l'escapade publicitaire d'un guérillero-Benetton qu'au travail réel produit dans les cryptes de notre monde par quelques hommes soucieux de vérité ; les yeux braqués sur leur narcissique révolte, qu'ils parent du nom que leurs parents lui ont donné, Révolution, sans savoir que par ailleurs celle-ci a déjà eu lieu, de façon invisible, et hors de leurs petites conceptions préformatées, les jeunesses de l'Occident sont tout entières gagnées aux valeurs de cette Église hérétique dont parlait Chesterton il y a un siècle. Une Église à la fois naturaliste et antihumaine. Donc explicitement pour le retour à l'âge de pierre, si ce n'est à l'ère protoforme et limbique d'avant l'apparition de la vie biologique, ou disons de la conscience humaine, et arquée tout entière contre son possible dépassement par la prochaine métacrise évolutionniste de notre cerveau. Se battre contre le monde, et la nouvelle Église qui l'a subjugué, est devenu dès lors nécessaire à ceux pour qui les devenirs ne sont que des plates-formes provisoires vers l'Infini.

Équinoxe. Springtime in North Amerika. Lueurs spectrales sur l'écran de télévision : la plate-forme Petrobras sombre dans la nuit de l'océan tropical, couchée sur un côté, aux trois quarts immergée, elle évoque étrangement l'arbre centenaire qu'on vient d'abattre dans la forêt amazonienne, la ruine d'un pont historique bombardé de façon irréparable, le vieil animal qui se love dans la boue comme un bébé pour mourir, la cathédrale engloutie tout autant que la machine revenue à sa fonction inutile primitive, et absolument tout dans la mise en scène de CNN permet le surgissement d'une telle émotion synesthétique : un ouvrier brésilien de la plate-forme, casque rouge vissé sur la tête, yeux rougis de fatigue et d'émotion, observe avec la placidité du désespoir le monstre d'acier et de béton s'abîmer lentement dans les flots mazoutés, les petits navires des gardes-côtes cernent la structure et illuminent la scène de leurs candélabres électriques, les ultimes faisceaux du soleil créent une ligne dramatique de lumière orange à l'horizon. Trichromie noire, rouge, feu. Couleurs de l'or philosophal. L'intensité est proprement religieuse. Seule la télévision est en mesure de réaliser un tel prodige d'illusionnisme à partir de la réalité la plus prosaïque, ou plus exactement en la refabriquant sans cesse grâce au recyclage écosystémique permanent que les mass media ont fait de notre monde.

Mais que l'on ne se leurre pas sur ce qui est en jeu ici : la force narratique, hyperperformative des médias électroniques est, comme tous les jeux de force dont l'homme est le véhicule, une véritable *épreuve*, au sens biblique du mot. L'homme ne peut se rendre libre que par la vérité, c'est-à-dire par un monde-narration plus grand, plus infini encore que celui dans lequel il a étendu ses propres limites. La littérature, ainsi, si elle veut survivre, doit inventer le moyen spécifique pour elle de dévorer ce langage, si elle ne veut pas être avalée par lui.

*

Il y a un peu plus d'une dizaine d'années, alors que je prostituais le verbe pour la marchandise-discours de la publicité, j'avais élaboré, comme tant d'autres écrivains en germe (dont un sur cent seulement finit par fleurir), une série de « scénarios », ou plutôt de « synopsis » autour desquels je croyais alors être en mesure de bâtir des histoires.

L'une d'entre elles, vigoureusement documentée, se situait à Stalingrad durant l'hiver 1942-1943 et mettait aux prises un caporal alsacien enrôlé de force dans la Waffen SS et un sniper soviétique de l'armée sibérienne de Joukov.

Les violents combats autour de l'usine Octobre devaient ouvrir le livre, et celui-ci se terminait en fait deux ans plus tard dans les ruines de Berlin : le SS alsacien ayant miraculeusement pu sortir des lignes de von Paulus pour être incorporé à la division Charlemagne et le sniper russe faisant partie des premières escouades de l'infanterie soviétique à pénétrer dans la ville, les deux hommes qui s'étaient « ratés » mutuellement durant la bataille de Stalingrad se « rencontrent » et se tuent mutuellement à un bloc d'immeubles du bunker où Hitler vient de mettre fin à ses jours.

Hier, en regardant la télévision, je tombe sur la bande annonce d'un film avec Ed Harris, un film américain, je veux dire un film de Jean-Jacques Annaud, nommé *Enemy at the Gates*, et dont la trame principale s'apparente beaucoup à ce protoroman avorté. Je l'avais deviné dès que le processus de l'écriture m'eut définitivement emporté vers 1991, un tel roman était en fait bâti sur des principes purement cinématographiques, je ne pouvais espérer lutter à armes égales en essayant d'utiliser les armes de Hollywood. Je pouvais essayer de m'en servir mais à la condition de les déterritorialiser, de les contaminer, les dissoudre au sein d'un processus littéraire dont le but serait de peu à peu les digérer.

Ainsi le cinéma est-il en train de (re)devenir le genre épique par excellence. Le genre de l'épopée-monde. Avec ce que le XXe siècle nous aura laissé en terme de tragédies, on peut supposer sans trop de difficulté que des films comme *Enemy at the Gates* vont proliférer dans les années qui viennent (*Private Ryan* et *Schindler's List* ayant en quelque sorte ouvert le bal). Le XXe siècle devient le territoire de nos imaginaires, un Moyen Âge sur lequel nous plaquons d'ores et déjà nos visions d'hommes postmodernes, de modernes posthumains.

La littérature se voit ainsi confrontée à un défi plus grand encore que tout ce que ses petits épiciers habituels tentent désespérément d'imaginer pour toucher leurs subventions de conférenciers.

Notre redéfinition transgénique de son champ de travail vise simplement à la doter d'instruments narratifs capables de la confronter, selon ses propres topiques, à la force épique hyperréaliste du cinéma, à la puissance des effets de réel déréalisants de la télévision, aux simulacres de l'âge photonique, illusions devenues autonomes et « vraies », et pour ce faire elle n'a d'autre choix que de se les approprier.

Les GI américains revinrent traumatisés du Viêt Nam à cause de la guerre qu'ils y avaient conduite, les soldats européens sont revenus brisés d'ex-Yougoslavie à cause de celle qu'ils n'y avaient pas faite.

*

Voir le crâne
De l'enfant s'ouvrir
Fleur molle au silence gris
Un de ses frères humains
A décidé pour lui
Qu'il était temps d'en finir ;
Au loin la détonation
Du sniper résonne
Dans l'écho du béton
Et le hurlement de la mère
Pétrifie l'espace
De sa vibration ;
À 20 deutschmarks la tête
L'acier chaud du projectile
Rembourse largement
Son prix de revient,
Société Anonyme
Des tueurs du dimanche
On s'offrait ainsi

Le safari du siècle
Le collimateur omniscient
Jouant au dieu invisible
Dans les cours des écoles
Le soldat au béret bleu
Hébété et sans réaction
Régulait le trafic
Et maintenait la Paix.

*

Landscapes
Ablaze
In a red flag discipline
The sunset fire draws
Some little spirits-machines
On the rocks at the south
Of my left hand
The right one was trunked
Yesterday, by a savage chainsaw,
I suppose
Shades of a chaman
Enlighted by the rainfall
The dawn is dying somewhere
On the highway,
Where I'm waiting for the call
Of a serial number without a name
Puppets wearing dark clothes
Helmets screaming : Hands on neck!
Concrete walls burned down
As simply as paperhouses,
The voice of a woman
The sound of his baby
Under the electrode
Of an unforgiven god
Out of the blue,

Timeslide in my stomach
My soul shaped
By a moonlight serenade
Is escaping thru the windshield
Of the minivan.
I don't even know
How I'm still alive.

*

Lecture de *La République mondiale des lettres*, de Pascale Casanova. Si cet ouvrage n'évite pas toujours les méchants tropes stylistiques de la littérature universitaire (« peuvent permettre », et autres), il faut quand même dire que cette brillante analyse du dispositif géopolitique littéraire mondial, et de sa formation générique à partir de la Pléiade, en France, et en particulier par l'ouvrage de Du Bellay sur la *Deffence et illustration de la langue françoyse*, mérite très franchement d'être lue par tous ceux que la condition contemporaine de l'écrivain, au début de ce XXIe siècle, et quelles que soient ses origines nationales, linguistiques et religieuses, intéresse un tant soit peu.

Car ce qu'elle parvient à démontrer, dans une progression très finement articulée, c'est le caractère éminemment *stratégique* de toute *littérature* dans l'histoire des hommes.

Pascale Casanova ose inverser le précepte de la critique littéraire bâtie depuis plus d'un siècle et demi sur le mythe révolutionnaire-romantique, à savoir que l'invention des littératures nationales en Europe procédait de la volonté d'unification culturelle et linguistique des sociétés, alors que, bien sûr, tout cela partit à l'inverse d'un « métagroupe » d'individus disséminés un peu partout dans le continuum de la Renaissance, autant sur le plan spatial que temporel, et qui, de Dante à Du Bellay, produisit en deux siècles environ les conditions initiales, les principes fondamentaux et les méthodes spécifiques pour un tel programme, créant du même coup l'essor des « cultures nationales », tout autant politiques que littéraires, politiques *parce que* littéraires, sur notre continent pendant environ cinq siècles, puis tout autour du globe au cours de celui qui vient de s'écouler.

Elle s'appuie avec clarté et une grande intelligence sur les figures de Goethe, Kafka, Joyce, Proust, Ramuz, Octavio Paz, Beckett, Salman Rushdie, et de quelques autres, pour topographier avec précision le théâtre des opérations — si j'ose dire — de cette immense activité mondiale qu'est devenue en deux siècles de « modernité » la *littérature*, et en dépit des carences que je me suis permis de mentionner en introduction de ce paragraphe, on sent en elle une érudition non factice, c'est-à-dire coordonnée autour d'une certaine vision du monde.

Je pourrais ici vous faire l'exégèse de ce bouquin, mais tel n'est pas mon propos. Je ne vous en livrerai même pas quelques extraits.

En dépit de ses réticences, parfois justifiées, envers les interprétations de ces phénomènes établies par Deleuze et Guattari, voici la lecture que je suis pourtant en mesure d'en tirer :

Toute littérature, tout projet de littérature spécifique s'articule dans un processus global de *conflit* métacritique dont les circonvolutions se connectent et se disjoignent sans cesse, à travers le processus miraculant de la schizosphère-capital, processus historial et déterritorialisé, métalocal, transfini de la Narration. Sans Narration, pas de nation, pas de langue, pas d'histoire, et encore moins de géographie, autant le dire ainsi : sans la Narration, pas de politique.

La littérature apparaît dès lors comme le plus performatif de tous les actes-discours possibles : celui qui du texte même fait la chair du monde.

Aussi, je préfère de loin vous soumettre la copie de la lettre que j'ai envoyée il y a quelques jours à cette jeune femme :

Maurice G. Dantec
Montréal
Monde-Amérique

à Pascale Casanova
aux bons soins des éditions du Seuil
Paris
France

Le jeudi 21 mars 2001

Madame,

Je viens de finir votre ouvrage, *La République mondiale des lettres*, et quelque chose me pousse à vous écrire presque sur-le-champ.

Vous ne vous le rappelez sans doute pas, mais nous nous sommes rencontrés il y a environ deux ans sur un plateau de Radio France, lors d'une émission animée (si mes souvenirs sont exacts) par M. Spire.

Vous connaissez comme moi les règles du spectacle médiatique, on vous demande de participer à une émission sans vous signifier vraiment qui y sera présent avec vous, et dans le meilleur des cas, nous avons tous, lors de ces « moments » achetés par la machine du commerce pour la promotion de nos ouvrages, d'autres chats à fouetter que la présence ou non de tel ou tel autre auteur. Bref, nous ne nous connaissions pas, ni personnellement, ni par livres interposés. La redoutable épreuve de l'interview radiodiffusée et du « plateau » d'invités ne permettant pas de préjuger d'un livre, et ne pouvant vous dire avec exactitude l'impression que vous avez pu en donner ce jour-là, toujours est-il que j'ai emporté un exemplaire de votre ouvrage avec moi, ici, au Canada, et que ce n'est que la semaine dernière que j'ai décidé (ne me demandez pas pourquoi, je l'ignore) d'en entreprendre la lecture.

Votre topographie du théâtre des opérations spécifique de la littérature en tant qu'invention de l'Europe postmédiévale, comme acte performatif qui s'autocréa et produisit l'émergence des nations politiques et linguistiques du continent, a été pour moi d'une très grande clarté. L'éclairage que vous donnez sur les différents « centres » et « territoires » littéraires, et la façon dont ils recoupent partiellement (je dirai : au cours d'une synthèse disjonctive) les territoires nationaux et les centres linguistiques, puis comment cela produit des dispositifs spécifiques selon l'histoire et la géographie des peuples et des individus-écrivains placés parfois dans des situations de schizophrénie linguistique qui les forcent à l'invention littéraire, et enfin comment la situation mondiale actuelle, avec la domination économique et culturelle émergente de l'anglo-américain, est en train de créer un hypercentre transnational et purement commercial de produits littéraires jetables, tout en reconfigurant la topologie du « méridien » littéraire universel, bref, tout cela rejoint en bien des points ma propre analyse, ou plutôt elle me permet de lui trouver un point de vue auquel jusque-là je n'avais point pensé.

Vous parlez à plusieurs reprises dans votre ouvrage de ces auteurs forcés de « partir » de la « périphérie » d'une aire de domination linguistique et littéraire vers son « centre », comme les écrivains indo-britanniques, ou les écrivains arabes et africains de langue française. Qu'ils émigrent physiquement ou qu'ils importent en eux la langue littéraire centrale à laquelle l'histoire les a affiliés, vous notez chaque fois les solutions multiples qui s'offrent à eux, mais aussi la terrible et tragique impossibilité qui bien souvent fonde l'énergie créatrice qui les motive à inventer une nouvelle forme-langage. Une nouvelle narration. Une nouvelle *Weltlitteratur*.

Sans doute la situation n'est-elle encore qu'épiphénoménale, mais j'aimerais vous dire comment un nouveau schéma semble surgir des paradigmes que l'économie-monde met en place en ce tournant de millénaire. Quand je dis que la situation est épiphénoménale, c'est que — voyez-vous — je suis, à ma connaissance, le seul phénomène correspondant à ce nouveau paradigme, sans doute bien incertain.

Mais enfin, puisque je vous ennuie depuis déjà deux ou

trois pages, vous me permettrez de vous soumettre l'idée que cela pourrait être un complément utile à votre étude.

Ce nouveau paradigme pourrait être perçu comme la circonvolution *narratique* suivante à la phase que vous exposez (celle qui s'étend de Dante et Du Bellay aux préceptes herdériens encore largement à l'œuvre aujourd'hui). Cette circonvolution se présente ainsi : dans un pays comme la France, qui s'est autoconstitué comme vous le dites par l'acte performatif de son invention littéraire, et qui a en quelque sorte créé le modèle repris ensuite sur tout le continent, au point que son universalité et son « originalité » dans le phénomène lui a permis de s'édifier en tant que capitale des Arts et Lettres durant près de trois siècles, pur acte « narratique » comme dirait J.-P. Faye, et que je nomme pour ma part d'ordre transfictionnel (le croisement critique de plusieurs narrations fictionnelles produit l'émergence d'une réalité), pour un tel pays, donc, l'effondrement de son statut central est d'ordre catastrophique, autant dire éminemment invisible, et indéchiffrable au moment de son occurrence. Disons-le plus clairement encore : toute cette « Époque » est sur le point de se terminer, si cela n'est pas déjà fait depuis quelque temps déjà, mais l'information a pour une raison ou une autre refusé de prendre consistance dans nos cortex.

Le métacentre littéraire français, du fait de son importance stratégique dans le dispositif, et des mérites incomparables de sa langue, a subi avec de très grands dommages l'effondrement fatal de la nation, entre 1914 et 1945.

Après deux décennies marquées encore par des hommes nés avant cette date terminale (comme Sartre, Camus, Bataille, Foucault, Deleuze...), les années 1970 s'ouvrent comme la consécration d'une nouvelle forme de schizophrénie littéraire qui cette fois s'empare du centre mondial autodéclaré. Français en l'an 2000, notre langue est devenue analogue à cette langue hispanique du début du siècle dont un des auteurs que vous citez décrit comment « elle tombe dès lors qu'on la prononce ».

Tel l'espagnol du XIXe siècle, la langue française dispose encore d'un « empire linguistique » au volume démographique appréciable, pourtant cela fait environ trente ans que cette nation n'arrive plus à produire quoi que ce soit d'universel, j'entends par là : *métalocal*. Singulier quel que soit l'endroit de la carte observé.

Aussi, je me permets de vous dire qu'en ce qui me concerne une stratégie fort claire s'est dessinée dans mon esprit au début des années 1990, lorsque j'ai entrepris de transformer mon existence par la littérature : la France ne pouvait plus se considérer comme seule détentrice du français, et plus important à mes yeux, elle était devenue, en l'espace d'une ou deux générations, une « province » de plus en plus éloignée de ce « méridien de Greenwich » littéraire et métalinguistique dont vous évoquez l'existence. Bien sûr, ce glissement fut rendu imperceptible par les fastueuses et pompières célébrations que le programme culturel de Mitterrand mit en place durant son règne, mais il n'en fut que plus désastreux.

Car ce qui change la donne avec l'émergence de la culture « populaire » américaine du XXe siècle, c'est l'accrétion de phénomènes critiques, technologiques, géopolitiques, économiques qui transforment en profondeur les modalités d'existence de la littérature mondiale, cette « banque » de capital littéraire que vous décrivez fort bien, en citant avec justesse tous les auteurs qui, comme Goethe, Ramuz ou Kafka, comprenaient la dynamique particulière de cette « bourse mondiale des changes et échanges spirituels ».

L'irruption et la fabrication de cette *littérature de l'avenir*, selon le mot de Whitman que vous citez ma foi fort à propos, permet de mieux comprendre comment et pourquoi la littérature nord-américaine de l'Empire est entrée de fait dans la narration de l'Apocalypse, grâce à des écrivains comme William Burroughs, James Ellroy, Don De Lillo, Thomas Pynchon, ou les meilleurs de ses auteurs de « science-fiction », et tout cela après la date emblématique qui fit sortir l'humanité de l'Histoire au sens où nous la connaissions, avec l'invention de l'âge atomique.

Or c'est toute cette dimension anthropologique de la technique (de la technoscience devrais-je dire) que la littérature française a définitivement évacuée de ses thématiques comme de ses approches formelles (les deux ne formant que des lignes de coupe qui se superposent en permanence et qui forment le STYLE) depuis les années 1970 au moins.

La logique formelle structuraliste ne doit pas faire illusion. Elle fut une bouée de sauvetage au moment où notre narrativité était morte sous les décombres de notre propre monde, que nous avions grandement contribué à détruire. Les positions de repli depuis partout constatées dans notre littérature nationale (retour au « terroir », aux sentiments « vrais », aux « vraies » histoires, à la « réalité » socioéconomique, au « vrai » langage de la « rue », au « vrai » militantisme moral, etc.) sont parfois consciemment voulues comme des « assimilations » à la littérature « américaine », mais en fait il ne s'agit ni plus ni moins que d'une simple annexion de la littérature au monde transnational du marketing *publittéraire*.

Aussi pour paraphraser un grand nombre d'auteurs que vous rassemblez dans votre chapitre sur les *Voleurs de feu*, je me vois dans l'obligation de vous soumettre les impossibilités consubstantielles auxquelles un auteur français né vers 1960 doit faire face :

Nous sommes nés dans la langue première de l'expérience littéraire moderne, c'est-à-dire « classique », mais nos empires nationaux, linguistiques, métropolitiques puis littéraires ont fini par se dissoudre ou par capituler.

Nous sommes dans l'impossibilité de choisir une langue moins « riche » que la française, son « accumulation de capital littéraire » — comme vous dites — étant, il faut bien le dire, phénoménale, mais le nouveau paradigme, basé sur la conception de Whitman, celle de l'histoire comme devenir, celle du *capital comme risque*, cette annexion du FUTUR comme métaphore performative de toute la littérature américaine, nous oblige à revoir la position stratégique de notre langue, et de notre littérature, notre « nation » devant être considérée désormais comme une simple pièce de musée.

Nos périphéries, à la différence de celles du Commonwealth britannique, ont vécu le français avant tout comme une langue de domination coloniale-bureaucratique : ainsi de l'anglais, qui en Inde est considéré comme l'une des langues vernaculaires indiennes (cf. l'interview que vous citez de Salman Rushdie), alors que même au Québec le « français » au sens « central » est considéré comme une langue élitiste, et que depuis environ trente ans les nationalistes de la langue locale ont tenté, avec les désastres que l'on sait, de promouvoir le « joual », un dérivé du patois angevin qui ne comprenait pas trois cents mots à l'origine !

Nous ne pouvons donc écrire qu'en français, et pourtant nous ne le pouvons plus, et pourtant nous y sommes forcés ; plus grave, toute tentative pour nous de revenir à une langue interne (régionale par exemple) ou même étrangère (l'italien, ou l'allemand, voire l'anglais) nous ramènerait sans rémission en arrière, à un stade antérieur de notre évolution ; pire encore, chaque fois que nous avons voulu enfermer notre littérature dans un *effet de réel*, une dialectique piégée par l'effet miroir de ses deux termes, par exemple le discours universitaire *versus* le langage de la rue, chacun revendiquant à qui mieux mieux son « réalisme », nous avons un peu plus compromis nos chances de reconstruire une littérature française digne de ce nom. Nous devrions porter l'héritage de la pensée française et européenne, mais c'est comme si elle avait disparu, dérobée par on ne sait quel manant, kidnappée par on ne sait quelle organisation terroriste. Nos valises devraient être pleines de l'Histoire incroyable de notre continent et de son invention majeure, la littérature, prêtes à rencontrer les valises du Nouveau Continent, et son invention cataclysmique, la technosphère du capital mutant et scientifique, mais tout se passe comme si nous devions à jamais dresser le portrait de nos quartiers pittoresques, décrire savamment le mouvement des feuilles d'automne qui tombent devant nos fenêtres, ou la sensation d'une gorgée de bière, ou bien alors « éclairer » les profondeurs abyssâââles des psychologies torturées et profondes de nos personnages si éminemment romantiques, quand on ne nous intime pas l'ordonnance de suivre les préceptes de la simple autobiographie (dénommée maintenant *autofiction*, pour faire plus « vraie », ou plus « fausse » si vous voulez), voire de se mettre au pas sous la bannière d'un genre littéraire parfaitement précalibré par les directeurs du département marketing.

C'est la raison pour laquelle, face à ces apories dialectiques, je me suis demandé comment un écrivain de langue française pourrait entreprendre le dépassement de cette tragique impasse.

Pour moi, la solution vint de la redéfinition critique des notions de « centre » et de « périphérie » et de ma propre compréhension de la littérature comme espace de guerre transfictionnel.

1) Le français, ma langue maternelle, me semblait être la seule langue européenne synthétique.

2) La France en tant que nation empêchait cependant depuis un bon siècle l'émergence d'une civilisation européenne.

3) Pendant ce temps, l'Amérique-monde créait de nouveaux paradigmes « narratiques » qui produisaient les nouvelles réalités.

4) Le seul territoire de langue française situé au cœur de ce nouvel *imperium* était/est le Québec, une « périphérie » de notre ex-empire à laquelle la nation française ne s'intéressait et ne s'intéresse d'ailleurs toujours pas. Or un des mérites, et non des moindres, du Québec est que sa société civile, grâce à ses mariages mixtes et à sa mobilité tant géographique que mentale, et en dépit des absurdités bureaucratiques de ses élites, a su produire un citoyen quasiment bilingue dès son origine, à la fois francophone et anglophone, voire francophone, anglophone et allophone[1], bien que la qualité inhérente à chaque langue ait eu à subir quelques dévolutions excessives (à cause, entre autres choses essentielles, du modèle universitaire français post-soixantuitard importé à grand frais).

1. Je n'aime pas trop cette appellation d'« allophone », qui signifie de manière absurde « parlant étranger », alors qu'on est jamais que l'étranger de ceux qui le sont pour nous, mais je suis obligé d'y recourir par souci de synthèse, j'aurais pu surtout citer les hispanophones, lusophones, italophones, germanophones, mais aussi les slavophones et les usagers des langues autochtones

5) Ni centre, ni périphérie, l'Amérique française me sembla alors, en dépit de ses vicissitudes provisoires, comme une « interface » possible entre l'héritage dont la culture franco-européenne est porteuse et les nouveaux modes de narration que l'Amérique-monde met désormais en œuvre. On peut presque dire, pour paraphraser l'auteur hispano-américain Ruben Dario que vous citez à plusieurs reprises, que j'essayais d'utiliser un « américanisme mental ».

6) J'ai donc décidé d'y émigrer en 1995, chose que je n'ai pu accomplir que trois ans plus tard. Afin de rester étranger aux tropes du folklorisme québécois (terroir nationaliste ouvrier-paysan ou postmodernisme branché), comme à ceux de ma littérature d'origine (disons parisiano-française), je tente de convertir ce déplacement en énergie métalittéraire, *narratique*. Je me redéfinis alors comme écrivain franco-américain, transatlantique, comme un *alien permanent*. Je deviens extraterrestre. Inhumain, au sens le plus strict, je tente de rejoindre le langage dans sa terrible genèse démonique, celle qui divise en unifiant, qui unifie en divisant, sans cesse, et pour toujours. J'envisage mon propre cerveau comme terrain d'expérimentation et centre de commandement d'une « guerre invisible » que l'écrivain conduit contre le monde. Je continue de parler et d'écrire dans ma langue maternelle, celle de Du Bellay, mais comme lui, je veux arrêter d'imiter platement le modèle impérial (cette fois-ci anglo-américain) tout autant que de refuser son influence majeure, et bien souvent magistrale. Je tenterai ainsi de plus en plus d'adapter les modes de narration américains à la langue française, vue comme matrice active de la culture européenne et non pas comme simple patrie linguistique nationale, mais aussi d'injecter en retour dans les processus narratifs américains les trouvailles propres à la philosophie européenne et au style français.

En vous remerciant de votre attention,

Cordialement,

M.G. Dantec

*

22 mars 2001.

6 heures, le jour se lève, c'est bleu acier et ça vole bas, comme une escadrille de bombardiers. On n'y voit pas à cent mètres. Il tombe une neige dense, rapide, lourde, aux flocons gras, gorgés d'eau et d'air glacé. Ils viennent se répandre devant ma fenêtre comme des papillons de givre en nuée vif-argent. C'est très beau, mais la journée va être à chier.

Sans compter que je n'arrive pas à dormir.

(E-mail envoyé à Richard Pinhas)

Une heure a passé, le dieu Mars est celui de tous les possibles, celui des décisions stratégiques, le dieu des joueurs de roulette russe, celui des victoires inutiles comme des défaites oubliées. C'est la planète entière qui désormais livre sa propre guerre à ce qui reste encore de l'homme. Mais surtout c'est l'homme qui a décidé de se retourner contre lui-même, parce que la nature, je veux dire la nature divine de la nature et de lui-même, lui fait atrocement peur, la nature, c'est-à-dire ses propres productions, ses propres créatures.

Une heure plus tard encore, tout est absolument *blanc*.

Comme les rêves éveillés qui auront avec moi traversé cette nuit.

*

Dans un mois, le grand show de l'antimondialisation va commencer à Québec. Tout ce que la gauche mondiale compte d'opposants aux lois de l'évolution sera enfin réuni pour nous vanter les charmes de la socialisation des biens dc production de par le monde, contre les « valeurs de l'argent » (celles-là mêmes qu'ils propagent parfois fort consciemment, d'ailleurs) et les méchants capitalistes-impérialistes transnationaux qui menacent les vieilles bourgeoisies nationales-démocratiques dont ces jeunes/vieux cons incultes s'improvisent les défenseurs. Toute la jet-set des conférences tiers-mondistes est en passe d'être rassemblée en un seul lieu, Woodstock de l'aberration anarchoïde, durant trois jours de guérilla mondaine, de discours fumeux et de musique de merde : d'anciens criminels des Brigades rouges devenus intellectuels « deleuziens », des yougoslavistes de choc, les éternels antisémites de gôche (les « antisionistes »), des écolo-terroristes de diverses obédiences (Front de libération des animaux bien sûr, mais aussi pourquoi pas le Syndicat des palétuviers radicaux ou l'Armée révolutionnaire des ours des Pyrénées), le tout encadré par l'amicale des nostalgiques du mur de Berlin au grand complet, bref, comme disait Revel, la Grande Parade se met en marche : des chanteurs de « punk » rock et de « rap » s'agglomèrent en un monumental José-Bové SuperStar Festival dont les qualités artistiques rivaliseront sans aucun doute avec celles de notre mythique bonne bouffe nationale-paysanne[1], de petites bourgeoises californiennes complaisamment surnommées par la presse locale « coqueluches de la gauche

1. Par exemple ce spécimen de la prose lyrique de la dernière dé-génération postmoderne :

« Fuck le Sommet ! Garde-la, ta monnaie ! Garde tes déchets ! Fuck le Sommet !

Ben, oui, l'Amérik, et puis après, j'en ai rien à crisser, retournez chez vous, gangs de frais !

FMI, bullshit ! ZLEA, bullshit ! Pis OMC ben fuck that shit !...

En avril ça s'passe à Québec, nous autres on va foutre la merde, s'tie.

Y vont parler de nous autres s'a BBC, jusqu'en Australie.

Criss, on n'a pas fini ! Des rimes, j'en chie !

Révolution ! Passons à l'action ! »

(Nasty Fuckers Krew)

Ce groupe rap a raison : des rimes, il en CHIE.

américaine » nous ressortent de la naphtaline quelques phrases de Debord tirées de leur contexte et se font des couilles (pardon, des ovaires) en platine massif en dénonçant le règne des « marques publicitaires », des anarchistes-carnavaliers professionnels, des professeurs de salamisme, Ignacio Ramonette himself, bref l'Opéra-Comique du communisme new-look a décidé, ce sont ses membres qui le chantent à l'unisson, de faire de Québec un Super-Seattle. Tout est prévu, de part et d'autre, pour la mise en scène du spectacle de la contestation.

La Révolution mondiale est en marche[1].

« La haine infinie envers l'ennemi est la semence du socialisme. »

José Ramon Fernandez, ancien ministre de l'Éducation du régime castriste[2].

Le contre-sommet de Québec : trois jours de haine, de bruit, et de socialisme.

*

Le problème spécifique de notre « ex-empire » linguistique et culturel tient dans la configuration du dispositif centre-périphérie au cours du processus géo-historique

1. Au moment où j'établis les corrections sur ce manuscrit, j'apprends par la presse que le « Sommet des peuples » — c'est-à-dire le Contre-Sommet antimondialiste qui se tiendra en « parallèle » à la conférence officielle — vient d'exclure de ses discussions intensément « démocratiques et sociales » les institutions chrétiennes qui ne partagent pas obligatoirement les opinions des anarcho-trotskistes sur la théologie de la libération, en l'occurrence l'archevêché. Les masques tombent très vite lorsque ce genre de parade s'anime pour de bon.

2. Cité par Arrabal dans sa splendide *Lettre à Fidel Castro, an 1984* que tous les petits cons *fidélistes* devraient lire de toute urgence, quand ils auront appris à le faire.

qui en a vu la naissance, l'apogée, la chute, la fin puis la reformation au sein du nouveau monde métalocal qui est en train d'émerger des cendres du XXe siècle. Si vous comparez l'empire français aux autres empires européens rivaux qui du XVe au XXe siècle se sont lancés dans l'aventure de la colonisation du monde, vous constaterez très vite la présence d'un élément qui nous distingue, malheureusement à nos dépens, de tous les autres : le poids démographique et politique respectif du centre et des périphéries. Les dominions britanniques (Canada, Australie), et certains grands pays du Commonwealth, auxquels il faut ajouter la synthèse disjonctive singulière des USA, sont devenus *au moins égaux en puissance* géopolitique que le Royaume-Uni de leur origine. Aujourd'hui, l'Espagne et le Portugal louchent de nouveau sur le vaste espace latino-américain qui rassemble 500 millions d'habitants et des mégapoles et qui s'intègre avec l'Amérique septentrionale pour former vers 2005 un hémisphère unifié entre les deux pôles. Mais pour la France le relais est pour ainsi dire impossible. Seul le Canada français, en Amérique du Nord, pourrait être en mesure de remplir cette tâche, mais avec encore seulement 7 millions de francophones, on dira par euphémisme qu'il y a du pain sur la planche.

*

Sur le plan cosmopolitique, notre littérature est en train de devenir un folklore. Le folklore des « jolies choses », des « sentiments » et de la « nostalgie », ou alors, et c'est encore pire, celui de la « rébellion artiste », « antimondiale », « postnéoréaliste » et toutes ces sortes de proses aujourd'hui produites en masse par l'industrie culturelle du Larzac. Avec la dose de sexe autoritairement permise dans notre société hypersocialiste, égalitaire, *libérée*, sur la voie de bientôt engendrer une sorte de communisme digital, anarchoïde, acéphale, anomique et parfaitement fatal pour toute l'humanité. Notre cinéma national en est l'écho isotopique. Je ne mets pas en question ici l'argumentaire spécifique des auteurs qui veulent revenir au réalisme social, ni à ceux qui désirent — nous disent-ils — tenir un nouveau discours « moral », ou développer une esthétique « humaine », qu'ils se débrouillent avec leurs producteurs et leurs copains-copines du CNC, ce n'est nullement mon problème. Ce que je constate, lorsque j'engage la discussion avec un Japonais, une Vénézuélienne, un Anglo-Canadien, un Togolais, une Tchèque ex-oslovaque ou un habitant d'Oulan-Bator, ce sont les figures symboliques spécifiques de la littérature-cinéma française au sein des espaces de représentation qui lui sont étrangers, extranationaux. Et là, il faut bien le dire, les vingt-cinq ou trente années écoulées ne peuvent nous laisser, à nous, ceux qui, sans doute a contrario de tous les principes et de toutes les idées reçues, sommes les dernières ressources de la langue française, de son histoire et de sa culture, oui, cette époque ne nous laisse qu'une indistincte et tenace sensation de nausée, ou une sorte de honte que l'on cherche à camoufler du mieux que nous pouvons (ironie, pied-de-nez, irritation, défense du patrimoine), dès que nous sommes forcés de mettre en relation quelques dates et quelques monuments de l'art cinématographique. Au moment où Kubrick tournait *2001*, Rohmer lançait son cinéma de jouvencelle, tandis que Peckinpah faisait exploser les cadres du cinéma d'action, nos Papys du polar à la française commettaient crime sur crime à l'encontre des frères Lumière, alors que Sergio Leone — un Italien — se réappropriait le western pour y faire exploser son génie propre, notre cinéma peinait à dépasser les frontières de Deauville, voire même du boulevard périphérique ; une décennie plus tard, Tarkovski créait ce pur prodige qu'est *Stalker*, après *Solaris* et *Andreï Roublev*, Lars von Trier produisait son premier chef-d'œuvre : *Element of Crime*, David Lynch se faisait connaître avec son *Eraserhead*,

Cronenberg commettait *Chromosome 3* et *Scanners*, Ridley Scott atteignait le sommet de son art avec *Alien* puis *Blade Runner*, simultanément le cinéma français des années 1980 inventa cette merveille de marchandise culturelle hautement concentrée : le cinéma d'auteur industriel. Ou si vous préférez le vaudeville postmoderne : Prenez une ou deux citations de La Rochefoucauld, de Marivaux ou d'un autre « moraliste » sonnant quelque peu « classique » (c'est-à-dire « vieillot »), une romance plus ou moins sophistiquée, plus ou moins ironique (le modèle se réalisa pleinement dans *La discrète* qui consacra Lucchini comme l'idole emblématique de ce « cinéma »), des dialogues « vrais » joués comme au théâtre, le réalisme quotidien comme unique horizon, ou alors le maniérisme historico-littéraire (*La belle noiseuse*, *Manon des Sources*, etc.) et toute une génération, puis la suivante, put établir avec moult récompenses à la clé (Césars, etc.) les normes désormais constitutives de ce qui se nomme lui-même « cinéma français ». Dire que certains de ces gens se réclament de Godard ! Et d'autres de citer avec complaisance leur Truffaut ! Alors que l'un et l'autre avaient respectivement réalisé *Alphaville* et *Fahrenheit 451* au milieu des années 1960, les SEULS films de « science-fiction » que la France produisit en un demi-siècle (avant il faut remonter à Méliès) !

La littérature américaine annexait le futur, mais nous en étions à devoir faire l'effort de sans cesse nous remémorer notre passé le plus proche, et du coup nous étions sûrs d'oublier le plus lointain. Pire encore, seul le présent de l'instantanéité sociale fut bientôt en mesure de nous proposer un succédané d'horizon. Les choses de la vie, autrement dit : la vie des choses

Le plus grave dans tout cela, c'est comment cette impasse paraît se résoudre dans les sottes dialectiques qui s'édifient sur ce champ de ruines : d'une part l'assimilation totale aux *normes* du cinéma US — Luc Besson en est sans doute l'exemple emblématique, mais aussi un machin postmoderniste du genre de *Baise-moi* ou les coproductions internationales vantant les fastes de notre patrimoine culinaire, comme *Vatel* (il y aurait toute une digression à faire sur ce repli identitaire vectorisé par l'imagerie nationale/mondiale de notre « bonne bouffe ») —, d'autre part le retour parfaitement organisé sur le *patrimoine* littéraire ou narratif national, genre Chardonne revu par Olivier Assayas, exemplaire là aussi comme type de touristisation, par nous-mêmes, de nous-mêmes (ah, les porcelaines de Limoges !).

Ce présent sans cesse re-présenté de cette littérature est tellement plat, ce cinéma de soi-disant « auteurs » reste à ce point incapable d'annexer quelque territoire imaginaire que ce soit, que ni le passé sous forme d'héritage *narratique* — donc d'un acte d'oubli créateur — ni le futur en terme de processus métamorphique ne peuvent plus apparaître dans notre paysage fictionnel.

Gardiens du musée cacadémique ou vestales du new-age pornocratique, nous avons le choix entre tuer nos enfants de nos propres mains ou les laisser se faire déchirer l'anus par un fétiche ou par un autre.

C'est la raison pour laquelle il y aurait quand même peu de chances pour que de cette situation tragiquement impossible qui est la nôtre ne surgisse l'éclair d'une explosion.

Notre rôle, nous qui avons la charge qu'un jour un tel événement survienne, est de tranquillement, et avec sûreté, en préparer la masse critique.

Au XXe siècle, les catastrophes furent terminales, elles furent la cause de l'extermination de millions et de millions de personnes. Désormais le cataclysme est génétique, le désastre à venir proviendra de la création de nouveaux êtres humains.

Mir achève sa carrière dans le feu de la haute atmosphère, puis dans les eaux du Pacifique Sud. Comme pour la plate-forme Petrobras, et même en l'absence de caméras pouvant suivre en direct cette sublime transformation de solides métalliques en pur plasma de gaz, la technologie, devenue autonome, digression de l'humain se parlant désormais à elle-même, devient cette mise en circulation d'images de machines faites par des machines, pour d'autres machines.

Pendant ce temps, la guerre s'étend autour du Kosovo. La stupidité criminelle des communistes serbes, qui se payaient une seconde jeunesse avec leur projet de Grande Serbie, a été soutenue durant des années par les élites européennes (à l'exception des Allemands, évidemment), et tout spécialement par le gouvernement français de l'époque. Il faut savoir par exemple qu'à la fin de l'année 1991, au moment de l'écrasement final de Vukovar, Mitterrand le Conducator, Édith Cresson, pourvoyeuse de fonctionnaires-copains incompétents aux administrations centrales ou communautaires, et alors Première ministresse, le sieur Dumas (l'homme aux chaussures à 15 000 francs payées par le contribuable) et Élisabeth Guigou, alors secrétaire d'État aux « Affaires » européennes, avaient secrètement conclu, avec l'appui tacite de l'armée française et des procommunistes de toutes obédiences qui pullulent à l'ONU, un accord avec le gouvernement de Belgrade : l'accord stipulait que la « fédération yougoslave » et son armée pouvaient rétablir « l'ordre sur son territoire » pour « protéger les communautés serbes », en échange de quoi l'Europe fermerait les yeux et accuserait le « réveil nationaliste » d'être à l'origine des « troubles[1] ». Des cohortes de journalistes bien-pensants furent dès lors appointées pour régulièrement diffuser

1. Mes sources sont aussi sûres que confidentielles

cette lecture des événements[1]. Lorsque, malgré le puissant dispositif de propagande mis en place, les témoignages d'atrocités commises en masse par l'armée yougoslave arrivèrent aux oreilles et aux yeux de l'Occident, notre équipe de criminels sociaux-démocrates prit une décision fatale qui allait engager tout le sort du continent : une miniconférence de Wannsee se tint à l'Élysée durant l'été 1992, alors que l'extermination ethnique battait son plein dans les montagnes de Bosnie orientale, et il y fut convenu d'empêcher toute intervention militaire occidentale, par tous les moyens possibles, jusqu'à ce que Croatie et Bosnie-Herzégovine se fussent soumises à l'autorité de « nos amis de Belgrade ». Le soi-disant changement de régime apporté par la « droâte » en 1993 n'y changea rien, Balladur puis Juppé prirent en charge le programme de solution finale mitterrandien. En novembre 1995, Milosevic, Mladic et Karadjic furent amplement remerciés pour leur ténacité et leur planification génocidaire par tous les artisans de la paix de Dayton (Clinton, bien sûr, et la France tout particulièrement) en se voyant attribuer la moitié du territoire bosniaque, conquis par l'extermination ethnique de ses populations. Aujourd'hui encore, à l'heure où j'écris ces lignes, les deux hommes clés du programme de tueries systématiques mis en place en Bosnie-Herzégovine, pourtant dûment inculpés par le tribunal de La Haye, sont sous la protection effective de l'armée de la République française dans le territoire qu'elle contrôle sous mandat international.

1. Voir l'exemple de Jean Hertzel qui avoue lui-même dans ses écrits comment, « proserbe » à son arrivée sur le terrain (les Serbes étant « socialistes » et défendant la « fédération yougoslave »), il fut obligé, sens de l'honneur et déontologie professionnelle obligent, de se convertir à la RÉALITÉ des faits : une entreprise génocidaire telle que l'Europe occidentale n'en avait pas connu depuis la Seconde Guerre mondiale battait son plein sous le regard attentif des « observateurs » de l'ONU.

Mais désormais, et hors de toute attente, le modèle a changé de camp. Les populations albanophones du Kosovo, de la Serbie du Sud, de la Macédoine occidentale et des parties frontalières au sud-est du Monténégro se sont ralliées aux combattants de l'UCK, et face aux exactions en série commises par les milices yougo-communistes et l'armée serbe en 1998-99, puis celles commises par la police macédonienne depuis, elles se rallient à l'idée d'une Grande Albanie dans laquelle tous les citoyens de langue albanaise seraient en sécurité, à l'abri des totalitarismes dégénérés du postcommunisme. La mythologie nationale-socialiste héroï-comique des Serbes se retourne ainsi diaboliquement contre eux, montrant comment leur nation sera détruite par leurs propres délires, comment leur isolation actuelle n'est que le vrai début de leur sortie de l'Histoire, comment pour vraiment gagner des guerres, il faut être des soldats, et non pas des hooligans. Toujours convaincus de leur bon droit, ils ont porté à son plus haut degré de perfection cette « politique » de la postmodernité, où le bourreau organise sa propre victimisation pour mieux préparer les consciences à l'extermination programmée de ses voisins. Toujours convaincus de leur bon droit, ils manifestèrent en masse leur opposition aux bombardements « criminels » de l'Alliance qui évita pourtant soigneusement ces vastes rassemblements festifs. Toujours convaincus de leur bon droit, ils poussèrent le comique troupier jusqu'à dessiner de monstrueuses cibles sur les toits de leurs maisons, sachant pertinemment que pas une bombe occidentale ne se risquerait à y tomber, bref on vit en direct tout ce qu'on était en droit d'attendre d'un peuple qui paya ses tueurs à gages en poignées de deutschmarks pour assassiner le maximum d'enfants possible dans la ville qu'ils assiégeaient à l'époque. Les habitants de Sarajevo n'eurent pas à dessiner de cibles fluo sur leurs écoles ou leurs zones de ravitaillement, elles étaient chaque jour, et chaque nuit, sciemment bombardées par les miliciens serbo-communistes. Toujours convaincus de leur bon droit, ils se disent maintenant menacés par les unités paramilitaires albanaises, ce qui entre-temps est en effet devenue la RÉALITÉ. Après les avoir privés de toutes leurs libertés civiques en 1988-89 et avoir tenté dix ans plus tard de les exterminer, comme ils l'avaient fait en toute impunité avec les Croates et les Musulmans de Bosnie-Herzégovine, les Serbes ne comprennent toujours pas que les Albanais n'entendent pas être les Bosniaques d'un autre Dayton. Plus grave pour eux encore, les Serbes n'ont visiblement toujours pas compris comment leur bêtise politique était performative : lorsque Milosevic éructe son célèbre discours de 1989 où il affirme que ces « concitoyens » seront *partout en sécurité* grâce à lui (comme les Sudètes le furent sous l'aile protectrice du Grand Reich), légitimant à la fois la suppression des écoles albanophones au Kosovo et sa prochaine politique d'extermination ethnique dans les autres républiques de la fédération, alors en cours de préparation, ce pathétique criminel de masse illustre en quelques phrases la célèbre histoire du berger criant au loup, y apportant une conclusion singulière : l'autodestruction totale d'une nation par la propagation de son modèle ethnopolitique.

Aussi, plutôt que de se payer une cure cosmétique idéologique de plus, en s'essayant chaque jour que Dieu fait à engager l'Otan (donc l'Amérique et le Royaume-Uni) contre les musulmans d'Europe[1], et en lui faisant maintenant protéger les exactions de la police politique serbo-slave, ou macédonienne, nos Védrine, consorts et leurs amis de la Latrine de Bruxelles devraient comprendre ceci : puisqu'ils aiment tant la paix de Dayton qui consacra sur l'autel du génocide la République serbe de Bosnie, qu'ils prévoient donc en toute hâte le moment d'en signer

1. Notre ultime rempart contre le radicalisme taliban wahhabite

son équivalent kosovar : la proclamation d'une République albanaise de Serbie, avec les mêmes prérogatives que celle dont ils se sont faits les champions il y a cinq ans et quelques charniers.

Seuls d'authentiques guerriers sont en mesure de faire la paix.

Pour devenir ou rester chrétiens au XXIe siècle, il faudra aux survivants la force de réapprendre à être juifs.

Tout homme qui ne sacrifiera pas au culte des idoles sera nommé juif.
Le Talmud

C'est une seule et même liberté qui adore à genoux la présence réelle du Dieu vivant et qui s'en va briser les idoles quand il le faut.
Jean Madiran

Oser citer un homme comme Madiran, c'est aujourd'hui s'exposer à l'anathème public de toute la presse bien-pensante. Pensez donc, ce vieil « intégriste » a rejoint il y a longtemps déjà les colonnes du Front national et participe, je crois, à une chronique régulière dans l'une ou l'autre des feuilles de chou publiées par ce qui subsiste de ce « mouvement politique ».

Je commencerai par dire que l'anathème des penseurs marxistes-laïcs-sociaux-démocrates n'a que peu de prise sur moi. Encore moins qu'une encyclique papale, voyez ?

Car si je ne peux me considérer comme catholique, je crois pouvoir prétendre que le catholicisme n'a rien à voir avec cette fumeuse théologie de la libération qui a été « vendue » par les épiscopats modernes aux chrétiens romains à partir des années 1960, peu après Vatican II.

Dès cette époque, un certain nombre de décisions

ubuesco-staliniennes furent en effet prises par l'épiscopat français pour non seulement refonder le catéchisme et interdire la liturgie en latin (langue sacrée de l'Église depuis ses origines ou presque), mais plus encore, comme il faut bien le constater en lisant leurs décisions dans le texte : « repenser les notions premières du christianisme », affirmant ainsi que « le droit naturel est l'expression de la conscience collective de l'humanité[1] », voyant dans « la socialisation du monde non pas seulement un fait inéluctable mais une grâce », avant de juger que les « réalisations et la mutation du monde enseignent et imposent un changement dans la conception même de Jésus-Christ », propositions absurdes, parfaitement « modernistes » et totalement hérétiques d'un point de vue chrétien (toutes tendances confondues), défendues en 1967-68 par l'évêque de Metz, et reprises depuis par tous les épiscopats qui continuent entre-temps de se demander pourquoi le catholicisme n'attire plus grand monde en Occident, alors qu'ils vouent aux gémonies les méchants « intégristes » qui, comme Madiran, voulaient simplement observer le dogme et la liturgie catholiques, je veux dire son noyau insécable, tel qu'il lui était parvenu par-dessus deux millénaires de tintamarre historique.

Pour des raisons trop longues à expliciter ici, mais qui sont au demeurant fort simples, cet homme fut plus tard aspiré par l'espèce de « constellation » politicienne dirigée par Le Pen et comme bien d'autres s'enlisa dans le plus redoutable piège que la gauche avait tissé : accusés d'intégrisme, peu à peu rejetés des instances épiscopales, cette « bande de fascistes réactionnaires » fut démagogiquement acculée dans le coin extrême droit du ring par, un comble, la méchante figure d'un tribun populiste, païen et antioccidental qui sut se servir à temps de cette formidable

1. Bulletin diocésain de Metz, n° 150, 1er mai 1968, c'est un exemple, mais la date est... rigolote.

décadence pour s'ériger en « sauveur de la nation » avant de disparaître dans la fosse qu'il avait lui-même creusée.

Disons-le clairement : qu'un homme tel que Madiran, comme tant d'autres avant lui, ait hurlé dans le désert des années 1950 à 1970, mettant en garde l'Église catholique contre la pernicieuse contamination marxiste et post-libérale dont elle était l'objet, avant de se voir forcé de suivre le « modèle » fascisant propagé par Le Pen et ses « conseillers », alors qu'il désirait simplement rester chrétien (donc anticommuniste et antirationaliste) est une des plus sombres tragédies de la pensée que la France terminale aura produites. Je ne sais ce qu'il écrit en ce moment[1], mais dans son *Hérésie du XXe siècle* (Nouvelles Éditions latines, 1968) il fait preuve d'un talent d'écrivain et de théologien chrétien qui devrait faire taire à l'avance les aboyeuses de service, au cas où un jour elles se mettraient à lire.

À chaque époque de l'humanité, de soi-disant « modernistes » ont décrété que leur époque était la plus haute, la plus parfaite, la meilleure, sur tous les plans, ou presque, quand elle n'était pas la « dernière », version apocalyptique/révolutionnaire qui a la cote depuis... 1789, disons. La formulation hégélienne du sens de l'Histoire n'est que la traduction universitaire, docte et allemande-rationaliste d'une très vieille constante idéelle de l'homme, sous toutes les latitudes et longitudes. Chaque fois, une poignée d'hommes aux origines hétéroclites s'est dressée contre ce verbiage douteux, et *modernes* au sens vrai puisque en train de fonder le classicisme futur, ils ont poursuivi la démonstration inverse, avec leurs langues, et leurs concepts propres, à savoir que l'Histoire-Progrès n'est que la perversion d'une téléologie absurde, qui ne s'appuie pas sur la

1. Sans aucun doute, et avec malheur, une prose influencée par une longue proximité avec l'idéologie lepéniste.

Loi d'essence divine (métavivante), et que l'Évolution n'est pas un système idéologique, mais — comme le savait Karl Popper — un programme de recherches métaphysique.

Qui ne fait que commencer.

Une vérité impartiale est une vérité partielle.

Seule une *vérité partiale* peut s'autonomiser du tout et des autres « parties » et en rendre compte. Autant dire que la vérité, ce sont les ruines spécifiques, avec leur topographie propre, qui résultent d'un conflit gigantesque et pourtant invisible.

Les serbo-communistes ont instrumentalisé la religion chrétienne, ils l'ont rabaissée au rang de leurs délires de hooligans marxistes et ont permis à des formations paramilitaires composées de criminels de droit commun et de psychopathes sexuels de violer, torturer, assassiner en masse hommes, femmes, enfants, au nom de l'orthodoxie, au nom du Christ ! Mais sous les uniformes tchetniks et les symboles de l'antique Byzance, c'est l'étoile sanglante du communisme, cet athéisme fou devenu foi, qui continuait de mener *le bal des vampires*, comme le dit avec force l'écrivain serbe Mirko Djordjevic dans son *Anti-Journal*[1], qui couvre les événements du début de la guerre en Croatie jusqu'à la défaite de Milosevic au Kosovo.

Voici un homme qui un jour, on peut toujours rêver, recevra au moins le prix Nobel de littérature pour son œuvre.

Dans la solitude la plus totale, ou presque, et un dénuement matériel chaque jour un peu plus misérable, cet homme s'est battu, et continue de se battre, contre l'hydre rouge-brune qui a pris possession de son peuple et qui, comme il le constate avec désolation, fut l'invention d'« intellectuels » du Parti communiste serbe : une poignée

1. *L'Anti-Journal, la voix d'une autre Serbie*, éditions Parole-et-Silence, Saint-Maur, 1999.

de mauvais poètes stalino-titistes, spécialistes de l'ode dithyrambique aux institutions mortes-vivantes muséifiés du bolchevisme, quelques historiens ignares incapables de situer Rome sur une carte, et une petite coterie d'écrivains-philosophes de café du Commerce formés par des universitaires parfaitement incultes[1], qui tous vantèrent jusqu'aux délires les plus abjects les exactions de masse et les tueries systématiques de l'armée yougoslave et des milices serbes. Djordjevic rappelle ainsi une vérité biblique très simple : toute narration est éternelle. Quand un crétin postcoco venu de Belgrade explique dans *Der Spiegel* que « le génocide total des Croates est une nécessité », et qu'il a lui-même tué des centaines d'entre eux de ses « propres » mains avec son petit groupe de miliciens, ses « propres[2] » mots sont écrits pour l'éternité, quand le sinistre Dobrica Cosic met en place les éléments constitutifs de la « Charte » qui allait conduire à l'extermination d'environ 250 000 personnes sur une population de 5 millions d'habitants, sa signature paraphe le document, lorsqu'une pauvre merde d'écrivasse comme Edouard Limonov pose devant les photographes en train d'arroser Sarajevo à la mitrailleuse m-84 en compagnie du criminel de guerre Karadjic, cela constitue une pièce à conviction pour son prochain jugement.

Mirko Djordjevic combat l'athéisme et les fausses religions dont le postcommunisme se pare, maintenant que son visage de mort et de pourriture est apparu clairement aux yeux du monde. Il renvoie dos à dos les figures connexes du communisme stalino-titiste et du nationalisme panserbe, ce qui lui vaut d'être détesté par tout le

1. Puisque eux-mêmes formés par des institutions moscovites basées sur la déculturation programmée et totale des peuples et des individus

2. Il est des fois où ce mot est franchement. . impropre. Les mots proférés par l'ordure ne sont qu'ordure. Du crottin figé pour l'éternité.

monde dans ce pays dont la mémoire a été définitivement truquée par les idéologies totalitaires.

Djordjevic lit Soljenitsyne ou Tocqueville dans le texte, il parle couramment le serbe, le russe, l'allemand et le français. Il est un survivant du grand camp de concentration serbo-slave, un miraculé de l'expérience collectiviste. Il est en mesure de nous rapporter comment cette Mort de Dieu chaque jour réalisée a conduit tout son peuple à l'auto-anéantissement. Djordjevic se bat pour le Christ, il le dit, le redit, l'affirme explicitement, il se bat pour l'unité des chrétiens, pour l'Europe chrétienne, pour une nouvelle évangélisation du monde, mais aussi pour la Justice et la Loi, donc pour la SÉPARATION ABSOLUE de l'État et de l'Église, bref il est un des rares à oser élever la voix, j'oserai dire La Voix, en Europe. Cela explique pourquoi son livre ne se trouve que chez un tout petit éditeur et pourquoi pas un seul crétinoïde de la presse postmoderne parisienne n'a cru bon d'en parler, ni même d'en signaler l'existence.

Ce n'est pas un hasard selon moi si cette voix terriblement lucide (ah, ces passages sur notre inaction devant le massacre !) nous provient d'outre-tombe, de ce pays qui a décidé de s'effacer de la carte par l'expression absolue de sa volonté narcissique absolument pervertie.

*

La vérité est pour ainsi dire le processus qui émerge de la mise en concurrence de plusieurs narrations *incompossibles*, pour reprendre le concept de Leibniz. Cette guerre invisible suit les lignes mutagènes de la sélection naturelle, elle oblige le phénomène narratique à émerger des jeux de puissance s'établissant entre les diverses modalités narratives, faisant de cette hypernarration devenue performative, autogénésique et cosmogonique le code multimodal qui les dévore, en dissout certains constituants pour se les approprier, en recombine d'autres pour des fonctions qui lui sont propres.

En ce sens, la vérité est indissociable de l'*être*, mais compris comme horizon métavivant de la singularité biologique qui tend vers son devenir, en tant que ligne de fuite vers l'Infini. Elle devient de fait une éthique, une narration ontique, elle n'est ni tout ni partie, mais plutôt une configuration singulière des relations entre tout et parties. Elle ne peut naître de la vie ni même de la conscience, et pourtant elle y trouve et son origine et sa fin.

Jamais Orwell n'aurait pu imaginer ceci : Big Brother, c'est nous tous, la grande fraternité humaine. Non plus le Panoptikon idéal d'où un œil totalitaire univoque et séparé de la société pourrait tout voir, mais un dispositif réticulaire en pleine expansion qui fait de l'auto-observation spectaculaire, cette publicitarisation de l'intimité et du regard, le mode de servitude volontaire le plus sophistiqué que les machines sociales ont jamais inventé, ni même rêvé d'inventer. Désormais des dizaines de milliers, bientôt des millions de webcams branchées en permanence sur des vies privées de sens créeront un modèle de posttotalitarisme basé sur un surplus de jouissance permanent : la mise en circulation constante d'objets virtuels auparavant nommés « vies » dans un réseau de multiprothèses sans cesse en re-présentation.

*

En ce bel après-midi de l'automne 1995, j'avais regardé le vieux soldat bosniaque assis à côté de moi alors que je conduisais la Lada louée à Split vers la base où je savais que je risquais l'arrestation par le commandement local de la police militaire. Nous avions été surpris en zone de guerre sans les autorisations en règle et nos explications improvisées dans un sabir de croate, d'allemand, de français et d'anglais n'y avaient pas suffi. Pour les soldats de l'armée bosniaque qui nous étaient tombés dessus dans le village détruit, nous étions des espions à la solde des Serbes (*spions — tchetniks !* avait hurlé l'un d'entre eux en braquant son AK 47 en direction de ma tête) et ils nous avaient préalablement conduits dans un entrepôt abandonné, sous bonne garde, avant que je ne réussisse à négocier mon accompagnement sous escorte jusqu'à la base du 3e corps la plus proche.

Je conduisais donc la Lada sur cette route en lacet dans les montagnes de Bosnie centrale et je regardais le vieux soldat musulman assis à côté de moi, le kalach négligemment tenu entre ses genoux. Si j'avais été un espion tchetnik, j'aurais sans doute pu le tuer sans problème dans la minute. Mais, précisément, je n'en étais pas un et la route étant longue il nous fallut bien échanger quelques mots, le soldat et moi.

Dans une situation comme celle-ci, la seule règle est de suivre la conversation telle qu'elle s'engage, je veux dire : de laisser parler l'autre. Si j'avais des explications à fournir quant à ma présence dans ce coin précis de l'Europe balkanique, elles étaient pour le commandant de la police militaire bosniaque. Et je n'étais pas d'humeur à m'entretenir sur la dernière toile de Basquiat, ni le prochain film de Marie-Claire Machinchose. Nous traversions un paysage de hautes buttes boisées et de petits villages le plus souvent déserts, agglomérats de maisons à moitié détruites plantées au sommet des crêtes escarpées où, régulièrement, j'apercevais la silhouette d'un minaret vérolé d'impacts. Je ne sais trop ce que nous nous racontâmes au début, pour briser la glace comme on dit, mais inévitablement le vieux soldat se mit à aborder de front la chose importante, alors qu'il nous suffisait de regarder à droite ou à gauche de la route pour enregistrer le résultat de quatre années de démence postcommuniste :

— War, me dit-il dans un anglais de première année,

war very bad. Tchetniks very bad. Many many dead. Communism very bad. Yugoslavia is like Russia. Milosevic is like Staline, you know ?

— Yes, I know — que pouvais-je répondre d'autre à cette simple série d'évidences ?

Mais en cette fin du mois de septembre, les forces croato-bosniaques avaient lancé leur grande opération combinée vers Bihac et les semaines précédentes, après les atrocités de Srebrenica et des autres enclaves « protégées » par l'ONU, l'épisode de la prise d'otages des soldats de la Forpronu par les troupiers de Mladic, l'opération Tempête du gouvernement de Zagreb, puis la décision de Chirac d'ordonner à la Légion d'enfin ouvrir le feu sur les miliciens qui assiégeaient la ville de Sarajevo depuis plus de trois ans avaient un peu remonté la cote de l'Occident « démocratique » auprès de ceux qui voyaient leur pays se faire ravager par les hordes de hooligans du postcommunisme[1].

Aussi ce fut d'un naturel blindé par le feu de l'expérience que le vieux soldat m'offrit une sorte de sourire et en me tendant un pouce bien fermement dressé vers le haut :

— Mitterrand very bad. Communist. Tchetnik. Chirac good. Very good. Bomb the Serbs in Sarajevo ! Now Americans are coming, like in 1945 !

Je n'avais rien répondu, j'avais juste vaguement rendu son sourire au vieux soldat, nous arrivions en vue de la base, je venais encore de croiser sur ma route un minaret datant d'au moins trois siècles, décapité et ouvert sur son flanc comme sous la lame furieuse d'un soudard et je m'étais dit que Chirac, quelles que fussent au demeurant ses faiblesses et ses manques (ils et elles ne manquent pas — si je puis dire), avait sans doute suivi là un ordre œdi-

1. Il a suffi de trois heures de feu et d'un peu moins de mille obus bien distribués pour faire déguerpir les tueurs d'enfants et les violeurs en série de la bande à Karadjic. Cela faisait trois ans que certains des artilleurs de la Légion attendaient ce moment-là.

pien impératif de la vieille figure paternelle, le Général lui-même, qui, grâce à son conservatisme et à son attachement indéfectible aux traditions, même mythiques, de la France, n'aurait jamais laissé se dérouler pareille tragédie aux portes de l'Union européenne, alors que le mur de Berlin venait de s'effondrer comme une vieille barre de HLM.

Il était temps, sans doute, de tirer quelques obus pour l'Histoire.

— War is over. West has lost again. France is allways late, at least of a world war, ai-je dit en coupant le moteur, tandis que les gars de la police militaire bosniaque entouraient le véhicule.

*

L'Amérique n'a pas le choix. Nouvelle Rome, elle doit désormais s'engager à devenir le nouvel Israël.

La République, *res-publica*, n'est pas un régime sans danger. Les cinq Marianne qui se sont succédé depuis 1789 en apportent au besoin la preuve, s'il en manquait. Car — *res-publica*, n'est-ce pas ? — elle peut aisément devenir une vulgaire fille publique, livrée aux attouchements morbides de la foule en quête d'idoles. Les Romains en avaient fait l'amère expérience.

Aussi, pour avoir une chance de survivre dans le tumulte de l'évolution historique, une république doit-elle s'appuyer, c'est le cas de le dire, sur une *Constitution de fer.*

Ce dont les USA disposent.

Il existe une différence fondamentale entre la République américaine (et sa révolution constitutive) et la République française. C'est que la première a tenu à maintenir sa Constitution « under the Will of God », et donc son texte fondateur renouvelle-t-il sur une terre nouvelle l'Alliance avec le dieu monothéiste de la Loi d'Israël, réalisant la synthèse judéo-chrétienne dans un processus encore en émergence. Au contraire, la République française est, on le sait, laïque et régicide, pour ne pas dire déicide. Sa souveraineté ne lui vient que d'elle-même et de ses « sujets » qu'elle ose nommer « citoyens ». Voici donc pourquoi la France ne voudra jamais admettre la fondation d'une véritable Fédération européenne : car pour exister celle-ci devrait rédiger une Constitution impériale plus ou moins inspirée du modèle américain, et pour ce faire, vassaliser son texte fondateur à la Souveraineté-Liberté suprême, celle de Dieu, ce que la gauche au pouvoir depuis 1789, quelles que soient les formes variées qu'elle a prises avec le temps, n'acceptera tout bonnement jamais.

*

Le spectacle, disait Debord, c'est du capital concentré au point de former une image.

Il faudrait dire en premier lieu que c'est du capital concentré au point de produire un monde.

Si la vérité rassemblait, le Diable aurait peu d'adeptes

Nous verrons à Québec se réaliser en direct, dans son antiforme spectaculaire, tout le processus accéléré de la Révolution, et des révolutions qu'elle engendre, chacune dévorant la précédente, processus qui, selon certains, aurait comme fin et comme origine le « sens de l'Histoire » : la contestation marchande de la marchandise demande une société encore et toujours plus libre, tout en refusant la liberté de commerce et d'entreprendre, et l'origine divine de la Loi. Elle désire et rejette en même temps les pseudolibertés idolâtres toujours plus évanescentes et l'évanouissement des souverainetés qui en résultent, mais elle les désire toujours plus qu'elle ne les rejette, car son régime est celui de la compulsion fétichiste effrénée, la contestation n'est donc plus simplement une marchandise, elle est le régime sur lequel cette dernière assoit désormais son emprise, et ainsi elle demande donc bien la réalisation immédiate du projet socialiste, qui est son « fantasme » ultime. Mais celui-ci étant déconsidéré par ses innombrables et inévaluables crimes, quoiqu'on fasse tout aujourd'hui pour les nier ou les « réviser », ce Janus marchandise/contestation se meut dans le réseau de ses apories devenues machines-discours coextensives au processus même de la « globalisation » dont la dénonciation est le principal moteur[1].

1) Toutes les idoles possibles tu adoreras ; tu détruiras jusqu'au dernier vestige de la Loi et du Dieu unique.

2) Celui qui voudra œuvrer pour la beauté, la justice et la vérité de l'Évolution divine sera considéré comme ennemi du peuple et de l'humanité ; tu devras le dénoncer aux autorités compétentes.

3) Chaque jour de la semaine sera journée de la Haine, mais s'intitulera Parade de l'Amour, tout sabbat te sera interdit, mais tout travail aussi.

4) Pour tuer d'autres hommes tu te serviras du Nom de Dieu ; pour tuer Dieu tu te serviras du nom de l'Homme.

5) L'ignorance sera la pierre angulaire de toute éducation. L'éducation deviendra alors la semence de l'ignorance.

6) La science sera ou bien abolie ou bien mise au service de la communauté sociale qui elle seule règne sur la terre.

7) Toutes les libertés seront accordées aux individus tant qu'elles ne menacent pas la cohésion de ladite communauté.

1. Le contre-sommet de Québec n'était bien qu'une *répétition générale* : à Gênes, les coalitions anarchistes ont ouvertement déclaré la guerre à notre civilisation.

8) En échange de leur sacrifice aux progrès de la communauté sociale universelle, les individus s'engagent à lui abandonner toutes les souverainetés possibles.

9) Tous les individus sont frères et égaux en droit. Celui qui ne le serait pas aura, de fait, la tête tranchée.

10) Ce contrat se comprend copyright opera mundi. Il doit être signé de son propre sang.

Voici la table de la Loi de la nouvelle Église, celle qui aujourd'hui domine les pensées, avant de se lancer pour de bon à la conquête du monde, voire *des* mondes.

*

Je ne me souviens plus où exactement avoir lu un jour[1] que « le mouvement punk était né d'une violente contestation de la jeunesse britannique contre les institutions néolibérales de Margaret Thatcher ».

Quand on se souvient de la situation de l'économie anglaise des années 1976-77, date de l'autocréation dudit « mouvement », alors qu'elle était aux mains des syndicats et des socialistes anglais[2], trois ans avant que Thatcher ne soit portée au pouvoir par une société laminée par une décennie de travaillisme social-démocrate, et que l'on sait que la presse qui diffuse ces inexactitudes a fait les beaux jours du mitterrandisme, on comprend mieux comment certains mensonges ont pu tranquillement s'engrammer dans des cerveaux qui n'ont pas connu cette époque, et pour lesquels John Lydon est une sorte de Robin des Bois

1. L'une ou l'autre des grandes institutions de la presse de gauche bien-pensante, et peut-être même plusieurs.

2. On peut à peine parler d'économie d'ailleurs, si ce n'est cette utopique « économie du désir réalisée dans la grève générale », rien ne marchait plus dans ce pays où, en dépit de ses traditions, tout avait été nationalisé.

mythique, alors qu'il fut tout simplement le musicien de rock le plus lucide de son époque, c'est-à-dire celui qui sut faire quelque chose de sa folie initiale, en disant à son maoïste pop postmoderne de producteur, Malcolm MacLaren, qu'il pouvait aller se faire foutre.

Ce que ce dernier s'empressa de faire, en allant rejoindre le monde de la haute couture.

« À la libération de notre pays, nous étions au bord de l'abîme, depuis nous avons fait un grand pas en avant. »

Paroles immortelles attribuées à Sékou Touré, « penseur » marxiste-léniniste, chantre de l'indépendance nationale, de la décolonisation et du socialisme africain et, évidemment, dictateur de son pays, la Guinée, pour le compte de la Chine Pop et de l'ex-URSS, jusqu'à son renversement et son remplacement par d'autres « démocrates africains ». À regarder la situation actuelle qui y règne présentement, ainsi que partout ailleurs sur le continent qui s'est inspiré de ses « thèses politiques », on ne peut que reconnaître que Sékou Touré avait raison.

*

La quatrième guerre mondiale ne fait donc que commencer. Métalocale, elle est en fait la plus meurtrière pour les âmes là où les corps ne souffrent point, ou point trop encore, je veux dire ici, en Occident[1].

Deux civilisations « occidentales » désormais cohabitent, coexistent, et plus du tout pacifiquement. L'une d'elles a décidé de tuer l'autre pour lui substituer un avatar ou un autre du mode de production asiatique, voire pour la faire régresser au niveau des tribus du néolithique.

1. Quoique depuis les jours où ces lignes ont été écrites, les événements « médico-alimentaires » qui se succèdent en Europe tendent à rendre cette assertion fort relative.

Socialisme despotique, anarchisme néotribal, fascisme new-age et autres fadaises...

Certes, en vingt-cinq siècles d'histoire, l'Occident n'est pas exempt de fautes et d'erreurs, mais on remarquera que depuis environ deux cents ans, c'est ce « second Occident » qui chaque fois engendre les catastrophes, puis, la larme à l'œil et le doigt accusateur, dénonce le « bourreau » à la vindicte des peuples, l'Occident premier, celui qui depuis le Christ et les philosophes grecs continue, par éclats de plus en plus intermittents, de tracer aux hommes une destinée dans le cosmos.

Aussi devons-nous impérativement repenser l'Occident comme une civilisation-empire d'un type nouveau, car si on considère la situation qui prévaut présentement, et qui a fait de l'Amérique du Nord le centre du monde, on ne peut que constater que cette civilisation s'élabore en premier lieu sur cet espace-flux qu'est l'océan. Je parle ici de l'Atlantique.

L'Occident est donc avant tout *civilisation atlantique*, une thalassocratie transnationale qui ne put ériger son empire qu'en parvenant à établir plusieurs synthèses, plus ou moins réussies, de tout ce que le Vieux Monde avait élaboré depuis les origines de l'Histoire écrite. Cette série parfois synchronique de synthèses disjonctives s'élabora aux marges des territoires alors constitués. Navigateurs, corsaires, flibustiers, négriers, esclaves, Noirs affranchis, Amérindiens, Arabes, Espagnols, Portugais, Hollandais, Français, Anglais, Américains, tous, dans la tragédie issue de cette colossale entreprise de colonisation générale du monde, ont vu leur destin se nouer dans cet immense « creux » génitif, cette matrice océanique atlantide, avec laquelle l'antique ordre patriarcal judéo-chrétien allait joyeusement copuler, pour enfanter le Nouveau Monde.

Mais les terribles secousses de l'Histoire nihiliste des deux derniers siècles ont fini par rendre le tableau quasiment indescriptible. Non seulement les Zéropéens sont de plus en plus antiaméricains[1], mais la jeunesse de l'Amérique, depuis 1960 environ, a décidé que plus rien ne devait subsister de cette miraculeuse et tragique synthèse que leur propre civilisation élabore. Or dire « jeune vers 1960 », donc né un peu avant ou un peu après la Seconde Guerre mondiale, ce n'est plus dire l'étudiant romantique vaguement libertaire opposé à la guerre du Viêt Nam, c'est dire le professeur en titre de l'université postmoderne d'aujourd'hui, non plus le journaliste marginal d'un fanzine communautaire, mais le patron même du groupe de presse international, ou le directeur éditorial d'un célèbre quotidien, non plus l'écrivain « révolté » et « haut-parleur de sa génération », mais le petit tyran d'une revue culturelle subventionnée par l'État, quand il ne s'agit pas du concepteur en chef des campagnes publicitaires d'une corporation industrielle désireuse de faire un peu de « philosophie » pour mieux vendre ses pull-overs.

Comme l'avait deviné Dostoïevski, dans cet Occident antichrétien, incapable de surmonter son retournement critique contre lui-même, c'est bien la « philosophie » elle-même qui devient meurtrière. Ou plutôt ce squelette qu'en a laissé le rationalisme universitaire/révolutionnaire. Ce zombie tente, avec l'hystérie particulière des sociopathes en fin de règne, de se faire pardonner des crimes commis tout au long du siècle qui vient de s'écouler, et pour cela, nous demande de lui pardonner à l'avance tous ceux qu'il s'apprête à commettre dans celui qui vient de naître.

1. On peut le comprendre, fils prodigue contre père raté, il est clair que Zéropa-Land peut ruminer encore longtemps sa « soumission » à l'ordre américain. Si elle voulait l'éviter, elle n'avait qu'à suivre les Dix Commandements et l'inspiration du jeune archiduc qu'elle immola au nom de ses « nations » et de ses « démocraties »

Mais précisément la science n'est pas une connaissance relative, *une discipline symbolique qui se recommande seulement de ses réussites ou de son efficacité; la science est de l'ontologie : c'est une des deux moitiés de l'ontologie.*
Gilles Deleuze, *Le bergsonisme*.

Voici ce qui peut-être est en mesure de fonder pour moi une éthique pour le futur : la métaforme divine ouvre toujours les certitudes acquises, les entropies du monde humain, *de l'intérieur*, alors qu'elle leur reste totalement *externe*. Ainsi j'achève ce *Théâtre des opérations* à la fin du premier trimestre 2001, prêt, me semblait-il, à affronter trois ou quatre galaxies romanesques pour la décennie qui vient de commencer, et déjà une nouvelle transversion de mes propres valeurs, telles qu'exprimées dans ce dernier livre, est à l'œuvre. Je débute la lecture de plusieurs ouvrages dont l'importance est, je le sais, très singulière. Parmi eux, *Narcissisme, christianisme, antisémitisme* des docteurs Béla Grunberger et Pierre Dessuant. Déjà, je sens que de nouvelles vérités sont en voie d'être expérimentées par mon cerveau, sans cesse réinvesti de sa mission exploratrice.

Car dès la lecture de son introduction et de son premier chapitre, je sens qu'une très puissante théorie neurologique et psychanalytique du Christ y est à l'œuvre, avec enfin une approche qui prend au sérieux les textes, les faits, et surtout le roman familial incroyable auquel un jeune garçon tel que Jésus de Nazareth allait être confronté, dans un environnement historique, social, culturel et politique fort particulier.

Avant même que d'avoir vraiment entamé sa lecture, et en dépit des nombreuses limites qu'impose une telle approche, elle me semble nécessaire si l'on veut comprendre les deux mille ans d'histoire chrétienne (et antichrétienne) qui viennent de s'écouler. Si Jésus a bien fait du *Christ* un acte narratique performatif sans précédent, c'est qu'en dépit, ou plutôt *à cause* de la structure parapsychotique à laquelle sa psyché était « soumise », due à ses « origines mystérieuses », il est parvenu à auto-engendrer le processus de mutation méta-œdipien que sa « conscience » devenue connexe à l'Esprit-Saint était en mesure d'assurer : en lui en effet phylogenèse et ontogenèse s'articulent selon des bornes devenues infinies, et par ce fait, il est bien créé autant que créateur, il est bien le Fils du Père, le Fils de la Loi divine, tout autant que le Fils de l'Homme, Fils du fils, et donc tentative de production d'un lignage universel, d'un royaume cosmopolitique. Car son cerveau y a engagé toutes les ressources qui nous sont habituellement barrées. D'artifice humain de la nature, il devient artifice divin de l'humain, l'incarnation de l'Éternel Retour, il ne suit plus tout à fait les lignes de flux œdipiennes de l'antique décalogue, et pourtant il s'écarte du schéma anti-œdipien du capital schizosphérique décrit par Deleuze et par d'autres, il s'engouffre en fait dans la brèche qu'il a ouverte à leur interface et y produit une nouvelle synthèse, ce qu'on pourrait appeler le méta-œdipe. Mais l'anti-œdipe est une force qui est nécessaire pour que cette fission métacritique ait lieu, le grand problème de l'Occident, et il n'a pas varié depuis cette période, a toujours été de tendre vers cette synthèse, ce méta-œdipe qui surpasse la Loi naturelle sans la détruire, ni la corrompre, ce processus historial qui tout à la fois rompt avec la chaîne du lignage traditionnel patriarcal pour la réinvestir dans une transmutation générale de l'économie humaine, et qui donc la charge d'une nouvelle *mission*. Or, il faut bien le constater, Grunberger a raison : les forces narcissiques l'ont emporté. Le christianisme, à plusieurs reprises, s'est laissé influencer par les idolâtries régnantes, au point qu'il fut lui-même un jour l'une de celles-là. Aujourd'hui, il ne subsiste plus rien de lui, ce qui est normal pour un « isme » qui s'est révélé bien plus faible que les rationalismes maladifs dont il fut à la fois la cause et la victime. La société n'est plus que cette « toile » réticulaire d'ego narcissiques saturés de leurs propres frustrations sans cesse renouvelées par la Machine/Matrice sociale. Seul, quelque part dans les ténèbres qui ont recouvert ce monde, ténèbres scintillantes et aux désodorisants parfumés, oui dans cette colossale nécropole à recyclage automatique qu'est devenu notre univers, un éclat subsiste. Un éclat sombre, du coup. L'éclat encore mystérieux de cet homme qui put en lui enchâsser la fin et l'origine, le néant et l'infini, le verbe et la chair, l'individu et l'espèce, l'enfant et le vieillard, la Loi et l'Évolution, le naturel et le surnaturel, la vie et la mort, le créé et le non-créé, et dont le souvenir même se doit désormais d'être effacé des tubes digestifs à neurones copiables qui peuplent cette planète, et en premier lieu de tous ceux qui prétendent le plus sérieusement du monde, avec une outrecuidance qui m'étonne, nous expliquer ce qu'est la vie, l'univers, et les forces inconnues qui s'y manifestent.

Le posthumain, c'est le moment paradoxal où le capital se concentre au point de produire un non-monde, formé de non-hommes sans souveraineté autre que la leur et où, concentré en eux sous la forme de la prothèse fétichiste néomatricielle, il les *déconcentre* dans leur totalité, les transformant en vulgaires périphériques d'eux-mêmes Il apparaît bien comme un sophisme autoréflexif, dérisoire clonage réticulaire de la technologie à travers l'homme, au moment où celui-ci entreprend de se répliquer comme une brebis de laboratoire. Il est l'instant de l'Histoire où le Temps est converti en pur espace vectoriel, ce lieu de la géographie humaine où l'espace est une simple concentration de micromoments hyperstables. Programme en boucle, ne programmant plus rien d'autre que lui-même, comme si la machine ne pouvait plus se montrer que sous le visage de ses composants, transparence intégrale et code-machine devenu le spectacle de sa propre réitération, il est non point, comme le croient ses publicitaires, l'expression d'un « nouveau paradigme » du vivant, mais la dernière convulsion de la pensée mécanique rationaliste.

Le métahumain se prépare ailleurs, en secret, dans une conspiration bien plus invisible, car bien plus opérative. Il se prépare dans le processus narratique qui annexe le futur non pas le plus « probable », mais le plus *singulier*, le plus dévorateur, le plus « incompossible » avec les autres.

Ce posthumain cyborg doit donc être envisagé non pas comme la « promesse » réalisée de l'anthropogenèse via la technologie devenue bio-opérative, hélas !, mais comme la contre-part tragique à l'émergence du futur. Tragicomique serait d'ailleurs une expression plus appropriée, car dans bien des cas nous verrons se répéter les vieilles figures usées de l'humanisme rationnel dans un cadre pseudo-expérimental et pseudo-critique, un peu comme ces pathétiques bricoleurs de l'âge proto-aviatique d'avant l'invention des frères Wright[1] qui appliquaient le plus sérieusement du monde des principes de mécanique du dimanche pour essayer de vaincre les lois de la pesanteur, avec des résultats que la pellicule du cinéma muet nous permet de revoir avec un bonheur toujours inégalé, défiant et Buster Keaton et Jerry Lewis, et pour revenir au sujet qui nous concerne présentement, il n'est pas, du coup, illégitime d'imaginer que seuls sans doute quelques individus d'exception comprendront vers quoi ce sacrifice de leur humanité doit vraiment les engager.

Ce petit posthomme aux prothèses matricielles re-présentant sans cesse en progression réticulaire sa propre non-existence devenue partie connectée d'une « intelligence » collective auquel aucun léniniste n'aurait pu rêver,

1 Et même d'après !

nous conduit — si je puis dire — dans l'ère de la kolkhozisation de l'homme. Son intimité est par sa propre « volonté » partagée avec le Moloch démocratique formé de tous ses « frères » qui en tous points l'imitent. En retour, les biopolitiques répressives/permissives sont reconfigurées en lui en tant qu'agent totalement libre de choisir ses propres codifications morales dans la zone d'existence que l'hypermarchandise lui accorde. Mieux encore, un « surplus de jouissance », au sens lacanien du terme, lui est constamment accordé en échange de la perte définitive de territoires entiers de souveraineté-liberté. C'est cette perte même, fétichisée dans l'hypermarchandise, qui produit ce surplus, dans une spirale vertigineuse. La servitude volontaire devient transfinie. Toute libération est l'illusion nécessaire à l'établissement d'une nouvelle forme de domination, certes nous le savons, le problème se pose en termes cruciaux dès lors que la *soumission à l'idéologie de la « libération »* est devenue consubstantielle aux « progrès » des sociétés postsocialistes/libérales de la seconde moitié du XXe siècle.

Comment puis-je oser nommer « liberté » le processus par lequel on s'engage vers une aliénation d'un ordre supérieur ?

En premier lieu, c'est pour établir son identité de processus, et non pas d'état. C'est en cela il me semble qu'elle diffère profondément des « droits ».

En second lieu, c'est pour indiquer qu'une liberté n'a de sens qu'en ce qu'elle est toujours à reconquérir, donc à risquer. Elle ne s'envisage pas uniquement comme une *réaction* à l'esclavage, mais comme le moment où, pour s'exercer et devenir souveraine, elle doit être en mesure de se perdre tout entière pour entreprendre sa réalisation.

En dernier lieu, c'est pour essayer d'éclairer le fait paradoxal que c'est en se soumettant à la vérité (la narration performative incompossible avec les autres) que l'on devient libre, et qu'il s'agit bien d'un acte tragique.

Autrement dit, la liberté ne peut se concevoir que comme le lieu d'un sacrifice particulier où l'homme doit se séparer de lui-même et de tous les autres pour pouvoir se trouver et engager le dialogue avec eux.

Montréal, le 31 mars 2001.

Laboratoire de catastrophe générale 9

Anus mundi... 647
Interface en guise d'Épiphanie 663
Le cosmos est vivant 670
Derniers feux 688
Le mois de Mars 696

Cet ouvrage a été composé
par CMB Graphic.
et achevé d'imprimer par la
Société Nouvelle Firmin-Didot.
à Mesnil-sur-l'Estrée, le 11 janvier 2002.
Dépôt légal : janvier 2002.
1er dépôt légal : septembre 2001.
Numéro d'imprimeur : 58147.

ISBN 2-07-076267-X/Imprimé en France.

11404